明人研究基礎文獻叢刊【第二種】

明別集整理總目

湯志波 李嘉穎 編

上册

中西書局

圖書在版編目(CIP)數據

明別集整理總目/湯志波,李嘉穎編. —上海:
中西書局,2022
(明人研究基礎文獻叢刊)
ISBN 978-7-5475-1955-4

Ⅰ. ①明… Ⅱ. ①湯… ②李… Ⅲ. ①別集—古籍整
理—圖書目録—中國—明代 Ⅳ. ①Z838

中國版本圖書館 CIP 數據核字(2022)第 095982 號

明別集整理總目

MINGBIEJI ZHENGLI ZONGMU

湯志波　李嘉穎　編

責任編輯	劉　博
封面設計	王軼頎
封面題簽	輯唐寅字
出版發行	上海世紀出版集團 中西書局(www.zxpress.com.cn)
地　　址	上海市閔行區號景路 159 弄 B 座 (郵政編碼: 201101)
印　　刷	上海盛通時代印刷有限公司
開　　本	720×1000 毫米　1/16
印　　張	55.75
字　　數	1 071 000
版　　次	2022 年 6 月第 1 版　2022 年 6 月第 1 次印刷
書　　號	ISBN 978-7-5475-1955-4/Z·013
定　　價	360.00 元

本書獲

國家社科基金項目“明人别集序跋輯録與研究”
上海市哲社規劃課題“《四庫全書總目》明别集提要箋證”
中國博士後科學基金特别資助項目“《明别集版本志》補編”
資助

序

古籍整理與文獻學相表裏，文獻學爲古籍整理的理論，古籍整理爲文獻學的應用。古籍整理的基本流程主要是查目録、辨版本、校文本，對應文獻學的三大分支，目録學、版本學和校勘學。明别集整理是明代文學文獻學的基礎工作，也是對明代基本史料的校理。

從整體看，古籍整理實際上包括了古籍的收藏、鑒别、編目、校勘、輯佚、出版等所有方面。明别集的整理也是如此。從收藏、編目方面看，自《文淵閣書目》以下的很多公、私書目中收録了明别集。這種收藏從性質上來説可分爲兩種，一種是文本性收藏，一種是文物性收藏。雖然明中期已經形成了文物性藏書家群體，但明别集在明代還難以進入文物性收藏。明代的藏書家如范欽天一閣、祁承㸁澹生堂等均有八百種以上明别集，都是文本性的收藏。焦竑《國史經籍志》著録明别集七百多種，很可能也是來自他的藏書，也是文本性收藏。可惜的是，除了天一閣所藏目前尚有約三百種存世（閣中所存不足百種，二百餘種存於海内外各大藏書機構）之外，祁、焦和其他大多明代藏書家一樣，其所藏或散佚殆盡，或未見系統性流傳。

帶有文物性質的明别集收藏，大概始於清代大藏書家黄丕烈，據不完全統計，黄氏所藏明别集當在六十種以上，其中三分之二都有黄氏題跋。目前存世者四十餘種，均爲各館頂級善本。士禮居流風所扇，明别集開始進入主流藏書家視野，但短期内仍不能進入善本書目，比如瞿氏鐵琴銅劍樓和楊氏海源閣的善本書目别集只收到元代，僅在海源閣的普通本書目《海源閣書目》中收録了明别集。稍晚的陸氏《皕宋樓藏書志》别集部分達四十五卷，僅在最後一卷收録明别集，列爲附庸。再晚到丁氏《善本書室藏書志》，十五卷的别集中明代已占到三卷。隨後出現專門收藏明本及明别集的藏書家，如陳田聽詩齋收録明別集善本二百餘種，鄧邦述專收嘉靖本，並爲藏書樓命名“百靖齋”，收録善本明別集六十餘種。張壽鏞約園收藏善本明別集一百餘種。蔣汝藻傳書堂得天一閣、聽詩齋兩家所藏，收明別集達四五百種。

前人对明别集的編目有一些值得注意的成果。首先是《千頃堂書目》，它是《明史藝文志》的母本，收録明別集數量之巨堪稱空前絶後，而且其編纂體例對後世産生了深遠影響。比如其排序以科第先後爲主要標準，王國維爲蔣汝藻編《傳書堂藏書志》時，明別集即用《千頃堂書目》之法排序。其影響所及，當代版本目録學的集大成之作《中國古籍善本書目》明別集排序也是采用的科第法。另一部比較重要的書目是《古今書刻》，其所收明別集分地區排列，對考察明別集的版本有重要參考價值。另外王重民《中國善本書提要》也值得重視，蔣汝藻所收天一閣、聽詩齋所藏明別集，先入北平圖書館，後因戰争輾轉流離，今藏臺北故宫博物院，這部分明別集大多可以在《中國善本書提要》中查到比較準確而詳細的著録。

從出版方面看，古代明別集的整理刊刻有一些比較明顯的規律，比如別集多由門人子弟或地方官員編纂、刊刻於家鄉或任職地，這對我們鑒別明別集版本很有幫助，反過來，對比不同地區刊刻的明別集，也會加深我們對版本學的認識。再如許多作家在刊刻較完整的文集之前，會有單刻小集刊行，而全集的流行往往會淹没單刻。小集多出於著者自編，而全集則往往成書於門生故舊子姪等後人之手。此類文集的編刻其實也是對文人著作的一種整理，而古人整理的原則與我們今天常有不同，比如不管作者自編或後人編輯，往往都不憚於修改、潤色文字，甚至將整篇詩文改寫或撤换，使其文字面貌在整理中發生變化。

古人編刻總集其實也是對別集的一種整理方式。就明別集而言，較早比較大規模的整理當推明嘉萬之間俞憲編刻《盛明百家詩》。這首先是對明別集的一次大型搜集和收藏工程，達三百三十家。俞氏所收大多爲作家早期刊行的別集，很多後世已不見流傳，因此其書具有不可替代的文獻價值。其後錢謙益編刻《列朝詩集》、朱彝尊編刻《明詩綜》、陳田編刻《明詩紀事》，皆爲浩瀚巨帙。其中《明詩紀事》所據明別集中有二百餘種流傳下來，可以覆案。

今日學界所言古籍整理主要指民國以來的影印和點校。明別集的成規模整理，始自《四部叢刊》，大擴張於“四庫系列叢書”（《四庫全書》及存目、續修、禁燬、未收、著録、底本等七大系列），至《明別集叢刊》《明代詩文集珍本叢刊》而專收明别集，均爲影印，規模宏巨，總量近萬。點校則相對較少且較分散，但總量也已有兩千餘種。將這一萬六千餘種明别集整理成果匯總編目，就是湯志波、李嘉穎所編《明别集整理總目》。

提到目録，常被引用的有兩句話，一句是王鳴盛所云："目録之學，學中第一緊要事。必從此問塗，方能得其門而入。然此事非苦學精究，質之良師，未易明也。"這句話出自其《十七史商榷》卷一第一條，此條講《史記集解》分八十卷的問題，細味此條及下條討論《史記索隱》《史記正義》之文，其對目録的應用主要是據正史《藝文志》《經籍志》查明《史記》三家注原本的卷數，將目録用於考證，蓋即其所謂能校書、能讀書者。目録可爲考證之資，確實可以説明目録學之重要，但却並不足以稱"學中第一緊要事"。目録的本質是對文獻的分類排比，而許多學問的第一步就是分類，分類往往是學術研究開端，甚至決定了整個研究的基本框架。研究的資料從目録中檢得，檢得的文獻再根據研究需要編製出新的目録，形成參考文獻和資料長編等，然後依據基本文獻將研究對象分類，形成研究的基本框架，同時也生成論文目録。可以説，廣義的目録或目録學貫穿了整個研究過程，這才是目録學當得起"學中第一緊要事"的根本所在。

另一句常被引用的是章學誠的"辨章學術，考鏡源流"（《校讎通義·叙》），幾乎成爲目録學不可移易的最高宗旨，其實這種認識大有可議。通過分析目録的分類可以窺見學術源流，圖書分類也應該盡可能照顧學術源流，這一點没有問題，但考辨學術源流應該是學術史研究的目標和最高原則，而不是目録學的最高原則，更不是唯一原則。目録是供查書用的，因此目録的體例、標準應該服務於這一基本目的，也就是以方便查書爲基本原則。不同類型的目録體例容有差異，但共同的原則應該是方便使用。比如藏書目録，如果是藏書家自用的話，常依據圖書排架次序編目。如明代李廷相的《濮陽蒲汀李先生家藏目録》之書按房間和櫃子分類排序，《四明天一閣藏書目録》也是按千字文編號的櫃子順序安排圖書的。如果按考辨學術源流的標準來看這些目録，顯然方枘圓鑿。館藏目録屬於藏書目録一類，通常管理員使用的目録也是每個庫房一本。如果要打破庫房界限按四部順序編製目録，一般是爲了出版供學界使用。使用者變了，標準自然也要變，而方便使用的原則是不變的。學術在不停地發展變化，學術源流也在變化；即使同一時間，不同人對學術源流的認識也是不同的。而目録爲了方便大家使用，分類需要盡可能統一、穩定，而不宜爲考辨學術源流而不停地變化。四部分類幾百年來保持穩定而不隨學術的巨大變化而變化，原因即在於此。

《明別集整理總目》（以下簡稱《總目》）正是爲了方便學界查詢明別集及其整理情況而編製的目録。這個目録的作用及其爲研究者帶來的便利可以從以下四個方面來看。

首先，研究者使用明別集時，可以通過《總目》迅速找到整理本，還可以進一步在諸多整理本中選擇影印本或點校本，再通過判斷、比較，選擇某一種影印本或某一種點校本。任何一位明代作家的整理本，一索即得，省去了大量翻檢的辛勞。

其次，《總目》爲明別集的整理工作提供了一份完整的清單，爲分析明別集整理及研究現狀帶來了極大便利，是有志於從事明別集整理和研究工作的學者的利器。如嘉靖本《潛溪集》有《明別集叢刊》等六種影印本，洪武本《宋學士文粹》有《中華再造善本》等五種影印本，乾隆本《新喻梁石門先生集》、萬曆本《朱楓林集》也均有五種影印本，至於四種、三種影印本的情況更多，而弘治本《楓林先生文集》却未見影印，整理工作很不均衡。再如王世貞詩文集被影印者僅中國版本就有二十二種之多，且其中大半都有兩種以上的影印本，但其點校本却只有寥寥三種，且均爲小册，可見王集點校工作頗爲滯後。而王集影印本雖然很多，却仍有遺漏，如《入楚稿》《入晉稿》等尚未見影印。

第三，《總目》對出版社古籍整理項目選題、圖書館、博物館館藏古籍整理規劃、地方政府整理地方文獻都有較爲直接的幫助。近年在政府主導下，古籍得到全社會極大關注，古籍整理出版工作得到空前發展，越來越多的出版社涉足古籍整理領域，圖書館、博物館一方面出於社會需求，另一方面也有自身發展需要，開始制定館藏古籍整理出版規劃。地方政府也越來越重視地方文獻整理，各個省級、地市級甚至縣級的地方文獻叢書紛紛立項、出版。明別集是其中很重要的組成部分。本書對明別集整理書目的匯總，顯然對這些工作具有直接的參考作用。

第四，《總目》不僅將各種常見或不常見叢書中的明別集以及大量單行出版的明別集匯集在一起，而且搜集了許多未曾公開出版的明集整理本。志波兄十多年來一直專注於搜集明別集的整理本，幾乎每次見面都會談到他爲了搜集某個非常冷僻的整理本如何山重水複，尋得後又如何白日放歌。《總目》中收録的近百部自印本和内部出版物就是他這番心血的見證，如臺北市駱姓宗親會 1970 年自印本《駱台晉先生文集》、永康李氏還讀齋 2005

年自印本《王麓泉集》、福安縣圖書館1980年自印本《葛衣集》、開元文化企劃2004年自印本《鳴玉集》以及文成縣政協文史委2010年内部出版物《盤谷集》、雲霄縣人大常委會2009年内部出版物《雲山居士集》、達川市方志辦1998年内部出版物《天問閣文集》等。

《總目》的編排體例也有值得探討的地方。《總目》爲明别集專科書目，因此不存在分類問題，面臨的主要是類别内排序問題。斷代别集一般按時間排序，這方面也没太大争議，需要討論的是以什麽時間爲標準。《總目》是以人物生年爲準，是當代比較常用的做法，《總目》編者曾出版《明人年譜知見録》，掌握大量明人比較準確的生卒年，爲此打下了很好的基礎。不過在明别集目録的編纂史上，時間標準却有多種選擇。前面提到過，自《千頃堂書目》《傳書堂藏書志》至《中國古籍善本書目》，都是以科第先後排序。《明史藝文志》則是按以人物政治活動的時間先後爲序。因此時間也有多種標準。

我們比較一下生年排序和科第排序的優劣。生年排序的優點首先是可以把一個人的一生都考慮進來，比較全面。其次是標準簡單明了，容易操作。其缺點是生年往往不易獲得，更難準確到月、日。古人傳記類文獻除了行狀、墓志銘等少數體裁之外，常不記載生年，而很多人連傳記也没有，生卒年考難殺學者。科第排序的優點是準確時間相對更容易獲得。古代科舉發達，明清達到巔峰，科舉文獻非常豐富，不僅有幾乎完整的進士題名碑，而且人物傳記基本都會重點記録科第情況，還有大量的地方志不僅對進士大書特書，而且舉人甚至部分貢生也會詳細記録科份、姓名及終官。另外科第時間對人物有特殊意義，大致相當於今天的畢業參加工作時間。以這個時間爲準，某種程度上可能更能從社會活動的角度反應人物的實際情况。但科第排序也有明顯的缺點，首先雖然科第很重要，但畢竟不是一個人的全部生活，不如生年更全面。其次科考未中或未參加科考者難以安排。從《中國古籍善本書目》中明别集的情况來看，雖然進士、舉人佔了大多數，但二者之外的貢生、藩王、武將、商人、僧人等也有不少，這些人作品的次序安排就很費斟酌。

《中國古籍善本書目》將科第排序運用到淋漓盡致。它以進士搭建基本的排序框架，首先按進士科份排序（同科進士按名次排序），其次是同科（即進士科份的前一年）舉人。至於貢生、藩王等人，則排在本朝（如嘉靖朝）最後一科之後。偶爾也會有極個别的例外情况，比如何良傅爲嘉靖二十年三甲第七名進士，正常排序，其兄何良俊爲嘉靖十二年歲貢，並無進士、舉人功名，按體例應排在嘉靖之末，但實際却排在了何良傅之前，突破了規則。有時候也會因體例原因出現一些不合理的情況，比如王寵置於正德之末，與文徵明、蔡羽等友人相近，但其兄王守爲嘉靖五年進士，反而在後。如果將王寵調整到嘉靖之末，其時他已去世三十多年，顯然不妥，這是體例本身的缺陷。另外還有一些，如方獻夫爲弘治十八年三甲一百五十六名進士，却次於同科三甲一百九十八名孟洋之後；左國璣爲正德十一年舉人，却次於正德十六年進士之後；霍涯爲嘉靖八年二甲進士，却次於三甲之末，這些應該屬於疏誤，非體例之過。

早在明嘉靖年間，致力於整理明代文獻的無錫俞憲編成《皇明進士登科考》，隨後又輯《盛明百家詩》，皆爲一代經典。志波兄爲俞氏五百年後之同志，多年來致力於以詩文研究爲中心的明代基礎史料的搜集、整理工作，手中積累了大量成系統的資料，他不願獨享，遂於2020年推出“明人研究基礎文獻叢刊”第一種《明人年譜知見録》，《總目》即第二種，兩者分别有關傳記與詩文，恰與俞氏二書相應。我與志波兄相識於復旦古籍所的課堂上，十年來在明代文史研究中一起成長，這次他打破名家作序的慣例，命序於我，我雖自知淺陋，但想到昔日俞氏《皇明進士登科考》闕洪武朝三科進士題名，賴范欽天一閣藏登科録而全，我雖無東明公之能，或許也能爲明代文獻整理工作略盡綿薄，遂勉力成文以報。

壬寅上元後二日李開升於天一閣

前　言

四部之中,集部尤豐;集部之内,别集最富。别集之名,始於東漢,迄《七録》分類首定;别集之纂,肇于六朝,至《隋志》著録甚夥。歷代别集之衆,無過于明清,以明人别集而言,《明别集版本志》著録3600餘種,《中國古籍總目》則存7900餘條,而據筆者估算,存世明别集近1.1萬種,涉及作者約4000人,惜至今未有全目。得益於印刷技術的不斷創新與古籍出版之規劃漸密,自民國迄今,明人别集整理也漸趨繁複。從《四部叢刊》到"四庫"書系,從《明人文集叢刊》(臺灣文海出版社)、《明代論著叢刊》(臺灣偉文圖書出版社)到《明别集叢刊》(黄山書社)、《明代詩文集珍本叢刊》(國家圖書館出版社),大型叢書尤其是明别集專題文獻已匯編影印近萬種明人别集;點校本雖以單行整理居多,但《中國古典文學基本叢書》(中華書局)、《中國古典文學叢書》(上海古籍出版社)等知名叢書不斷有新品種推出,《明清别集叢刊》(人民文學出版社)、《明人别集叢編》(復旦大學出版社)等專題性新叢書亦陸續加入。21世紀以來,地方文獻的"井噴式"出版逐漸改變了明人别集的整理格局,截至目前,點校本亦達千餘種。明别集整理已初具規模,然因長期缺乏頂層規劃,積存了選目失衡、重複整理等問題。有鑒於此,我們編纂了這本《明别集整理總目》,嘗試清點整理本書目,或爲今後的出版規劃提供些許參考,亦可省去讀者的翻檢之勞。

本書著録1912年至2020年間出版的明人别集約1.6萬種,其中影印本(含總集中析出之成卷别集與别集後附録之小集)1.4萬餘種,合併重複版本後尚有6000餘種,涉及作者2800餘人;點校本1542種,涉及作者780人;總計作者3035人。本書所録明人範圍,上限爲卒於洪武元年(1368)之後,下限爲生於天啓元年(1621)之前,明末清初歸屬有争議之作者酌情處理,外國使臣與傳教士不録。明人别集僅限於漢語著述，少數民族語言所撰别集不收。集中包含詩文而囊括四部者，視爲“大全式”别集收録。反之，冠以“集”名而實際未含詩賦辭章者（如付慶芳點校《潘季馴集》，僅收《河防一覽》《兩河經略》而未收其别集《留餘堂集》），本書已盡數篩除。單獨成書之奏疏、事狀、語録、學則等不收，尺牘、隨筆、小品、游記之類凡有叢書影印歸入集部者，則從寬存録。

總集中析出之别集亦酌情收録，全集型總集如《三華集》《六李集》《明滇南五名臣遺集》，原爲合刊之屬，現一應拆分統收；選編型總集如《閩中十子詩》《潮州耆舊集》《詩慰》《盛明百家詩》等，《明别集叢刊》已析出影印，即依例著録；再如《回族典藏全書》單印《滇南詩略》中《馬繼龍詩選》等三種文集，本書即保留此三條書目，其他單獨成卷之小集不再著録。原附於他人集後、未得單獨刊行之小集，如孫陞《孫文恪公集》二十卷附録其妻楊文儷《詩稿》一卷，今將《詩稿》作爲楊氏别集著録，後加“附《孫文恪公集》後”以説明版本來源。

本書所録書目，僅限 1912 年至 2020 年間的紙質出版物（包括自印本、内部出版物等。《明人别集稿鈔本叢刊》原計劃於 2018 年出版，實際於 2021 年面世，今破例收入），縮微膠片、光盤、網絡書影等數字出版物及涉及明别集點校但尚未正式出版的學位論文不收。“整理”僅指影印與點校兩種最基本的古籍整理形式，1912 年之後的雕版印本及鈔本不收。影印涉及石印、珂羅版印及 CTP（計算機直接製版技術）等現代電子化技術；點校包括校注、箋校、譯注等體例，僅文字重新排印而無標點者（如《四部備要》）不收。

本書著録以作者爲目，同名者加字號區分，僧人俗名、自擬化名、避諱易名、習稱尊名等爲便宜檢索，於正文中一并著録名號信息。本書按作者生年先後大致排序，生年俟考者按科第、交遊編入，從總集中析出而身世無考者，按其原書中位次排序。原附於他人集後今析出而爲新集者，參考《中國古籍總目》之順序酌情調整。各目之下，先影印本後點校本，並用不同字體加以區分。少數以點校本作爲底本影印者，在點校本後補充影印信息，不另外在影印類中二次著録。臺灣新文豐出版公司 1985 年出版的《叢書集成新編》實乃據民國間《叢書集成初編》翻印，故本書僅著録其影印古籍與補配之零種，影印《初編》之排印本不再著録。

影印古籍著録書名、卷數、版本等基本信息。爲節省篇幅，大型叢書僅著録叢書名稱、别集所屬輯數或册數等，具體出版信息詳見附録之“影印叢書簡目”;其他影印本直接在正文中著録出版機構、出版時間等信息,索引部分不重複標注。叢書同名者加出版社以示區分,如《叢書集成續編》(臺灣新文豐出版公司)、《叢書集成續編》(上海書店)。影印叢書被多次翻印者,僅著録通行版本,其他版本可參見附録之簡目。《四庫全書》因多次重複影印,如文淵閣四庫全書除臺灣商務印書館 1986 年《景印文淵閣四庫全書》外,上海古籍出版社 1989 年、鷺江出版社 2004 年、北京出版社 2012 年、綫裝書局 2013 年、臺灣文史出版社 2016 年、人民出版社 2016 年亦先後全印或選印,因此本書只列《四庫全書》通行影印本條目,選印類僅録《四庫全書珍本》一種,其他選印或翻版不再著録統計。綫裝書局 2013 年至 2018 年出版的《明代基本史料叢刊·文集卷》十輯 750 册,共收録明人别集 369 種,均係翻印自"四庫"書系,本書亦不再著録。

相同版本古籍被不同叢書影印者,按叢書出版時間先後著録,不同版本古籍則據底本成書先後排列。宋濂、陳獻章、王守仁等别集版本系統較爲複雜者,則先按版本系統大致分類,再按成書先後排序。不同叢書影印同一别集但題名、卷數或版本信息著録略有不同者併爲一種,在括號中附差異説明。文瀾閣四庫全書中補鈔部分,亦予以注明補鈔者及卷數,如清光緒間丁申、丁丙兄弟補鈔者簡稱爲"丁鈔";補鈔卷數相對複雜者,限於篇幅僅著録補鈔總卷數,如丁氏補鈔《東里續集》卷十二、十三、十九至二十一、二十七至三十七、四十二至四十六,僅著録爲"丁氏補鈔二十一卷",原鈔本則不作任何説明。

點校本僅著録初版信息,按初版時間先後排序;不同印次者視爲一種,不重複著録。明確注明增訂本、修補本或同一點校者不同出版社、同一點校者同出版社但編入不同叢書者則予以保留。點校本與其他著述合册然獨立成卷者,亦從書中析出著録。總集被析出影印者,若有相應點校本則同加存録。今人點校的新編總集如《全元詩》《全元文》《全明詩》《全明文》《全粤詩》等成卷者酌情收録。王守仁等人别集點校本甚多,僅從出版史或學術價值角度選擇著録,普及本、選譯本、青少年兒童版等通俗讀物酌情删除。

本書附録"影印叢書簡目"與"著者索引"兩種,以供讀者檢索。"影印叢書簡目"按書名音序排列,系列叢書則相對集中後再以出版先後爲序。同一叢書多家出版社重複影印者,正文僅著録通行版本,其他版本可參見附録,著録版本前加" * "以示區分。"著者索引"僅收明别集作者,編者、點校者不收。

本書編纂過程中，先後承蒙葉曄、李開升、王啓元、許建業、龔宗傑、鄭雄、杜歡、徐隆垚、楊宜師、林振岳、王英達、高虹飛、張文、王耐剛、黄阿明、段雙喜、陳誼、盧禮陽、陳英浩、王孫榮、南江濤、李佩、馬昕怡、張春國、沈從文、徐慧、王俊雙、杜怡順、顧雷、趙曉濤、俞芝悦、石曉玲、施雨露、何安平、葉楊曦等友人帮助，郭天琪、唐藝真同學協助做了初步統計工作，均致以誠摯的謝意。北京孫劍先生專注于明别集的收藏，不僅惠示藏書目録，還贈我多種稀見整理本，助我良多；開升兄百忙之中賜序，尤爲感念。如此規模之影印與點校出版物如何著録尚無先例，我們反復商討後摸索出本書體例，又遇滬上封城，部分資料難以覈驗，疏訛不足之處，敬請方家批評指正。

編者謹識

2022 年 5 月 21 日

目　録

正　文

錢惟善

《江月松風集》十二卷，清初吕留良家鈔本，《四庫提要著録叢書》集部第112册影印。

《江月松風集》十二卷，清四庫全書本，《景印文淵閣四庫全書》第1217册、《文津閣四庫全書》第1222册、《文瀾閣四庫全書》第1253册（丁氏補鈔）影印。

《江月松風集》十二卷《續集》一卷《補遺》一卷附《文》一卷《附録》一卷，清同治至民國海寧錢氏清風室刻《清風室叢刻》本，《叢書集成續編》（上海書店）集部第110册、《稀見清代民國叢書五十種》第10册影印。

《江月松風集》十二卷《補遺》一卷《文録》一卷《附録》一卷，清光緒十五年錢塘丁氏嘉惠堂刻《武林往哲遺著》本，《叢書集成續編》（臺灣新文豐出版公司）文學類第136册、廣陵書社2011年7月（《武林往哲遺著》第2册）、《元史研究資料彙編》第67册影印。

《江月松風集》十二卷《補遺》一卷，清鈔本，《上海圖書館藏涉園稿鈔校本叢書》第33册影印。

《錢惟善詩》，楊鐮主編，中華書局2013年6月版（《全元詩》第41册）。

《江月松風集》，朱大星點校，杭州出版社2014年5月版（《杭州全書·杭州文獻集成》第16册）；浙江古籍出版社2019年11月版（《武林往哲遺著》第7册，《浙江文叢》）。

《江月松風集》，吴晶、周膺點校，當代中國出版社2014年6月版（《杭州史料别集》）。

張 昱

《張光弼詩集》七卷，明天啓二年趙琦美家鈔本，《四部叢刊續編》集部第451—452册、《四部叢刊廣編》第43册、《四庫提要著録叢書》集部第259册影印。

《可閑老人集》四卷，清四庫全書本，《四庫全書珍本》初集集部第358册、《景印文淵閣四庫全書》第1222册、《文津閣四庫全書》第1226册、《文瀾閣四庫全書》第1257册（丁氏補鈔卷二、四）影印。

《張昱詩》，楊鐮主編，中華書局2013年6月版（《全元詩》第44册）。

《張光弼詩集》，辛夢霞點校，北京師範大學出版社2016年7月版（與《石初集》同册，《元代古籍集成》）。

周霆震

《石初集》十卷《附録》一卷，清初鈔本，《四庫提要著録叢書》集部第258册影印。

《石初集》五卷，清乾隆三十七年周希原木活字印《存存稿》本，《四庫全書存目叢書》集部第291册影印。

《石初集》十卷《附録》一卷，清四庫全書本，《四庫全書珍本》十二集集部第175册、《景印文淵閣四庫全書》第1218册、《文津閣四庫全書》第1222册、《文瀾閣四庫全書》第1253册影印。

《石初集》十卷《附録》一卷，民國間南昌豫章叢書編刻局刻《豫章叢書》本，《叢書集成續編》（臺灣新文豐出版公司）文學類第37册、《元史研究資料彙編》第67册影印。

《周霆震文》，鄧瑞全點校，鳳凰出版社2004年12月版（《全元文》第39册）。

《石初集》，宋易麟點校，江西教育出版社2007年12月版（《豫章叢書》集部七）。

《周霆震詩》，楊鐮主編，中華書局2013年6月版（《全元詩》第37册）。

《石初集》，施賢明、張欣點校，北京師範大學出版社2016年7月版（與

《張光弼詩集》同册,《元代古籍集成》)。

郭　奎

《郭子章集》一卷,明嘉靖隆慶刻萬曆增刻《盛明百家詩》本,《四庫全書存目叢書》集部第306册、《明别集叢刊》第五輯第98册影印。

《望雲集》五卷,清四庫全書本,《四庫全書珍本》四集集部第307册、《景印文淵閣四庫全書》第1231册、《文津閣四庫全書》第1236册、《文瀾閣四庫全書》第1267册(丁氏補鈔)影印。

《望雲集》五卷,清金氏文瑞樓鈔本,《四庫提要著録叢書》集部第261册影印。

《郭奎詩》,楊鐮主編,中華書局2013年6月版(《全元詩》第64册)。

汪廣洋

《汪右丞集》一卷,明嘉靖隆慶刻萬曆增刻《盛明百家詩》本,《四庫全書存目叢書》集部第306册、《明别集叢刊》第五輯第98册影印。

《鳳池吟稿》十卷,明萬歷四十五年王百祥刻本,臺灣文行出版社1981年5月、《四庫提要著録叢書》集部第63册、《原國立北平圖書館甲庫善本叢書》第695册、《揚州文庫》第95册影印。

《鳳池吟稿》十卷,清四庫全書本,《四庫全書珍本》三集集部第291册、《景印文淵閣四庫全書》第1225册、《文津閣四庫全書》第1229册、《文瀾閣四庫全書》第1260册影印。

《汪廣洋詩》,楊鐮主編,中華書局2013年6月版(《全元詩》第56册)。

吴志淳

《吴主一集》一卷,明嘉靖隆慶刻萬曆增刻《盛明百家詩》本,《四庫全書存目叢書》集部第306册、《明别集叢刊》第五輯第98册影印。

《吴志淳詩》,錢振民校點,上海古籍出版社1990年12月版(《全明詩》第1册)。

《吴志淳詩》,楊鐮主編,中華書局 2013 年 6 月版(《全元詩》第 51 册)。

張三豐

《張三豐全集》(《張三豐全書》《張三豐先生全集》《張三豐集》)八卷,清光緒三十二年成都二仙庵刻《重刊道藏輯要》續畢集本,上海中原書局 1926 年石印;《道藏輯要》(臺灣新文豐出版公司)第 17—18 册、《藏外道書》第 5 册、江蘇廣陵古籍刻印社 1996 年 3 月影印。

《張三豐全集》,方春陽點校,浙江古籍出版社 1990 年 12 月版。

《張三豐全集》,石沅朋點校,花城出版社 1995 年 11 月版。

《張三豐全集合校》,郭旭陽校訂,長江出版社 2010 年 8 月版(《張三豐研究資料叢書》)。

《張三豐全集》,盛克琦、芮國華點校,華夏出版社 2017 年 1 月版(《唐山玉清觀道學文化叢書》)。

謝應芳

《龜巢稿》二十卷,清初鈔本,《四部叢刊三編》集部第 68—69 册(附《校勘記》一卷)、《四部叢刊廣編》第 44 册(附《校勘記》一卷)、《四庫提要著録叢書》集部第 112 册(附《補遺》一卷)、《明别集叢刊》第一輯第 1 册(影《四部叢刊》本)影印。

《龜巢詩文鈔》二卷,清嘉慶二十三年楊復吉鈔本,《明代朱子學文獻叢刊》第 42 册影印。

《謝龜巢全集》三十六卷,清道光二十六年刻本,《明代朱子學文獻叢刊》第 39—40 册影印。

《龜巢稿》二十卷《補遺》一卷,清光緒二十一至二十四年武進盛氏思惠齋刻《常州先哲遺書》本,《叢書集成續編》(上海書店)集部第 110 册、南京大學出版社 2010 年 3 月(《常州先哲遺書》第 88—91 册)影印。

《龜巢摘稿》三卷,清鈔本,《明别集叢刊》第一輯第 1 册、《明代朱子學文獻叢刊》第 42 册、《大倉文庫粹編 · 名家鈔校本》第 53 册影印。

《謝應芳文》,何本方、王忠閣校點,鳳凰出版社 2004 年 12 月版(《全元文》第 43 册)。

《謝應芳詩》,楊鐮主編,中華書局 2013 年 6 月版(《全元詩》第 38 册)。

楊維楨(楊維禎)

《新刊麗則遺音古賦程式》四卷,元刻本,北京圖書館出版社 2005 年 1 月、《歷代賦學文獻輯刊》第 140 册影印。

《鐵崖先生古樂府》十六卷,明初刻本,《中華再造善本·明代編》、《元史研究資料彙編補編》集部第 61 册影印。

《鐵崖先生古樂府》十卷《鐵雅先生復古詩集》六卷,明成化五年劉傚刻本,《四部叢刊初編》集部第 1500—1501 册影印。

《鐵崖文集》五卷,明弘治十四年馮允中刻本,《大倉文庫粹編·精善刻本》第 58 册影印。

《楊鐵崖先生文集》十一卷,明萬曆四十三年陳善學刻本,《原國立北平圖書館甲庫善本叢書》第 691 册、《元史研究資料彙編》第 72 册影印。

《東維子文集》三十一卷,明刻本,《四庫提要著録叢書》集部第 33 册影印。

《楊維楨詩集》不分卷,明鈔本,《原國立北平圖書館甲庫善本叢書》第 691 册、《元史研究資料彙編補編》集部第 62 册影印。

《鐵崖先生古樂府》十卷補六卷,明末毛氏汲古閣刻本,《四庫提要著録叢書》集部第 62 册、浙江古籍出版社 2013 年 10 月(《諸暨再造古籍珍本》)影印。

《鐵崖先生復古詩集》六卷,明末毛氏汲古閣刻本,《四庫提要著録叢書》集部第 62 册影印。

《麗則遺音》四卷《附録》一卷,明末毛氏汲古閣刻本、《四庫提要著録叢書》集部第 62 册影印。

《鐵崖樂府注》十卷《鐵崖詠史注》八卷《鐵崖逸編注》八卷,清乾隆三十九年聯桂堂刻本,《續修四庫全書》第 1325 册、《元代詩詞集》上卷第 7—9 册影印。

《鐵崖古樂府》十卷《樂府補》六卷,清四庫全書本,《景印摛藻堂四庫全書薈要》集部第 407 册、《景印文淵閣四庫全書》第 1222 册、《文津閣四庫全書》第 1226 册、《文瀾閣四庫全書》第 1257 册(丁氏、張宗祥補鈔一三卷)影印。

《復古詩集》六卷，清四庫全書本，《景印摛藻堂四庫全書薈要》集部第407册、《景印文淵閣四庫全書》第1222册、《文津閣四庫全書》第1226册、《文瀾閣四庫全書》第1257册(丁氏補鈔)影印。

《麗則遺音》四卷《附録》一卷，清四庫全書本，《景印摛藻堂四庫全書薈要》集部第407册、《四庫全書珍本》四集集部第301册、《景印文淵閣四庫全書》第1222册、《文津閣四庫全書》第1226册、《文瀾閣四庫全書》第1257册影印。

《東維子集》三十卷首一卷《附録》一卷，清四庫全書本，《景印文淵閣四庫全書》第1221册、《文津閣四庫全書》第1225—1226册(闕《附録》一卷)、《文瀾閣四庫全書》第1256册(闕卷首一卷《附録》一卷，丁氏補鈔卷一至五、十二至十五)影印。

《東維子文集》三十一卷附《校勘記》一卷，清鳴野山房鈔本，《四部叢刊初編》集部第1494—1499册影印。

《鐵崖賦稿》二卷，清勞權家鈔本，《續修四庫全書》第1325册、《元代詩詞集》上卷第9册影印。

《鐵崖賦稿》二卷，鐵琴銅劍樓舊藏鈔本，《歷代賦學文獻輯刊》第140册影印。

《鐵崖先生古樂府》附《復古詩集》，商務印書館1937年3月版(《萬有文庫》第二集《國學基本叢書》)。

《楊維楨詩集》(《楊維楨集》)，鄒志方點校，浙江古籍出版社1994年12月版(《兩浙作家文叢》)；2016年12月版(見《諸暨三賢叢書》)；2017年12月版(《浙江文叢》)。

《楊維楨集》，金圓整理，海南國際新聞出版中心1996年12月版(《傳世藏書》集庫别集第7册)。

《楊維楨文》，黄仁生、郭飛校點，鳳凰出版社2004年12月版(《全元文》第41—42册)。

《楊維楨詩》，楊鐮主編，中華書局2013年6月版(《全元詩》第39册)。

《楊維禎全集校箋》，孫小力校箋，上海古籍出版社2019年10月版。

釋梵琦

《楚石大師北游詩》一卷，舊鈔本，《禪門逸書續編》第2册、海鹽天寧永祚禪寺 2007 年、《明別集叢刊》第一輯第 2 册影印。

《西齋净土詩》三卷附《校勘記》一卷附《校訛》一卷附《續校》一卷,清光緒木活字印《琳琅秘室叢書》本,《叢書集成初編》宗教類第 738 册(中華書局版第 158 册)、《百部叢書集成》之六十五、《叢書集成新編》哲學類第 25 册、《叢書佛教文獻類編》第 4 册(影《叢書集成初編》本)、《琳琅秘室叢書》第 6 册影印。

《楚石北游詩》,吴定中、鮑翔麟校注,浙江古籍出版社 2010 年 12 月版。

《釋梵琦詩》,楊鐮主編,中華書局 2013 年 6 月版(《全元詩》第 38 册)。

《楚石梵琦全集》,于德隆點校,九州出版社 2017 年 1 月版;2019 年 7 月版(《中土佛學大師著述選刊》)。

許伯旅

《介石稿》,徐三見點校,巴蜀書社 2011 年 7 月版(見《赤城遺書彙刊》,《台臨歷史文獻要籍叢編》)。

《許伯旅集》,徐三見整理校注,浙江大學出版社 2016 年 7 月版(與《釋宗泐集》《劉仁本集》《王叔英集》同册,《温嶺叢書》甲集第 3 册)。

釋空谷

《空谷集》六卷,明杭州廣化禪寺刻黑口本,《禪門逸書續編》第 2 册影印。

釋道炤

《漱流集》一卷,日本舊鈔本,《禪門逸書續編》第 2 册影印。

劉　炳

《春雨軒詩正集》九卷《附集》一卷,明嘉靖十二年劉塾刻本,《四庫提要著録叢書》集部第 260 册影印。

《劉彦昺集》九卷,清四庫全書本,《四庫全書珍本》二集集部第 352 册、

《景印文淵閣四庫全書》第1229册、《文津閣四庫全書》第1234册、《文瀾閣四庫全書》第1265册、《明別集叢刊》第一輯第15册(影文淵閣本)影印。

《春雨軒集》四卷,民國南昌豫章叢書編刻局刻《豫章叢書·鄱陽五家集》本,《叢書集成續編》(臺灣新文豐出版公司)文學類第113册、《叢書集成續編》(上海書店)别録第178册影印。

《春雨軒集》,魏元曠點校,江西教育出版社2007年12月版(《豫章叢書》集部十一《鄱陽五家集》)。

錢 宰

《臨安集》十卷(《文》五卷《詩》五卷),明祁氏澹生堂藍格鈔本,《四庫提要著録叢書》集部第64册、《明人别集稿鈔本叢刊》第2册影印。

《臨安集》十卷,清鈔本,《明别集叢刊》第一輯第2册影印。

《臨安集》六卷,清乾隆翰林院四庫館臣輯《永樂大典》鈔本,《四庫全書底本叢書》集部第38册影印。

《臨安集》六卷,清四庫全書本,《四庫全書珍本》三集集部第294册、《景印文淵閣四庫全書》第1229册、《文津閣四庫全書》第1233册、《文瀾閣四庫全書》第1265册(丁氏、張宗祥補鈔)影印。

《錢宰詩》,陸林校點,上海古籍出版社1990年12月版(《全明詩》第1册)。

《錢宰文》,沈達偉校點,上海古籍出版社1994年2月版(《全明文》第2册)。

《錢宰文》,李吉光校點,鳳凰出版社2004年12月版(《全元文》第48册)。

朱 升(朱 昇)

《朱楓林集》十卷,明萬曆四十四年歙邑朱氏刻本,《四庫全書存目叢書》集部第24册、《北京圖書館古籍珍本叢刊》集部第97册、《明别集叢刊》第一輯第1册、《元史研究資料彙編》第81册、《明代朱子學文獻叢刊》第4册影印。

《朱升詩》,錢振民校點,上海古籍出版社1990年12月版(《全明詩》第

1 册）。

《朱升文》，方誠彬校點，上海古籍出版社 1994 年 2 月版（《全明文》第 2 册）。

《朱楓林集》，劉尚恒校注，黄山書社 1992 年 4 月版（《安徽古籍叢書》）；2014 年 9 月版（《安徽古籍叢書萃編》）。

張以寧

《翠屏集》四卷，明成化十六年張淮刻本，《四庫全書底本叢書》集部第 37 册影印。

《翠屏集》四卷，明成化十六年張淮刻明清遞修本，《大倉文庫粹編·精善刻本》第 61 册影印。

《張翰講集》一卷，明嘉靖隆慶刻萬曆增刻《盛明百家詩》本，《四庫全書存目叢書》集部第 306 册、《明别集叢刊》第五輯第 98 册影印。

《翠屏詩集》一卷《後集》一卷《文集》三卷，明末清初悠然齋藍格鈔本，《明人别集稿鈔本叢刊》第 2 册影印。

《翠屏集》四卷，清四庫全書本，《四庫全書珍本》二集集部第 351 册、《景印文淵閣四庫全書》第 1226 册、《文津閣四庫全書》第 1230 册、《文瀾閣四庫全書》第 1261 册（丁氏補鈔）影印。

《翠屏詩集》二卷，清鈔本，《原國立北平圖書館甲庫善本叢書》第 696 册影印。

《翠屏詩集》二卷《文集》二卷，清鈔本，《明别集叢刊》第一輯第 2 册、《元史研究資料彙編補編》集部第 67 册影印。

《張以寧詩》，王欲祥校點，上海古籍出版社 1990 年 12 月版（《全明詩》第 1 册）。

《張以寧文》，孫啓治校點，上海古籍出版社 1994 年 2 月版（《全明文》第 2 册）。

《張以寧文》，羅超校點，鳳凰出版社 2004 年 12 月版（《全元文》第 47 册）。

《翠屏集》，游友基編，鷺江出版社 2012 年 9 月版；廣陵書社 2016 年 8 月版（《閩海文獻叢書》）。

《張以寧詩》，楊鐮主編，中華書局 2013 年 6 月版（《全元詩》第 42 册）。

倪瓚

《清閟閣全集補遺》四卷，古華山館稿本，《無錫文庫》第79册影印。

《倪雲林先生詩集》六卷《附録》一卷，明天順四年蹇曦刻本，《四部叢刊初編》集部第1491—1493册、《大本原式精印四部叢刊正編》第70册、《四庫全書存目叢書》集部第23册、《中華再造善本·明代編》、《元史研究資料彙編補編》集部第63册影印。

《倪隱君集》一卷，明嘉靖隆慶刻萬曆增刻《盛明百家詩》本，《四庫全書存目叢書》集部第306册、《明别集叢刊》第五輯第98册影印。

《倪雲林先生詩集》六卷《附録》一卷，明萬曆十九年倪珵刻本，《元代詩詞集》上卷第6册影印。

《清閟閣遺稿》十五卷（闕卷十五），明萬曆二十八年倪珵刻本，《北京圖書館古籍珍本叢刊》集部第95册、《朔方文庫》第37册影印。

《倪雲林先生詩集》六卷《集外詩》一卷《附録》一卷，明崇禎十一年海虞毛氏汲古閣刻《元人十種詩》本，上海涵芬樓1937年、中國書店1990年7月（《海王邨古籍叢刊·元人十種詩》，影涵芬樓本）影印。

《清閟閣全集》十二卷，清康熙五十二年曹培廉城書室刻本，《元代珍本文集彙刊》第10册、《四庫提要著録叢書》集部第62册、《無錫文庫》第79册、《寫刻古籍版本聚珍》第283册影印。

《清閟閣（全）集》十二卷，清四庫全書本，《景印摛藻堂四庫全書薈要》第408册、《景印文淵閣四庫全書》第1220册、《文津閣四庫全書》第1224册、《文瀾閣四庫全書》第1255册影印。

《清閟閣全集》十二卷，清光緒二十一至二十四年武進盛氏思惠齋刻《常州先哲遺書》本，《叢書集成續編》（臺灣新文豐出版公司）文學類第168册、《叢書集成續編》（上海書店）集部第110册、南京大學出版社2010年3月（《常州先哲遺書》第34—36册）影印。

《倪瓚文》，楊玉芬校點，鳳凰出版社2004年12月版（《全元文》第46册）。

《清閟閣集》，江興祐點校，西泠印社出版社2010年12月版（《中國歷代書畫家詩文集叢書》）。

《倪瓚詩》，楊鐮主編，中華書局2013年6月版（《全元詩》第43册）。

《倪瓚集》，侯妍文、葉子卿點校，浙江人民美術出版社 2016 年 10 月版（《藝文叢刊》二輯）

周南老

《姑蘇雜詠》一卷，明萬曆四十六年周希夔校刻《姑蘇雜詠合刻》本，《常熟文庫》第 49 册影印。

華幼武

《華氏黄楊集》一卷，明嘉靖隆慶刻萬曆增刻《盛明百家詩》本，《四庫全書存目叢書》集部第 306 册、《明别集叢刊》第五輯第 98 册影印。

《栖碧先生黄楊集》三卷《補遺》一卷《附録》一卷，明萬曆四十六年華五倫刻本，《四庫全書存目叢書》集部第 23 册、《北京圖書館古籍珍本叢刊》集部第 94 册、《續修四庫全書》第 1325 册、《元史研究資料彙編》第 70 册影印。

《黄楊集》三卷，明刻本，《元人文集珍本叢刊》第 8 册影印。

《黄楊集》六卷，明祁氏澹生堂鈔本，《原國立北平圖書館甲庫善本叢書》第 689 册、《元史研究資料彙編補編》集部第 64 册影印。

《黄楊集》六卷，民國八年《趙氏壽華軒集部叢鈔》本，《無錫文庫》第 79 册影印。

《黄楊集》，華仲厚、華叔和、華季平重編，趙承中點校，蘇州大學出版社 2012 年 1 月版。

《華幼武詩》，楊鐮主編，中華書局 2013 年 6 月版（《全元詩》第 46 册）。

楊　琢

《心遠先生存稿》十二卷《附録》二卷，明鈔本，《北京圖書館古籍珍本叢刊》集部第 98 册、《明别集叢刊》第一輯第 2 册影印。

《心遠樓存稿》八卷，清康熙三十九年楊涓等刻本，《四庫未收書輯刊》第五輯第 20 册影印。

危　素

《危太樸雲林集》二卷，明紅（藍）格鈔本，《四庫提要著録叢書》集部第113册、《明人别集稿鈔本叢刊》第3册影印。

《危太樸雲林集》二卷，清鈔本，《明别集叢刊》第一輯第3册影印。

《雲林集》二卷，清四庫全書本，《四庫全書珍本》三集集部第294册、《景印文淵閣四庫全書》第1226册、《文津閣四庫全書》第1231册、《文瀾閣四庫全書》第1262册影印。

《説學齋稿》不分卷，明鈔本，《原國立北平圖書館甲庫善本叢書》第697册影印。

《説學齋稿》不分卷，鈔本，《明别集叢刊》第一輯第3册影印。

《説學齋稿》不分卷，清康熙三十八年王氏孝慈堂鈔本，《四庫提要著録叢書》集部第260册影印。

《説學齋稿》四卷，清四庫全書本，《四庫全書珍本》三集集部第293册、《景印文淵閣四庫全書》第1226册、《文津閣四庫全書》第1230册、《文瀾閣四庫全書》第1262册影印。

《危太樸文集》不分卷，清康熙鈔本，《明人别集稿鈔本叢刊》第3册影印。

《危學士全集》十四卷，清乾隆二十三年芳樹園刻本，《四庫全書存目叢書》集部第24册、《明别集叢刊》第一輯第3册影印。

《危太樸續補》不分卷，清乾隆五十年許庭堅家鈔本，《明代詩文集珍本叢刊》第5册影印。

《危太樸（雲林）詩集》二卷《文集》十卷《續集》十卷《附録》一卷，民國七年吴興劉氏嘉業堂刻本，《元人文集珍本叢刊》第7册、《元史研究資料彙編》第84—85册影印。

《危素詩》，陳麥青校點，上海古籍出版社1990年12月版（《全明詩》第1册）。

《危素文》，周藝校點，上海古籍出版社1994年2月版（《全明文》第2册）。

《危素文》，魏崇武點校，鳳凰出版社2004年12月版（《全元文》第48册）。

《危素詩》,楊鐮主編,中華書局2013年6月版(《全元詩》第44册)。

詹同

《天衢舒嘯集》二卷,清初鈔本,《稀見明代四部輯刊》第二輯第74册影印。

《詹同詩》,馬美信校點,上海古籍出版社1990年12月版(《全明詩》第1册)。

鄧雅

《鄧伯言玉笥集》九卷,清鈔本,《四庫提要著録叢書》集部第33册、《明别集叢刊》第一輯第4册、《元史研究資料彙編》第70册影印。

《玉笥集》九卷,清四庫全書本,《四庫全書珍本》初集集部第359册、《景印文淵閣四庫全書》第1222册、《文津閣四庫全書》第1227册、《文瀾閣四庫全書》第1257册影印。

《玉笥集》九卷,清道光光緒間南海伍氏刻《粤雅堂叢書》本,《百部叢書集成》之六十四、臺灣華聯出版社1965年5月(《粤雅堂叢書》第2册)、《廣州大典》第39册影印。

《玉笥集》,商務印書館1935年12月版(《叢書集成初編》文學類第2265册);中華書局2010年9月重印版(《叢書集成初編》第483册)。

《鄧雅詩》,楊鐮主編,中華書局2013年6月版(《全元詩》第54册)。

梁寅

《新喻梁石門先生集》十卷首一卷末一卷,清乾隆十五年暨用其刻本,《北京圖書館古籍珍本叢刊》集部第96册、《四庫提要著録叢書》集部第33册、《四部叢刊五編》第150—151册、《明别集叢刊》第一輯第3册、海豚出版社2018年1月影印。

《石門集》七卷,清四庫全書本,《四庫全書珍本》四集集部第301册、《景印文淵閣四庫全書》第1222册、《文津閣四庫全書》第1227册、《文瀾閣四庫全書》第1257册(丁氏補鈔卷五至七)影印。

《梁石門先生集》十卷《附録》一卷,清光緒十五年重刻本,《元人文集珍本叢刊》第7—8册影印。

《石門(先生)集》十五卷,清黑格鈔本,《明代朱子學文獻叢刊》第35册、《明人别集稿鈔本叢刊》第4册影印。

《梁寅文》,任曉卉校點,鳳凰出版社2004年12月版(《全元文》第49册)。

《梁寅詩》,楊鐮主編,中華書局2013年6月版(《全元詩》第44册)。

汪克寬

《環谷集》八卷《附録》一卷,清康熙十八年汪宗豫刻《汪氏家集》本,《四庫提要著録叢書》集部第258册、《明别集叢刊》第一輯第4册、《元史研究資料彙編》第71册影印。

《環谷集》八卷,清四庫全書本,《四庫全書珍本》七集集部第209—210册、《景印文淵閣四庫全書》第1220册、《文津閣四庫全書》第1225册、《文瀾閣四庫全書》第1256册、《明代朱子學文獻叢刊》第10册(影文淵閣本)影印。

《汪克寬文》,李軍、李鳴點校,鳳凰出版社2004年12月版(《全元文》第52册)。

《汪克寬詩》,楊鐮主編,中華書局2013年6月版(《全元詩》第45册)。

劉永之

《劉仲修先生詩文集》八卷,清鈔本,《續修四庫全書》第1326册、《明别集叢刊》第一輯第4册影印。

舒 頔

《華陽貞素文集》七卷,清初鈔本,《四庫提要著録叢書》集部第257册影印。

《貞素齋集》八卷《附録》二卷，清四庫全書本，《四庫全書珍本》二集集部第348册、《景印文淵閣四庫全書》第1217册、《文津閣四庫全書》第1221册、《文瀾閣四庫全書》第1252册（丁氏補鈔）影印。

《貞素齋文集》八卷《附録》一卷，清道光刻本，《元史研究資料彙編》第65册影印。

《貞素家藏集》四卷《附録》二卷，清道光刻本，《元史研究資料彙編》第65册影印。

《華陽貞素齋集》八卷，清鈔本，《中國公共圖書館古籍文獻珍本匯刊·羅氏雪堂藏書遺珍》集部第13册影印。

《舒頔文》，魏崇武點校，鳳凰出版社2004年12月版（《全元文》第52册）。

《舒頔詩》，楊鐮主編，中華書局2013年6月版（《全元詩》第43册）。

舒　遠

《北莊遺稿》一卷，清初鈔本，《四庫提要著録叢書》集部第257册影印。

《北莊遺稿》一卷，清四庫全書本（附《貞素齋集》後），《四庫全書珍本》二集集部第348册、《景印文淵閣四庫全書》第1217册、《文津閣四庫全書》第1221册、《文瀾閣四庫全書》第1252册（丁氏補鈔）影印。

《舒遠詩》，楊鐮主編，中華書局2013年6月版（《全元詩》第45册）。

舒　遜

《可庵搜枯集》一卷，清初鈔本，《四庫提要著録叢書》集部第257册影印。

《可庵搜枯集》一卷，清四庫全書本（附《貞素齋集》後），《四庫全書珍本》二集集部第348册、《景印文淵閣四庫全書》第1217册、《文津閣四庫全書》第1221册、《文瀾閣四庫全書》第1252册（丁氏補鈔）影印。

《舒遜詩》，楊鐮主編，中華書局2013年6月版（《全元詩》第47册）。

魏　觀

《蒲山牧唱》不分卷，明成化四年魏銘刻本，《中華再造善本·明代編》影印。

《魏觀詩》，陳麥青校點，上海古籍出版社 1990 年 12 月版（《全明詩》第 1 册）。

陳　謨

《海桑集》十卷，清四庫全書本，《四庫全書珍本》四集集部第 309—310 册、《景印文淵閣四庫全書》第 1232 册、《文津閣四庫全書》第 1236—1237 册、《文瀾閣四庫全書》第 1268 册、《明代朱子學文獻叢刊》第 36 册（影文淵閣本）影印。

《陳聘君海桑先生集》十卷，清光緒二年柳谿書屋刻本，《明别集叢刊》第一輯第 4 册影印。

《陳謨詩》，李靈年校點，上海古籍出版社 1990 年 12 月版（《全明詩》第 1 册）。

《陳謨文》，汪賢度校點，上海古籍出版社 1994 年 2 月版（《全明文》第 2 册）。

《陳謨文》，楊玉芬點校，鳳凰出版社 2004 年 12 月版（《全元文》第 47 册）。

《陳謨詩》，楊鐮主編，中華書局 2013 年 6 月版（《全元詩》第 45 册）。

胡　翰

《胡仲子集》十卷，明洪武十三至十四年王懋温編刻本，《重修金華叢書》第 143 册影印。

《胡仲子先生信安集》二卷，明弘治十六年沈傑刻本，《明代詩文集珍本叢刊》第 5 册、《明代朱子學文獻叢刊》第 1 册影印。

《胡仲子集》十卷，明藍格鈔本，《明代朱子學文獻叢刊》第 1 册、《明人别集稿鈔本叢刊》第4册影印。

《胡仲子集》十卷，清初鈔本，《四庫提要著録叢書》集部第349册影印。

《胡仲子集》十卷，清四庫全書本，《景印文淵閣四庫全書》第1228册、《文津閣四庫全書》第1233册、《文瀾閣四庫全書》第1264册（丁氏補鈔）影印。

《胡仲子集》十卷，清鈔本，《明别集叢刊》第一輯第4册影印。

《胡仲子集》十卷，清同治光緒永康胡鳳丹退補齋刻《金華叢書》本，《百部叢書集成》之九十五（影民國中補刻本）、《元史研究資料彙編》第87册、《重修金華叢書》第12册影印。

《胡仲子集》，商務印書館1935年12月版（《叢書集成初編》文學類第2108—2109册）；中華書局2010年9月重印版（《叢書集成初編》第458册）。

《胡翰詩》，馮金牛校點，上海古籍出版社1990年12月版（《全明詩》第1册）。

《胡翰文》，孫啓治校點，上海古籍出版社1994年2月版（《全明文》第2册）。

《胡翰文》，李夢生、李鳴點校，鳳凰出版社2004年12月版（《全元文》第51册）。

《胡翰詩》，楊鐮主編，中華書局2013年6月版（《全元詩》第46册）。

沈夢麟

《吴興沈夢麟先生花谿集》三卷，清初鈔本，《四庫提要著録叢書》集部第258册、《明别集叢刊》第一輯第10册影印。

《花谿集》三卷，清四庫全書本，《四庫全書珍本》九集集部第257册、《景印文淵閣四庫全書》第1221册、《文津閣四庫全書》第1225册、《文瀾閣四庫全書》第1256册影印。

《花谿集》不分卷，舊鈔本，《原國立北平圖書館甲庫善本叢書》第690册、《元史研究資料彙編補編》集部第67册影印。

《花谿集》三卷，鈔本，《元人文集珍本叢刊》第8册影印。

《花谿集》三卷《校語》一卷，清宣統元年至民國二年歸安沈氏據日本舊鈔本刻《枕碧樓叢書》本，《叢書集成續編》（臺灣新文豐出版公司）文學類第168册、中國書店1990年10月(《海王邨古籍叢刊·枕碧樓叢書》)、《叢書集成續編》(上海書店)集部第110册、《元史研究資料彙編》第71册影印。

《沈夢麟文》,曾貽芬點校,鳳凰出版社2004年12月版(《全元文》第51册)。

《花溪集》,中國政法大學法律古籍整理研究所整理標點,知識産權出版社2006年3月版(見《枕碧樓叢書》)。

《沈夢麟詩》,楊鐮主編,中華書局2013年6月版(《全元詩》第55册)。

葉兑

《四梅軒集》四卷《補遺》一卷,民國三十七年鈔本,《明别集叢刊》第一輯第4册影印。

《四梅軒集》不分卷,民國間章梫輯校鈔本,《寧海叢書·明清卷》第44册影印。

唐桂芳

《白雲詩稿》四卷《文稿》三卷,明正德十三年張芹刻《唐氏三先生集》本,《北京圖書館古籍珍本叢刊》集部第115册、《明别集叢刊》第一輯第5册影印。

《白雲集》(《白雲稿》)七卷,清四庫全書本,《四庫全書珍本》二集集部第352册、《四庫全書珍本》四集集部第302—303册、《景印文淵閣四庫全書》第1226册、《文津閣四庫全書》第1231册、《文瀾閣四庫全書》第1262册(張宗祥據文津閣本補鈔)影印。

《唐桂芳詩》,陳先行校點,上海古籍出版社1993年1月版(《全明詩》第2册)。

《唐桂芳文》,王樹林點校,鳳凰出版社2004年12月版(《全元文》第51册)。

《唐桂芳詩》,楊鐮主編,中華書局2013年6月版(《全元詩》第41册)。

釋妙聲

《東皋録》七卷(闕卷六卷七),明洪武十七年刻本,《常熟文庫》第49册影印。

《東皋録》一卷,清康熙十四年王迺昭鈔本,《明人别集稿鈔本叢刊》第5册影印。

《東皋録》三卷,清四庫全書本,《四庫全書珍本》五集集部第296册、《景印文淵閣四庫全書》第1227册、《文津閣四庫全書》第1231册、《文瀾閣四庫全書》第1263册(丁氏補鈔卷一、卷三)、《禪門逸書初編》第7册(影文淵閣本)影印。

《東皋録》不分卷,清鈔本,《明别集叢刊》第一輯第8册影印。

《妙聲詩》,韓結根校點,上海古籍出版社1990年12月版(《全明詩》第1册)。

《釋妙聲詩》,楊鐮主編,中華書局2013年6月版(《全元詩》第47册)。

釋至仁

《澹居稿》一卷,日本寛文四年飯田氏忠兵衛刻本,《明别集叢刊》第一輯第5册、《北京大學圖書館藏日本版漢籍善本萃編》第22册、《和刻本四部叢刊》集部第95册影印。

《澹居稿》二卷,清鈔本,《北京圖書館古籍珍本叢刊》集部第99册影印。

《至仁詩》,孔沂瀾校點,上海古籍出版社1993年1月版(《全明詩》第2册)。

《釋至仁詩》,楊鐮主編,中華書局2013年6月版(《全元詩》第47册)。

顧　瑛

《玉山草堂集》二卷《集外詩》一卷,明崇禎十一年海虞毛氏汲古閣刻《元人十種詩》本,上海涵芬樓1937年、中國書店1990年7月(《海王邨古籍叢刊·元人十種詩》,影涵芬樓本)影印。

《玉山璞稿》二卷，清鈔本，《元代詩詞集》下卷第 22 册影印。

《玉山璞稿》二卷，清鈔本，《四庫提要著録叢書》集部第 258 册影印。

《玉山璞稿》一卷，清四庫全書本，《景印文淵閣四庫全書》第 1220 册、《文津閣四庫全書》第 1224 册、《文瀾閣四庫全書》第 1255 册影印。

《玉山逸稿》四卷《續補》一卷《附録》一卷《玉山璞稿》二卷，清嘉慶四年桐川顧修刻《讀畫齋叢書》本，《元史研究資料彙編》第 69 册影印。

《玉山璞稿》二卷《玉山逸稿》四卷《附録》一卷，清嘉慶鮑氏知不足齋鈔本，臺灣學生書局 1960 年 6 月(《歷代畫家詩文集》第 16 種)、《原國立北平圖書館甲庫善本叢書》第 690 册、《元史研究資料彙編補編》集部第 65 册影印。

《玉山璞稿》二卷，清嘉慶間阮元鈔本，江蘇古籍出版社 1988 年 2 月(《宛委别藏》第 106 册)影印。

《玉山璞稿》《玉山逸稿》並《附録》，商務印書館 1936 年 6 月版(《叢書集成初編》文學類第 2275 册)；中華書局 2010 年 9 月重印版(《叢書集成初編》第 484 册)。

《玉山璞稿》，楊鐮整理，中華書局 2008 年 11 月版。

《顧瑛詩》，楊鐮主編，中華書局 2013 年 6 月版(《全元詩》第 49 册)。

宋　濂

《潛溪集》十卷《附録》二卷，元至正十六年刻本，《域外漢籍珍本文庫》第四輯集部第 9 册影印。

《潛溪集》十卷《附録》二卷，明初刻本，《明代詩文集珍本叢刊》第 1 册影印。

《潛溪前集》十卷，元至正十六年刻、明初印本，《重修金華叢書》第 136 册影印。

《潛溪後集》十卷，明初刻本，《明代詩文集珍本叢刊》第 1 册、《明代朱子學文獻叢刊》第 23 册影印。

《潛溪後集》十卷，清刻本，《重修金華叢書》第 136 册影印。

《潛溪集》八卷《附録》一卷，明嘉靖十五年徐嵩、温秀刻本，《明别集叢刊》第一輯第 6 册、《原國立北平圖書館甲庫善本叢書》第 694 册(闕《附録》

一卷)、《重修金華叢書》第136册、《海外藏集部珍本文獻叢刊》第148—149册、《明代朱子學文獻叢刊》第22—23册、《元史研究資料彙編補編》集部第68—69册影印。

《潛溪先生集》(《宋潛溪先生文集》)十八卷《附録》一卷,明天順元年黄溥、嚴塤刻本,《重修金華叢書》第136册、中華書局2017年8月、《明代朱子學文獻叢刊》第26—28册影印。

《潛溪先生集》十八卷《宸翰》一卷《附録》一卷,明天順元年黄溥、嚴塤刻成化補刻本,《大倉文庫粹編·精善刻本》第59—60册影印。

《潛溪録》六卷,清宣統二年四明七千卷樓孫氏刻本,《明代朱子學文獻叢刊》第24—25册影印。

《宋學士文粹》十卷《補遺》一卷,明洪武十年鄭濟刻本,《中華再造善本·明代編》、《重修金華叢書》第136册、《域外漢籍珍本文庫》第四輯集部第9册、《明代朱子學文獻叢刊》第25册、《海外藏集部珍本文獻叢刊》第150册影印。

《宋學士續文粹》十卷《補遺》一卷,明建文三年鄭氏義門書塾初刻、永樂後重修本,《重修金華叢書》第136册、《寧海叢書·明清卷》第72—73册影印。

《宋學士集》一卷,明嘉靖隆慶刻萬曆增刻《盛明百家詩》本,《四庫全書存目叢書》集部第304册、《明别集叢刊》第五輯第95册影印。

《宋學士文粹》三卷,日本文久二年大坂群玉堂河内屋茂兵衛、江户玉巖堂和泉屋金右衛門刻本,《和刻本漢籍文集》第13輯影印。

《宋學士文粹》三卷,日本文久二年浪華書林刻本,《日本所編中國詩文選集彙刊·明代卷》第27—28册影印。

《宋學士文粹》三卷,日本文久四年印本,《和刻本漢籍文集》第13輯影印。

《宋學士文集》七十五卷,明正德九年張縉刻本,《四部叢刊初編》集部第1502—1515册、《大本原式精印四部叢刊正編》第71册、《四庫提要著録叢書》集部第34册、《明别集叢刊》第一輯第6册、《重修金華叢書》第138册影印。

《新刊宋學士全集》三十二卷《附録》一卷,明嘉靖二十九年高淳韓叔陽刻本,《重修金華叢書》第137册影印。

《新刊宋學士全集》三十三卷，日本元禄十年京都甘節齋梅邨彌右兵衛、好古堂柳田六左衛門刻本，《和刻本漢籍文集》第12—13輯、《和刻本四部叢刊》集部第95—96册影印。

《宋學士全集》三十二卷《補遺》八卷《附録》二卷，清同治光緒永康胡鳳丹退補齋刻《金華叢書》本，《百部叢書集成》之九十五（影民國中補刻本）、《重修金華叢書》第10—11册影印。

《文憲集》三十二卷，清四庫全書本，《景印摛藻堂四庫全書薈要》第409—410册、《景印文淵閣四庫全書》第1223—1224册、《文津閣四庫全書》第1227—1228册、《文瀾閣四庫全書》第1258册（作三十六卷，丁氏補鈔二十七卷）影印。

《宋景濂未刻集》二卷，清順治十二年宋實穎、蔣超輯刻本（浙江巡撫采進本），《重修金華叢書》第136册影印。

《宋景濂先生未刻集》不分卷，清康熙三年陳國珍刻本，《四庫提要著録叢書》集部第34册、《四庫全書底本叢書》集部第106册、《明代詩文集珍本叢刊》第2册影印。

《宋景濂未刻集》二卷，清四庫全書本，《四庫全書珍本》四集集部第302册、《景印文淵閣四庫全書》第1224册、《文津閣四庫全書》第1228册、《文瀾閣四庫全書》第1258—1259册（丁氏補鈔）影印。

《宋文憲公全集》五十三卷首四卷，清嘉慶十五年嚴榮編輯刻本，《元史研究資料彙編》第73—78册、《重修金華叢書》第139—140册影印。

《宋文憲公全集》五十三卷（闕卷五十一至五十三），清嘉慶十五年至道光二十二年補刻本，《明代朱子學文獻叢刊》第15—21册影印。

《宋文憲公全集》三十卷首一卷《新刊宋文憲公詩集》二卷《潛溪燕書》一卷附《浦江詩録》，清傅旭元編刻本，《重修金華叢書》第138—139册影印。

《宋文憲公全集》八十三卷附《潛溪録》六卷，清宣統三年孫鏘輯刻本，《重修金華叢書》第140—141册影印。

《蘿山集》五卷，日本江户時代鈔本，《域外漢籍珍本文庫·日藏明人别集珍本叢刊》第一輯第1册影印。

《蘿山集》五卷，日本元禄間祖桂寫本，《重修金華叢書》第136册、國家圖書館出版社2019年12月（《金華珍稀古籍選刊》）影印。

《宋學士全集》，商務印書館1939年12月版（《叢書集成初編》文學類第

2110—2133 册）；中華書局 2010 年 9 月重印版（《叢書集成初編》第 458—461 册）。

《宋濂詩》，陳葛滿校點，上海古籍出版社 1993 年 1 月版（《全明詩》第 2 册）。

《宋濂集》，陳葛滿、陳繼東、邵壽鹿整理，海南國際新聞出版中心 1996 年 12 月版（《傳世藏書》集庫別集第 8 册）。

《宋濂全集》，羅月霞主編，浙江古籍出版社 1999 年 12 月版。

《（新編本）宋濂全集》，浙江古籍出版社編，浙江古籍出版社 2014 年 6 月版（《浙江文叢》）。

《宋濂全集》，黄靈庚輯校，人民文學出版社 2014 年 6 月版（《明清別集叢刊》）。

《宋文憲公全集》，徐儒宗校點，北京大學出版社 2017 年 11 月版（《儒藏·精華編》第 248—249 册）。

袁 凱

《海叟集》三卷，明正德元年寫刻本，《四庫全書存目叢書》集部第 25 册、《中華再造善本·明代編》、《寫刻古籍版本聚珍》第 217 册影印。

《袁海叟集》一卷，明嘉靖隆慶刻萬曆增刻《盛明百家詩》本，《四庫全書存目叢書》集部第 304 册、《明別集叢刊》第五輯第 95 册影印。

《海叟集》四卷，明萬曆三十七年張所望刻本，《北京圖書館古籍珍本叢刊》集部第 100 册影印。

《海叟集》四卷，清汪氏裘抒樓鈔本，《原國立北平圖書館甲庫善本叢書》第 700 册影印。

《在野集》二卷，清初鈔本，《明別集叢刊》第一輯第 10 册影印。

《袁海叟在野集》八卷，清汪文柏鈔本，《明代詩文集珍本叢刊》第 7 册影印。

《海叟詩集》四卷《集外詩》一卷《附録》一卷，清康熙六十一年城書室寫刻本，《寫刻本詩詞集叢刊》第 8 册影印。

《海叟集》四卷，清四庫全書本，《四庫全書珍本》六集集部第 265 册、《景印文淵閣四庫全書》第 1233 册、《文津閣四庫全書》第 1237 册、《文瀾閣四庫全書》第 1269 册（丁氏補鈔）影印。

《袁景文七律鈔》一卷，清鈔《石研齋七律鈔選》本，《明人别集稿鈔本叢刊》第93册影印。

《袁海叟詩集》四卷補一卷《附録》一卷，清光緒十三至二十年石埭徐氏刻《觀自得齋叢書》本，《叢書集成續編》(臺灣新文豐出版公司)文學類第169册、《叢書集成續編》(上海書店)集部第111册影印。

《海叟詩集》四卷，清宣統三年江西印刷局石印本，《明别集叢刊》第一輯第10册影印。

《袁凱詩》，賀聖遂校點，上海古籍出版社1993年1月版(《全明詩》第2册)。

《袁凱詩》，楊鐮主編，中華書局2013年6月版(《全元詩》第46册)。

《袁凱集編年校注》，萬德敬校注，上海古籍出版社2015年3月版。

劉 基

《犁眉公集》五卷，明初刻本，《中華再造善本·明代編》、《元史研究資料彙編補編》集部第69册影印。

《覆瓿集》二十四卷(存卷六至十二)，明初刻本，《原國立北平圖書館甲庫善本叢書》第694册影印。

《覆瓿集》二十四卷(存卷七至十九)，明初刻本，《明别集叢刊》第一輯第7册影印。

《覆瓿集》二十四卷《拾遺》二卷，明初刻本，《域外漢籍珍本文庫·日藏明人别集珍本叢刊》第一輯第4册影印。

《覆瓿集》殘十八卷《拾遺》二卷，明初刻本，《域外漢籍珍本文庫》第五輯集部第19册影印。

《覆瓿集》二十四卷，明宣德五年劉貊刻本，《中華再造善本·明代編》影印。

《誠意伯劉先生文集》二十卷，明成化六年戴用、張僖刻本，《明代詩文集珍本叢刊》第2—4册影印。

《誠意伯劉先生文集》二十卷，明正德十四年林富處州刻本，《明别集叢刊》第一輯第7册影印。

《太師誠意伯劉文成公集》二十卷，明隆慶六年謝廷傑、陳烈刻本，《四部叢刊初編》集部第1516—1525册、《大本原式精印四部叢刊正編》第72册、《四庫提要著録叢書》集部第35册影印。

《誠意伯文集》二十卷，清四庫全書本，《景印摛藻堂四庫全書薈要本》第408册（多《附録》一卷）、《景印文淵閣四庫全書》第1225册、《文津閣四庫全書》第1229册、《文瀾閣四庫全書》第1260册（丁氏補鈔卷一至十）影印。

《太師誠意伯劉文成公集》十八卷，明嘉靖三十五年樊獻科、于德昌刻本，《明别集叢刊》第一輯第7册、《原國立北平圖書館甲庫善本叢書》第694册、《元史研究資料彙編》第79—80册、《元史研究資料彙編補編》集部第70—73册影印。

《劉誠意伯集》一卷，明嘉靖隆慶刻萬曆增刻《盛明百家詩》本，《四庫全書存目叢書》集部第304册、《明别集叢刊》第五輯第95册影印。

《劉伯温七律鈔》一卷，清鈔《石研齋七律鈔選》本，《明人别集稿鈔本叢刊》第93册影印。

《誠意伯詩鈔》四卷，日本天保十一年四月和歌山世壽堂阪本喜一郎等刻本，《和刻本漢詩集成補篇》第17輯影印。

《誠意伯詩鈔》四卷，日本天保十一年帶香草閣刻本《日本所編中國詩文選集彙刊·明代卷》第25—26册影印。

《劉誠意文鈔》三卷，日本天保十三年序刻本，《日本所編中國詩文選集彙刊·明代卷》第26册影印。

《劉誠意文鈔》三卷，日本天保十五年大阪赤松九兵衛等刻本，《和刻本漢籍文集》第11輯影印。

《誠意伯文集》，何鏜編校，商務印書館1936年9月版（《萬有文庫》第二集《國學基本叢書》）。

《劉基詩》，黄敏校點，上海古籍出版社1993年1月版（《全明詩》第2册）。

《劉基集》，談蓓芳整理，海南國際新聞出版中心1996年12月版（《傳世藏書》集庫别集第7册）。

《劉基集》（《劉伯温集》），林家驪點校，浙江古籍出版社1999年12月版（《兩浙作家文叢》）；2011年5月版（《浙江文叢》）；2016年7月版（《大家文集》）。

《劉基文選》，裴世俊等選注評點，蘇州大學出版社 2001 年 9 月版（《明清八大家文選叢書》）。

《誠意伯劉先生文集》，陳勝華、邢松祺、雷克丑等點校，中國文史出版社 2011 年 1 月版（《浙江地方人文集萃》）。

《劉伯溫文集》，雷克丑校記，綫裝書局 2015 年 12 月版（《劉伯溫文化叢書》）。

宋訥

《西隱文稿》十卷《附録》一卷，明萬曆六年劉師魯刻本，《明人文集叢刊》第一期第 2 種、《四庫提要著録叢書》集部第 63 册、《明別集叢刊》第一輯第 8 册、《原國立北平圖書館甲庫善本叢書》第 696 册、《元史研究資料彙編補編》集部第 73 册影印。

《西隱集》十卷《附録》一卷，清四庫全書本，《四庫全書珍本》三集集部第 292 册、《景印文淵閣四庫全書》第 1225 册、《文津閣四庫全書》第 1230 册、《文瀾閣四庫全書》第 1261 册（闕《附録》一卷）影印。

《宋訥詩》，朱邦薇校點，上海古籍出版社 1993 年 1 月版（《全明詩》第 2 册）。

《宋訥文》，李軍點校，鳳凰出版社 2004 年 12 月版（《全元文》第 50 册）。

陶安

《陶學士先生文集》二十卷附《事蹟》一卷，明弘治十三年項經刻本，《原國立北平圖書館甲庫善本叢書》第 695 册、《元史研究資料彙編補編》集部第 74—75 册影印。

《陶學士先生文集》二十卷附《事蹟》一卷，明弘治十三年項經刻遞修本，《四庫提要著録叢書》集部第 35 册、《明別集叢刊》第一輯第 9 册、《四庫全書底本叢書》集部第 35—36 册、《明代朱子學文獻叢刊》第 2—3 册影印。

《陶學士集》二十卷，清四庫全書本，《四庫全書珍本》七集集部第 211—213 册、《景印文淵閣四庫全書》第 1225 册、《文津閣四庫全書》第 1229 册、《文瀾閣四庫全書》第 1260 册（丁氏補鈔卷一、二）影印。

《陶安詩》，錢振民、談蓓芳、邵毅平、鄭利華、朱邦薇校點，上海古籍出版社 1994 年 9 月版（《全明詩》第 3 册）。

《陶安詩》，楊鐮主編，中華書局 2013 年 6 月版（《全元詩》第 56 册）。

宋玄僖（宋元僖、宋　禧）

《庸菴集》十四卷，清四庫全書本，《四庫全書珍本》二集集部第 350 册、《景印文淵閣四庫全書》第 1222 册、《文津閣四庫全書》第 1226 册、《文瀾閣四庫全書》第 1257 册影印。

《宋玄僖詩》，朱延春校點，上海古籍出版社 1994 年 9 月版（《全明詩》第 3 册）。

《宋禧文》，李軍點校，鳳凰出版社 2004 年 12 月版（《全元文》第 51 册）。

劉三吾

《坦齋先生文集》三卷，明成化十三年俞藎刻本，《原國立北平圖書館甲庫善本叢書》第 697 册影印。

《坦齋劉先生文集》二卷《附録》一卷，明萬曆六年韓域賈緣刻本，《四庫全書存目叢書》集部第 25 册、《北京圖書館古籍珍本叢刊》集部第 99 册、《明別集叢刊》第一輯第 8 册影印。

《坦齋劉先生文集》二卷《附録》一卷，明萬曆六年韓域賈緣刻天啓遞修本，《原國立北平圖書館甲庫善本叢書》第 697 册影印。

《坦齋先生文集》二卷《附録》一卷，清康熙鈔本，《明人別集稿鈔本叢刊》第 5 册影印。

《劉翰林先生斐然稿》一卷《續集》一卷，清初鈔本，《明人別集稿鈔本叢刊》第 6 册影印。

《劉三吾詩》，錢振民校點，上海古籍出版社 1994 年 9 月版（《全明詩》第 3 册）。

《劉三吾集》，陳冠梅校點，岳麓書社 2013 年 8 月版（《湖湘文庫》甲編）。

杜 斆

《拙庵集》十卷，明成化刻本，《山西歷代著作集成》第371册影印。

《拙庵集》十卷，明成化刻嘉靖四年遞修本，《原國立北平圖書館甲庫善本叢書》第700册影印。

《杜斆詩》，黄毅校點，上海古籍出版社1994年9月版(《全明詩》第3册)。

《拙庵集》，岳海燕點校，上海古籍出版社2017年11月版(《山右叢書二編》第1册)。

陳 基

《夷白齋稿》三十五卷《外集》一卷，明鈔本，《原國立北平圖書館甲庫善本叢書》第691册、《元史研究資料彙編補編》集部第65—66册影印。

《夷白齋稿》三十五卷《外集》一卷《補遺》一卷《附録》一卷，明鈔本，《四部叢刊三編》集部第70册(另附《校勘記》一卷)、《四部叢刊廣編》第43册(另附《校勘記》一卷)、《四庫提要著録叢書》集部第113册、《常熟文庫》第48册(闕《補遺》《附録》，多《拾遺》一卷)影印。

《夷白齋稿》三十五卷《外集》二卷，清四庫全書本，《四庫全書珍本》九集集部第258—260册、《景印文淵閣四庫全書》第1222册、《文津閣四庫全書》第1226册、《文瀾閣四庫全書》第1257册影印。

《夷白齋稿》三十五卷《外集》一卷，清鈔本，《上海圖書館藏涉園稿鈔校本叢書》第33—34册影印。

《陳基文》，邱居里點校，鳳凰出版社2004年12月版(《全元文》第50册)。

《陳基集》，邱居里、李黎校點，吉林文史出版社2009年12月版(《元代别集叢刊》)。

《陳基詩》，楊鐮主編，中華書局2013年6月版(《全元詩》第55册)。

烏斯道

《春草齋文集》六卷《詩集》五卷附《名公贊春草集歌詠》一卷，明崇禎二年蕭基刻本，《四庫提要著録叢書》集部第261册、《明别集叢刊》第一輯第8册（闕《文集》卷一至二、《詩集》卷四至五）、《四庫全書底本叢書》集部第39册（闕《文集》卷一至二、《詩集》卷四至五）影印。

《春草齋集》十卷，清四庫全書本，《四庫全書珍本》十集集部第263—264册、《景印文淵閣四庫全書》第1232册、《文津閣四庫全書》第1236册（多《附録》一卷）、《文瀾閣四庫全書》第1268册（丁氏補鈔卷十及《附録》一卷）影印。

《春草齋集》十二卷，民國二十四年四明張氏約園刻《四明叢書》本，《叢書集成續編》（臺灣新文豐出版公司）文學類第138册、《叢書集成續編》（上海書店）集部第111册、廣陵書社2006年8月（《四明叢書》第9—10册）、《張壽鏞文獻輯刊》第44册影印。

《烏斯道文》，徐永明校點，鳳凰出版社2004年12月版（《全元文》第57册）。

《烏斯道集》，徐永明點校，浙江古籍出版社2012年11月版（《浙江文叢》）。

《烏斯道詩》，楊鐮主編，中華書局2013年6月版（《全元詩》第60册）。

朱　善（朱善繼）

《朱一齋先生文集》前十卷後五卷《廣游文集》一卷，明成化二十二年朱維鑑刻本，《四庫全書存目叢書》集部第25册、《劍邑文庫》第4册影印。

《朱一齋先生文集》前十卷後五卷《廣游文集》一卷，清鈔本，《明别集叢刊》第一輯第8册影印。

《朱善文》，邱居里點校，鳳凰出版社2004年12月版（《全元文》第53册）。

《朱善詩》，楊鐮主編，中華書局2013年6月版（《全元詩》第55册）。

劉　夏

《劉尚賓文集》五卷《附録》一卷《續集》四卷，明永樂劉拙刻成化劉衢增修本，《續修四庫全書》第1326册、《明别集叢刊》第一輯第8册影印。

朱　右

《白雲稿》十二卷，明初刻本，《續修四庫全書》第1326册、《四庫提要著録叢書》集部第63册（卷八至十二配清鈔本）、《明别集叢刊》第一輯第8册、《明代朱子學文獻叢刊》第43册影印。

《白雲稿》十一卷（存卷一至三），明烏絲欄鈔本，《原國立北平圖書館甲庫善本叢書》第698册影印。

《白雲稿》十一卷，清初鈔本，《明人别集稿鈔本叢刊》第6册影印。

《白雲稿》十二卷（存卷一至五），清乾隆翰林院四庫館鈔本，《四庫全書底本叢書》集部第37册影印。

《白雲稿》五卷，清四庫全書本，《景印文淵閣四庫全書》第1228册、《文津閣四庫全書》第1232册、《文瀾閣四庫全書》第1263册（丁氏補鈔十一卷本）影印。

《朱右詩》，朱承揮校點，上海古籍出版社1993年1月版（《全明詩》第2册）。

《朱右文》，邱居里點校，鳳凰出版社2004年12月版（《全元文》第50册）。

《朱右詩》，楊鐮主編，中華書局2013年6月版（《全元詩》第56册）。

貝　瓊

《清江貝先生文集》三十卷《詩集》十卷《詩餘》一卷，明洪武刻本，《四部叢刊初編》集部第1526—1531册、《大本原式精印四部叢刊正編》第72册、《四庫提要著録叢書》集部第36册、《中華再造善本·明代編》影印。

《清江貝先生集》三卷《續集》一卷，明萬曆三年李詩刻本，《明别集叢刊》第一輯第9册、《原國立北平圖書館甲庫善本叢書》第698册影印。

《清江貝先生詩集》十卷《文集》三十卷，明鈔本，《原國立北平圖書館甲庫善本叢書》第698册影印。

《清江貝先生詩集》十卷《文集》三十卷，清康熙五十八年金氏燕翼堂刻本，《明别集叢刊》第一輯第9册影印。

《貝清江先生全集》四十卷（《詩集》十卷《文集》三十卷），清乾隆二十四年屐硯齋寫刻本，《寫刻古籍版本聚珍》第345—346册影印。

《清江詩集》十卷《文集》三十卷，清四庫全書本，《景印文淵閣四庫全書》第1228册、《文津閣四庫全書》第1232册、《文瀾閣四庫全書》第1263册（丁氏補鈔十五卷，《文集》作三十一卷）影印。

《貝瓊詩》，談蓓芳、陳正宏校點，上海古籍出版社1994年9月版（《全明詩》第3册）。

《貝瓊集》，李鳴校點，吉林文史出版社2010年12月版（《元代别集叢刊》）。

《貝瓊集》，楊葉點校，浙江古籍出版社2019年11月版（《浙江文叢》）。

李　曄（李　昱）

《草閣詩集》六卷《拾遺》一卷《文集》一卷附《筠谷詩集》一卷，清四庫全書本，《景印文淵閣四庫全書》第1232册、《文津閣四庫全書》第1236册、《文瀾閣四庫全書》第1267册（丁氏、張宗祥補鈔）影印。

《（李）草閣詩集》六卷《拾遺》一卷《文集》一卷附《筠谷詩集》一卷，清鈔本，《四庫提要著録叢書》集部第261册、《重修金華叢書》第135册影印。

《李草閣詩集》六卷《拾遺》一卷《文集》一卷附《筠谷詩集》一卷，清光緒二十三年錢塘丁氏嘉惠堂刻《武林往哲遺著》本，《叢書集成續編》（臺灣新文豐出版公司）文學類第138册、《叢書集成續編》（上海書店）集部第111册、廣陵書社2011年7月（《武林往哲遺著》第2册）影印。

《李草閣詩集》六卷《拾遺》一卷《文集》一卷附《筠谷詩集》一卷，舊鈔本，《原國立北平圖書館甲庫善本叢書》第700册影印。

《草閣詩集》六卷《拾遺》一卷《文集》一卷，清石墨樓刻本，《明别集叢刊》第一輯第8册影印。

《李曄詩》，楊鐮主編，中華書局2013年6月版（《全元詩》第56册）。

《李草閣集》，楊倪忠編，中國社會出版社2014年3月版(《麗州文存》)。

《李草閣詩集》，竇懷永點校，杭州出版社2014年5月版(《杭州全書·杭州文獻集成》第16册)；浙江古籍出版社2019年11月版(《武林往哲遺著》第8册，《浙江文叢》)。

李𨍏

《筠谷詩集》一卷，舊鈔本(附《李草閣詩集》後)，《原國立北平圖書館甲庫善本叢書》第700册影印。

《筠谷詩集》一卷，清四庫全書本(附《草閣詩集》後)，《景印文淵閣四庫全書》第1232册、《文津閣四庫全書》第1236册、《文瀾閣四庫全書》第1267册(丁氏、張宗祥補鈔)影印。

《筠谷詩集》一卷，清鈔本(附《草閣詩集》後)，《四庫提要著録叢書》集部第261册、《重修金華叢書》第135册影印。

《筠谷詩集》一卷，清光緒二十三年錢塘丁氏嘉惠堂刻《武林往哲遺著》本(附《李草閣詩集》後)，《叢書集成續編》(臺灣新文豐出版公司)文學類第138册、《叢書集成續編》(上海書店)集部第111册、廣陵書社2011年7月(《武林往哲遺著》第2册)影印。

《筠谷詩集》一卷，清石墨樓刻本，《明别集叢刊》第一輯第8册影印。

藍仁

《藍山詩集》六卷，明嘉靖五年藍鈕刻本，《原國立北平圖書館甲庫善本叢書》第700册影印。

《藍山先生詩集》六卷，明鈔本，《中國古籍珍本叢刊·廣東省立中山圖書館卷》第46册影印。

《藍山集》六卷，清乾隆翰林院四庫館臣輯《永樂大典》鈔本，《四庫全書底本叢書》集部第38册影印。

《藍山集》六卷，清四庫全書本，《四庫全書珍本》别輯集部第396册、《景印文淵閣四庫全書》第1229册、《文津閣四庫全書》第1234册、《文瀾閣四庫全書》第1265册(丁氏補鈔卷四至六)影印。

《藍山先生詩集》六卷，清鈔本，《明别集叢刊》第一輯第9册影印。

《藍山先生詩集》六卷，清咸豐七年刻本，《八閩文庫·福建文獻集成》初編集部第8册影印。

陶宗儀

《南村詩集》四卷，明崇禎十一年海虞毛氏汲古閣刻《元人十種詩》本，上海涵芬樓1937年、中國書店1990年7月（《海王邨古籍叢刊·元人十種詩》，影涵芬樓本）、《四庫提要著録叢書》集部第261册影印。

《南村（詩）集》四卷，清四庫全書本，《四庫全書珍本》十一集集部第174册、《景印文淵閣四庫全書》第1231册、《文津閣四庫全書》第1235册、《文瀾閣四庫全書》第1267册（丁氏補鈔）影印。

《滄浪櫂歌》一卷，清嘉慶四年桐川顧修刻《讀畫齋叢書》本，《四庫全書存目叢書》集部第24册、《明别集叢刊》第一輯第14册影印。

《南村詩集》四卷，民國四年黄巖楊晨刻《台州叢書後集》本，《叢書集成續編》（臺灣新文豐出版公司）文學類第168册、《明别集叢刊》第一輯第14册影印。

《滄浪櫂歌》，商務印書館1937年6月版（《叢書集成初編》文學類第2281册）；中華書局2010年9月重印版（《叢書集成初編》第485册）。

《陶宗儀集》，徐永明、楊光輝點校，浙江古籍出版社2005年11月版；2014年4月版（《浙江文叢》）。

《南村詩集箋注》，吴春榮、俞仁良箋注，上海教育出版社2019年4月版。

袁　華

《耕學齋詩集》十二卷，明鈔本，《四庫提要著録叢書》集部第261册、《明人别集稿鈔本叢刊》第7—8册影印。

《耕學齋詩集》十二卷，清雍正元年文瑞樓鈔本，《大倉文庫萃編·名家鈔校本》第56册影印。

《耕學齋詩集》十卷，清鈔本，《明别集叢刊》第一輯第10册影印。

《耕學齋（詩）集》十二卷，清四庫全書本，《四庫全書珍本》三集集部第

297 册、《景印文淵閣四庫全書》第 1232 册、《文津閣四庫全書》第 1236 册、《文瀾閣四庫全書》第 1268 册(丁氏補鈔)影印。

《可傳集》一卷，清四庫全書本，《四庫全書珍本》初集集部第 361 册、《景印文淵閣四庫全書》第 1232 册、《文津閣四庫全書》第 1236 册、《文瀾閣四庫全書》第 1268 册影印。

《袁華詩》，楊鐮主編，中華書局 2013 年 6 月版(《全元詩》第 57 册)。

戴良

《九靈山房集》三十卷，明正統十年戴統刻黑口本，《四部叢刊初編》集部第 1485—1490 册、《大本原式精印四部叢刊正編》第 70 册、《四庫提要著録叢書》集部第 258 册、《重修金華叢書》第 135 册、《元代詩詞集》下卷第 4—5 册(影《四部叢刊》本)影印。

《(重刻)九靈山房集》三十卷《年譜》一卷《補編》二卷，清乾隆三十七年戴氏傳經書屋刻本，《北京市文物局圖書資料中心藏古籍珍本叢刊》第 30—31 册、《明別集叢刊》第一輯第 10 册、《重修金華叢書》第 135 册影印。

《九靈山房集》三十卷《年譜》一卷《補編》二卷，清四庫全書本，《景印文淵閣四庫全書》第 1219 册、《文津閣四庫全書》第 1223 册、《文瀾閣四庫全書》第 1254 册(闕《年譜》一卷，丁氏補鈔十五卷)影印。

《戴九靈集》十九卷，清道光二十八年涇縣潘氏袁江節署刻《乾坤正氣集》本，臺灣環球書局 1966 年(《乾坤正氣集》第 9 册)影印。

《九靈山房集》三十卷《補編》二卷，清同治光緒永康胡鳳丹退補齋刻《金華叢書》本，《百部叢書集成》之九十五(影民國中補刻本)、《重修金華叢書》第 9 册影印。

《九靈山房遺稿》八卷(首一卷《詩》四卷附《補編》一卷《文》一卷附《補編》一卷)，清同治光緒永康胡鳳丹退補齋刻《金華叢書》本，《百部叢書集成》之九十五(影民國中補刻本)、《四庫全書存目叢書》集部第 23 册、《重修金華叢書》第 9 册影印。

《九靈山房集》附《補編》、《九靈山房遺稿》附《補編》，商務印書館 1935 年 12 月版(《叢書集成初編》文學類第 2092—2099 册)；中華書局 2010 年 9 月重印版(《叢書集成初編》第 455—456 册)。

《戴良文》，王忠閣點校，鳳凰出版社2004年12月版（《全元文》第53册）。

《戴良集》，李軍、施賢明校，吉林文史出版社2009年12月版（《元代别集叢刊》）。

《戴良詩》，楊鐮主編，中華書局2013年6月版（《全元詩》第58册）。

張　庸

《全歸集》六卷，清漱石山房鈔本，《明别集叢刊》第一輯第11册影印。

王　沂

《王徵士詩》八卷，清嘉慶阮元輯鈔《宛委别藏》本，商務印書館1935年（《選印宛委别藏》）、江蘇古籍出版社1988年2月（《宛委别藏》第107册）、《叢書集成三編》文學類第40册（影《選印宛委别藏》本）、《明别集叢刊》第一輯第11册（影《選印宛委别藏》本）影印。

《王沂文》，韓格平校點，鳳凰出版社2004年12月版（《全元文》第60册）。

《王沂詩》，楊鐮主編，中華書局2013年6月版（《全元詩》第58册）。

張　著

《永嘉先生集》十二卷，舊鈔本，《原國立北平圖書館甲庫善本叢書》第700册影印。

《永嘉先生集》十二卷，清鈔本，《明人别集稿鈔本叢刊》第7册影印。

《永嘉先生集》十二卷，民國二十年永嘉黄氏鉛印《敬鄉樓叢書》本，《叢書集成續編》（臺灣新文豐出版公司）文學類第138册、《明别集叢刊》第一輯第10册、《常熟文庫》第49册影印。

《永嘉集》，楊奔點校，上海古籍出版社2005年8月版（《蒼南文獻叢書》）。

釋宗泐

《補刊全室外集》九卷續一卷，明永樂刻本，《四庫全書底本叢書》集部第

40 册影印。

《全室外集》九卷，日本室町幕府時代刻本（卷九鈔補），《明別集叢刊》第一輯第 13 册、《北京大學圖書館藏日本版漢籍善本萃編》第 22 册影印。

《釋全室集》一卷，明嘉靖隆慶刻萬曆增刻《盛明百家詩》本，《四庫全書存目叢書》集部第 308 册、《明别集叢刊》第五輯第 100 册影印。

《全室外集》二集，日本寬文九年刻本，《和刻本四部叢刊》集部第 96 册影印。

《全室外集》九卷《續集》一卷，清四庫全書本，《四庫全書珍本》六集集部第 265 册、《禪門逸書初編》第 7 册（影文淵閣本）、《景印文淵閣四庫全書》第 1234 册、《文津閣四庫全書》第 1239 册、《文瀾閣四庫全書》第 1270 册（丁氏補鈔）影印。

《全室外集》，徐三見點校，巴蜀書社 2011 年 7 月版（見《赤城遺書彙刊》，《台臨歷史文獻要籍叢編》）。

《釋宗泐集》，徐三見整理校注，浙江大學出版社 2016 年 7 月版（與《劉仁本集》《許伯旅集》《王叔英集》同册，《温嶺叢書》甲集第 3 册）。

黄　樞

《後圃黄先生存集》四卷附《響明齋詩文》一卷，明嘉靖二十九年古林山房黄遥刻本，《北京圖書館古籍珍本叢刊》集部第 96 册、《明別集叢刊》第一輯第 11 册、《四部叢刊五編》第 152 册影印。

趙　汸

《東山趙先生文集》十二卷《詩補》一卷《文補》一卷《附録》一卷，明鈔本，《明代朱子學文獻叢刊》第 13—14 册影印。

《趙徵君東山先生存稿》七卷附《東山趙先生汸行狀》一卷，清康熙二十年趙吉士刻本，《四庫提要著録叢書》集部第 113 册影印。

《東山（先生）存稿》七卷附《東山趙先生汸行狀》一卷，清四庫全書本，《四庫全書珍本》二集集部第 342—343 册、《景印文淵閣四庫全書》第 1221 册、《文津閣四庫全書》第 1225 册、《文瀾閣四庫全書》第 1256 册影印。

《趙汸文》，卓連營校點，鳳凰出版社2004年12月版（《全元文》第54册）。

《趙汸詩》，楊鐮主編，中華書局2013年6月版（《全元詩》第59册）。

王逢

《梧溪集》七卷，元至正明洪武間刻景泰七年陳敏政重修本，《北京圖書館古籍珍本叢刊》集部第95册、《中華再造善本·金元編》影印。

《梧溪集》七卷，清吕氏明農草堂鈔本，《四庫提要著録叢書》集部第32册影印。

《梧溪集》七卷，清四庫全書本，《四庫全書珍本》二集集部第345—347册、《景印文淵閣四庫全書》第1218册、《文津閣四庫全書》第1222—1223册、《文瀾閣四庫全書》第1254册（丁氏補鈔）影印。

《梧溪集》七卷《補遺》一卷，清乾隆道光長塘鮑氏刻《知不足齋叢書》二十九集本，上海古書流通處1922年、《百部叢書集成》之二十九、中華書局1999年6月（《知不足齋叢書》第10册）影印。

《梧溪集》七卷《補遺》一卷《困學齋雜録》一卷，清同治十三年思補樓刻本，《元代詩詞集》下卷第10册影印。

《梧溪集》七卷，清鈔本，《原國立北平圖書館甲庫善本叢書》第690册、《元史研究資料彙編》第68册影印。

《梧溪集》附《補遺》，商務印書館1935年12月版（《叢書集成初編》文學類第2276册）；中華書局2010年9月重印版（《叢書集成初編》第485册）。

《梧溪集》，臺灣新文豐出版公司1974年6月版（《叢書集選》）。

《王逢詩》，楊鐮主編，中華書局2013年6月版（《全元詩》第59册）。

《梧溪集》，李軍點校，北京師範大學出版社2016年7月版（《元代古籍集成》）。

釋來復

《蒲庵集》六卷《幻庵詩》一卷，明洪武刻本，《禪門逸書初編》第7册、《劍邑文庫》第4册（影《禪門逸書初編》本）影印。

《蒲庵集》六卷，明鈔本，《明人别集稿鈔本叢刊》第8册影印。

《釋來復文》，徐永明校點，鳳凰出版社2004年12月版（《全元文》第57册）。

徐一夔

《始豐稿》十四卷，清鈔本，《四庫提要著録叢書》集部第114册影印。

《始豐稿》十四卷，清四庫全書本，《四庫全書珍本》十集集部第258—261册、《景印文淵閣四庫全書》第1229册、《文津閣四庫全書》第1233册、《文瀾閣四庫全書》第1264册（丁氏補鈔八卷）影印。

《始豐稿》十四卷《補遺》一卷《附録》一卷《續附録》一卷，清光緒二十年錢塘丁氏嘉惠堂刻《武林往哲遺著》本，《叢書集成續編》（臺灣新文豐出版公司）文學類第185册、《叢書集成續編》（上海書店）集部第111册、廣陵書社2011年7月（《武林往哲遺著》第4册）影印。

《始豐稿校注》，徐永恩校注，浙江古籍出版社2008年4月版。

《徐一夔詩》，楊鐮主編，中華書局2013年6月版（《全元詩》第58册）。

《始豐稿》，余清良點校，杭州出版社2014年5月版（《杭州全書·杭州文獻集成》第19册）。

《徐一夔集》，徐永恩點校，浙江古籍出版社2017年11月版（《浙江文叢》）。

錢子正

《緑苔軒集》六卷，清四庫全書《三華集》本，《四庫全書珍本》初集集部第374册、《景印文淵閣四庫全書》第1372册、《文津閣四庫全書》第1376册、《文瀾閣四庫全書》第1415册、《明别集叢刊》第一輯第18册（影文淵閣本）影印。

劉　嵩（劉　崧）

《槎翁文集》十八卷，明嘉靖元年徐冠刻本，《四庫全書存目叢書》集部第

24 册、《明别集叢刊》第一輯第 12 册、《原國立北平圖書館甲庫善本叢書》第 697 册、《元史研究資料彙編》第 86—87 册、《中華再造善本・明代編》影印。

《劉槎翁先生詩選》十二卷，明萬曆二十五年張應泰刻本，《北京圖書館古籍珍本叢刊》集部第 99 册、《明别集叢刊》第一輯第 12 册影印。

《槎翁詩》八卷，明萬曆三十八年真如齋刻本，《四庫提要著録叢書》集部第 63 册影印。

《槎翁詩集》八卷，清四庫全書本，《四庫全書珍本》五集集部第 294—295 册、《景印文淵閣四庫全書》第 1227 册、《文津閣四庫全書》第 1231 册、《文瀾閣四庫全書》第 1262 册(丁氏補鈔卷一至六、卷八)影印。

《劉崧詩》，楊鐮主編，中華書局 2013 年 6 月版(《全元詩》第 61 册)。

王 禕

《王忠文公集》二十五卷，明正統六年鄱陽劉傑刻本，《重修金華叢書》第 142 册影印。

《王忠文公文集》二十五卷，明正統九年初刻、景泰七年補刻本，《重修金華叢書》第 142 册影印。

《王忠文公文集》二十四卷，明嘉靖元年張齊刻本，《北京圖書館古籍珍本叢刊》集部第 98 册、《四庫提要著録叢書》集部第 259 册、《四庫全書底本叢書》集部第 107—109 册、《明代朱子學文獻叢刊》第 29—32 册影印。

《王忠文公文集》二十四卷，明嘉靖元年張齊刻萬曆七年金華府遞修本，《原國立北平圖書館甲庫善本叢書》第 696 册影印。

《王忠文公集》一卷，明嘉靖隆慶刻萬曆增刻《盛明百家詩》本，《四庫全書存目叢書》集部第 306 册、《明别集叢刊》第五輯第 98 册影印。

《王忠文公文集》二十四卷，明萬曆三十二年張維樞刻本，《明别集叢刊》第一輯第 12 册影印。

《王忠文公集》四十六卷《附録》一卷，明崇禎刻本，《域外漢籍珍本文庫》第五輯集部第 19 册影印。

《王忠文公集》二十五卷，清康熙三十年王廷曾刻本，《元史研究資料彙編》第 82—84 册影印。

《王忠文集》二十四卷，清四庫全書本，《景印文淵閣四庫全書》第 1226

册、《文津閣四庫全書》第1230册、《文瀾閣四庫全書》第1261册(丁氏補鈔六卷)影印。

《王忠文集》二十卷,清道光二十八年涇縣潘氏袁江節署刻《乾坤正氣集》本,臺灣環球書局1966年(《乾坤正氣集》第10—11册)影印。

《王忠文公集》二十卷,清同治光緒永康胡鳳丹退補齋刻《金華叢書》本,《百部叢書集成》之九十五(影民國中補刻本)、《叢書集成新編》文學類第75册(影《叢書集成初編》排印本)、《重修金華叢書》第12册影印。

《王忠文公集》,商務印書館1936年6月版(《叢書集成初編》文學類第2421—2428册);中華書局2010年9月重印版(《叢書集成初編》第507册)。

《王禕文》,樊善國校點,鳳凰出版社2004年12月版(《全元文》第55册)。

《王禕集》,顔慶餘點校,浙江古籍出版社2016年11月版(《浙江文叢》)。

龔　斆

《鵝湖集》六卷,清四庫全書本,《四庫全書珍本》二集集部第353册、《景印文淵閣四庫全書》第1233册、《文津閣四庫全書》第1237册、《文瀾閣四庫全書》第1269册(張宗祥據文津閣本補鈔)影印。

釋克新

《雪廬稿》不分卷,日本南北朝時期刻本,《和刻本中國古逸書叢刊》第57册、《和刻本四部叢刊》集部第95册影印。

《元釋集》一卷,清鈔本,《四庫全書存目叢書》集部第25册、《明别集叢刊》第一輯第6册影印。

《釋克新詩》,楊鐮主編,中華書局2013年6月版(《全元詩》第62册)。

易　恒

《陶情稿》六卷,清初鈔本,《明人别集稿鈔本叢刊》第14册影印。

《陶情稿》六卷,清鈔本,《四庫未收書輯刊》第五輯第17册、《明别集叢刊》第一輯第 13 册影印。

凌雲翰

《柘軒集》四卷《詞》一卷，清鈔本（四庫底本），《四庫提要著録叢書》集部第 36 册、《四庫全書底本叢書》集部第 110 册、《明人别集稿鈔本叢刊》第 9 册影印。

《柘軒集》四卷《詞》一卷，清四庫全書本，《四庫全書珍本》十集集部第 256—257 册、《景印文淵閣四庫全書》第 1227 册、《文津閣四庫全書》第 1232 册（闕《詞》一卷）、《文瀾閣四庫全書》第 1263 册（丁氏補鈔卷一、二）影印。

《柘軒集》四卷《附録》二卷，清光緒二十至二十六年錢塘丁氏嘉惠堂刻《武林往哲遺著》本，《叢書集成續編》（臺灣新文豐出版公司）文學類第 137 册、《叢書集成續編》（上海書店）集部第 111 册、廣陵書社 2011 年 7 月（《武林往哲遺著》第 2 册）、《明别集叢刊》第一輯第 13 册影印。

《凌雲翰詩》，楊鐮主編，中華書局 2013 年 6 月版（《全元詩》第 62 册）。

《柘軒集》，竇懷永點校，杭州出版社 2014 年 5 月版（《杭州全書·杭州文獻集成》第 16 册）；浙江古籍出版社 2019 年 11 月版（《武林往哲遺著》第 7—8 册，《浙江文叢》）。

王士琛

《順城集稿》四卷，明天順徐節刻本，《明别集叢刊》第一輯第 13 册影印。

童　冀

《尚絅齋集》五卷，清初鈔本，《四庫提要著録叢書》集部第 37 册、《四庫全書底本叢書》集部第 111 册、《明人别集稿鈔本叢刊》第 10 册影印。

《尚絅齋集》五卷，清四庫全書本，《四庫全書珍本》初集集部第 360 册、《景印文淵閣四庫全書》第 1229 册、《文津閣四庫全書》第 1234 册、《文瀾閣四庫全書》第 1265 册（張宗祥據文津閣本補鈔）、《明别集叢刊》第一輯第 21 册（影文淵閣本）影印。

《尚絅齋集》五卷,民國十三年永康胡宗楙夢選樓刻《續金華叢書》本,《叢書集成續編》(臺灣新文豐出版公司)文學類第169册、《重修金華叢書》第17册影印。

林　弼(林唐臣)

《登州林先生續集》五卷,明初刻本,《原國立北平圖書館甲庫善本叢書》第699册影印。

《林登洲集》一卷,明嘉靖隆慶刻萬曆增刻《盛明百家詩》本,《四庫全書存目叢書》集部第307册、《明别集叢刊》第五輯第98册影印。

《林登州遺集》二十三卷《附録》一卷,清康熙四十五年裔孫林興刻本,《北京圖書館古籍珍本叢刊》集部第99册、《四庫提要著録叢書》集部第113册、《明别集叢刊》第一輯第11册影印。

《(林)登州集》二十三卷《附録》一卷,清四庫全書本,《四庫全書珍本》四集集部第304—305册、《景印文淵閣四庫全書》第1227册、《文津閣四庫全書》第1231册(闕《附録》一卷)、《文瀾閣四庫全書》第1262册(丁氏補鈔,闕《附録》一卷)影印。

《林弼詩》,楊鐮主編,中華書局2013年6月版(《全元詩》第63册)。

程彌壽

《仁山遺稿》一卷《附録》一卷,明嘉靖四年程昌等刻本,《北京圖書館古籍珍本叢刊》集部第101册、《明别集叢刊》第一輯第13册影印。

史　遷

《青金集》八卷,清鈔本,《北京圖書館古籍珍本叢刊》集部第97册、《明别集叢刊》第一輯第21册影印。

《青金集》八卷,舊鈔本,《原國立北平圖書館甲庫善本叢書》第701册影印。

楊基

《眉庵集》十二卷《補遺》一卷，明成化二十一年張習刻本，《四部叢刊三編》集部第 71 册、《四部叢刊廣編》第 45 册、《四庫提要著録叢書》集部第 260 册影印。

《重刻楊孟載眉庵集》十二卷《補遺》一卷，明萬曆三十七年新都汪汝淳校刻《明初四家詩》本，"國立中央圖書館"1971 年(《明代藝術家集彙刊續集》)、《明别集叢刊》第一輯第 13 册、《美國哈佛大學哈佛燕京圖書館藏明清善本總集叢刊》第 1 册影印。

《眉庵集》十二卷《補遺》一卷，清四庫全書本，《景印文淵閣四庫全書》第 1230 册、《文津閣四庫全書》第 1234 册、《文瀾閣四庫全書》第 1266 册(丁氏補鈔)、《中國西南文獻叢書》第 171—172 册(影文淵閣本)影印。

《楊孟載七律鈔》一卷，清鈔《石研齋七律鈔選》本，《明人别集稿鈔本叢刊》第 93 册影印。

《楊孟載手録眉庵(詩)集》不分卷，項氏家藏寫本，清光緒三十四年上虞羅氏、民國間上海有正書局石印；《明别集叢刊》第一輯第 13 册(影上虞羅氏本)、《元代詩詞集》下卷第 8 册(影有正書局本)、《明人别集稿鈔本叢刊》第 10 册影印。

《眉庵集》，楊世明、楊雋校點，巴蜀書社 2005 年 6 月版(《巴蜀文化叢書》)。

朱元璋

《大明太祖高皇帝御制集》二十一卷(存卷十五)，明内府紅格寫本，《明人别集稿鈔本叢刊》第 11 册影印。

《大明太祖皇帝御制集》二十一卷(闕卷十四、十五、一九)，明内府朱絲欄鈔本，《原國立北平圖書館甲庫善本叢書》第 692 册影印。

《高皇帝御制文集》二十卷，明嘉靖十四年徐九皋、王惟賢刻本，《原國立北平圖書館甲庫善本叢書》第 692 册影印。

《高皇帝御制文集》二十卷，明萬曆十年姚士觀、沈鈇刻本，《四庫提要著録叢書》集部第 62 册、《明别集叢刊》第一輯第 13 册、《御制文獻叢刊》第 30—31 册影印。

《明太祖文集》二十卷,清四庫全書本,《景印文淵閣四庫全書》第 1223 册、《文津閣四庫全書》第 1227 册、《文瀾閣四庫全書》第 1258 册影印。

《明太祖御制文集》一卷,清紅格鈔本,《明人别集稿鈔本叢刊》第 11 册影印。

《朱元璋詩》,李澤平校點,上海古籍出版社 1990 年 12 月版(《全明詩》第 1 册)。

《朱元璋文》,吴格校點,上海古籍出版社 1992 年 12 月版(《全明文》第 1 册)。

《明太祖集》,胡士萼點校,黄山書社 1991 年 11 月版(《安徽古籍叢書》;2014 年 9 月版(《安徽古籍叢書萃編》))。

李 鎬

《冰壑公學餘詩稿全集》十四卷,明萬曆四十三年刻本,《稀見明代四部輯刊》第一輯第 64 册影印。

藍 智

《藍澗詩集》六卷,明嘉靖五年藍鈕刻本,《原國立北平圖書館甲庫善本叢書》第 700 册影印。

《藍澗集》六卷,清乾隆翰林院四庫館臣輯《永樂大典》鈔本,《四庫全書底本叢書》集部第 38 册影印。

《藍澗集》六卷,清四庫全書本,《四庫全書珍本》别輯集部第 397 册、《景印文淵閣四庫全書》第 1229 册、《文津閣四庫全書》第 1234 册、《文瀾閣四庫全書》第 1265 册影印。

《藍澗詩集》六卷,清鈔本,《明别集叢刊》第一輯第 9 册影印。

《藍澗詩集》六卷,清咸豐七年刻本,《八閩文庫 · 福建文獻集成》初編集部第 8—9 册影印。

蘇伯衡

《蘇平仲(文)集》十六卷,明正統七年黎諒刻本,《四部叢刊初編》集部第1532—1536册、《大本原式精印四部叢刊正編》第72册、《四庫提要著録叢書》集部第36册、《明别集叢刊》第一輯第14册、《原國立北平圖書館甲庫善本叢書》第697册(存卷一至四)、《重修金華叢書》第143册影印。

《蘇平仲文集》十二卷,明鈔本,《上海圖書館藏涉園稿鈔校本叢書》第36册影印。

《蘇平仲集》十六卷《目録》一卷,清四庫全書本,《景印文淵閣四庫全書》第1228册、《文津閣四庫全書》第1233册(闕《目録》一卷)、《文瀾閣四庫全書》第1264册(丁氏補鈔六卷,闕《目録》一卷)影印。

《蘇平仲集》十六卷首一卷,清同治光緒永康胡鳳丹退補齋刻《金華叢書》本,《百部叢書集成》之九十五(影民國中補刻本)、《重修金華叢書》第12册影印。

《蘇平仲集》,商務印書館1935年12月版(《叢書集成初編》文學類第2135—2140册);中華書局2010年9月重印版(《叢書集成初編》第462册)。

張　適

《甘白先生張子宜詩集》六卷《補遺》三卷《文集》六卷,清王氏十萬卷樓鈔本,《四庫全書存目叢書》集部第25册、《明别集叢刊》第一輯第14册影印。

《甘白先生文集》六卷,清釋就堂鈔本,《北京圖書館古籍珍本叢刊》集部第109册影印。

《甘白先生文集》六卷,舊鈔本,《原國立北平圖書館甲庫善本叢書》第700册影印。

唐　肅

《唐丹崖集》一卷,明嘉靖隆慶刻萬曆增刻《盛明百家詩》本,《四庫全書存目叢書》集部第 306 册、《明别集叢刊》第五輯第 98 册影印。

《丹崖集》八卷《附録》一卷，明末祁氏澹生堂鈔本，《續修四庫全書》第 1326 册影印。

《丹崖集》八卷《附録》一卷，清研古樓鈔本，《明别集叢刊》第一輯第 14 册影印。

《唐肅文》，楊玉芬點校，鳳凰出版社 2004 年 12 月版（《全元文》第 58 册）。

朱　夏

《勉齋先生文集》一卷，清鈔本，《明别集叢刊》第一輯第 14 册影印。

鄭　潛

《樗庵類稿》二卷，清四庫全書本，《四庫全書珍本》初集集部第 361 册、《景印文淵閣四庫全書》第 1232 册、《文津閣四庫全書》第 1236 册、《文瀾閣四庫全書》第 1267 册（丁氏補鈔）、《明别集叢刊》第一輯第 14 册（影文淵閣本）影印。

《鄭潛詩》，金曾琴校點，上海古籍出版社 1994 年 9 月版（《全明詩》第 3 册）。

《鄭潛詩》，楊鐮主編，中華書局 2013 年 6 月版（《全元詩》第 48 册）。

王　行

《半軒集》十二卷《補遺》一卷《方外補遺》一卷附《王半軒傳》，清四庫全書本，《四庫全書珍本》三集集部第 295—296 册、《景印文淵閣四庫全書》第 1231 册、《文津閣四庫全書》第 1235 册、《文瀾閣四庫全書》第 1267 册、《明别集叢刊》第一輯第 14 册（影文淵閣本）影印。

劉昭年

《先世遺芳集》十卷，清鈔本，《北京圖書館古籍珍本叢刊》集部第 99 册、

《明別集叢刊》第一輯第 15 册影印。

殷　奎

《殷强齋先生文集》十卷，明正統十三年王叔政刻本，《四庫全書底本叢書》集部第 141 册影印。

《强齋集》十卷，清四庫全書本，《四庫全書珍本》四集集部第 308 册、《景印文淵閣四庫全書》第 1232 册、《文津閣四庫全書》第 1236 册、《文瀾閣四庫全書》第 1268 册、《明別集叢刊》第一輯第 19 册（影文淵閣本）影印。

《殷奎文》，王樹林點校，鳳凰出版社 2004 年 12 月版（《全元文》第 57 册）。

鄭　真

《滎陽外史集》一百卷（存六十三卷，闕卷一至六、十四至二十、三十一、三十二、四十四、五十八、五十九、六十八至八十六），清四庫全書本，《四庫全書珍本》初集集部第 362—367 册、《景印文淵閣四庫全書》第 1234 册、《文津閣四庫全書》第 1238 册（未闕佚）、《文瀾閣四庫全書》第 1270 册（丁氏補鈔二十三卷）、《明別集叢刊》第一輯第 19 册（影文淵閣本）影印。

錢仲益

《錢翰撰集》一卷，明嘉靖隆慶刻萬曆增刻《盛明百家詩》本，《四庫全書存目叢書》集部第 304 册、《明別集叢刊》第五輯第 95 册影印。

《錦樹集》八卷，清四庫全書《三華集》本，《四庫全書珍本》初集集部第 374 册、《景印文淵閣四庫全書》第 1372 册、《文津閣四庫全書》第 1376 册、《文瀾閣四庫全書》第 1415 册影印。

林大同

《範軒集》十二卷，清鈔本，《常熟文庫》第 49 册、《稀見明代四部輯刊》第一輯第 65—66 册影印。

王　翰(字用文)

《友石山人遺稿》一卷《附録》一卷,清初鈔本,《四庫提要著録叢書》集部第257册、《中國古籍珍本叢刊·復旦大學圖書館卷》第43册影印。

《友石山人遺稿》一卷,清四庫全書本,《四庫全書珍本》八集集部第166册、《景印文淵閣四庫全書》第1217册、《文津閣四庫全書》第1221册、《文瀾閣四庫全書》第1252册影印。

《友石山人遺稿》一卷,清味書軒鈔本,《朔方文庫》第38册影印。

《友石山人遺稿》一卷《附録》一卷,清鈔本,《元代詩詞集》下卷第22册影印。

《友石山人遺稿》一卷《附録》一卷,清鮑氏知不足齋鈔本,《中國古籍珍本叢刊·廣東省立中山圖書館卷》第44册影印。

《友石山人遺稿》一卷《附録》一卷,民國八年吴興劉氏刻《嘉業堂叢書》本,《元史研究資料彙編》第62册、廣陵書社2015年12月(《嘉業堂叢書》第45册)影印。

《王翰詩》,楊鐮主編,中華書局2013年6月版(《全元詩》第64册)。

吕不用

《得月稿》七卷,清鈔本,《北京圖書館古籍珍本叢刊》集部第97册影印。

《得月稿》八卷,舊鈔本,《明別集叢刊》第一輯第15册影印。

張　羽(字來儀)

《静居集》六卷《附録》一卷,明弘治四年張習刻本,《四部叢刊三編》集部第72册、《四部叢刊廣編》第45册、《北京圖書館古籍珍本叢刊》集部第97册、《四庫提要著録叢書》集部第260册影印。

《重刻張來儀静居集》四卷,明萬曆三十七年新都汪汝淳校刻《明初四家詩》本,《明別集叢刊》第一輯第15册、《美國哈佛大學哈佛燕京圖書館藏明清善本總集叢刊》第2册影印。

《静庵集》四卷，清四庫全書本，《景印文淵閣四庫全書》第1230册、《文津閣四庫全書》第1235册、《文瀾閣四庫全書》第1266册（題作《静居集》，丁氏補鈔）影印。

《静居集》四卷《附録》一卷《補遺》一卷附《校勘記》一卷《校勘續記》一卷，民國南昌豫章叢書編刻局刻《豫章叢書》本，《叢書集成續編》（臺灣新文豐出版公司）文學類第169册、《叢書集成續編》（上海書店）集部第110册影印。

《張來儀七律鈔》一卷，清鈔《石研齋七律鈔選》本，《明人别集稿鈔本叢刊》第93册影印。

《静庵張先生詩集》一卷，清鈔本，《四庫全書存目叢書》集部第26册影印。

《張來儀先生文集》一卷《補遺》一卷，民國南昌豫章叢書編刻局刻《豫章叢書》本，《叢書集成續編》（臺灣新文豐出版公司）文學類第185册、《叢書集成續編》（上海書店）集部第110册影印。

《静居集》《張來儀文集》，段曉華點校，江西教育出版社2007年12月版（《豫章叢書》集部八）。

《張羽集》，湯志波點校，浙江古籍出版社2018年12月版（《别集叢刊》）。

吴伯宗

《吴狀元榮進集》三卷，明萬曆周文華刻本，《原國立北平圖書館甲庫善本叢書》第701册影印。

《榮進集》四卷，清四庫全書本，《四庫全書珍本》三集集部第298册、《景印文淵閣四庫全書》第1233册、《文津閣四庫全書》第1237册、《文瀾閣四庫全書》第1269册（張宗祥據文津閣本補鈔）、《明别集叢刊》第一輯第16册（影文淵閣本）影印。

趙　介

《趙侍御臨清集》一卷，清嘉慶刻同治印《廣東文獻》初集本，江蘇廣陵古籍刻印社1994年7月（《廣東文獻》第2册）影印。

《趙臨清詩》一卷，清同治九年南海陳氏樵山草堂重刻《南園前五先生詩》本，《四庫全書存目叢書》集部第375册影印。

《趙臨清詩》，梁守中點校，中山大學出版社 1990 年 4 月版（見《南園前五先生詩　南園後五先生詩》，《嶺南叢書》）。

孫蕡

《西庵集》十卷，明弘治十六年金蘭館銅活字印本，《北京圖書館古籍珍本叢刊》集部第 100 册、《中華再造善本·明代編》、《四庫提要著録叢書》集部第 37 册、《原國立北平圖書館甲庫善本叢書》第 699 册、《廣州大典》第 419 册影印。

《西庵集》九卷，清四庫全書本，《四庫全書珍本》六集集部第 264 册、《景印文淵閣四庫全書》第 1231 册、《文津閣四庫全書》第 1235 册、《文瀾閣四庫全書》第 1267 册（丁氏補鈔）影印。

《西庵集》八卷，清道光十年順德梁廷枏刻本，《明别集叢刊》第一輯第 16 册影印。

《孫典籍西庵集》一卷，清嘉慶刻同治印《廣東文獻》初集本，江蘇廣陵古籍刻印社 1994 年 7 月（《廣東文獻》第 2 册）影印。

《孫西庵詩》一卷，清同治九年南海陳氏樵山草堂重刻《南園前五先生詩》本，《四庫全書存目叢書》集部第 375 册影印。

《孫西庵詩》，梁守中點校，中山大學出版社 1990 年 4 月版（見《南園前五先生詩　南園後五先生詩》，《嶺南叢書》）。

《孫蕡詩》，梁守中等整理，嶺南美術出版社 2008 年 12 月版（《全粤詩》第 3 册）。

《孫蕡詩》，楊鐮主編，中華書局 2013 年 6 月版（《全元詩》第 63 册）。

王佐（字彦舉）

《王給諫聽雨集》一卷，清嘉慶刻同治印《廣東文獻》初集本，江蘇廣陵古籍刻印社 1994 年 7 月（《廣東文獻》第 2 册）影印。

《王聽甫詩》一卷，清同治九年南海陳氏樵山草堂重刻《南園前五先生詩》本，《四庫全書存目叢書》集部第 375 册影印。

《王聽甫詩》，梁守中點校，中山大學出版社 1990 年 4 月版（見《南園前

五先生詩　南園後五先生詩》,《嶺南叢書》)。

李　德

《李長史易庵集》一卷,清嘉慶刻同治印《廣東文獻》初集本,江蘇廣陵古籍刻印社1994年7月(《廣東文獻》第2册)影印。

《李易庵詩》一卷,清同治九年南海陳氏樵山草堂重刻《南園前五先生詩》本,《四庫全書存目叢書》集部第375册影印。

《李易庵詩》,梁守中點校,中山大學出版社1990年4月版(見《南園前五先生詩　南園後五先生詩》,《嶺南叢書》)。

黄　哲

《黄待制雪蓬集》一卷,清嘉慶刻同治印《廣東文獻》初集本,《廣東文獻》第2册影印。

《黄雪蓬詩》一卷,清同治九年南海陳氏樵山草堂重刻《南園前五先生詩》本,《四庫全書存目叢書》集部第375册影印。

《黄雪蓬詩》,梁守中點校,中山大學出版社1990年4月版(見《南園前五先生詩　南園後五先生詩》,《嶺南叢書》)。

《黄哲詩》,梁守中整理,嶺南美術出版社2008年12月版(《全粤詩》第3册)。

吴　沉

《瀫川集》八卷,清鈔本,《北京圖書館古籍珍本叢刊》集部第98册、《明别集叢刊》第一輯第13册、《重修金華叢書》第144册影印。

韓　奕

《韓山人詩集》一卷《附集》一卷,清緑格鈔本,《明人别集稿鈔本叢刊》第12册影印。

《韓山人詩集》一卷《附集》一卷，清初鈔本，《四部叢刊五編》第152册影印。

《韓山人詩集》一卷《續集》一卷，清嘉慶十二年黄丕烈鈔本，《明別集叢刊》第一輯第16册影印。

《韓山人詩集》九卷《續集》八卷，清鈔本，《北京圖書館古籍珍本叢刊》集部第97册、《元代詩詞集》上卷第14册影印。

《韓山人詩集》七卷，舊鈔本，《原國立北平圖書館甲庫善本叢書》第691册影印。

《韓山人詩集》不分卷，鈔本，《元人文集珍本叢刊》第8册、《元史研究資料彙編補編》集部第76册影印。

胡 奎

《斗南老人集》六卷，清四庫全書本，《四庫全書珍本》五集集部第298—299册、《景印文淵閣四庫全書》第1233册、《文津閣四庫全書》第1237册、《文瀾閣四庫全書》第1269册、《明別集叢刊》第一輯第15册（影文淵閣本）影印。

《斗南先生詩集》六卷，清鈔本，《明代詩文集珍本叢刊》第8册影印。

《胡奎詩集》，徐永明點校，浙江古籍出版社2012年9月版（《浙江文叢》）。

《胡奎詩》，楊鐮主編，中華書局2013年6月版（《全元詩》第48册）。

釋守仁

《釋夢觀集》一卷，明嘉靖隆慶刻萬曆增刻《盛明百家詩》本，《四庫全書存目叢書》集部第308册、《明別集叢刊》第五輯第100册影印。

《夢觀集》六卷，日本江户初期據明建文二年刻本所鈔本，《域外漢籍珍本文庫》第四輯集部第8册影印。

《夢觀集》六卷（存卷一至三），清鈔本，《明別集叢刊》第一輯第15册影印。

《釋守仁詩》，楊鐮主編，中華書局2013年6月版（《全元詩》第51册）。

釋法天

《朝天集》一卷，民國三至十二年雲南圖書館刻《雲南叢書》初編本，《叢書集成續編》（臺灣新文豐出版公司）文學類第137册、《叢書集成續編》（上海書店）集部第110册、中華書局2009年10月（《雲南叢書》第20册）、《明别集叢刊》第一輯第15册影印。

釋睿略

《松月集》一卷，明永樂刻本，《四庫全書存目叢書》集部第27册、《明别集叢刊》第一輯第16册影印。

釋道衍（姚廣孝）

《諸上善人詠》一卷，日本文明三年鈔本，《明别集叢刊》第一輯第16册、《北京大學圖書館藏日本版漢籍善本萃編》第21册影印。

《諸上善人詠》一卷，日本寬文元年刻本，《和刻影印近世漢籍叢刊思想編四編》第5册影印。

《獨庵外集續稿》五卷，日本覆永樂後期刻本，《遼寧省圖書館孤本善本叢刊》第一輯影印。

《獨庵外集續稿》五卷，日本五山本，《和刻本中國古逸書叢刊》第57—58册影印。

《姚少師集》一卷，明嘉靖隆慶刻萬曆增刻《盛明百家詩》本，《四庫全書存目叢書》集部第307册、《明别集叢刊》第五輯第98册影印。

《逃虚子詩集》十卷《續集》一卷，卧雲山房曬印本，《明别集叢刊》第一輯第16册影印。

《逃虚子詩集》十卷《續集》一卷，清金氏文瑞樓鈔本，《北京圖書館古籍珍本叢刊》集部第100册影印。

《逃虚子詩集》十卷《續集》一卷《逃虚類稿》五卷《逃虚子道餘録》一卷《逃虚子集補遺》一卷《詩集補遺》一卷《附録》一卷，清鈔本，《四庫全書存目叢書》集部第 28 册、《續修四庫全書》第 1326 册影印。

《姚廣孝集》，欒貴明編，商務印書館 2016 年 3 月版（《掃葉叢書》）。

《姚廣孝全集》，詹緒左校點，安徽師範大學出版社 2019 年 3 月版。

郭　鈺

《静思先生詩集》二卷，清初鈔本（四庫進呈本），《四庫提要著録叢書》集部第 258 册影印。

《静思集》十卷，清四庫全書本，《四庫全書珍本》二集集部第 344 册、《景印文淵閣四庫全書》第 1219 册、《文津閣四庫全書》第 1223 册、《文瀾閣四庫全書》第 1254 册影印。

《郭鈺詩》，楊鐮主編，中華書局 2013 年 6 月版（《全元詩》第 57 册）。

《静思先生詩集》，張欣點校，北京師範大學出版社 2016 年 7 月版（與《玉笥集》同册，《元代古籍集成》第二輯）。

秦　約

《秦約詩文集》，徐兵、龔家政整理，上海社會科學院出版社 2015 年 1 月版（《崇明歷代文獻叢書》）。

丁鶴年

《海巢集》三卷《附録》一卷，清康熙十七年金侃鈔本，《四庫提要著録叢書》集部第 257 册影印。

《丁鶴年詩集》四卷《附録》一卷《詩續》一卷《詩補》一卷《集外詩》一卷，清鮑氏知不足齋鈔本，《原國立北平圖書館甲庫善本叢書》第 690 册、《元史研究資料彙編》第 64 册影印。

《鶴年詩集》三卷，清四庫全書本，沔陽盧氏慎始基齋 1923 年（《湖北先正遺書》影文津閣本）、《景印文淵閣四庫全書》第 1217 册、《文津閣四庫全書》第 1221 册、《文瀾閣四庫全書》第 1252 册（丁氏補鈔）、《回族典藏全書》第 154 册（影文淵閣本）、《元代詩詞集》下卷第 16 册（影文津閣本）、《新編湖北叢書》第85册(影文津閣本)影印。

《丁鶴年集》(《丁孝子詩集》)四卷《題詞》一卷《附録》一卷《校訛》一卷《續校》一卷附《補校》一卷,清光緒十四年董氏木活字印《琳琅秘室叢書》本,《百部叢書集成》之六十五、《明别集叢刊》第一輯第16册、廣陵書社2020年7月(《琳琅秘室叢書》第10册)影印。

《丁鶴年詩集》四卷《附録》一卷,民國二十五年四明張氏約園刻《四明叢書》本,廣陵書社2006年8月(《四明叢書》第12册)、《張壽鏞文獻輯刊》第57册影印。

《丁鶴年集》並《附録》《校訛》,商務印書館1937年6月版(《叢書集成初編》文學類第2280册);中華書局2010年9月重印版(《叢書集成初編》第485册)。

《丁鶴年集》並《附録》《校訛》,戴稷編次,商務印書館1941年7月版(《萬有文庫》第二集《國學基本叢書》)。

《丁鶴年詩輯注》,丁生俊編注,天津古籍出版社1987年10月版(《中國回族古籍叢書》)。

《丁鶴年詩》,楊鐮主編,中華書局2013年6月版(《全元詩》第64册)。

袁　珙

《柳莊先生詩集》一卷,鈔本,《原國立北平圖書館甲庫善本叢書》第701册影印。

徐　賁

《北郭集》十卷《補遺》一卷,明成化二十三年張習刻本,《四部叢刊三編》集部第72册、《四部叢刊廣編》第46册、《四庫提要著録叢書》集部第260册(闕《補遺》一卷)、《明别集叢刊》第一輯第16册(影《四部叢刊三編》本)影印。

《北郭集》十卷《補遺》一卷,鈔本(《補遺》配成化二十三年張習刻本),臺灣學生書局1960年6月(《歷代畫家詩文集》第6種)影印。

《重刻徐幼文北郭集》六卷,明萬曆三十七年新都汪汝淳校刻《明初四家詩》本,《故宫珍本叢刊》第526册、《美國哈佛大學哈佛燕京圖書館藏明清善本總集叢刊》第2—3册影印。

《北郭集》六卷，清四庫全書本，《景印文淵閣四庫全書》第1230册、《文津閣四庫全書》第1235册、《文瀾閣四庫全書》第1266册（丁氏補鈔）、《中國西南文獻叢書》第177册（影文淵閣本）影印。

《徐幼文七律鈔》一卷，清鈔《石研齋七律鈔選》本，《明人别集稿鈔本叢刊》第93册影印。

王　彝

《王徵士集》四卷《附録》一卷，清康熙三十九年嘉定陸廷燦刻本，《明别集叢刊》第一輯第14册影印。

《王常宗集》四卷《補遺》一卷《續補遺》一卷，清四庫全書本，《四庫全書珍本》三集集部第294册、《景印文淵閣四庫全書》第1229册、《文津閣四庫全書》第1233册、《文瀾閣四庫全書》第1264册（丁氏、張宗祥補鈔）、《中國西南文獻叢書》第172册（影文淵閣本）影印。

朱　同

《覆瓿集》七卷《附録》一卷，清四庫全書本，《四庫全書珍本》初集集部第359册、《景印文淵閣四庫全書》第1227册、《文津閣四庫全書》第1232册、《文瀾閣四庫全書》第1263册、《明别集叢刊》第一輯第17册（影文淵閣本）影印。

高　啓

《缶鳴集》十二卷，明刻本，《原國立北平圖書館甲庫善本叢書》第699册、《中華再造善本·明代編》影印。

《姑蘇雜詠》二卷，明洪武三十一年刻本，《明代詩文集珍本叢刊》第5册影印。

《槎軒集》十卷《附録》一卷，清鈔本，《明别集叢刊》第一輯第16册影印。

《高太史鳧藻集》五卷《扣舷集》一卷《書後》一卷，明正統九年長洲鄭顒、邵昕刻本，《四部叢刊初編》集部第1543—1544册、臺灣世界書局1964年(《中國學術名著》第六輯《中國文學名著》第六集第13册)、《大本原式精印四部叢刊正編》第73册、《四部精要》第21册、《四庫提要著録叢書》集部第260册影印。

《高太史鳧藻集》五卷《扣舷集》一卷，清康熙緑格鈔本，《明人别集稿鈔本叢刊》第12册影印。

《鳧藻集》五卷，清四庫全書本，《景印文淵閣四庫全書》第1230册、《文津閣四庫全書》第1234册、《文瀾閣四庫全書》第1265册影印。

《高太史大全集》十八卷，明景泰元年徐庸刻本，《四部叢刊初編》集部第1537—1542册、《大本原式精印四部叢刊正編》第73册、《四部精要》第21册、臺灣世界書局1964年(《中國學術名著》第六輯《中國文學名著》第六集第13册)、《四庫提要著録叢書》集部第114册、《原國立北平圖書館甲庫善本叢書》第699册影印。

《高季迪先生大全集》十八卷，清康熙竹素園刻本，《中國古籍珍本叢刊·廣東省立中山圖書館卷》第45—46册影印。

《青邱高季迪先生詩集》十八卷《遺詩》一卷《扣舷集》一卷《附録》一卷《鳧藻集》五卷，清雍正六年文瑞樓刻本，東吴浦氏1914年秋、《明别集叢刊》第一輯第17册、《寫刻古籍版本聚珍》第313—315册(僅《詩集》十八卷《鳧藻集》五卷)、《寫刻本詩詞集叢刊》第9—11册(僅《詩集》十八卷)影印。

《大全集》十八卷，清四庫全書本，《景印摛藻堂四庫全書薈要》第410册、《景印文淵閣四庫全書》第1230册、《文津閣四庫全書》第1234册、《文瀾閣四庫全書》第1265册(丁氏補鈔)影印。

《高季迪先生大全集》原存卷十六至十八，日本天保八年江户萬笈堂英氏覆清刻本，《和刻本漢詩集成補篇》第17輯影印。

《高青丘詩選》不分卷，清黑格鈔本，《明人别集稿鈔本叢刊》第13册影印。

《高季迪七律鈔》一卷，清鈔《石研齋七律鈔選》本，《明人别集稿鈔本叢刊》第93册影印。

《青邱詩集擷華》八卷，清費仲子鈔本，《明代詩文集珍本叢刊》第6册影印。

《高太史詩鈔》二卷，日本天保六年醉古堂刻本，《和刻本漢詩集成補篇》第17輯、《日本所編中國詩文選集彙刊・明代卷》第23册影印。

《青邱高季迪先生絶句集》三卷，日本天保十年正月京都山城屋佐兵衛等刻後印本，《和刻本漢詩集成補篇》第17輯影印。

《青邱高季迪先生絶句集》三卷《律詩集》五卷，日本安政三年正月京都林芳兵衛等刻本，《和刻本漢詩集成補篇》第17輯（闕《律詩集》五卷）、《日本所編中國詩文選集彙刊・明代卷》第23—24册影印。

《高青邱詩醇》七卷，日本嘉永三年刻本，《日本所編中國詩文選集彙刊・明代卷》第26—27册影印。

《高青邱詩鈔》不分卷，日本明治十二年松山書友閣刻本，《日本所編中國詩文選集彙刊・明代卷》第30册影印。

《高啓詩選》，陳沚齋選注，三聯書店1983年11月版；廣東人民出版社1985年2月版（《中國歷代詩人選集》）。

《高青丘集》，徐澄宇、沈北宗校點，上海古籍出版社1985年12月版（《中國古典文學叢書》）。

《高啓集》，錢振民整理，海南國際新聞出版中心1996年12月版（《傳世藏書》集庫别集第7册）。

《高啓詩選》，李聖華選注，中華書局2005年1月版（《古典詩詞名家》）。

劉　秩

《聽雪篷先生詩集》七卷《附録》一卷，明洪武二十年王仲本刻本，《劍邑文庫》第4册、《明代詩文集珍本叢刊》第6—7册影印。

錢子義

《種菊庵詩》四卷，明正統刻錫山錢氏《三華集》本，《明代詩文集珍本叢刊》第7册影印。

《種菊庵詩》四卷，清四庫全書《三華集》本，《四庫全書珍本》初集集部第374册、《景印文淵閣四庫全書》第1372册、《文津閣四庫全書》第1376册、《文瀾閣四庫全書》第1415册影印。

莊希俊

《莊擊壤公詩集》一卷《附録》一卷，明萬曆四十四年莊若華刻本，《明代詩文集珍本叢刊》第 7 册、《八閩文庫·福建文獻集成》初編集部第 9 册影印。

朱潤祖

《寓軒詩集》九卷《拾遺》一卷，明刻本，《明代詩文集珍本叢刊》第 7 册影印。

陶　振

《雲間清嘯集》一卷，清初葉氏小有堂鈔本，《明人别集稿鈔本叢刊》第 14 册影印。

《雲間清嘯集》一卷，清鈔本，《明代詩文集珍本叢刊》第 8 册、《明人别集稿鈔本叢刊》第 14 册影印。

張　丁（張孟兼）

《白石山房逸稿》五卷《補遺》一卷，清乾隆十四年承啓堂刻本，《四庫全書存目叢書》集部第 26 册、《重修金華叢書》第 144 册影印。

《白石山房逸稿》二卷《附録》一卷，清初鈔本，《四庫提要著録叢書》集部第 349 册、《明别集叢刊》第一輯第 6 册、《明人别集稿鈔本叢刊》第 13 册影印。

《白石山房逸稿》二卷《附録》一卷，清四庫全書本，《四庫全書珍本》十一集集部第 174 册、《景印文淵閣四庫全書》第 1229 册、《文津閣四庫全書》第 1233 册、《文瀾閣四庫全書》第 1264 册（丁氏補鈔）影印。

《白石山房逸稿》二卷，鈔本，《重修金華叢書》第 144 册影印。

《白石山房逸稿》四卷，清道光刻本，《重修金華叢書》第 144 册影印。

《白石山房逸稿》二卷《補録》一卷，民國十三年永康胡宗楙夢選樓刻

《續金華叢書》本,《叢書集成續編》(臺灣新文豐出版公司)文學類第138册、《重修金華叢書》第17册影印。

《張孟兼文》,劉季、李吉光校點,鳳凰出版社2004年12月版(《全元文》第58册)。

《白石山房逸稿校注》,張偉文校注,銅心鐵劍樓2015年自印本(《浦江叢書》第一輯)。

鄭本忠

《安分先生集》十卷,民國鈔本,《四庫全書存目叢書》集部第26册影印。

《安分先生文集》十卷,鈔本,《明别集叢刊》第一輯第21册影印。

管時敏

《蚓竅集》十卷,明永樂元年楚藩刻本,《四部叢刊三編》集部第72册、《四部叢刊廣編》第46册、《明别集叢刊》第一輯第17册(影《四部叢刊》本)、《中華再造善本・明代編》(多《全庵記》一卷)、《四庫全書底本叢書》集部第39册(多《全庵記》一卷)影印。

《蚓竅集》十卷,清四庫全書本,《四庫全書珍本》十集集部第262册、《景印文淵閣四庫全書》第1231册、《文津閣四庫全書》第1236册、《文瀾閣四庫全書》第1267册(丁氏補鈔)影印。

《蚓竅集》十卷,傅氏藏園鈔本,《明人别集稿鈔本叢刊》第13册影印。

周子治

《全庵記》一卷,明永樂元年楚藩刻本(附《蚓竅集》後),《中華再造善本・明代編》、《四庫全書底本叢書》集部第39册影印。

吴　珷

《韞玉先生集》不分卷,清鈔本,《北京圖書館古籍珍本叢刊》集部第97

册、《明别集叢刊》第一輯第 24 册影印。

金守正

《雪厓先生詩集》五卷，明永樂十九年刻本，《明别集叢刊》第一輯第 18 册、《元代詩詞集》上卷第 10 册影印。

孫　作(孫大雅)

《滄螺集》六卷，明末毛氏汲古閣刻《元四大家集》本，上海古書流通處 1922 年 10 月、《四庫提要著録叢書》集部第 260 册、《明别集叢刊》第一輯第 14 册、《明代朱子學文獻叢刊》第 29 册、《四庫全書底本叢書》集部第 111 册影印。

《滄螺集》六卷，清四庫全書本，《四庫全書珍本》十集集部第 262 册、《景印文淵閣四庫全書》第 1229 册、《文津閣四庫全書》第 1233 册、《文瀾閣四庫全書》第 1265 册(丁氏補鈔)影印。

《滄螺集》六卷《補遺》一卷《附録》一卷，清光緒二十一至二十四年武進盛氏思惠齋刻《常州先哲遺書》本，《叢書集成續編》(臺灣新文豐出版公司)文學類第 137 册、《叢書集成續編》(上海書店)集部第 111 册、南京大學出版社 2010 年 3 月(《常州先哲遺書》第 37 册)影印。

《滄螺集》六卷，清光緒三十三年江陰金氏粟香室嶺南刻《江陰叢書》本，《叢書集成續編》(臺灣新文豐出版公司)文學類第 137 册、《稀見清代民國叢書五十種》第 44 册影印。

林　鴻

《林員外集》一卷，明嘉靖隆慶刻萬曆增刻《盛明百家詩》本，《四庫全書存目叢書》集部第 304 册、《明别集叢刊》第五輯第 95 册影印。

《閩林膳部詩集》五卷，明萬曆刻《閩中十子詩》本，《四庫提要著録叢書》集部第 302 册、《明别集叢刊》第五輯第 93 册影印。

《閩林膳部詩集》五卷，清光緒十二年刻《閩中十子詩》本，《歷代地方詩文總集彙編》第 259 册影印。

《鳴盛集》四卷，清初鈔本，《明别集叢刊》第一輯第13册影印。

《鳴盛集》四卷《附録》一卷，清四庫全書本，《四庫全書珍本》五集集部第297册、《景印文淵閣四庫全書》第1231册、《文津閣四庫全書》第1235册（闕《附録》一卷）、《文瀾閣四庫全書》第1266册（丁氏補鈔）影印。

《鳴盛集》二卷，鈔本，《原國立北平圖書館甲庫善本叢書》第699册影印。

《林膳部詩集》，苗健青點校，福建人民出版社，2005年1月版（見《閩中十子詩》，《八閩文獻叢刊》）。

《閩中十子林子羽詩集》，俞達珠主編，中國文史出版社2016年10月版（《玉融文庫系列叢書》第二輯）。

張宣

《青暘集》四卷《補遺》一卷，清光緒十五年江陰金氏刻《粟香齋叢書》本，《叢書集成續編》（臺灣新文豐出版公司）文學類第169册、《明别集叢刊》第一輯第18册、《稀見清代民國叢書五十種》第45册影印。

虞堪

《鼓枻稿》一卷，清初鈔本，《明人别集稿鈔本叢刊》第15册影印。

《鼓枻稿》一卷，清康熙校本，《明人别集稿鈔本叢刊》第15册影印。

《鼓枻稿》一卷，清鈔本，《大倉文庫粹編·名家鈔校本》第56册影印。

《鼓枻稿》一卷，民國八年上海商務印書館鉛印《涵芬樓秘笈》本，北京圖書館出版社2000年11月（《涵芬樓秘笈》第八集）、《叢書集成續編》（上海書店）集部第111册影印。

《鼓枻稿》四卷，清鈔本，《明别集叢刊》第一輯第18册影印。

《鼓枻稿》六卷《補遺》一卷，德化李氏木犀軒鈔本，《明别集叢刊》第一輯第18册影印。

《希澹園詩集》三卷，清四庫全書本，《四庫全書珍本》初集集部第361册、《景印文淵閣四庫全書》第1233册、《文津閣四庫全書》第1237册（題作《希澹園集》）、《文瀾閣四庫全書》第1269册（題作《希澹園詩》，丁氏補鈔）、

《中國西南文獻叢書》第173册(影文淵閣本)影印。

《虞山人詩》三卷,清初鈔本,《明人别集稿鈔本叢刊》第15册影印。

《虞山人詩》三卷《補遺》一卷,民國十七年東方學會鉛印《殷禮在斯堂叢書》本,《叢書集成續編》(臺灣新文豐出版公司)文學類第169册、《叢書集成續編》(上海書店)集部第111册影印。

涂　幾

《(重刻)涂子類稿》十卷,明嘉靖十五年莆田黄漳刻本,《四庫全書存目叢書》集部第60册、《北京圖書館古籍珍本叢刊》集部第99册、《閩刻珍本叢刊》第53册、《明别集叢刊》第一輯第18册、《原國立北平圖書館甲庫善本叢書》第743册影印。

《涂幾詩》,馮金牛校點,上海古籍出版社1994年9月版(《全明詩》第3册)。

《涂幾詩》,楊鐮主編,中華書局2013年6月版(《全元詩》第52册)。

朱　吉

《三畏齋集》二卷,清鈔本,《四庫全書存目叢書》集部第26册、《明别集叢刊》第一輯第14册影印。

梁　蘭

《畦樂先生詩集》一卷《附録》一卷,清初刻本,《四庫提要著録叢書》集部第261册影印。

《畦樂先生詩集》一卷《附録》一卷,清刻《泰和三梁文集》同治修補本,《明别集叢刊》第一輯第20册影印。

《畦樂先生詩集》一卷《附録》一卷,清鈔本,《明人别集稿鈔本叢刊》第14册影印。

《畦樂詩集》一卷,清四庫全書本,《四庫全書珍本》八集集部第166册、《景印文淵閣四庫全書》第1232册、《文津閣四庫全書》第1237册、《文瀾閣四庫全書》第 1268 册(丁氏補鈔)影印。

王 珙

《竹居(詩)集》一卷,清嘉慶六年王氏十萬卷樓鈔本,《四庫全書存目叢書》集部第 25 册、《明别集叢刊》第一輯第 18 册、《常熟文庫》第 51 册影印。

劉 駟

《愛禮先生集》十卷,明刻本,《四庫全書存目叢書》集部第 25 册、《北京圖書館古籍珍本叢刊》集部第 98 册、《明别集叢刊》第一輯第 18 册影印。

王 達

《翰林學士耐軒王先生天游雜稿》十卷,明正統元年胡濱刻本,《四庫全書存目叢書》集部第 27 册、《北京圖書館古籍珍本叢刊》集部第 103 册影印。

《王學士集》一卷,明嘉靖隆慶刻萬曆增刻《盛明百家詩》本,《四庫全書存目叢書》集部第 304 册、《明别集叢刊》第五輯第 95 册影印。

《天游集》十卷附《天游碎金》一卷,清道光二十一年無錫王氏木活字本,《明别集叢刊》第一輯第 30 册影印。

王 恭

《王皆山集》一卷,明嘉靖隆慶刻萬曆增刻《盛明百家詩》本,《四庫全書存目叢書》集部第 307 册、《明别集叢刊》第五輯第 98 册影印。

《閩王典籍詩集》五卷,明萬曆刻《閩中十子詩》本,《四庫提要著録叢書》集部第 302 册、《明别集叢刊》第五輯第 93 册影印。

《閩王典籍詩集》五卷,清光緒十二年刻《閩中十子詩》本,《歷代地方詩文總集彙編》第 259 册影印。

《王皆山先生白雲樵唱集》四卷《附録》一卷,明藍格鈔本,《四庫全書底本叢書》集部第 112 册影印。

《白雲樵唱集》四卷《附録》一卷，清四庫全書本，《四庫全書珍本》四集集部第306—307册、《景印文淵閣四庫全書》第1231册、《文津閣四庫全書》第1235册、《文瀾閣四庫全書》第1266册影印。

《草澤狂歌》五卷，清康熙鈔本，《四庫提要著録叢書》集部第349册、《明人别集稿鈔本叢刊》第16册影印。

《草澤狂歌》五卷，清四庫全書本，《四庫全書珍本》初集集部第360册、《景印文淵閣四庫全書》第1231册、《文津閣四庫全書》第1235册、《文瀾閣四庫全書》第1266册影印。

《王典籍詩集》，苗健青點校，福建人民出版社2005年1月版（見《閩中十子詩》，《八閩文獻叢刊》）。

陳　亮

《閩陳徵君詩集》四卷，明萬曆刻《閩中十子詩》本，《四庫提要著録叢書》集部第302册、《明别集叢刊》第五輯第93册影印。

《閩陳徵君詩集》四卷，清光緒十二年刻《閩中十子詩》本，《歷代地方詩總集彙編》第259册影印。

《陳徵君詩集》，苗健青點校，福建人民出版社2005年1月版（見《閩中十子詩》，《八閩文獻叢刊》）。

王　翰（字時舉）

《梁園寓稿詩集》九卷（存卷一至五），明正德十三年高天錫刻本，《原國立北平圖書館甲庫善本叢書》第700册影印。

《梁園寓稿》九卷，清四庫全書本，《四庫全書珍本》三集集部第298册、《景印文淵閣四庫全書》第1233册、《文津閣四庫全書》第1237册、《文瀾閣四庫全書》第1269册（丁氏補鈔）影印。

《敝帚集》《梁園寓稿》，李蹊點校，上海古籍出版社2017年11月版（《山右叢書二編》第1册）。

浦　源

《浦舍人集》一卷，明嘉靖隆慶刻萬曆增刻《盛明百家詩》本，《四庫全書存目叢書》集部第304册、《明别集叢刊》第五輯第95册影印。

《浦舍人集》五卷，明崇禎刻本，《無錫文庫》第80册影印。

《浦舍人集》六卷，清鈔本，《北京圖書館古籍珍本叢刊》集部第98册影印。

《浦舍人詩集》四卷《附録》一卷，民國十一至二十年上海中華書局鉛印《錫山先哲叢刊》本，《無錫市圖書館館藏精品叢書・錫山先哲叢刊》第2册、《明别集叢刊》第一輯第15册影印。

史　謹

《獨醉亭集》三卷，清四庫全書本，《四庫全書珍本》初集集部第361册、《景印文淵閣四庫全書》第1233册、《文津閣四庫全書》第1237册、《文瀾閣四庫全書》第1269册、《明别集叢刊》第一輯第18册（影文淵閣本）影印。

王　賓

《光庵集》不分卷《吴中古蹟詩》一卷附《補遺》一卷，清鈔本，《四庫全書存目叢書》集部第28册、《明别集叢刊》第一輯第18册影印。

張　羽（字孝翊）

《掬清稿》，徐三見點校，巴蜀書社2011年7月版（見《赤城遺書彙刊》，《台臨歷史文獻要籍叢編》）。

唐文鳳

《梧岡詩稿》五卷《文稿》五卷，明正德十三年張芹刻《唐氏三先生集》本，《北京圖書館古籍珍本叢刊》集部第115册、《明别集叢刊》第一輯第5册影印。

《梧岡集》十卷，清四庫全書本，《四庫全書珍本》八集集部第182—183册、《景印文淵閣四庫全書》第1242册、《文津閣四庫全書》第1246册、《文瀾閣四庫全書》第1279册（闕卷九卷十）影印。

顧田

《顧田“懷南田詩”校讀》，王慶祥著，寧波出版社2016年10月版。

瞿佑

《香臺集》三卷，明藍格鈔本，《原國立北平圖書館甲庫善本叢書》第637册影印。

《詠物新題詩集》二卷，日本寶永七年二月瀨尾源兵衛刻本，《和刻本漢詩集成補篇》第17輯影印。

《詠物詩》一卷，清光緒二十二年錢塘丁氏嘉惠堂刻《武林往哲遺著》本，《叢書集成續編》（臺灣新文豐出版公司）文學類第169册、《叢書集成續編》（上海書店）集部第111册、廣陵書社2011年7月（《武林往哲遺著》第2册）、《明別集叢刊》第一輯第18册影印。

《瞿佑全集校注》，喬光輝校注，浙江古籍出版社2010年4月版（《兩浙作家文叢》）；2017年11月版（《浙江文叢》）。

《詠物詩》，管正平點校，杭州出版社2014年5月版（《杭州全書·杭州文獻集成》第17册）。

許繼

《觀樂生詩集》五卷《附録》一卷，明成化四年鄞縣茅仲清重刻本，《寧海叢書·明清卷》第73册影印。

《觀樂生詩集》五卷《附録》一卷，明王晅、王暕刻本，《原國立北平圖書館甲庫善本叢書》第700册影印。

《觀樂生詩集》五卷《附録》一卷，舊鈔本，《臺灣珍藏善本叢刊·古鈔本明代詩文集》第1册影印。

《觀樂生詩集》,謝時强點校,崇文齋文化出版有限公司 2006 年版(《寧海文獻叢書》)。

茅大方

《希董先生集》二卷首一卷,清道光十五年泰興尊經閣刻本,《四庫未收書輯刊》第七輯第 16 册、《明别集叢刊》第一輯第 25 册影印。

《希董先生遺集》五卷,清鈔本,《泰州文獻》第 43 册影印。

《文城集》不分卷,清鈔本,《泰州文獻》第 43 册影印。

劉　璉

《自怡集》一卷,明洪武刻本,《四庫提要著録叢書》集部第 64 册、《原國立北平圖書館甲庫善本叢書》第 701 册影印。

《自怡集》一卷《附録》一卷,清四庫全書本,《四庫全書珍本》四集集部第 311 册、《景印文淵閣四庫全書》第 1233 册、《文津閣四庫全書》第 1237 册、《文瀾閣四庫全書》第 1269 册、《明别集叢刊》第一輯第 21 册(影文淵閣本)影印。

《自怡集》一卷,清鈔本,《中國科學院文獻情報中心藏古籍珍本叢書(鈔稿本部分)》第二輯第 97 册影印。

《自怡集》,麗水市社會科學界聯合會整理,浙江古籍出版社 2014 年 10 月版(《括蒼叢書》第一集)。

張　紞

《張鷗庵先生集》二卷,明嘉靖七年王道刻本,《原國立北平圖書館甲庫善本叢書》第 702 册影印。

王　璲(王汝玉)

《青城山人詩集》八卷,明正統十二年至景泰四年華靖刻本,《北京圖書館古籍珍本叢刊》集部第 100 册、《明别集叢刊》第一輯第 36 册、《四庫提要著録叢書》集部第 38 册影印。

《青城山人(詩)集》八卷,清四庫全書本,《四庫全書珍本》三集集部第 300 册、《景印文淵閣四庫全書》第 1237 册、《文津閣四庫全書》第 1242 册、《文瀾閣四庫全書》第 1273 册(丁氏補鈔卷一至三)、《中國西南文獻叢書》第 174 册(影文淵閣本)影印。

《青城山人詩集》八卷,清鈔本,《明人别集稿鈔本叢刊》第 16—17 册影印。

練　安(練子寧)

《練榜眼集》一卷,明嘉靖隆慶刻萬曆增刻《盛明百家詩》本,《四庫全書存目叢書》集部第 307 册、《明别集叢刊》第五輯第 98 册影印。

《練公文集》二卷《手蹟》一卷《遺事》一卷,明萬曆刻本,《明别集叢刊》第一輯第 22 册影印。

《金川玉屑集》六卷,明刻本,《北京圖書館古籍珍本叢刊》集部第 101 册影印。

《練中丞金川集》二卷《遺事録》一卷,清康熙二年高檠刻本,《四庫提要著録叢書》集部第 262 册影印。

《(練)中丞集》二卷附《中丞遺事》一卷,清四庫全書本,《四庫全書珍本》十一集集部第 174 册、《景印文淵閣四庫全書》第 1235 册、《文津閣四庫全書》第 1239 册、《文瀾閣四庫全書》第 1271 册(丁氏補鈔)影印。

《練忠丞集》一卷,清道光二十八年涇縣潘氏袁江節署刻《乾坤正氣集》本,臺灣環球書局 1966 年(《乾坤正氣集》第 11 册)影印。

《練公文集》一卷《詩集》一卷首一卷附《練忠貞遺翰》一卷,清同治九年木活字本,《稀見明代四部輯刊》第二輯第 49 册影印。

唐之淳

《唐愚士詩》不分卷,明藍格鈔本,《原國立北平圖書館甲庫善本叢書》第 702 册、《四庫全書底本叢書》集部第 142 册影印。

《唐愚士詩》四卷,清四庫全書本,《四庫全書珍本》四集集部第 311 册、《景印文淵閣四庫全書》第 1236 册、《文津閣四庫全書》第 1240 册、《文瀾閣四庫全書》第 1271 册、《明别集叢刊》第一輯第 22 册(影文淵閣本)影印。

《唐愚士詩》四卷《會稽懷古詩》一卷，清末鈔本，《明人别集稿鈔本叢刊》第 17 册影印。

高得暘

《節庵集》八卷《續稿》一卷，清鈔本，《四庫全書存目叢書》集部第 29 册影印。

《節庵集》八卷《續稿》一卷，清光緒二十年錢塘丁氏嘉惠堂刻《武林往哲遺著》本，《叢書集成續編》(臺灣新文豐出版公司)文學類第 139 册、《叢書集成續編》(上海書店)集部第 111 册、廣陵書社 2011 年 7 月(《武林往哲遺著》第 3 册)、《明别集叢刊》第一輯第 22 册影印。

《節庵集》，管正平點校，杭州出版社 2014 年 5 月版(《杭州文獻集成·武林往哲遺著》)；浙江古籍出版社 2019 年 11 月版(《武林往哲遺著》第 9 册，《浙江文叢》)。

劉　璟

《易齋稿》十卷《附録》一卷，明刻本，《四庫提要著録叢書》集部第 115 册、《明代詩文集珍本叢刊》第 9 册影印。

《易齋稿》十卷《附録》一卷，清鈔本，《續修四庫全書》第 1326 册影印。

《易齋集》二卷，清四庫全書本，《四庫全書珍本》四集集部第 314 册、《景印文淵閣四庫全書》第 1236 册、《文津閣四庫全書》第 1240 册、《文瀾閣四庫全書》第 1272 册影印。

《易齋集》一卷，清道光二十八年涇縣潘氏袁江節署刻《乾坤正氣集》本，臺灣環球書局 1966 年(《乾坤正氣集》第 14 册)影印。

《易齋劉先生遺集》二卷，清光緒二十七年劉氏刻本，《明别集叢刊》第一輯第 20 册影印。

《易齋集》，文成縣政協學習文史委員會編，2003 年至 2004 年内部出版物(《文成文史資料》第十六、十七輯)。

《易齋集》，麗水市社會科學界聯合會整理，浙江古籍出版社 2014 年 10 月版(《括蒼叢書》第二集)。

高　棅(高廷禮)

《高漫士嘯臺集》二十卷，明成化十九年南京户部尚書黄鎬刻本，《明別集叢刊》第一輯第22册影印。

《高漫士集》一卷，明嘉靖隆慶刻萬曆增刻《盛明百家詩》本，《四庫全書存目叢書》集部第307册、《明別集叢刊》第五輯第98册影印。

《高漫士詩集》□□卷(存卷一至二、五至十一)，明末清初姚宗甲鈔本，《明人別集稿鈔本叢刊》第18册影印。

《閩高待詔詩集》五卷，明萬曆刻《閩中十子詩》本，《四庫提要著録叢書》集部第302册、《明別集叢刊》第五輯第93册影印。

《閩高待詔詩集》五卷，清光緒十二年刻《閩中十子詩》本，《歷代地方詩文總集彙編》第259册影印。

《高漫士木天清氣集》十四卷，清金氏文瑞樓鈔本，《四庫全書存目叢書》集部第32册影印。

《高待詔詩集》，苗健青點校，福建人民出版社2005年1月版(見《閩中十子詩》，《八閩文獻叢刊》)。

唐　泰

《閩唐觀察詩集》一卷，明萬曆刻《閩中十子詩》本，《四庫提要著録叢書》集部第302册、《明別集叢刊》第五輯第93册影印。

《閩唐觀察詩集》一卷，清光緒十二年刻《閩中十子詩》本，《歷代地方詩文總集彙編》第259册影印。

《唐觀察詩集》，苗健青點校，福建人民出版社2005年1月版(見《閩中十子詩》，《八閩文獻叢刊》)。

鄭　定

《閩鄭博士詩集》一卷，明萬曆刻《閩中十子詩》本，《四庫提要著録叢書》集部第302册、《明別集叢刊》第五輯第93册影印。

《閩鄭博士詩集》一卷，清光緒十二年刻《閩中十子詩》本，《歷代地方詩文總集彙編》第259册影印。

《鄭博士詩集》，苗健青點校，福建人民出版社2005年1月版（見《閩中十子詩》，《八閩文獻叢刊》）。

趙撝謙（趙　謙）

《趙攷古先生遺集》六卷首一卷《續集》一卷，清乾隆三十八年銘西堂刻四十年增刻本，《四庫提要著録叢書》集部第349册影印。

《趙考古先生文集》二卷，清乾隆烏絲欄鈔本，《原國立北平圖書館甲庫善本叢書》第699册、《四庫全書底本叢書》集部第142册影印。

《（趙）考古文集》二卷，清四庫全書本，《四庫全書珍本》四集集部第306册、《景印文淵閣四庫全書》第1229册、《文津閣四庫全書》第1234册、《文瀾閣四庫全書》第1265册（張宗祥據文津閣本補鈔）、《明别集叢刊》第一輯第22册（影文淵閣本）影印。

高　巍

《高不危文集》四卷《附録》一卷，民國十三年晉新書社鉛印本，唐山高氏福厚堂2010年6月、《明别集叢刊》第一輯第23册影印。

《高不危文集》，高軍華校，唐山高氏福厚堂2011年6月自印本。

《高不危文集校注》，王欣欣校注，三晉出版社2011年12月版（《山西大學建校110周年學術文庫》）。

周是修

《芻蕘集》六卷，明萬曆十八年裔孫周應鼇刻本，《明代朱子學文獻叢刊》第49—50册影印。

《芻蕘集》六卷，明萬曆十八年裔孫周應鼇刻清康熙三十七年嗣孫周君鎔重修本，"國立中央圖書館"1971年（《明代藝術家集彙刊續集》）影印。

《芻蕘集》六卷，清四庫全書本，《四庫全書珍本》四集集部第313册、《景印文淵閣四庫全書》第1235册、《文津閣四庫全書》第1240册、《文瀾閣四庫全書》第1272册(丁氏補鈔)影印。

《芻蕘集》六卷,清道光八年秦和周氏桂林使署刻本,《明别集叢刊》第一輯第23册影印。

《芻蕘集》四卷,清道光二十八年涇縣潘氏袁江節署刻《乾坤正氣集》本,臺灣環球書局1966年(《乾坤正氣集》第14册)影印。

方孝孺

《遜志齋集》三十卷《拾遺》十卷《附録》一卷,明成化十六年郭紳刻本,《中華再造善本·明代編》、《寧海叢書·明清卷》第44—47册、《明代朱子學文獻叢刊》第44—47册(闕《拾遺》十卷《附録》一卷)影印。

《遜志齋集》二十四卷《附録》一卷,明正德十五年顧璘刻本,《明别集叢刊》第一輯第24册、《寧海叢書·明清卷》第47—50册影印。

《遜志齋集》二十四卷《附録》一卷,明嘉靖二十年蜀藩刻本,《寧海叢書·明清卷》第51—54册影印。

《遜志齋集》二十四卷《附録》一卷,明嘉靖四十年王可大台州刻本,《四部叢刊初編》集部第1545—1556册、《大本原式精印四部叢刊正編》第73册、《四庫提要著録叢書》集部第115册、《寧海叢書·明清卷》第54—57册影印。

《方正學先生遜志齋集》二十四卷附《外紀》二卷,明萬曆四十年丁賓等刻、清康熙三十八年方忠祁補刻本,《寧海叢書·明清卷》第58—61册影印。

《方正學先生遜志齋全集》二十四卷《年譜》一卷附《拾遺》一卷《外紀》一卷,清康熙末趙予信重刻本,《寧海叢書·明清卷》第62—65册影印。

《遜志齋集》二十四卷,清四庫全書本,《景印文淵閣四庫全書》第1235册、《文津閣四庫全書》第1239册、《文瀾閣四庫全書》第1271册(丁氏補鈔卷一至四、六至九)影印。

《遜志齋集》二十二卷,清道光二十八年涇縣潘氏袁江節署刻《乾坤正氣集》本,臺灣環球書局1966年(《乾坤正氣集》第12—13册)影印。

《方正學先生遜志齋集》二十四卷《年譜》一卷附《拾遺》一卷《外紀》一卷《校勘記》一卷,清同治十二年孫熹刻本,《寧海叢書·明清卷》第66—69册影印。

《李卓吾評選方正學文集》十一卷首一卷，明末吴山俞氏文房刻《三異人文集》本，《四庫全書存目叢書補編》第13册、《寧海叢書·明清卷》第69—70册、《明代朱子學文獻叢刊》第48册、《李卓吾文獻輯刊》第45册影印。

《方正學先生集》十三卷，清康熙二十一年温嶺書林刻本，《寧海叢書·明清卷》第70—71册影印。

《方正學文粹》六卷，日本文政元年浪華群玉堂序刻本，《和刻本漢籍文集》第11輯、《日本所編中國詩文選集彙刊·明代卷》第18—19册影印。

《方正學文粹》六卷，日本文政十二年刻本，《寧海叢書·明清卷》第72册影印。

《方正學(文)集》七卷，清同治五年福州正誼書院刻、八年至九年續刻《正誼堂全書》本，《寧海叢書·明清卷》第71册、廣陵書社2016年4月(《正誼堂全書》第19册)影印。

《遜志齋集》，商務印書館1936年1月版(《萬有文庫》第二集《國學基本叢書》)。

《方正學先生集》，商務印書館1937年6月版(《叢書集成初編》文學類第2429—2430册)；中華書局2010年9月重印版(《叢書集成初編》第508册)。

《遜志齋集》，徐光大校點，寧波出版社1996年1月版；2000年1月版；浙江古籍出版社2013年10月版(《浙江文叢》)。

《方孝孺集》，鄭利華、陳廣宏整理，海南國際新聞出版中心1996年12月版(《傳世藏書》集庫别集第8册)。

《方孝孺詩集》，鄭利華、陳廣宏整理，山東畫報出版社2004年1月版(《四庫家藏》第138册)。

《遜志齋集》，張樹旺校點，北京大學出版社2014年4月版(《儒藏·精華編》第250册)。

韓　經

《恒軒遺稿》□□卷(存卷一至三)，明正統刻本，《明别集叢刊》第一輯第24册影印。

卓　敬

《卓忠貞公遺稿》一卷，清康熙四年刻本，《明别集叢刊》第一輯第24册影印。

黎　貞

《秫坡先生文集》八卷首一卷，清康熙二十五年黎翼之刻本，《明别集叢刊》第一輯第18册影印。

《秫坡黎先生文集》八卷首一卷末一卷，清嘉慶二十二年都會書屋刻本，《廣州大典》第419册影印。

《重刻秫坡先生文集》八卷首一卷，清光緒元年重刻本，《四庫全書存目叢書》集部第25册影印。

《黎貞詩》，梁守中等整理，嶺南美術出版社2008年12月版（《全粤詩》第3册）。

周　啓

《溪園集》七卷《附録》三卷，明景泰四年周氏家刻本（卷一至二、六至七及《附録》配鈔本），《原國立北平圖書館甲庫善本叢書》第709册影印。

陸　顒

《新編頤光先生詩集》六卷《拾遺》一卷《文集》一卷《外集》二卷，明景泰元年刻本，《北京圖書館古籍珍本叢刊》集部第97册、《明别集叢刊》第一輯第21册、《泰州文獻》第56册影印。

張宇初

《峴泉集》十二卷，明正統刻《道藏》本，《道藏》（上海涵芬樓）第1018—

1021 册、《正統道藏》(臺灣藝文印書館)第 55 册、《正統道藏》(臺灣新文豐出版公司)第 55 册、《正統道藏》(日本中文出版社)第 27 册、《道藏》(文物出版社、上海書店、天津古籍出版社)第 33 册、《道藏集成》第 98—99 册影印。

《耆山無爲天師峴泉集》六卷,明崇禎刻本,《四庫提要著録叢書》集部第 114 册、《明别集叢刊》第一輯第 22 册影印。

《峴泉集》四卷,清四庫全書本,《四庫全書珍本》五集集部第 300 册、《景印文淵閣四庫全書》第 1236 册、《文津閣四庫全書》第 1240 册、《文瀾閣四庫全書》第 1270 册影印。

周思得

《周真人集》一卷,明嘉靖隆慶刻萬曆增刻《盛明百家詩》本,《四庫全書存目叢書》集部第 306 册、《明别集叢刊》第五輯第 97 册影印。

《周真人集》一卷《補遺》一卷,清光緒二十三年錢塘丁氏嘉惠堂刻《武林往哲遺著》本,《叢書集成續編》(臺灣新文豐出版公司)文學類第 139 册、《叢書集成續編》(上海書店)集部第 111 册、廣陵書社 2011 年 7 月(《武林往哲遺著》第 3 册)影印。

《周真人集》,管正平點校,杭州出版社 2014 年 5 月版(《杭州全書·杭州文獻集成》第 17 册);浙江古籍出版社 2019 年 11 月版(《武林往哲遺著》第 9 册,《浙江文叢》)。

釋明秀

《釋雪江集》一卷,明嘉靖隆慶刻萬曆增刻《盛明百家詩》本,《四庫全書存目叢書》集部第 306 册、《明别集叢刊》第五輯第 97 册影印。

釋魯山

《釋魯山集》一卷,明嘉靖隆慶刻萬曆增刻《盛明百家詩》本,《四庫全書存目叢書》集部第 306 册、《明别集叢刊》第五輯第 97 册影印。

釋果斌(半　峰)

《釋半峰集》一卷,明嘉靖隆慶刻萬曆增刻《盛明百家詩》本,《四庫全書存目叢書》集部第306册、《明别集叢刊》第五輯第97册影印。

釋希復

《釋同石集》一卷,明嘉靖隆慶刻萬曆增刻《盛明百家詩》本,《四庫全書存目叢書》集部第306册、《明别集叢刊》第五輯第97册影印。

王　紳

《繼志齋文稿》二卷,明萬曆三十二年張維樞刻本(附《王忠文公文集》後),《明别集叢刊》第一輯第12册影印。

《繼志齋集》九卷,清乾隆紅格鈔本,《明人别集稿鈔本叢刊》第19册影印。

《繼志齋集》九卷,清鈔殘本,《重修金華叢書》第144册影印。

《繼志齋集》九卷,清四庫全書本,《四庫全書珍本》四集集部第312册、《景印文淵閣四庫全書》第1234册、《文津閣四庫全書》第1238册、《文瀾閣四庫全書》第1271册(張宗祥據文津閣本補鈔卷一至三、七至九)影印。

《繼志齋集》二卷附《瞶齋稿》一卷《齊山稿》一卷,民國十三年永康胡宗楙夢選樓刻《續金華叢書》本,《叢書集成續編》(臺灣新文豐出版公司)文學類第138册、《重修金華叢書》第17册影印。

《繼志齋集(外二種)》,林家驪、吕紅光、陳春霞點校,中華書局2020年11月版(《義烏叢書》)。

朱　棣

《大明太宗皇帝御制集》四卷(存卷三卷四),明内府寫本,《故宫珍本叢刊》第526册影印。

《大明太宗文皇帝御制序讚文》十篇,清刻本,《明别集叢刊》第一輯第

25册影印。

曹　銘

《隨庵詩草》一卷,明崇禎刻本,《明別集叢刊》第一輯第25册影印。

王　鯍

《槐陰集》,陳偉玲校注,中國文史出版社2010年1月版(見《明代英橋王氏詩録》,《龍灣文化叢書》)。

胡　儼

《胡祭酒集》十四卷(存卷七至十四),明隆慶五年李遷刻本,《北京圖書館古籍珍本叢刊》集部第102册、《明別集叢刊》第一輯第25册影印。

《胡祭酒文集》三十卷(存卷十六至二十三),明俞廷輔刻本,《原國立北平圖書館甲庫善本叢書》第702册影印。

《頤庵文選》二卷,清鈔本(四庫底本),《四庫提要著録叢書》集部第37册、《四庫全書底本叢書》集部第40册影印。

《頤庵文選》二卷,清四庫全書本,《四庫全書珍本》四集集部第318册、《景印文淵閣四庫全書》第1237册、《文津閣四庫全書》第1241册、《文瀾閣四庫全書》第1273册(丁氏補鈔卷上)影印。

王叔英

《王靜學先生文集》二卷,清康熙刻本,《明代朱子學文獻叢刊》第49册影印。

《靜學(文)集》一卷附《本傳》一卷,清四庫全書本,《四庫全書珍本》十二集集部第176册、《景印文淵閣四庫全書》第1235册、《文津閣四庫全書》第1240册、《文瀾閣四庫全書》第1272册(丁氏補鈔)影印。

《靜學文集》三卷首一卷末一卷,清光緒間順德龍氏刻《螺樹山房叢書》本,《廣州大典》第83册影印。

《王靜學先生文集》三卷《附録》一卷,民國九年吴興劉氏刻《嘉業堂叢書》本,《明别集叢刊》第一輯第20册、廣陵書社2015年12月(《嘉業堂叢書》第46册)影印。

《王叔英集》,樓波點校,浙江大學出版社2016年7月版(與《釋宗泐集》《劉仁本集》《許伯旅集》同册,《温嶺叢書》甲集第3册)。

劉　廌

《盤谷集》十卷附《盤谷唱和集》二卷,明永樂三年序刻本,《域外漢籍珍本文庫》第三輯集部第10册影印。

《盤谷集》十卷,清鈔本,《北京圖書館古籍珍本叢刊》集部第101册、《明别集叢刊》第一輯第33册影印。

《盤谷集》,文成縣政協學習文史委員會編,2010年1月内部出版物(《文成文史資料》第23輯)。

朱維嘉

《素履先生文集》十卷,明日新館烏絲欄鈔本,《原國立北平圖書館甲庫善本叢書》第703册影印。

張　洪

《張修撰遺集》八卷《附録》一卷,清播琴山館鈔本,《明代詩文集珍本叢刊》第18册、《常熟文庫》第49册影印。

《張修撰遺集》四卷《附録》一卷,清陳揆鈔本,《常熟文庫》第49册影印。

《歸田集》不分卷,清鈔本,《常熟文庫》第49册影印。

黄　福

《黄忠宣公文集》十三卷《别集》六卷,明嘉靖馮時雍刻本,《四庫全書存目叢書》集部第27册、《原國立北平圖書館甲庫善本叢書》第701册、《明别集叢刊》第一輯第25册影印。

平顯

《松雨軒集》八卷《補遺》一卷，明嘉靖十九年刻本，《原國立北平圖書館甲庫善本叢書》第709册影印。

《松雨軒集》八卷《附録》一卷，清嘉慶阮元輯鈔《宛委别藏》本，江蘇古籍出版社1988年2月(《宛委别藏》第107册)影印。

《松雨軒集》八卷《附録》一卷，清咸豐七年仁和勞權手鈔本，《臺灣珍藏善本叢刊·古鈔本明代詩文集》第1册影印。

《松雨軒集》八卷《附録》一卷，清鈔本，《大倉文庫粹編·名家鈔校本》第56册影印。

《松雨軒集》八卷《補遺》一卷《附録》三卷，清光緒二十年錢塘丁氏嘉惠堂刻《武林往哲遺著》本，《叢書集成續編》(臺灣新文豐出版公司)文學類第138册、《叢書集成續編》(上海書店)集部第111册、廣陵書社2011年7月(《武林往哲遺著》第2册)、《明别集叢刊》第一輯第21册影印。

《平顯詩》，楊鐮主編，中華書局2013年6月版(《全元詩》第53册)。

《松雨軒詩集》，管正平點校，杭州出版社2014年5月版(《杭州全書·杭州文獻集成》第17册)；浙江古籍出版社2019年11月版(《武林往哲遺著》第9册，《浙江文叢》)。

王紱

《友石先生詩集》五卷，明弘治元年榮華刻本，《北京圖書館古籍珍本叢刊》集部第100册、《四庫提要著録叢書》集部第37册影印。

《王舍人集》一卷，明嘉靖隆慶刻萬曆增刻《盛明百家詩》本，《四庫全書存目叢書》集部第304册、《明别集叢刊》第五輯第95册影印。

《友石先生詩集》五卷(闕卷四卷五)，清初鈔本，《四庫全書底本叢書》集部第45册影印。

《王舍人詩集》五卷《附録》一卷，清四庫全書本，《四庫全書珍本》八集集部第167册、《景印文淵閣四庫全書》第1237册、《文津閣四庫全書》第1241册、《文瀾閣四庫全書》第1273册影印。

《王舍人詩集》五卷《附録》一卷,民國十一至二十年上海中華書局鉛印《錫山先哲叢刊》本,《無錫市圖書館館藏精品叢書·錫山先哲叢刊》第2册影印。

吴 溥

《古崖先生詩集》八卷,明刻本,《原國立北平圖書館甲庫善本叢書》第703册影印。

程 通

《貞白遺稿》十卷,清四庫全書本,《四庫全書珍本》三集集部第299册、《景印文淵閣四庫全書》第1235册、《文津閣四庫全書》第1240册(附《顯忠録》二卷)、《文瀾閣四庫全書》第1272册(丁氏、張宗祥補鈔,附《顯忠録》二卷)影印。

《明遼府左長史程節愍公貞白遺稿》十卷首一卷,清嘉慶十一年徽州程邦瑞謙德堂刻本,《明别集叢刊》第一輯第20册影印。

陳道潛

《淇園編》四卷,清康熙九年陳震孫刻本,《明代蕭人文集》第1册影印。

《淇園編》二卷,民國二十年涵江印書局鉛印本,《稀見明代四部輯刊》第二輯第48册影印。

吕文燧

《雙泉集》九卷,明刻《永康太平吕氏文集》本,《重修金華叢書》第145册、《稀見明代四部輯刊》第二輯第48册影印。

吕 璠

《石厓稿》二卷《淵潛稿》一卷,清道光二十三年刻《永康太平吕氏文集》本,《重修金華叢書》第145册影印。

釋居頂

《圓庵集》六卷，明初刻本，《稀見明代四部輯刊》第二輯第 49 册影印。

楊士奇

《東里文集》二十五卷，明正統五年黄淮序刻本，《四庫全書存目叢書》集部第 28 册、《原國立北平圖書館甲庫善本叢書》第 707—708 册影印。

《東里文集續編》三十四卷，明天順五年廬陵楊導刻本，《原國立北平圖書館甲庫善本叢書》第 708 册影印。

《東里詩集》三卷《文集》二十五卷《續編》六十二卷《别集》三卷《附録》四卷，明嘉靖二十九年黄如桂刻本，《四庫提要著録叢書》集部第 64—65 册、《原國立北平圖書館甲庫善本叢書》第 707 册（僅《東里詩集》三卷）、《明代詩文集珍本叢刊》第 10—17 册影印。

《東里文集》二十五卷，明萬曆刻遞修本，《明别集叢刊》第一輯第 25 册影印。

《東里文集》二十五卷《詩集》三卷《續集》六十二卷《别集》三卷《附録》四卷，清四庫全書本，《四庫全書珍本》七集集部第 214—233 册（闕《附録》四卷）、《景印文淵閣四庫全書》第 1238—1239 册（闕《附録》四卷）、《文津閣四庫全書》第 1242—1243 册、《文瀾閣四庫全書》第 1274—1275 册（丁氏補鈔二十一卷）影印。

《南歸紀行》三卷《南歸稿》一卷，明鈔本，《明人别集稿鈔本叢刊》第 20 册影印。

《東里文集》，劉伯涵、朱海點校，中華書局 1998 年 7 月版。

《西昌文賦·楊士奇文選輯注》，彭飛編，江西人民出版社 2017 年 9 月版（《泰和歷史文化研究會叢書》）。

陳　誠

《陳竹山先生文集内篇》二卷《外篇》二卷，清雍正七年刻本，《四庫全書存目叢書》集部第 26 册、《明别集叢刊》第一輯第 26 册影印。

《陳誠西域資料校注》,王繼光校注,新疆人民出版社2012年11月版(《〈新疆通史〉研究叢書》)。

梁　潛

《泊庵先生文集》十六卷《附録》一卷,明刻本,《四庫提要著録叢書》集部第37册影印。

《泊庵先生文集》十六卷《附録》一卷,清初刻本,《北京圖書館古籍珍本叢刊》集部第100册影印。

《泊庵集》十六卷,清四庫全書本,《四庫全書珍本》六集集部第266—267册、《景印文淵閣四庫全書》第1237册、《文津閣四庫全書》第1241册、《文瀾閣四庫全書》第1273册(丁氏補鈔)影印。

《泊庵先生文集》十六卷《附録》一卷《詩鈔》一卷,清刻《泰和三梁文集》同治修補本,《明别集叢刊》第一輯第20册影印。

鄭　棠

《道山集》六卷,清活字印本,《四庫全書存目叢書》集部第32册、《明别集叢刊》第一輯第21册、《重修金華叢書》第143册影印。

鄭　賜

《聞一齋詩稿》不分卷,明崇禎六年閩縣徐氏鈔本,《四庫未收書輯刊》第五輯第17册、《明别集叢刊》第一輯第21册影印。

謝　常

《桂軒詩集》一卷,清初葉氏小有堂鈔本,《明人别集稿鈔本叢刊》第8册影印。

《桂軒詩集》一卷,清鈔本,《四庫未收書輯刊》第五輯第17册、《明别集叢刊》第一輯第23册影印。

董紀

《西郊笑端集》一卷，明成化十年周庠刻本，《原國立北平圖書館甲庫善本叢書》第700册影印。

《西郊笑端集》二卷，清四庫全書本，《四庫全書珍本》二集集部第353册、《景印文淵閣四庫全書》第1231册、《文津閣四庫全書》第1236册、《文瀾閣四庫全書》第1267册（丁氏補鈔）、《明别集叢刊》第一輯第23册（影文淵閣本）影印。

林右

《天台林公輔先生文集》不分卷，清康熙查慎行家鈔本，《四庫全書存目叢書》集部第27册、《明别集叢刊》第一輯第23册影印。

謝肅

《密庵詩稿》五卷《文稿》五卷，明洪武三十一年刻本，《四部叢刊三編》集部第71册、《四部叢刊廣編》第45册、《四庫提要著録叢書》集部第36册、《明别集叢刊》第一輯第23册（影《四部叢刊》本）影印。

《密庵詩稿》五卷《文稿》五卷，明天啓五年謝偉刻本，《原國立北平圖書館甲庫善本叢書》第697—698册影印。

《密庵集》八卷，清四庫全書本，《四庫全書珍本》别輯集部第394—395册、《景印文淵閣四庫全書》第1228册、《文津閣四庫全書》第1232册（題作《密庵集》）、《文瀾閣四庫全書》第1263册（丁氏補鈔）影印。

《密庵先生稿》五卷，舊鈔本，《明别集叢刊》第一輯第23册影印。

《謝肅詩》，楊鐮主編，中華書局2013年6月版（《全元詩》第63册）。

羅子理

《羅德安先生文集》三卷，明隆慶四年羅紈刻本，《中國公共圖書館古籍文獻珍本匯刊·天津圖書館孤本秘籍叢書》第10册、《寫刻古籍版本聚珍》第223册影印。

《羅德安先生文集》三卷,清初鈔本,《明人别集稿鈔本叢刊》第11册影印。

侯　復

《觀光詩集》二卷《助教侯先生詩集》二卷《文集》四卷,清康熙鈔本,《中國古籍珍本叢刊·天津圖書館卷》第40册影印。

《觀光詩集》四卷《助教侯先生文集》四卷,清金氏文瑞樓鈔本,《明代詩文集珍本叢刊》第18册影印。

羅　泰

《覺非先生文集》五卷,清林氏樸學齋鈔本,《明代詩文集珍本叢刊》第18册、《福建文脉叢書》第200册、《八閩文庫·福建文獻集成》初編集部第9册影印。

季　篪

《友梅集》不分卷,清鈔本,《明代詩文集珍本叢刊》第19册、《常熟文庫》第50册、《明人别集稿鈔本叢刊》第33册影印。

任亨泰

《狀元任先生遺稿》二卷,明正德十年顧英刻本,《原國立北平圖書館甲庫善本叢書》第701册影印。

鄒　濟

《頤庵文集》九卷,明成化鄒煜刻本,《明别集叢刊》第一輯第26册影印。

黄維天

《響明齋詩文》一卷，明嘉靖二十九年古林山房黄遥刻本（附《後圃黄先生存集》後），《北京圖書館古籍珍本叢刊》集部第96册、《明别集叢刊》第一輯第11册、《四部叢刊五編》第152册影印。

《響明齋詩文》一卷，清鈔本，《明人别集稿鈔本叢刊》第24册影印。

夏原吉

《夏忠靖公集》六卷附《遺事》一卷，明弘治十三年袁經刻本，《北京圖書館古籍珍本叢刊》集部第100册、《四庫提要著録叢書》集部第38册、《明别集叢刊》第一輯第26册、《原國立北平圖書館甲庫善本叢書》第709册影印。

《（夏）忠靖集》六卷《附録》一卷，清四庫全書本，《四庫全書珍本》四集集部第323册、《景印文淵閣四庫全書》第1240册、《文津閣四庫全書》第1244册（闕《附録》一卷）、《文瀾閣四庫全書》第1276册（丁氏補鈔）影印。

《夏原吉詩文集》，夏榮階整理，岳麓書社1995年8月版（《夏原吉傳》附録）。

《夏原吉集》，朱樹人校點，岳麓書社2012年4月版（與《李湘洲集》同册，《湖湘文庫》甲編）。

虞　謙

《玉雪齋詩集》□卷（存卷一至三），明宣德刻本，《原國立北平圖書館甲庫善本叢書》第709册影印。

鄧　林

《退庵先生遺稿》五卷，清咸豐九年刻本，《廣州大典》第419册影印。

《退庵鄧先生遺稿》七卷，清鈔本，《四庫全書存目叢書》集部第26册、《明别集叢刊》第一輯第26册影印。

《鄧林詩》，戴武軍等整理，嶺南美術出版社 2008 年 12 月版（《全粵詩》第 3 册）。

歐　著

《南海新聲》五卷，清荔枝莊刻本，《廣州大典》第 419 册影印。

黄　淮

《省愆集》二卷，明正統八年王豫刻本，《四庫全書底本叢書》集部第 143 册影印。

《省愆集》二卷，清四庫全書本，《四庫全書珍本》十集集部第 265 册、《景印文淵閣四庫全書》第 1240 册、《文津閣四庫全書》第 1244 册、《文瀾閣四庫全書》第 1276 册（丁氏補鈔）影印。

《省愆集》二卷，民國二十年永嘉黄氏鉛印《敬鄉樓叢書》本，《叢書集成續編》（臺灣新文豐出版公司）文學類第 169 册、《明别集叢刊》第一輯第 26 册影印。

《黄文簡公介庵集》十一卷《補遺》一卷，民國二十年永嘉黄氏鉛印《敬鄉樓叢書》本，《叢書集成續編》（臺灣新文豐出版公司）文學類第 138 册、《四庫全書存目叢書》集部第 26—27 册、《明别集叢刊》第一輯第 26 册影印。

《黄淮文集》，黄永陵補遺編校，中國社會科學出版社 2006 年 4 月版。

晏　璧

《〈濟南七十二泉詩〉注釋》，吴洪業編著，濟南出版社 2013 年 2 月版。

金幼孜（金　善）

《金文靖公集》十卷《外集》一卷，明成化四年新淦金氏家刻本，《明人文集叢刊》第一期第 3 種、《四庫提要著録叢書》集部第 38 册影印。

《(金)文靖集》十卷,清四庫全書本,《四庫全書珍本》二集集部第354—356册、《景印文淵閣四庫全書》第1240册、《文津閣四庫全書》第1244册、《文瀾閣四庫全書》第1276册(丁氏補鈔卷七至十)、《明別集叢刊》第一輯第27册(影文淵閣本)影印。

《北征詩集》一卷《北征録》三卷,清光緒七年木活字本,《中國人民大學圖書館藏古籍珍本叢刊》第120—121册影印。

謝　貞

《鶴鳴集》十卷《後集》一卷,舊鈔本,《明別集叢刊》第一輯第27册、《臺灣珍藏善本叢刊·古鈔本明代詩文集》第2册影印。

王　艮(字敬止)

《梅花詩一百二十首》《百詠梅花詩》,楊巴金編著,江西高校出版社2018年2月版(見《江西地方珍稀文獻叢刊·吉水卷》。

劉子欽(劉　敬)

《梅花詩一百首》,楊巴金編著,江西高校出版社2018年2月版(見《江西地方珍稀文獻叢刊·吉水卷》)。

張　徹

《退軒集》六卷,舊鈔本,《明別集叢刊》第一輯第31册、《臺灣珍藏善本叢刊·古鈔本明代詩文集》第4册影印。

解　縉

《解學士先生集》三十一卷,明天順元年黄諫刻本,《四庫提要著録叢書》集部第262册、《中華再造善本·明代編》影印。

《解學士文集》十卷,明嘉靖四十一年刻本,《原國立北平圖書館甲庫善本叢書》第702册、《明别集叢刊》第一輯第27册影印。

《解學士集》一卷,明嘉靖隆慶刻萬曆增刻《盛明百家詩》本,《四庫全書存目叢書》集部第307册、《明别集叢刊》第五輯第98册影印。

《皇明大學士解春雨先生詩集》不分卷,明刻本,《原國立北平圖書館甲庫善本叢書》第701册影印。

《解文毅公集》十六卷首一卷《附録》一卷,清乾隆三十二年吉水解氏敦仁堂刻本,《明别集叢刊》第一輯第28册影印。

《文毅集》十六卷《附録》一卷,清四庫全書本,《四庫全書珍本》四集集部第316—317册、《景印文淵閣四庫全書》第1236册、《文津閣四庫全書》第1240—1241册、《文瀾閣四庫全書》第1272册影印。

梁　混(梁本之)

《坦庵先生文集》八卷《附録》一卷,清初刻本,《四庫全書存目叢書》集部第27册、《北京圖書館古籍珍本叢刊》集部第100册影印。

《坦庵先生文集》八卷,清刻《泰和三梁文集》同治修補本,《明别集叢刊》第一輯第20册影印。

胡　廣

《胡文穆公文集》二十卷,清乾隆十五年胡張書刻本,《四庫全書存目叢書》集部第28—29册、《明别集叢刊》第一輯第28册影印。

楊應春

《補拙集》六卷,明正統六年楊氏家刻本,《原國立北平圖書館甲庫善本叢書》第704册影印。

陳　璉

《琴軒集》三十卷,清康熙六十年萬卷堂刻本,東莞市政協文史資料委員會2001年(《莞鄉叢書》,附楊寶霖輯佚)、上海古籍出版社2011年7月(《東莞歷代著作叢書》,附楊寶霖輯佚)、《廣州大典》第 418 册影印。

《陳少宗伯琴軒集》一卷,清嘉慶刻同治印《廣東文獻》四集本,江蘇廣陵古籍刻印社 1994 年 7 月(《廣東文獻》第 7 册)影印。

《琴軒集》十卷,民國東莞陳氏刻《聚德堂叢書》本,《叢書集成續編》(臺灣新文豐出版公司)文學類第 139 册、《明别集叢刊》第一輯第 29 册影印。

《陳璉詩》,吕永光等整理,嶺南美術出版社 2008 年 12 月版(《全粵詩》第 3 册)。

《琴軒集注釋》,陳發枝、馮錫祺譯注,百花洲文藝出版社 2018 年 12 月版。

尹昌隆

《尹訥庵先生遺稿》十卷,明萬曆刻本,《四庫全書存目叢書》集部第 26 册、《明别集叢刊》第一輯第 29 册影印。

黄　鉞

《黄給諫遺稿》一卷《附録》一卷,清鈔本,《北京圖書館古籍珍本叢刊》集部第 101 册、《明别集叢刊》第一輯第 29 册、《常熟文庫》第 49 册影印。

王　偁

《虚舟集》五卷,明弘治六年王俊刻本,《朔方文庫》第 39 册影印。

《虚舟集》五卷,明弘治六年王俊刻嘉靖元年陳墀、鄭銘重修本,《四庫提要著録叢書》集部第 262 册、《福建文脉叢書》第 199 册影印。

《虚舟集》五卷,明鈔本,《明人别集稿鈔本叢刊》第 20 册影印。

《虚舟集》五卷,清四庫全書本,《四庫全書珍本》四集集部第 318 册、《景印文淵閣四庫全書》第 1237 册、《文津閣四庫全書》第 1241 册、《文瀾閣四庫全書》第 1273 册影印。

《虚舟集》五卷,清鈔本,《中國古籍珍本叢刊・廣東省立中山圖書館卷》第 46 册影印。

《王翰檢集》一卷,明嘉靖隆慶刻萬曆增刻《盛明百家詩》本,《四庫全書存目叢書》集部第 307 册、《明别集叢刊》第五輯第 98 册影印。

《閩王檢討詩集》五卷,明萬曆刻《閩中十子詩》本,《四庫提要著録叢書》集部第 302 册、《明别集叢刊》第五輯第 93 册影印。

《閩王檢討詩集》五卷,清光緒十二年刻《閩中十子詩》本,《歷代地方詩文總集彙編》第 259 册影印。

《王檢討詩集》,苗健青點校,福建人民出版社 2005 年 1 月版(見《閩中十子詩》,《八閩文獻叢刊》)。

陳仲進

《南雅集》六卷,明崇禎三年序刻《陳氏家集》本,《福建文脉叢書》第 200 册影印。

王　褒

《三山王養静先生集》十卷,明成化十年謝光刻本,《續修四庫全書》第 1326 册、《福建文脉叢書》第 200 册影印。

《閩王翰林詩集》二卷,明萬曆刻《閩中十子詩》本,《四庫提要著録叢書》集部第 302 册、《明别集叢刊》第五輯第 93 册影印。

《閩王翰林詩集》二卷,清光緒十二年刻《閩中十子詩》本,《歷代地方詩文總集彙編》第 259 册影印。

《王翰林詩集》,苗健青點校,福建人民出版社 2005 年 1 月版(見《閩中十子詩》,《八閩文獻叢刊》)。

周　玄

《閩周祠部詩集》一卷,明萬曆刻《閩中十子詩》本,《四庫提要著録叢書》集部第 302 册、《明别集叢刊》第五輯第 93 册影印。

《閩周祠部詩集》一卷,清光緒十二年刻《閩中十子詩》本,《歷代地方詩文總集彙編》第 259 册影印。

《周祠部詩集》,苗健青點校,福建人民出版社 2005 年 1 月版(見《閩中十子詩》,《八閩文獻叢刊》)。

黄　玄

《閩黄博士詩集》一卷,明萬曆刻《閩中十子詩》本,《四庫提要著録叢書》集部第302册、《明別集叢刊》第五輯第93册影印。

《閩黄博士詩集》一卷,清光緒十二年刻《閩中十子詩》本,《歷代地方詩文總集彙編》第259册影印。

《黄博士詩集》,苗健青點校,福建人民出版社2005年1月版(見《閩中十子詩》,《八閩文獻叢刊》)。

朱　椿

《獻園睿制集》十七卷,明成化二年刻本,《巴蜀文叢·明蜀王文集五種》第1册影印。

吴　訥

《思庵先生文粹》十一卷《拾遺》一卷,明嘉靖二十七年范來賢重刻本,《明代詩文集珍本叢刊》第19册、《明代朱子學文獻叢刊》第59册、《常熟文庫》第50册影印。

《思庵先生文粹》十一卷,清乾隆四年周耕雲手鈔本,《臺灣珍藏善本叢刊·古鈔本明代詩文集》第3册影印。

《思庵先生文粹》十一卷,清曹炎鈔本,《明人别集稿鈔本叢刊》第20—21册影印。

《吴文恪公大全集》十卷,清鈔本,《常熟文庫》第50册影印。

楊　榮

《楊文敏公集》二十五卷《附録》一卷,明正德十年建安楊氏重刻本,《明人文集叢刊》第一期第4種、《四庫提要著録叢書》集部第350册、《明别集叢刊》第一輯第29册、《四庫全書底本叢書》集部第41—42册、《福建文脉叢書》第435—437册影印。

《文敏集》二十五卷《附録》一卷，清四庫全書本，《四庫全書珍本》四集集部第319—322册、《景印文淵閣四庫全書》第1240册、《文津閣四庫全書》第1243—1244册、《文瀾閣四庫全書》第1276册(闕《附録》一卷)影印。

金　寔(金　實)

《覺非齋文集》二十八卷《附録》一卷，明成化元年唐瑜刻本，《續修四庫全書》第1327册、《明别集叢刊》第一輯第30册、《衢州文獻集成》第172册影印。

曾　棨

《巢睫集》五卷，明成化七年張綱刻本，《北京圖書館古籍珍本叢刊》集部第105册影印。

《巢睫集》五卷，清金氏文瑞樓鈔本，《明别集叢刊》第一輯第30册、《中國古籍珍本叢刊·復旦大學圖書館卷》第43册影印。

《巢睫集》四卷，明藍格鈔本，《原國立北平圖書館甲庫善本叢書》第703册影印。

《巢睫集》四卷，舊鈔本，《原國立北平圖書館甲庫善本叢書》第703册影印。

《曾狀元集》一卷，明嘉靖隆慶刻萬曆增刻《盛明百家詩》本，《四庫全書存目叢書》集部第307册、《明别集叢刊》第五輯第98册影印。

《刻曾西墅先生集》十卷，明萬曆十九年吴期炤刻本，《四庫全書存目叢書》集部第30册影印。

《翰林曾學士存稿》四卷，清康熙六十年宋賓王家鈔《曾王二翰林存稿》本，《稀見明代四部輯刊》第二輯第50册影印。

《梅花七律詩百首》，楊巴金編著，江西高校出版社2018年2月版(見《江西地方珍稀文獻叢刊·吉水卷》)。

《曾棨集》，顧寶林點校，江西教育出版社2019年12月版(《廬陵文化研究叢書》)。

楊　溥

《楊文定公詩集》七卷(闕卷六),明鈔本,《續修四庫全書》第1326册、《明別集叢刊》第一輯第30册、《中華再造善本·明代編》影印。

《楊文定公文集》不分卷,清鈔本,《明人别集稿鈔本叢刊》第21—22册影印。

《楊溥詩文篇》,石首市人民政府辦公室、石首市地方志辦公室編,2006年5月内部出版物(見《明代賢相楊溥》)。

《楊文定公詩文集》,胡永華校注,湖北人民出版社2018年11月版。

《楊文定公詩集》,王國燦校注,2019年7月自印本(《石首詩詞學會叢書》)。

余學夔

《北軒集》十八卷,清乾隆三十四年余沛章刻本,《四庫未收書輯刊》第五輯第17册影印。

李時勉(李　懋)

《古廉李先生詩集》十一卷,明景泰七年姚堂刻本,《四庫提要著録叢書》集部第66册、《原國立北平圖書館甲庫善本叢書》第704册、《明代朱子學文獻叢刊》第52册影印。

《謚忠文古廉文集》十一卷(闕卷十一)《附録》一卷,明成化十年李顒刻本,《四庫全書底本叢書》集部第144—145册影印。

《謚忠文古廉文集》十二卷,清鈔本,《明别集叢刊》第一輯第31册影印。

《古廉(文)集》十一卷《附録》一卷,清四庫全書本,《四庫全書珍本》三集集部第301—302册、《景印文淵閣四庫全書》第1242册、《文津閣四庫全書》第1246—1247册、《文瀾閣四庫全書》第1278册(丁氏補鈔卷一至五)影印。

《謚忠文古廉文集》六卷,清金氏文瑞樓鈔本,《明代朱子學文獻叢刊》第

53 册、《明人别集稿鈔本叢刊》第 22—23 册影印。

魏驥

《南齋先生魏文靖公摘稿》十卷，明弘治十一年洪鐘刻本，《四庫全書存目叢書》集部第 30 册、《北京圖書館古籍珍本叢刊》集部第 103 册影印。

《南齋先生魏文靖公摘稿》十卷《附録》一卷，明弘治十一年洪鐘刻清康熙重修本，《明别集叢刊》第一輯第 30 册影印。

《魏驥集》，蔡堂根、舒仕斌點校，浙江人民出版社 2016 年 11 月版。

沈行

《增刊詠梅花集句》二卷，明正德元年吴俊刻本，《明别集叢刊》第一輯第 31 册影印。

《集古香奩詩》二卷，明刻本，《域外漢籍珍本文庫》第三輯集部第 20 册、《歷代集句詩詞别集》叢刊第 2 册影印。

《詠梅集句録》一卷，明刻本，《歷代集句詩詞别集叢刊》第 2 册影印。

《集古梅花詩》二卷《附録》一卷，清光緒二十三年錢塘丁氏嘉惠堂刻《武林往哲遺著》本，《叢書集成續編》（臺灣新文豐出版公司）文學類第 169 册、《叢書集成續編》（上海書店）集部第 114 册、廣陵書社 2011 年 7 月（《武林往哲遺著》第 3 册）影印。

《集古梅花詩》，管正平點校，杭州出版社 2014 年 5 月版（《杭州全書·杭州文獻集成》第 17 册）；浙江古籍出版社 2019 年 11 月版（《武林往哲遺著》第 10 册，《浙江文叢》）。

林環

《絅齋先生集》三卷（存卷一）《二集》十卷（闕卷七）《三集》十卷，明成化十三年林伋刻本，《明别集叢刊》第一輯第 32 册、《明代葷人文集》第 2—3 册影印。

周　述

《東墅詩集》二卷，明景泰二年廣州府通判周錞編刻本，《四庫全書存目叢書補編》第 97 册、《明别集叢刊》第一輯第 31 册影印。

曹　端

《曹月川先生遺書》八種十一卷，明萬曆刻匯印本，《中國人民大學圖書館藏古籍珍本叢刊》第 174—175 册影印。

《曹月川集》二卷（《文》一卷《詩》一卷），清康熙四十九年張伯行正誼堂刻本，北京燕山出版社 2019 年 2 月（《康熙版正誼堂全書》第 25 册）影印。

《曹月川集》一卷，清四庫全書本，《四庫全書珍本》十二集集部第 176 册、《景印文淵閣四庫全書》第 1243 册、《文津閣四庫全書》第 1247 册、《文瀾閣四庫全書》第 1279 册（丁氏補鈔）影印。

《曹月川先生遺書》十種十一卷，清道光十二年楊國楨刻本，《明别集叢刊》第一輯第 31 册、《河南文脉叢書》第 26—37 册、《山西歷代著作集成》第 488—489 册、《明代朱子學文獻叢刊》第 53—54 册影印。

《曹月川先生集》一卷《附録》一卷，清沈氏鳴野山房鈔本，《明人别集稿鈔本叢刊》第 23 册影印。

《曹月川先生集》不分卷，日本江户鈔本，《山西歷代著作集成》第 412 册影印。

《曹端集》，王秉倫點校，中華書局 2003 年 10 月版（《理學叢書》）。

《新編一代真儒曹月川先生文集》，牛力達整理，2005 年 12 月自印本（《寅耕齋自印書稿》）。

《曹月川先生遺書》，董平校點，北京大學出版社 2014 年 4 月版（《儒藏·精華編》第 251 册）。

《曹月川集注》，任文武、方豐章校注，中州古籍出版社 2014 年 7 月版。

王　英

《王文安公詩文集》十一卷，清樸學齋鈔本，《續修四庫全書》第 1327 册、

《明别集叢刊》第一輯第 31 册影印。

李昌祺(李　禎)

《運甓漫稿》七卷,明正統張瑄刻本,《原國立北平圖書館甲庫善本叢書》第 703 册影印。

《運甓漫稿》七卷(存卷四至七),明天順三年鄭鋼刻本,《四庫全書底本叢書》集部第 113 册影印。

《運甓漫稿》七卷,清四庫全書本,《四庫全書珍本》二集集部第 357 册、《景印文淵閣四庫全書》第 1242 册、《文津閣四庫全書》第 1246 册、《文瀾閣四庫全書》第 1278 册、《明别集叢刊》第一輯第 32 册(影文淵閣本)影印。

章　敞

《明永樂甲申會魁禮部左侍郎會稽質庵章公詩文集》不分卷《附録》一卷,清鈔本,《四庫全書存目叢書》集部第 30 册、《明别集叢刊》第一輯第 32 册影印。

陳敬宗

《澹然居士文集》十卷,明嘉靖十四年陳文譽、來汝賢刻本,《原國立北平圖書館甲庫善本叢書》第 704 册、《明代朱子學文獻叢刊》第 54 册影印。

《陳文定公澹然遺書全集》十三卷,明刻本,《明代朱子學文獻叢刊》第 55—57 册影印。

《澹然先生文集》六卷,清鈔本,《四庫全書存目叢書》集部第 29 册、《明别集叢刊》第一輯第 32 册影印。

羅亨信

《覺非集》十卷,清康熙羅哲刻本,《四庫全書存目叢書》集部第 29—30

册、《北京圖書館古籍珍本叢刊》集部第103册、《明别集叢刊》第一輯第33册、《廣州大典》第419册影印。

《羅都憲詩》一卷，清嘉慶刻同治印《廣東文獻》初集本，江蘇廣陵古籍刻印社1994年7月(《廣東文獻》第2册)影印。

《羅亨信集》，香權根標點，樂水園2008年自印本(《莞水叢書》第二輯)；上海古籍出版社2011年7月版(《東莞歷代著作叢書》)。

《羅亨信詩》，楊海文等整理，嶺南美術出版社2008年12月版(《全粤詩》第3册)。

袁忠徹

《符臺外集》二卷，民國二十九年四明張氏約園刻《四明叢書》本，《叢書集成續編》(臺灣新文豐出版公司)文學類第138册、《叢書集成續編》(上海書店)集部第111册、廣陵書社2006年8月(《四明叢書》第26册)、《明别集叢刊》第一輯第33册(影1981年揚州廣陵古籍刻印社後印本)、《張壽鏞文獻輯刊》第122册影印。

沐　昂

《素軒集》十二卷，明刻本，《續修四庫全書》第1329册、《回族典藏全書》第155册、《明别集叢刊》第一輯第34册影印。

《素軒集》，柴鋭、何諫賢點校，雲南教育出版社2019年5月版(與《滄海遺珠》同册，《雲南古代漢文學要籍》)。

朱高熾

《御制詩集》二卷，明洪熙元年内府刻本，《原國立北平圖書館甲庫善本叢書》第693册、《御制文獻叢刊》第36册影印。

《大明仁宗皇帝御制集》二卷(僅存《目録》)，明内府紅格寫本，《御制文獻叢刊》第36册、《明人别集稿鈔本叢刊》第23册影印。

孟　淮

《孟衛源集》一卷，明嘉靖隆慶刻萬曆增刻《盛明百家詩》本，《四庫全書存目叢書》集部第306册、《明别集叢刊》第五輯第97册影印。

朱　㮵

《集句閨情百詠》二卷，日本安永九年額田正三郎刻本，《和刻本中國古逸書叢刊》第58册、《域外漢籍珍本文庫》第五輯集部第20册、《歷代集句詩詞别集叢刊》第2册影印。

王　直

《抑庵文集》十三卷，明景泰五年陳宜刻本，《原國立北平圖書館甲庫善本叢書》第703册影印。

《抑庵文(前)集》十三卷《(抑庵)文後集》三十七卷，清四庫全書本，《四庫全書珍本》八集集部第168—181册、《景印文淵閣四庫全書》第1241—1242册、《文津閣四庫全書》第1245—1246册、《文瀾閣四庫全書》第1277—1278册(丁氏、錢恂補鈔三十一卷)影印。

《西昌王抑庵集》四十卷，清同治六年王啓鑅重刻本，《明别集叢刊》第一輯第33册影印。

朱有燉

《誠齋牡丹譜》一卷《牡丹百詠》一卷《梅花百詠》一卷《玉堂春百詠》一卷，明宣德刻本，《明别集叢刊》第一輯第34册影印。

《誠齋録》四卷(《誠齋新録》一卷《誠齋牡丹百詠》一卷《誠齋梅花百詠》一卷《誠齋玉堂春百詠》一卷)，明嘉靖十二年周藩刻本，《續修四庫全書》第1328册影印。

《誠齋録》六卷，明嘉靖十二年周藩刻本，《中華再造善本・明代編》影印。

《元宫詞百章箋注》,傅樂淑著,書目文獻出版社 1995 年 3 月版(《清慎堂叢書·射集·初集》)。

《朱有燉集》,趙曉紅整理,齊魯書社 2014 年 3 月版。

《朱有燉〈誠齋録〉箋注》,朱仰東箋注,中國文聯出版社 2016 年 4 月版。

《朱有燉〈誠齋録〉校釋》,朱仰東校釋,黄山書社 2019 年 10 月版。

王 洪

《毅齋王先生文集》八卷(存卷六至八)《附録》一卷,明成化十一年刻本,《四庫全書底本叢書》集部第 112 册影印。

《毅齋(詩文)集》八卷,清四庫全書本,《四庫全書珍本》初集集部第 368 册、《景印文淵閣四庫全書》第 1237 册、《文津閣四庫全書》第 1241 册、《文瀾閣四庫全書》第 1273 册(張宗祥據文津閣本補鈔卷一至三、七、八)、《明别集叢刊》第一輯第 34 册(影文淵閣本)影印。

《王侍講存稿》六卷,清康熙六十年宋賓王家鈔《曾王二翰林存稿》本,《稀見明代四部輯刊》第二輯第 50 册影印。

周 忱

《雙崖文集》四卷首一卷末一卷《附録》一卷,清光緒四年山前崇恩堂刻本,《四庫未收書輯刊》第六輯第 30 册影印。

《雙崖詩集》六卷《文集》四卷《附録》一卷,清光緒四年刻本,《明别集叢刊》第一輯第 34 册影印。

《雙崖文集輯録與譯注》,吴志遠注譯,人民出版社 2018 年 2 月版(《鄭大史學書系》)。

龔 詡

《野古集》三卷《年譜》一卷《附録》一卷,清四庫全書本,《四庫全書珍本》四集集部第 314—315 册、《景印文淵閣四庫全書》第 1236 册、《文津閣四庫全書》第 1240 册、《文瀾閣四庫全書》第 1272 册影印。

《(龔安節公)野古集》三卷,清光緒二十八年新陽趙氏刻《對樹書屋叢刻》本,《叢書集成續編》(臺灣新文豐出版公司)文學類第169册、《叢書集成續編》(上海書店)集部第111册、《明别集叢刊》第一輯第34册(多《附録》一卷)影印。

《龔安節先生遺文》一卷,民國十一年昆山趙氏刻《又滿樓叢書》本,《叢書集成續編》(臺灣新文豐出版公司)文學類第185册、《叢書集成續編》(上海書店)集部第111册、《明别集叢刊》第一輯第34册(多《年譜》一卷)影印。

王 稌

《王瞶齋詩稿》一卷,明萬曆三十二年張維樞刻本(附《王忠文公文集》後),《明别集叢刊》第一輯第12册影印。

《瞶齋稿》一卷,民國十三年永康胡宗楙夢選樓刻《續金華叢書》本(附《繼志齋集》後),《叢書集成續編》(臺灣新文豐出版公司)文學類第138册、《重修金華叢書》第17册影印。

《瞶齋稿》,林家驪、吕紅光、陳春霞點校,中華書局2020年11月版(見《繼志齋集》,《義烏叢書》)。

况 鍾

《况太守集》十六卷首一卷《補遺》一卷,清道光二十九年蘇州刻本,《明别集叢刊》第一輯第35册影印。

《况太守集》,吴奈夫、張道貴、丁鳳麟點校,江蘇人民出版社1983年11月版。

陳 暄

《龍溪陳先生文集》五卷《附録》一卷,明正統五年雲間顧氏刻本,《明别集叢刊》第一輯第35册影印。

蕭 儀

《重刻襪綫集》二十卷附《南行紀詠》二卷《贈言》四卷,清乾隆五年重刻本,《四庫全書存目叢書》集部第 31 册、《明别集叢刊》第一輯第 35 册影印。

陳　循

《芳洲文集》十卷《附録》一卷《芳洲詩集》四卷,明萬曆二十一年陳以躍刻後印本,《續修四庫全書》第 1327 册、《原國立北平圖書館甲庫善本叢書》第 704—705 册影印。

《芳洲文集》十卷《詩集》一卷《芳州先生年譜》一卷《附録》一卷,明萬曆二十五年陳以躍刻本,《故宫珍本叢刊》第 535—536 册影印。

《芳洲文集續編》六卷,明萬曆四十六年陳以躍刻本,《續修四庫全書》第 1328 册、《原國立北平圖書館甲庫善本叢書》第 705 册影印。

《東行百詠集句》九卷(闕前三卷),明刻本,《四庫全書存目叢書》集部第 31 册、《歷代集句詩詞别集叢刊》第 2 册影印。

《芳洲文集》十卷附《再和東行百詠集句》一卷《芳洲先生年譜》一卷,清刻本,《四庫全書存目叢書》集部第 31 册、《明别集叢刊》第一輯第 35 册影印。

何文淵

《東園遺稿》四卷首一卷,明嘉靖三十八年序刻本,《域外漢籍珍本文庫》第四輯集部第 9 册影印。

孫　瑀

《歲寒集》二卷《附録》一卷,明嘉靖七年孫啅刻本,《四庫全書存目叢書》集部第 31 册、《明别集叢刊》第一輯第 35 册影印。

《歲寒集》二卷《附録》一卷,清初鈔本,《明人别集稿鈔本叢刊》第 23—24 册影印。

丁　鉉

《丁襄愍公忠義集》不分卷,活字《忠義丁氏家廟族譜》本,《劍邑文庫》第 4 册影印。

習 經

《尋樂習先生文集》二十卷，明成化黄仲昭校刻本，《四庫全書存目叢書補編》第97册、《明别集叢刊》第一輯第36册影印。

夏 時

《守黑齋遺稿》十一卷，明永樂十五年上虞葉氏刻正統五年補刻本，《明别集叢刊》第一輯第36册影印。

《錢塘湖山勝概記》一卷《湖山百詠》一卷，清光緒五年錢塘丁氏嘉惠堂刻《武林掌故叢編》本，廣陵書社2018年4月(《武林掌故叢編》第2册)影印。

薛 瑄

《河汾詩集》八卷，明成化五年謝庭桂、朱維吉刻本，《四庫全書存目叢書》集部第32册、《山西歷代著作集成》第371册影印。

《敬軒薛先生文集》二十四卷，明弘治十六年李越刻遞修本，《山西歷代著作集成》第372—373册影印。

《文清公薛先生文集》二十四卷，明萬曆二十四年薛士弘刻本，臺灣商務印書館1973年12月(《景印岫廬現藏罕傳善本叢刊》)、《四庫提要著録叢書》集部第262册影印。

《敬軒薛先生文集》二十四卷，明萬曆張銓刻本，《明别集叢刊》第一輯第36册、《山西歷代著作集成》第374—375册影印。

《文清公薛先生文集》二十四卷，清雍正十二年河津薛氏刻本，《山西歷代著作集成》第377—379册影印。

《敬軒文集》二十四卷，清四庫全書本，《四庫全書珍本》十二集集部第177—179册、《景印文淵閣四庫全書》第1243册、《文津閣四庫全書》第1247册、《文瀾閣四庫全書》第1279册(丁氏補鈔卷一至十四、十九至二十四)影印。

《薛文清公全集》四十卷《附録》一卷，明嘉靖三十四年趙孔昭校刻本，《原國立北平圖書館甲庫善本叢書》第706册影印。

《薛文清公全集》四十卷，明隆慶萬曆間趙訥刻本，《域外漢籍珍本文庫》第四輯集部第9—10册影印。

《薛文清公全集》四十卷（存八卷），明刻本，《山西歷代著作集成》第376册、《河南文脉叢書》第24册、《明代朱子學文獻叢刊》第65册影印。

《薛敬軒先生文集》（《薛敬軒集》）十卷，清同治五年福州正誼書院刻、八年至九年續刻《正誼堂全書》本，廣陵書社2016年4月（《正誼堂全書》第12册）影印。

《五友詩》一卷，日本京都二條通松屋町武村市兵衛刻本，《和刻本漢詩集成補篇》第18輯、《日本所編中國詩文選集彙刊・明代卷》第31册影印。

《瀟湘八景詩》一卷，日本藤井五郎右衛門刻本，《和刻本漢詩集成補篇》第18輯影印。

《薛敬軒先生文集》，商務印書館1936年6月版（《叢書集成初編》文學類第2431—2433册）；中華書局2010年9月重印版（《叢書集成初編》第508册）。

《薛瑄全集》，孫玄常、李元慶、周慶義、李安綱點校，山西人民出版社1990年8月版；三晉出版社2015年9月版（《山西文華・著述編》）。

《薛瑄旅游詩傳評注》，薛廣才編著，陝西旅游出版社1993年4月版。

《敬軒薛先生文集》，何善蒙校點，北京大學出版社2014年4月版（《儒藏・精華編》第251册）。

《薛瑄詩集選注》，李安綱、趙曉鵬選注，三晉出版社2016年12月版。

謝　晋（謝　縉）

《蘭庭集》不分卷，清康熙十六年鈔本，《四庫提要著録叢書》集部第263册、《明别集叢刊》第一輯第36册影印。

《蘭庭集》二卷，清四庫全書本，《四庫全書珍本》初集集部第369册、《景印文淵閣四庫全書》第1244册、《文津閣四庫全書》第1248册、《文瀾閣四庫全書》第1280册（張宗祥據文津閣本補鈔）影印。

徐　庸

《南州集》存七卷，清小輞川鈔本，《傅斯年圖書館藏未刊稿鈔本·集部》第2册影印。

林　文

《淡軒稿》十二卷《補遺》一卷，明嘉靖四十五年林炳章刻民國重修本，《四庫全書存目叢書》集部第33册影印。

《淡軒先生詩文集》十二卷《補遺》一卷，明末刻本，《明别集叢刊》第一輯第40册、《明代莆人文集》第4册影印。

柯　暹

《東岡集》不分卷，明天順三年序刻本，《域外漢籍珍本文庫》第三輯集部第10册影印。

《東岡集》十卷(存卷一至四)，明天順三年劉泰、俞端刻本，《原國立北平圖書館甲庫善本叢書》第704册影印。

《東岡集》十卷，明柯株林等刻本，《四庫全書存目叢書》集部第30册、《北京圖書館古籍珍本叢刊》集部第103册、《明别集叢刊》第一輯第37册影印。

林　誌

《續刻蔀齋公文集》十五卷，明萬曆林氏活字印本，《原國立北平圖書館甲庫善本叢書》第704册影印。

《蔀齋先生文集》十二卷(存卷五至九)，明范氏天一閣鈔本，《八閩文庫·福建文獻集成》初編集部第10册影印。

曹　義

《默庵詩集》五卷，明成化四年曹景刻本，《原國立北平圖書館甲庫善本叢書》第 705 册影印。

《默庵詩集》，曹庚華、曹玉暉主編，香港中國文化出版社 2019 年 7 月版。

黄潤玉

《南山黄先生家傳集》五十六卷，明藍格鈔本，《明别集叢刊》第一輯第 37 册、《雄安文脉叢書》第 80—82 册影印。

高　穀

《育齋先生詩集》十七卷，明弘治四年李紱刻本，《原國立北平圖書館甲庫善本叢書》第 705 册、《泰州文獻》第 57 册影印。

吴與弼

《康齋先生文集》十二卷《附録》一卷，明正德十年刻本，《中國古籍珍本叢刊・天津圖書館卷》第 40 册影印。

《康齋先生文集》十二卷《附録》一卷，明嘉靖五年林維德刻本，《明代朱子學文獻叢刊》第 75—76 册影印。

《康齋集》十二卷《附録》一卷，明萬曆刻本，《原國立北平圖書館甲庫善本叢書》第 717 册影印。

《康齋集》十二卷，清四庫全書本，《四庫全書珍本》四集集部第 335—336 册、《景印文淵閣四庫全書》第 1251 册、《文津閣四庫全書》第 1255 册、《文瀾閣四庫全書》第 1288 册影印。

《康齋先生集》十二卷首一卷，清道光十五年刻本，《明别集叢刊》第一輯第 37 册影印。

《康齋先生文集》，宫雲維校點，北京大學出版社 2014 年 4 月版（《儒藏・精華編》第 251 册）。

周　叙

《石溪集》八卷（存卷一卷二），明景泰元年自刻本，《北京圖書館古籍珍本叢刊》集部第102册、《寫刻古籍版本聚珍》第207册影印。

《石溪周先生文集》八卷，明萬曆二十三年周承超等刻本，《四庫全書存目叢書》集部第31册、《明別集叢刊》第一輯第38册影印。

萬　節

《雪坡文集》十二卷《獨行詩集》八卷《醉吟詩集》九卷《附刻》一卷，清光緒三年雍塘萬氏燕翼堂刻本，《稀見明代四部輯刊》第一輯第67—68册影印。

劉　球

《兩溪文集》二十四卷，明成化六年劉鉞等刻本，《四庫提要著録叢書》集部第263册、《原國立北平圖書館甲庫善本叢書》第707册、《明別集叢刊》第一輯第38册影印。

《兩溪文集》二十四卷，清四庫全書本，《四庫全書珍本》十一集集部第175—176册、《景印文淵閣四庫全書》第1243册、《文津閣四庫全書》第1247册、《文瀾閣四庫全書》第1279册（丁氏補鈔卷一至三、十至二十四）影印。

《劉兩溪集》二十卷，清道光二十八年涇縣潘氏袁江節署刻《乾坤正氣集》本，臺灣環球書局1966年（《乾坤正氣集》第15册）影印。

《兩溪文集》二十四卷，清宣統二年守政書局木活字印本，《中國人民大學圖書館藏古籍珍本叢刊》第121册影印。

蕭　鎡

《尚約居士集》二十卷，明弘治七年蕭昉刻蕭乾修補本，《域外漢籍珍本文庫》第四輯集部第10册、《域外漢籍珍本文庫·日藏明人別集珍本叢刊》第一輯第5—6册影印。

《尚約文鈔》十二卷《附録》一卷，清光緒三十一年泰和蕭氏趣園刻本，《四庫全書存目叢書》集部第33册、《明別集叢刊》第一輯第39册影印。

劉 溥

《草窗集》二卷，明成化十六年劉氏刻本，《四庫全書存目叢書》集部第32册、《明別集叢刊》第一輯第38册影印。

劉 鉉

《劉文恭公詩集》六卷《行實》一卷，明嘉靖二十八年劉畿刻本，《原國立北平圖書館甲庫善本叢書》第705册影印。

薛 鼎

《竹坡詩存》一卷附《少坡詩稿》，清末民初鈔本，《寧海叢書·明清卷》第73册影印。

薛 思

《少坡詩稿》，清末民初鈔本(附《竹坡詩存》後)，《寧海叢書·明清卷》第73册影印。

張 益

《張文僖集》一卷，清道光二十八年涇縣潘氏袁江節署刻《乾坤正氣集》本，臺灣環球書局1966年(《乾坤正氣集》第14册)、《明別集叢刊》第一輯第36册影印。

馬 愉

《馬學士文集》八卷，明嘉靖四十一年遲鳳翔刻本，《四庫全書存目叢書》集部第32册、《明別集叢刊》第一輯第39册影印。

《澹軒文集校注》，馬慶洲校注，山東人民出版社 2015 年 11 月版。

《澹軒文集今注》，馬慶洲校注，山東人民出版社 2018 年 7 月版。

楊自懲

《梅讀先生存稿》十卷《附録》五卷，明弘治十八年楊守阯刻本，《原國立北平圖書館甲庫善本叢書》第 709 册影印。

《梅讀先生存稿》十卷《附録》五卷，1950 年四明張氏約園續刻《四明叢書》本，《叢書集成續編》（臺灣新文豐出版公司）文學類第 138 册、《叢書集成續編》（上海書店）集部第 111 册、廣陵書社 2006 年 8 月（《四明叢書》第 29 册，題作《梅讀稿》）、《張壽鏞文獻輯刊》第 140 册影印。

杜　瓊

《東原集》七卷，明張習鈔本，《四庫全書存目叢書》集部第 78 册、《明别集叢刊》第一輯第 39 册影印。

《杜東原詩文集》不分卷《補遺》一卷附《年譜》一卷，清康熙十六年虞山王乃昭鈔本，"國立中央圖書館"1968 年 6 月（《明代藝術家集彙刊》）影印。

《杜東原雜著》一卷《補遺》一卷，清鈔本，《明代詩文集珍本叢刊》第 22 册影印。

蘭　茂

《蘭隱君集》一卷，民國十二至二十九年雲南圖書館刻《雲南叢書》二編《楊林兩隱君集》本，《叢書集成續編》（臺灣新文豐出版公司）文學類第 104 册、《叢書集成續編》（上海書店）别録第 179 册、中華書局 2009 年 10 月（《雲南叢書》第 47 册）、《明别集叢刊》第一輯第 39 册影印。

《蘭茂詩詞新注》，彭發興、許福榮輯注，雲南人民出版社 1990 年 1 月版。

《蘭茂詩集》，蘭茂學苑集編，蘭茂學苑 1999 年 9 月自印本（《蘭學叢書》之三）。

《蘭茂詩文選》，政協嵩明縣委員會編，政協嵩明縣委員會 2005 年 9 月版(《嵩明文史資料》第十輯)。

《蘭茂詩詞注釋》，嵩明縣史志辦編，香港中國新聞出版社 2007 年 11 月版。

《蘭茂文集》，中共嵩明縣委宣傳部、嵩明縣蘭茂研究會編，雲南人民出版社 2015 年 12 月版。

賈維孝

《賈隱君集》一卷《附録》一卷，民國十二至二十九年雲南圖書館刻《雲南叢書》二編《楊林兩隱君集》本，《叢書集成續編》(臺灣新文豐出版公司)文學類第 105 册、《叢書集成續編》(上海書店)别録第 179 册、中華書局 2009 年 10 月(《雲南叢書》第 47 册)、《明别集叢刊》第一輯第 40 册影印。

吴　節

《竹坡詩集》二十八卷，明師善堂刻本，《明别集叢刊》第一輯第 39 册影印。

《吴竹坡先生文集》五卷《附載》一卷《詩集》二十八卷，清雍正三年吴琦刻本，《四庫全書存目叢書》集部第 33 册影印。

周　旋

《畏庵集》十卷，明成化十九年劉遜刻本，《原國立北平圖書館甲庫善本叢書》第 709 册影印。

《畏庵周先生文集》十卷，明崇禎元年周應期刻本，《四庫全書存目叢書》集部第 34 册、《明别集叢刊》第一輯第 40 册影印。

《畏庵集》，周幹、陳仲光點校，黄山書社 2012 年 1 月版(與《匊庵集選》同册，《温州文獻叢刊》)。

周天錫

《花萼樓集》，周幹、陳仲光點校，黄山書社 2012 年 1 月版(見《畏庵集匑庵集選(外一種)》,《温州文獻叢刊》)。

于 謙

《節庵存稿》一卷,明成化十二年于冕刻本,《稀見明代四部輯刊》第一輯第69册影印。

《于肅湣公集》八卷《附録》一卷,明嘉靖六年大樑書院刻本(卷六至八、《附録》鈔配),《原國立北平圖書館甲庫善本叢書》第707册影印。

《李卓吾評于節闇集》八卷(《奏疏》四卷《文集》一卷《詩集》三卷)《附録》一卷,明末吴山俞氏文房刻《三異人文集》本,《四庫全書存目叢書補編》第13册、《明别集叢刊》第一輯第39册影印。

《忠肅公和梅花百咏》一卷,清康熙六十年于繼先刻本,《明代詩文集珍本叢刊》第20册影印。

《(于)忠肅集》十二卷《附録》一卷,清四庫全書本,《四庫全書珍本》四集集部第324—325册、《景印文淵閣四庫全書》第1244册、《文津閣四庫全書》第1248册(闕《附録》一卷)、《文瀾閣四庫全書》第1280册(《附録》作四卷,丁氏補鈔卷一至八、十一、十二及附録)影印。

《于忠肅集》四卷,清道光二十八年涇縣潘氏袁江節署刻《乾坤正氣集》本,臺灣環球書局1966年(《乾坤正氣集》第14册)影印。

《于肅湣公集》八卷《拾遺》一卷《附録》一卷,清光緒二十五年錢塘丁氏嘉惠堂刻《武林往哲遺著》本,《叢書集成續編》(臺灣新文豐出版公司)文學類第139册、《叢書集成續編》(上海書店)集部第112册、廣陵書社2011年7月(《武林往哲遺著》第6册)、《明别集叢刊》第一輯第40册影印。

《于謙詩選》,林寒選注,浙江人民出版社1958年3月版;浙江文藝出版社1984年1月版(《浙江歷代名家詩選叢書》)。

《于謙集》,于謙研究會、杭州于謙祠編,中國文史出版社2000年12月版。

《于謙集》,魏得良點校,浙江古籍出版社2013年9月版(《浙江文叢》);2016年4月版(《大家文集》)。

《于肅愍公集》,魏得良點校,杭州出版社2014年5月版(《杭州全書·杭州文獻集成》第21册)。

朱瞻基

《宣宗皇帝御制詩》一卷，明萬曆四十五年沈節甫輯陽羡陳于廷刻《紀録彙編》本，《叢書集成初編》文學類第 2281 册（中華書局版第 485 册）、《景印元明善本叢書·紀録彙編》、《百部叢書集成》之十六、《中國文獻珍本叢刊·紀録彙編》（影《景印元明善本叢書》本）、《叢書集成新編》文學類第 71 册、《明别集叢刊》第一輯第 40 册（影《景印元明善本叢書》本）、《元明善本叢書十種》第 41 册影印。

《宣宗皇帝御制詩》一卷，明刻本，《御制文獻叢刊》第 40 册影印。

《大明宣宗皇帝御制集》四十四卷，明内府朱絲欄鈔本，《四庫全書存目叢書》集部第 24 册（存《目録》、卷一至十二、十六至十八、三十二至四十四）、《原國立北平圖書館甲庫善本叢書》第 693 册（存《目録》、卷一至四、九至十二、十六至十八、三十二至四十四）、《御制文獻叢刊》第 40 册（存卷五至八）、《明人别集稿鈔本叢刊》（存《目録》、卷一至十二、十六至十八、三十二至四十四）影印。

《宣廟御制總集》不分卷，清金氏文瑞樓鈔本，《明代詩文集珍本叢刊》第 20 册影印。

陳　播

《陳静成先生詩文稿》不分卷，稿本，《常熟文庫》第 54 册、《稀見明代四部輯刊》第一輯第 70 册影印。

蔣主忠

《慎齋集》四卷，清嘉慶間阮元鈔《宛委别藏》本，商務印書館 1935 年（《選印宛委别藏》）、江蘇古籍出版社 1988 年 2 月（《宛委别藏》第 107 册）、《叢書集成三編》文學類第 47 册（影《選印宛委别藏》本）、《明别集叢刊》第一輯第 40 册（影《選印宛委别藏》本）影印。

張楷

《和杜詩》三卷，明刻本，《原國立北平圖書館甲庫善本叢書》第707册影印。

《蒲東崔張珠玉詩集》二卷附《西厢會真記》一卷，日本正德三年大阪醉墨齋村上清三郎刻本，《和刻本漢詩集成補篇》第18輯、《和刻本中國古逸書叢刊》第59册、《明别集叢刊》第一輯第40册、《和刻本四部叢刊》集部第95—96册影印。

姚黼

《可閒先生逸稿》一卷，明嘉靖三十六年嘉興姚氏刻《姚氏世刻》本，《明别集叢刊》第一輯第48册影印。

周鼎

《土苴集》二卷《附録》一卷，民國七年上海商務印書館鉛印《涵芬樓秘笈》本，北京圖書館出版社2000年11月(《涵芬樓秘笈》第二集)、《叢書集成續編》(上海書店)集部第112册、《明别集叢刊》第一輯第40册影印。

章珪

《章全名先生文集》一卷附一卷，清初鈔本，《常熟文庫》第51册影印。

聶大年

《聶掌教集》一卷，明嘉靖隆慶刻萬曆增刻《盛明百家詩》本，《四庫全書存目叢書》集部第307册、《明别集叢刊》第五輯第98册影印。

《東軒集選》一卷《補遺》三卷《附録》一卷，清光緒二十三年錢塘丁氏嘉惠堂刻《武林往哲遺著》本，《叢書集成續編》(臺灣新文豐出版公司)文學類第140册、《叢書集成續編》(上海書店)集部第112册、廣陵書社2011年7

月(《武林往哲遺著》第4册)、《明别集叢刊》第一輯第40册影印。

《東軒集選》,陳斯風點校,杭州出版社2014年5月版(《杭州全書·杭州文獻集成》第20册);浙江古籍出版社2019年11月版(《武林往哲遺著》第17册,《浙江文叢》)。

程本立

《巽隱程先生文集》四卷,明嘉靖吴昂刻本,《明代詩文集珍本叢刊》第9册、《明代朱子學文獻叢刊》第51册影印。

《重刻巽隱先生集》(《巽隱集》)四卷,明萬曆元年濮陽莱刻本,《原國立北平圖書館甲庫善本叢書》第702册、《明代朱子學文獻叢刊》第51册影印。

《巽隱程先生詩集》二卷《文集》二卷,清康熙五十八年金檀燕翼堂刻本,《明别集叢刊》第一輯第20册影印。

《巽隱集》四卷,清四庫全書本,《四庫全書珍本》十一集集部第174册、《景印文淵閣四庫全書》第1236册、《文津閣四庫全書》第1240册、《文瀾閣四庫全書》第1272册影印。

《程巽隱集》二卷,清道光二十八年涇縣潘氏袁江節署刻《乾坤正氣集》本,臺灣環球書局1966年(《乾坤正氣集》第14册)影印。

《巽隱先生文集》一卷,清光緒四年秀水孫氏望雲仙館刻《檇李遺書》本,《叢書集成續編》(臺灣新文豐出版公司)文學類第185册、《叢書集成續編》(上海書店)集部第111册影印。

祝　顥

《侗軒集》四卷《附録》一卷,明刻鈔補本,《明别集叢刊》第一輯第40册、《臺灣珍藏善本叢刊·古鈔本明代詩文集》第4册影印。

李　侃

《東安李都憲先生文集》五卷,明弘治六年李德仁刻本,《明代詩文集珍本叢刊》第22册影印。

徐有貞

《武功集》五卷,清四庫全書本,《四庫全書珍本》四集集部第326册、《景印文淵閣四庫全書》第1245册、《文津閣四庫全書》第1249册、《文瀾閣四庫全書》第1281册(張宗祥據文津閣本補鈔)、《明别集叢刊》第一輯第40册(影文淵閣本)影印。

《徐有貞集》,孫寶點校,浙江人民美術出版社2015年3月版(《中國藝術文獻叢刊》;2019年12月版(《藝術文獻集成》)。

李　賢

《古穰文集》三十卷,明成化十年李璋刻本,《四庫提要著録叢書》集部第263册、《明代詩文集珍本叢刊》第20—21册影印。

《古穰集》三十卷,清四庫全書本,《四庫全書珍本》二集集部第358—360册、《景印文淵閣四庫全書》第1244册、《文津閣四庫全書》第1248册、《文瀾閣四庫全書》第1280册、《明别集叢刊》第一輯第41册(影文淵閣本)影印。

劉定之

《呆齋前稿》十六卷《存稿》十卷《續稿》五卷《劉文安公呆齋先生策略》十卷《年譜》一卷,明刻明萬曆二十二年楊一桂補刻本(《策略》《年譜》清劉世選刻本),《四庫全書存目叢書》集部第34册影印。

《呆齋存稿》二十四卷,明刻本,《原國立北平圖書館甲庫善本叢書》第709册影印。

《呆齋藏稿》六卷附一卷,明倚雲館鈔本,《原國立北平圖書館甲庫善本叢書》第709册影印。

《十科策略箋釋》十卷,清雍正四年積秀堂刻本,《美國哈佛大學哈佛燕京圖書館藏明代善本别集叢刊》第1—2册影印。

《劉文安公詩集》六卷《劉文安公呆齋先生策略》十卷《宋史論》三卷《易傳撮要》一卷,清乾隆永新劉氏刻本,《明别集叢刊》第一輯第41册影印。

劉 珏

《完庵集》不分卷,明弘治正德間刻本,中華書局 2019 年 5 月影印。

《完庵集》二卷,明弘治正德間劉布修補本,臺灣學生書局 1960 年 6 月(《歷代畫家詩文集》第 36 種)影印。

《重刻完庵劉先生詩集》二卷,明萬曆二十二年劉玉成重刻本,《四庫全書存目叢書》集部第 34 册、《中國西南文獻叢書》第 176 册、《明别集叢刊》第一輯第 42 册影印。

史 傑

《襪綫集》五卷,明弘治四年史誠刻本,《四庫禁燬書叢刊》集部第 174 册、《明别集叢刊》第一輯第 42 册影印。

秦 旭

《修敬先生詩集》四卷,明嘉靖四十年刻本,《域外漢籍珍本文庫》第四輯集部第 10 册影印。

《秦修敬集》一卷,明嘉靖隆慶刻萬曆增刻《盛明百家詩》本,《四庫全書存目叢書》集部第 304 册、《明别集叢刊》第五輯第 95 册影印。

《修敬詩集》二卷《附録》一卷,民國十八年味經堂木活字印《秦氏三府君集》本,《明别集叢刊》第一輯第 83 册影印。

陳真晟

《布衣陳先生存稿》八卷,明正德十一年林魁刻本,《明别集叢刊》第一輯第 42 册影印。

《布衣陳先生存稿》九卷,明萬曆李畿嗣刻本,《續修四庫全書》第 1330 册影印。

《陳剩夫先生集》四卷,清康熙四十八年張伯行正誼堂刻本,《四庫全書存目叢書》集部第 38 册影印。

《陳剩夫集》四卷，清同治五年福州正誼書院刻、八年至九年續刻《正誼堂全書》本，廣陵書社2016年4月(《正誼堂全書》第31册)影印。

《陳剩夫集》，商務印書館1935年12月版(《叢書集成初編》文學類第2134册)；中華書局2010年9月重印版(《叢書集成初編》第461册)。

李　齡

《宫詹遺稿》三卷《外編》三卷，明萬曆二十七年李一軒刻本，《四庫未收書輯刊》第五輯第17册影印。

《李宫詹文集》一卷，清道光刻《潮州耆舊集》本，《潮州文獻叢刊》之一、《明别集叢刊》第五輯第94册影印。

《李宫詹文集》，吴二持點校，暨南大學出版社2016年8月版(見《潮州耆舊集》，《潮汕文庫・文獻系列》)。

沈　彬

《沈蘭軒集》四卷《附録》一卷，明刻本，《四庫全書存目叢書》集部第34册、《明别集叢刊》第一輯第42册、《原國立北平圖書館甲庫善本叢書》第710册影印。

章　綸

《困志集》一卷，明成化十年章氏家刻嘉靖三十七年增刻本，《原國立北平圖書館甲庫善本叢書》第710册影印。

《困志集》一卷附《章恭毅公年譜》一卷，民國二十四年永嘉黄氏鉛印《敬鄉樓叢書》本，《明别集叢刊》第一輯第42册影印。

《章恭毅公集》十二卷，民國二十四年永嘉黄氏鉛印《敬鄉樓叢書》本，《明别集叢刊》第一輯第42册影印。

《章綸(附章綸遺著)》，章近德、章小招主編，當代中國出版社2000年12月版。

《章綸集》，沈不沉編注，綫裝書局2009年11月版(《樂清文獻叢書》)。

鄭文康

《平橋稿》十八卷《附録》一卷，清四庫全書本，《四庫全書珍本》七集集部第234—236册、《景印文淵閣四庫全書》第1246册、《文津閣四庫全書》第1250册、《文瀾閣四庫全書》第1282册（丁氏補鈔，闕《附録》一卷）、《明別集叢刊》第一輯第42册（影文淵閣本）影印。

《平橋稿》十八卷《附録》一卷，清鈔本，《明人别集稿鈔本叢刊》第26—27册影印。

商　輅

《商文毅公集》十一卷，明隆慶六年莆田鄭應齡刻本，《原國立北平圖書館甲庫善本叢書》第710册、《明别集叢刊》第一輯第42册影印。

《商文毅公集》十卷，明萬曆三十年劉體元刻本，《四庫全書存目叢書》集部第35册、《原國立北平圖書館甲庫善本叢書》第710册影印。

《商文毅公全集》三十卷，明萬曆刻本，《北京師範大學圖書館藏明刻孤本秘笈叢刊》第18册影印。

《商文毅公集》六卷，民國八年武進王氏木活字本，《明别集叢刊》第一輯第43册影印。

《商輅專輯》，王根標主編，淳安縣政協文史和教文衛體委員會2006年12月内部出版物（《淳安文史資料》第九輯）。

《商文毅公文集》，余利歸主編，淳安縣政協文史和教文衛體委員會2008年12月内部出版物（《淳安古籍文獻叢書》第11册）。

《商輅集》，孫福軒編校，浙江古籍出版社2012年6月版（《浙江文叢》）。

《商輅文集》，毛飛明編，香港天馬圖書有限公司2014年2月版。

姚　夔

《姚文敏公遺稿》十卷《附録》一卷，明弘治姚璽刻本，《四庫全書存目叢書》集部第34册影印。

《姚文敏公遺稿》十卷，清光緒二十四年刻本，《明别集叢刊》第一輯第43册影印。

《姚文敏公遺稿》九卷《奏議補缺校勘記》一卷《附録》一卷，清光緒中桐廬袁氏刻《浙西村舍叢刊》本，《百部叢書集成》之七十八影印。

《姚文敏公遺稿》並《附録》，商務印書館1936年12月版（《叢書集成初編》文學類第2141—2142册）；中華書局2010年9月重印版（《叢書集成初編》第462册）。

倪　謙

《倪文僖公集》三十二卷，明弘治六年倪岳刻本，《四庫提要著録叢書》集部第350册、《明别集叢刊》第一輯第43册、《原國立北平圖書館甲庫善本叢書》第710册影印。

《倪文僖集》三十二卷，清四庫全書本，《四庫全書珍本》十二集集部第180—181册、《景印文淵閣四庫全書》第1245册、《文津閣四庫全書》第1249册、《文瀾閣四庫全書》第1281册（丁氏補鈔卷二十至三十二）影印。

《倪文僖公集》三十二卷《補遺》一卷，清光緒二十六年錢塘丁氏嘉惠堂刻《武林往哲遺著》本，《叢書集成續編》（臺灣新文豐出版公司）文學類第140册、《叢書集成續編》（上海書店）集部第112册、廣陵書社2011年7月（《武林往哲遺著》第6册）影印。

《倪文僖公集》，舒仁輝點校，杭州出版社2014年5月版（《杭州全書·杭州文獻集成》第22册）；浙江古籍出版社2019年11月版（《武林往哲遺著》第21—23册，《浙江文叢》）。

賀　甫

《感樓集》一卷《附録》一卷，明弘治四年刻本，《明别集叢刊》第一輯第43册影印。

彭　時

《彭文憲公集》四卷《附録》一卷《殿試策》一卷，清康熙五年彭志楨刻

《彭氏二文合集》本,《四庫全書存目叢書》集部第 35 册、《明别集叢刊》第一輯第 43 册影印。

邢宥

《湄丘集》,王國憲輯,海南書局 1935 年版(《海南叢書》第三集)。

《邢湄邱公集》,瓊州邢氏旅臺宗親會編,1979 年 7 月自印本。

《邢宥湄邱集注釋》,范會俊、朱運彩編注,中國人民政治協商會議廣東省文昌縣委員會文史資料研究工作組 1985 年 1 月版(《文昌文史》第二期)。

《邢湄邱詩文集》,韓林元編注,2004 年 2 月自印本。

《邢宥湄丘集》,朱逸輝、朱逸勇校注,海南出版社 2004 年 11 月版(《海南歷史文化名人選集》)。

《湄丘集》,劉美新點校,海南出版社 2006 年 3 月版(《海南先賢詩文叢刊》)。

《邢宥詩》,楊權整理,嶺南美術出版社 2008 年 12 月版(《全粤詩》第 4 册)。

王恕

《王端毅公文集》九卷《續文集》二卷,明嘉靖三十一年喬世寧刻本,《明人文集叢刊》第一期第 5 種、《四庫全書存目叢書》集部第 36 册、《明别集叢刊》第一輯第 44 册影印。

《王宗貫稿》一卷,清鈔《可儀堂一百廿名家制義》本,《明人别集稿鈔本叢刊》第 99 册影印。

《王恕集》,張建輝、黄芸珠點校整理,西北大學出版社 2015 年 1 月版(《關學文庫・文獻整理系列》)。

楊瑢

《楊宜閑文集》十二卷(存卷一至六),明刻本,《明代詩文集珍本叢刊》第 22 册影印。

姚　旭

《菊潭集》三卷，清光緒十五年刻本，《稀見明代四部輯刊》第一輯第69册影印。

郁文博

《和杜律》一卷，明成化十三年刻本，《原國立北平圖書館甲庫善本叢書》第713册影印。

岳　正

《類博稿》十卷《附録》一卷，明成化刻本（卷一至五明嘉靖八年任慶雲刻本補），《明别集叢刊》第一輯第44册影印。

《類博稿》十卷《附録》二卷，明嘉靖八年任慶雲刻本，《中國古籍珍本叢刊・天津圖書館卷》第42册、《四庫全書底本叢書》集部第113册影印。

《類博稿》十卷，明嘉靖十八年吴逵刻本，《四庫提要著録叢書》集部第66册、《原國立北平圖書館甲庫善本叢書》第711册影印。

《類博稿》十卷《附録》二卷，清吴氏繡谷亭鈔本，《京津冀歷代别集叢刊》第9册、《明人别集稿鈔本叢刊》第28册影印。

《類博稿》十卷《附録》一卷，清四庫全書本，《四庫全書珍本》三集集部第303册、《景印文淵閣四庫全書》第1246册、《文津閣四庫全書》第1250册、《文瀾閣四庫全書》第1282册（丁氏、張宗祥補鈔）影印。

《岳蒙泉稿》一卷，清鈔《可儀堂一百廿名家制義》本，《明人别集稿鈔本叢刊》第98册影印。

謝　省

《謝省集》，林家驪點校，浙江大學出版社2016年7月版（與《王佐集》《林鶚集》《黄孔昭集》同册，《温嶺叢書》甲集第4册）。

韓 殷

《韓比部雪鴻集》一卷，清嘉慶刻同治印《廣東文獻》四集本，江蘇廣陵古籍刻印社 1994 年 7 月(《廣東文獻》第 7 册)影印。

《韓殷詩》，陳永正、馬雲整理，嶺南美術出版社 2008 年 12 月版(《全粵詩》第 4 册)。

丘 濬(邱 濬)

《瓊臺吟稿》十卷，明弘治五年蔣雲漢刻本，《明代詩文集珍本叢刊》第 24—25 册影印。

《瓊臺類稿》七十卷，明弘治五年閔珪刻本，《明代詩文集珍本叢刊》第 25—29 册影印。

《瓊臺會稿》十二卷，明萬曆四十一年丘爾穀刻本，《明別集叢刊》第一輯第 44 册影印。

《瓊臺詩文會稿重編》二十四卷，明天啓丘爾穀刻本，《四庫提要著録叢書》集部第 264 册影印。

《重編瓊臺(會)稿》二十四卷，清四庫全書本，《四庫全書珍本》四集集部第 330—333 册、《景印文淵閣四庫全書》第 1248 册、《文津閣四庫全書》第 1251—1252 册、《文瀾閣四庫全書》第 1284 册(丁氏補鈔卷一至四、七)影印。

《丘仲深稿》一卷，清鈔《可儀堂一百廿名家制義》本，《明人別集稿鈔本叢刊》第 99 册影印。

《邱文莊公瓊臺集》一卷，清嘉慶刻同治印《廣東文獻》三集本，江蘇廣陵古籍刻印社 1994 年 7 月(《廣東文獻》第 6 册)影印。

《重編瓊臺會稿詩文集》二十四卷，清光緒五年刻本，《明別集叢刊》第一輯第 45 册影印。

《瓊台詩文會稿》二十四卷，1972 年丘文莊公叢書輯印委員會印《丘文莊公叢書》本，《叢書集成三編》文學類第 38—39 册影印。

《丘瓊山忠孝箴勉學詩》一卷，日本天明六年序刻本，《日本所編中國詩文選集彙刊·明代卷》第 15 册影印。

《瓊臺會稿》，王堯雲校訂，海南書局 1927 年 10 月版（見《丘海文集》，《海南叢書》第 1 種）；1935 年版（《海南叢書》第一集）。

《瓊臺詩文會稿校注》，朱逸輝、勞定貴、陳多餘、朱逸勇、張昌禮校注，內蒙古人民出版社 2002 年 12 月版（《百家文叢》）。

《丘濬詩六百首》，韓林元編注，內蒙古人民出版社 2003 年 4 月版。

《丘濬集》，周偉民、王瑞明等點校，海南出版社 2006 年 3 月版（《海南先賢詩文叢刊》）。

《丘濬詩》，吴曉蔓等整理，嶺南美術出版社 2008 年 12 月版（《全粤詩》第 4 册）。

《瓊臺詩文會稿》，周偉民、唐玲玲點校，海南出版社 2012 年 8 月版（《海南地方志叢刊》）。

祝　淇

《履坦幽懷鈔》二卷《履坦幽懷集》二卷，明刻本，《四庫全書存目叢書補編》第 99 册影印。

《履坦幽懷集》二卷，舊鈔本，《明别集叢刊》第一輯第 47 册影印。

吕　原

《吕文懿公全集》十二卷，明刻本，《故宫珍本叢刊》第 533 册影印。

朱奠培

《懶仙竹林漫録》三卷，明刻本，《故宫珍本叢刊》第 530 册影印。

卞　榮

《卞郎中詩集》七卷（存卷一至三），明成化十二年寫刻本，《寫刻古籍版本聚珍》第 207 册、《寫刻本詩詞集叢刊》第 12 册影印。

《卞郎中詩集》七卷，明成化十六年吴綎刻本，《四庫全書存目叢書》集部第 35 册、《明别集叢刊》第一輯第 46 册影印。

朱友垓

《定園睿制集》十卷，明成化五年刻本，《巴蜀文叢·明蜀王文集五種》第2册影印。

葉　盛

《涇東小稿》九卷，明弘治刻本，《續修四庫全書》第1329册影印。

《菉竹堂稿》八卷，明嘉靖八年葉夢淇刻本，《中華再造善本·明代編》影印。

《菉竹堂稿》八卷，清初鈔本，《四庫全書存目叢書》集部第35册、《明别集叢刊》第一輯第46册影印。

孔承慶

《禮庭吟稿》三卷，明景泰六年順天尹王氏刻本，《四庫全書存目叢書》集部第37册、《明别集叢刊》第一輯第46册影印。

朱　翰

《石田清嘯集》十四卷，清鈔本，《稀見明代四部輯刊》第一輯第73册影印。

項　忠

《項襄毅公遺稿》一卷，清初鈔本，《明人别集稿鈔本叢刊》第29册影印。

韓　雍

《韓襄毅公家藏文集》十五卷，明葑溪草堂刻藍印本（四庫進呈本），《明人文集叢刊》第一期第6種、《四庫提要著録叢書》集部第38册、《域外漢籍珍本文庫》第四輯集部第 10 册、《四庫全書底本叢書》集部第 146—147 册影印。

《襄毅文集》十五卷，清四庫全書本，《四庫全書珍本》四集集部第 327—329 册、《景印文淵閣四庫全書》第 1245 册、《文津閣四庫全書》第 1249 册、《文瀾閣四庫全書》第 1281 册（張宗祥據文津閣本補卷一至四、七至十二）、《回族典藏全書》第 166—167 册（影文淵閣本）、《明別集叢刊》第一輯第 47 册（影文淵閣本）影印。

姚　綬

《穀庵集選》十卷《附録》二卷，明嘉靖三十六至三十七年嘉興姚堦刻《姚氏世刻》本，臺灣學生書局 1960 年 6 月（《歷代畫家詩文集》第 29 種）、《原國立北平圖書館甲庫善本叢書》第 713 册、《明別集叢刊》第一輯第 48 册影印。

姚　旬

《觀頤摘稿》一卷《附録》一卷，明嘉靖三十六至三十七年嘉興姚堦刻《姚氏世刻》本，《明別集叢刊》第一輯第 48 册影印。

姚惟芹

《東齋稿略》一卷附《濟美録摘略》一卷，明嘉靖三十六至三十七年嘉興姚堦刻《姚氏世刻》本，《明別集叢刊》第一輯第 48 册影印。

柯　潛

《竹巖先生文集》十二卷，明光澤堂鈔本，《原國立北平圖書館甲庫善本叢書》第 712 册影印。

《竹巖先生文集》十二卷，清范氏天一閣鈔本，《福建文脉叢書》第 244 册影印。

《竹巖集》二卷《補遺》一卷《附録》一卷，清四庫全書本，《四庫全書珍本》四集集部第329册、《景印文淵閣四庫全書》第1246册、《文津閣四庫全書》第1250册、《文瀾閣四庫全書》第1282册(十二卷本,丁氏補鈔)影印。

《竹巖集》十八卷《補遺》一卷《續補遺》一卷《附録》一卷,清雍正十一年柯潮刻本,《續修四庫全書》第1329册影印。

《竹巖集》十八卷《補遺》一卷《續補遺》一卷《附録》一卷,清乾隆刻本,《四庫提要著録叢書》集部第66册影印。

《柯竹巖集》十八卷《補遺》一卷《續補遺》一卷《附録》一卷,清光緒十四年擢英書院刻本,《明别集叢刊》第一輯第47册、《明代莆人文集》第5册影印。

林 鶚

《畏齋存稿續集》一卷附《遺稿》不分卷,明正德刻本,《明别集叢刊》第一輯第47册影印。

《林鶚集》,邱江寧點校,浙江大學出版社2016年7月版(與《謝省集》《王佐集》《黄孔昭集》同册,《温嶺叢書》甲集第4册)。

黎 淳

《黎文僖公集》十七卷,明嘉靖三十五年莆田陳甘雨刻本,《續修四庫全書》第1330册、《明别集叢刊》第一輯第47册影印。

《黎文僖公集》,段心惠、段紅校釋,岳麓書社2017年12月版。

宋 淳

《還峰宋先生集》十卷首一卷《附録》一卷,明萬曆刻本,《衢州文獻集成》第174册影印。

陳 衎

《大江集》二十一卷,明崇禎十二年刻本,《福建叢書》第一輯影印。

《大江草堂二集》十八卷,明弘光元年陳涓等刻本,《福建叢書》第一輯、《原國立北平圖書館甲庫善本叢書》第896—897册影印。

徐鳴鑾

《寓東和集》三卷,清光緒二十五年刻本,《衢州文獻集成》第174册影印。

徐惟輯

《紫崖遺稿》二卷《附録》一卷,清光緒二十五年刻本,《衢州文獻集成》第175册影印。

朱妙端(朱仲嫺)

《静庵賸稿》一卷《附録》一卷,清乾隆五十九年吴氏刻《拜經樓叢書》本,上海博古齋1922年據清吴氏刻本增輯石印;《百部叢書集成》之四十(影博古齋增輯本)、《明别集叢刊》第一輯第47册影印。

《静庵剩稿》,印曉峰點校,華東師範大學出版社2012年2月版(見《海昌麗則》)。

《静庵剩稿》,彭國忠、鄭瑾整理,黄山書社2019年6月版(《江南女性别集》五編上册)。

王 㒜

《思軒文集》二十三卷《附録》一卷,明弘治刻本,《續修四庫全書》第1329册、《明别集叢刊》第一輯第48册影印。

《王文肅公集》十二卷,明正德刻本,《四庫全書存目叢書》集部第36册影印。

《王㒜全集》,世恩堂毗陵王氏編,2000年自印本。

趙　輔

《南坡詩稿》十五卷（存卷八至十五），明刻本，《明代詩文集珍本叢刊》第 33 册影印。

謝一夔

《謝文莊公集》六卷《附録》一卷，明嘉靖四十一年新建謝氏刻本，《明人文集叢刊》第一期第 8 種影印。

楊守陳

《楊文懿公文集》三十卷，明弘治十二年楊茂仁刻本，《四庫未收書輯刊》第五輯第 17 册、《明别集叢刊》第一輯第 49 册、《原國立北平圖書館甲庫善本叢書》第 712 册、《明代朱子學文獻叢刊》第 77—78 册影印。

《楊文懿公文集》三十卷，民國二十九年四明張氏約園刻《四明叢書》本，《叢書集成續編》（臺灣新文豐出版公司）文學類第 186 册、《叢書集成續編》（上海書店）集部第 112 册、廣陵書社 2006 年 8 月（《四明叢書》第 26 册）、《張壽鏞文獻輯刊》第 123—125 册影印。

胡　超

《耻庵先生遺稿》不分卷，清康熙三十一年裔孫胡後生鈔本，《重修金華叢書》第 150 册、《衢州文獻集成》第 172 册影印。

《耻庵先生遺稿》，余久一點校，中華書局 2019 年 6 月版（《龍游文庫·龍游歷史文獻集成》）。

張　弼

《張東海先生詩集》四卷《文集》五卷，明正德十三年周文儀福建刻本，

《四庫全書存目叢書》集部第 39 册、《明别集叢刊》第一輯第 49 册影印。

《張東海集》一卷，明嘉靖隆慶刻萬曆增刻《盛明百家詩》本，《四庫全書存目叢書》集部第 307 册、《明别集叢刊》第五輯第 98 册影印。

童　軒

《枕肱亭文集》二十卷（存《詩》卷一至十、《文》卷一卷二），明成化六年萬僖刻本，《明代詩文集珍本叢刊》第 23—24 册影印。

《清風亭稿》八卷，明成化刻本，《原國立北平圖書館甲庫善本叢書》第 712 册、《四庫全書底本叢書》集部第 143 册影印。

《清風亭稿》八卷，清四庫全書本，《四庫全書珍本》三集集部第 305 册、《景印文淵閣四庫全書》第 1247 册、《文津閣四庫全書》第 1251 册、《文瀾閣四庫全書》第 1283 册（丁氏補鈔）影印。

王　越

《黎陽王太傅詩文集》二卷，明嘉靖九年刻本，《四庫全書存目叢書》集部第 36 册影印。

《黎陽王襄敏公疏議詩文輯略》二卷，明嘉靖三十二年中山徐氏刻本，《四庫全書存目叢書》集部第 36 册影印。

《黎陽王襄敏公集》四卷《年譜》一卷，明萬曆十三年但貴元刻本，《明人文集叢刊》第一期第 7 種、《明别集叢刊》第一輯第 46 册影印。

《黎陽王太傅文集》一卷，明刻本，《原國立北平圖書館甲庫善本叢書》第 713 册影印。

《王越集》，趙長海校注，中州古籍出版社 2009 年 9 月版（《中州名家集》）。

《黎陽王襄敏公集》，浚縣檔案局點校，中州古籍出版社 2010 年 9 月版。

張　寧

《方洲張先生文集》四十卷，明弘治五年許清刻本，《四庫提要著録叢書》集部第 351 册、《中國古籍珍本叢刊·廣東省立中山圖書館卷》第 46 册影印。

《方洲先生集》二十六卷《讀史録》六卷，明萬曆刻本，《明别集叢刊》第一輯第48册影印。

《方洲集》二十六卷附《讀史録》六卷，清四庫全書本，《四庫全書珍本》三集集部第306—309册、《景印文淵閣四庫全書》第1247册、《文津閣四庫全書》第1251册、《文瀾閣四庫全書》第1283册（丁氏補鈔三十卷）影印。

《方洲先生集》二十六卷《讀史録》六卷，海鹽張氏涉園鈔本，《上海圖書館藏涉園稿鈔校本叢書》第37—39册影印。

《張方洲奉使録》二卷，明天啓三年樊維城刻《鹽邑志林》本，《景印元明善本叢書·鹽邑志林》、《叢書集成初編》文學類第2142册（中華書局版第462册）、《叢書集成新編》文學類第67册、《四庫全書存目叢書》集部第36册、《明别集叢刊》第一輯第48册、《元明善本叢書十種》第57册影印。

馬文升

《馬端肅公詩集》不分卷，明萬曆刻本，《回族典藏全書》第156册、《朔方文庫》第45册影印。

《馬端肅公詩集》，武宇林整理，上海古籍出版社2008年8月版（《回族文獻叢刊》第5册）。

《馬文升詩二百首》，馬紅軍編著，中州古籍出版社2018年8月版（《禹州·中華文化促進會書系》）。

劉　珝

《古直先生文集》十六卷《附録》一卷，明嘉靖三年劉鈗刻本，《四庫全書存目叢書》集部第36册、《原國立北平圖書館甲庫善本叢書》第712册、《明别集叢刊》第一輯第50册、《域外漢籍珍本文庫》第四輯集部第11册影印。

《劉珝詩文集》，劉序勤輯録，隋同文編注，中國社會出版社2006年1月版。

《劉珝詩文集》，隋同文、劉序勤編校，青島出版社2010年11月版（《文化青州大型書庫·青州文獻系列》）。

齊之鸞

《蓉川集》四卷《入夏録》三卷《贈言》一卷《附録》一卷，清康熙二十年齊山悠然亭刻本，《四庫全書存目叢書》集部第67册、《北京圖書館古籍珍本叢刊》集部第104册、《明别集叢刊》第二輯第13册、《朔方文亘》第59册影印。

何喬新

《椒丘文集》三十四卷《外集》一卷，明嘉靖元年廣昌知縣余瑩刻本，《明人文集叢刊》第一期第9種、《四庫提要著録叢書》集部第39册、《明别集叢刊》第一輯第50册、《明代朱子學文獻叢刊》第72—74册影印。

《椒丘文集》三十四卷《外集》一卷，明嘉靖五年廣昌知縣余瑩刻本，《域外漢籍珍本文庫》第三輯集部第10册影印。

《文肅公文集》三十四卷《外集》一卷，清康熙三十三年何源濬重刻本，《明代論著叢刊》第一輯、《明代朱子學文獻叢刊》第67—70册影印。

《椒邱文集》三十四卷《外集》一卷，清四庫全書本，《四庫全書珍本》五集集部第301—304册、《景印文淵閣四庫全書》第1249册、《文津閣四庫全書》第1252—1253册、《文瀾閣四庫全書》第1285册（丁氏補鈔卷一至十）影印。

《何文肅公文集》三十四卷《外集》一卷，清咸豐木活字印本，《中國人民大學圖書館藏古籍珍本叢刊》第122—126册影印。

釋宗賢

《僦寮集》二卷，清東武李氏研録山房鈔本，《四庫全書存目叢書》集部第146册、《明别集叢刊》第一輯第51册影印。

左　贊

《桂坡集前集》五卷，明正德十六年盱江左氏刻本，《北京師範大學圖書館藏明刻孤本秘笈叢刊》第18册影印。

《桂坡集後集》九卷，明刻本，《四庫全書存目叢書》集部第 37 册、《明別集叢刊》第一輯第 51 册影印。

趙　迪

《趙鳴秋集》一卷，明嘉靖隆慶刻萬曆增刻《盛明百家詩》本，《四庫全書存目叢書》集部第 306 册、《明別集叢刊》第五輯第 98 册影印。

《鳴秋集》一卷，清乾隆三年陳作楫鈔本，《四庫全書存目叢書》集部第 36 册影印。

許君繼

《許士修集》一卷，明嘉靖隆慶刻萬曆增刻《盛明百家詩》本，《四庫全書存目叢書》集部第 306 册、《明別集叢刊》第五輯第 98 册影印。

韓守益

《韓中允集》一卷，明嘉靖隆慶刻萬曆增刻《盛明百家詩》本，《四庫全書存目叢書》集部第 307 册、《明別集叢刊》第五輯第 98 册影印。

沈　周

《沈石田書詩册》，錫山秦氏古鑑閣藏稿本，上海藝苑真賞社 1924 年 10 月珂羅版印；天津市古籍書店 1989 年 12 月影印。

《石田稿》不分卷，稿鈔本，《續修四庫全書》第 1333 册、《中華再造善本・明代編》影印。

《石田稿》三卷(闕卷二)，明末鈔本，《明人別集稿鈔本叢刊》第 29 册影印。

《沈石田集》一卷，明嘉靖隆慶刻萬曆增刻《盛明百家詩》本，《四庫全書存目叢書》集部第 304 册、《明別集叢刊》第五輯第 95 册影印。

《石田先生集》不分卷，明萬曆四十三年陳仁錫刻本，掃葉山房 1914 年石印；"國立中央圖書館" 1968 年 6 月(《明代藝術家集彙刊》)、《寫刻古籍版本聚珍》第 248—249 册、文物出版社 2019 年 1 月(《拾瑶叢書》)影印。

《石田先生詩鈔》八卷《文鈔》一卷附《事略》一卷，明崇禎十七年瞿式耜刻本，同文圖書館1915年石印；“國立中央圖書館”1968年6月（《明代藝術家集彙刊》，僅《詩餘》《文鈔》《事略》）、《四庫全書存目叢書》集部第37册、《四部叢刊四編》第162册、《江左三大家文獻叢刊》第64册影印。

《石田先生集》十卷，清康熙六十年胡二樂鈔本，《明别集叢刊》第一輯第51册影印。

《石田詩選》十卷，清四庫全書本，《景印擒藻堂四庫全書薈要》第414册、《景印文淵閣四庫全書》第1249册、《文津閣四庫全書》第1253册、《文瀾閣四庫全書》第1285册影印。

《沈周題畫詩》，蘇州市吴門畫派研究會編印，1982年10月油印本。

《沈周集》，張修齡、韓星嬰點校，上海古籍出版社2013年6月版（《蘇州文獻叢書》）。

《沈周集》，湯志波點校，浙江人民美術出版社2013年8月版（《中國藝術文獻叢刊》）；2019年12月版（《藝術文獻集成》）。

黄孔昭

《定軒存稿》十六卷《附録》一卷，明烏絲欄鈔本，《原國立北平圖書館甲庫善本叢書》第713册影印。

《定軒存稿》，徐三見點校，巴蜀書社2011年7月版（見《赤城遺書彙刊》，《台臨歷史文獻要籍叢編》）。

《黄孔昭集》，徐三見點校，浙江大學出版社2016年7月版（與《謝省集》《王佐集》《林鶚集》同册，《温嶺叢書》甲集第4册）。

陳獻章

《白沙先生詩近稿》十卷，明弘治九年吴廷舉刻本，《原國立北平圖書館甲庫善本叢書》第711册影印。

《白沙先生全集》二十卷（闕卷十至二十），明弘治十八年寫刻本，《寫刻古籍版本聚珍》第216—217册影印。

《白沙子》八卷，明嘉靖十二年卞崍刻本，《四部叢刊三編》集部第73—

74 册、《四部叢刊廣編》第 46 册、《四庫提要著録叢書》集部第 66 册影印。

《白沙先生全集》二十卷，明刻本，《中華再造善本·明代編》、《廣州大典》第 420 册影印。

《白沙先生全集》二十一卷，明嘉靖三十年蕭世延刻本，《原國立北平圖書館甲庫善本叢書》第 711 册影印。

《白沙先生文編》六卷《年譜》一卷，明萬曆十一年郭惟賢、汪應蛟等刻本，《明别集叢刊》第一輯第 52 册影印。

《白沙子全集》九卷附《白沙先生行狀銘表》一卷，明萬曆何熊祥重刻本，臺灣商務印書館 1973 年 12 月(《景印岫廬現藏罕傳善本叢刊》)影印。

《白沙先生全集》十二卷《詩教解》十五卷首一卷，明天啓元年王安舜刻本，《明别集叢刊》第一輯第 52 册影印。

《陳白沙集》九卷《附録》一卷，清四庫全書本，《景印文淵閣四庫全書》第 1246 册、《文津閣四庫全書》第 1250 册(闕《附録》一卷)、《文瀾閣四庫全書》第 1282 册(丁氏補鈔卷三、六至九及附録)影印。

《白沙先生詩教解》十五卷，明嘉靖刻本，《中國古籍珍本叢刊·天津圖書館卷》第 40 册影印。

《白沙先生詩教解》十卷(存卷一至八)，明隆慶元年李荷刻本，《廣州大典》第 420 册影印。

《白沙先生詩教解》十卷《詩教外傳》五卷，明刻本，《四庫全書存目叢書》集部第 35 册影印。

《白沙子古詩教解》一卷，清乾隆二十六年刻本，廣西師範大學出版社 2014 年 12 月(《西樵歷史文化文獻叢書》)影印。

《白沙子古詩教解》二卷，清乾隆四十八年陳氏碧玉樓刻本，白沙文化教育基金會 1963 年 1 月影印。

《陳白沙集》一卷，明嘉靖隆慶刻萬曆增刻《盛明百家詩》本，《四庫全書存目叢書》集部第 304 册、《明别集叢刊》第五輯第 95 册影印。

《陳白沙稿》一卷，清鈔《可儀堂一百廿名家制義》本，《明人别集稿鈔本叢刊》第 98 册影印。

《陳文恭白沙集》一卷，清嘉慶刻同治印《廣東文獻》初集本，江蘇廣陵古籍刻印社 1994 年 7 月(《廣東文獻》第 1 册)影印。

《新刻國朝白沙陳先生詩選》六卷，日本江户初寫本，《海外廣東珍本文獻叢刊》第34册、《海外藏集部珍本文獻叢刊》第151册影印。

《陳白沙文鈔》三卷，日本文久三年大坂河内屋茂兵衛等刻本，《和刻本漢籍文集》第11輯影印。

《陳白沙文鈔》三卷，日本文久三年浪華書林群玉堂刻本，《日本所編中國詩文選集彙刊·明代卷》第28—29册影印。

《陳白沙文粹》三卷，日本文久四年刻本，《和刻影印近世漢籍叢刊思想編續編》第9册影印。

《陳獻章集》，孫通海點校，中華書局1987年7月版（《理學叢書》）。

《陳白沙詩文選》，關步勛選注，廣東人民出版社1994年3月版（《廣東地方文獻叢書》）。

《白沙子全集》，孫通海校點，北京大學出版社2008年3月版（《儒藏·精華編》第252册）。

《陳獻章詩》，韋盛年等整理，嶺南美術出版社2008年12月版（《全粵詩》第4册）。

《陳白沙詩選注導讀》，張奕琳、郭鵬飛主編，廣東教育出版社2017年9月版。

《陳獻章詩編年箋校》，陳永正箋校，廣東人民出版社2018年12月版（《嶺南文庫》）。

《陳獻章全集》，黎業明編校，上海古籍出版社2019年3月版。

李孔修

《李徵君抱真集》一卷，清嘉慶刻同治印《廣東文獻》三集本，江蘇廣陵古籍刻印社1994年7月（《廣東文獻》第5册）影印。

《閒居百詠》一卷《李抱真先生詩録》一卷，清省城龍藏街萃文堂刻本，《廣州大典》第420册影印。

《李子長先生集》，陳永鏘輯校，香港中國藝術家出版社2008年5月版（《南海文獻叢書》）。

《李孔修詩》，陳永正、李君明整理，嶺南美術出版社2009年1月版（《全粵詩》第5册）。

蕭　龍

《蕭給諫湖山集》,清道光刻《潮州耆舊集》本,《潮州文獻叢刊》之一、《明別集叢刊》第五輯第94册影印。

《蕭龍文選》,潮陽蕭氏宗親聯誼總會編,2006年11月自印本(見《蕭氏先賢文選》)。

《蕭給諫湖山集》,吴二持點校,暨南大學出版社2016年8月版(見《潮州耆舊集》,《潮汕文庫·文獻系列》)。

李士實

《白洲詩集》三卷,明正德刻本,《中國公共圖書館古籍文獻珍本匯刊·天津圖書館孤本秘籍叢書》第10册影印。

黄　璽

《東園遺稿》二卷,明嘉靖刻本,《中國公共圖書館古籍文獻珍本匯刊·天津圖書館孤本秘籍叢書》第10册影印。

徐　溥

《徐文靖公謙齋文録》四卷,明嘉靖八年宜興徐垚刻本,《明人文集叢刊》第一期第10種、《四庫提要著録叢書》集部第39册、《中國古籍珍本叢刊·天津圖書館卷》第42册、《四庫全書底本叢書》集部第114册影印。

《徐文靖公謙齋文録》四卷,明嘉靖八年宜興徐垚刻徐啓釗、徐紹淹重修本,《明別集叢刊》第一輯第53册影印。

《謙齋文録》四卷,清四庫全書本,《四庫全書珍本》四集集部第334册、《景印文淵閣四庫全書》第1248册、《文津閣四庫全書》第1252册、《文瀾閣四庫全書》第1284册影印。

王　佐(字汝學)

《鷄肋集》,王堯雲校訂,海南書局1928年3月版(《海南叢書》第2種);1935年版(《海南叢書》第三集)。

《王桐鄉詩三百首》,韓林元編注,廣西人民出版社1986年4月版。

《鷄肋集(新訂本)》,王中柱校注,中山大學出版社1995年4月版。

《鷄肋集》,劉劍三點校,海南出版社2004年2月版(《海南先賢詩文叢刊》)。

《王佐詩》,吕永光整理,嶺南美術出版社2008年12月版(《全粤詩》第4册)。

《〈鷄肋集〉譯注》,耿建華譯注,中國文史出版社2016年5月版。

莫　旦

《大明一統賦》三卷補一卷,明嘉靖十五年南安鄭普刻本,《四庫禁燬書叢刊》史部第21册、《明别集叢刊》第一輯第53册、《歷代賦學文獻輯刊》第153册影印。

《大明一統賦補》四卷,明嘉靖江寧張中立刻本,《明别集叢刊》第一輯第53册影印。

陳　選

《恭湣公遺稿》不分卷,清鈔本,《浙學未刊稿叢編》第一輯第1册影印。

彭　韶

《彭惠安公文集》八卷,明嘉靖十八年劉勳刻本,《原國立北平圖書館甲庫善本叢書》第713册、《明代朱子學文獻叢刊》第76册影印。

《彭惠安公文集》十卷《附録》一卷,明萬曆彭繼美刻本,《四庫提要著録叢書》集部第351册、《明代莆人文集》第6册影印。

《(彭)惠安集》十卷,清四庫全書本,《四庫全書珍本》三集集部第

304 册、《景印文淵閣四庫全書》第 1247 册、《文津閣四庫全書》第 1250 册(多《附録》一卷)、《文瀾閣四庫全書》第 1283 册(丁氏補鈔)、《明别集叢刊》第一輯第 53 册(影文淵閣本)、《福建文脉叢書》第 249 册(影文淵閣本)影印。

董　越

《朝鮮賦》一卷,明鈔本,《歷代賦學文獻輯刊》第 155 册影印。

《朝鮮賦》一卷,日本正德元年跋刻本,《和刻本漢詩集成補篇》第 18 輯影印。

《朝鮮賦》一卷,清四庫全書本,《四庫全書珍本》十一集史部第 91 册、《景印文淵閣四庫全書》第 594 册、《文津閣四庫全書》第 594 册、《文瀾閣四庫全書》第 602 册(丁氏補鈔)影印。

周　瑛

《翠渠摘稿》七卷《補遺》一卷,明嘉靖七年林近龍刻清雍正十三年周成續刻本,《四庫提要著録叢書》集部第 40 册、《四庫全書底本叢書》集部第 45 册、《明代莆人文集》第 7 册、《福建文脉叢書》第 250 册、《明代朱子學文獻叢刊》第 92 册影印。

《翠渠摘稿》七卷《補遺》(《續編》)一卷,清四庫全書本,《四庫全書珍本》二集集部第 361 册、《景印文淵閣四庫全書》第 1254 册、《文津閣四庫全書》第 1258 册、《文瀾閣四庫全書》第 1291 册、《明别集叢刊》第一輯第 53 册(影文淵閣本)影印。

閔　珪

《閔莊懿公詩集》八卷,明萬曆十年閔一範刻本,《四庫全書存目叢書》集部第 38 册、《明别集叢刊》第一輯第 71 册影印。

《閔莊懿公集》十卷(《詩》九卷《文》一卷),明閔聞刻本,《域外漢籍珍本文庫》第四輯集部第 11 册影印。

羅倫

《一峰先生文集》十一卷，明正德十一年刻本，《域外漢籍珍本文庫》第三輯集部第10册影印。

《一峰先生文集》十四卷，明嘉靖二十八年張言刻本，《四庫提要著録叢書》集部第267册、《原國立北平圖書館甲庫善本叢書》第717—718册、《明代朱子學文獻叢刊》第91册影印。

《一峰先生文集》十四卷，明萬卷樓刻本，《明别集叢刊》第一輯第53册影印。

《一峰(文)集》十四卷，清四庫全書本，《四庫全書珍本》四集集部第337—338册、《景印文淵閣四庫全書》第1251册、《文津閣四庫全書》第1255册、《文瀾閣四庫全書》第1288册影印。

《羅一峰稿》一卷，清鈔《可儀堂一百廿名家制義》本，《明人别集稿鈔本叢刊》第99册影印。

蕭顯

《海釣遺風集》四卷，明嘉靖二十六年序刻本，《日本内閣文庫藏稀見明人别集彙刊》第一輯第1册影印。

尹直

《澄江别集》三卷，明弘治刻本，《明别集叢刊》第一輯第51册影印。

彭華

《彭文思公文集》十卷，明弘治十六年安福彭氏刻本，《明人文集叢刊》第一期第11種影印。

《彭文思公文集》六卷《附録》一卷，清康熙五年彭志楨刻《彭氏二文合集》本，《四庫全書存目叢書》集部第36册、《明别集叢刊》第一輯第44册影印。

王 汶

《齊山稿》一卷，民國十三年永康胡宗楙夢選樓刻《續金華叢書》本（附《繼志齋集》後），《叢書集成續編》（臺灣新文豐出版公司）文學類第138册、《重修金華叢書》續編第17册影印。

《齊山稿》，林家驪、吕紅光、陳春霞點校，中華書局2020年11月版（見《繼志齋集（外二種）》，《義烏叢書》）。

秦 夔

《五峰遺稿》二十四卷，明嘉靖元年秦鋭等刻本，《續修四庫全書》第1330册、《明别集叢刊》第一輯第54册影印。

胡居仁

《敬齋集》三卷，明刻本，《四庫提要著録叢書》集部第69册、《明别集叢刊》第一輯第54册影印。

《胡敬齋集》三卷，清康熙張伯行正誼堂刻本，北京燕山出版社2019年2月（《康熙版正誼堂全書》第9册）影印。

《胡文敬（公）集》三卷，清四庫全書本，《景印文淵閣四庫全書》第1260册、《文津閣四庫全書》第1264册、《文瀾閣四庫全書》第1297册（丁氏補鈔）影印。

《胡敬齋集》三卷，清同治五年福州正誼書院刻、八年至九年續刻《正誼堂全書》本，廣陵書社2016年4月（《正誼堂全書》第13册）影印。

《文敬胡先生集》三卷，清光緒六年求我齋刻本，《明代朱子學文獻叢刊》第80册影印。

《胡敬齋集》，商務印書館1935年12月版（《叢書集成初編》文學類第2162册）；中華書局2010年9月重印版（《叢書集成初編》第466册）。

《敬齋集》，董平校點，北京大學出版社2008年3月版（《儒藏·精華編》第252册）。

《胡居仁文集》，馮會明點校，江西人民出版社 2013 年 11 月版（《朱子學與地方文化叢書》）。

史 鑑

《西村集》八卷《附録》一卷，明嘉靖八年史璧刻本，《四庫提要著録叢書》集部第 69 册影印。

《史山人集》一卷，明嘉靖隆慶刻萬曆增刻《盛明百家詩》本，《四庫全書存目叢書》集部第 305 册、《明别集叢刊》第五輯第 95 册影印。

《西村先生集》二十八卷《附録》一卷，清初鈔本，《明人别集稿鈔本叢刊》第 30—32 册影印。

《西村集》八卷《附録》一卷，清四庫全書本，《四庫全書珍本》三集集部第 330—331 册、《景印文淵閣四庫全書》第 1259 册、《文津閣四庫全書》第 1264 册（闕《附録》一卷）、《文瀾閣四庫全書》第 1296 册（闕《附録》一卷，丁氏補鈔卷二至八）、《明别集叢刊》第一輯第 51 册（影文淵閣本）影印。

黄 瑜

《黄瑜詩》，梁基永整理，嶺南美術出版社 2008 年 12 月版（《全粤詩》第 4 册）。

祁 順

《巽川祁先生文集》十六卷《附録》二卷，清康熙二年在兹堂刻本，《四庫全書存目叢書》集部第 37 册、《明别集叢刊》第一輯第 54 册、《廣州大典》第 419 册影印。

《祁方伯冷庵集》一卷，清嘉慶刻同治印《廣東文獻》四集本，江蘇廣陵古籍刻印社 1994 年 7 月（《廣東文獻》第 7 册）影印。

《祁順詩》，馬雲、陳永正、史洪權整理，嶺南美術出版社 2008 年 12 月版（《全粤詩》第 4 册）。

林　瀚

《林文安公文集》□□卷(存卷一至四),明嘉靖刻本,《中國古籍珍本叢刊·廣東省立中山圖書館卷》第46册影印。

《林亨大稿》不分卷,清康熙三十八年刻《可儀堂一百二十名家制義》本,《明别集叢刊》第一輯第54册影印。

《林亨大稿》不分卷,清鈔《可儀堂一百廿名家制義》本,《明人别集稿鈔本叢刊》第99册影印。

《林文安公文集》,林立樫、林偉功主編,福建省姓氏源流研究會林氏委員會1999年10月自印本(見《林瀚暨濂江林氏先賢文選》)。

黄仲昭

《未軒公文集》五卷,明成化五年序刻本,《域外漢籍珍本文庫》第三輯集部第10册影印。

《未軒公文集》十二卷《附録》一卷,明嘉靖三十四年黄希白刻本,《中國稀見史料》第二輯第1—3册、《原國立北平圖書館甲庫善本叢書》第721册、《四庫全書底本叢書》集部第115册(闕卷二)、《明代朱子學文獻叢刊》第99—100册、《福建文脉叢書》第242—243册影印。

《未軒公文集》十二卷《補遺》二卷《附録》一卷,明嘉靖三十四年黄希白刻清雍正十三年黄邁琮增修本,《四庫提要著録叢書》集部第267册、《明别集叢刊》第一輯第55册、《明代莆人文集》第8—9册(闕《補遺》二卷《附録》一卷)影印。

《未軒集》□卷(存卷一),明藍格鈔本,《原國立北平圖書館甲庫善本叢書》第721册影印。

《未軒(文)集》十二卷《補遺》二卷,清四庫全書本,《四庫全書珍本》三集集部第323—324册、《景印文淵閣四庫全書》第1254册、《文津閣四庫全書》第1258册(闕《補遺》二卷,多《附録》一卷)、《文瀾閣四庫全書》第1291册(闕《補遺》二卷,多《附録》一卷)影印。

吴 寬

《吴文定公詩稿》不分卷，稿本，《中華再造善本·明代編》影印。

《匏翁家藏集》七十七卷《補遺》一卷，明正德三年吴奭刻本，《四部叢刊初編》集部第1557—1568册、《大本原式精印四部叢刊正編》第74册、《四庫提要著録叢書》集部第268册、《明别集叢刊》第一輯第55册影印。

《家藏集》七十七卷《補遺》一卷，清四庫全書本，《景印摛藻堂四庫全書薈要》第413册、《景印文淵閣四庫全書》第1255册、《文津閣四庫全書》第1259册、《文瀾閣四庫全書》第1292册(丁氏補鈔卷四十至五十六)影印。

陳 鐸

《怨别》，尚化啓編，中國文史出版社2017年1月版(《徐州明清十人文萃》)。

謝 鐸

《桃溪净稿》八十四卷(《詩》四十五卷《文》三十九卷)，明正德十六年台州顧璘刻本，《四庫全書存目叢書》集部第38册、《原國立北平圖書館甲庫善本叢書》第716—717册、《中國古籍珍本叢刊·天津圖書館卷》第39—40册影印。

《桃溪類稿》六十卷(存卷一、七至十、十五至六十)《附録》一卷，明嘉靖二十五年謝適然刻本，《明代詩文集珍本叢刊》第30—32册、《明代朱子學文獻叢刊》第87—90册影印。

《謝文肅公集》一卷，明嘉靖隆慶刻萬曆增刻《盛明百家詩》本，《四庫全書存目叢書》集部第307册、《明别集叢刊》第五輯第98册影印。

《謝鐸集》，林家驪點校，中華書局2002年10月版；浙江古籍出版社2012年12月版(《浙江文叢》)；浙江大學出版社2016年7月版(《温嶺叢書》甲集第5册)；上海古籍出版社2018年11月版(《大家文集》)。

《桃溪類稿》，林家驪點校，上海古籍出版社2020年12月版(《台州文獻叢書》)。

薛敬之

《薛敬之　張舜典集》，韓星點校整理，西北大學出版社 2015 年 1 月版（《關學文庫·文獻整理系列》）。

羅　柔

《羅太守集》一卷續一卷，明嘉靖隆慶刻萬曆增刻《盛明百家詩》本，《四庫全書存目叢書》集部第 307 册、《明别集叢刊》第五輯第 98 册影印。

錢　文

《錢山人集》一卷，明嘉靖隆慶刻萬曆增刻《盛明百家詩》本，《四庫全書存目叢書》集部第 307 册、《明别集叢刊》第五輯第 98 册影印。

湯胤勣

《湯將軍集》一卷，明嘉靖隆慶刻萬曆增刻《盛明百家詩》本，《四庫全書存目叢書》集部第 307 册、《明别集叢刊》第五輯第 98 册影印。

郭　登

《郭定襄伯集》一卷，明嘉靖隆慶刻萬曆增刻《盛明百家詩》本，《四庫全書存目叢書》集部第 307 册、《明别集叢刊》第五輯第 98 册影印。

張　琦

《白齋先生詩集》九卷，明正德八年自刻本，《原國立北平圖書館甲庫善本叢書》第 735 册影印。

《白齋先生詩集》九卷《白齋竹里詩集續》三卷《文略》一卷，明正德八年自刻嘉靖二年續刻本，《四庫全書存目叢書》集部第 52 册影印。

《張白齋集》一卷，明嘉靖隆慶刻萬曆增刻《盛明百家詩》本，《四庫全書存目叢書》集部第307册、《明别集叢刊》第五輯第98册影印。

《白齋詩集》九卷附《竹里詩集》三卷《竹里文略》一卷，民國二十五年四明張氏約園刻《四明叢書》本，《叢書集成續編》（臺灣新文豐出版公司）文學類第141册、《叢書集成續編》（上海書店）集部第114册、廣陵書社2006年8月（《四明叢書》第12册）、《張壽鏞文獻輯刊》第58册影印。

薛　格

《薛檢討集》一卷，明嘉靖隆慶刻萬曆增刻《盛明百家詩》本，《四庫全書存目叢書》集部第307册、《明别集叢刊》第五輯第98册影印。

張　泰

《滄洲詩集》十卷，明弘治三年成桂刻本，《原國立北平圖書館甲庫善本叢書》第717册影印。

《滄洲詩集》十卷《續集》二卷《附録》一卷，明弘治三年成桂刻嘉靖十三年毛淵增修本，《四庫全書存目叢書》集部第38册、《明别集叢刊》第一輯第57册影印。

文　洪

《文涞水詩集》一卷《遺文》一卷，明萬曆十六年文肇祉輯刻《文氏家藏詩集》本，《四庫全書存目叢書》集部第39册、《北京圖書館古籍珍本叢刊》集部第115册、《四庫提要著録叢書》集部第152册、《明别集叢刊》第一輯第56册影印。

《括囊稿》二卷（《詩》一卷《文》一卷），清四庫全書《文氏五家集》本，《四庫全書珍本》初集第375—376册、《景印文淵閣四庫全書》第1382册、《文津閣四庫全書》第1385册、《文瀾閣四庫全書》第1427册（丁氏補鈔）影印。

陳　音

《愧齋文粹》五卷《附録》一卷，明嘉靖二年陳氏刻本，《原國立北平圖書館甲庫善本叢書》第713册影印。

《愧齋集》十七卷《附録》一卷，明嘉靖三十一年刻本，《明代莆人文集》第10册影印。

《愧齋文粹》五卷《附録》一卷，清范氏天一閣鈔本，《明代詩文集珍本叢刊》第33册影印。

楊守阯

《碧川文選》四卷，明嘉靖四年陸銒刻本，《四庫全書存目叢書》集部第42册、《原國立北平圖書館甲庫善本叢書》第723册、《明代朱子學文獻叢刊》第79册影印。

《碧川文選》八卷《補遺》一卷，民國二十九年四明張氏約園刻《四明叢書》本，《叢書集成續編》(臺灣新文豐出版公司)文學類第186册、《叢書集成續編》(上海書店)集部第112册、廣陵書社2006年8月(《四明叢書》第26册)、《明別集叢刊》第一輯第56册(影1981年揚州廣陵古籍刻印社後印本)、《張壽鏞文獻輯刊》第126册影印。

陸　容

《式齋先生文集》三十七卷，明弘治十四年陸氏家刻本，《原國立北平圖書館甲庫善本叢書》第720册影印。

《式齋先生文集》三十七卷《雜記》十五卷《附録》四卷，清雍正四年謝氏鈔本，《原國立北平圖書館甲庫善本叢書》第720—721册影印。

《陸參政文集》六卷，清末民國間馬光楣鈔本，《明人別集稿鈔本叢刊》第33册影印。

瞿　俊

《學古齋集》四卷，清嘉慶七年瞿青垂刻本，《常熟文庫》第51册影印。

《學古齋集》四卷，清宣統二年常熟瞿氏鐵琴銅劍樓刻本，《明別集叢刊》第一輯第58册影印。

張悦

《定庵集》五卷附《榮壽録》一卷，明弘治十七年劉琬刻本，《四庫全書存目叢書》集部第37册、《明别集叢刊》第一輯第57册影印。

張元禎

《東白張先生文集》二十四卷，明正德十二年刻本，《四庫全書存目叢書補編》第75册影印。

章懋

《楓山章先生文集》九卷，明嘉靖九年章翰補、張大綸刻本，《明别集叢刊》第一輯第56册、《明代朱子學文獻叢刊》第94—95册影印。

《楓山章先生文集》九卷，明嘉靖九年章翰補、張大綸刻明重修增刻本，《重修金華叢書》第145册影印。

《楓山章先生文集》四卷《實紀》一卷，明嘉靖二十一年虞守愚刻本，《四庫提要著録叢書》集部第39册、《重修金華叢書》第145册、《四庫全書底本叢書》集部第43册影印。

《楓山集》四卷《附録》一卷，清四庫全書本，《景印文淵閣四庫全書》第1254册、《文津閣四庫全書》第1257册（闕《附録》一卷）、《文瀾閣四庫全書》第1291册影印。

《楓山集》九卷附《年譜》二卷《實紀》八卷，清同治光緒永康胡鳳丹退補齋刻《金華叢書》本，《百部叢書集成》之九十五（影民國中補刻本）、《重修金華叢書》第13册影印。

《楓山章先生集》，商務印書館1935年12月版（《叢書集成初編》文學類第2143—2149册）；中華書局2010年9月重印版（《叢書集成初編》第463册）。

《章懋集》，朱光明點校，浙江古籍出版社2020年4月版（《浙江文叢》）。

賀欽

《醫閭先生集》九卷《附録》一卷，明嘉靖九年陰成文刻本（四庫進呈本），《原國立北平圖書館甲庫善本叢書》第720册、《明别集叢刊》第一輯第57册、《四庫全書底本叢書》集部第186册影印。

《醫閭先生集》九卷《附録》一卷，明嘉靖二十三年齊宗道刻本，《四庫提要著録叢書》集部第267册、遼寧人民出版社2011年3月、《四庫全書底本叢書》集部第44册、《雄安文脉叢書》第83册影印。

《醫閭先生集》九卷，朝鮮明宗十六年晉州刻本，《域外漢籍珍本文庫·韓國成均館大學尊經閣藏漢籍珍本叢刊》第10册影印。

《醫閭集》九卷，清四庫全書本，《四庫全書珍本》九集集部第264册、《景印文淵閣四庫全書》第1254册、《文津閣四庫全書》第1258册、《文瀾閣四庫全書》第1291册影印。

《醫閭集》九卷，民國二十二至二十五年金毓紱輯刻《遼海叢書》本，遼瀋書社1985年3月（《遼海叢書》第2册）影印。

《醫閭先生集》九卷《附録》一卷，民國二十五年四明張氏約園刻《四明叢書》本，《叢書集成續編》（臺灣新文豐出版公司）文學類第140册、《叢書集成續編》（上海書店）集部第112册、廣陵書社2006年8月（《四明叢書》第12册）、《張壽鏞文獻輯刊》第57册影印。

《醫閭先生集》，武玉梅校注，遼寧人民出版社2011年3月版（點校與影印同册）。

莊㫤

《定山（先生）集》十卷，明嘉靖十四年劉縉刻本，《原國立北平圖書館甲庫善本叢書》第722册（存卷一至二、九至十）、《域外漢籍珍本文庫》第四輯集部第11册、《海外藏集部珍本文獻叢刊》第151—152册影印。

《莊定山集》一卷，明嘉靖隆慶刻萬曆增刻《盛明百家詩》本，《四庫全書存目叢書》集部第304册、《明别集叢刊》第五輯第95册影印。

《定山先生集》十卷《附録》一卷，清康熙四十一年莊清佐刻本（卷一至

三、九配清鈔本),《四庫全書底本叢書》集部第46册影印。

《定山先生集》十卷《附録》一卷,清乾隆五年刻本,《明别集叢刊》第一輯第57册影印。

《(莊)定山集》十卷《補遺》一卷,清四庫全書本,《四庫全書珍本》九集集部第261—263册、《景印文淵閣四庫全書》第1254册、《文津閣四庫全書》第1258册(闕《補遺》,多《附録》一卷)、《文瀾閣四庫全書》第1291册(闕《補遺》,多《附録》一卷)影印。

《定山集》十卷,民國三至五年上元蔣氏慎修書屋鉛印《金陵叢書》本,臺灣大西洋圖書公司1970年1月(《金陵叢書》第29册)、《叢書集成續編》(臺灣新文豐出版公司)文學類第139册、《叢書集成續編》(上海書店)集部第113册影印。

《定山集》,政協浦口區委員會編,2013年内部出版物(《浦口文史》第十一輯)。

劉大夏

《東山詩集》二卷,明嘉靖五年屠應埧刻本,《原國立北平圖書館甲庫善本叢書》第714册影印。

《劉忠宣公集》一卷,明嘉靖隆慶刻萬曆增刻《盛明百家詩》本,《四庫全書存目叢書》集部第307册、《明别集叢刊》第五輯第98册影印。

《劉忠宣公遺集》九卷附《年譜》二卷,清光緒元年劉乙燃刻本,《四庫未收書輯刊》第六輯第29册影印。

《劉忠宣公文集》一卷《詩集》四卷《年譜》二卷《附録》三卷,清光緒元年刻本,《明别集叢刊》第一輯第56册影印。

《劉大夏集》,劉傳貴校點,岳麓書社2009年7月版(與《張龍湖集》同册,《湖湘文庫》甲編)。

鄭　紀

《東園鄭先生文集續編》十三卷《附録》一卷,明刻本,《四庫提要著録叢書》集部第265册、《明代莆人文集》第11册(題作《東園文集》)、《福建文脉叢書》第257册影印。

《東園文集》十三卷《附録》一卷，清四庫全書本，《四庫全書珍本》三集集部第310册、《景印文淵閣四庫全書》第1249册、《文津閣四庫全書》第1253册、《文瀾閣四庫全書》第1286册、《明别集叢刊》第一輯第54册（影文淵閣本）影印。

《東園文集》，曾朝霞主編，海峽文藝出版社2020年12月版。

彭教

《東瀧遺稿》四卷《制策》一卷《附録》一卷，鈔本，《四庫全書存目叢書》集部第38册、《明别集叢刊》第一輯第58册影印。

周元學

《先祖通奉府君遺稿》一卷，明隆慶刻《婁東周氏叢刊》本，婁東周氏冰壺堂1937年、《明别集叢刊》第一輯第58册（影周氏冰壺堂影印本）影印。

潘蕃

《大夢軒草》一卷，明謄清稿本，《復旦大學圖書館藏古籍稿鈔珍本》第一輯第24册影印。

林光

《南川冰蘗全集》十二卷首一卷末一卷《目録》二卷，清咸豐元年東莞明倫堂刻本，《明别集叢刊》第一輯第58册、《廣州大典》第420册影印。

《南川冰蘗全集》，羅邦柱點校，中國文史出版社2004年1月版（《嶺南叢書》）。

《林光詩》，史洪權整理，嶺南美術出版社2009年1月版（《全粵詩》第5册）。

邵　珪

《邵半江詩》五卷《附録》一卷，明正德十年邵天和刻本《原國立北平圖書館甲庫善本叢書》第722册、《明代朱子學文獻叢刊》第101册影印。

楊光溥

《梅花集詠》一卷，明弘治三年劉璋刻本，《明別集叢刊》第一輯第58册影印。

《梅花集詠》一卷，明萬曆楊東野刻本，《歷代集句詩詞別集叢刊》第3册影印。

徐　貫

《徐康懿公餘力稿》十二卷，明嘉靖三十一年徐健刻本，《四庫全書存目叢書》集部第37册（存卷四至六）、《原國立北平圖書館甲庫善本叢書》第713册、《明別集叢刊》第一輯第51册（存卷四至六）影印。

《徐康懿公餘力稿》，余利歸主編，淳安縣政協文史和教文衛體委員會2009年12月内部出版物（《淳安古籍文獻叢書》第10册）。

徐　源

《瓜涇集》二卷，明正德刻本，《明代詩文集珍本叢刊》第35册影印。

韓　文

《韓忠定公集》四卷，明萬曆八年喬因羽刻二十二年印本，《明別集叢刊》第一輯第58册影印。

江　源

《桂軒稿》十卷，明弘治四年盧淵刻本，《續修四庫全書》第1330册、《明別集叢刊》第一輯第 59 册、《中國古籍珍本叢刊·廣東省立中山圖書館卷》第 47 册、《廣州大典》第 421 册影印。

《桂軒續稿》六卷，明弘治刻本，《明别集叢刊》第一輯第 59 册、《廣州大典》第 421 册影印。

《江源詩》，林子雄、陳永正整理，嶺南美術出版社 2009 年 1 月版（《全粤詩》第 5 册）。

崔 澂

《傳響集》十二卷《附録》一卷，明嘉靖刻本，《原國立北平圖書館甲庫善本叢書》第 727 册影印。

張 鈇

《碧溪詩集》四卷，明正德刻本，《原國立北平圖書館甲庫善本叢書》第 727 册影印。

《碧溪詩集》六卷附《鐃歌鼓吹曲》一卷，明嘉靖張氏家刻本，《原國立北平圖書館甲庫善本叢書》第 728 册影印。

魏 偁

《雲松詩略》八卷，明弘治七年石城縣儒學集貲刻本，《原國立北平圖書館甲庫善本叢書》第 728 册影印。

夏 宏

《聊錦詩集》三卷，明景泰刻天順遞修本，《原國立北平圖書館甲庫善本叢書》第 728 册影印。

《聊錦詩集》二卷，日本元禄十五年八尾市兵衛覆明刻本，《和刻本中國古逸書叢刊》第 58 册影印。

《聊錦詩集》二卷，朝鮮刻本，《域外漢籍珍本文庫》第四輯集部第 3 册、

《歷代集句詩詞别集叢刊》第3册影印。

顧文淵

《顧滄江詩集》五卷，明嘉靖三十五年顧言刻本，《原國立北平圖書館甲庫善本叢書》第728册影印。

彭孔堅

《逸窩詩集》二卷，明弘治十年彭氏自刻本，《原國立北平圖書館甲庫善本叢書》第728册影印。

吴伯通

《石谷達意稿》三十四卷(存卷一至十二)，明正德十一年汪城刻本，《原國立北平圖書館甲庫善本叢書》第728册影印。

張　昇

《張文僖公文集》十四卷《詩集》二十二卷(存卷一至五)，明嘉靖元年刻本，《四庫全書存目叢書》集部第39—40册、《明别集叢刊》第一輯第59册影印。

王　佐(王古直)

《古直存稿》四卷，明弘治十五年刻本，《明别集叢刊》第一輯第59册影印。

《王古直集》一卷，明嘉靖隆慶刻萬曆增刻《盛明百家詩》本，《四庫全書存目叢書》集部第307册、《明别集叢刊》第五輯第98册影印。

《王佐集》，夏哲堯點校，浙江大學出版社2016年7月版(與《謝省集》《林鶚集》《黄孔昭集》同册，《温嶺叢書》甲集第4册)。

陸　簡

《龍皋文稿》十九卷，明嘉靖元年楊鑨刻本，《四庫全書存目叢書》集部第39冊、《明別集叢刊》第一輯第60冊、《原國立北平圖書館甲庫善本叢書》第720冊影印。

戴　冠

《戴氏集》十二卷，明嘉靖二十七年張魯刻本，《四庫全書存目叢書》集部第63冊、《原國立北平圖書館甲庫善本叢書》第744冊影印。

《戴學憲集》一卷，明嘉靖隆慶刻萬曆增刻《盛明百家詩》本，《四庫全書存目叢書》集部第305冊、《明別集叢刊》第五輯第96冊影印。

章玄應

《章玄應集》，阮柏林校注，綫裝書局2011年10月版（《樂清文獻叢書》）。

黄　鑰

《香山主人遺草》一卷，清咸豐二年執敬堂刻本，《廣州大典》第421冊影印。

徐　鏞

《石笏齋詩鈔》一卷，清道光二十七年寫刻本，《寫刻本詩詞集叢刊》第12冊影印。

倪　岳

《青溪漫稿》二十四卷，清四庫全書本，《四庫全書珍本》十集集部第

266—271 册、《景印文淵閣四庫全書》第 1251 册、《文津閣四庫全書》第 1255 册、《文瀾閣四庫全書》第 1288 册影印。

《青溪漫稿》二十四卷《補遺》一卷《附録》一卷，清光緒二十六年錢塘丁氏嘉惠堂刻《武林往哲遺著》本，《叢書集成續編》（臺灣新文豐出版公司）文學類第 139 册、《叢書集成續編》（上海書店）集部第 113 册、廣陵書社 2011 年 7 月（《武林往哲遺著》第 6 册）、《明别集叢刊》第一輯第 60 册（闕《補遺》一卷）影印。

《青溪漫稿》，黄山松點校，杭州出版社 2014 年 5 月版（《杭州全書·杭州文獻集成》第 22 册）；浙江古籍出版社 2019 年 11 月版（《武林往哲遺著》第 23—24 册，《浙江文叢》）。

朱存理

《樓居雜著》一卷《野航詩稿》一卷《（野航）文稿》一卷《附録》一卷，清四庫全書本，《四庫全書珍本》八集集部第 183 册、《景印文淵閣四庫全書》第 1251 册、《文津閣四庫全書》第 1255 册、《文瀾閣四庫全書》第 1288 册、《明别集叢刊》第一輯第 60 册（影文淵閣本）影印。

皇甫信

《韋庵集》二卷，明嘉靖五年皇甫録世葉堂刻本，《明代詩文集珍本叢刊》第 36 册影印。

康　皋

《康德瞻集》四卷《附録》一卷，明嘉靖九年李鏞刻本，《明代詩文集珍本叢刊》第 36 册影印。

楊　旦

《偲庵詩集》十卷（存卷一至三、七至十）《文集》十卷《附録》一卷，明嘉靖楊襄刻本,《明代詩文集珍本叢刊》第37册、《福建文脉叢書》第438—439册影印。

張　旭

《梅巖小稿》三十卷,明弘治張氏自刻本,《原國立北平圖書館甲庫善本叢書》第723册影印。

《梅巖小稿》三十卷,明正德元年刻本,《四庫全書存目叢書》集部第41册、《明别集叢刊》第一輯第60册、《歷代集句詩詞别集叢刊》第3册(選《七言律詩集古》一卷)影印。

吴玄應

《雁蕩山樵詩集》十五卷,明嘉靖三十五年吴朝鳳刻本,《原國立北平圖書館甲庫善本叢書》第723册影印。

毛　超

《菊庵集》十二卷,明嘉靖十四年毛伯温刻本,《原國立北平圖書館甲庫善本叢書》第723册影印。

程敏政

《篁墩程先生文粹》二十五卷,明正德元年張九逵刻本,《原國立北平圖書館甲庫善本叢書》第718册、鳳凰出版社2019年4月影印。

《篁墩程先生文集》九十三卷《拾遺》一卷,明正德二年何歆、程曾刻本,《四庫提要著録叢書》集部第67册、《明别集叢刊》第一輯第61册、《原國立北平圖書館甲庫善本叢書》第718—719册、《中華再造善本·明代編》影印。

《篁墩文集》九十三卷《拾遺》一卷,清四庫全書本,《四庫全書珍本》三集集部第311—322册、《景印文淵閣四庫全書》第1252—1253册、《文津閣四庫全書》第1256—1257册、《文瀾閣四庫全書》第1289—1290册(丁氏補鈔三十二卷)影印。

《程敏政文集》,阮東升校點,華東師範大學出版社2017年9月版。

黄 鑰

《適志集》十卷,明嘉靖刻本,《原國立北平圖書館甲庫善本叢書》第759册影印。

《黄鑰詩》,倪俊明整理,嶺南美術出版社2009年1月版(《全粤詩》第5册)。

文 林

《文温洲集》十二卷,明刻本,《四庫全書存目叢書》集部第40册、《明别集叢刊》第一輯第62册影印。

屠 勳

《屠康僖公文集》六卷《附録》一卷,明萬曆四十三年刻《屠氏家藏二集》清康熙遞修本,《四庫全書存目叢書》集部第40册、《明别集叢刊》第一輯第62册、《原國立北平圖書館甲庫善本叢書》第722册影印。

《太保東湖屠公遺稿》七卷,清鈔本,《明代詩文集珍本叢刊》第34册、《浙學未刊稿叢編》第一輯第1册影印。

馬中錫

《馬東田漫稿》六卷,明嘉靖十七年文三畏刻本,《四庫全書存目叢書》集部第41册、《明别集叢刊》第一輯第62册、《京津冀歷代别集叢刊》第164—165册影印。

《東田集》十五卷,清康熙四十六年甘陵賈棠輯刻《馬東田孫沙溪兩公遺集合編》本,《四庫全書存目叢書》集部第41册、《明别集叢刊》第一輯第62册、《京津冀歷代别集叢刊》第163册影印。

《東田文集》三卷附《詩集》三卷，清光緒定州王氏謙德堂刻《畿輔叢書》本，《百部叢書集成》之九十四影印。

《東田文集》附《詩集》，商務印書館 1936 年 12 月版（《叢書集成初編》文學類第 2150—2151 册）；中華書局 2010 年 9 月重印版（《叢書集成初編》第 464 册）。

《馬中錫文稿選譯》，中國人民政協故城縣委員會編，中國文史出版社 2016 年 5 月版。

鄧　庠

《東溪續稿》三卷《别稿》一卷，明正德十年自刻本，《四庫全書存目叢書》集部第 41 册、《明别集叢刊》第一輯第 59 册影印。

桑　悦

《桑思玄集》一卷，明嘉靖隆慶刻萬曆增刻《盛明百家詩》本，《四庫全書存目叢書》集部第 304 册、《明别集叢刊》第五輯第 95 册影印。

《思玄集》十六卷《附録》一卷，明萬曆二年桑大協木活字印本，《四庫全書存目叢書》集部第 39 册、《明别集叢刊》第一輯第 63 册影印。

《思玄集》十六卷，明萬曆四十年翁憲祥刻本，《常熟文庫》第 52 册影印。

陳　喆

《雪崖雜集》一卷，明鈔本，《常熟文庫》第 52 册影印。

羅　玘

《翰林羅圭峰先生文集》十八卷《續集》十二卷，明嘉靖五年陳洪謨、余載仕刻本，《四庫提要著録叢書》集部第 68 册影印。

《圭峰集》三十卷，清四庫全書本，《四庫全書珍本》四集集部第 341—344 册、《景印文淵閣四庫全書》第 1259 册、《文津閣四庫全書》第 1263 册、

《文瀾閣四庫全書》第 1296 册(丁氏補鈔二十卷)、《明别集叢刊》第一輯第 63 册(影文淵閣本)影印。

朱申鈘

《懷園睿制集》十卷,明成化十一年刻本,《巴蜀文叢·明蜀王文集五種》第 2 册影印。

李東陽

《懷麓堂詩稿》二十卷《文稿》三十卷《文後稿》三十卷《詩後稿》十卷《南行稿》一卷《北上録》一卷《講讀録》一卷《東祀録》三卷《集句録》一卷《集句後録》一卷《哭子録》一卷《求退録》三卷(闕《講讀録》一卷《東祀録》三卷《集句録》一卷《集句後録》一卷《哭子録》一卷),明正德十一年熊桂刻本,《原國立北平圖書館甲庫善本叢書》第 714—715 册影印。

《懷麓堂詩稿》二十卷《文稿》三十卷《文後稿》三十卷《詩後稿》十卷《南行稿》一卷《北上録》一卷《講讀録》一卷《東祀録》三卷《集句録》一卷《集句後録》一卷《哭子録》一卷《求退録》三卷(闕《懷麓堂詩稿》二十卷《文稿》三十卷《南行稿》一卷《北上録》一卷),明正德十一年熊桂刻本,《原國立北平圖書館甲庫善本叢書》第 715—716 册影印。

《懷麓堂稿》一百〇二卷,明正德徽州刻本,臺灣學生書局 1960 年 6 月(《歷代畫家詩文集》第 39 種)影印。

《擬古樂府》二卷,明嘉靖三十一年唐堯臣刻本,《明别集叢刊》第一輯第 64 册影印。

《李文正公集》二卷,明嘉靖隆慶刻萬曆增刻《盛明百家詩》本,《四庫全書存目叢書》集部第 304 册、《明别集叢刊》第五輯第 95 册影印。

《集句録》一卷《集句後録》一卷,明刻本,《歷代集句詩詞别集叢刊》第 3 册影印。

《懷麓堂集》一百卷,清康熙二十年廖方達刻本《四庫提要著録叢書》集部第 265—266 册影印。

《懷麓堂集》一百卷,清四庫全書本,《景印摛藻堂四庫全書薈要》第 411—412 册、《景印文淵閣四庫全書》第 1250 册、《文津閣四庫全書》第

1253—1254 册、《文瀾閣四庫全書》第 1286—1287 册(丁氏補鈔卷一至五、七十九至一百)影印。

《懷麓堂集》一百二十三卷,清鈔本,《明别集叢刊》第一輯第 64—65 册影印。

《李西涯稿》一卷,清鈔《可儀堂一百廿名家制義》本,《明人别集稿鈔本叢刊》第 99 册影印。

《李東陽集》,周寅賓點校,岳麓書社 1984 年 1 月版。

《李東陽續集》,錢振民輯校,岳麓書社 1997 年 11 月版。

《李東陽集》,周寅賓、錢振民校點,岳麓書社 2008 年 12 月版(《湖湘文庫》甲編)。

李　瓚

《聞詩集紀》八卷《續紀》一卷,明萬曆十四年刻本,《域外漢籍珍本文庫》第五輯集部第 21 册、《域外漢籍珍本文庫・日藏明人别集珍本叢刊》第一輯第 9 册影印。

李承芳

《東嶠先生集》十五卷,明嘉靖三年刻本,《四庫全書存目叢書補編》第 75 册、《新編湖北叢書》第 254 册(題作《東嶠集》)影印。

方鼎祚

《梅禹金詩草》二十卷,明萬曆十一年刻本,《四庫全書存目叢書補編》第 75 册影印。

王　弼

《王南郭詩集》六卷,明正德九年王坊刻本,《明代詩文集珍本叢刊》第 35 册影印。

鄒賽貞

《士齋詩集》三卷，明嘉靖三年傅希準刻本，《四庫全書存目叢書》集部第60册、《明别集叢刊》第一輯第66册影印。

汪舜民

《静軒先生文集》十五卷《附録》一卷，明正德六年張鵬刻本，《續修四庫全書》第1331册、《明别集叢刊》第一輯第66册影印。

《静軒文鈔》不分卷，清汪氏裘杼樓鈔本，《明代詩文集珍本叢刊》第35册影印。

王　鏊

《震澤先生集》三十六卷，明嘉靖刻本，《四庫提要著録叢書》集部第68册、《明别集叢刊》第一輯第66册、《陽明學文獻大系》第一輯第5—7册影印。

《王文恪公集》三十六卷附《鶡音》一卷《白社詩草》一卷，明萬曆王氏三槐堂刻本，《美國哈佛大學哈佛燕京圖書館藏明代善本别集叢刊》第2—5册、《陽明學文獻大系》第一輯第2—4册影印。

《震澤集》三十六卷，清四庫全書本，《景印摛藻堂四庫全書薈要》第414册、《四庫全書珍本》五集集部第305—308册、《景印文淵閣四庫全書》第1256册、《文津閣四庫全書》第1260册、《文瀾閣四庫全書》第1293册（丁氏補鈔十六卷）影印。

《王鏊集》，吴建華點校，上海古籍出版社2013年9月版（《蘇州文獻叢書》）。

《震澤集》，王義勝標點，2014年自印本（《莫釐王氏叢書》）。

《王鏊詩集詳注》，王義勝注釋，2014年自印本（《莫釐王氏叢書》）。

《王鏊詩文選》，楊維忠編著，蘇州大學出版社2015年7月版。

謝　遷

《歸田稿》八卷，清四庫全書本，《四庫全書珍本》四集集部第339册、《景印文淵閣四庫全書》第1256册、《文津閣四庫全書》第1260册、《文瀾閣四庫全書》第1293册（丁氏補鈔卷一至六）、《明别集叢刊》第一輯第67册（影文淵閣本）、《陽明學文獻大系》第一輯第1册（影文淵閣本）影印。

《謝木齋稿》一卷，清鈔《可儀堂一百廿名家制義》本，《明人别集稿鈔本叢刊》第99册影印。

《文正公謝遷詩存》，戟鋒主編，浙江古籍出版社2010年3月版（《汝湖文化叢書》）。

李　江

《李江詩》，李文約整理，嶺南美術出版社2009年1月版（《全粵詩》第6册）。

陳　繗

《陳檢討集》，王堯雲校訂，海南書局1931年8月版（《海南叢書》第7種）；1935年版（《海南叢書》第五集）。

《唾餘集》（《陳檢討集》），陶劍平點校，海南出版社2006年3月版（與《湄丘集》等同册，《海南先賢詩文叢刊》）。

《陳繗詩》，梁基永、陳永正整理，嶺南美術出版社2009年1月版（《全粵詩》第6册）。

蘇　葵

《吹劍集》十二卷，清光緒六年蘇種德堂刻本，《廣州大典》第421册影印。

《蘇葵詩》，郭培忠整理，嶺南美術出版社2009年1月版（《全粵詩》第5册）。

盧格

《荷亭文集》十卷，明崇禎十三年盧迪刻本，《中國古籍珍本叢刊·暨南大學圖書館卷》第24—25册影印。

《荷亭文集》六卷，清乾隆家藏刻本，《重修金華叢書》第145册影印。

《荷亭文集》，單望陽點校，浙江古籍出版社2014年9月版（《東陽叢書》）。

張吉

《古城文集》六卷《補遺》一卷首一卷，清康熙三十年棲榆刻四十九年增修本，《四庫提要著録叢書》集部第352册、《明别集叢刊》第一輯第67册、《四庫全書底本叢書》集部第47册、《明代朱子學文獻叢刊》第101册影印。

《古城集》六卷《補遺》一卷，清四庫全書本，《四庫全書珍本》三集集部第325—326册、《景印文淵閣四庫全書》第1257册、《文津閣四庫全書》第1261册、《文瀾閣四庫全書》第1294册（丁氏補鈔）影印。

梁儲

《鬱洲文集》十卷，明嘉靖四十五年刻本，《廣州大典》第421册影印。

《鬱洲遺稿》八卷，清四庫全書本，《四庫全書珍本》四集集部第340册、《景印文淵閣四庫全書》第1256册、《文津閣四庫全書》第1260册、《文瀾閣四庫全書》第1293册（十卷首一卷，丁氏補鈔）影印。

《鬱洲文集》十卷附《綸音》一卷，清回天閣刻本，《明别集叢刊》第一輯第69册、《陽明學文獻大系》第一輯第8册影印。

《梁文康公鬱洲集》一卷，清嘉慶刻同治印《廣東文獻》初集本，江蘇廣陵古籍刻印社1994年7月（《廣東文獻》第1册）影印。

《梁儲詩》，戴武軍整理，嶺南美術出版社2009年1月版（《全粵詩》第5册）。

黄　訓

《黄潭先生文集》十卷，明嘉靖三十八年黄氏家刻本，《原國立北平圖書館甲庫善本叢書》第 769 册影印。

丁養浩

《西軒效唐集録》十二卷《補遺》一卷，清光緒二十一年錢塘丁氏嘉惠堂刻《武林往哲遺著》本，《叢書集成續編》（臺灣新文豐出版公司）文學類第 141 册、《叢書集成續編》（上海書店）集部第 113 册、《四庫全書存目叢書》集部第 44 册、廣陵書社 2011 年 7 月（《武林往哲遺著》第 4 册）、《明别集叢刊》第一輯第 73 册影印。

《西軒效唐集録》，陳兆肆點校，杭州出版社 2014 年 5 月版（《杭州全書·杭州文獻集成》第 19 册）；浙江古籍出版社 2019 年 11 月版（《武林往哲遺著》第 15 册，《浙江文叢》）。

劉　忠

《少傅野亭劉公遺稿》八卷，明嘉靖刻本，《續修四庫全書》第 1330 册、《明别集叢刊》第一輯第 66 册、《原國立北平圖書館甲庫善本叢書》第 724 册影印。

楊　廉

《楊文恪公文集》六十二卷，明刻本，《續修四庫全書》第 1332—1333 册、《明别集叢刊》第一輯第 67 册、《劍邑文庫》第 5 册影印。

李承箕

《大厓李先生詩集》十二卷《文集》八卷，明正德五年吴廷舉刻本，《四庫全書存目叢書》集部第 43 册、《明别集叢刊》第一輯第 68 册影印。

《李承箕集》，朱志先點校，湖北人民出版社2018年1月版（《荊楚文庫》）。

《明代嘉魚李承箕詩文集整理與研究》，朱志先著，湖北人民出版社2018年11月版（《鄂南文化研究系列叢書》）。

陳中州

《太鶴集》，麗水市社會科學界聯合會整理，浙江古籍出版社2014年10月版（《括蒼叢書》第二集）。

林　俊

《見素詩集》十四卷，明嘉靖元年林有年刻本，《原國立北平圖書館甲庫善本叢書》第724册影印。

《自考集》七卷（闕卷三、卷六），明萬曆十三年林及祖、林大黼刻本，《明别集叢刊》第一輯第68册、《明代莆人文集》第26册、《陽明學文獻大系》第一輯第9—13册影印。

《見素集》二十八卷《奏議》七卷《素翁續集》十二卷附《宸翰録》三卷《清朝特典》五卷《卹録紀事》一卷《雲莊公畫像贊》一卷，明萬曆十三年林及祖、林大黼刻本，《四庫提要著録叢書》集部第269册（闕附録）、《明别集叢刊》第一輯第68册、《明代莆人文集》第12—16册、《福建文脉叢書》第244—248册影印。

《見素集》二十八卷《奏議》七卷《續集》十二卷《附録》二卷，清四庫全書本，《四庫全書珍本》五集集部第309—316册、《景印文淵閣四庫全書》第1257册、《文津閣四庫全書》第1260—1261册（闕《附録》二卷）、《文瀾閣四庫全書》第1294册（丁氏補鈔卷十三至二十四，闕《附録》二卷）影印。

孫　艾

《林泉高士孫西川詩稿》一卷，明嘉靖十五年孫耒刻本，《明代詩文集珍本叢刊》第50册、《常熟文庫》第51册影印。

蔡　清

《虚齋蔡先生文集》五卷，明正德十六年葛志貞刻本，《明人文集叢刊》第一期第 13 種、閩南同鄉會 1975 年、《四庫提要著録叢書》集部第 269 册、《中國古籍珍本叢刊・天津圖書館卷》第 41 册、《福建文脉叢書》第 300 册、《明代朱子學文獻叢刊》第 104 册影印。

《虚齋蔡先生文集》九卷，日本寬文十一年十一月京都中野太郎左衛門刻本，《和刻本漢籍文集》第 14 輯、《和刻本四部叢刊》集部第 96 册影印。

《蔡文莊公集》八卷《艾庵密箴》一卷《太極圖説》一卷《河洛私見》一卷，清乾隆七年遜敏齋刻本，《四庫全書存目叢書》集部第 42—43 册、《明别集叢刊》第一輯第 69 册影印。

《虚齋集》五卷，清四庫全書本，《四庫全書珍本》七集集部第 237—238 册、《景印文淵閣四庫全書》第 1257 册、《文津閣四庫全書》第 1261 册、《文瀾閣四庫全書》第 1294 册（丁氏補鈔）影印。

《蔡文莊公集》，張吉昌、廖淵泉點校，商務印書館 2018 年 4 月版（《泉州文庫》）。

藍　章

《藍司寇公勞山遺稿》一卷，清雍正刻本，《四庫未收書輯刊》第五輯第 18 册、《明别集叢刊》第一輯第 70 册影印。

李　璋

《嗜泉詩存》二卷《附録》一卷，清乾隆二十八年刻本，《四庫全書存目叢書》集部第 78 册影印。

《嗜泉詩存》二卷《附録》一卷，清乾隆二十八年海鹽李鳳藻刻嘉慶五年重修本，《明别集叢刊》第一輯第 74 册影印。

方良永

《方簡肅文集》十卷《附録》一卷，明萬曆八年方攸續刻本，《四庫提要著録叢書》集部第353册、《四庫全書底本叢書》集部第148册、《明代莆人文集》第17册、《福建文脉叢書》第250册影印。

《方簡肅公文集》十卷，清四庫全書本，《四庫全書珍本》三集集部第332册、《景印文淵閣四庫全書》第1260册、《文津閣四庫全書》第1264册（題作《簡肅集》）、《文瀾閣四庫全書》第1297册（題作《簡肅集》，張宗祥據文津閣本補鈔）影印。

楊一清

《邃庵集》一卷《续集》一卷，明正德六年馮汝揚刻本，《雲南叢書》第47册影印。

《石淙詩稿》二十卷，明嘉靖刻本，《四庫全書存目叢書》集部第40册影印。

《石淙詩稿》十九卷，明嘉靖刻本，《原國立北平圖書館甲庫善本叢書》第722册、《朔方文庫》第52—53册、《寫刻本詩詞集叢刊》第13—14册影印。

《楊文襄公文集》一卷《詩集》一卷《附録》一卷，清宣統三年李根源輯刻《明滇南五名臣遺集》本，《明别集叢刊》第一輯第70册、《歷代地方詩文總集彙編》第462册影印。

《楊文襄公文集》一卷《詩集》一卷《附録》一卷，民國三至十二年雲南圖書館刻《雲南叢書》初編《明滇南五名臣遺集》本，《叢書集成續編》（臺灣新文豐出版公司）文學類第105册、《叢書集成續編》（上海書店）别録第179册、中華書局2009年10月（《雲南叢書》第40册）、《朔方文庫》第46册、《陽明學文獻大系》第一輯第14—15册影印。

《石淙詩鈔》十五卷附《諸公詩》一卷，民國三至十二年雲南圖書館刻《雲南叢書》初編本，《叢書集成續編》（臺灣新文豐出版公司）文學類第169册、《叢書集成續編》（上海書店）集部第113册、中華書局2009年10月（《雲南叢書》第20册）、《明别集叢刊》第一輯第69册影印。

《楊一清集》，唐景紳、謝玉傑點校，中華書局2001年5月版。

《石淙詩稿》，馮良方點校，雲南教育出版社2018年9月版（《雲南古代漢文學要籍》）。

黄　瓚

《雪洲集》十二卷《續集》二卷，明嘉靖九年黄長壽刻本，《四庫全書存目叢書》集部第43册、《明别集叢刊》第一輯第70册、《原國立北平圖書館甲庫善本叢書》第726册影印。

吴　璉

《竹盧詩集》不分卷，明嘉靖九年吴允禄刻本，《原國立北平圖書館甲庫善本叢書》第726册、《廣州大典》第420册影印。

《吴璉詩》，郭培忠等整理，嶺南美術出版社2009年1月版（《全粤詩》第5册）。

張　詡

《南海雜詠》十卷，明弘治十八年袁賓刻本，《四庫全書存目叢書》集部第43册、《明别集叢刊》第一輯第70册、《廣州大典》第421册影印。

《東所先生文集》十三卷，明嘉靖三十年張希舉刻本，《四庫全書存目叢書》集部第43册、《明别集叢刊》第一輯第70册、《廣州大典》第421册影印。

《張詡詩》，郭培忠等整理，嶺南美術出版社2009年1月版（《全粤詩》第5册）。

《南海雜咏》，劉瑞點校，廣東人民出版社2010年12月版（與《南海百咏》《南海百咏續編》同册，《廣州史志叢書》）。

《張詡集》，黄嬌鳳、黎業明編校，上海古籍出版社2015年11月版（《嶺南思想家文獻叢書》）。

夏　鍭

《赤城夏先生集》七卷《補遺》一卷《附録》一卷，明嘉靖二十一年王廷幹刻公文紙印本，《原國立北平圖書館甲庫善本叢書》第727册、《明别集叢刊》

第一輯第72册影印。

《夏赤城集》一卷，明嘉靖隆慶刻萬曆增刻《盛明百家詩》本，《四庫全書存目叢書》集部第304册、《明别集叢刊》第五輯第95册影印。

《明夏赤城先生文集》二十三卷，清乾隆三十七年映南軒活字印本，《四庫全書存目叢書》集部第45册影印。

《明夏赤城先生文集》二十三卷首一卷，清光緒十九年夏氏木活字印本，《中國人民大學圖書館藏古籍珍本叢刊》第131—133册、《明别集叢刊》第一輯第72册影印。

《夏赤城詩集》，夏小寶、夏祖照主編，萬卷譜局（台州學院家譜文化研究所）2017年自印本（《夏氏文獻叢刊》）。

王　悦

《南游録》三卷，舊鈔本，《山東文獻集成》第二輯第27册影印。

蘇　仲

《古愚集》四卷，清光緒七年蘇種德堂刻本，《廣州大典》第423册影印。

《蘇仲詩》，鍾東整理，嶺南美術出版社2009年1月版（《全粤詩》第6册）。

儲　巏

《柴墟文集》十五卷，明嘉靖四年儲洵沔陽郡齋刻本，《四庫全書存目叢書》集部第42册、《明别集叢刊》第一輯第71册、《陽明學文獻大系》第一輯第15—16册影印。

《柴墟文集》十五卷，明嘉靖四年儲洵沔陽郡齋刻天啓三年儲元基遞修本，《原國立北平圖書館甲庫善本叢書》第724—725册影印。

《柴墟文集》十五卷《附録》一卷，民國八至十四年韓國鈞鉛印《海陵叢刻》本，《泰州文獻》第43册、《江蘇地方文獻叢刊·海陵叢刻》第10—11册影印。

《儲巏詩文集》，儲有勛編，江蘇人民出版社2020年12月版。

趙 寬

《半江趙先生文集》十五卷《附録》一卷，明嘉靖四十年趙綸刻本，《四庫全書存目叢書》集部第 42 册、《原國立北平圖書館甲庫善本叢書》第 724 册影印。

《半江趙先生文集》十五卷《附録》一卷，清康熙六十年刻本，《明别集叢刊》第一輯第 71 册影印。

吴 儼

《吴文肅摘稿》四卷，明萬曆十二年吴士遇等刻本，《四庫全書底本叢書》集部第 145 册影印。

《吴文肅摘稿》四卷，清四庫全書本，《四庫全書珍本》三集集部第 327 册、《景印文淵閣四庫全書》第 1259 册、《文津閣四庫全書》第 1263 册、《文瀾閣四庫全書》第 1296 册（丁氏補鈔）、《明别集叢刊》第一輯第 72 册（影文淵閣本）影印。

李 堂

《堇山文集》十五卷《附録》一卷，明嘉靖刻本，《四庫全書存目叢書》集部第 44 册、《明别集叢刊》第一輯第 72 册、《原國立北平圖書館甲庫善本叢書》第 727 册影印。

朱誠泳

《小鳴稿》十卷，明弘治十一年秦藩刻本，《四庫提要著録叢書》集部第 352 册、《四庫全書底本叢書》集部第 50 册影印。

《小鳴稿》十卷，清四庫全書本，《四庫全書珍本》二集集部第 362—363 册、《景印文淵閣四庫全書》第 1260 册、《文津閣四庫全書》第 1264 册、《文瀾閣四庫全書》第 1297 册（丁氏補鈔卷六、七、十）、《明别集叢刊》第一輯第 73 册（影文淵閣本）、《歷代集句詩詞别集叢刊》第 3 册（選集句，影文淵閣本）

影印。

《小鳴稿》，吕美點校，陝西人民出版社 2018 年 12 月版（《陝西古代文獻集成》第十七輯）。

戴豪

《戴豪集》，鄭偉榮、吴良顥點校，浙江大學出版社 2016 年 7 月版（與《黄綰集》同册，《温嶺叢書》甲集第 7 册）。

都穆

《南濠文跋》四卷，清鈔本，《明别集叢刊》第一輯第 73 册影印。

朱申鑿

《惠園睿制集》十二卷，明弘治十四年刻本，《巴蜀文叢・明蜀王文集五種》第 3 册影印。

陸完

《先太宰水村集遺稿》不分卷，明鈔本，《明别集叢刊》第一輯第 73 册影印。

《在懲録》一卷，舊鈔本，《四庫未收書輯刊》第五輯第 26 册影印。

董沄

《徐愛　錢德洪　董沄集》，錢明編校整理，鳳凰出版社 2007 年 3 月版（《陽明後學文獻叢書》）。

楊循吉

《長松籌堂遺集》五種（《都下贈僧詩》《菊花百詠》《燈窗末藝》《攢眉

集》《廬陽客記》)，明鈔本，《明人文集叢刊》第一期第14種、《四庫全書存目叢書》集部第43册(僅《都下贈僧詩》《燈窗末藝》《攢眉集》三種)影印。

《松籌堂集》十二卷，清金氏文瑞樓鈔本，《四庫全書存目叢書》集部第43册影印。

《菊花詩絶》二卷，日本元禄二年江户伊勢屋清兵衛刻本，《和刻本漢詩集成補篇》第18輯、《和刻本中國古逸書叢刊》第60册影印。

《菊花百詠》一卷，清鈔本，《四庫全書存目叢書》集部第43册影印。

《楊循吉集》，蔡斌點校，上海古籍出版社2013年7月版(與《顧鼎臣集》同册，《蘇州文獻叢書》)。

吴廷舉

《東湖集》五卷(《東湖集奏疏》三卷《吟稿》二卷)首一卷，清道光二十二年立言堂刻本，《明别集叢刊》第一輯第73册、《陽明學文獻大系》第一輯第17—18册影印。

王　瓊

《王瓊集》，單錦珩輯校，山西人民出版社1991年10月版(《三晉古籍叢書》)。

傅　珪

《北潭傅文毅公集》八卷，明嘉靖四十五年傅氏家刻本，《明别集叢刊》第一輯第73册、《原國立北平圖書館甲庫善本叢書》第727册影印。

王鴻儒

《王文莊公集》十卷，明崇禎元年王應修刻本，《明别集叢刊》第一輯第74册影印。

劉　春

《東川劉文簡公集》二十四卷，明嘉靖三十三年劉起宗刻本，《續修四庫全書》第1332册、《閩刻珍本叢刊》第53册、《明別集叢刊》第一輯第77册影印。

邵元節

《賜號太和先生全集》四卷，明嘉靖十八年刻本，《故宫珍本叢刊》第530册影印。

邵　寶

《容春堂前集》二十卷《後集》十四卷《續集》十八卷《別集》九卷，明正德十二年刻本，《明別集叢刊》第一輯第75册、《原國立北平圖書館甲庫善本叢書》第725—726册、《中國古籍珍本叢刊・保定市圖書館卷》第14—15册（僅《續集》十八卷《別集》九卷）、《明代朱子學文獻叢刊》第114—118册影印。

《容春堂前集》二十卷《後集》十四卷《續集》十八卷《別集》九卷，明正德十二年刻明秦榛重修清雍正華希閔再修本，《無錫文庫》第31册、《四庫全書底本叢書》集部第116—120册影印。

《邵文莊公集》一卷，明嘉靖隆慶刻萬曆增刻《盛明百家詩》本，《四庫全書存目叢書》集部第304册、《明別集叢刊》第五輯第95册影印。

《容春堂前集》二十卷《後集》十四卷《續集》十八卷《別集》九卷，清四庫全書本，《四庫全書珍本》五集集部第317—326册、《景印文淵閣四庫全書》第1258册、《文津閣四庫全書》第1262册、《文瀾閣四庫全書》第1295册（丁氏補鈔三十七卷）影印。

孫　燧

《孫燧集》，王孫榮編校，寧波出版社2020年7月版（《慈溪文化研究工程文庫》）。

顧清

《東江家藏集》四十二卷附《風聞言事論》一卷，明嘉靖顧應陽刻本，《原國立北平圖書館甲庫善本叢書》第730册、《四庫全書底本叢書》集部第149—151册影印。

《顧東江集》一卷，明嘉靖隆慶刻萬曆增刻《盛明百家詩》本，《四庫全書存目叢書》集部第307册、《明别集叢刊》第五輯第98册影印。

《東江家藏集》四十二卷附《風聞言事論》一卷，清四庫全書本，《四庫全書珍本》五集集部第327—334册、《景印文淵閣四庫全書》第1261册、《文津閣四庫全書》第1265—1266册、《文瀾閣四庫全書》第1298册（丁氏補鈔，闕附録）影印。

《顧東江稿》一卷，清鈔《可儀堂一百廿名家制義》本，《明人别集稿鈔本叢刊》第99册影印。

周塤

《周草庭集》一卷，明嘉靖隆慶刻萬曆增刻《盛明百家詩》本，《四庫全書存目叢書》集部第307册、《明别集叢刊》第五輯第98册影印。

毛澄

《毛文簡公遺稿》二卷，清潘道根鈔本，《明人别集稿鈔本叢刊》第34册影印。

《三江遺稿》二卷，鈔本，《四庫全書存目叢書》集部第46册、《明别集叢刊》第一輯第74册影印。

祝允明

《祝氏文集》十卷，明嘉靖二十三年謝雍鈔本，"國立中央圖書館"1971年（《明代藝術家集彙刊續集》）影印。

《祝氏集略》三十卷，明嘉靖三十六年張景賢刻本，"國立中央圖書館"

1971年(《明代藝術家集彙刊續集》)、《明别集叢刊》第一輯第74册、《原國立北平圖書館甲庫善本叢書》第729册影印。

《祝枝山集》一卷,明嘉靖隆慶刻萬曆增刻《盛明百家詩》本,《四庫全書存目叢書》集部第305册、《明别集叢刊》第五輯第96册影印。

《懷星堂全集》三十卷,明萬曆三十九年陳以聞刻本,《四庫提要著録叢書》集部第270册影印。

《懷星堂(全)集》三十卷,清四庫全書本,《四庫全書珍本》六集集部第268—271册、《景印文淵閣四庫全書》第1260册、《文津閣四庫全書》第1264—1265册、《文瀾閣四庫全書》第1297册(丁氏補鈔卷一至十一、卷二十一至三十)影印。

《枝山文集》四卷《野記》四卷,清同治十三年至光緒元年仁和祝氏刻本,《明别集叢刊》第一輯第75册影印。

《祝枝山全集》,上海大道書局1935年版(《新式標點明代小品文六名家集》);臺灣漢聲出版社1972年10月版。

《祝枝山尺牘》,鐵琴樓主編,大通圖書社1935年5月版(《才子尺牘》);廣文書局1989年9月版(《尺牘彙編》之二十一)。

《祝枝山詩文集》,王心湛校勘,廣益書局1936年5月版。

《懷星堂集》,孫寶點校,西泠印社出版社2012年4月版(《中國古代書畫家詩文集叢書》)。

《祝允明集》,薛維源點校,上海古籍出版社2016年11月版(《蘇州文獻叢書》)。

童琥

《草窗梅花集句》三卷附《梅花集句》一卷,明弘治十五年沙璧、楊觀等刻本,《重修金華叢書》第149册影印。

《草窗梅花集句》三卷附《梅花集句》一卷,明崇禎七年汪載德刻本,《四庫全書存目叢書》集部第46册影印。

《草窗梅花集句》四卷附《竹浪亭集補梅花集句》一卷,明崇禎十六年聖湖穴硯齋刻本,《歷代集句詩詞别集叢刊》第4册影印。

《重訂集古梅花詩》四卷,明刻本,《明代詩文集珍本叢刊》第38册影印。

《草窗梅花集句》四卷附《竹浪亭集補梅花集句》一卷，清竹泉莊鈔本，《明人别集稿鈔本叢刊》第 42 册影印。

《草窗梅花集句》三卷《附録》一卷，清鈔本，《明别集叢刊》第一輯第 76 册影印。

陶承學

《庸齋先生集》二卷，清陶介亭賢奕書樓鈔本，《明代詩文集珍本叢刊》第 73 册、《明人别集稿鈔本叢刊》第 42 册影印。

陳　諮

《東溪遺稿》四卷《附録》一卷，清鈔本，《明代詩文集珍本叢刊》第 38 册影印。

惠　隆

《北屏詩稿》二卷，明刻本，《稀見明代四部輯刊》第二輯第 90 册影印。

周　璽

《廬陽周忠愍公垂光集》二卷，清康熙三十六年張純修刻《五名臣遺集》本，《明别集叢刊》第一輯第 76 册影印。

《周忠愍集》二卷，清道光二十八年涇縣潘氏袁江節署刻《乾坤正氣集》本，臺灣環球書局 1966 年（《乾坤正氣集》第 16 册）影印。

《周給事垂光集》二卷，清末鈔本，《明人别集稿鈔本叢刊》第 34 册影印。

錢　福

《錢太史鶴灘稿》六卷《附録》一卷《紀事》一卷《遺事》一卷，明萬曆三十六年沈思梅居刻本，《四庫全書存目叢書》集部第 46 册影印。

《錢鶴灘稿》一卷，清康熙三十八年刻《可儀堂一百二十名家制義》本，

《明别集叢刊》第一輯第76册影印。

《錢鶴灘稿》一卷，清鈔《可儀堂一百廿名家制義》本，《明人别集稿鈔本叢刊》第99册影印。

席　書

《元山文選》五卷，明嘉靖二十年席中、席和刻本，《明别集叢刊》第一輯第76册、《陽明學文獻大系》第一輯第18—19册影印。

高友璣

《高友璣集》，高益登校注，香港出版社2005年5月版（《浙南譜牒研究叢刊》）。

魯　鐸

《魯文恪公（文）集》十卷，明隆慶元年方梁刻本，《四庫全書存目叢書》集部第53册、《原國立北平圖書館甲庫善本叢書》第736册影印。

《魯文恪公集》十卷《附録》一卷，民國十一年潛江甘鵬雲崇雅堂刻本，《明别集叢刊》第一輯第76册影印。

朱　衮

《白房雜興》三卷《續集備遺》一卷，明刻本，《原國立北平圖書館甲庫善本叢書》第736册影印。

朱祐杬

《含春堂稿》不分卷《恩紀詩集》七卷，明嘉靖五年司禮監重刻本，《故宫珍本叢刊》第531—532册影印。

譚寶焕

《性理吟》二卷，清康熙十九年譚作梅等刻本，《四庫全書存目叢書》集部第78册、《明別集叢刊》第一輯第77册影印。

鄭　滿

《勉齋先生遺稿》三卷，清康熙刻本，《四庫全書存目叢書》集部第46册、《明別集叢刊》第一輯第77册影印。

王　瓚

《甌濱摘稿》一卷《附録》一卷《補遺》一卷，民國二十四年永嘉黄氏鉛印《敬鄉樓叢書》本，《明別集叢刊》第一輯第77册影印。

《王瓚集》，張衡中、王遠輝編校，人民日報出版社2003年10月(《龍灣文化叢書》)。

王　縝

《梧山王先生集》二十卷，清乾隆二十九年刻本，《中國古籍珍本叢刊·廣東省立中山圖書館卷》第47册、《廣州大典》第423册影印。

《梧山王先生集》二十卷，清光緒四年東莞王氏刻本，《明別集叢刊》第一輯第77册影印。

《梧山集》二十卷，清光緒四年東莞王氏刻民國三十八年後印本，廣陵書社2020年10月影印。

《王縝詩》，林子雄整理，嶺南美術出版社2009年1月版(《全粤詩》第6册)。

《明王縝詩選注》，歐明熾編著，九州出版社2020年10月版。

徐　霖

《懷柏先生詩集》十卷，明萬曆四十五年徐時建等刻本，《明代詩文集珍本叢刊》第 33—34 册影印。

施文顯

《施信陽文集》七卷(存卷一至四),明嘉靖元年施逢原、施穎刻本,《明代詩文集珍本叢刊》第 34 册影印。

馬思聰

《忠節馬光禄先生軼詩》一卷,清光緒二十四年刻《重編馬忠節父子合集》本,《中國稀見史料》第二輯第 3 册、《明别集叢刊》第一輯第 78 册、《陽明學文獻大系》第一輯第 19 册影印。

《忠節馬光禄先生軼詩》,王傳龍、何柳惠編校,武漢大學出版社 2018 年 9 月版(見《莆田馬氏三代集》,《陽明學要籍選刊》)。

朱　諫

《朱蕩南集》一卷,明嘉靖隆慶刻萬曆增刻《盛明百家詩》本,《四庫全書存目叢書》集部第 307 册、《明别集叢刊》第五輯第 98 册影印。

楊　中

《楊通府集》一卷,明嘉靖隆慶刻萬曆增刻《盛明百家詩》本,《四庫全書存目叢書》集部第 307 册、《明别集叢刊》第五輯第 98 册影印。

杭　淮

《杭雙溪先生詩集》八卷,明嘉靖杭洵刻本,《四庫提要著録叢書》集部第 273 册、《原國立北平圖書館甲庫善本叢書》第 735 册影印。

《雙溪(詩)集》八卷,清四庫全書本,《四庫全書珍本》三集集部第 334 册、《景印文淵閣四庫全書》第 1266 册、《文津閣四庫全書》第 1270 册、《文瀾閣四庫全書》第1303册影印。

熊　卓

《熊士選集》一卷《附録》一卷，明嘉靖二十二年四明范欽天一閣刻本，《劍邑文庫》第5册、《原國立北平圖書館甲庫善本叢書》第732册、《明别集叢刊》第一輯第40册影印。

《熊侍御集》一卷，明嘉靖隆慶刻萬曆增刻《盛明百家詩》本，《四庫全書存目叢書》集部第305册、《明别集叢刊》第五輯第95册影印。

蔣　冕

《湘皋集》三十三卷，明嘉靖三十三年王宗沐刻本，《四庫全書存目叢書》集部第44册影印。

《重刻蔣文定公湘皋集》四十卷，清嘉慶二十一年一園俞氏輯忠雅堂刻本，廣西師範大學出版社2012年5月（題作《蔣冕集》）、《明别集叢刊》第一輯第78册、《陽明學文獻大系》第一輯第20—22册影印。

《湘皋集》，上册唐振真、蔣欽揮、唐志敬點校，下册李柳寧、梁揚校注，廣西人民出版社2001年12月版（《全州歷史文化叢書》）；蔣椆媛、劉飛鋒重印點校，2012年9月版。

耿　明

《風雲亭稿》二卷《外集》一卷，清康熙耿氏活字印本，《明别集叢刊》第一輯第78册影印。

耿如杞

《世篤堂稿》六卷《外集》一卷，清康熙耿氏活字印本，《明别集叢刊》第一輯第78册影印。

耿章光

《石頭恨血》二卷，清康熙耿氏活字印本，《明別集叢刊》第一輯第78册影印。

毛　紀

《鼇峰類稿》二十六卷，明嘉靖二十年刻本，《四庫全書存目叢書》集部第45册、《山東文獻集成》第三輯第23册、《明別集叢刊》第一輯第79册影印。

《海崩集》四卷，清康熙六十年毛霦鈔本，《山東文獻集成》第二輯第27册影印。

周　倫

《貞翁净稿》十二卷《拾遺》一卷，明嘉靖三十七年周鳳起刻本，《四庫全書存目叢書》集部第51册、《明別集叢刊》第一輯第85册影印。

靳　貴

《戒庵文集》二十卷，明嘉靖十九年丹徒靳懋仁刻本，南京江蘇省立國學圖書館1936年、《四庫全書存目叢書》集部第45册、《故宫珍本叢刊》第531—532册、《明別集叢刊》第一輯第80册、《原國立北平圖書館甲庫善本叢書》第728册影印。

賈　詠

《南塢集詩》八卷《文》一卷，明嘉靖二十四年刻隆慶二年重修本，《明別集叢刊》第一輯第80册影印。

石　瑤

《石閣老集》一卷，明嘉靖隆慶刻萬曆增刻《盛明百家詩》本，《四庫全書存目叢書》集部第 304 册、《明别集叢刊》第五輯第 95 册影印。

《熊峰先生文集》四卷，明刻本，《四庫全書存目叢書補編》第 78 册影印。

《熊峰先生詩集》七卷《文集》三卷，清康熙九年孫光𤇆刻本，《四庫提要著録叢書》集部第 352 册、《中國人民大學圖書館藏古籍珍本叢刊》第 127 册、《四庫全書底本叢書》集部第 48—49 册影印。

《熊峰集》十卷，清四庫全書本，《四庫全書珍本》三集集部第 328—329 册、《景印文淵閣四庫全書》第 1259 册、《文津閣四庫全書》第 1263 册、《文瀾閣四庫全書》第 1296 册影印。

《熊峰先生文集》二卷，清鈔本，《明人别集稿鈔本叢刊》第 34 册影印。

劉　澧

《秋佩先生遺稿》四卷，明嘉靖四十三年譚棨刻本，《原國立北平圖書館甲庫善本叢書》第 735 册影印。

姚　鏌

《東泉文集》八卷，明嘉靖刻清修本，《四庫全書存目叢書》集部第 46 册、《明别集叢刊》第一輯第 79 册、《陽明學文獻大系》第一輯第 24—25 册影印。

汪　俊

《汪石潭集》一卷，清康熙五經堂刻《廣理學備考》本，《明别集叢刊》第一輯第 79 册影印。

李　麟

《心齋稿》六卷，明正德四明李氏刻本，《明别集叢刊》第一輯第 80 册影印。

羅欽順

《整庵先生存稿》二十卷，明嘉靖三十一年羅氏家刻本，《四庫提要著録叢書》集部第270册、《原國立北平圖書館甲庫善本叢書》第729册、《明代朱子學文獻叢刊》第125—126册影印。

《整庵續稿》十三卷，明嘉靖三十一年羅琰刻本，《明别集叢刊》第一輯第81册影印。

《整庵存稿》二十卷，清四庫全書本，《四庫全書珍本》四集集部第345—346册、《景印文淵閣四庫全書》第1261册、《文津閣四庫全書》第1265册、《文瀾閣四庫全書》第1298册影印。

《羅整庵先生存稿》二十卷，清鈔本，《明别集叢刊》第一輯第81册影印。

《整庵先生存稿》二十卷，日本寬政八年鈔本，《陽明學文獻大系》第一輯第27—28册影印。

《羅整庵集存稿》二卷，清同治五年福州正誼書院刻、八年至九年續刻《正誼堂全書》本，廣陵書社2016年4月(《正誼堂全書》第30册)影印。

《羅整庵先生存稿》，商務印書館1936年12月版(《叢書集成初編》文學類第2435册)；中華書局2010年9月重印版(《叢書集成初編》第509册)。

《整庵先生存稿》，胡發貴校點，北京大學出版社2009年8月版(《儒藏·精華編》第253册)。

王雲鳳

《博趣齋稿》二十三卷，明刻本，《續修四庫全書》第1331册、《明代詩文集珍本叢刊》第36册、《明代朱子學文獻叢刊》第103册影印。

《虎谷全集》十九卷，清光緒十四年梁榆官舍刻本，《明代朱子學文獻叢刊》第102册影印。

《虎谷集》(《博趣齋稿》)十四卷附《行實録》一卷《分題寓别集》一卷《聯珠集》一卷《贈行集》一卷《會合興餘集》一卷，清光緒十八年刻本，《明别集叢刊》第一輯第81册、《陽明學文獻大系》第一輯第23册影印。

王承裕

《少保王康僖公文集》二卷《外集》二卷《附録》一卷，清嘉慶十五年三原王氏瑞芝堂刻道光十四年補刻《王氏餘慶集》本，《明别集叢刊》第一輯第81

册影印。

《王承裕集》，張焕玲點校，陝西人民出版社 2018 年 12 月版（《陝西古代文獻集成》第十七輯）。

蔣　曙

《竹塘先生遺稿》八卷，明萬曆九年序刻本，《日本内閣文庫藏稀見明人別集彙刊》第一輯第 1—2 册影印。

汪　循

《汪仁峰先生文集》二十九卷《外集》四卷，清康熙刻本，《四庫全書存目叢書》集部第 47 册（闕卷二十四）、《明别集叢刊》第一輯第 82 册（闕卷二十四）、《明代朱子學文獻叢刊》第 128—131 册（闕卷二十一至二十九）影印。

夏尚樸

《夏東巖先生詩集》六卷，明嘉靖四十五年斯正刻本，《四庫全書存目叢書》集部第 67 册、《北京圖書館古籍珍本叢刊》集部第 102 册、《明代朱子學文獻叢刊》第 81 册影印。

《夏東巖先生文集》六卷，明嘉靖四十五年斯正刻本，《北京圖書館古籍珍本叢刊》集部第 102 册、《明别集叢刊》第一輯第 82 册、《四庫全書底本叢書》集部第 147 册、《明代朱子學文獻叢刊》第 81 册影印。

《夏東巖先生文集》十四卷，清康熙刻本，《陽明學文獻大系》第一輯第 35 册影印。

《東巖集》六卷，清四庫全書本，《四庫全書珍本》二集集部第 364 册、《景印文淵閣四庫全書》第 1271 册、《文津閣四庫全書》第 1275 册、《文瀾閣四庫全書》第 1308 册（丁氏補鈔卷一、五、六）影印。

劉　瑞

《五清集》十九卷《策問附録》一卷，明刻本，《四庫未收書輯刊》第五輯第18冊、《明別集叢刊》第一輯第82冊影印。

湛若水

《甘泉先生兩都風詠》四卷，明嘉靖十四年朱敬之刻本，《明別集叢刊》第一輯第83冊、廣西師範大學出版社2014年12月（《西樵歷史文化文獻叢書》）、《廣州大典》第421冊、《陽明學文獻大系》第一輯第29冊影印。

《甘泉先生文集》四十卷（《内編》二十八卷《外編》十二卷），明嘉靖十五年火增刻本，《明別集叢刊》第一輯第83冊、《陽明學文獻大系》第一輯第29—34冊影印。

《甘泉湛子古詩選》五卷，明嘉靖三十一年自刻本，《廣州大典》第421冊、《明代詩文集珍本叢刊》第44—45冊影印。

《甘泉先生文録》二十一卷，明嘉靖刻本，《故宫珍本叢刊》第527—528冊影印。

《湛甘泉集》一卷，明嘉靖隆慶刻萬曆增刻《盛明百家詩》本，《四庫全書存目叢書》集部第307冊、《明別集叢刊》第五輯第98冊影印。

《湛甘泉先生文集》三十五卷，明萬曆七年吴淪刻本，《廣州大典》第422冊影印。

《樵風》十卷，明刻本，《原國立北平圖書館甲庫善本叢書》第741冊、廣西師範大學出版社2016年7月（《西樵歷史文化文獻叢書》）、《廣州大典》第421冊影印。

《湛甘泉先生文集》三十二卷，清康熙二十年黄楷刻本，《四庫全書存目叢書》集部第56—57冊影印。

《湛甘泉先生文集》三十二卷，清同治五年資政堂刻《甘泉全集》本，廣西師範大學出版社2014年8月（《西樵歷史文化文獻叢書》）、《廣州大典》第87冊影印。

《湛文簡公甘泉集》一卷，清嘉慶刻同治印《廣東文獻》初集本，江蘇廣陵古籍刻印社1994年7月（《廣東文獻》第2冊）影印。

《湛若水詩》，戴武軍等整理，嶺南美術出版社2009年1月版（《全粤詩》第6冊）。

《甘泉先生文集》，董平校點，北京大學出版社2009年8月版（《儒藏·

精華編》第253册)。

《泉翁大全集》,鍾彩鈞、游騰達點校,"中央研究院"中國文哲研究所2017年12月版(《"中央研究院"中國文哲研究所古籍整理叢刊》)。

《甘泉先生續編大全》,鍾彩鈞、游騰達點校,"中央研究院"中國文哲研究所2017年12月版(《"中央研究院"中國文哲研究所古籍整理叢刊》)。

《甘泉先生續編大全·補編》,游騰達、王文娟點校,"中央研究院"中國文哲研究所2018年12月版(《"中央研究院"中國文哲研究所古籍整理叢刊》)。

《湛若水全集》,黄明同主編,上海古籍出版社2020年9月版。

鄒　智

《立齋遺文》五卷《附録》一卷,明天啓五年李廷梁刻本,《四庫提要著録叢書》集部第68册、《明别集叢刊》第一輯第84册、《四庫全書底本叢書》集部第49册影印。

《立齋遺文》五卷《附録》一卷,清四庫全書本,《四庫全書珍本》九集集部第265册、《景印文淵閣四庫全書》第1259册、《文津閣四庫全書》第1263册、《文瀾閣四庫全書》第1296册(張宗祥據文津閣本補鈔)、《中國西南文獻叢書》第177册(影文淵閣本)、《明代朱子學文獻叢刊》第93册(影文淵閣本)影印。

《立齋遺文》四卷,清道光二十八年涇縣潘氏袁江節署刻《乾坤正氣集》本,臺灣環球書局1966年(《乾坤正氣集》第16册)影印。

張　羽(字鳳舉)

《東田遺稿》二卷,清四庫全書本,《四庫全書珍本》三集集部第333册、《景印文淵閣四庫全書》第1264册、《文津閣四庫全書》第1268册、《文瀾閣四庫全書》第1301册(張宗祥據文津閣本補鈔)、《泰州文獻》第43册(影文淵閣本)影印。

錢　琦

《錢臨江先生集》十四卷《附録》一卷,明萬曆三十二年錢蕃刻本,《四庫全書存目叢書》集部第64册、《北京圖書館古籍珍本叢刊》集部第108册、

《明別集叢刊》第二輯第6册影印。

《錢太守集》一卷，明嘉靖隆慶刻萬曆增刻《盛明百家詩》本，《四庫全書存目叢書》集部第307册、《明別集叢刊》第五輯第98册影印。

《東畬先生詩選》一卷，清鈔本，《上海圖書館藏涉園稿鈔校本叢書》第45册影印。

錢　芹

《錢永州集》八卷，海鹽張氏涉園鈔本，《上海圖書館藏涉園稿鈔校本叢書》第45册影印。

秦　金

《秦端敏公集》一卷，明嘉靖隆慶刻萬曆增刻《盛明百家詩》本、《四庫全書存目叢書》集部第307册、《明別集叢刊》第五輯第98册影印。

《鳳山詩集》二卷《附録》一卷，民國十八年味經堂木活字印《秦氏三府君集》本，《明別集叢刊》第一輯第83册影印。

張弘至

《萬里志》二卷附《諸公贈行詩》一卷，清康熙三十三年張世綬刻本，《明別集叢刊》第一輯第84册影印。

唐　錦

《龍江集》十四卷，明隆慶三年唐氏聽雨山房刻本，《續修四庫全書》第1334册、《明別集叢刊》第一輯第84册、《原國立北平圖書館甲庫善本叢書》第732册影印。

劉　玉

《執齋先生文集》二十卷，明嘉靖二十八年傅鎮濟南刻本，《續修四庫全書》第1334册、《明代朱子學文獻叢刊》第123—124册影印。

《執齋集》二十卷，清道光十年萬安劉氏孝友堂刻本，《明別集叢刊》第一輯第84册影印。

陳熙庠

《一齋居士詩集》四卷《詩別集》九卷，明嘉靖二年蘄陽張誥刻本，《明別集叢刊》第一輯第85册影印。

區越

《鄉賢區西屏集》十卷，明萬曆刻本，《廣州大典》第423册影印。

《鄉賢區西屏公遺集》，區錫鵬、區建邦編，澳門鴻記印務1955年1月印本（見《新會潮連區西屏見泉二公合集》）。

《區越詩》，鄧貴忠、吕永光整理，嶺南美術出版社2009年8月版（《全粤詩》第7册）。

《鄉賢區西屏集》，區小健校注，2016年自印本；2017年綫裝自印本。

費宏

《太保費文憲公摘稿》二十卷，明嘉靖三十四年江西吴遵之刻本，《明人文集叢刊》第一期第15種、《續修四庫全書》第1331册影印。

《明太保費文憲公詩集》十五卷，明嘉靖黄中刻本，《原國立北平圖書館甲庫善本叢書》第726—727册影印。

《明太保費文憲公文集選要》七卷，明崇禎刻清印《費文憲公文通公合集》本，《四庫全書存目叢書》集部第43册、《明別集叢刊》第一輯第85册、《陽明學文獻大系》第一輯第36册影印。

《費宏集》，吴長庚、費正忠校點，上海古籍出版社2007年12月版。

鄭岳

《山齋吟稿》三卷，明嘉靖十七年刻本，《原國立北平圖書館甲庫善本叢書》第 730 册、《福建文脉叢書》第 254 册影印。

《鄭山齋先生文集》二十四卷，明萬曆十九年莆田鄭炫家刻本，《明人文集叢刊》第一期第 16 種、《四庫提要著録叢書》集部第 69 册影印。

《鄭山齋先生文集》二十四卷，明萬曆十九年莆田鄭炫刻清鄭象賢補刻本，《明代莆人文集》第 18 册、《福建文脉叢書》第 253 册影印。

《山齋（文）集》二十四卷，清四庫全書本，《四庫全書珍本》四集集部第 347—348 册、《景印文淵閣四庫全書》第 1263 册、《文津閣四庫全書》第 1267 册、《文瀾閣四庫全書》第 1299 册（丁氏補鈔）、莆田蒲坂鄭氏先祠董事會 2010 年（影文淵閣本）、《明别集叢刊》第一輯第 85 册（影文淵閣本）影印。

王崇文

《兼山遺稿》二卷附《行實》一卷，明嘉靖三十二年曹縣刻本，《明别集叢刊》第一輯第 85 册影印。

王九思

《渼陂集》十六卷，明嘉靖十二年王獻等刻本，《明别集叢刊》第一輯第 85 册、《中華再造善本·明代編》影印。

《渼陂續集》三卷，明嘉靖二十四年翁萬達刻本，《明别集叢刊》第一輯第 86 册影印。

《渼陂集》十六卷《續集》三卷，明嘉靖十二年王獻等刻二十四年翁萬達續刻崇禎十三年張宗孟修補本，《明代論著叢刊》第一輯、《四庫全書存目叢書》集部第 48 册、《續修四庫全書》第 1334 册、《原國立北平圖書館甲庫善本叢書》第 731—732 册影印。

《王渼陂集》一卷，明嘉靖隆慶刻萬曆增刻《盛明百家詩》本，《四庫全書存目叢書》集部第 305 册、《明别集叢刊》第五輯第 95 册影印。

《渼陂集》《渼陂續集》，姜妮點校，陝西人民出版社 2017 年 3 月版（《陝西古代文獻集成》第九輯）。

毛　憲

《古庵毛先生文集》十卷，明嘉靖四十一年毛訢刻本，《四庫全書存目叢書》集部第67册、《明别集叢刊》第一輯第86册、《明代朱子學文獻叢刊》第181—182册、《陽明學文獻大系》第一輯第36—37册影印。

徐獻忠

《長谷集》十五卷，明嘉靖刻本，《四庫全書存目叢書》集部第86册、《明别集叢刊》第一輯第86册影印。

陳　沂

《拘虚集》五卷《後集》三卷附《詩談》一卷附《游名山録》四卷，明嘉靖刻本，《北京圖書館古籍珍本叢刊》集部第102册影印。

《陳行卿集》一卷，明嘉靖隆慶刻萬曆增刻《盛明百家詩》本，《四庫全書存目叢書》集部第305册、《明别集叢刊》第五輯第96册影印。

《拘虚集》五卷《後集》三卷《詩談》一卷，民國二十五年四明張氏約園刻《四明叢書》本，《叢書集成續編》（臺灣新文豐出版公司）文學類第169册、《叢書集成續編》（上海書店）集部第113册、廣陵書社2006年8月（《四明叢書》第13册，多《游名山録》四卷）、《張壽鏞文獻輯刊》第59册影印。

馬閑卿

《馬氏芷居集》一卷，明嘉靖隆慶刻萬曆增刻《盛明百家詩》本，《四庫全書存目叢書》集部第308册、《明别集叢刊》第五輯第100册影印。

王　磐

《王西樓先生詩集》一卷《樂府》一卷，烏絲欄舊鈔本，《臺灣珍藏善本叢刊·古鈔本明代詩文集》第1册影印。

《王磐作品評析》，蔣成忠著，大衆文藝出版社 2010 年 10 月版(《江海文叢》)。

唐寅

《唐伯虎集》二卷，明嘉靖刻本，《原國立北平圖書館甲庫善本叢書》第 733 册影印。

《唐伯虎集》一卷，明嘉靖隆慶刻萬曆增刻《盛明百家詩》本，《四庫全書存目叢書》集部第 305 册、《明别集叢刊》第五輯第 96 册影印。

《唐伯虎集》四卷《外集》一卷《紀事》一卷，明萬曆四十年曹元亮刻本，《明别集叢刊》第一輯第 87 册、《海外藏集部珍本文獻叢刊》第 153 册影印。

《唐伯虎先生全集》二卷《外編》五卷《外編續刻》十二卷《六如唐先生畫譜》三卷，明萬曆四十二年刻本，臺灣學生書局 1960 年 6 月(《歷代畫家詩文集》第 8 種)、《明别集叢刊》第一輯第 87 册影印。

《唐伯虎先生集》二卷《外編》五卷附《弇州題跋》一卷《續刻》十二卷，明萬曆刻本，《續修四庫全書》第 1334—1335 册影印。

《袁中郎先生批評唐伯虎彙集》四卷，明萬曆刻本，文物出版社 2020 年 1 月(《奎文萃珍》)影印。

《六如居士全集》七卷《外集》六卷《畫谱》一卷附《制義》，清嘉慶六年長沙唐仲冕編刻本，上海廣益書局 1915 年 10 月石印；臺灣東方書店 1956 年影印。

《唐伯虎集》不分卷，日本亨和元年大坂山口又一郎、京屋吉衛門序刻本，《和刻本漢詩集成補篇》第 18 輯、《和刻本四部叢刊》集部第 97 册、《日本所編中國詩文選集彙刊・明代卷》第 16 册影印。

《六如居士全集》存卷一至三，日本嘉永六年椿氏存誠閣刻本，《和刻本漢詩集成補篇》第 18 輯影印。

《六如居士尺牘》四卷，民國八年光霽草廬石印本，《明代名人尺牘選萃》第 1 册影印。

《唐伯虎全集》，周維立校閲，大道書局 1935 年版(《新式標點明代小品文六名家集》)；大達圖書局 1936 年 3 月版；臺灣水牛出版社 1965 年 11 月版(《水牛新刊》)；中國書店 1985 年 6 月版(影大道書局本)。

《唐伯虎尺牘》，鐵琴樓主編，大通圖書社1935年6月版（《才子尺牘》）；廣文書局1989年9月版（《尺牘彙編》之二十）。

《唐伯虎詩輯逸箋註》，鄭騫編注，臺灣聯經出版事業公司1982年7月版。

《唐伯虎題畫詩》，蘇州市吴門畫派研究會編印，1982年10月油印本。

《唐伯虎三種》，許旭堯選注，浙江古籍出版社1987年6月版。

《唐伯虎詩選》，宋戈編，遼寧大學出版社1987年9月版。

《唐伯虎全集》，冉雲飛譯注，巴蜀書社1995年9月版。

《唐伯虎詩文全集》，陳書良編，華藝出版社1995年10月版。

《唐伯虎題畫詩》，崔護編，蘇州市政協1998年12月内部出版物（與《唐伯虎年譜》同册，《蘇州文史》第25輯）。

《唐伯虎全集》，周道振、張月尊輯校，中國美術學院出版社2002年3月版（《古代書畫家詩文集叢書》）。

《唐伯虎文集》，劉洪仁選注，四川美術出版社2005年1月版。

《唐伯虎詩文書畫全集》，陳伉、曹惠民編注，中國言實出版社2005年1月版（《江南四大才子全書》）。

《唐伯虎集》，王早娟解評，三晉出版社2008年8月版（《中國家庭基本藏書修訂版·名家選集卷》）。

《六如居士集》，應守巖點校，西泠印社出版社2012年4月版（《中國古代書畫家詩文集叢書》）。

《唐寅集》，周道振、張月尊輯校，上海古籍出版社2013年9月版（《中國古典文學叢書》）。

《唐伯虎集箋注》，陳書良、周柳燕箋注，中華書局2020年12月版（《中國古典文學基本叢書》）。

彭　泮

《了溪詩稿》四卷《附録》一卷，明正德十五年刻本，《明别集叢刊》第一輯第87册影印。

文徵明

《京邸懷歸詩》，清末民國間影印文徵明手稿本，《中國稀見史料》第一輯第1册影印。

《甫田集》三十五卷附《先君行略》一卷，明嘉靖間刻本，“國立中央圖書館”1968年10月(《明代藝術家集匯刊》)影印。

《文翰詔集》一卷續一卷，明嘉靖隆慶刻萬曆增刻《盛明百家詩》本，《四庫全書存目叢書》集部第305册、《明别集叢刊》第五輯第96册影印。

《文太史甫田集》□□卷(存卷六至十五)，明長洲文嘉藍格鈔本，《明人别集稿鈔本叢刊》第35册影印。

《甫田集》三十五卷附《先君行略》一卷，明末刻清遞修本，《明别集叢刊》第一輯第88册影印。

《甫田集》三十五卷附《先君行略》一卷，清四庫全書本，《景印摛藻堂四庫全書薈要》第419册、《景印文淵閣四庫全書》第1273册、《文津閣四庫全書》第1277册、《文瀾閣四庫全書》第1310册(丁氏補鈔卷一至卷二十六、卷二十九至三十五及附録)影印。

《甫田集詩》四卷，清四庫全書《文氏五家集》本，《四庫全書珍本》初集第375—376册、《景印文淵閣四庫全書》第1382册、《文津閣四庫全書》第1385册、《文瀾閣四庫全書》第1427册(丁氏補鈔两卷)影印。

《文衡山先生詩鈔》二卷，日本文化四年序刻本，《日本所編中國詩文選集彙刊·明代卷》第18册影印。

《文衡山先生詩鈔》二卷，日本文化十四年十六堂刻本《和刻本漢詩集成補篇》第18輯影印。

《文徵明題畫詩》一卷附《書畫題跋》《集外詩詞》，民國十八年神州國光社排印《畫史彙稿·文徵明》本，臺灣學海出版社1998年9月影印(《學海文史叢書》)。

《文徵明全集》，大道書局1935年版(《新式標點明代小品文六名家集》)。

《文徵明題畫詩》，蘇州市吴門畫派研究會編印，1982年10月油印本。

《文徵明集》，周道振輯校，上海古籍出版社1987年10月版；2014年12月增訂版(《中國古典文學叢書》)。

《文徵明集續輯》，周道振輯校，2002年3月自印本。

《文徵明詩文書畫全集》，曹惠民、寇建軍編注，中國言實出版社2006年2月版(《江南四大才子全書》)。

《南田集》,陸曉東點校,西泠印社出版社2012年4月版(《中國古代書畫家詩文集叢書》)。

《〈拙政園圖詠〉注釋》,卜復鳴注釋,中國建築工業出版社2012年12月版。

王 韋

《南原家藏集》七卷,明焦希程刻本,《四庫全書存目叢書》集部第59册影印。

《王太僕集》一卷,明嘉靖隆慶刻萬曆增刻《盛明百家詩》本,《四庫全書存目叢書》集部第305册、《明别集叢刊》第五輯第96册影印。

方 鵬

《矯亭存稿》十八卷《續稿》八卷,明嘉靖十四年刻十八年續刻本,《四庫全書存目叢書》集部第61—62册、《原國立北平圖書館甲庫善本叢書》第743册、《明别集叢刊》第二輯第6册影印。

游 潛

《夢蕉存稿》四卷附《夢蕉詩話》二卷《博物志補》二卷,明嘉靖三十七年游氏家刻萬曆至清康熙三十六年遞修本,《四庫全書存目叢書》集部第52册(闕《附録》兩種)、《劍邑文庫》第5册、《明别集叢刊》第一輯第88册、《原國立北平圖書館甲庫善本叢書》第735册影印。

范 嵩

《衢村集》四卷《附録》二卷,明嘉靖三十八年跋刻本,《日本内閣文庫藏稀見明人别集彙刊》第一輯第5—6册影印。

顧　潛

《静觀堂集》十四卷，清雍正十年桂雲堂刻《玉峰雍里顧氏六世詩文集》本，《四庫全書存目叢書》集部第48册、《明别集叢刊》第一輯第84册影印。

李　昆

《東岡小稿》五卷，明嘉靖二年杭州刻本，《山東文獻集成》第三輯第23册影印。

李萬平

《饑豹存稿》八卷《附録》一卷，明嘉靖三十八年豐城李材家刻本，《劍邑文庫》第6册、《明别集叢刊》第一輯第88册影印。

唐　胄

《西洲存詩》四卷，明嘉靖刻本，《明别集叢刊》第一輯第88册影印。

《西洲公集》，王堯雲校訂，海南書局1935年版（見《傳芳集》，《海南叢書》第三集）。

《唐胄詩文集注》，韓林元編注，政協瓊山市委員會1996年12月内部出版物。

《西洲公集》，劉美新點校，海南出版社2006年3月版（見《傳芳集》，與《湄丘集》等同册，《海南先賢詩文叢刊》）。

《唐胄詩》，梁基永、史洪權整理，嶺南美術出版社2009年1月版（《全粤詩》第6册）。

王守仁

《居夷集》三卷，明嘉靖三年丘養浩刻本，《原國立北平圖書館甲庫善本叢書》第733册、《陽明文獻匯刊》第19册、《陽明文獻匯刊二編》第8册、《王陽明文獻集成》第8册、西泠印社2018年6月(《陽明先生珍稀文獻二種》)影印。

《陽明先生別録》十三卷,明嘉靖刻本,《原國立北平圖書館甲庫善本叢書》第733—734册、《王陽明珍本文獻叢刊》第9—11册、《陽明文獻匯刊二編》第26—28册影印。

《陽明先生文録》五卷《外集》九卷《別録》十四卷,明嘉靖刻本,《王陽明珍本文獻叢刊》第1—4册、《陽明文獻匯刊二編》第21—25册、《王陽明文獻集成》第25—29册影印。

《陽明先生文録》五卷《外集》九卷《別録》十卷,明嘉靖十四年聞人詮刻本,《明別集叢刊》第一輯第89册、《原國立北平圖書館甲庫善本叢書》第734册(《別録》闕卷九、卷十)、《陽明文獻匯刊》第21—24册(《別録》闕卷九、卷十)、《陽明文獻匯刊二編》第9—12册、《王陽明文獻集成》第9—12册影印。

《陽明先生文録》五卷《外集》九卷《別録》十卷,明嘉靖二十六年張良才重校刻本,江蘇大學出版社2018年5月影印。

《河東重刻陽明先生文録》五卷《外集》九卷《別録》十卷,明嘉靖三十二年宋儀望刻本,《陽明文獻匯刊二編》第13—16册、《王陽明文獻集成》第13—16册影印。

《陽明先生文録》五卷《外集》九卷《別録》十卷,明隆慶六年邵廉刻本,《域外漢籍珍本文庫》第二輯集部第4册、《陽明文獻匯刊》第28—31册(題作《陽明先生文録》二十四卷)、《王陽明文獻集成》第21—24册影印。

《陽明先生文録》五卷《外集》九卷《別録》十卷,明刻本,《王陽明珍本文獻叢刊》第12—15册、《陽明文獻匯刊二編》第17—20册、《王陽明文獻集成》第17—20册影印。

《陽明先生文録》十七卷《語録》三卷,明嘉靖二十六年范慶刻本,《陽明文獻匯刊》第25—27册(闕《語録》三卷)、《陽明文獻匯刊二編》第29—31册、《王陽明文獻集成》第33—35册、《明代詩文集珍本叢刊》第39—41册影印。

《新刊陽明先生文録續編》三卷,明嘉靖十四年貴陽刻本,孔學堂書局2020年6月影印。

《陽明先生文録》存三卷，明刻本，《中國人民大學圖書館藏古籍珍本叢刊》第 128 册、《陽明文獻匯刊》第 20 册、《王陽明文獻集成》第 8 册影印。

《王陽明先生文録鈔》十卷，日本承應二年五月五倫書屋刻本，《和刻本漢籍文集》第 14 輯、《和刻影印近世漢籍叢刊思想編續編》第 10 册、《和刻本四部叢刊》集部第 97 册影印。

《王陽明先生文録鈔》十卷，日本承應二年五月伊吹權兵衛刻本，《日本所編中國詩文選集彙刊·明代卷》第 1—2 册影印。

《王文成公全書》三十八卷，明郭朝賓本，廣陵書社 2020 年 1 月影印。

《王文成公全書》三十八卷，明隆慶六年謝廷傑刻本，《四部叢刊初編》集部第 1569—1580 册、《大本原式精印四部叢刊正編》第 75 册、《四庫提要著録叢書》集部第 271—272 册、《中華再造善本·明代編》、《陽明文獻匯刊》第 1—8 册、華東師範大學 2017 年 1 月（題作《王陽明全書》）、《陽明文獻匯刊二編》第 32—40 册、《王陽明文獻集成》第 36—44 册、《王陽明文獻集成》第 54—61 册（影《四部叢刊》本）影印。

《王文成公全書》三十八卷，明補修謝廷傑本，《陽明文獻匯刊二編》第 41—49 册、《王陽明文獻集成》第 45—53 册影印。

《王文成全書》三十八卷，清四庫全書本，《景印摛藻堂四庫全書薈要》第 415—416 册、《景印文淵閣四庫全書》第 1265—1266 册、《文津閣四庫全書》第 1269—1270 册、《文瀾閣四庫全書》第 1301—1302 册（丁氏補鈔二十二卷）、《王陽明文獻集成》第 62—69 册（影四庫全書薈要本）、《王陽明文獻集成》第 70—77 册（影文淵閣本）影印。

《王陽明先生全集》二十二卷附《年譜》一卷，清康熙十二年俞嶙重編本，《四庫全書存目叢書》集部第 50—51 册、《陽明文獻匯刊》第 9—14 册、《王陽明文獻集成》第 78—83 册影印。

《王陽明先生全集》十六卷，清同治九年陶潯霍評本，《陽明文獻匯刊》第 15—18 册、《王陽明文獻集成》第 84—87 册影印。

《陽明先生要書》八卷《附録》五卷，明崇禎八年陳龍正刻本，《四庫全書存目叢書》集部第 49 册、《王陽明文獻集成》第 110—112 册影印。

《陽明先生要書》五卷，明崇禎八年陳龍正輯刻本，《陽明文獻匯刊》第 38—40 册影印。

《陽明先生集要》三編十五卷，明崇禎施邦曜輯刻本，《陽明文獻匯刊》第

34—37 册、《王陽明文獻集成》第 113—116 册影印。

《王陽明先生文鈔》二十卷，清康熙二十八年致和堂刻本，《四庫全書存目叢書》集部第 49—50 册、《陽明文獻匯刊》第 41—44 册、《王陽明文獻集成》第 117—120 册影印。

《陽明文鈔》不分卷，朝鮮鈔本，《域外刊刻陽明先生文獻》第 15 册影印。

《陽明先生文粹》十一卷，明嘉靖三十六年刻本，《中國古籍珍本叢刊·天津圖書館卷》第 41 册影印。

《陽明先生文粹》十一卷，明隆慶六年宋儀望選刻本，《陽明文獻匯刊二編》第 50 册、《王陽明文獻集成》第 102 册影印。

《王陽明文粹》四卷，日本文政元年序刻本，《日本所編中國詩文選集彙刊·明代卷》第 20 册影印。

《王陽明文粹》四卷，日本文政十一年正月大坂河内屋茂兵衛等刻本，《和刻本漢籍文集》第 14 輯影印。

《王陽明文粹》四卷，日本文政十一年群玉堂刻本，《域外刊刻陽明先生文獻》第 10 册影印。

《王陽明文粹》四卷，日本明治十三年山川九一郎刻本，《域外刊刻陽明先生文獻》第 10 册影印。

《王陽明文粹》四卷，日本明治十五年文海堂刻本，《陽明文獻匯刊二編》第 56 册、《王陽明文獻集成》第 124 册、《域外刊刻陽明先生文獻》第 9 册影印。

《陽明先生文選》四卷，明萬曆趙友琴輯刻本，《王陽明珍本文獻叢刊》第 7—8 册、《陽明文獻匯刊二編》第 51 册、《王陽明文獻集成》第 103 册影印。

《王文成公文選》八卷，明崇禎六年刻本，《王陽明珍本文獻叢刊》第 5—6 册、《陽明文獻匯刊二編》第 52—53 册、《王陽明文獻集成》第 104—105 册影印。

《王陽明文選》七卷，清道光二十五年李祖陶評點本，《陽明文獻匯刊》第 45 册、《王陽明文獻集成》第 123 册影印。

《王陽明集》一卷，明嘉靖隆慶刻萬曆增刻《盛明百家詩》本，《四庫全書存目叢書》集部第 305 册、《明別集叢刊》第五輯第 95 册影印。

《王陽明遺書》七卷，明刻本，《王陽明珍本文獻叢刊》第 8 册、《陽明文獻匯刊二編》第 54—55 册影印。

《陽明先生詩録》殘本三卷，明刻本，《陽明文獻匯刊二編》第 31 册、《王陽明文獻集成》第 35 册影印。

《王陽明先生詩鈔》二卷，日本明治十三年五月東京長坂熊一郎刻本，《和刻本漢詩集成補篇》第 18 輯、《域外刊刻陽明先生文獻》第 11 册、《日本所編中國詩文選集彙刊・明代卷》第 30—31 册影印。

《王陽明詩集》四卷，日本大正七年田中宋榮堂刻本，《陽明文獻匯刊二編》第 56 册、《王陽明文獻集成》第 124 册、《域外刊刻陽明先生文獻》第 11 册影印。

《王陽明遺書》四種四卷，朝鮮活字本，《域外刊刻陽明先生文獻》第 15 册影印。

《王陽明尺牘》一卷，民國十年上海文明書局《明清十大家尺牘》本，臺灣啓業書局 1970 年 8 月、《明代名人尺牘選萃》第 4 册影印。

《陽明先生文章集》，葛鐘秀、張剛校勘，明明學社 1911 年版。

《新式標點王陽明書牘》，中華圖書館 1924 年 12 月版；廣陵書社 2019 年 3 月(《王陽明文獻集成》第 88—90 册)影印。

《新式標點王陽明全集》，華潛標點，中華圖書館 1924 年 12 月版；啓智書局 1935 年 9 月版。

《王文成公全書》，泰東圖書局 1924 年版。

《陽明全書》，倪貽德標點、支偉成校訂，泰東圖書局 1925 年 1 月版；大中書局 1934 年 7 月版。

《王陽明集》，許嘯天整理、胡翼雲校閲，上海群學社 1926 年 1 月版。

《陽明文選》，范皕誨選輯，上海青年協會書報部 1926 年 3 月版(《青年自勵讀本・宋元明哲學文鈔》)。

《王陽明詩集》，近藤元粹編，日本田中宋榮堂 1926 年 10 月版。

《評注王陽明先生全集》，許舜屏評注、徐紹楨參訂，中原書局 1929 年 11 月版。

《王文成公全書》，商務印書館 1933 年 12 月版(《萬有文庫》第二集《國學基本叢書》)；《王陽明文獻集成》第 91—93 册影印。

《王陽明全書》，周雲標點、周鬱浩校勘，大達圖書供應社 1935 年 1 月版；廣益書局 1935 年 11 月版。

《新式標點王陽明全書》，謝葦豐標點、方秩音校閲，東方文學社 1935 年

7月版。

《大字足本王陽明全集》，儲菊人校訂，中央書店1935年8月版（《國學基本文庫》）。

《王陽明全集》，新文化書社1935年9月版（《國學叢書》）；《尺牘文獻叢刊》第5册（選《尺牘》一卷）影印。

《足本王陽明全集》，吕何均重編，大東書局1935年10月版；《王陽明文獻集成》第100—101册影印。

《王陽明全集》，國學整理社、世界書局1936年3月版。

《新式標點王陽明全書》，王金封編校，博文印書館1944年版。

《王陽明全書》，臺灣正中書局委員會編校，臺灣正中書局1953年版。

《王陽明全集》，臺灣考正出版社1972年5月版。

《王陽明全集》，臺灣大申書局1983年7月版（《國學叢書》）。

《王陽明全集》，吴光、錢明、董平、姚延福編校，上海古籍出版社1992年12月繁體版；上海古籍出版社2012年12月簡體版；浙江古籍出版社2010年12月新編本（《浙江文叢》）。

《王陽明在黔詩文注釋》，朱五義注、馮楠校，貴州教育出版社1996年4月版（《陽明學研究叢書》）。

《王陽明全集》，楊光主編，北京燕山出版社1997年8月版（《中國古代思想家傳記》）。

《王陽明全集鈔評釋》，岡田武彦著，東京明德出版社2006年版（《岡田武彦全集》第6—7册）。

《陽明先生集要》，王曉昕、趙平略點校，中華書局2008年10月版（《理學叢書》）。

《王陽明佚文輯考編年》，束景南撰，上海古籍出版社2012年12月版；2015年5月增訂版。

《王陽明全集》，謝廷傑編，中央編譯出版社2014年7月版。

《王陽明全集》，徐楓等點校，天津社會科學院出版社2015年5月版。

《王陽明全集（簡體注釋版）》，陳明等注釋，華中科技大學出版社2015年5月版。

《王文成公全書》，王曉昕、趙平略點校，中華書局2015年6月版（《理學叢書》）。

《王陽明全集》，中國書店整理，中國書店2015年9月版。

《王陽明全集補編》，束景南、查明昊輯編，上海古籍出版社2016年7月版。

《王陽明全集》，陳恕編校，中州古籍出版社2016年9月版。

《王陽明巡撫南贛詩文墨跡題刻》，朱思維著，中國文史出版社2016年9月版（《王陽明研究》）。

《陽明先生詩歌集》，王巨明編，中國文史出版社2016年10月版（《余姚歷史文化名人讀本系列》）；2020年7月修訂版。

《王陽明龍場遺墨》，楊德俊編，貴州大學出版社2016年10月版（《龍場陽明文庫》）。

《王陽明貴州詩譯詮》，張清河編注，貴州人民出版社2017年4月版。

《王陽明家書》，王程强釋讀，臺海出版社2017年8月版。

《王文成公全書》，吴光、董平、姚延福、錢明校點，北京大學出版社2018年11月版（《儒藏·精華編》第254—255册）。

《陽明先生集要三編（黔南今本）》，劉宗碧點校，西南交通大學出版社2019年4月版。

《王陽明謫龍場文編年評注與研究》，郝永著，厦門大學出版社2019年6月版（《貴州師範大學社會科學文庫》）。

《新刊陽明先生文録續編》，王力、孫玉婷點校，孔學堂書局2020年6月版。

《居夷集》，李半知校注，貴州人民出版社2020年9月版。

王　爌

《南渠存稿》十六卷，明嘉靖四十三年跋、崇禎間刻本，《日本内閣文庫藏稀見明人别集彙刊》第一輯第7—9册影印。

左國璣

《左舜齊詩》二卷，明嘉靖三十八年刻本，《明别集叢刊》第一輯第89册影印。

《左中川集》一卷，明嘉靖隆慶刻萬曆增刻《盛明百家詩》本，《四庫全書存目叢書》集部第305册、《明别集叢刊》第五輯第96册影印。

周　金

《撫上郡集》一卷，明嘉靖十四年宋宜刻本，《明代詩文集珍本叢刊》第46册影印。

《周尚書集》一卷，明嘉靖隆慶刻萬曆增刻《盛明百家詩》本，《四庫全書存目叢書》集部第307册、《明別集叢刊》第五輯第98册影印。

顧鼎臣

《顧文康公文草》十卷首一卷《詩草》六卷《續稿》六卷《三集》四卷，明崇禎十三年至清順治二年昆山顧氏刻本，《四庫全書存目叢書》集部第55册、《明別集叢刊》第一輯第91册影印。

《顧文康公續稿》六卷，明崇禎十六年刻本，《四庫禁燬書叢刊》集部第59册影印。

《顧未齋稿》一卷，清鈔《可儀堂一百廿名家制義》本，《明人別集稿鈔本叢刊》第97册影印。

《顧鼎臣集》，蔡斌點校，上海古籍出版社2013年7月版（與《楊循吉集》同册，《蘇州文獻叢書》第二輯）。

許　讚

《松皋集》二十四卷，明嘉靖二十二年序刻本，《日本内閣文庫藏稀見明人別集彙刊》第一輯第2—4册影印。

張鳳翔

《張伎陵集》七卷（存卷一至三），明嘉靖刻本，《四庫全書存目叢書》集部第51册影印。

《張伎陵集》一卷，明嘉靖隆慶刻萬曆增刻《盛明百家詩》本，《四庫全書存目叢書》集部第305册、《明別集叢刊》第五輯第95册影印。

《張伎陵集》，魏耕原點校，陝西人民出版社 2017 年 3 月版（《陝西古代文獻集成》第七輯）。

李夢陽

《李氏弘德集》三十二卷，明嘉靖四年張元學刻本，《中華再造善本·明代編》影印。

《空同先生集》六十三卷，明嘉靖九年黄省曾序刻本，《明代論著叢刊》第一輯影印。

《空同集》六十三卷，明嘉靖十一年刻三十一年增修本，《明别集叢刊》第一輯第 92 册影印。

《空同詩選》四卷，明嘉靖二十二年序刻本，《楊慎文獻輯刊》第 67 册影印。

《空同集》六十三卷，明嘉靖三十一年朱睦㮮刻本，《中華再造善本·明代編》影印。

《空同精華集》三卷，明嘉靖四十四年屠本畯刻本，《原國立北平圖書館甲庫善本叢書》第 730 册影印。

《嘉靖集》一卷，明嘉靖刻本，《原國立北平圖書館甲庫善本叢書》第 730 册影印。

《李空同集》二卷，明嘉靖隆慶刻萬曆增刻《盛明百家詩》本，《四庫全書存目叢書》集部第 304 册、《明别集叢刊》第五輯第 95 册影印。

《空同子集》六十六卷《目録》三卷《附録》二卷，明萬曆三十年鄧雲霄刻本，《四庫提要著録叢書》集部第 40 册影印。

《空同集》六十三卷，明萬曆刻本，《原國立北平圖書館甲庫善本叢書》第 731 册影印。

《崆峒集》二十一卷，明刻本，《明别集叢刊》第一輯第 92 册、《原國立北平圖書館甲庫善本叢書》第 730 册影印。

《空同詩選》一卷，明刻朱墨套印本，《遼寧省圖書館藏陶湘舊藏閔凌刻本集成》集類第 91 册影印。

《李空同尺牘》二卷，日本延亨五年正月京都西村吉兵衛刻本，《和刻本漢籍文集》第 14 輯、《日本所編中國詩文選集彙刊·明代卷》第 8 册影印。

《空同集》六十六卷，清四庫全書本，《景印摛藻堂四庫全書薈要》第417册、《四庫全書珍本》八集集部第184—191册、《景印文淵閣四庫全書》第1262册、《文津閣四庫全書》第1266—1267册、《文瀾閣四庫全書》第1299册（丁氏補鈔卷一至三十四、五十一至六十六）、《中國西北文獻叢書》第159册（影文淵閣本）影印。

《李獻吉七律鈔》一卷，清鈔《石研齋七律鈔選》本，《明人別集稿鈔本叢刊》第93册影印。

《空同詩選》，王文才、萬光治等編注，天地出版社2002年12月版（《楊升庵叢書》第5册）。

《李夢陽詩選》，張兵、冉耀斌選注，人民文學出版社2009年1月版（《明清十大家詩選》）。

《李夢陽集校箋》，郝潤華校箋，中華書局2020年9月版（《中國古典文學基本叢書》）。

莫　止

《莫南沙集》一卷，明嘉靖隆慶刻萬曆增刻《盛明百家詩》本，《四庫全書存目叢書》集部第307册、《明別集叢刊》第五輯第98册影印。

顧彦夫

《顧同府集》一卷，明嘉靖隆慶刻萬曆增刻《盛明百家詩》本，《四庫全書存目叢書》集部第307册、《明別集叢刊》第五輯第98册影印。

陶　諧

《南川漫游稿》十卷，明嘉靖十二年嶺表書院刻本，《四庫全書存目叢書》集部第48册、《明別集叢刊》第一輯第93册影印。

《陶莊敏公文集》八卷《附録》一卷，明天啓四年陶崇道重刻本，《四庫全書存目叢書》集部第48册、《明別集叢刊》第一輯第93册影印。

秦　鏜

《楞林摘稿》三卷《附録》一卷，明嘉靖三十九年刻本，《四庫全書存目叢書》集部第55册、《明别集叢刊》第一輯第93册影印。

朱　朴（朱誠齋）

《西村詩集》二卷《補遺》一卷，明嘉靖三十一年自刻萬曆二十九年朱綵續刻本，《四庫提要著録叢書》集部第276册影印。

《朱西村詩稿全集》八卷《詩餘》一卷，明鈔本，《上海圖書館藏涉園稿鈔校本叢書》第35册影印。

《西村詩集》二卷《補遺》一卷，清四庫全書本，《景印文淵閣四庫全書》第1273册、《文津閣四庫全書》第1277册、《文瀾閣四庫全書》第1310册（丁氏補鈔）、《明别集叢刊》第三輯第28册（影文淵閣本）影印。

《朱西村詩集》一卷《詩餘》一卷，清二樹齋鈔本，《明别集叢刊》第一輯第87册影印。

張　原

《玉坡先生黄花集》七卷《三坡奏議》六卷，鈔本，《明别集叢刊》第一輯第93册影印。

《玉坡張先生黄花集》，王小芳點校，陝西人民出版社2017年3月版（《陝西古代文獻集成》第七輯）。

孫　緒

《沙溪集》二十六卷《附録》一卷，明鈔本，《明人别集稿鈔本叢刊》第36—38册影印。

《沙溪集》二十三卷，清康熙四十六年甘陵賈棠羊城鹺署刻《馬東田孫沙溪兩公遺集》合編本，《明别集叢刊》第一輯第63册影印。

《沙溪集》二十三卷，清四庫全書本，《四庫全書珍本》八集集部第192—194册、《景印文淵閣四庫全書》第1264册、《文津閣四庫全書》第1268册、《文瀾閣四庫全書》第1301册（張宗祥據文津閣本補鈔卷二至二十三）、《京津冀歷代別集叢刊》第160—161册（影文淵閣本）影印。

陳洪謨

《高吾静芳亭摘稿》八卷，明嘉靖刻本，《四庫全書存目叢書補編》第97册、《明別集叢刊》第一輯第95册影印。

周　廣

《玉巖先生文集》九卷《附録》一卷，明嘉靖三十七年刻清乾隆九年周挺重修本，《四庫全書存目叢書》集部第58册、《明別集叢刊》第一輯第87册影印。

王廷相

《王氏家藏集》四十一卷《内臺集》七卷附《慎言》十三卷《雅述》二卷《喪禮備纂》二卷，明嘉靖十五年序刻本，《明代論著叢刊》第一輯、《原國立北平圖書館甲庫善本叢書》第736—737册影印。

《内臺集》七卷，明嘉靖十五年張鵬刻本，《四庫全書存目叢書》集部第53册、《續修四庫全書》第1335册、《明別集叢刊》第一輯第93册影印。

《浚川内臺集》三卷，明嘉靖十八年李復初刻本，《續修四庫全書》第1335册影印。

《王氏家藏集》四十一卷《喪禮備纂》二卷《浚川公移集》三卷《駁稿集》二卷《奏議集》十卷，《王氏家藏集》《喪禮備纂》明嘉靖刻清順治十二年補刻本、《公移集》《駁稿集》《奏議集》明嘉靖至隆慶刻本，《四庫全書存目叢書》集部第52—53册、《河南文脉叢書》第32—37册影印。

《王浚川集》一卷，明嘉靖隆慶刻萬曆增刻《盛明百家詩》本，《四庫全書存目叢書》集部第305册、《明別集叢刊》第五輯第96册影印。

《王肅敏公集》不分卷，明鈔本，《傅斯年圖書館藏未刊稿鈔本·集部》第2—3册影印。

《華陽稿》二卷，明鈔本，《明代詩文集珍本叢刊》第42冊、《河南文脉叢書》第38冊影印。

《王廷相集》，王孝魚點校，中華書局1989年9月版（《理學叢書》）。

《王廷相全集》，范立舟校點，北京大學出版社2017年2月版（《儒藏·精華編》第256冊）。

何孟春

《何燕泉詩集》四卷，明嘉靖四十五年蔣文化刻本，《四庫全書存目叢書》集部第46冊影印。

《何文簡公文集》十八卷，明萬曆二年郭崇嗣邵城刻本，《中國古籍珍本叢刊·保定市圖書館卷》第16—17冊影印。

《何文簡公文集》十八卷，明萬曆二年郭崇嗣邵城刻十五年湯日昭重修本，《明别集叢刊》第一輯第94冊影印。

《燕泉何先生遺稿》十卷，清乾隆二十四年刻本，《明别集叢刊》第一輯第93冊、《陽明學文獻大系》第一輯第38冊影印。

馬　理

《谿田文集》十一卷《補遺》一卷，明萬曆十七年刻清乾隆十七年補修本，《四庫全書存目叢書》集部第69冊、《明别集叢刊》第一輯第94冊影印。

《馬理集》，許寧、朱曉紅點校整理，西北大學出版社2015年1月版（《關學文庫·文獻整理系列》）。

《谿田文集》，李月辰點校，陝西人民出版社2018年12月版（《陝西古代文獻集成》第十七輯）。

何　瑭

《何柏齋文集》八卷，明嘉靖三十三年周鎬刻本，《明别集叢刊》第一輯第94冊、《中國古籍珍本叢刊·廣東省立中山圖書館卷》第47冊影印。

《何文定公文集》十一卷，明萬曆四年賈待問等刻本，《明别集叢刊》第一輯第95册、《四庫全書底本叢書》集部第186—187册影印。

《何文定公文集》十一卷，明萬曆四年賈待問等刻清道光二十八年補刻本，《明代朱子學文獻叢刊》第176册、《河南文脉叢書》第28册影印。

《柏齋文集》十卷，明刻本，《原國立北平圖書館甲庫善本叢書》第736册影印。

《柏齋集》十一卷，清四庫全書本，《四庫全書珍本》六集集部第277—278册、《景印文淵閣四庫全書》第1266册、《文津閣四庫全書》第1270册、《文瀾閣四庫全書》第1303册（丁氏補鈔卷一至六、八、十一）影印。

《何瑭詩注》，董萬禄、馮清幹主編，中州古籍出版社1993年9月版。

《何瑭集》，王永寬點校，中州古籍出版社1999年9月版（《中州名家集》）。

張璧

《陽峰家藏集》三十六卷，明嘉靖二十四年世恩堂刻本，《四庫全書存目叢書》集部第66册、《明别集叢刊》第一輯第95册、《新編湖北叢書》第256—258册影印。

方鳳

《改亭存稿》十卷《改亭續稿》六卷，明崇禎十七年方士驪刻本，《續修四庫全書》第1338册、《原國立北平圖書館甲庫善本叢書》第745册（《存稿》闕卷一至六）、《明别集叢刊》第二輯第4册影印。

《改亭存稿》十卷《續稿》存前二卷，清康熙鈔本，《明人别集稿鈔本叢刊》第38—39册影印。

丁儀

《歸囊遺稿》不分卷，清刻本，《回族典藏全書》第156册影印。

倪宗正

《倪小野先生全集》八卷，清康熙四十九年倪繼宗、吴秉權清暉樓刻本，《四庫全書存目叢書》集部第 58 册、《明别集叢刊》第一輯第 96 册影印。

黄　衷

《矩洲文集》四卷續一卷，明嘉靖二十六年序刻本，《域外漢籍珍本文庫》第五輯集部第 20 册影印。

《矩洲詩集》十卷附《樗亭集》一卷，明嘉靖刻本，《四庫全書存目叢書》集部第 47 册、《明别集叢刊》第一輯第 96 册、《廣州大典》第 423 册影印。

《黄衷詩》，吕永光整理，嶺南美術出版社 2009 年 1 月版（《全粤詩》第 6 册）。

朱榮淢

《正心詩集》九卷，明正德十四年楚藩自刻本，《北京圖書館古籍珍本叢刊》集部第 104 册、《明别集叢刊》第一輯第 96 册影印。

李兆先

《李徵伯存稿》十一卷《東行稿》一卷《附録》一卷，明正德二年刻本，《四庫全書存目叢書》集部第 78 册、《明别集叢刊》第一輯第 81 册影印。

康　海

《對山集》十九卷，明嘉靖二十四年吴孟祺刻本，《四庫全書存目叢書》集部第 52 册（卷八卷九配鈔本）、《原國立北平圖書館甲庫善本叢書》第 735—736 册、《中華再造善本·明代編》影印。

《康狀元集》一卷，明嘉靖隆慶刻萬曆增刻《盛明百家詩》本，《四庫全書存目叢書》集部第 305 册、《明别集叢刊》第五輯第 96 册影印。

《康對山先生集》四十六卷，明萬曆十年潘允哲刻本，《續修四庫全書》第1335册、《四庫提要著録叢書》集部第273册、《明别集叢刊》第一輯第97册影印。

《康對山先生文集》十卷《附録》一卷，清乾隆二十六年武功縣刻本，《明代論著叢刊》第一輯、《四庫全書底本叢書》集部第152册影印。

《對山集》十卷，清四庫全書本，《四庫全書珍本》四集集部第351—352册、《景印文淵閣四庫全書》第1266册、《文津閣四庫全書》第1270册、《文瀾閣四庫全書》第1303册影印。

《康對山先生集》，賈三强、余春柯點校，三秦出版社2015年12月版。

《對山集》，金寧芬校點考釋，社會科學文獻出版社2016年8月版（《中國社會科學院老年學者文庫》）。

《康對山先生集》，余春柯點校，陝西人民出版社2017年3月版（《陝西古代文獻集成》第八輯）。

張　璁（張孚敬）

《太師張文忠公集》十九卷（《奏疏》八卷《詩稿》四卷《文稿》六卷續一卷），明萬曆四十三年張汝綱、張汝紀等勑建貞義書院刻增修本，《四庫全書存目叢書》集部第77册、《中華再造善本·明代編》、《原國立北平圖書館甲庫善本叢書》第757册（僅《奏疏》八卷）、《域外漢籍珍本文庫》第四輯集部第11—12册、鳳凰出版社2019年4月（題作《張文忠公集》）、《海外藏集部珍本文獻叢刊》第154—156册、《陽明學文獻大系》第一輯第41—43册影印。

《太師張文忠公集》十九卷（《奏疏》八卷《詩稿》四卷《文稿》六卷續一卷），民國二十四年永嘉黄氏鉛印《敬鄉樓叢書》本，《明别集叢刊》第一輯第97册影印。

《張璁集》，張憲文點校，上海社會科學院出版社2003年4月版（《温州文獻叢書》）。

王應鵬

《定齋先生詩集》二卷，明嘉靖三十九年陸激刻本，《原國立北平圖書館甲庫善本叢書》第746册影印。

吴 㯲

《兵部集》一卷，明嘉靖刻藍印本，《原國立北平圖書館甲庫善本叢書》第757册影印。

郭維藩

《杏東先生文集》十卷，明嘉靖四十一年蔡汝楠刻本，《四庫全書存目叢書》集部第68册、《明别集叢刊》第二輯第12册影印。

劉 麟

《劉清惠公集》十二卷，明萬曆三十四年陳幼學等刻本，《原國立北平圖書館甲庫善本叢書》第733册影印。

《(劉)清惠集》十二卷，清四庫全書本，《四庫全書珍本》四集集部第349—350册、《景印文淵閣四庫全書》第1264册、《文津閣四庫全書》第1268册、《文瀾閣四庫全書》第1301册(丁氏補鈔)影印。

《坦上翁集》不分卷，清鈔本，《明代詩文集珍本叢刊》第38册影印。

朱祐杬

《恩紀詩集》七卷，明内府朱絲欄鈔本，《原國立北平圖書館甲庫善本叢書》第693册影印。

劉 節

《梅國前集》四十一卷(存卷五至十二、十七至三十二)，明刻本，《四庫全書存目叢書》集部第57册影印。

《寶制堂録》二卷，清乾隆十四年劉斯來等刻本，《四庫全書存目叢書》集部第58册、《明别集叢刊》第一輯第98册影印。

潘希曾

《竹澗先生文集》八卷《奏議》四卷《附録》一卷，明嘉靖二十年黄省曾刻本，《四庫提要著録叢書》集部第 69 册、《明别集叢刊》第一輯第 98 册、《四庫全書底本叢書》集部第 153 册影印。

《竹澗集》八卷《奏議》四卷《附録》一卷，清四庫全書本，《四庫全書珍本》四集集部第 353—354 册、《景印文淵閣四庫全書》第 1266 册、《文津閣四庫全書》第 1270 册、《文瀾閣四庫全書》第 1303 册（丁氏補鈔九卷，闕《附録》一卷）影印。

《竹澗文集》十二卷（《竹澗先生文集》八卷《奏議》四卷），民國十三年永康胡宗楙夢選樓刻《續金華叢書》本，《叢書集成續編》（臺灣新文豐出版公司）文學類第 141 册、《重修金華叢書》第 17 册影印。

邊　貢

《邊華泉集》八卷，明嘉靖十七年劉天民輯刻本，《明代論著叢刊》第一輯影印。

《華泉詩集》八卷，明嘉靖十七年蘇祐刻本，《明别集叢刊》第一輯第 98 册影印。

《邊華泉集》一卷，明嘉靖隆慶刻萬曆增刻《盛明百家詩》本，《四庫全書存目叢書》集部第 305 册、《明别集叢刊》第五輯第 96 册影印。

《邊華泉集》八卷《集稿》六卷，明刻本，《四庫提要著録叢書》集部第 69 册影印。

《華泉先生集選》四卷附《睡足軒詩選》一卷，清康熙三十九年王士禛京邸刻本，《四庫全書存目叢書》集部第 49 册、濟南出版社 2016 年 3 月影印。

《邊華泉集》八卷《邊華泉集稿》六卷，清康熙四十四年歷城張氏刻本，《山東文獻集成》第二輯第 27 册、《明别集叢刊》第一輯第 98 册、《濟南元典》第 10 册影印。

《華泉集》十四卷，清四庫全書本，《四庫全書珍本》七集集部第 238—242 册、《景印文淵閣四庫全書》第 1264 册、《文津閣四庫全書》第 1268 册、《文瀾閣四庫全書》第 1300 册（丁氏補鈔卷十三、十四）影印。

《邊貢詩文選》，許金榜、米壽順選注，濟南出版社 1994 年 8 月版（《濟南名士叢書》）；2009 年 4 月版（《濟南歷代名家詩文選》）。

顧　璘

《浮湘稿》四卷《山中集》四卷《憑几集》五卷《續集》二卷《息園存稿詩》十四卷《息園存稿文》九卷《緩慟集》一卷，明嘉靖吴郡沈氏繁露堂刻本，《四庫提要著録叢書》集部第 353 册、《明别集叢刊》第一輯第 99 册（僅《山中集》四卷）、《原國立北平圖書館甲庫善本叢書》第 732—733 册（多《國寶新編》一卷《近言》一卷）、《陽明學文獻大系》第一輯第 43 册（僅《山中集》）影印。

《顧司寇集》一卷，明嘉靖隆慶刻萬曆增刻《盛明百家詩》本，《四庫全書存目叢書》集部第 305 册、《明别集叢刊》第五輯第 95 册影印。

《顧華玉集》四十五卷（《浮湘稿》四卷《山中集》十卷《憑几集》五卷《續編》二卷《息園存稿詩》十四卷《息園存稿文》九卷《緩慟集》一卷），清四庫全書本，《四庫全書珍本》六集集部第 272—276 册、《景印文淵閣四庫全書》第 1263 册、《文津閣四庫全書》第 1267 册（《山中集》作四卷）、《文瀾閣四庫全書》第 1300 册（丁氏補鈔，《山中集》作四卷）影印。

《顧華玉集》四十卷，民國三至五年上元蔣氏慎修書屋鉛印《金陵叢書》本，臺灣大西洋圖書公司 1970 年 1 月（《金陵叢書》第 7—8 册）、《叢書集成續編》（臺灣新文豐出版公司）文學類第 141 册、《叢書集成續編》（上海書店）集部第 114 册影印。

王　激

《鶴山詩集》，陳偉玲校注，中國文史出版社 2010 年版（見《明代英橋三氏詩録》，《龍灣文化叢書》）。

鍾　芳

《筠谿文集》三十卷，明嘉靖二十七年鍾允謙刻本，《四庫全書存目叢書》集部第 64—65 册、《明别集叢刊》第一輯第 99 册影印。

《鍾筠溪集》，王堯雲校訂，海南書局 1931 年 8 月版(《海南叢書》第 8 種)；1935 年版(《海南叢書》第五集)。

《鍾筠溪集》，周濟夫點校，海南出版社 2006 年 3 月版(《海南先賢詩文叢刊》)。

《鍾芳詩》，郭培忠、史洪權整理，嶺南美術出版社 2009 年 8 月版(《全粵詩》第 7 册)。

周 用

《周恭肅公集》十六卷《附録》一卷，明嘉靖二十八年周國南川上草堂刻本，《四庫全書存目叢書》集部第 54—55 册、《明别集叢刊》第一輯第 100 册影印。

傅汝舟

《傅山人集》一卷，明嘉靖隆慶刻萬曆增刻《盛明百家詩》本，《四庫全書存目叢書》集部第 305 册、《明别集叢刊》第五輯第 96 册影印。

《續傅山人集》一卷，明嘉靖隆慶刻萬曆增刻《盛明百家詩》本，《四庫全書存目叢書》集部第 307 册、《明别集叢刊》第五輯第 99 册影印。

《莊管集》一卷《七幅庵》一卷《唾心集》一卷《步天集》一卷《英雄失路集》一卷《拔劍集》一卷《箜篌集》一卷《藏樓集》一卷《鴛鴦迴紋詩》一卷，明末刻本，《四庫未收書輯刊》第六輯第 26 册影印。

《丁戊山人詩集》二十卷，明刻本，《域外漢籍珍本文庫》第四輯集部第 12 册、《八閩文庫・福建文獻集成》初編集部第 11—12 册影印。

《丁戊山人詩集》七卷，明刻本，《海外藏集部珍本文獻叢刊》第 157 册影印。

樊 鵬

《樊氏集》十二卷，明嘉靖十三年孔天胤刻二十三年吴九經續刻本，《明代詩文集珍本叢刊》第 56—57 册影印。

《樊南溟集》一卷，明嘉靖隆慶刻萬曆增刻《盛明百家詩》本，《四庫全書存目叢書》集部第 305 册、《明别集叢刊》第五輯第 96 册影印。

鄭允璋

《鄭少白詩集》□卷（存卷四至七），明刻本，《明代詩文集珍本叢刊》第58冊影印。

陳　琛

《紫峰陳先生文集》十三卷首一卷，清乾隆三十三年刻五十四年增刻光緒十七年補修本，《四庫全書存目叢書》集部第73冊、《明別集叢刊》第一輯第100冊影印。

《陳紫峰先生文集》，李雙幼、林清哲校注，鷺江出版社2016年12月版（《晉江文庫》）。

《陳紫峰先生文集》，閻海文點校，商務印書館2020年9月版（《泉州文庫》）。

王　臬

《遲庵先生集》八卷《詩集》四卷，明刻本，《四庫未收書輯刊》第五輯第19冊、《明別集叢刊》第二輯第□冊影印。

朱應登

《淩溪先生集》十八卷，明嘉靖刻本，《四庫全書存目叢書》集部第51冊影印。

《淩溪先生集》十八卷，明嘉靖刻遞修本，《明別集叢刊》第二輯第1冊影印。

《淩溪先生集》十八卷，清道光刻本，《揚州文庫》第98冊影印。

陸　深

《儼山文集》一百卷《目録》二卷《外集》四十卷《續集》十卷，明嘉靖二十五至三十年陸楫刻本,《四庫提要著録叢書》集部第70册(闕《外集》四十卷)、《明别集叢刊》第二輯第1—2册、《陽明學文獻大系》第一輯第46—52册影印。

《陸文裕公續集》十卷,明嘉靖三十年陸楫刻本,《原國立北平圖書館甲庫善本叢書》第741册影印。

《陸文裕公集》一卷,明嘉靖隆慶刻萬曆增刻《盛明百家詩》本,《四庫全書存目叢書》集部第307册、《明别集叢刊》第五輯第98册影印。

《陸文裕公行遠集》二十三卷《外集》一卷,明陸起龍刻清康熙六十一年陸瀛齡補修本,《四庫全書存目叢書》集部第59册、《明别集叢刊》第二輯第2册、《陽明學文獻大系》第一輯第44—45册影印。

《儼山集》一百卷《儼山續集》十卷,清四庫全書本,《四庫全書珍本》五集集部第338—347册、《景印文淵閣四庫全書》第1268册、《文津閣四庫全書》第1272册、《文瀾閣四庫全書》第1304—1305册(丁氏補鈔四十一卷)影印。

《儼山尺牘》不分卷,清吴郡陸氏鈔本,《復旦大學圖書館藏古籍稿鈔珍本》第一輯第23册影印。

楊士雲

《弘山先生日録詩集》十卷《文集》二卷,明萬曆楊德刻本,《明别集叢刊》第二輯第3册影印。

《楊弘山先生存稿》十二卷,民國三至十二年雲南圖書館刻《雲南叢書》初編本,《叢書集成續編》(臺灣新文豐出版公司)文學類第143册、《叢書集成續編》(上海書店)集部第114册、中華書局2009年10月(《雲南叢書》第20册)影印。

《歷代白族作家叢書:楊士雲卷》,李公選注,民族出版社2006年4月版(《情系大理》)。

唐　龍

《唐漁石集》四卷,明嘉靖十一年王惟賢刻本,《明别集叢刊》第二輯第3册、《陽明學文獻大系》第一輯第53册影印。

《漁石集》四卷,明嘉靖十三年刻本,《四庫全書存目叢書》集部第65册、《重修金華叢書》第146册影印。

《漁石先生詩集》八卷,明嘉靖二十四年刻本,《重修金華叢書》第146册影印。

《唐虞佐稿》一卷,清鈔《可儀堂一百廿名家制義》本,《明人别集稿鈔本叢刊》第97册影印。

《漁石集》四卷,清道光二十九年活字印本,《重修金華叢書》第146册影印。

《漁石集》四卷,清同治光緒永康胡鳳丹退補齋刻《金華叢書》本,《百部叢書集成》之九十五(影民國中補刻本)、《重修金華叢書》第13册影印。

《漁石集》,商務印書館1935年12月版(《叢書集成初編》文學類第2152—2154册);中華書局2010年9月重印版(《叢書集成初編》第464册)。

陳霆

《水南稿》十九卷,明正德五年刻本,《四庫全書存目叢書》集部第54册、《明别集叢刊》第二輯第3册影印。

《水南集》十七卷,民國八年吴興劉氏嘉業堂刻《吴興叢書》本,《叢書集成續編》(臺灣新文豐出版公司)文學類第140册、《叢書集成續編》(上海書店)集部第114册影印。

《水南集》,陳景超注釋點校,浙江古籍出版社2017年6月版(《四庫德清文叢》)。

藍田

《藍侍御集》二卷,稿本,《山東文獻集成》第二輯第27册影印。

《藍侍御集》十卷,明萬曆十五年藍思紹刻本,《四庫全書存目叢書》集部第83册、《明别集叢刊》第二輯第3册影印。

《北泉草堂詩集》二卷,清鈔本,《四庫全書存目叢書》集部第83册、《明别集叢刊》第二輯第3册影印。

《北泉文集》五卷,清鈔本,《四庫全書存目叢書》集部第83册、《明别集叢刊》第二輯第3册影印。

崔　桐

《崔東洲集》二十卷《續集》十一卷，明嘉靖二十九年曹金刻三十四年周希哲續刻本，《四庫全書存目叢書》集部第72—73册、《明别集叢刊》第二輯第4册影印。

屈冲霄

《春音集》不分卷，清順治十三年屈欽鈔本，《常熟文庫》第53册影印。

崔　銑

《崔氏洹詞》十七卷《附録》四卷，明嘉靖三十三年周鎬等池州刻本，《四庫全書存目叢書》集部第56册、《原國立北平圖書館甲庫善本叢書》第740册、《明代朱子學文獻叢刊》第162册、《河南文脉叢書》第29册影印。

《洹詞》十二卷，明嘉靖趙府味經堂刻本，《四庫提要著録叢書》集部第274册、《明别集叢刊》第二輯第5册影印。

《洹詞》十二卷，清四庫全書本，《四庫全書珍本》六集集部第279—281册、《景印文淵閣四庫全書》第1267册、《文津閣四庫全書》第1271册、《文瀾閣四庫全書》第1304册（丁氏補鈔卷三至五）影印。

《崔銑洹詞選》，周國瑞選注，中州古籍出版社1993年12月版（《安陽歷史文化叢書》）。

《崔銑洹詞校注》，周國瑞校注，中州古籍出版社2015年12月版。

王尚絅

《蒼谷集録》十二卷（存卷一、六至九、十二），明嘉靖三十年王同刻本，《明代詩文集珍本叢刊》第41—42册影印。

《王方伯集》一卷，明嘉靖隆慶刻萬曆增刻《盛明百家詩》本，《四庫全書存目叢書》集部第307册、《明别集叢刊》第五輯第98册影印。

《蒼谷全集》十二卷《附録》一卷，清乾隆二十三年王純吾止堂刻本，《四庫未收書輯刊》第五輯第18册、《明别集叢刊》第二輯第5册影印。

《王尚絅集校注》，王冰校注，中國社會科學出版社2019年4月版。

李　中

《谷平先生文集》五卷《附録》一卷，清光緒十三年吉水菜元堂刻本，《四庫全書存目叢書》集部第71册、《明别集叢刊》第二輯第6册、《陽明學文獻大系》第一輯第56册影印。

孫　璽

《峰溪集》五卷《外集》一卷《附録》一卷，鈔本，《明别集叢刊》第二輯第6册影印。

許成名

《龍石詩集》八卷，明嘉靖四十二年刻本，《原國立北平圖書館甲庫善本叢書》第747册影印。

陳　察

《都御史陳虞山先生集》十三卷附一卷，明萬曆四十五年陳玉陛刻《二陳先生全集》本，《明别集叢刊》第一輯第90册、《常熟文庫》第52册影印。

陳　寰

《祭酒琴溪陳先生集》八卷附一卷，明萬曆四十五年陳玉陛刻《二陳先生全集》本，《明别集叢刊》第一輯第90册、《常熟文庫》第53册影印。

李　汛

《鏡山詩集》□□卷（存卷三至八），明刻本，《明代詩文集珍本叢刊》第

45册影印。

朱彌鉗

《謙光堂詩集》八卷，明嘉靖二十年唐藩刻本，《四庫全書存目叢書》集部第60册、《原國立北平圖書館甲庫善本叢書》第693册影印。

《謙光堂詩集》八卷，民國天津圖書館鉛印本，《明别集叢刊》第二輯第45册影印。

穆孔暉

《玄庵晚稿》二卷，明末清初鈔本，《明代詩文集珍本叢刊》第45册、《明人别集稿鈔本叢刊》第41册影印。

《玄庵晚稿》，鄒建鋒、李旭等編校，上海古籍出版社2017年10月版（見《北方王門集》，《陽明後學文獻叢書》）。

楊　鳳

《桐岡集》不分卷《小稿》一卷，明鈔本，《明代詩文集珍本叢刊》第46册影印。

史　志

《臥癡閣彙稿》不分卷，清初刻本，《明代詩文集珍本叢刊》第46册影印。

馮　裕

《方伯集》一卷，明萬曆刻《馮氏五先生集》本，《明别集叢刊》第二輯第8册影印。

韓邦奇

《苑洛集》二十二卷，明嘉靖三十一年刻本，《四庫提要著録叢書》集部第

275 册、《原國立北平圖書館甲庫善本叢書》第 744 册、《明代朱子學文獻叢刊》第 143—145 册影印。

《苑洛集》二十二卷，清乾隆十六年刻嘉慶七年補刻本，《明别集叢刊》第二輯第 8 册影印。

《苑洛集》二十二卷，清四庫全書本，《四庫全書珍本》四集集部第 358—361 册、《景印文淵閣四庫全書》第 1269 册、《文津閣四庫全書》第 1273 册、《文瀾閣四庫全書》第 1306 册（丁氏補鈔卷一至三、十五至二十二）、《中國西北文獻叢刊》第 160 册（影文淵閣本）影印。

《韓邦奇集》，魏冬點校整理，西北大學出版社 2015 年 1 月版（《關學文庫・文獻整理系列》）。

《關學經典集成・韓邦奇卷》，陳俊民主編，三秦出版社 2020 年 12 月版（《關學經典集成》第 9 册）。

吕　柟

《涇野先生别集》十二卷，明嘉靖二十三年張良知刻本，《明代朱子學文獻叢刊》第 153 册影印。

《涇野先生文集》三十六卷，明嘉靖三十四年于德昌刻本，《四庫全書存目叢書》集部第 60—61 册、《明别集叢刊》第二輯第 9 册、《明代朱子學文獻叢刊》第 156—161 册影印。

《涇野先生文集》三十八卷，明萬曆二十年刻本，《續修四庫全書》第 1337—1338 册影印。

《吕柟集・涇野先生文集》，米文科點校整理，西北大學出版社 2015 年 1 月版（《關學文庫・文獻整理系列》）。

《涇野先生全集》，陳俊民校點，北京大學出版社 2017 年 10 月版（《儒藏・精華編》第 257 册）。

《關學經典集成・吕柟卷》，陳俊民主編，三秦出版社 2020 年 12 月版（《關學經典集成》第 5—8 册）。

徐禎卿

《徐迪功集》一卷，明嘉靖隆慶刻萬曆增刻《盛明百家詩》本，《四庫全書存目叢書》集部第305册、《明别集叢刊》第五輯第96册影印。

《徐迪功集》六卷《外集》四卷附《談藝録》一卷，明萬曆十二年刻本，《陽明學文獻大系》第一輯第60册影印。

《徐昌穀全集》十六卷，明萬曆四十七年松濤閣刻本，《明别集叢刊》第二輯第10册、《常熟文庫》第55册影印。

《徐昌穀集》不分卷，明藍格鈔本，《明人别集稿鈔本叢刊》第41册影印。

《徐迪功集》六卷《談藝録》一卷《重選徐迪功外集》四卷，明鈔本，《明人别集稿鈔本叢刊》第40册影印。

《徐迪功集》六卷附《談藝録》一卷，清鈔本，《明人别集稿鈔本叢刊》第40册影印。

《迪功集選》一卷附《蘇門集序》，清刻王士禛輯選本，《明代論著叢刊》第一輯影印。

《迪功集選》一卷《附録》一卷，清初鈔《徐高二家集選》本，《明人别集稿鈔本叢刊》第41册影印。

《徐迪功集》六卷附《談藝録》一卷，清乾隆二十五年刻本，《明别集叢刊》第二輯第10册影印。

《迪功集》六卷附《談藝録》一卷，清四庫全書本，《景印摛藻堂四庫全書薈要》第418册、《景印文淵閣四庫全書》第1268册、《文津閣四庫全書》第1273册、《文瀾閣四庫全書》第1305册(丁氏補鈔卷四至六、附録)影印。

《迪功集選》一卷，清四庫全書《二家詩選》本，《四庫全書珍本》十一集集部第200册、《景印文淵閣四庫全書》第1459册、《文津閣四庫全書》第1464册、《文瀾閣四庫全書》第1506册(丁氏補鈔)影印。

《徐昌穀七律鈔》一卷，清鈔《石研齋七律鈔選》本，《明人别集稿鈔本叢刊》第93册影印。

《徐禎卿詩文全集》，陳侃、曹惠民主編，中國言實出版社2007年1月版(《江南四大才子全書》)。

《徐禎卿全集編年校注》，范志新編年校注，人民文學出版社2009年1月版(《明清别集叢刊》)。

敖英

《敖東谷集》一卷，明嘉靖隆慶刻萬曆增刻《盛明百家詩》本，《四庫全書存目叢書》集部第307册、《明别集叢刊》第五輯第99册影印。

張　含

《升庵選禺山七言律詩》一卷，明嘉靖三十九年刻本，《原國立北平圖書館甲庫善本叢書》第743册影印。

《禺山文集》一卷《詩》四卷，明嘉靖刻本，《中國西南文獻叢書》第173册影印。

《張禺山戊巳吟》三卷附《作詩》一卷《作詩續》一卷，明嘉靖刻本，《四庫全書存目叢書》集部第60册、《原國立北平圖書館甲庫善本叢書》第743册、《楊慎文獻輯刊》第67册影印。

《張愈光詩文選》八卷附一卷，明嘉靖刻崇禎補刻本，《明别集叢刊》第二輯第31册影印。

《張禺山集》一卷，明嘉靖隆慶刻萬曆增刻《盛明百家詩》本，《四庫全書存目叢書》集部第305册、《明别集叢刊》第五輯第96册影印。

《張愈光（張禺山）詩文選》八卷《附録》一卷，民國三至十二年雲南圖書館刻《雲南叢書》初編本，《叢書集成續編》（臺灣新文豐出版公司）文學類第142册、《叢書集成續編》（上海書店）集部第115册、中華書局2009年10月（《雲南叢書》第21册）影印。

《張愈光詩文選》，殷守光、徐秋雅點校，雲南教育出版社2019年10月版（《雲南古代漢文學要籍》）。

張　承

《張伊嗣全集》四種五卷（《安陽張承小説》一卷《家塾私言》一卷《張石河文稿》一卷《别縣思録》二卷），明萬曆十四年安陽張氏刻本，《明别集叢刊》第二輯第31册影印。

許相卿

《許雲村集》一卷，明嘉靖隆慶刻萬曆增刻《盛明百家詩》本，《四庫全書存目叢書》集部第305册、《明别集叢刊》第五輯第96册影印。

《黄門集》十二卷《附録》一卷,明萬曆二十六年錢蕭刻本(四庫進呈本),《原國立北平圖書館甲庫善本叢書》第752册、《四庫全書底本叢書》集部第189—190册影印。

《雲村先生文集》十四卷,明萬曆明德堂刻本,《原國立北平圖書館甲庫善本叢書》第752册、《四庫全書底本叢書》集部第158—159册、《上海圖書館藏涉園稿鈔校本叢書》第43—44册(卷一至二配鈔本)影印。

《雲村(文)集》十四卷,清四庫全書本,《四庫全書珍本》二集集部第364—365册、《景印文淵閣四庫全書》第1272册、《文津閣四庫全書》第1276册、《文瀾閣四庫全書》第1309册影印。

徐 咸

《東濱先生詩集》三卷,清鈔本,《上海圖書館藏涉園稿鈔校本叢書》第44册影印。

陳 梁

《莧園集》三卷,海鹽張氏涉園鈔本,《上海圖書館藏涉園稿鈔校本叢書》第44册影印。

蔡 經

《半洲詩集》七卷(存卷一至五),明嘉靖二十一年刻本,《原國立北平圖書館甲庫善本叢書》第752册影印。

陸 果

《陸盧龍集》一卷,明嘉靖隆慶刻萬曆增刻《盛明百家詩》本,《四庫全書存目叢書》集部第305册、《明别集叢刊》第五輯第96册影印。

栗應宏

《栗太行集》一卷,明嘉靖隆慶刻萬曆增刻《盛明百家詩》本,《四庫全書存目叢書》集部第305册、《明别集叢刊》第五輯第96册影印。

傅起岩

《傅夢求集》一卷,明嘉靖隆慶刻萬曆增刻《盛明百家詩》本,《四庫全書存目叢書》集部第305册、《明别集叢刊》第五輯第96册影印。

《續傅夢求集》一卷,明嘉靖隆慶刻萬曆增刻《盛明百家詩》本,《四庫全書存目叢書》集部第307册、《明别集叢刊》第五輯第99册影印。

丁　奉

《南湖先生文選》八卷《補編》一卷,明萬曆三十一年丁汝寬刻遞修本,《四庫全書存目叢書》集部第65册、《北京圖書館古籍珍本叢刊》集部第104册、《明别集叢刊》第二輯第4册影印。

《南湖先生文選》八卷《補編》一卷,明萬曆三十二年丁孺端刻遞修本,《常熟文庫》第53册影印。

《南湖留稿》一卷,清咸豐九年藍格鈔本,《明人别集稿鈔本叢刊》第41册影印。

徐　問

《山堂萃稿》十六卷,明嘉靖二十年延陵晉江張志選刻本,《明别集叢刊》第一輯第91册影印。

《徐尚書集》一卷,明嘉靖隆慶刻萬曆增刻《盛明百家詩》本,《四庫全書存目叢書》集部第305册、《明别集叢刊》第五輯第96册影印。

《山堂萃稿》十六卷《山堂續稿》四卷《讀書劄記》八卷《讀書續記》一卷《答朋友書略》附一卷,明嘉靖二十年延陵晉江張志選刻崇禎十一年徐邦式重修本,《四庫全書存目叢書》集部第54册(闕《讀書劄記》八卷《讀書續記》

一卷《答朋友書略》附一卷)、《故宫珍本叢刊》第531—532册、《原國立北平圖書館甲庫善本叢書》第738册、《明代朱子學文獻叢刊》第132—133册(闕《讀書劄記》八卷《讀書續記》一卷《答朋友書略》附一卷)影印。

黄　綰

《石龍集》二十八卷,明嘉靖刻本,《明别集叢刊》第一輯第100册、《陽明學文獻大系》第一輯第54—55册影印。

《黄綰集》,張宏敏編校,上海古籍出版社2014年12月版(《陽明後學文獻叢書》);2020年5月新版(《陽明後學文獻叢書》)。

《黄綰集》,張宏敏、曾孔方點校,浙江大學出版社2016年7月版(與《戴豪集》同册,《温嶺叢書》甲集第7册)。

殷雲霄

《石川瀛洲遺集》一卷《文稿》一卷《芝田遺集》一卷《芝田稿文》一卷附《金陵稿》一卷,明嘉靖十年胡用信刻本,《四庫全書存目叢書》集部第58册影印。

《石川集》五卷《附録》一卷,明嘉靖刻本,《原國立北平圖書館甲庫善本叢書》第742册、《明别集叢刊》第一輯第99册影印。

《殷石川集》一卷,明嘉靖隆慶刻萬曆增刻《盛明百家詩》本,《四庫全書存目叢書》集部第305册、《明别集叢刊》第五輯第96册影印。

《殷給事集選》三卷,明鈔本,《原國立北平圖書館甲庫善本叢書》第742册影印。

胡纘宗

《可泉辛巳集》十三卷,明嘉靖刻本,《原國立北平圖書館甲庫善本叢書》第744—745册影印。

《鳥鼠山人小集》十六卷《後集》二卷,明嘉靖刻本,《四庫全書存目叢書》集部第62册、《原國立北平圖書館甲庫善本叢書》第745册、《中華再造善本·明代編》(少《後集》二卷)、《明别集叢刊》第二輯第10册影印。

《鳥鼠山人小集》十六卷《後集》二卷,明嘉靖十八年刻本,《域外漢籍珍本文庫》第二輯集部第4—5册影印。

《鳥鼠山人小集》十六卷《後集》二卷,明嘉靖十八年刻清順治十三年修補本,《中國西北文獻叢書》第161册影印。

《(可泉擬涯翁)擬漢樂府》八卷《補遺》一卷,明嘉靖十八年刻本,《中國西北文獻叢書》第161册、《四庫全書存目叢書》集部第62册、《域外漢籍珍本文庫》第二輯集部第5册、《明别集叢刊》第二輯第10册影印。

《可泉擬涯翁擬古樂府》二卷,明嘉靖三十六年汪瀚刻本,《中國西北文獻叢書》第161册、《四庫全書存目叢書》集部第62册影印。

《鳥鼠山人胡纘宗詩選》,李天舒選注,書目文獻出版社1993年1月版。

嚴嵩

《鈐山堂詩鈔》二卷,明嘉靖十九年盧梗刻本,《原國立北平圖書館甲庫善本叢書》第740册影印。

《鈐山堂集》三十二卷《附録》一卷,明嘉靖二十四年自刻本,《中華再造善本·明代編》影印。

《鈐山堂集》四十卷《附録》一卷,明嘉靖二十四年刻增修本,《四庫全書存目叢書》集部第56册、《續修四庫全書》第1336册影印。

《鈐山堂集》三十六卷,明嘉靖二十四年自刻後代遞修本,《原國立北平圖書館甲庫善本叢書》第740—741册影印。

《南還稿》一卷,明嘉靖刻本,《原國立北平圖書館甲庫善本叢書》第740册影印。

《振秀集》二卷,明嘉靖刻本,《原國立北平圖書館甲庫善本叢書》第740册影印。

《鈐山堂集》四十卷《直廬稿》十卷《附録》一卷,明嘉靖刻本,《明别集叢刊》第二輯第11册影印。

《鈐山堂集》四十卷,明鈔本,《故宫珍本叢刊》第526册影印。

《嚴嵩詩集》,楊璐校點整理,綫裝書局2012年3月版。

《嚴嵩詩集箋注》,鄢文龍箋注,廣陵書社2016年9月版。

寇天敘

《涂水先生集》六卷，明嘉靖三十一年寇陽刻藍印本，《四庫全書存目叢書》集部第65册、《明别集叢刊》第二輯第11册、《明代朱子學文獻叢刊》第181册、《山西歷代著作集成》第379册影印。

《涂水先生集》，張燕點校，上海古籍出版社2017年11月版（《山右叢書二編》第1册）。

屠　僑

《屠簡肅公集》十四卷，明嘉靖四十四年屠大來刻本，《原國立北平圖書館甲庫善本叢書》第748册影印。

蔡　昂

《鶴江先生頤貞堂稿》六卷，明嘉靖刻本，《原國立北平圖書館甲庫善本叢書》第748册影印。

曾　璵

《少岷先生拾存稿》四卷（闕卷四），明曾士彦刻本，《美國哈佛大學哈佛燕京圖書館藏中文善本彙刊》第34册影印。

《少岷拾存稿校注》，曾廣溯校注，西南交通大學出版社2018年12月版（《瀘州全書》）。

夏良勝

《東洲初稿》十四卷，明正德嘉靖危德、朱揮等刻本，《中國古籍珍本叢刊·保定市圖書館卷》第18—19册影印。

《東洲初稿》十四卷《附録》一卷，清四庫全書本，《四庫全書珍本》三集集部第 336—338 册、《景印文淵閣四庫全書》第 1269 册、《文津閣四庫全書》第 1274 册（闕《附録》一卷）、《文瀾閣四庫全書》第 1306 册（丁氏補鈔卷一、五至九、十一、十二、十四，闕《附録》一卷）影印。

林春澤

《人瑞翁詩集》十二卷，明萬曆八年序刻本，《域外漢籍珍本文庫》第五輯集部第 20 册、《域外漢籍珍本文庫·日藏明人别集珍本叢刊》第一輯第 7 册影印。

《人瑞翁詩集》五卷，清鈔本，《四庫全書存目叢書》集部第 71 册影印。

《旗峰詩集》十卷，清朱格鈔本，《原國立北平圖書館甲庫善本叢書》第 751 册影印。

《旗峰詩集》十卷，鈔本，《福建文脉叢書》第 201 册影印。

《人瑞翁詩集》，林豪生主編，政協水西林文史資料編委會 2010 年 3 月版（《水西林文史資料》一）。

《明林春澤章》，林豪生主編，政協水西林文史資料編委會 2010 年 8 月版（《水西林文史資料》二）。

《林春澤詩鈔》，林豪生主編，政協水西林文史資料編委會 2011 年 9 月版（《水西林文史資料》四）。

黄　巩

《黄忠裕公文集》八卷，明刻本，《福建叢書》第一輯、《明代莆人文集》第 19 册影印。

歐陽鐸

《歐陽恭簡公文集》二十二卷，明嘉靖刻本，《四庫全書存目叢書》集部第 64 册、《原國立北平圖書館甲庫善本叢書》第 746 册、《中國古籍珍本叢刊·天津圖書館卷》第 42 册、《明别集叢刊》第二輯第 14 册影印。

吴　仕

《頤山私稿》十卷，明嘉靖刻本，《四庫全書存目叢書》集部第 70 册、《北京圖書館古籍珍本叢刊》集部第102册、《明别集叢刊》第二輯第20册影印。

湯　珍

《湯迪功詩草》八卷，明萬曆十二年刻本，《明别集叢刊》第一輯第87册影印。

安　國

《桂坡游稿》一卷《北游記》一卷《西游記》一卷，稿本，《明别集叢刊》第二輯第15册影印。

孫承恩

《孫文簡公瀼溪草堂稿》□□卷（存前四十八卷），明孫克弘等刻本，《北京圖書館古籍珍本叢刊》集部第102册、《明别集叢刊》第二輯第22—23册影印。

《文簡集》五十八卷，清四庫全書本，《四庫全書珍本》二集集部第367—372册、《景印文淵閣四庫全書》第1271册、《文津閣四庫全書》第1275—1276册、《文瀾閣四庫全書》第1308册（丁氏補鈔卷一至六、十至十七、四十六至五十八）影印。

朱　豹

《朱福州集》一卷，明嘉靖三十一年朱察卿刻本，《四庫全書存目叢書》集部第75册影印。

《朱福州集》一卷，明嘉靖隆慶刻萬曆增刻《盛明百家詩》本，《四庫全書存目叢書》集部第307册、《明别集叢刊》第五輯第99册影印。

《朱豹集》，戎默整理，復旦大學出版社2015年5月版（與《石英中集》《朱察卿集》同册，《浦東歷代要籍選刊》）。

錢百川

《錢逸人集》一卷,明嘉靖隆慶刻萬曆增刻《盛明百家詩》本,《四庫全書存目叢書》集部第 307 册、《明别集叢刊》第五輯第 99 册影印。

汪文盛

《汪白泉先生選稿》十二卷,明嘉靖刻本,《原國立北平圖書館甲庫善本叢書》第 748 册影印。

夏　言

《桂洲詩集》二十四卷,明嘉靖二十五年曹忭、楊九澤杭州刻本,《續修四庫全書》第 1339 册影印。

《桂洲奏議》二十卷《奏議外集》二卷《桂洲集》四卷,明嘉靖刻本,《原國立北平圖書館甲庫善本叢書》第 752—753 册影印。

《夏桂洲先生文集》十八卷《年譜》一卷,明崇禎十一年吴一璘刻本,《四庫全書存目叢書》集部第 74—75 册、《明别集叢刊》第二輯第 15—16 册影印。

《桂洲文集》四卷,清道光二十八年涇縣潘氏袁江節署刻《乾坤正氣集》本,臺灣環球書局 1966 年(《乾坤正氣集》第 16 册)影印。

陳良謨

《陳忠貞公遺集》三卷《附録》二卷,民國二十三年四明張氏約園刻《四明叢書》本,《叢書集成續編》(臺灣新文豐出版公司)文學類第 142 册、《叢書集成續編》(上海書店)集部第 114 册、廣陵書社 2006 年 8 月(《四明叢書》第 4 册)、《明别集叢刊》第二輯第 16 册、《張壽庸文獻輯刊》第 17 册影印。

徐　縉

《徐文敏公集》五卷,明隆慶二年吴郡徐氏刻本,《明别集叢刊》第二輯第

23 册影印。

毛伯温

《東塘集》十卷，明嘉靖十九年王儀刻本，《四庫全書存目叢書》集部第63 册、《北京圖書館古籍珍本叢刊》集部第 107 册、《原國立北平圖書館甲庫善本叢書》第 745 册、《明别集叢刊》第二輯第 25 册影印。

《東塘詩集》十卷，清乾隆三十五年毛占元刻本，《朔方文庫》第 62 册影印。

《毛襄懋先生文集》八卷《别集》十卷《年譜》一卷《御書世彙》三卷《榮哀录》一卷《幽光集》二卷《書》一卷《行狀》一卷《墓誌銘》一卷，清乾隆三十五年毛占元刻本，《朔方文庫》第 60—62 册影印。

《毛襄懋先生文集》八卷《别集》十卷附《年譜》一卷《御書世彙》三卷《榮哀录》一卷《幽光集》二卷附《書》一卷《行狀》一卷《墓誌銘》一卷，清乾隆三十七年毛仲愈等刻《毛襄懋先生集》本，《四庫全書存目叢書》集部第 63 册、《明别集叢刊》第二輯第 24—25 册影印。

孫　堪

《孫孝子文集》二十卷，明嘉靖四十一年孫鋌刻本，《原國立北平圖書館甲庫善本叢書》第 808 册影印。

周廷用

《八厓集》七卷，清乾隆十三年重刻本，《四庫全書存目叢書補編》第 57 册影印。

方　豪

《棠陵文集》八卷，明嘉靖刻本，《原國立北平圖書館甲庫善本叢書》第 746 册影印。

《棠陵文集》八卷，清康熙十二年方元啓刻本，《四庫全書存目叢書》集部第64册、《衢州文獻集成》第173册影印。

《方棠陵集》一卷，明嘉靖隆慶刻萬曆增刻《盛明百家詩》本，《四庫全書存目叢書》集部第305册、《衢州文獻集成》第173册、《明别集叢刊》第五輯第96册影印。

《棠陵文集》，黄佩芳標點，中華書局2013年12月版（《衢州歷史文獻集成·文集專輯》）。

張成教

《張洛南詩集》十卷，明萬曆刻本，《中國公共圖書館古籍文獻珍本匯刊·天津圖書館孤本秘籍叢書》第10册影印。

費　寀

《費鐘石先生文集》二十四卷，明隆慶五年刻本，《原國立北平圖書館甲庫善本叢書》第747册、《域外漢籍珍本文庫》第五輯集部第20册影印。

《明少保費文通公文集選要》六卷，明崇禎刻清印《費文憲公文通公合集》本，《四庫全書存目叢書》集部第67册、《明别集叢刊》第一輯第85册影印。

張景華

《白溪漫稿》，夏政平編注，香港天馬出版有限公司2008年版（《鄭文化研究叢書》）。

林希元

《林次崖先生集》十八卷，明萬曆四十年李春開刻本，《原國立北平圖書館甲庫善本叢書》第754册影印。

《同安林次崖先生文集》十八卷，清乾隆十八年陳臚璧詒燕堂刻本，《四庫全書存目叢書》集部第76册、《明别集叢刊》第二輯第12册影印。

《林次崖先生文集》,何丙仲校注,厦門大學出版社 2015 年 12 月版(《厦門文獻叢刊》)。

《林次厓先生文集》,林海權點校,商務印書館 2018 年 7 月版(《泉州文庫》)。

孟　洋

《孟有涯集》十七卷,明嘉靖十七年王廷相等刻本,《四庫全書存目叢書》集部第 58 册影印。

《孟有涯集》一卷,明嘉靖隆慶刻萬曆增刻《盛明百家詩》本,《四庫全書存目叢書》集部第 305 册、《明别集叢刊》第五輯第 96 册影印。

《孟有涯集》十七卷,民國十一年河南官書局刻《三怡堂叢書》本,《叢書集成續編》(臺灣新文豐出版公司)文學類第 141 册、《明别集叢刊》第一輯第 96 册影印。

車　份

《改軒詩集》八卷,明弘治刻本,《稀見明代四部輯刊》第二輯第 73 册影印。

董　玘

《董中峰先生文選》十一卷,明嘉靖四十年王國禎刻本,《明代詩文集珍本叢刊》第 44 册影印。

《董中峰先生文選》十一卷,明嘉靖四十年王國禎刻隆慶遞修本,《原國立北平圖書館甲庫善本叢書》第 740 册影印。

《董中峰先生文選》十二卷,明鈔本,《域外漢籍珍本文庫》第四輯集部第 12 册影印。

《董中峰稿》一卷,清鈔《可儀堂一百廿名家制義》本,《明人别集稿鈔本叢刊》第 97 册影印。

《中峰集》十一卷首一卷《附録》三卷《中峰制藝》一卷,清光緒三十二年會稽董氏取斯家塾刻《董氏叢書》本,《明别集叢刊》第一輯第 98 册影印。

《中峰集》,錢汝平輯校,中華書局 2016 年 7 月版(《越地文獻叢刊》)。

孫繼芳

《石磯集》二卷,明嘉靖二十九年孫宜刻本,《原國立北平圖書館甲庫善本叢書》第 747 册影印。

柴　奇

《黼庵遺稿》十卷,明嘉靖三十九年刻崇禎八年柴胤璧修補本,《四庫全書存目叢書》集部第 67 册、《原國立北平圖書館甲庫善本叢書》第 747 册、《明别集叢刊》第二輯第 14 册影印。

《黼庵遺稿》十卷(存卷一),明末鈔本,《明人别集稿鈔本叢刊》第 35 册影印。

王　蓂

《東石近稿》三卷,明嘉靖三十一年董文龍編刻本,《明别集叢刊》第二輯第 14 册影印。

趙　漢

《漸齋詩草》二卷,明嘉靖三十四年刻本,《四庫全書存目叢書》集部第 68 册、《原國立北平圖書館甲庫善本叢書》第 748 册、《明别集叢刊》第二輯第 15 册影印。

何景明

《何氏集》二十六卷,明嘉靖三年沈氏野竹齋刻本,《原國立北平圖書館甲庫善本叢書》第 738 册、《中華再造善本・明代編》、《明别集叢刊》第二輯第 16 册影印。

《何氏集》二十三卷,明嘉靖十年刻本,《中國西北文獻叢書・二編》第

47 册影印。

《大復集》三十七卷(存卷一至三、八至三十七),明嘉靖三十四年袁璨刻本,《原國立北平圖書館甲庫善本叢書》第739册影印。

《何仲默集》十卷,明嘉靖費槃等刻本,《原國立北平圖書館甲庫善本叢書》第740册影印。

《何氏集》二十六卷,明嘉靖義陽書院刻本,《原國立北平圖書館甲庫善本叢書》第739册影印。

《何大復集》二卷,明嘉靖隆慶刻萬曆增刻《盛明百家詩》本,《四庫全書存目叢書》集部第305册、《明别集叢刊》第五輯第95册影印。

《何大復先生集》三十八卷《附録》一卷,明萬曆五年陳堂、胡秉性刻本,《四庫提要著録叢書》集部第274册影印。

《何大復先生集》三十八卷《附録》一卷,明萬曆五年後刻本,《明别集叢刊》第二輯第17册、《四庫全書底本叢書》集部第154—156册影印。

《何仲默先生詩集》十五卷,明吴勉學刻本,《明代詩文集珍本叢刊》第42—43册影印。

《大復集》三十八卷《附録》一卷,清四庫全書本,《景印摛藻堂四庫全書薈要》第418册、《四庫全書珍本》七集集部第243—247册、《景印文淵閣四庫全書》第1267册、《文津閣四庫全書》第1271册、《文瀾閣四庫全書》第1303册(丁氏補鈔卷九至十一、十四至十六、十九至二十一,闕《附録》一卷)影印。

《何仲默七律鈔》一卷,清鈔《石研齋七律鈔選》本,《明人别集稿鈔本叢刊》第93册影印。

《何大復集》,李淑毅等點校,中州古籍出版社1989年7月版(《中州文獻叢書》)。

《何景明詩選》,饒龍隼選注,人民文學出版社2009年1月版(《明清十大家詩選》)。

王　艮(字汝止)

《重鐫心齋王先生全集》六卷,明萬曆三十四年耿定力、丁賓刻本,《明别集叢刊》第二輯第17册、海豚出版社2018年1月、《陽明學文獻大系》第一輯第61册影印。

《王心齋先生全集》五卷，清道光六年樂學堂刻本，《泰州文獻》第 25 册影印。

《王心齋先生全集》五卷《附録》一卷，日本弘化四年序大坂河内屋茂兵衛等刻本，《和刻本漢籍文集》第 14 輯、《和刻本四部叢刊》集部第 98 册影印。

《王心齋先生全集》，日本嘉永元年和刻本，《和刻影印近世漢籍叢刊思想編續編》第 13 册影印。

《明儒王心齋先生遺集》五卷首一卷，清宣統二年東臺袁氏鉛印本，《明别集叢刊》第二輯第 17 册影印。

《王心齋全集》，王煦、王震春標點，鹽城市哲學社會科學聯合會、東臺市哲學社會科學聯合會 1991 年 11 月自印本。

《王心齋全集》，尤我明等點校，江蘇教育出版社 2001 年 10 月版。

《重鐫心齋王先生文集》，沙志利校點，北京大學出版社 2017 年 1 月版（《儒藏·精華編》第 258 册）。

蔣　信

《蔣道林（先生）文粹》九卷，明萬曆四年姚世英刻本，《四庫全書存目叢書》集部第 96 册、《明别集叢刊》第二輯第 61 册影印。

《蔣道林文粹》，劉曉林校點，岳麓書社 2010 年 1 月版（與《李道純集》同册，《湖湘文庫》甲編）。

魏　校

《莊渠先生遺書》十六卷，明嘉靖四十年王道行、張焯刻本，《四庫提要著録叢書》集部第 275 册（存前十二卷）、《原國立北平圖書館甲庫善本叢書》第 741 册、《明别集叢刊》第二輯第 18 册、《四庫全書底本叢書》集部第 156—157 册（存前十二卷）、《明代朱子學文獻叢刊》第 138—139 册（存前十二卷）影印。

《魏莊渠先生書牘》三卷，明刻本，《明别集叢刊》第二輯第 18 册、《陽明學文獻大系》第一輯第 62 册影印。

《魏莊渠集》二卷，清康熙四十九年張伯行正誼堂刻本，北京燕山出版社 2019 年 2 月（《康熙版正誼堂全書》第 17 册）影印。

《莊渠遺書》十六卷，清四庫全書本，《四庫全書珍本》五集集部第335—337册、《景印文淵閣四庫全書》第1267册、《文津閣四庫全書》第1271—1272册、《文瀾閣四庫全書》第1304册（共十二卷，丁氏補鈔卷一、四、七至十一）影印。

《魏莊渠(先生)集》二卷，清同治五年福州正誼書院刻、八年至九年續刻《正誼堂全書》本，廣陵書社2016年4月(《正誼堂全書》第30册)影印。

《魏莊渠先生集》，商務印書館1937年6月版(《叢書集成初編》文學類第2434册)；中華書局2010年9月重印版(《叢書集成初編》第508册)。

高廷紳

《春巖遺稿》，高益登校注，香港出版社2005年5月版(《高友璣集》附録，《浙南譜牒研究叢刊》)。

顧應祥

《箬溪歸田詩選》一卷《附録》一卷，明嘉靖二十八年刻本，《原國立北平圖書館甲庫善本叢書》第742册影印。

鄒頤賢

《蘆南集》不分卷，清乾隆四十一年廣川鄒氏刻本，《明别集叢刊》第二輯第18册影印。

劉儲秀

《劉西陂集》四卷，明嘉靖三十年傅鳳翱刻本，《四庫未收書輯刊》第五輯第18册、《明别集叢刊》第二輯第21册影印。

顧　磐

《海涯文集》十卷《附録》一卷，明嘉靖刻本，《四庫全書存目叢書補編》

第 75 册、《明别集叢刊》第二輯第 18 册影印。

張　綖

《張南湖先生詩集》四卷《附録》一卷，明嘉靖三十二年張守中刻本，《四庫全書存目叢書》集部第 68 册、《原國立北平圖書館甲庫善本叢書》第 748 册、《揚州文庫》第 96 册、《明别集叢刊》第二輯第 19 册影印。

李尚默

《李侍御詩略》一卷，明崇禎六年李埈刻本，《明代詩文集珍本叢刊》第 103 册影印。

李　埈

《盟鷗集》一卷，明刻本，《稀見明代四部輯刊》第一輯第 91 册影印。

姚應龍

《巢鵲樓吟稿》不分卷，清道光十一年姚鳳翰鈔本，《明代詩文集珍本叢刊》第 103 册影印。

張邦奇

《張文定公文選》三十九卷，明嘉靖二十九年刻本，《明别集叢刊》第二輯第 19 册影印。

《張文定公覲光樓集》十卷《紆玉樓集》十卷《靡悔軒集》十二卷《環碧堂集》十八卷《養心亭集》八卷《四友亭集》二十卷，明刻本，《續修四庫全書》第 1336—1337 册、《明别集叢刊》第二輯第 20 册（僅《紆玉樓集》十卷《靡悔軒集》十二卷）、《明代朱子學文獻叢刊》第 135—137 册（僅《覲光樓集》十卷《環碧堂集》十八卷《四友亭集》二十卷）影印。

《養心亭集》八卷，民國二十九年四明張氏約園刻《四明叢書》本，《叢書集成續編》(上海書店)集部第114册、廣陵書社2006年8月(《四明叢書》第26册)、《張壽鏞文獻輯刊》第127册影印。

陳　淳

《陳白陽集》十卷《附録》一卷,明萬曆四十三年陳仁錫閲帆堂刻《陳沈二先生稿》本,臺灣學生書局1960年6月(《歷代畫家詩文集》第30種)、《四庫全書存目叢書》集部第146册、《明别集叢刊》第二輯第16册、《寫刻古籍版本聚珍》第250册影印。

《〈陳白陽集〉十卷〈附録〉一卷校注》,盛興軍、沈紅、彭飛校注,電子科技大學出版社2016年6月版。

孫一元

《太白山人詩集》五卷《附録》一卷,明嘉靖刻本,《原國立北平圖書館甲庫善本叢書》第743册、《中國古籍珍本叢刊·天津圖書館卷》第41册影印。

《孫山人集》一卷,明嘉靖隆慶刻萬曆增刻《盛明百家詩》本,《四庫全書存目叢書》集部第305册、《明别集叢刊》第五輯第95册影印。

《太白山人漫稿》八卷,清四庫全書本,《四庫全書珍本》三集集部第335册、《景印文淵閣四庫全書》第1268册、《文津閣四庫全書》第1273册、《文瀾閣四庫全書》第1305册(丁氏補鈔)影印。

《太白山人漫稿》八卷《附録》一卷,清嘉慶十九年凌鳴喈刻本,《明别集叢刊》第二輯第21册影印。

舒　芬

《舒梓溪先生集》十卷,明嘉靖三十二年萬虞愷等刻本,《明代朱子學文獻叢刊》第173册影印。

《舒梓溪先生全集》二十卷,明萬曆四年漆彬閩中刻本,《美國哈佛大學哈佛燕京圖書館藏明代善本别集叢刊》第8—11册影印。

《梓溪文鈔内集》八卷《外集》十卷,明萬曆四十八年舒氏刻本,《明别集叢刊》第二輯第27册、《明代朱子學文獻叢刊》第166—168册影印。

戴　鱀

《戴中丞遺集》八卷《附録》一卷,明嘉靖三十九年戴士元刻本,《四庫全書存目叢書》集部第74册、《北京圖書館古籍珍本叢刊》集部第103册、《明别集叢刊》第二輯第27册影印。

王崇慶

《端溪先生集》八卷,明嘉靖三十一年張藴刻本,《雄安文脉叢書》第86—87册影印。

顔　木

《山陵賦》一卷,明嘉靖十八年劉祚刻本,《明代詩文集珍本叢刊》第47册影印。

《淮漢燼餘稿》四卷,明嘉靖刻本,《原國立北平圖書館甲庫善本叢書》第751册影印。

《淮漢燼餘稿》四卷,明萬曆刻本,《明别集叢刊》第二輯第28册影印。

《燼餘稿》□卷(存一卷),明鈔本,《明人别集稿鈔本叢刊》第44册影印。

《燼餘稿》六卷,明朱格鈔本,《原國立北平圖書館甲庫善本叢書》第751册影印。

徐一鳴

《渌江集》十二卷《附録》一卷,明隆慶三年五泉書院徐卿緒、徐卿述刻本,《明代詩文集珍本叢刊》第47—48册影印。

陳　鑾

《陳徵士集》四卷,明熊桴刻本,《明代詩文集珍本叢刊》第48册影印。

吾謹

《了虚先生文集》不分卷，舊鈔本，《衢州文獻集成》第173册影印。

方獻夫

《西樵遺稿》八卷，清康熙三十五年方林鶴刻本，《四庫全書存目叢書》集部第59册、廣西師範大學出版社2014年8月(《西樵歷史文化文獻叢書》)、《廣州大典》第423册、《明别集叢刊》第二輯第22册、《明代莆人文集》第20册影印。

《方獻夫詩》，章盛年、史洪權整理，嶺南美術出版社2009年1月版(《全粵詩》第6册)。

《方獻夫集》，問永寧、周悦點校，上海古籍出版社2016年11月版(《嶺南思想家文獻叢書》)。

鄭善夫

《鄭文》十五卷《鄭詩》十三卷《附録》一卷，明嘉靖汪文盛編刻本，《原國立北平圖書館甲庫善本叢書》第742册、《八閩文庫·福建文獻集成》初編集部第10册(闕《鄭文》十五卷)影印。

《鄭少谷集》一卷，明嘉靖隆慶刻萬曆增刻《盛明百家詩》本，《四庫全書存目叢書》集部第305册、《明别集叢刊》第五輯第96册影印。

《鄭詩》□卷(存卷一至六)，明萬曆二十四年謝肇淛刻本，《原國立北平圖書館甲庫善本叢書》第743册影印。

《鄭少谷先生全集》二十卷《附録》二卷，明崇禎九年鄭奎光刻本，《美國哈佛大學哈佛燕京圖書館藏明代善本别集叢刊》第6—8册、《福建文脉叢書》第202—205册影印。

《少谷山房雜著》不分卷《附録》一卷，明鈔本，《八閩文庫·福建文獻集成》初編集部第11册影印。

《少谷集》二十五卷，清四庫全書本，《四庫全書珍本》四集集部第355—357册、《景印文淵閣四庫全書》第1269册、《文津閣四庫全書》第1273册、《文瀾閣四庫全書》第1305册(丁氏補鈔卷一至三、六至十、十五至二十五)影印。

《鄭少谷先生全集》二十四卷首一卷,清道光四年桑苧言園刻本,《明别集叢刊》第二輯第22册影印。

《鄭少谷先生全集》,鄧宜愷、陳叔侗、陳名實標點注釋,1995年自印本。

黄　卿

《編苕集》八卷,明嘉靖二十一年刻本,《原國立北平圖書館甲庫善本叢書》第746册影印。

欒　護

《木亭雜稿》二十六卷《續稿》一卷《别集》一卷,明嘉靖四十一年刻重修本,《原國立北平圖書館甲庫善本叢書》第742册、《明别集叢刊》第二輯第23册(存卷一至四、十至二十六)影印。

季　本

《季彭山先生文集》四卷,清初鈔本,《北京圖書館古籍珍本叢刊》集部第106册影印。

《季彭山稿》一卷,清康熙三十八年刻《可儀堂一百二十名家制義》本,《明别集叢刊》第二輯第24册影印。

潘　滋

《浮槎稿》十二卷,明嘉靖三十年黄廷言刻本,《北京圖書館古籍珍本叢刊》集部第110册、《原國立北平圖書館甲庫善本叢書》第766册、《明别集叢刊》第二輯第24册影印。

潘　鉉

《春厓存稿》十卷(闕卷十),明刻本,《原國立北平圖書館甲庫善本叢書》第766册影印。

尹　襄

《巽峰集》十二卷《附録》一卷,明嘉靖二十七年尹祖懋刻本,《原國立北平圖書館甲庫善本叢書》第747册影印。

《巽峰集》十二卷《附録》一卷,清光緒七年永錫堂刻本,《四庫全書存目叢書》集部第67册、《明别集叢刊》第二輯第13册影印。

顧可久

《在澗集》□□卷(存卷一至九),明嘉靖刻本,《原國立北平圖書館甲庫善本叢書》第751册影印。

《顧憲副集》一卷,明嘉靖隆慶刻萬曆增刻《盛明百家詩》本,《四庫全書存目叢書》集部第307册、《明别集叢刊》第五輯第98册影印。

《清溪莊遺集》二卷,民國八年斯勤堂鉛印本,《稀見明代四部輯刊》第一輯第73册影印。

鄒　壁

《鄒九峰集》一卷,明嘉靖隆慶刻萬曆增刻《盛明百家詩》本,《四庫全書存目叢書》集部第307册、《明别集叢刊》第五輯第99册影印。

謝承舉

《謝子象詩集》十五卷《附録》一卷,明嘉靖二十一年謝少南刻本,《原國立北平圖書館甲庫善本叢書》第758册影印。

張　寰

《張通參集》一卷，明嘉靖隆慶刻萬曆增刻《盛明百家詩》本，《四庫全書存目叢書》集部第307冊、《明別集叢刊》第五輯第99冊影印。

王　珂

《王止一集》一卷，明嘉靖隆慶刻萬曆增刻《盛明百家詩》本，《四庫全書存目叢書》集部第307冊、《明別集叢刊》第五輯第99冊影印。

劉天民

《游蜀吟稿》二卷，明嘉靖十六年司馬泰刻本，《原國立北平圖書館甲庫善本叢書》第750冊影印。

《函山先生集》十卷，清鈔本，《四庫全書存目叢書》集部第70冊、《明別集叢刊》第二輯第20冊影印。

王以旂

《王襄敏公集》四卷，明萬曆元年王籥刻本，《四庫全書存目叢書》集部第68冊、《明別集叢刊》第二輯第13冊影印。

蔣山卿

《蔣南泠集》十二卷，明嘉靖二十年喬佑刻本，《四庫全書存目叢書》集部第70冊、《原國立北平圖書館甲庫善本叢書》第749冊影印。

《蔣南泠集》一卷，明嘉靖隆慶刻萬曆增刻《盛明百家詩》本，《四庫全書存目叢書》集部第305冊、《明別集叢刊》第五輯第96冊影印。

屈　淑

《韓安人遺詩》一卷，明崇禎元年刻本，《明別集叢刊》第二輯第29冊影印。

《韓安人遺詩》,李鳳霞校注,陝西人民出版社2017年3月版(《陝西古代文獻集成》第七輯)。

朱 淛

《天馬山房遺稿》八卷,明隆慶三年張秉澤刻本,《原國立北平圖書館甲庫善本叢書》第763册影印。

《天馬山房遺稿》八卷,明隆慶三年張秉澤刻遞修本,《四庫提要著録叢書》集部第276册、《明别集叢刊》第二輯第24册、《明代莆人文集》第21册影印。

《天馬山房遺稿》八卷,清四庫全書本,《四庫全書珍本》四集集部第365册、《景印文淵閣四庫全書》第1273册、《文津閣四庫全書》第1277册、《文瀾閣四庫全書》第1310册(丁氏補鈔)影印。

姜 恩

《篆江存稿》九卷,明萬曆四年姜召刻本,《原國立北平圖書館甲庫善本叢書》第763册影印。

沈 爚

《石聯遺稿》八卷,明萬曆九年沈士立刻本,《中國公共圖書館古籍文獻珍本匯刊·天津圖書館孤本秘籍叢書》第10册、《原國立北平圖書館甲庫善本叢書》第763册影印。

薛 侃

《薛御史中離集》三卷,清道光刻《潮州耆舊集》本,《潮州文獻叢刊》之一、《明别集叢刊》第五輯第94册影印。

《中離先生文稿》十一卷,清鈔本,《中國古籍珍本叢刊·廣東省立中山圖書館卷》第47—48册影印。

《薛中離先生全書》二十卷首一卷,民國四年鉛印本,《明别集叢刊》第二輯第24册影印。

《薛侃詩》，郭培忠等整理，嶺南美術出版社2009年8月版(《全粤詩》第7册)。

《薛侃集》，陳椰編校，上海古籍出版社2014年1月版(《陽明後學文獻叢書》);2020年5月新版(《陽明後學文獻叢書》)。

《薛御史中離集》，吴二持點校，暨南大學出版社2016年8月版(見《潮州耆舊集》,《潮汕文庫·文獻系列》)。

楊應奎

《海岱會稿》一卷，明鈔本，《明代詩文集珍本叢刊》第47册影印。

胡　森

《九峰先生文集》十三卷，明隆慶六年胡文宷輯刻本，《重修金華叢書》第148册影印。

王　璜

《大伾集》三卷，明刻本，《明别集叢刊》第二輯第24册、《稀見明代四部輯刊》第二輯第100册影印。

董　穀

《董漢陽碧里後集》五卷(《鳴存》一卷《疑存》一卷《雜存》一卷《達存》二卷)，明嘉靖四十四年董鯤刻本，《北京圖書館古籍珍本叢刊》集部第104册、《明别集叢刊》第二輯第24册影印。

《碧里鳴存》一卷，明嘉靖刻本，《原國立北平圖書館甲庫善本叢書》第751册影印。

《碧里》六種七卷，明刻本，《中國古籍珍本叢刊·天津圖書館卷》第60册影印。

《董漢陽碧里後集鳴存》一卷，海鹽張氏涉園鈔本，《上海圖書館藏涉園稿鈔校本叢書》第43册影印。

《碧里鳴存》一卷，海鹽張氏涉園鈔本，《上海圖書館藏涉園稿鈔校本叢書》第 43 册影印。

張治道

《嘉靖集》八卷《拾遺》一卷，明嘉靖三十一年孔天胤刻本，《原國立北平圖書館甲庫善本叢書》第 750 册影印。

《張太微詩集》十二卷《後集》四卷，明嘉靖刻本，《原國立北平圖書館甲庫善本叢書》第 750 册影印。

徐　愛

《横山遺集》二卷，明嘉靖十三年汶上路氏浙江刻本，《明别集叢刊》第二輯第 24 册影印。

《徐愛　錢德洪　董沄集》，錢明編校整理，鳳凰出版社 2007 年 3 月版（《陽明後學文獻叢書》）。

南大吉

《南大吉集》，李似珍點校整理，西北大學出版社 2015 年 1 月版（《關學文庫·文獻整理系列》）。

李循義

《六峰侍御先生文集》一卷，明崇禎李鄴嗣刻本，《稀見明代四部輯刊》第二輯第 83 册影印。

林文俊

《方齋存稿》十卷，明鈔本，《四庫全書底本叢書》集部第 188 册影印。

《方齋存稿》十卷，清四庫全書本，《四庫全書珍本》四集集部第 362—363 册、《景印文淵閣四庫全書》第 1271 册、《文津閣四庫全書》第 1276 册、

《文瀾閣四庫全書》第1308册(丁氏、張宗祥補鈔)影印。

《方齋存稿》十卷,舊鈔本,《明別集叢刊》第二輯第12册、《明代蕭人文集》第22册影印。

頓鋭

《鷗汀漁嘯集》二卷,明嘉靖三十四年刻本,《原國立北平圖書館甲庫善本叢書》第748册影印。

《鷗汀集》二卷《續集》一卷《附録》一卷《鷗汀長古集》二卷《漁嘯集》二卷《別集》二卷,明嘉靖刻本,《明別集叢刊》第二輯第13册影印。

《鷗汀長古集》二卷,明萬曆元年刻本,《原國立北平圖書館甲庫善本叢書》第748册影印。

陳憲

《後齋遺稿》二卷,明嘉靖二十一年刻本,《原國立北平圖書館甲庫善本叢書》第748册影印。

徐漸

《與泉先生詩》□卷(存卷上),明嘉靖二十九年刻本,《原國立北平圖書館甲庫善本叢書》第748册影印。

霍韜

《渭厓文集》十卷,明萬曆四年霍與瑕刻本,《四庫全書存目叢書》集部第68—69册、《明別集叢刊》第二輯第25册影印。

《渭厓文集》十五卷《附録》一卷,明霍與瑕、霍與琦家刻本,《原國立北平圖書館甲庫善本叢書》第748—749册影印。

《霍文敏公全集》十卷《補遺》一卷,清同治元年南海石頭書院刻本,廣西師範大學出版社2015年2月(《西樵歷史文化文獻叢書》,題作《渭厓文集》)、《廣州大典》第425册影印。

《霍文敏公渭厓集》一卷，清嘉慶刻同治印《廣東文獻》三集本，江蘇廣陵古籍刻印社1994年7月(《廣東文獻》第5册)影印。

《霍韜詩》，吕永光、史洪權整理，嶺南美術出版社2009年8月版(《全粤詩》第7册)。

王　道

《文録》十二卷，明萬曆三十七年朱延禧刻本，《明别集叢刊》第二輯第26册、《稀見明代四部輯刊》第二輯第51—54册、《陽明學文獻大系》第一輯第57—58册影印。

《順渠先生文録》十二卷，日本尊經閣叢刻本，江蘇大學出版社2018年5月、《陽明學文獻大系》第一輯第59—60册影印。

聶　豹

《雙江聶先生文集》十四卷，明嘉靖四十三年吴鳳瑞刻本，《原國立北平圖書館甲庫善本叢書》第753册影印。

《雙江聶先生文集》十四卷，明嘉靖四十三年吴鳳瑞刻隆慶六年印本，《四庫全書存目叢書》集部第72册、《明别集叢刊》第二輯第26册影印。

《聶豹集》，吴可爲編校整理，鳳凰出版社2007年3月版(《陽明後學文獻叢書》)。

《雙江聶先生文集》，王傳龍校點，北京大學出版社2017年1月版(《儒藏·精華編》第258册)。

應大猷

《容庵集》十卷，民國二十四年鉛印《僊居叢書》本，《叢書集成續編》(臺灣新文豐出版公司)文學類第142册、浙江人民美術出版社2013年9月(《僊居叢書》第5册)、《明别集叢刊》第二輯第27册影印。

張　袞

《張學士集》一卷，明嘉靖隆慶刻萬曆增刻《盛明百家詩》本，《四庫全書存目叢書》集部第307冊、《明別集叢刊》第五輯第99冊影印。

《張水南文集》十一卷，明隆慶元年刻本，《四庫全書存目叢書》集部第76冊、《原國立北平圖書館甲庫善本叢書》第757冊影印。

《張水南文集》十一卷，清光緒二十一至二十四年武進盛氏思惠齋刻《常州先哲遺書》本，《叢書集成續編》（上海書店）集部第115冊、南京大學出版社2010年3月（《常州先哲遺書》第94冊）影印。

《張水南文集》十一卷，民國三年江陰張氏木活字印本，《明別集叢刊》第二輯第38冊影印。

徐　珊

《卯洞集》四卷，明嘉靖二十四年刻本，《四庫全書存目叢書》集部第146冊、《明別集叢刊》第二輯第45冊影印。

《卯洞集校注》，譚慶虎、田赤校注，湖北人民出版社2011年1月版（《恩施州民族研究叢書》第5輯）。

陶尚德

《賓廬堂遺集》，李代池編，廬山山南歷史文化研究會2012年4月自印本。

婁　樞

《婁子静文集》六卷，明王元登刻重修本，《四庫全書存目叢書》集部第85冊、《明別集叢刊》第二輯第45冊影印。

許　論

《許默齋集》四卷，明刻本，《原國立北平圖書館甲庫善本叢書》第766冊影印。

張　綖

《入楚吟》一卷，明嘉靖十七年蔣芝刻本，《明代詩文集珍本叢刊》第 47 册影印。

張　詩

《昆崙山人集》八卷，明嘉靖二十年方九敘等刻本，《原國立北平圖書館甲庫善本叢書》第 758 册影印。

《張昆崙集》一卷，明嘉靖隆慶刻萬曆增刻《盛明百家詩》本，《四庫全書存目叢書》集部第 305 册、《明别集叢刊》第五輯第 96 册影印。

沈　祏

《淳樸園稿》三卷《外集》一卷《外集補》一卷，明崇禎七年沈氏家刻遞修本，《原國立北平圖書館甲庫善本叢書》第 758 册影印。

陳　鶴

《陳海樵律詩》二卷，明嘉靖三十年王修齋刻本，《原國立北平圖書館甲庫善本叢書》第 763 册影印。

《陳山人小集》八卷，明嘉靖方廷璽刻本，《原國立北平圖書館甲庫善本叢書》第 808 册影印。

《陳鳴野集》一卷，明嘉靖隆慶刻萬曆增刻《盛明百家詩》本，《四庫全書存目叢書》集部第 306 册、《明别集叢刊》第五輯第 96 册影印。

《海樵先生全集》二十一卷，明隆慶元年陳經國粤東刻本，《四庫全書存目叢書》集部第 85—86 册影印。

陳德文

《石陽山人病詩》一卷，明嘉靖十九年刻本，《稀見明代四部輯刊》第二輯第 49 册影印。

《石陽山人建州集》一卷，明嘉靖李元仲刻本，《原國立北平圖書館甲庫善本叢書》第 808 册影印。

朱拱榣

《豫章既白詩稿》四卷，明嘉靖二十九年刻本，《明代詩文集珍本叢刊》第 93 册影印。

朱拱樋

《瑞鶴堂近稿》一卷，明嘉靖四十四年刻本，《原國立北平圖書館甲庫善本叢書》第 694 册影印。

《匡南先生詩集》四卷，明嘉靖刻本，《明代詩文集珍本叢刊》第 93 册影印。

《宗室匡南集》一卷，明嘉靖隆慶刻萬曆增刻《盛明百家詩》本，《四庫全書存目叢書》集部第 306 册、《明別集叢刊》第五輯第 97 册影印。

朱拱梃

《樵雲詩集》一卷，明嘉靖刻藍印本，《中華再造善本·明代編》影印。

李　濂

《乙巳春游稿》五卷，明嘉靖二十五年白浚刻本，《明代詩文集珍本叢刊》第 47 册影印。

《嵩渚文集》一百卷《目録》二卷，明嘉靖刻本，《四庫全書存目叢書》集部第 70—71 册、《北京圖書館古籍珍本叢刊》集部第 101 册、《明別集叢刊》第二輯第 32—33 册影印。

《李嵩渚集》一卷，明嘉靖隆慶刻萬曆增刻《盛明百家詩》本，《四庫全書存目叢書》集部第 305 册、《明別集叢刊》第五輯第 96 册影印。

《觀政集》一卷，明鈔本，《四庫全書存目叢書》集部第 71 册影印。

徐　縔

《在笥集》十卷，明萬曆刻本，《明代詩文集珍本叢刊》第 46 册影印。

姚　淶

《明山先生存集》四卷，明嘉靖三十六年姚稽刻本，《北京圖書館古籍珍本叢刊》集部第 105 册、《明别集叢刊》第二輯第 4 册影印。

林大輅

《愧瘖集》二十一卷，明嘉靖四十年林敦履刻本，《續修四庫全書》第 1338—1339 册、《明别集叢刊》第二輯第 21 册、《明代莆人文集》第 23—25 册影印。

汪　佃

《東麓遺稿》十卷，明刻本，《四庫全書存目叢書》集部第 73 册、《明别集叢刊》第二輯第 29 册影印。

韓邦靖

《韓五泉詩》四卷《附録》二卷，明嘉靖十六年趙伯一刻本，《四庫全書存目叢書》集部第 62 册、《原國立北平圖書館甲庫善本叢書》第 744 册、《明代朱子學文獻叢刊》第 149 册影印。

《韓參議集》一卷，明嘉靖隆慶刻萬曆增刻《盛明百家詩》本，《四庫全書存目叢書》集部第 305 册、《明别集叢刊》第五輯第 96 册影印。

《韓五泉詩》四卷《附録》二卷，明崇禎元年刻本，《明别集叢刊》第二輯第 29 册影印。

《韓五泉詩》，李鳳霞校注，陝西人民出版社 2017 年 3 月版（《陝西古代文獻集成》第七輯）。

陳儒

《芹山集》三十四卷，明隆慶三年陳一龍刻本，《北京圖書館古籍珍本叢刊》集部第106册、《明别集叢刊》第二輯第29册影印。

《留餘堂集》二卷，清鈔本，《明代詩文集珍本叢刊》第35—86册、《常熟文庫》第53册影印。

楊慎

《升庵南中集》六卷，明嘉靖十六年南充王氏刻本，《明别集叢刊》第二輯第30册、《楊慎文獻輯刊》第21册影印。

《升庵南中集》六卷，明嘉靖二十四年譚棨刻本，《原國立北平圖書館甲庫善本叢書》第746册、《楊慎文獻輯刊》第21册影印。

《南中集鈔》三卷，明嘉靖二十年刻本，《原國立北平圖書館甲庫善本叢書》第746册、《楊慎文獻輯刊》第21册影印。

《升庵南中續集》四卷，明嘉靖二十九年張含、王廷表序刻本，《原國立北平圖書館甲庫善本叢書》第746册、《楊慎文獻輯刊》第21册影印。

《楊升庵南中集鈔》五卷，明嘉靖三十二年周復俊、劉大昌序刻本，《原國立北平圖書館甲庫善本叢書》第746册影印。

《安寧温泉詩》一卷，明嘉靖原刻本，《原國立北平圖書館甲庫善本叢書》第746册、《楊慎文獻輯刊》第23册影印。

《楊升庵詩》五卷，明嘉靖二十四年譚少嵋刻本，《楊慎文獻輯刊》第22册、《明代詩文集珍本叢刊》第47册影印。

《楊升庵詩》五卷，明刻本，《楊慎文獻輯刊》第22册影印。

《楊升庵集》一卷，明嘉靖隆慶刻萬曆增刻《盛明百家詩》本，《四庫全書存目叢書》集部第305册、《明别集叢刊》第五輯第96册影印。

《楊升庵稿》一卷，清鈔《可儀堂一百廿名家制義》本，《明人别集稿鈔本叢刊》第98册影印。

《太史升庵文集》八十一卷，明萬曆十年蔡汝賢刻本，《中華再造善本·

明代編》、《楊慎文獻輯刊》第 6—11 册影印。

《太史升庵文集》八十一卷，明萬曆十年張士佩等刻萬曆二十年余一龍重修本，《明别集叢刊》第二輯第 30—31 册影印。

《升庵先生文集》八十一卷，明萬曆二十九年王藩臣、蕭如松秣陵刻本，《楊慎文獻輯刊》第 1—5 册影印。

《太史升庵全集》八十一卷《目録》二卷附《年譜》二卷，清乾隆六十年新都周參元養拙山房刻本，四川新都縣同文會 1929 年石印。

《升庵(文)集》八十一卷，清四庫全書本，《景印文淵閣四庫全書》第 1270 册、《文津閣四庫全書》第 1274—1275 册、《文瀾閣四庫全書》第 1307 册(丁氏補鈔二十八卷)影印。

《太史升庵遺集》二十六卷，明萬曆三十四年刻本，《明别集叢刊》第二輯第 31 册、《楊慎文獻輯刊》第 12—13 册影印。

《太史升庵遺集》二十六卷，清道光二十八年香芸書屋刻本，《寫刻古籍版本聚珍》第 447 册影印。

《李卓吾先生讀升庵集》二十卷，明末施世名序刻本，《楊慎文獻輯刊》第 40—41 册影印。

《李卓吾先生讀升庵集》二十卷，明末刻本，《楊慎文獻輯刊》第 42—43 册、《李卓吾文獻輯刊》第 43—44 册影印。

《升庵全集》，商務印書館 1937 年 3 月版(《萬有文庫》第二集《國學基本叢書》)。

《楊慎詩選》，王文才選注，四川人民出版社 1981 年 4 月版。

《楊升庵詩百首》，張祖湧主編，新都楊升庵博物館 1988 年 2 月自印本。

《升庵詩文》，王文才編著，四川人民出版社 2001 年 12 月版(《新都歷史文化叢書》)。

《楊升庵叢書》，王文才、萬光治編注，天地出版社 2002 年 12 月版。

《楊慎戍滇詩集》，秦棣編注，雲南民族出版社 2012 年 12 月版。

《楊升庵詩詞》，倪宗新編校，中央文獻出版社 2015 年 5 月版。

《楊升庵詩文選》，《楊升庵詩文選》編委會編著，四川大學出版社 2018 年 10 月版。

張　治

《龍湖先生文集》十四卷，明嘉靖三十三年彭宣刻藍印本，《原國立北平圖書館甲庫善本叢書》第756—757册影印。

《張龍湖先生文集》十五卷，清雍正四年彭思眷刻本，《四庫全書存目叢書》集部第76册、《明別集叢刊》第二輯第36册影印。

《張龍湖集》，陶新華校點，岳麓書社2009年7月版（與《劉大夏集》同册，《湖湘文庫》甲編）。

沈　仕

《沈青門集》一卷，明嘉靖隆慶刻萬曆增刻《盛明百家詩》本，《四庫全書存目叢書》集部第308册、《明別集叢刊》第五輯第100册影印。

《沈氏詩》一卷，清林氏樸學齋鈔《二友詩》本，《明人別集稿鈔本叢刊》第45册影印。

《沈青門詩(集)》一卷《詩餘》一卷《青門山人文》一卷《附録》一卷，民國七年杭州西泠印社鉛活字印本，《明別集叢刊》第二輯第33册、《稀見明代四部輯刊》第一輯第70册影印。

華　雲

《華比部集》一卷，明嘉靖隆慶刻萬曆增刻《盛明百家詩》本，《四庫全書存目叢書》集部第306册、《明別集叢刊》第五輯第97册影印。

《勾吴集》六卷，明萬曆十七年華之充刻本，《原國立北平圖書館甲庫善本叢書》第779册影印。

楊　儀

《楊氏南宫集》七卷，清鈔本，《北京圖書館古籍珍本叢刊》集部第106册、《常熟文庫》第54册影印。

《楊夢羽南宫小集》一卷《七檜山人詞》一卷，清鈔本，《中國古籍珍本叢刊·廣東省立中山圖書館卷》第48册影印。

《楊夢羽南宫小集》不分卷，清鈔本，《明别集叢刊》第二輯第47册影印。

林士元

《北泉草堂遺稿》，王堯雲校訂，海南書局1931年8月版（《海南叢書》第11種）；1935年版（《海南叢書》第六集）。

《北泉草堂遺稿》，周顯忠點校，海南出版社2004年2月版（與《梁中丞集》等同册，《海南先賢詩文叢刊》）。

《林士元詩》，韋盛年整理，嶺南美術出版社2009年8月版（《全粤詩》第7册）。

葉　份

《蓮峰先生集》七卷《附録》一卷，明萬曆四十五年刻本，《明别集叢刊》第二輯第38册影印。

杜　柟

《研岡集》□□卷（存卷一至十二、十七至二十四），明嘉靖刻本，《明别集叢刊》第二輯第39册影印。

章　衮

《章介庵文集》十一卷，清乾隆十八年章文先刻本，《四庫全書存目叢書》集部第81册、《明别集叢刊》第二輯第42册影印。

黄　禎

《耘石詩稿》不分卷，稿本，《山東文獻集成》第一輯第34册影印。

《擬騷集》二卷《二友傳》一卷，明刻本，《明别集叢刊》第二輯第42册影印。

鄭若庸

《北游漫稿文》三卷，明隆慶三年汪良迪刻本，《四庫全書存目叢書》集部第144册、《中國古籍珍本叢刊·天津圖書館卷》第41册、《明别集叢刊》第二輯第33册影印。

《蛣蜣集》八卷，明隆慶四年胡迪刻本，《四庫全書存目叢書》集部第143册、《明别集叢刊》第二輯第33册影印。

《北游漫稿詩》二卷，清鈔本，《四庫全書存目叢書》集部第144册影印。

薛　蕙

《西原先生遺書》二卷，明嘉靖四十二年王廷刻本，《四庫全書存目叢書》集部第69册、《明代朱子學文獻叢刊》第175册影印。

《薛考功集》十卷《附集》一卷，明嘉靖刻本，《原國立北平圖書館甲庫善本叢書》第749册、《明代朱子學文獻叢刊》第174册影印。

《薛考功集》一卷，明嘉靖隆慶刻萬曆增刻《盛明百家詩》本，《四庫全書存目叢書》集部第305册、《明别集叢刊》第五輯第96册影印。

《薛考功集》十卷，明萬曆十九年刻本，《明别集叢刊》第一輯第70册影印。

《薛考功集》十卷附一卷，明鈔本，《四庫提要著録叢書》集部第276册、《明人别集稿鈔本叢刊》第43册影印。

《薛吏部詩》六卷（存卷四至六），明五湖書屋鈔本，《明人别集稿鈔本叢刊》第42册影印。

《考功集》十卷《附録》一卷，清四庫全書本，《四庫全書珍本》四集集部第364册、《景印文淵閣四庫全書》第1272册、《文津閣四庫全書》第1276册、《文瀾閣四庫全書》第1309册（丁氏補鈔）影印。

《吴日千先生評選西原集》二卷《附録》一卷，清鈔本，《稀見明代四部輯刊》第二輯第56册影印。

《薛蕙〈西原全集〉校注編年》，李山嶺校注，合肥工業大學出版社2020年8月版。

彭大治

《定軒公存稿》一卷，明隆慶六年彭文質刻藍印本，《原國立北平圖書館甲庫善本叢書》第749册影印。

何　棟

《太華山人集》四卷，明刻本，《明代詩文集珍本叢刊》第50册影印。

王廷表

《桃川剩集》二卷《補遺》一卷，民國十二至二十九年雲南圖書館刻《雲南叢書》二編本，《叢書集成續編》（上海書店）集部第115册、中華書局2009年10月（《雲南叢書》第47册）影印。

胡　松（字茂卿）

《承庵先生集》八卷《附録》一卷，明萬曆刻本，《原國立北平圖書館甲庫善本叢書》第767册影印。

劉　隅

《範東文集》十二卷，明隆慶二年蘇祐刻劉氏家藏集本，《續修四庫全書》第1339册、《明别集叢刊》第二輯第33册影印。

黄　雲

《黄丹巘先生集》十卷（存卷一至四），明嘉靖王朝用刻本，《四庫全書存目叢書》集部第60册、《明别集叢刊》第二輯第33册影印。

李生寅

《李山人詩》二卷，明萬曆刻本，《四庫全書存目叢書》集部第187册、《原國立北平圖書館甲庫善本叢書》第889册、《明别集叢刊》第二輯第33册影印。

黄　佐

《泰泉集》十卷，明嘉靖二十一年李時行刻本，《四庫提要著録叢書》集部第276册、《原國立北平圖書館甲庫善本叢書》第756册、《四庫全書底本叢書》集部第190册影印。

《黄泰泉集》一卷，明嘉靖隆慶刻萬曆增刻《盛明百家詩》本，《四庫全書存目叢書》集部第305册、《明别集叢刊》第五輯第96册影印。

《泰泉集》六十卷，清康熙二十一年黄逵卿刻本，《廣州大典》第424册、《明别集叢刊》第二輯第34册影印。

《泰泉集》十卷，清四庫全書本，《四庫全書珍本》二集集部第366册、《景印文淵閣四庫全書》第1273册、《文津閣四庫全書》第1277册、《文瀾閣四庫全書》第1310册（丁氏補鈔卷一至五、八至十）影印。

《黄文裕公泰泉集》一卷，鈔本，江蘇廣陵古籍刻印社1994年7月（《廣東文獻》第5册）影印。

《黄佐詩》，鄧貴忠、吕永光整理，嶺南美術出版社2009年8月版（《全粤詩》第7册）。

張　逵

《允庵先生詩集》六卷，明嘉靖四十三年張翊元刻本，《原國立北平圖書館甲庫善本叢書》第756册影印。

吴廷翰

《蘇原先生詩集》二卷，明萬曆吴國寅刻本，《原國立北平圖書館甲庫善本叢書》第756册影印。

《吴廷翰集》,容肇祖點校,中華書局1984年2月版。

石英中

《石比部集》八卷(存卷五至八),明萬曆刻本,《四庫全書存目叢書》集部第83册影印。

《石英中集》,戎默整理,復旦大學出版社2015年5月版(與《朱豹集》《朱察卿集》同册,《浦東歷代要籍選刊》)。

陳 褒

《騮山先生文集》八卷,明嘉靖曾于拱、杜極刻本,《稀見明代四部輯刊》第二輯第55—56册、《八閩文庫·福建文獻集成》初編集部第12—13册影印。

來 勵

《蚓鳴集》二卷附《四訓》《八戒》,明嘉靖刻本,《稀見明代四部輯刊》第二輯第56册影印。

蔡元偉

《松莊文集》五卷,明嘉靖四十四年刻本,《稀見明代四部輯刊》第二輯第58册影印。

許宗魯

《少華山人文集》十五卷《前集》十三卷《後集》九卷,明嘉靖二十六年刻本,《北京圖書館古籍珍本叢刊》集部第103册(闕《文集》十五卷)、《原國立北平圖書館甲庫善本叢書》第754—755册、《明别集叢刊》第二輯第35册(闕《文集》十五卷)影印。

《少華山人文集》十五卷(存卷一至十三)《前集》十三卷《後集》九卷《續集》十五卷,明嘉靖刻本,《原國立北平圖書館甲庫善本叢書》第755—756册影印。

《許少華集》一卷,明嘉靖隆慶刻萬曆增刻《盛明百家詩》本,《四庫全書存目叢書》集部第305册、《明别集叢刊》第五輯第96册影印。

《少華山人文集》八卷《詩集》十二卷,明鈔本,《中國古籍珍本叢刊·廣東省立中山圖書館卷》第48册影印。

區元晉

《區奉政遺稿》十卷,明萬曆刻本,《廣州大典》第423册影印。

《奉政區見泉公遺集》,區錫鵬、區建邦編,1955年1月澳門鴻記印務印本(見《新會潮連區西屏見泉二公合集》)。

《區元晉詩》,張玲、張紅整理,嶺南美術出版社2009年9月版(《全粤詩》第8册)。

《區奉政遺稿》,區小健校注,2016年平裝自印本;2017年綫裝自印修訂本。

黄省曾

《五嶽山人集》三十八卷,明嘉靖刻本,《四庫全書存目叢書》集部第94册影印。

《五嶽山人集》三十八卷,明嘉靖刻萬曆二十四年董漢儒補刻本,《明别集叢刊》第二輯第35册影印。

邵經邦

《弘藝録》三十二卷首一卷,清康熙二十四年邵遠平刻本,《四庫全書存目叢書》集部第77册、《明别集叢刊》第二輯第36册影印。

《弘藝録》三十二卷附《藝苑玄機》一卷,清光緒二十年錢塘丁氏嘉惠堂刻《武林往哲遺著》本,《叢書集成續編》(臺灣新文豐出版公司)文學類第142册、《叢書集成續編》(上海書店)集部第115册、廣陵書社2011年7月(《武林往哲遺著》第3册)影印。

《弘藝録》,潘超點校,杭州出版社 2014 年 5 月版(《杭州全書·杭州文獻集成》第 18 册);浙江古籍出版社 2019 年 11 月版(《武林往哲遺著》第 13—15 册,《浙江文叢》)。

鄒守益

《東廓(鄒)先生文集》九卷,明嘉靖十七年洪垣刻本,《原國立北平圖書館甲庫善本叢書》第 746 册、《中國古籍珍本叢刊·廣東省立中山圖書館卷》第 47 册影印。

《鄒東廓先生文選》四卷,明隆慶六年刻本,《中國古籍珍本叢刊·天津圖書館卷》第 41 册影印。

《東廓鄒先生文集》十二卷,清刻本,《四庫全書存目叢書》集部第 65—66 册、《明别集叢刊》第二輯第 36—37 册影印。

《東廓鄒先生遺稿》十三卷,清刻本,《明别集叢刊》第二輯第 37 册影印。

《鄒謙之稿》一卷,清鈔《可儀堂一百廿名家制義》本,《明人别集稿鈔本叢刊》第 98 册影印。

《鄒守益集》,董平編校整理,鳳凰出版社 2007 年 3 月版(《陽明後學文獻叢書》)。

《東廓鄒先生文集》,范立舟校點,北京大學出版社 2016 年 10 月版(《儒藏·精華編》第 259 册)。

王　謳

《王僉事集》一卷,明嘉靖隆慶刻萬曆增刻《盛明百家詩》本,《四庫全書存目叢書》集部第 307 册、《明别集叢刊》第五輯第 99 册影印。

《王彭衙詩》,孫武軍點校,陝西人民出版社 2017 年 3 月版(《陝西古代文獻集成》第七輯)。

金大車

《金子有集》一卷,明嘉靖隆慶刻萬曆增刻《盛明百家詩》本,《四庫全書存目叢書》集部第307册、《明別集叢刊》第五輯第99册影印。

《金子有集》一卷，民國三至五年上元蔣氏慎修書屋鉛印《金陵叢書》本，臺灣大西洋圖書公司1970年1月(《金陵叢書》第21册)、《叢書集成續編》(臺灣新文豐出版公司)文學類第169册、《叢書集成續編》(上海書店)集部第116册、《回族典藏全書》第165册影印。

《金子有集》，張建人整理，上海古籍出版社2008年8月版(《回族文獻叢刊》第5册)。

馬明衡

《侍御馬師山先生軼文》一卷，清光緒二十四年刻《重編馬忠節父子合集》本，《中國稀見史料》第二輯第3册、《明別集叢刊》第一輯第78册、《陽明學文獻大系》第一輯第19册影印。

《侍御馬師山先生軼詩軼文》，王傳龍、何柳惠編校，武漢大學出版社2018年9月版(見《莆田馬氏三代集》，《陽明學要籍選刊》)。

葉良佩

《葉海峰文集》二卷，清光緒二十七年葉氏刻本，《四庫全書存目叢書》集部第84册、《明別集叢刊》第二輯第41册影印。

《葉良佩集》，張宏敏、張德勝、李青雲點校，浙江大學出版社2016年6月版(《温嶺叢書》甲集第9册)。

王從善

《鳳林先生文集》四卷，明嘉靖四十五年衛東楚刻本，《四庫全書存目叢書》集部第84册、《明別集叢刊》第二輯第42册、《新編湖北叢書》第261—262册影印。

林　時

《介立詩集》六卷，明刻本，《原國立北平圖書館甲庫善本叢書》第753册影印。

楊　麒

《楊司空文集》二卷《外集》二卷，明嘉靖刻本，《原國立北平圖書館甲庫善本叢書》第758册影印。

高　瀔

《石門集》七卷，清道光二十一年刻本，《四庫全書存目叢書》集部第146册、《明别集叢刊》第二輯第39册影印。

魏良弼

《太常少卿魏水洲先生文集》六卷，明萬曆三十五年熊劍化、徐良彦刻本，《四庫全書存目叢書》集部第85册、《明别集叢刊》第二輯第39册影印。

胡　侍

《胡蒙溪詩集》十一卷，明嘉靖二十四至二十五年朱氏刻本，《明别集叢刊》第二輯第39册、《朔方文庫》第57册影印。

《胡蒙溪文集》四卷《續集》六卷《附録》一卷，明嘉靖二十五年朱氏刻三十二年續刻本，《四庫未收書輯刊》第五輯第19册、《朔方文庫》第57册影印。

張　岳

《小山類稿選》二十卷附《輯略》一卷，明萬曆至天啓刻清補刻本，閩南同鄉會1975年、《明别集叢刊》第二輯第40册、《福建文脉叢書》第315—316册、《明代朱子學文獻叢刊》第150—151册、《四庫提要著録叢書》集部第116册影印。

《小山類稿》二十卷，清四庫全書本，《四庫全書珍本》五集集部第348—349册、《景印文淵閣四庫全書》第1272册、《文津閣四庫全書》第1277册、

《文瀾閣四庫全書》第1309册(丁氏補鈔卷九、十、十六至十八)影印。

《張净峰先生文集》一卷,民國鈔《黔南游宦詩文徵》本,《明人别集稿鈔本叢刊》第44册影印。

《張襄惠公文集》,1949年鉛字排印標點本。

《張襄惠公文集》,張翊東標校,海峽文藝出版社1996年4月版。

《小山類稿》,林海權、徐啓庭點校,福建人民出版社2000年7月版(《八閩文獻叢刊》)。

《小山類稿》,林海權點校,上海辭書出版社2011年5月版(《泉州文庫》)。

王希文

《石屏遺集》,張淦祥、楊寶霖整理,樂水園2002年1月自印本(與《壯其遺集》同册,《莞水叢書》第一輯)。

《王希文詩》,吕永光整理,嶺南美術出版社2009年9月版(《全粤詩》第8册)。

《石屏遺集》,楊寶霖整理,上海古籍出版社2011年7月版(與《壯其遺集》同册,《東莞歷代著作叢書》)。

陳　珪

《陳珪詩》,鍾東、楊權、吕永光整理,嶺南美術出版社2009年9月版(《全粤詩》第8册)。

張　經

《半洲稿》四卷,明嘉靖十六年司馬泰刻本,《四庫全書存目叢書》集部第75册、《明别集叢刊》第二輯第40册影印。

王　守

《石湖集》一卷,明鈔本,《明代詩文集珍本叢刊》第58册影印。

朱廷立

《重鐫兩厓集》八卷，明朱之楫等刻本（卷五配鈔本），《四庫全書存目叢書》集部第 84 册影印。

《兩厓集》十一卷首一卷，清道光元年朱俊溥炯然亭刻本，《明别集叢刊》第二輯第 42 册影印。

葉邦榮

《樸齋先生集》十二卷，明萬曆二十年閩中葉氏家刻本，《明别集叢刊》第二輯第 40 册影印。

桂　華

《古山先生文集》四卷（闕卷一），明刻本，《四庫全書存目叢書》集部第 68 册、《明别集叢刊》第二輯第 40 册影印。

楊　爵

《斛山楊先生遺稿》四卷，明萬曆元年安嘉善西安刻本，《明别集叢刊》第二輯第 40 册、《美國哈佛大學哈佛燕京圖書館藏明代善本别集叢刊》第 11 册、《明代朱子學文獻叢刊》第 183 册影印。

《楊忠介集》十三卷《附録》五卷，清四庫全書本，《四庫全書珍本》五集集部第 356—357 册、《景印文淵閣四庫全書》第 1276 册、《文津閣四庫全書》第 1280 册、《文瀾閣四庫全書》第 1313 册（丁氏補鈔）影印。

《楊爵集》，陳戰峰點校整理，西北大學出版社 2015 年 1 月版（《關學文庫·文獻整理系列》）。

黄　金

《東游集》一卷，明鈔本，《四庫全書存目叢書》集部第 85 册、《明别集叢刊》第二輯第 41 册影印。

邵經濟

《西浙泉厓邵先生文集》十卷《詩集》十卷，明嘉靖四十一年張景賢、王詢等刻本，《續修四庫全書》第 1339—1340 册、《明别集叢刊》第二輯第 41 册影印。

蘇　祐

《穀原詩集》八卷，明嘉靖三十七年龔秉德刻本，《四庫全書存目叢書》集部第 89 册、《明别集叢刊》第二輯第 41 册影印。

《穀原詩集》八卷，明刻本，《明代詩文集珍本叢刊》第 58 册影印。

《三巡集稿》一卷，明嘉靖刻本，《原國立北平圖書館甲庫善本叢書》第 765 册影印。

《蘇督撫集》一卷，明嘉靖隆慶刻萬曆增刻《盛明百家詩》本，《四庫全書存目叢書》集部第 307 册、《明别集叢刊》第五輯第 99 册影印。

《穀原文草》四卷，明刻本，《四庫全書存目叢書》集部第 89 册影印。

《穀原詩草續集》一卷，明刻本，《原國立北平圖書館甲庫善本叢書》第 765 册影印。

《蘇祐詩集》，趙宗方點校，中州古籍出版社 2020 年 5 月版(《濮陽先賢文叢》)。

郭鳳儀

《均奕集》一卷《附録》一卷，明嘉靖桐岡書院刻本，《原國立北平圖書館甲庫善本叢書》第 765 册影印。

戴　欽

《鹿原集》十卷，明鈔本，《四庫全書存目叢書》集部第 72 册、《北京圖書館古籍珍本叢刊》集部第 109 册、《中國西南文獻叢書》第 172 册、《明别集叢刊》第二輯第41册影印。

《戴欽詩文集校注》，滕福海、石勇校注，巴蜀書社2014年4月版（《廣西地方古籍整理研究叢書》）。

黄 褧

《樗亭集》一卷，明嘉靖刻本（附《矩洲詩集》後），《四庫全書存目叢書》集部第47册、《明别集叢刊》第一輯第96册、《廣州大典》第423册影印。

馬汝驥

《西玄詩集》不分卷，明嘉靖十七年胡纘宗刻本，《四庫全書存目叢書》集部第74册、《原國立北平圖書館甲庫善本叢書》第751册影印。

《馬文簡公集》八卷，明嘉靖四十一年馬逢乾刻本，《明别集叢刊》第二輯第41册影印。

《馬西玄集》一卷續一卷，明嘉靖隆慶刻萬曆增刻《盛明百家詩》本，《四庫全書存目叢書》集部第305册、《明别集叢刊》第五輯第96册影印。

《西玄集》，潘曉玲點校，陝西人民出版社2017年3月版（《陝西古代文獻集成》第九輯）。

秦 瀚

《秦封君集》一卷，明嘉靖隆慶刻萬曆增刻《盛明百家詩》本，《四庫全書存目叢書》集部第308册、《明别集叢刊》第五輯第99册影印。

《從川詩集》二卷《附録》一卷，民國十八年味經堂木活字印《秦氏三府君集》本，《明别集叢刊》第一輯第83册影印。

陳 逅

《省庵漫稿》四卷，明崇禎十年陳星樞刻本，《北京圖書館古籍珍本叢刊》

集部第109册、《明别集叢刊》第二輯第14册、《常熟文庫》第54册影印。

譚爾進

《譚益之詩草編年》十一卷，清初鈔本，《常熟文庫》第54册、《明人别集稿鈔本叢刊》第83册影印。

《譚益之詩文稿》一卷，清初鈔本，《常熟文庫》第54册、《明人别集稿鈔本叢刊》第83册影印。

蔡　羽

《林屋集》二十卷，明嘉靖八年刻本，《中華再造善本·明代編》、《明别集叢刊》第二輯第14册影印。

《林屋集》二十卷《南館集》十三卷，明嘉靖刻本，《明代詩文集珍本叢刊》第51—52册影印。

《蔡翰目集》一卷，明嘉靖隆慶刻萬曆增刻《盛明百家詩》本，《四庫全書存目叢書》集部第305册、《明别集叢刊》第五輯第96册影印。

趙　珏

《汀西詩集》六卷，明嘉靖十七年刻本，《明代詩文集珍本叢刊》第52册影印。

余承恩

《余鶴池詩集》十卷，明萬曆刻本，《明代詩文集珍本叢刊》第52—53册影印。

吴　鼎

《過庭私録》七卷《泉亭外集》一卷，明嘉靖四十一年吴遵晦等刻本，《四庫全書存目叢書》集部第75册影印。

《泉亭存稿》六卷，明刻本，《明别集叢刊》第二輯第28册影印。

王廷陳

《夢澤集》十七卷，明嘉靖四十一年王廷瞻刻本，《中國古籍珍本叢刊·廣東省立中山圖書館卷》第47册影印。

《夢澤集》十七卷（存卷一至五），明嘉靖四十四年皇甫汸序刻本，《原國立北平圖書館甲庫善本叢書》第751册影印。

《王夢澤集》一卷，明嘉靖隆慶刻萬曆增刻《盛明百家詩》本，《四庫全書存目叢書》集部第305册、《明别集叢刊》第五輯第96册影印。

《夢澤集》十七卷，明刻本，沔陽盧氏慎始基齋1923年（《湖北先正遺書》）、《叢書集成續編》（臺灣新文豐出版公司）文學類第143册（影《湖北先正遺書》本）、《叢書集成續編》（上海書店）集部第115册（影《湖北先正遺書》本）、《新編湖北叢書》第87册影印。

《夢澤集》二十三卷，明萬曆十八年王追伊刻三十年王追淳增修本，《四庫全書底本叢書》集部第159—160册影印。

《夢澤集》二十三卷，清四庫全書本，《四庫全書珍本》十二集集部第182册、《景印文淵閣四庫全書》第1272册、《文津閣四庫全書》第1277册、《文瀾閣四庫全書》第1309册（丁氏補鈔卷四至十二、十七至二十三）影印。

《夢澤集摘刊》十四卷，清道光十六年江漢書院刻本，《明别集叢刊》第二輯第28册影印。

《夢澤集》，陳志平、熊清元點校，鳳凰出版社2019年11月版（《鄂東文獻叢書》）。

熊　吉

《柏舉文集》，麻城市地方志辦公室編，2006年6月内部出版物（《麻城志略》）。

項　喬

《項喬集》，方長山、魏得良點校，上海社會科學院出版社2006年10月版（《温州文獻叢書》）。

汪應軫

《青湖先生文集》十四卷首一卷末一卷，清同治十一年廣州汪氏刻本，《四庫全書存目叢書》集部第73冊、《明別集叢刊》第二輯第28冊影印。

常 倫

《常評事集》四卷《寫情集》二卷，明嘉靖七年王溱刻本，《四庫全書存目叢書》集部第68冊、《明別集叢刊》第二輯第39冊、《山西歷代著作集成》第403冊影印。

《常評事集》一卷，明嘉靖隆慶刻萬曆增刻《盛明百家詩》本，《四庫全書存目叢書》集部第305冊、《明別集叢刊》第五輯第96冊影印。

《常評事集》四卷《常評事寫情集》二卷，民國二十五年鉛印《山右叢書初編》本，《叢書集成續編》（臺灣新文豐出版公司）文學類第169與208冊、山西人民出版社1986年9月（《山右叢書初編》第15冊）、《叢書集成續編》（上海書店）集部第115冊與163冊、《中國華北文獻叢書》第70冊影印。

《常評事集》，吴廣隆編審、馬甫平點校，三晉出版社2008年5月版（《晉城歷史名人文存》）。

《常評事集》，李正民點校，上海古籍出版社2014年6月版（《山右叢書初編》第6冊）。

《常評事集·常評事寫情集（外三種）》，李正民點校，上海古籍出版社2016年12月（《山右叢書》）。

《常評事集》，田同旭、馬艷校注，三晉出版社2019年12月版（《沁水歷代名家文存》第1冊）。

金大輿

《金子坤集》一卷，民國三至五年上元蔣氏慎修書屋鉛印《金陵叢書》本，臺灣大西洋圖書公司1970年1月（《金陵叢書》第21冊）、《叢書集成續編》（臺灣新文豐出版公司）文學類第169冊、《叢書集成續編》（上海書店）集部第 116 册、《回族典藏全書》第 165 册影印。

《金子坤集》，張建人整理，上海古籍出版社 2008 年 8 月版（《回族文獻叢刊》第 5 册）。

林　炫

《林榕江先生集》三十卷，明嘉靖二十七年刻本，《原國立北平圖書館甲庫善本叢書》第 750 册影印。

《林榕江先生集》三十卷，清范氏天一閣鈔本，《北京圖書館古籍珍本叢刊》集部第 109 册、《明别集叢刊》第二輯第 21 册影印。

李　默

《群玉樓稿》七卷《困亨别稿》一卷《附録》一卷，明萬曆元年李培刻本，《四庫全書存目叢書》集部第 77 册、《原國立北平圖書館甲庫善本叢書》第 757—758 册、《明别集叢刊》第二輯第 38 册（僅《群玉樓稿》七卷）、《福建文脉叢書》第 444—445 册（僅《群玉樓稿》七卷）影印。

豐　坊

《南禺外史詩》一卷，稿本，《浙學未刊稿叢編》第一輯第 1 册影印。

《萬卷樓遺集》六卷，明萬曆四十五年豐建刻本，《北京圖書館古籍珍本叢刊》集部第 109 册、《明别集叢刊》第二輯第 39 册影印。

陳九川

《明水陳先生文集》十四卷《附録》一卷，清鈔本，《四庫全書存目叢書》集部第 72 册、《明别集叢刊》第二輯第 44 册影印。

木　公

《雪山詩選》三卷，民國十二至二十九年雲南圖書館刻《雲南叢書》二編本,《叢書集成續編》(臺灣新文豐出版公司)文學類第169册、《叢書集成續編》(上海書店)集部第115册、中華書局2009年10月(《雲南叢書》第47册)、《明别集叢刊》第二輯第44册影印。

《雪山詩選》,王文才、萬光治等編注,天地出版社2002年12月版(《楊升庵叢書》)。

《雪山始音》《隱園春興》《雪山庚子稿》《萬松吟卷》《三湖游録》《仙樓瓊華》,多洛肯、王銘璇輯校,社會科學文獻出版社2020年11月版(見《明代納西族木氏土司文學家族詩集》)。

王寵

《雅宜山人集》十卷,明嘉靖十六年董宜陽、朱浚明原刻本,"國立中央圖書館"1968年10月(《明代藝術家集匯刊》)、《四庫全書存目叢書》集部第79册、《明别集叢刊》第二輯第44册影印。

《雅宜山人集》十卷,明嘉靖十六年董宜陽、朱浚明刻隆慶六年遞修本,《原國立北平圖書館甲庫善本叢書》第758册影印。

《王履吉集》一卷,明嘉靖隆慶刻萬曆增刻《盛明百家詩》本,《四庫全書存目叢書》集部第305册、《明别集叢刊》第五輯第96册影印。

《王寵集》,鄧富華點校,浙江人民美術出版社2017年2月版(《中國藝術文獻叢刊》);2019年12月版(《藝術文獻集成》)。

張選

《忠諫静思張公遺集》十卷附《侍御静生張公遺集》二卷,清康熙三十三年張元昇等刻本,《四庫全書存目叢書》集部第93册、《明别集叢刊》第二輯第51册影印。

戴時宗

《朽庵存稿》四卷,明嘉靖三十三年刻本,《域外漢籍珍本文庫》第三輯集部第21册、《域外漢籍珍本文庫・日藏明人别集珍本叢刊》第一輯第8册影印。

蕭與成

《蕭太史鐵峰集》，清道光刻《潮州耆舊集》本，《潮州文獻叢刊》之一、《明别集叢刊》第五輯第94册影印。

《蕭與成文選》，潮陽蕭氏宗親聯誼總會編，2006年11月自印本（見《蕭氏先賢文選》）。

《蕭太史鐵峰集》，吴二持點校，暨南大學出版社2016年8月版（見《潮州耆舊集》，《潮汕文庫·文獻系列》）。

陸 粲

《陸子餘集》八卷《附録》一卷，明嘉靖四十三年陸延枝刻本，《四庫提要著録叢書》集部第277册、《原國立北平圖書館甲庫善本叢書》第765册、《四庫全書底本叢書》集部第195册（闕《附録》一卷）影印。

《陸貞山集》一卷，明嘉靖隆慶刻萬曆增刻《盛明百家詩》本，《四庫全書存目叢書》集部第305册、《明别集叢刊》第五輯第96册影印。

《陸子餘集》八卷，清四庫全書本，《四庫全書珍本》五集集部第351册、《景印文淵閣四庫全書》第1274册、《文津閣四庫全書》第1278册、《文瀾閣四庫全書》第1311册（丁氏補鈔）影印。

金 鑾（金 鸞）

《徙倚軒詩集》一卷，明任近臣刻本，《原國立北平圖書館甲庫善本叢書》第758册影印。

《金白嶼集》一卷，明嘉靖隆慶刻萬曆增刻《盛明百家詩》本，《四庫全書存目叢書》集部第308册、《明别集叢刊》第五輯第100册影印。

蔡雲程

《鶴田草堂集》十卷（闕卷三），清鈔本，《四庫全書存目叢書》集部第91

册、《明别集叢刊》第二輯第51册影印。

孫應奎

《燕詒録》十三卷，明萬曆刻本，《四庫全書存目叢書》集部第90册、《明别集叢刊》第二輯第52册影印。

崔　涯

《筆山崔先生文集》十卷，明萬曆三十六年崔廷健刻本，《四庫全書存目叢書》集部第94册、《明别集叢刊》第二輯第52册影印。

沈　愷

《環溪漫集》八卷，明嘉靖刻本，《明代詩文集珍本叢刊》第59—60册影印。

《沈鳳峰集》一卷，明嘉靖隆慶刻萬曆增刻《盛明百家詩》本，《四庫全書存目叢書》集部第306册、《明别集叢刊》第五輯第97册影印。

《續沈鳳峰集》一卷，明嘉靖隆慶刻萬曆增刻《盛明百家詩》本，《四庫全書存目叢書》集部第307册、《明别集叢刊》第五輯第99册影印。

《環溪集》二十六卷，明隆慶五年至萬曆二年沈紹祖刻本，《四庫全書存目叢書》集部第92册、《原國立北平圖書館甲庫善本叢書》第768册（存卷三至二十六）影印。

《守株子詩稿》二卷，明刻本，《原國立北平圖書館甲庫善本叢書》第767册影印。

姚　咨

《姚山人集》一卷，明嘉靖隆慶刻萬曆增刻《盛明百家詩》本，《四庫全書存目叢書》集部第306册、《明别集叢刊》第五輯第97册影印。

《續姚山人集》一卷，明嘉靖隆慶刻萬曆增刻《盛明百家詩》本，《四庫全書存目叢書》集部第307册、《明别集叢刊》第五輯第99册影印。

鄧　儀

《鄧山人集》一卷，明嘉靖隆慶刻萬曆增刻《盛明百家詩》本，《四庫全書存目叢書》集部第306册、《明别集叢刊》第五輯第97册影印。

劉　錫

《鈍庵先生文集》十八卷《附録》一卷，明萬曆四十三年康應乾刻本，《原國立北平圖書館甲庫善本叢書》第790册影印。

周　詩（字以言）

《周山人集》一卷，明嘉靖隆慶刻萬曆增刻《盛明百家詩》本，《四庫全書存目叢書》集部第306册、《明别集叢刊》第五輯第97册影印。

《與鹿先生集》十二卷，明隆慶萬曆間刻本，《域外漢籍珍本文庫》第五輯集部第22册影印。

《虚巖山人集》六卷《集外詩》一卷，鈔本，《常熟文庫》第51册、《稀見明代四部輯刊》第一輯第75册影印。

殷時霖

《殷時霖詩》一卷，清鈔本，《常熟文庫》第51册影印。

楊本仁

《少室山人集》二十五卷，明嘉靖刻本，《續修四庫全書》第1340册、《明别集叢刊》第二輯第52册影印。

王邦瑞

《王襄毅公集》二十卷，明隆慶五年温如春刻本，《原國立北平圖書館甲庫善本叢書》第 754 册影印。

陸　釴

《少石集》十三卷，明萬曆八年陸氏家刻本，《四庫全書存目叢書》集部第 76 册、《原國立北平圖書館甲庫善本叢書》第 756 册影印。

《陸冶齋稿》一卷，清康熙三十八年刻《可儀堂一百二十名家制義》本，《明別集叢刊》第二輯第 44 册影印。

童承叙

《内方文集》五卷，明萬曆二十五年蘇潢刻本，《明代詩文集珍本叢刊》第 49 册影印。

《内方先生集》八卷《附鈔》一卷《附録》一卷，民國十二年都門沔陽盧氏慎始基齋刻《沔陽叢書》本，《叢書集成續編》(臺灣新文豐出版公司)文學類第 143 册、《四庫未收書輯刊》第五輯第 26 册、《明別集叢刊》第二輯第 54 册影印。

馮世雍

《馮三石集》一卷，明嘉靖隆慶刻萬曆增刻《盛明百家詩》本，《四庫全書存目叢書》集部第 307 册、《明別集叢刊》第五輯第 99 册影印。

吴子孝

《吴少參集》一卷，明嘉靖隆慶刻萬曆增刻《盛明百家詩》本，《四庫全書存目叢書》集部第 307 册、《明別集叢刊》第五輯第 99 册影印。

田汝棘

《田莘野集》一卷，明嘉靖隆慶刻萬曆增刻《盛明百家詩》本，《四庫全書存目叢書》集部第 307 册、《明別集叢刊》第五輯第 99 册影印。

謝榛

《謝茂秦集》一卷，明嘉靖隆慶刻萬曆增刻《盛明百家詩》本，《四庫全書存目叢書》集部第306冊、《明別集叢刊》第五輯第97冊影印。

《四溟山人全集》二十四卷，明萬曆二十四年趙王府冰玉堂刻本，《明代論著叢刊》第一輯、《四庫提要著録叢書》集部第72冊影印。

《四溟山人全集》二十四卷，明萬曆二十四年趙王府冰玉堂刻重修本，《明別集叢刊》第二輯第45冊、《原國立北平圖書館甲庫善本叢書》第809冊影印。

《謝茂秦集》二卷，明刻本，《明代詩文集珍本叢刊》第95冊影印。

《謝茂秦詩選》五卷，明末清初鈔《明三家詩選》本，《明人別集稿鈔本叢刊》第44—45冊影印。

《四溟山人集選》一卷，清順治刻《詩慰》二十種本，《四庫禁燬書叢刊》集部第56冊、《明別集叢刊》第五輯第93冊影印。

《謝榛詩》一卷，日本元文元年序刻《七才子詩》本，《日本所編中國詩文選集彙刊・明代卷》第6冊影印。

《謝茂秦山人詩集》五卷首一卷，日本寶曆十年序刻本，《日本所編中國詩文選集彙刊・明代卷》第12冊影印。

《謝茂秦山人詩集》五卷首一卷，日本寶曆十二年二月京都小川源兵衛、佐佐木惣四郎刻本，《和刻本漢詩集成補篇》第18輯影印。

《謝茂秦詩掌故》一卷，日本明和九年序刻《七才子詩掌故》本，《日本所編中國詩文選集彙刊・明代卷》第15冊影印。

《四溟集》十卷，清四庫全書本，《四庫全書珍本》八集集部第208—209冊、《景印文淵閣四庫全書》第1289冊、《文津閣四庫全書》第1293冊、《文瀾閣四庫全書》第1327冊(丁氏補鈔卷四、六至十)影印。

《四溟山人詩集》十卷，清宣統元年鉛印《問影樓叢刻》初編本，《叢書集成續編》(上海書店)集部第116冊影印。

《謝榛詩集校注》，李慶立校注，北京古籍出版社1990年12月版。

《謝榛全集》，朱其鎧、王恒展、王少華校點，齊魯書社2000年2月版(《明清山左作家叢書》)。

《謝榛全集校箋》,李慶立校箋,江蘇古籍出版社 2003 年 1 月版。

《謝榛詩選》,李慶立選注,人民文學出版社 2009 年 1 月版(《明清十大家詩選》)。

蕭敬德

《梅谷蕭山稿》一卷,明嘉靖刻本,《明代詩文集珍本叢刊》第 95 册影印。

吴宗漢

《心逸道人吟稿》二卷,清道光十年馬泰榮鈔本,《明代詩文集珍本叢刊》第 95 册影印。

邵圭潔

《北虞先生遺文》六卷,明萬曆三十四年刻本,《四庫全書存目叢書》集部第 119 册、《明别集叢刊》第二輯第 45 册、《常熟文庫》第 56 册影印。

《邵北虞先生遺文》不分卷,明芝蘭書室鈔本,《明代詩文集珍本叢刊》第 77 册、《常熟文庫》第 56 册影印。

陶　澤

《陶樸庵稿》一卷,清鈔《可儀堂一百廿名家制義》本,《明人别集稿鈔本叢刊》第 94 册影印。

趙廷松

《敝帚集》十二卷,明嘉靖四十一年序刻本,《域外漢籍珍本文庫》第五輯集部第 21 册、《域外漢籍珍本文庫·日藏明人别集珍本叢刊》第一輯第 10 册影印。

《趙廷松集》,陳彩雲校注,綫裝書局 2009 年 12 月版(《欒清文獻叢書》)。

潘　恩

《潘笠江先生集》十二卷，明嘉靖三十四年聶叔頤刻本，《明別集叢刊》第二輯第46册影印。

《潘笠江先生集》十二卷《近稿》十二卷《附録》一卷，明嘉靖至萬曆刻本，《四庫全書存目叢書》集部第81册、《原國立北平圖書館甲庫善本叢書》第761—762册影印。

《潘尚書集》一卷，明嘉靖隆慶刻萬曆增刻《盛明百家詩》本，《四庫全書存目叢書》集部第307册、《明別集叢刊》第五輯第99册影印。

《玄覽堂詩鈔》四卷，明活字印本，《原國立北平圖書館甲庫善本叢書》第761册影印。

陸　治

《陸包山遺稿》不分卷，清人輯編稿本，臺灣學生書局1960年6月（《歷代畫家詩文集》第7種）影印。

蔡　靉

《汶濱蔡先生文集》十二卷，明嘉靖四十二年李登雲等刻本，《北京圖書館古籍珍本叢刊》集部第107册影印。

《汶濱蔡先生文集》十卷《附録》二卷，清順治十七年蔡含靈刻本（卷一至二配清光緒四年刻本），《四庫全書存目叢書》集部第93册、《京津冀歷代別集叢刊》第159册影印。

《汶濱蔡先生遺書》三十一卷（《文集》十卷首一卷《語録》二十卷），清光緒四年江陰夏子鎏刻本，《明別集叢刊》第二輯第54册、《雄安文脉叢書》第92册影印。

《汶濱蔡先生文集校注》，師根茂、張玟姮校注，中州古籍出版社2016年5月版。

歐陽德

《歐陽南野先生文集》三十卷，明嘉靖三十七年梁汝魁刻本，《四庫全書存目叢書》集部第 80 册、《明别集叢刊》第二輯第 46 册影印。

《歐陽南野先生文集》四卷，明嘉靖刻本，《四庫全書存目叢書》集部第 81 册影印。

《歐陽南野先生文選》五卷，明隆慶三年周之屏刻本，《明代詩文集珍本叢刊》第 53—54 册影印。

《歐陽德集》，陳永革編校整理，鳳凰出版社 2007 年 3 月版（《陽明後學文獻叢書》）。

《歐陽南野先生文集》，王傳龍校點，北京大學出版社 2014 年 4 月版（《儒藏·精華編》第 260 册）。

施　漸

《武陵詩選》六卷，明嘉靖四十五年王其勤刻本，《稀見明代四部輯刊》第一輯第 76 册影印。

《施武陵集》一卷，明嘉靖隆慶刻萬曆增刻《盛明百家詩》本，《四庫全書存目叢書》集部第 306 册、《明别集叢刊》第五輯第 97 册影印。

王　崇

《王麓泉集》，李世揚輯，陳寒川、項瑞英校，永康李氏還讀齋 2005 年 12 月自印本。

《王麓泉遺稿》，王石周編校，2019 年 5 月自印本。

錢德洪

《徐愛　錢德洪　董沄集》，錢明編校整理，鳳凰出版社 2007 年 3 月版（《陽明後學文獻叢書》）。

《錢德洪集》,朱炯點校整理,寧波出版社 2019 年 7 月版(《寧波市文化研究工程·歷史文獻整理》)。

劉　陽

《劉三五集》,彭樹欣整理編校,臺灣花木蘭文化出版社 2016 年 9 月版(《古典文獻研究輯刊》二三編第 21 册)。

周復俊

《周太僕集》一卷,明嘉靖隆慶刻萬曆增刻《盛明百家詩》本,《四庫全書存目叢書》集部第 308 册、《明別集叢刊》第五輯第 99 册影印。

《涇林詩文集》八卷,明萬曆二十年周玄暐刻本,《四庫全書存目叢書》集部第 98 册影印。

張之象

《剪綵集》二卷,明嘉靖程衛道刻本,《原國立北平圖書館甲庫善本叢書》第 811 册影印。

《張王屋集》一卷,明嘉靖隆慶刻萬曆增刻《盛明百家詩》本,《四庫全書存目叢書》集部第 306 册、《明別集叢刊》第五輯第 97 册影印。

鄭　坤

《鄭石南集》一卷,明嘉靖隆慶刻萬曆增刻《盛明百家詩》本,《四庫全書存目叢書》集部第 306 册、《明別集叢刊》第五輯第 97 册影印。

駱文盛

《兩溪先生遺集》七卷《詩餘》一卷,明嘉靖三十九年王健刻本,《原國立北平圖書館甲庫善本叢書》第 773 册、《明別集叢刊》第二輯第 47 册影印。

《駱翰編集》一卷，明嘉靖隆慶刻萬曆增刻《盛明百家詩》本，《四庫全書存目叢書》集部第 308 册、《明别集叢刊》第五輯第 99 册影印。

《兩溪先生存集》十四卷《附録》一卷，明隆慶三年金九皋刻本，《原國立北平圖書館甲庫善本叢書》第 773 册影印。

《駱兩溪集》十四卷《附録》一卷，明萬曆四十一年張時震刻合刻《武康四先生集》本，《四庫全書存目叢書》集部第 100 册影印。

范　言

《菁陽集選》五卷，明范應賓刻本，《稀見明代四部輯刊》第二輯第 87 册影印。

張守約

《擬寒山詩》一卷，明刻本，《四庫未收書輯刊》第六輯第 27 册、《明别集叢刊》第二輯第 47 册影印。

吕希周

《東匯詩集》十卷，明嘉靖三十三年吕端甫刻本，《四庫全書存目叢書》集部第 88 册、《明别集叢刊》第二輯第 47 册影印。

張　儉

《圭山近稿》六卷，民國二十四年鉛印《僊居叢書》本，《叢書集成續編》（臺灣新文豐出版公司）文學類第 143 册、浙江人民美術出版社 2013 年 9 月（《僊居叢書》第 4 册）、《明别集叢刊》第二輯第 47 册影印。

王同祖

《五龍山人集》六卷，明萬曆刻本，《明代詩文集珍本叢刊》第 50 册影印。

江　暉

《亹奚集》二卷《外集》一卷《詩集》二卷《附録》一卷，明萬曆刻本，《明别集叢刊》第二輯第28册影印。

《亹奚子詩集》二卷《附録》一卷，明刻本，《原國立北平圖書館甲庫善本叢書》第751册影印。

《亹奚子詩集》二卷《附録》一卷，清光緒二十二年錢塘丁氏嘉惠堂刻《武林往哲遺著》本，《叢書集成續編》（臺灣新文豐出版公司）文學類第169册、《叢書集成續編》（上海書店）集部第115册、廣陵書社2011年7月（《武林往哲遺著》第3册）影印。

《亹奚子詩集》，錢志坤點校，杭州出版社2014年5月版（《杭州全書·杭州文獻集成》第18册）；浙江古籍出版社2019年11月版（《武林往哲遺著》第13册，《浙江文叢》）。

李宗樞

《李石叠集》四卷《附録》一卷，明嘉靖二十九年西亭書院刻本，《明代詩文集珍本叢刊》第54册影印。

皇甫涍

《皇甫少玄集》二十六卷《外集》十卷，明嘉靖皇甫秦、皇甫樞刻本，《原國立北平圖書館甲庫善本叢書》第771册影印。

《皇甫少玄集》二十六卷《外集》十卷，清四庫全書本，《四庫全書珍本》三集集部第343—344册、《景印文淵閣四庫全書》第1276册、《文津閣四庫全書》第1280册（闕《外集》十卷）、《文瀾閣四庫全書》第1313册（丁氏補鈔）、《明别集叢刊》第二輯第47册（影文淵閣本）影印。

皇甫汸

《續皇甫百泉集》一卷，明嘉靖隆慶刻萬曆增刻《盛明百家詩》本，《四庫全書存目叢書》集部第306册、《明别集叢刊》第五輯第97册影印。

《皇甫司勳慶曆稿》二十一卷,明萬曆刻本,《明代詩文集珍本叢刊》第62册影印。

《皇甫司勳集》六十卷,明萬曆刻本,《四庫提要著録叢書》集部第354册、《原國立北平圖書館甲庫善本叢書》第769—770册影印。

《皇甫百泉還山詩》一卷,明刻本,《明别集叢刊》第二輯第50册影印。

《皇甫司勳集》六十卷,清四庫全書本,《四庫全書珍本》三集集部第339—342册、《景印文淵閣四庫全書》第1275册、《文津閣四庫全書》第1279—1280册、《文瀾閣四庫全書》第1312册(丁氏補鈔)影印。

李元陽

《中溪家傳彙稿》(《李中溪全集》)十卷首一卷,民國三至十二年雲南圖書館刻《雲南叢書》初編本,《叢書集成續編》(臺灣新文豐出版公司)文學類第142册、《叢書集成續編》(上海書店)集部第115册、中華書局2009年10月(《雲南叢書》第21册)、《明别集叢刊》第二輯第48册影印。

《歷代白族作家叢書:李元陽卷》,施立卓選注,民族出版社2006年4月版(《情系大理》)。

《李元陽集·詩詞卷》《李元陽集·散文卷》,施立卓總編校,雲南大學出版社2008年12月版。

《李元陽文集》,施立卓總編校,雲南大學出版社2018年6月版(《雲南文庫·大家文叢》)。

程文德

《程松溪先生文集》十卷,明隆慶元年刻本,《重修金華叢書》第146册影印。

《程文恭公遺稿》三十二卷,明萬曆十二年永康程光裕家刻本,《四庫全書存目叢書》集部第90册、《原國立北平圖書館甲庫善本叢書》第766—767册、《重修金華叢書》第146册影印。

《程文恭公遺稿》三十二卷,明萬曆刻清咸豐光緒補刻本,《明别集叢刊》

第二輯第48册影印。

《程文德集》,程朱昌、程育全編輯;鄭雲山、項瑞英校注,香港銀河出版社2005年3月版。

《程文德集補遺》,程朱昌、程育全編輯;鄭雲山、項瑞英校注,香港銀河出版社2006年版。

《程文德集》,程朱昌、程育全編,上海古籍出版社2012年12月版(《永康程氏遺書》)。

蘇志皋

《寒村集》四卷,明嘉靖三十六年許應元刻本,《明代詩文集珍本叢刊》第64册影印。

《寒村集》四卷《附録》一卷,明嘉靖三十六年許應元刻隆慶增修本,《四庫全書存目叢書》集部第99册、《明别集叢刊》第二輯第60册影印。

陸奎章

《聽真稿》二卷,明嘉靖刻本,《明代詩文集珍本叢刊》第62册影印。

陳　羽

《陳參議集》一卷,明嘉靖隆慶刻萬曆增刻《盛明百家詩》本,《四庫全書存目叢書》集部第306册、《明别集叢刊》第五輯第97册影印。

華　察

《巖居稿》八卷,明嘉靖三十五年王懋明刻本,《原國立北平圖書館甲庫善本叢書》第764册影印。

《巖居稿》八卷,明嘉靖末隆慶初刻本,《無錫文庫》第79册影印。

《華學士集》一卷,明嘉靖隆慶刻萬曆增刻《盛明百家詩》本,《四庫全書存目叢書》集部第305册、《明别集叢刊》第五輯第96册影印。

王　問

《王仲山先生詩選》八卷《文選》一卷，明嘉靖刻本，臺灣學生書局 1960 年 6 月（《歷代畫家詩文集》第 18 種）、《無錫文庫》第 80 册影印。

《王仲山先生詩選》八卷《文選》一卷，明萬曆刻本，《原國立北平圖書館甲庫善本叢書》第 777 册影印。

《王僉憲集》一卷，明嘉靖隆慶刻萬曆增刻《盛明百家詩》本，《四庫全書存目叢書》集部第 306 册、《明别集叢刊》第五輯第 97 册影印。

《續王僉憲集》一卷，明嘉靖隆慶刻萬曆增刻《盛明百家詩》本，《四庫全書存目叢書》集部第 308 册、《明别集叢刊》第五輯第 99 册影印。

陸　采

《天池山人小稿》五種五卷（《太山稿》一卷《義興稿》一卷《壬辰稿》一卷《癸巳稿》一卷《甲午稿》一卷），明刻本，《續修四庫全書》第 1354 册、《明别集叢刊》第二輯第 46 册影印。

孫繼魯

《孫清滑公文集》一卷《詩集》一卷，清宣統三年李根源輯刻《明滇南五名臣遺集》本，《回族典藏全書》第 164 册、《明别集叢刊》第一輯第 70 册、《歷代地方詩文總集彙編》第 462 册影印。

《孫清滑公文集》一卷《詩集》一卷，民國三至十二年雲南圖書館刻《雲南叢書》初編《明滇南五名臣遺集》本，《叢書集成續編》（臺灣新文豐出版公司）文學類第 105 册、《叢書集成續編》（上海書店）别録第 179 册、中華書局 2009 年 10 月（《雲南叢書》第 40 册）影印。

朱厚煜

《居敬堂集》一卷，明嘉靖吴郡袁氏嘉趣堂刻《金聲玉振集》戊部本，《叢書集成續編》（上海書店）集部第 113 册、《明别集叢刊》第二輯第 49 册影印。

王　畿(字汝中)

《龍溪王先生全集》二十卷,明萬曆十六年蕭良榦刻本,《四庫全書存目叢書》集部第 98 册、《中華再造善本・明代編》、《寫刻古籍版本聚珍》第 228—231 册影印。

《龍溪王先生全集》二十二卷,明萬曆四十三年丁賓、張汝霖校刻本,《明别集叢刊》第二輯第 49 册、江蘇大學出版社 2019 年 10 月(僅前二十卷)影印。

《龍溪王先生全集》二十二卷,日本元禄九年覆刻丁賓、張汝霖校刻本,《和刻影印近世漢籍叢刊思想編續編》第 11—12 册、《和刻本漢籍文集》第 16 輯、《和刻本四部叢刊》集部第 97 册影印。

《龍溪王先生全集》二十卷,清道光二年莫晉刻本,臺北華文書局 1970 年 5 月(題作《王龍溪先生全集》)影印。

《王畿集》,吴震編校整理,鳳凰出版社 2007 年 3 月版(《陽明後學文獻叢書》)。

《龍溪王先生文集》,吴震校點,北京大學出版社 2016 年 10 月版(《儒藏・精華編》第 260 册)。

文　彭

《明文博士詩集》二卷,明萬曆十六年長洲文肇祉輯刻《文氏家藏詩集》本,《北京圖書館古籍珍本叢刊》集部第 115 册、《四庫提要著録叢書》集部第 152 册、《明别集叢刊》第二輯第 49 册影印。

《博士詩》二卷,清四庫全書《文氏五家集》本,《四庫全書珍本》初集第 375—376 册、《景印文淵閣四庫全書》第 1382 册、《文津閣四庫全書》第 1385 册、《文瀾閣四庫全書》第 1427 册(丁氏補鈔)影印。

萬　表

《萬總戎集》一卷,明嘉靖隆慶刻萬曆增刻《盛明百家詩》本,《四庫全書存目叢書》集部第 308 册、《明别集叢刊》第五輯第 99 册影印。

《玩鹿亭稿》八卷《附録》一卷，明萬曆萬邦孚刻本，《四庫全書存目叢書》集部第 76 册、《原國立北平圖書館甲庫善本叢書》第 759 册影印。

《玩鹿亭稿》二卷，明刻本，《原國立北平圖書館甲庫善本叢書》第 759 册影印。

《玩鹿亭稿》八卷，民國二十九年四明張氏約園刻《四明叢書》本，《叢書集成續編》（臺灣新文豐出版公司）文學類第 143 册、《叢書集成續編》（上海書店）集部第 115 册、廣陵書社 2006 年 8 月（《四明叢書》第 27 册）、《明别集叢刊》第二輯第 49 册、《張壽鏞文獻輯刊》第 129—130 册影印。

王鳳靈

《筆峰文集》不分卷，明烏絲欄鈔本，《四庫全書存目叢書》集部第 74 册、《原國立北平圖書館甲庫善本叢書》第 751 册、《明别集叢刊》第二輯第 29 册、《明代莆人文集》第 26 册影印。

王漸逵

《王青蘿先生詩集》一卷《文集》一卷，清鈔本，《廣州大典》第 425 册影印。

《王漸逵詩》，梁基永、史洪權、李永新整理，嶺南美術出版社 2009 年 8 月版（《全粤詩》第 7 册）。

薛　甲

《薛兵憲集》一卷，明嘉靖隆慶刻萬曆增刻《盛明百家詩》本，《四庫全書存目叢書》集部第 307 册、《明别集叢刊》第五輯第 99 册影印。

《畏齋薛先生藝文類稿》十四卷《續集》三卷，明隆慶刻本，《北京圖書館古籍珍本叢刊》集部第 110 册、《續修四庫全書》第 1340 册影印。

鄺元樂

《五嶺文集》二卷，明清祕閣朱絲闌鈔本，《臺灣珍藏善本叢刊·古鈔本明代詩文集》第3册影印。

《五嶺文集》二卷《附録》一卷，清道光十二年鄺氏明德堂刻本，《廣州大典》第426册影印。

歐陽建

《篁莊遺稿》二卷，清咸豐三年刻本，《廣州大典》第426册影印。

《歐陽建詩》，鍾稚鷗整理，嶺南美術出版社2010年4月版(《全粤詩》第10册)。

唐　穆

《存吾公詩》，王堯雲校訂，海南書局1935年版(見《傳芳集》，《海南叢書》第三集)。

《存吾公詩》，劉美新點校，海南出版社2006年3月版(見《傳芳集》，與《湄丘集》等同册，《海南先賢詩文叢刊》)。

《唐穆詩》，梁基永、楊權整理，嶺南美術出版社2010年4月版(《全粤詩》第10册)。

王　敉

《振衣亭稿》四卷，明嘉靖刻本，《原國立北平圖書館甲庫善本叢書》第759册影印。

諶道行

《重刊瀼東漫稿》四卷，明嘉靖三十四年諶廷詔家刻本，《原國立北平圖書館甲庫善本叢書》第759册影印。

張光宇

《太乙山人游蜀詩》十卷，明嘉靖刻本，《原國立北平圖書館甲庫善本叢書》第759册影印。

翁萬達

《(翁)東涯集》十七卷,明嘉靖三十四年朱睦㮮刻本,潮陽郭氏 1939 年石印;《潮州文獻叢刊》之二、《北京圖書館古籍珍本叢刊》集部第 106 册、《明別集叢刊》第二輯第 50 册(影民國石印本)影印。

《翁襄敏東涯集》六卷,清道光刻《潮州耆舊集》本,《潮州文獻叢刊》之一、《明別集叢刊》第五輯第 94 册影印。

《思德堂詩草》二卷,清道光十三年約心軒刻本,香港天馬出版有限公司 2006 年 6 月(題作《思德堂詩集》)影印。

《翁萬達集》,朱仲玉、吴奎信校點整理,上海古籍出版社 1992 年 10 月版(《潮汕文庫·潮汕歷史文獻叢編》)。

《稽愆集》,翁輝東重輯、陳香白點校,中山大學出版社 1997 年 9 月版(《韓山師院潮學叢書》)。

《翁萬達詩文選注》,莊義友、莊義青選注,汕頭大學出版社 1998 年 7 月版。

《翁萬達詩》,郭培忠整理,嶺南美術出版社 2009 年 9 月版(《全粵詩》第 8 册)。

《翁襄敏東涯集》,吴二持點校,暨南大學出版社 2016 年 8 月版(見《潮州耆舊集》,《潮汕文庫·文獻系列》)。

陳一松

《陳侍郎玉簡山堂集》一卷,清道光刻《潮州耆舊集》本,《潮州文獻叢刊》之一、《明別集叢刊》第五輯第 94 册影印。

《玉簡山堂集》十卷,清光緒二十二年陳元焯刻本,《明別集叢刊》第二輯第 50 册影印。

《陳侍郎玉簡山堂集》,吴二持點校,暨南大學出版社 2016 年 8 月版(見《潮州耆舊集》,《潮汕文庫·文獻系列》)。

馮汝弼

《祐山先生文集》十卷,明刻本,《四庫全書存目叢書》集部第 95 册、《明別集叢刊》第二輯第50册影印。

林　春

《林東城文集》二卷,民國八至十四年韓國鈞鉛印《海陵叢刻》本,《泰州文獻》第45册、《江蘇地方文獻叢刊·海陵叢刻》第3册影印。

白　悦

《白洛原遺稿》八卷,明隆慶元年皇甫汸刻本,《四庫全書存目叢書》集部第96册、《明别集叢刊》第二輯第61册影印。

《白悦詩文集》,白仲官、白清淵主編,金壇古籍印刷廠2018年印本(《晉陵白氏叢書·常州姓氏文化叢書》)。

馬一龍

《玉華子游藝集》二十六卷,明萬曆三十二年馬震伯、馬巽翰等刻本,《北京圖書館古籍珍本叢刊》集部第108册、《回族典藏全書》第175—180册、《明别集叢刊》第二輯第7册影印。

劉　魁

《劉晴川集》一卷,清康熙五經堂刻《廣理學備考》本,《明别集叢刊》第二輯第8册影印。

王良樞

《轂音集》四卷,明嘉靖三十年王氏刻本,《原國立北平圖書館甲庫善本叢書》第759册影印。

余　佑

《遷江集》二卷,明嘉靖四十年余紹芳刻本,《原國立北平圖書館甲庫善本叢書》第759册、《明代朱子學文獻叢刊》第81册影印。

謝承祐

《復初山人和陶集》五卷，明嘉靖二十二年錢良佐刻本，《原國立北平圖書館甲庫善本叢書》第759册影印。

賈雪舟

《雪舟詩集》六卷，明嘉靖刻本，《原國立北平圖書館甲庫善本叢書》第759册影印。

仲言永

《寓岱稿》不分卷，明嘉靖刻本，《原國立北平圖書館甲庫善本叢書》第759册影印。

史褒善

《沱村先生集》六卷，明萬曆三十三年澶州史氏家刻本，《明別集叢刊》第二輯第52册影印。

袁　袞

《袁禮部詩》二卷，明嘉靖三十六年吳縣袁氏家刻本，《明別集叢刊》第二輯第52册影印。

李舜臣

《愚谷集》十卷，明隆慶刻本，《四庫提要著録叢書》集部第276册、《明別集叢刊》第二輯第53册影印。

《愚谷集》十卷，清四庫全書本，《四庫全書珍本》五集集部第350册、《景印文淵閣四庫全書》第1273册、《文津閣四庫全書》第1278册、《文瀾閣四庫全書》第1310册(丁氏補鈔)影印。

郭宗臯

《郭康介遺文》二卷,清嘉慶二十五年福山王善愷刻本,《明别集叢刊》第二輯第53册影印。

《郭康介公遺集》二卷,清光緒元年日照丁守存刻本,《山東文獻集成》第一輯第34册影印。

熊　過

《南沙先生文集》八卷,明隆慶二年刻萬曆十五年遞修本,《原國立北平圖書館甲庫善本叢書》第767册影印。

《南沙先生文集》八卷,明泰昌元年熊胤衡刻本,《四庫全書存目叢書》集部第91册、《中國西南文獻叢書》第175—176册影印。

《南沙先生文集》八卷,清同治十二年富邑書局刻本,《明别集叢刊》第二輯第54册影印。

趙文華

《趙氏家藏集》八卷,清秦氏石研齋鈔本,《原國立北平圖書館甲庫善本叢書》第769册影印。

《趙氏家藏集》八卷,清鈔本,《四庫未收書輯刊》第五輯第19册影印。

《趙氏家藏集》八卷,民國二十年北平燕京大學圖書館鈔本,《明别集叢刊》第二輯第54册影印。

張永明

《張莊僖(公)文集》六卷,明萬曆三十七年張氏家刻重修本,《四庫提要著録叢書》集部第354册、《明别集叢刊》第二輯第53册、《四庫全書底本叢書》集部第195—196册影印。

《張莊僖(公)文集》五卷,清四庫全書本,《四庫全書珍本》三集集部第345册、《景印文淵閣四庫全書》第1277册、《文津閣四庫全書》第1281册、《文瀾閣四庫全書》第1314册(丁氏補鈔)影印。

鄭　曉

《端簡鄭公文集》十二卷,明萬曆二十八年鄭心材家刻本,《四庫全書存目叢書》集部第85册、《北京圖書館古籍珍本叢刊》集部第109册、《原國立北平圖書館甲庫善本叢書》第762册、《明别集叢刊》第二輯第53册影印。

《衡門集》十五卷,海鹽張氏涉園鈔本,《上海圖書館藏涉園稿鈔校本叢書》第40—42册影印。

陳如綸

《冰玉堂綴逸稿》二卷《蘭舟漫稿》一卷附《二餘詞》一卷,明萬曆刻本,《四庫全書存目叢書》集部第96册、《明别集叢刊》第二輯第60册影印。

崔廷槐

《樓谿先生集》三十六卷(存卷一至三十一),明萬曆胡來貢刻本,《原國立北平圖書館甲庫善本叢書》第766册影印。

谷繼宗

《歲稿》一卷,明嘉靖十年傅漢臣刻本,《原國立北平圖書館甲庫善本叢書》第766册影印。

黄廷用

《少村漫稿》四卷,明刻本,《明代莆人文集》第27册影印。

朱讓栩

《長春競辰稿》十三卷《餘稿》三卷，明嘉靖二十八年蜀藩朱承爚刻本，《四庫未收書輯刊》第五輯第18冊、《北京圖書館古籍珍本叢刊》集部第107冊、《原國立北平圖書館甲庫善本叢書》第693冊（闕《餘稿》三卷）、《明別集叢刊》第二輯第28冊、《巴蜀文叢·明蜀王文集五種》第4冊影印。

吴　鵬

《飛鴻亭集》二十卷，明萬曆吴惟貞刻本，《四庫全書存目叢書》集部第83—84冊、《北京圖書館古籍珍本叢刊》集部第107冊、《明別集叢刊》第二輯第51冊影印。

薛應旂

《方山先生文録》二十二卷《附録》一卷，明嘉靖三十三年東吴書林刻本，《四庫全書存目叢書》集部第102冊、《原國立北平圖書館甲庫善本叢書》第775冊（闕《附録》一卷）影印。

《方山薛先生全集》六十八卷，明嘉靖刻本，《續修四庫全書》第1343冊、《原國立北平圖書館甲庫善本叢書》第775—776冊、《明別集叢刊》第二輯第55冊、《明代朱子學文獻叢刊》第202—206冊影印。

《薛憲副集》一卷，明嘉靖隆慶刻萬曆增刻《盛明百家詩》本，《四庫全書存目叢書》集部第306冊、《明別集叢刊》第五輯第97冊影印。

《方山先生文録》二十二卷，清光緒二十一至二十四年武進盛氏思惠齋刻《常州先哲遺書》本，《叢書集成續編》（上海書店）集部第116冊、南京大學出版社2010年3月（《常州先哲遺書》第92—93冊）影印。

項元淇

《少嶽詩集》四卷，明萬曆三年項氏墨林山堂刻本，《四庫全書存目叢書》集部第143冊、《明別集叢刊》第二輯第56冊影印。

龔用卿

《雲岡選稿》二十卷，明萬曆三十五年龔燿刻本，《四庫全書存目叢書》集部第87—88册、《明代詩文集珍本叢刊》第55—56册影印。

《雲岡文集》二十卷，清光緒三十年福州龔氏刻本，《明别集叢刊》第二輯第56册影印。

《雲岡公文集》十七卷，藍格舊鈔本，《臺灣珍藏善本叢刊·古鈔本明代詩文集》第10—11册影印。

張時徹

《芝園集》二十二卷，明嘉靖二十三年鄒守愚刻本，《原國立北平圖書館甲庫善本叢書》第763册影印。

《芝園定集》五十一卷《别集》十卷《外集》二十四卷，明嘉靖刻本，《四庫全書存目叢書》集部第81—82册、《明别集叢刊》第二輯第57册（僅《芝園定集》五十一卷）影印。

《張司馬集》一卷，明嘉靖隆慶刻萬曆增刻《盛明百家詩》本，《四庫全書存目叢書》集部第307册、《明别集叢刊》第五輯第99册影印。

馮惟健

《陂門集》一卷，明萬曆刻《馮氏五先生集》本，《明别集叢刊》第二輯第8册影印。

《陂門山人集》八卷，明宋氏鈔本，《四庫未收書輯刊》第五輯第21册影印。

吴承恩

《射陽先生文存》一卷，民國十年如皋冒廣生輯刻《楚州叢書》本，《江蘇地方文獻叢刊·楚州叢書》第2册影印。

《射陽先生存稿》四卷，民國十九年北平故宫博物院圖書館鉛印萬曆李維楨校刻本，臺灣河洛圖書出版社1975年9月（題作《吴承恩詩文集》，《夏學叢書》)、《明别集叢刊》第二輯第56册影印。

《吴承恩詩文集》,劉修業輯校,古典文學出版社1958年6月版;中華書局1959年3月新版。

《新校吴承恩詩集》,楊家駱主編,世界書局1964年2月版(《中國學術名著》第六輯《中國文學名著》第14册)。

《吴承恩詩文集箋校》,劉修業輯校、劉懷玉箋校,上海古籍出版社1991年5月版。

《吴承恩集》,蔡鐵鷹箋校,中國社會科學出版社2014年9月版。

顧夢圭

《顧廉訪集》一卷,明嘉靖隆慶刻萬曆增刻《盛明百家詩》本,《四庫全書存目叢書》集部第307册、《明别集叢刊》第五輯第99册影印。

《疣贅録》九卷《續録》二卷,清雍正七年顧懷劬刻本,《四庫全書存目叢書》集部第83册影印。

《疣贅録》九卷《續録》二卷,清雍正十年桂雲堂刻《玉峰雍里顧氏六世詩文集》本,《明别集叢刊》第二輯第56册影印。

顧天堦

《違竽集》四卷,清雍正十年桂雲堂刻《玉峰雍里顧氏六世詩文集》本,《明别集叢刊》第二輯第56册影印。

孫　陞

《孫文恪公集》二十卷附《夫人楊氏詩稿》一卷,明嘉靖袁洪愈、徐栻刻本,《四庫全書存目叢書》集部第99册、《明别集叢刊》第二輯第57册影印。

楊文儷

《孫夫人詩集》一卷,明嘉靖隆慶刻萬曆增刻《盛明百家詩》本,《四庫全書存目叢書》集部第308册、《明别集叢刊》第五輯第100册影印。

《夫人楊氏詩稿》一卷,明嘉靖袁洪愈、徐栻刻本(附《孫文恪公集》後),《四庫全書存目叢書》集部第99册、《明别集叢刊》第二輯第57册影印。

《孫夫人集》一卷,清光緒二十三年錢塘丁氏嘉惠堂刻《武林往哲遺著》本,《叢書集成續編》(臺灣新文豐出版公司)文學類第170册、《叢書集成續編》(上海書店)集部第116册、《美國哈佛大學哈佛燕京圖書館藏明清婦女著述彙刊》第4册、廣陵書社2011年7月(《武林往哲遺著》第3册)、《明别集叢刊》第三輯第1册影印。

《孫夫人集》,王杏林點校,杭州出版社2014年5月版(《杭州全書·杭州文獻集成》第18册);浙江古籍出版社2019年11月版(《武林往哲遺著》第12册,《浙江文叢》)。

《孫夫人集》,楊帆整理,黄山書社2014年3月版(《江南女性别集》四編上册)。

黄正色

《斗南黄先生遼陽稿》二卷《别稿》一卷附一卷,明鈔本,《明人别集稿鈔本叢刊》第45册影印。

文　嘉

《文和州詩》一卷,明萬曆十六年長洲文肇祉輯刻《文氏家藏詩集》本,《北京圖書館古籍珍本叢刊》集部第115册、《四庫提要著録叢書》集部第152册、《明别集叢刊》第二輯第58册影印。

《和州詩》一卷,清四庫全書《文氏五家集》本,《四庫全書珍本》初集第375—376册、《景印文淵閣四庫全書》第1382册、《文津閣四庫全書》第1385册、《文瀾閣四庫全書》第1427册影印。

夏　浚

《月川類草》十卷,清鈔本,《北京圖書館古籍珍本叢刊》集部第107册影印。

《重刻月川類草》十卷，清活字印《會稽夏氏宗譜》本，《四庫未收書輯刊》第五輯第19册、《明别集叢刊》第二輯第58册影印。

高叔嗣

《蘇門集》八卷，明萬曆四十一年馬之駿刻本，《四庫提要著録叢書》集部第276册影印。

《蘇門集》八卷，明刻本，《明别集叢刊》第二輯第58册影印。

《蘇門集》八卷，清四庫全書本，《景印摛藻堂四庫全書薈要》第418册、《四庫全書珍本》六集集部第282册、《景印文淵閣四庫全書》第1273册、《文津閣四庫全書》第1278册、《文瀾閣四庫全書》第1310册（丁氏補鈔卷五至八）影印。

《高蘇門集》一卷，明嘉靖隆慶刻萬曆增刻《盛明百家詩》本，《四庫全書存目叢書》集部第305册、《明别集叢刊》第五輯第96册影印。

《蘇門集選》一卷《附録》一卷，清初鈔《徐高二家集選》本，《明人别集稿鈔本叢刊》第46册影印。

《蘇門集選》一卷，清四庫全書《二家詩選》本，《四庫全書珍本》十一集集部第200册、《景印文淵閣四庫全書》第1459册、《文津閣四庫全書》第1464册、《文瀾閣四庫全書》第1506册（丁氏補鈔）影印。

金　瑶

《金栗齋先生文集》十一卷，明萬曆四十一年汪從龍等瀛山書院刻本，《四庫全書存目叢書補編》第78册、《續修四庫全書》第1342册、《原國立北平圖書館甲庫善本叢書》第770册、《明别集叢刊》第二輯第58册影印。

江　汜

《陽巖山人集》十四卷，明嘉靖刻本，《明别集叢刊》第二輯第58册影印。

楊應詔

《天游山人集》二十卷(存卷十至十三),明刻本,《北京圖書館古籍珍本叢刊》集部第110册、《明别集叢刊》第二輯第58册影印。

朱曰藩

《池上編》二卷,明嘉靖三十五年三癸亭刻本,《原國立北平圖書館甲庫善本叢書》第782册影印。

《山帶閣集》三十三卷,明萬曆刻本,《四庫全書存目叢書》集部第110册、《明别集叢刊》第二輯第97册影印。

《山帶閣集》三十三卷《附録》一卷,清道光刻本,《揚州文庫》第98册影印。

任　瀚

《任少海集》一卷,明嘉靖隆慶刻萬曆增刻《盛明百家詩》本,《四庫全書存目叢書》集部第306册、《明别集叢刊》第五輯第97册影印。

薛章憲

《鴻泥堂小稿》八卷《續稿》十卷《附録》一卷,明嘉靖刻本,《四庫全書存目叢書》集部第78册影印。

《薛浮休集》一卷,明嘉靖隆慶刻萬曆增刻《盛明百家詩》本,《四庫全書存目叢書》集部第306册、《明别集叢刊》第五輯第97册影印。

謝東山

《謝中丞集》一卷,明嘉靖隆慶刻萬曆增刻《盛明百家詩》本,《四庫全書存目叢書》集部第306册、《明别集叢刊》第五輯第97册影印。

《東游小稿》一卷,明刻本,《原國立北平圖書館甲庫善本叢書》第779册影印。

何　遷

《吉陽山房摘稿》十卷，明嘉靖三十八年張元冲等刻本，《原國立北平圖書館甲庫善本叢書》第 779 册影印。

《何刑侍集》一卷，明嘉靖隆慶刻萬曆增刻《盛明百家詩》本，《四庫全書存目叢書》集部第 306 册、《明别集叢刊》第五輯第 97 册影印。

《吉陽先生文録》四卷《詩録》六卷，明萬曆刻本，《域外漢籍珍本文庫》第五輯集部第 21 册影印。

王　梴

《王同野集》十六卷，明嘉靖四十年劉邦獻刻本，《稀見明代四部輯刊》第一輯第 74 册影印。

《徐徐集》一卷《家乘》一卷，明嘉靖刻本，《明代詩文集珍本叢刊》第 65 册影印。

《徐徐集》二卷，1950 年四明張氏約園續刻《四明叢書》本，《叢書集成續編》(臺灣新文豐出版公司)文學類第 144 册、《叢書集成續編》(上海書店)集部第 116 册、廣陵書社 2006 年 8 月(《四明叢書》第 29 册)、《張壽鏞文獻輯刊》第 140 册影印。

王廷幹

《巖潭詩集》十二卷，明嘉靖三十二年張定刻本，《原國立北平圖書館甲庫善本叢書》第 771 册影印。

《王巖潭集》一卷，明嘉靖隆慶刻萬曆增刻《盛明百家詩》本，《四庫全書存目叢書》集部第 306 册、《明别集叢刊》第五輯第 97 册影印。

沈　謐

《沈少參集》一卷，明嘉靖隆慶刻萬曆增刻《盛明百家詩》本，《四庫全書存目叢書》集部第 307 册、《明别集叢刊》第五輯第 99 册影印。

唐　詩

《唐山人集》一卷，明嘉靖隆慶刻萬曆增刻《盛明百家詩》本，《四庫全書存目叢書》集部第307册、《明别集叢刊》第五輯第99册影印。

郭廷序

《循夫先生集》四卷《附録》一卷，民國十二年鉛印本，《稀見明代四部輯刊》第二輯第83册影印。

胡　膏

《龍江先生文集》七卷，明嘉靖二十八年刻本，《稀見明代四部輯刊》第二輯第84册影印。

顧存仁

《顧給舍集》一卷，明嘉靖隆慶刻萬曆增刻《盛明百家詩》本，《四庫全書存目叢書》集部第308册、《明别集叢刊》第五輯第99册影印。

唐　秩

《存吾公詩》，王堯雲校訂，海南書局1935年版(見《傳芳集》，《海南叢書》第三集)。

《存吾公詩》，劉美新點校，海南出版社2006年3月版(見《傳芳集》，與《湄丘集》等同册，《海南先賢詩文叢刊》)。

《唐秩詩》，梁基永、楊權整理，嶺南美術出版社2010年6月版(《全粵詩》第12册)。

閔如霖

《午塘先生集》十六卷，明萬曆二年閔道孚等刻本，《四庫全書存目叢書》

集部第96册影印。

《閔午塘先生詩集》七卷,明萬曆十年閔一範刻本,《明别集叢刊》第一輯第71册影印。

王 健

《王鶴泉集》八卷,明嘉靖三十五年孫昭、鄭絅刻本,《原國立北平圖書館甲庫善本叢書》第777册影印。

《鶴泉集》,張衛中、王遠輝編校,人民日報出版社2003年10月版(《王瓚集》附録,《龍灣文化叢書》)。

《鶴泉集》,張侃、王紹新、董麗瓊校注,厦門大學出版社2014年5月版。

李開先

《中麓山人拙對》二卷,明嘉靖刻本,《原國立北平圖書館甲庫善本叢書》第768册影印。

《中麓山人拙對》二卷《續對》一卷,明嘉靖刻本,《明代詩文集珍本叢刊》第61册影印。

《李中麓閒居集》十二卷,明嘉靖至隆慶刻本,《四庫全書存目叢書》集部第92—93册、《續修四庫全書》第1340—1341册、《山東文獻集成》第三輯第24册、《原國立北平圖書館甲庫善本叢書》第768—769册影印。

《閒居集詩選》四卷附《虎門遺詩》一卷,清乾隆二十四年章丘李氏書帶草堂刻本,《山東文獻集成》第四輯第26册影印。

《中麓山人拙對》三卷(闕卷三),鈔本,《明别集叢刊》第二輯第59册影印。

《李開先集》,路工輯校,中華書局1959年12月版。

《李開先全集》,卜鍵箋校,文化藝術出版社2004年8月版;上海古籍出版社2013年12月版;2014年2月修訂版。

《李開先詩文選》,李永祥選注,濟南出版社2009年4月版(《濟南歷代名家詩文選》)。

王納言

《王椒園先生集》四卷，明萬曆三十九年王鳳徵刻本，《明代詩文集珍本叢刊》第 61 册影印。

張　意

《張臯副集》一卷，明嘉靖隆慶刻萬曆增刻《盛明百家詩》本，《四庫全書存目叢書》集部第 307 册、《明别集叢刊》第五輯第 99 册影印。

姚廉敬

《姚本修集》一卷，明嘉靖隆慶刻萬曆增刻《盛明百家詩》本，《四庫全書存目叢書》集部第 307 册、《明别集叢刊》第五輯第 99 册影印。

沈翰卿

《沈石灣集》一卷，明嘉靖隆慶刻萬曆增刻《盛明百家詩》本，《四庫全書存目叢書》集部第 307 册、《明别集叢刊》第五輯第 99 册影印。

黄勉之

《續黄五嶽集》一卷，明嘉靖隆慶刻萬曆增刻《盛明百家詩》本，《四庫全書存目叢書》集部第 307 册、《明别集叢刊》第五輯第 99 册影印。

葛守禮

《葛端肅公文集》十八卷，明萬曆十年刻本，《四庫全書存目叢書》集部第 93 册、《明别集叢刊》第二輯第 59 册影印。

孫揚

《孫石臺先生遺集》二卷《附録》二卷，清乾隆四十四年盧衍仁等刻本，《四庫未收書輯刊》第五輯第18册、《明別集叢刊》第二輯第59册、《重修金華叢書》第149册影印。

《孫石臺遺集》，劉惠康點校，浙江古籍出版社2014年9月版(《東陽叢書》)。

袁袠

《袁永之集》二十卷附一卷，明嘉靖刻本，《中國人民大學圖書館藏古籍珍本叢刊》第129—130册影印。

《袁學憲集》一卷，明嘉靖隆慶刻萬曆增刻《盛明百家詩》本，《四庫全書存目叢書》集部第305册、《明別集叢刊》第五輯第96册影印。

《衡藩重刻胥臺先生集》二十卷，明萬曆十二年衡藩刻本，《四庫全書存目叢書》集部第86册、《北京圖書館古籍珍本叢刊》集部第104册、《原國立北平圖書館甲庫善本叢書》第763—764册、《明別集叢刊》第二輯第59册影印。

錢薇

《海石先生文集》二十八卷《目録》二卷，明萬曆四十一至四十二年錢氏刻本，《明別集叢刊》第二輯第60册影印。

《海石先生文集》二十八卷《目録》二卷附《侍御公奏疏》一卷《遺詩》一卷，明萬曆四十一至四十二年錢氏刻清增修本，《四庫全書存目叢書》集部第97册影印。

《錢海石先生詩集》七卷，清范希仁鈔本，《明代詩文集珍本叢刊》第64册影印。

來汝賢

《菲泉先生存稿》八卷，明萬曆十四年姜寶刻崇禎七年何汝敷重修本，

《四庫全書存目叢書》集部第 96 册、《明别集叢刊》第二輯第 61 册影印。

趙　伊

《序芳園稿》二卷，明萬曆二年趙邦秩等刻本，《四庫全書存目叢書》集部第 95 册、《明别集叢刊》第二輯第 61 册影印。

李　愷

《抑齋介山集》十六卷（闕卷四至八）《介山詩集》六卷（闕卷一卷二），明刻本，海峽書局 2014 年 4 月（題作《介山集》）影印。

《李愷・介山集》，郭民富、李園春編，海峽書局 2014 年 6 月版。

江以達

《午坡文集》四卷，明嘉靖三十六年黄鑄刻本，《四庫全書存目叢書》集部第 89 册影印。

《明善齋集》十四卷，明隆慶三年紀振東刻本，《明别集叢刊》第二輯第 47 册影印。

屠應埈

《屠漸山蘭暉堂集》十二卷，明嘉靖三十一年屠中律刻本，《四庫全書存目叢書》集部第 132 册、《明别集叢刊》第三輯第 42 册影印。

《屠漸山集》一卷，明嘉靖隆慶刻萬曆增刻《盛明百家詩》本，《四庫全書存目叢書》集部第 305 册、《明别集叢刊》第五輯第 96 册影印。

張　元

《張小越稿》一卷，清鈔《可儀堂一百廿名家制義》本《明人别集稿鈔本叢刊》第 100 册影印。

王　格

《少泉詩集》十卷，明嘉靖刻本，《四庫全書存目叢書》集部第 89 册、《原國立北平圖書館甲庫善本叢書》第 765 册、《新編湖北叢書》第 259 册影印。

《王少泉集》一卷，明嘉靖隆慶刻萬曆增刻《盛明百家詩》本，《四庫全書存目叢書》集部第 305 册、《明别集叢刊》第五輯第 96 册影印。

楊育秀

《玩易堂詩集》六卷，明嘉靖三十七年刻本，《原國立北平圖書館甲庫善本叢書》第 766 册影印。

吴　悌

《吴疎山先生遺集》十二卷，清咸豐二年頤園刻本，《四庫全書存目叢書》史部第 83 册影印。

《吴疎山先生遺集》十七卷首一卷附二卷，清刻本，《明别集叢刊》第二輯第 80 册影印。

蔡宗堯

《龜陵集》三十九卷，明嘉靖二十八年松溪葉杲校刻本，《明别集叢刊》第二輯第 77 册影印。

陳　卜

《過庵遺稿》八卷，民國十一年河南官書局刻《三怡堂叢書》本，《叢書集成續編》(臺灣新文豐出版公司)文學類第 146 册、《明别集叢刊》第二輯第 78 册影印。

施　經

《虎泉漫稿》四卷，明嘉靖三十六年原刻本，《明別集叢刊》第二輯第 78 册影印。

尹　臺

《思補軒漫集》八卷，明嘉靖四十年林潤刻本，《原國立北平圖書館甲庫善本叢書》第 773 册影印。

《尹洞山集》一卷，明嘉靖隆慶刻萬曆增刻《盛明百家詩》本，《四庫全書存目叢書》集部第 308 册、《明別集叢刊》第五輯第 99 册影印。

《洞麓堂集》十卷，清乾隆烏絲欄鈔本，《原國立北平圖書館甲庫善本叢書》第 774 册、《四庫全書底本叢書》集部第 199—200 册影印。

《洞麓堂集》十卷，清四庫全書本，《四庫全書珍本》五集集部第 359—360 册、《景印文淵閣四庫全書》第 1277 册、《文津閣四庫全書》第 1281 册、《文瀾閣四庫全書》第 1314 册（丁氏補鈔卷二、三、七、十）影印。

《欽定洞麓堂集》十卷《續集》二十八卷，清嘉慶五年刻本，《明別集叢刊》第二輯第 78—79 册影印。

吕　兑

《吕季子甬東襍詠》一卷，明萬曆十二年刻本，《原國立北平圖書館甲庫善本叢書》第 896 册影印。

湯有光

《湯慈明詩集》三十二卷，明天啓二年周長應刻本，《原國立北平圖書館甲庫善本叢書》第 896 册影印。

陳　鳳

《清華堂稿摘存》六卷《附録》一卷，明嘉靖刻本，《原國立北平圖書館甲庫善本叢書》第776册影印。

《陳山人集》一卷，明嘉靖隆慶刻萬曆增刻《盛明百家詩》本，《四庫全書存目叢書》集部第308册、《明别集叢刊》第五輯第99册影印。

岳　岱

《岳山人集》一卷，明嘉靖隆慶刻萬曆增刻《盛明百家詩》本，《四庫全書存目叢書》集部第308册、《明别集叢刊》第五輯第99册影印。

徐　階

《少湖先生文集》七卷，明嘉靖三十六年東萊宿應璘刻本，《四庫全書存目叢書》集部第80册、《域外漢籍珍本文庫》第二輯集部第5册、《原國立北平圖書館甲庫善本叢書》第761册影印。

《徐相公集》一卷，明嘉靖隆慶刻萬曆增刻《盛明百家詩》本，《四庫全書存目叢書》集部第305册、《明别集叢刊》第五輯第96册影印。

《世經堂集》二十六卷，明萬曆徐氏刻本，《四庫全書存目叢書》集部第79—80册、《原國立北平圖書館甲庫善本叢書》第760—761册、《明别集叢刊》第二輯第43册影印。

《世經堂集》二十六卷，明萬曆徐氏刻清康熙二十年徐栓重修本，《故宫珍本叢刊》第539—540册、《陽明學文獻大系》第二輯第46—50册影印。

《世經堂續集》十四卷，明萬曆徐肇惠刻本，《明别集叢刊》第二輯第43—44册影印。

朱公節

《從吾堂詩集》七卷《詩餘附》一卷，清鈔本，《明别集叢刊》第二輯第58册影印。

田汝成

《田叔禾小集》十二卷，明嘉靖四十二年田藝蘅刻本，《四庫全書存目叢書》集部第 88 册、《原國立北平圖書館甲庫善本叢書》第 764—765 册影印。

《田豫陽集》一卷，明嘉靖隆慶刻萬曆增刻《盛明百家詩》本，《四庫全書存目叢書》集部第 305 册、《明别集叢刊》第五輯第 96 册影印。

《田叔禾小集》十二卷，清光緒二十三年錢塘丁氏嘉惠堂刻《武林往哲遺著》本，《叢書集成續編》（臺灣新文豐出版公司）文學類第 144 册、《叢書集成續編》（上海書店）集部第 116 册、廣陵書社 2011 年 7 月（《武林往哲遺著》第 3 册）、《明别集叢刊》第二輯第 61 册影印。

《田叔禾小集》，王杏林點校，杭州出版社 2014 年 5 月版（《杭州全書·杭州文獻集成》第 18 册）；浙江古籍出版社 2019 年 11 月版（《武林往哲遺著》第 12 册，《浙江文叢》）。

吕　本

《期齋吕先生集》十四卷，明萬曆三年鄭雲鎣等刻本，《四庫全書存目叢書》集部第 99 册、《明别集叢刊》第二輯第 62 册影印。

江　瓘

《江山人集》七卷，明嘉靖刻本，《四庫全書存目叢書》集部第 143 册、《明别集叢刊》第二輯第 62 册影印。

尤時熙

《尤西川先生文集》六卷，清光緒三十年鴻文局石印《續中州名賢文表》本，《明别集叢刊》第二輯第 62 册、《歷代地方詩文總集彙編》第 334 册影印。

胡　松（字汝茂）

《胡莊肅公文集》八卷，明萬曆十三年胡梗刻本，《四庫全書存目叢書》集部第 91 册、《明别集叢刊》第二輯第 62—63 册影印。

程　誥

《霞城集》二十四卷，明天啓二年程于廷刻本，《四庫全書存目叢書》集部第 59 册、《明别集叢刊》第二輯第 63 册影印。

張後覺

《張弘山集》四卷，明萬曆二十七年張尚淳重刻本，《四庫全書存目叢書》子部第 91 册影印。

《張弘山先生集》四卷，清初刻本，《明代詩文集珍本叢刊》第 96 册影印。

《張弘山先生集》四卷附《禹貢》一卷，清康熙五年刻道光十六年補刻《茌邑三先生合刻》本，《明别集叢刊》第二輯第 63 册影印。

《張弘山集》，鄒建鋒、李旭等編校，上海古籍出版社 2017 年 10 月版（見《北方王門集》，《陽明後學文獻叢書》）。

俞大猷

《正氣堂集》十六卷又二卷《續集》七卷《餘集》四卷《洗海近事》二卷，明刻本，南京江蘇省立國學圖書館 1934 年影印。

《正氣堂全集》五種三十二卷（《正氣堂集》十六卷首一卷《正氣堂近稿》一卷《鎮閩議稿》一卷《正氣堂餘集》四卷《正氣堂續集》七卷《洗海近事》二卷）附《功行紀》一卷，清道光二十一至二十四年孫雲鴻味古書室刻本，厦門博物館與集美圖書館 1991 年（闕《洗海近事》二卷）、《四庫未收書輯刊》第五輯第 20 册（闕《洗海近事》二卷）、《明别集叢刊》第二輯第 65 册、《福建文脉叢書》第 309—311 册（僅《正氣堂集》十六卷首一卷）影印。

《正氣堂集》八卷首一卷，清鈔本，《明别集叢刊》第二輯第 65 册影印。

《正氣堂全集》，廖淵泉、張吉昌整理點校，福建人民出版社 2007 年 7 月版（《八閩文獻叢刊》）。

《正氣堂全集》，范中義點校，上海辭書出版社 2011 年 9 月版（《泉州文庫》）。

王　楝

《一庵王先生遺集》二卷附《提要》，明鈔本，《泰州文獻》第43册影印。

《重鐫一庵王先生遺集》二卷，明天啓刻本，《明別集叢刊》第二輯第18册影印。

《一庵先生遺集》二卷，清鈔本，《四庫全書存目叢書》子部第10册影印。

《明儒王一庵先生遺集》二卷，清宣統二年東臺袁氏鉛印《明儒王心齋先生遺集》本，《明別集叢刊》第二輯第17册影印。

《明儒王一庵先生遺集》，李錦芳、許均點校，江蘇教育出版社2001年10月版(《王心齋全集》附録)。

高應冕

《高光州集》一卷，明嘉靖隆慶刻萬曆增刻《盛明百家詩》本，《四庫全書存目叢書》集部第308册、《明別集叢刊》第五輯第99册影印。

趙　綱

《趙文學集》一卷，明嘉靖隆慶刻萬曆增刻《盛明百家詩》本，《四庫全書存目叢書》集部第308册、《明別集叢刊》第五輯第99册影印。

喬世寧

《丘隅集》十九卷，明嘉靖四十二年刻本，《原國立北平圖書館甲庫善本叢書》第777册、《明別集叢刊》第二輯第80册影印。

《喬三石集》一卷，明嘉靖隆慶刻萬曆增刻《盛明百家詩》本，《四庫全書存目叢書》集部第306册、《明別集叢刊》第五輯第97册影印。

劉　乾

《雞土集詩》二卷《文》四卷，明嘉靖刻萬曆二十八年劉鶴冲重修本，《四庫全書存目叢書》集部第 106 册、《明别集叢刊》第二輯第 80 册影印。

汪　柏

《青峰先生存稿》八卷,清康熙三十六年汪逢源等刻本,《四庫全書存目叢書》集部第 106 册、《明别集叢刊》第二輯第 81 册影印。

游　德

《隆中半榻存稿》,魏高鵬、魏定榔、游再生點校,福建人民出版社 2015 年 8 月版(《游朴詩文集》附録)。

鄭廷鵠

《石湖遺稿》,王堯雲校訂,海南書局 1935 年版(《海南叢書》第六集)。

《石湖遺稿》,郭傑點校,海南出版社 2006 年 3 月版(與《湄丘集》等同册,《海南先賢詩文叢刊》)。

《鄭廷鵠詩》,韋盛年整理,嶺南美術出版社 2010 年 4 月版(《全粤詩》第 10 册)。

馮惟重

《大行集》一卷,明萬曆刻《馮氏五先生集》本,《明别集叢刊》第二輯第 8 册影印。

羅洪先

《念庵羅先生集》十三卷,明嘉靖四十二年劉玠刻本,《四庫全書存目叢書》集部第 89—90 册影印。

《羅贊善集》一卷,明嘉靖隆慶刻萬曆增刻《盛明百家詩》本,《四庫全書存目叢書》集部第 306 册、《明别集叢刊》第五輯第 97 册影印。

《石蓮洞羅先生文集》二十五卷,明萬曆四十五年陳于廷刻本,《明别集叢刊》第二輯第64册影印。

《念庵羅先生文集》二十二卷，清雍正七年羅雨霽等刻本，《四庫提要著録叢書》集部第277册影印。

《念庵文集》二十二卷，清四庫全書本，《四庫全書珍本》五集集部第352—355册、《景印文淵閣四庫全書》第1275册、《文津閣四庫全書》第1279册、《文瀾閣四庫全書》第1312册(丁氏補鈔卷一至十一、一三至十六、十八至二十二)影印。

《羅洪先集》，徐儒宗編校整理，鳳凰出版社2007年3月版(《陽明後學文獻叢書》)。

《羅洪先集補編》，朱湘鈺點校，"中央研究院"中國文哲研究所2009年10月版(《"中央研究院"中國文哲研究所古籍整理叢刊》)。

《念庵羅先生文集》，徐儒宗校點，北京大學出版社2014年4月版(《儒藏·精華編》第260册)。

顔　鈞

《顔鈞集》，黄宣民點校，中國社會科學出版社1996年2月版。

《顔山農先生遺集》，黄宣民校點，北京大學出版社2013年10月版(《儒藏·精華編》第261册)。

徐　袍

《誦餘稿》八卷，明嘉靖蘭溪徐氏家刻本，《明别集叢刊》第二輯第66册影印。

陸　垹

《陸簣齋文集》十卷(存前四卷)，明刻本，《四庫全書存目叢書補編》第78册影印。

孔天胤

《孔文谷詩集》四卷《文谷漁嬉稿》二十卷，明嘉靖四十一年洪朝選刻萬曆續刻本,《四庫全書存目叢書》集部第95册、《原國立北平圖書館甲庫善本叢書》第770册(僅《文谷漁嬉稿》)、《明别集叢刊》第二輯第66册影印。

《孔方伯集》一卷,明嘉靖隆慶刻萬曆增刻《盛明百家詩》本,《四庫全書存目叢書》集部第306册、《明别集叢刊》第五輯第97册影印。

《孔文谷集》十六卷《續集》四卷,明隆慶五年刻萬曆增刻本,《四庫全書存目叢書》集部第95册影印。

《孔文谷詩集》二十四卷,明萬曆刻本,《山西歷代著作集成》第380—381册影印。

《孔文谷集》《孔文谷續集》《孔文谷詩集》《文谷漁嬉稿》,王卯根點校,上海古籍出版社2017年11月版(《山右叢書二編》第3册)。

《孔天胤全集》,張勇耀、趙桂溟、韓兵强、常佩雨點校,三晉出版社2018年11月版(《山西文華·著述編》)。

楊　淪

《楊翰林集》八卷(闕卷七),明隆慶四年楊九經刻遞修本,《原國立北平圖書館甲庫善本叢書》第770册影印。

王　翹

《明小竹山人集》三卷,清道光二十二年友蘭别墅刻本,《明别集叢刊》第二輯第66册影印。

彭　年

《隆池山樵詩集》二卷,明刻本,《四庫全書存目叢書》集部第146册、《明别集叢刊》第三輯第1册影印。

游震得

《讓溪先生乙集》殘六卷,明萬曆刻本,《域外漢籍珍本文庫》第五輯集部第22册影印。

雷禮

《鐔墟堂摘稿》二十卷，明刻本，《續修四庫全書》第1342册、《劍邑文庫》第7册影印。

《督學存稿》二卷，明刻本，《劍邑文庫》第7册、《原國立北平圖書館甲庫善本叢書》第772册、《明別集叢刊》第二輯第66册影印。

陳堯

《梧岡文正續兩集合編》九卷，清康熙五十一年陳世䄄輯鈔本，《四庫全書存目叢書》集部第101册、《明別集叢刊》第二輯第68册影印。

劉繪

《嵩陽集》七卷，明嘉靖三十七年方顯刻本，《四庫全書存目叢書》集部第103册、《明別集叢刊》第二輯第68册影印。

《劉嵩陽先生集》二十卷，明萬曆元年張佳胤刻本，《原國立北平圖書館甲庫善本叢書》第776—777册影印。

趙統

《驪山集》十四卷，明萬曆三十一年楊光訓刻本，《四庫全書存目叢書》集部第101—102册、《明別集叢刊》第二輯第69册影印。

《趙驪山先生類稿》三十二卷，明藍格鈔本，《臺灣珍藏善本叢刊·古鈔本明代詩文集》第6—9册影印。

李璣

《西野李先生遺稿》（《西野李公遺集》）十四卷，明崇禎七年李玉鉉等刻本，《四庫全書存目叢書》集部第100册、《劍邑文庫》第5册、《明別集叢刊》

第二輯第69册影印。

陳　棐

《陳文岡先生文集》二十卷，明萬曆九年陳心文刻本，《四庫全書存目叢書》集部第103册、《明別集叢刊》第二輯第70册影印。

釋方澤

《釋方澤集》一卷，明嘉靖隆慶刻萬曆增刻《盛明百家詩》本，《四庫全書存目叢書》集部第308册、《明別集叢刊》第五輯第100册影印。

《冬溪外集》二卷《續稿》一卷，明隆慶五年刻本，《禪門逸書初編》第7册、《明別集叢刊》第二輯第70册影印。

施　峻

《璉川詩集》八卷，明嘉靖三十八年刻本，《四庫全書存目叢書》集部第101册、《原國立北平圖書館甲庫善本叢書》第774册、《明別集叢刊》第二輯第70册影印。

萬虞愷

《楓潭集鈔》二卷，明嘉靖刻本，《四庫未收書輯刊》第五輯第19册、《明別集叢刊》第二輯第79册影印。

諸　燮

《諸理齋稿》一卷，清康熙三十八年刻《可儀堂一百二十名家制義》本，《明別集叢刊》第二輯第70册影印。

嵇世臣

《嵇川南稿》一卷，清康熙三十八年刻《可儀堂一百二十名家制義》本，

《明别集叢刊》第二輯第70册影印。

《嵇川南稿》一卷，清鈔《可儀堂一百廿名家制義》本，《明人别集稿鈔本叢刊》第100册影印。

李　愈

《蒲石山房集》五卷，明萬曆三十八年李棨刻本，《中國古籍珍本叢刊·保定市圖書館卷》第20册影印。

羅虞臣

《羅司勳文集》八卷《外集》一卷，清刻本，《明别集叢刊》第二輯第70册、《廣州大典》第426册影印。

《羅司勳文集》八卷《外集》一卷《附録》一卷，清康熙五十年羅氏刻本，《四庫全書存目叢書》集部第94册影印。

《羅司勳原子集》一卷，清嘉慶刻同治印《廣東文獻》四集本，江蘇廣陵古籍刻印社1994年7月(《廣東文獻》第7册)影印。

林應麒

《林介山集》一卷，明嘉靖隆慶刻萬曆增刻《盛明百家詩》本，《四庫全書存目叢書》集部第308册、《明别集叢刊》第五輯第99册影印。

《介山稿略》十六卷《補遺》一卷，民國二十四年鉛印《僊居叢書》本，《叢書集成續編》(臺灣新文豐出版公司)文學類第143册、浙江人民美術出版社2013年9月(《僊居叢書》第6册)、《明别集叢刊》第二輯第71册影印。

范　欽

《天一閣集》三十二卷，明萬曆十九年四明范氏家刻本，《續修四庫全書》第1341册、《明别集叢刊》第二輯第71册影印。

《天一閣集》，袁慧整理，寧波出版社 2006 年 11 月版。

《范欽集》，袁慧點校，浙江古籍出版社 2012 年 10 月版（《浙江文叢》）。

薛　雍

《薛孝廉拯庵文集》一卷，清道光刻《潮州耆舊集》本，《潮州文獻叢刊》之一、《明別集叢刊》第五輯第 94 册影印。

《薛孝廉拯庵文集》，吴二持點校，暨南大學出版社 2016 年 8 月版（見《潮州耆舊集》，《潮汕文庫・文獻系列》）。

許　炯

《許炯詩》，楊權整理，嶺南美術出版社 2009 年 9 月版（《全粤詩》第 8 册）。

何良俊

《何翰林集》二十八卷，明嘉靖四十四年何氏香嚴精舍刻本，金山姚氏復廬 1932 年、"國立中央圖書館" 1971 年（《明代藝術家集彙刊續集》）、《四庫全書存目叢書》集部第 142 册、《原國立北平圖書館甲庫善本叢書》第 811 册、《中華再造善本・明代編》、《江南家族文學叢編・上海卷》上册、《明別集叢刊》第二輯第 71 册（影 1932 年金山姚氏復廬本）影印。

《何翰目集》一卷，明嘉靖隆慶刻萬曆增刻《盛明百家詩》本，《四庫全書存目叢書》集部第 308 册、《明別集叢刊》第五輯第 99 册影印。

吕　高

《江峰漫稿》十二卷《附刻》一卷，明刻本，南京江蘇省立國學圖書館 1934 年、《明別集叢刊》第二輯第 54 册（影南京江蘇省立國學圖書館本）、《稀見明代四部輯刊》第一輯第 76 册（影南京江蘇省立國學圖書館本）影印。

林庭機

《世翰堂稿》十卷，明萬曆七年林燫姑孰郡齋刻本，《原國立北平圖書館甲庫善本叢書》第812—813册影印。

周　怡

《周恭節公集》二十七卷附《年譜》一卷，明萬曆刻清乾隆增修本，《明别集叢刊》第二輯第67册影印。

《訥谿先生尺牘》四卷，清道光二十年仙源周氏燕翼堂刻《周恭節公集》本，《明代名人尺牘選萃》第1册影印。

許應元

《水部稿》三卷，明嘉靖二十五年趙鳴鳳刻本，《原國立北平圖書館甲庫善本叢書》第770册影印。

《陭堂摘稿》十六卷，明嘉靖四十年李金、黄中等刻本，《續修四庫全書》第1342册、《原國立北平圖書館甲庫善本叢書》第771册、《中國古籍珍本叢刊·天津圖書館卷》第40册、《明代詩文集珍本叢刊》第63—64册影印。

《許茗山集》一卷，明嘉靖隆慶刻萬曆增刻《盛明百家詩》本，《四庫全書存目叢書》集部第306册、《明别集叢刊》第五輯第97册影印。

沈良才

《大司馬鳳岡沈先生文集》四卷，清鈔本，《四庫全書存目叢書》集部第103册、《泰州文獻》第45册影印。

《大司馬鳳岡沈先生文集》四卷，鈔本，《明别集叢刊》第二輯第68册影印。

孫　楨

《石雲先生遺稿》一卷附一卷《石雲先生印譜釋考》三卷《石雲先生江湝

迂談》一卷，民國間哈佛大學圖書館鈔本，《明別集叢刊》第二輯第 73 册影印。

王三接

《王槐溪先生文集》五卷，明萬曆三十六年王學曾刻本，《明别集叢刊》第二輯第 73 册、《寫刻古籍版本聚珍》第 234 册影印。

包　節

《包侍御集》六卷，明嘉靖三十七年包杞等刻本，《四庫全書存目叢書》集部第 96 册影印。

《包侍御集》一卷，明嘉靖隆慶刻萬曆增刻《盛明百家詩》本，《四庫全書存目叢書》集部第 308 册、《明别集叢刊》第五輯第 99 册影印。

喻　時

《吴皋先生文集》四卷，明嘉靖三十六年刻本，《明别集叢刊》第二輯第 74 册影印。

《海上老人别集》二卷，明嘉靖四十五年安希堯刻本，《明代詩文集珍本叢刊》第 67 册影印。

《吴皋先生續集》四卷，明嘉靖四十五年安希堯刻明隆慶增修本，《中國古籍珍本叢刊·河南大學圖書館卷》第 49 册影印。

邊　習

《睡足軒詩選》一卷，清康熙三十九年王士禛京邸刻本（附《華泉先生集選》後），《四庫全書存目叢書》集部第 79 册、濟南出版社 2016 年 3 月、《明别集叢刊》第二輯第 74 册影印。

《睡足軒詩選》一卷，清康熙刻《王漁洋遺書》本，《叢書集成三編》文學類第 41 册影印。

陸之裘

《南門仲子續集》二卷，明嘉靖四十年王道刻本，《明代詩文集珍本叢刊》第98册影印。

魏　圻

《豐村集》三十六卷，明嘉靖刻本，《明代詩文集珍本叢刊》第99—100册影印。

葉　泓

《齊雲山史集》不分卷，明嘉靖四十四年殷復陽等刻本，《明代詩文集珍本叢刊》第100册影印。

俞　寰

《俞繡峰集》一卷，明嘉靖隆慶刻萬曆增刻《盛明百家詩》本，《四庫全書存目叢書》集部第306册、《明别集叢刊》第五輯第97册影印。

《續俞繡峰集》一卷，明嘉靖隆慶刻萬曆增刻《盛明百家詩》本，《明别集叢刊》第五輯第100册影印。

龔　犖

《龔内監集》一卷，明嘉靖隆慶刻萬曆增刻《盛明百家詩》本，《四庫全書存目叢書》集部第306册、《明别集叢刊》第五輯第97册影印。

陸九州

《陸文學集》一卷，明嘉靖隆慶刻萬曆增刻《盛明百家詩》本，《四庫全書存目叢書》集部第308册、《明别集叢刊》第五輯第99册影印。

陳東川

《陳隱士集》一卷，明嘉靖隆慶刻萬曆增刻《盛明百家詩》本，《四庫全書存目叢書》集部第308册、《明別集叢刊》第五輯第99册影印。

許　穀

《省中稿》四卷，明嘉靖四十二年黄國卿刻本，《四庫全書存目叢書》集部第104册影印。

《容臺稿》一卷《符臺稿》一卷《二臺稿》一卷，明嘉靖黄希憲等刻本，《四庫全書存目叢書》集部第104册影印。

《武林稿》一卷《容臺稿》一卷《二臺稿》一卷《省中稿》四卷，明嘉靖刻本，《明代詩文集珍本叢刊》第65—66册影印。

《許石城集》一卷，明嘉靖隆慶刻萬曆增刻《盛明百家詩》本，《四庫全書存目叢書》集部第308册、《明別集叢刊》第五輯第99册影印。

《許太常歸田稿》十卷，明萬曆十五年吴自新等刻本，《四庫全書存目叢書》集部第104册影印。

舒　纓

《嘉南集》二卷，明嘉靖刻本，《明代詩文集珍本叢刊》第66册影印。

《舒東岡集》一卷，明嘉靖隆慶刻萬曆增刻《盛明百家詩》本，《四庫全書存目叢書》集部第308册、《明別集叢刊》第五輯第99册影印。

温　新

《大谷詩集》二卷，明嘉靖三十四年温氏刻本，《原國立北平圖書館甲庫善本叢書》第779册影印。

《温大谷集》一卷，明嘉靖隆慶刻萬曆增刻《盛明百家詩》本，《四庫全書存目叢書》集部第308册、《明別集叢刊》第五輯第99册影印。

曹大同

《曹于野集》一卷，明嘉靖隆慶刻萬曆增刻《盛明百家詩》本，《四庫全書存目叢書》集部第308册、《明别集叢刊》第五輯第99册影印。

《玉芝樓稿》九卷附《贈言》一卷，明刻本，《原國立北平圖書館甲庫善本叢書》第794册影印。

《曹于野集》一卷，舊刻本，民國孫儆經畬樓石印。

吕時臣

《吕山人集》一卷續一卷，明嘉靖隆慶刻萬曆增刻《盛明百家詩》本，《四庫全書存目叢書》集部第308册、《明别集叢刊》第五輯第99册影印。

龔秉德

《龔副使集》一卷，明嘉靖隆慶刻萬曆增刻《盛明百家詩》本，《四庫全書存目叢書》集部第308册、《明别集叢刊》第五輯第100册影印。

歸有光

《歸先生文集》三十二卷《附録》一卷，明萬曆四年翁良瑜雨金堂刻本，《四庫全書存目叢書》集部第138册、《中華再造善本·明代編》、《明别集叢刊》第二輯第72册、《寫刻古籍版本聚珍》第226—227册影印。

《歸震川先生未刻集》不分卷，清初鈔本，《明人别集稿鈔本叢刊》第46—47册影印。

《歸震川先生未刻稿》二十五卷，清初鈔本，《明人别集稿鈔本叢刊》第47—48册影印。

《震川先生集》三十卷《别集》十卷《附録》一卷，清康熙十至十四年常熟歸莊、歸玠刻本，《四部叢刊初編》集部第1593—1604册、《大本原式精印四部叢刊正編》第76册、《四部精要》第21册、《四庫提要著録叢書》集部第125册、《明别集叢刊》第二輯第73册影印。

《歸震川先生尺牘》二卷，清康熙三十九年顧氏知月樓刻《歸錢尺牘》本，《尺牘文獻叢刊》第5册、《四庫禁燬書叢刊》集部第111册影印。

《補刊震川先生集》八卷，清康熙四十三年王橒刻本，《續修四庫全書》第1353册影印。

《震川(文)集》三十卷《别集》十卷，清四庫全書本，《景印摛藻堂四庫全書薈要》第421册、《景印文淵閣四庫全書》第1289册、《文津閣四庫全書》第1293册、《文瀾閣四庫全書》第1327册(丁氏補鈔《文集》卷九至十二、二十八至三十，《别集》卷二至六、九至十)影印。

《震川先生全集補編》八卷《附録》一卷，清道光二十三年廬陵王氏鈔本，《明别集叢刊》第二輯第72册影印。

《歸震川稿》一卷，清鈔《可儀堂一百廿名家制義》本，《明人别集稿鈔本叢刊》第93—94册影印。

《歸熙甫文鈔》四卷，清末唐炯校鈔本，《明别集叢刊》第二輯第72册影印。

《歸震川文粹》五卷，日本文政元年題刻本，《日本所編中國詩文選集彙刊·明代卷》第20—21册影印。

《歸震川文粹》五卷，日本天保八年八月大坂河内屋茂兵衛、江户和泉屋金右衛門刻後印本，《和刻本漢籍文集》第15輯影印。

《歸震川先生全集》二種四十一卷(《歸震川先生别集》十卷附一卷、《新刊震川先生文集》三十卷)，清光緒元年常熟歸氏重刻本，《叢書集成三編》文學類第38與50册影印。

《歸震川尺牘》一卷，民國十年上海文明書局《明清十大家尺牘》本，《明代名人尺牘選萃》第4册影印。

《歸震川集》，林紓選評，商務印書館1924年8月版(《林氏選評名家文集》)。

《歸有光文》，胡懷琛選注，商務印書館1928年10月版(《萬有文庫》第一集《學生國學叢書》)；1947年3月版(《新中學文庫》)；臺灣商務印書館1965年版(《萬有文庫薈要》)；胡懷琛選注、胡青松校訂，2018年10月版(《學生國學叢書新編》)。

《震川先生全集》，商務印書館1935年3月版(《萬有文庫》第二集《國學基本叢書》)。

《歸震川文選》，吴瑞書編、儲菊人校訂，中央書店 1935 年 4 月版（《詳注國學讀本》）。

《歸震川全集》，汪漱碧校閲，中央書店 1936 年 3 月版（《國學基本文庫》）。

《歸有光文精選》，羅芳洲選注，中國文化服務社 1936 年 6 月版（《青年國學叢書》）。

《音注歸震川文》，曾滌生選、中華書局輯注，中華書局 1936 年 8 月版；1941 年 1 月版（《新式標點中國文學精華》）。

《歸震川全集》，國學整理社、世界書局 1936 年 12 月版；廣智書局 1959 年 3 月版；世界書局 1960 年版（《中國學術名著》第六輯《中國文學名著》第三集第 3 册）。

《歸震川文選》，陳筱梅編，仿古書店 1937 年 4 月版。

《歸有光全集》，臺灣盤庚出版社 1979 年 2 月版（《文史叢刊》）。

《震川先生集》，周本淳校點，上海古籍出版社 1981 年 9 月版（《中國古典文學叢書》）；臺灣源流出版社 1983 年 4 月版；上海古籍出版社 2007 年 8 月新版（《中國古典文學叢書》）。

《歸有光選注》，張家英選注，上海古籍出版社 1985 年 11 月版（《中國古代文學作品選讀》）。

《歸有光集》，朱邦薇整理，海南國際新聞出版中心 1996 年 12 月版（《傳世藏書》集庫别集第 9 册）。

《歸有光文選》，趙伯陶選注評點，蘇州大學出版社 2001 年 9 月版（《明清八大家文選叢書》）。

《新譯歸有光文選》，鄔國平注譯，臺灣三民書局 2009 年 1 月版（《古籍今注新譯叢書》）。

《歸有光全集》，嚴佐之、譚帆、彭國忠主編，上海人民出版社 2015 年 12 月版。

《震川先生集》，彭國忠、查正賢、楊焄、趙厚均校點，上海人民出版社 2020 年 10 月版。

龐　嵩

《龐曲靖弼唐集》一卷，清嘉慶刻同治印《廣東文獻》三集本，江蘇廣陵古籍刻印社 1994 年 7 月(《廣東文獻》第 6 册)影印。

《龐弼唐先生遺言》四卷首一卷,清光緒十八年刻本,《廣州大典》第 426 册、廣西師範大學出版社 2016 年 9 月(《西樵歷史文化文獻叢書》)影印。

《龐嵩詩》,陳莉等整理,嶺南美術出版社 2010 年 4 月版(《全粵詩》第 10 册)。

唐順之

《重刊校正唐荆川先生文集》十二卷,明嘉靖三十二年浙江葉氏寶山堂刻本,《唐荆川文獻輯刊》第 1—2 册影印。

《重刊校正唐荆川先生文集》十二卷《奉使集》二卷,明嘉靖三十四年刻本,《唐荆川文獻輯刊》第 3—6 册影印。

《重刊校正唐荆川先生文集》十二卷《續集》六卷《奉使集》二卷,明嘉靖三十四年安如石刻金陵書林重修本,《中華再造善本·明代編》影印。

《重刊荆川先生文集》十七卷《新刊(荆川先生)外集》三卷,明萬曆元年純白齋刻本,《四部叢刊初編》集部第 1581—1592 册、《大本原式精印四部叢刊正編》第 76 册、《四庫提要著録叢書》集部第 116 册、《明别集叢刊》第二輯第 74 册(多《附録》一卷)影印。

《奉使集》二卷,明唐鶴徵刻本,《四庫全書存目叢書》集部第 90 册影印。

《唐中丞集》二卷,明嘉靖隆慶刻萬曆增刻《盛明百家詩》本,《四庫全書存目叢書》集部第 306 册、《明别集叢刊》第五輯第 96 册影印。

《唐荆川先生傳稿》不分卷,清康熙刻本,《唐荆川文獻輯刊》第 8 册影印。

《荆川(文)集》十二卷,清四庫全書本,《景印摛藻堂四庫全書薈要》第 419 册、《景印文淵閣四庫全書》第 1276 册、《文津閣四庫全書》第 1280 册、《文瀾閣四庫全書》第 1313 册(丁氏補鈔)影印。

《唐荆川先生(文)集》十八卷《補遺》一卷《附録》一卷,清光緒二十一至二十四年武進盛氏思惠齋刻《常州先哲遺書》本,《叢書集成續編》(臺灣新文豐出版公司)文學類第 144 册、《叢書集成續編》(上海書店)集部第 116 册、南京大學出版社 2010 年 3 月(《常州先哲遺書》第 38—41 册)影印。

《荆川文集》十八卷,清二南堂刻本,《寫刻古籍版本聚珍》第 481—483

册影印。

《唐襄文公文定》四卷，清刻本，《中國古籍珍本叢刊·東北師範大學圖書館卷》第55册影印。

《唐荆川文粹》四卷《補刻》一卷，日本文政元年大阪岡田群玉堂序刻本，《日本所編中國詩文選集彙刊·明代卷》第19—20册影印。

《唐荆川先生文集序記部》四卷，日本文政十三年大坂河内屋吉兵衛等刻本，《和刻本漢籍文集》第14輯、《和刻本四部叢刊》集部第97册、《日本所編中國詩文選集彙刊·明代卷》第23册影印。

《唐荆川文粹》四卷《補刻》一卷，日本天保八年浪華書林岡田群玉堂刻本，《唐荆川文獻輯刊》第7册影印。

《唐荆川集》，林紓選評，商務印書館1924年7月版（《林氏選評名家文集》）。

《唐荆川詩文集》，常州市唐荆川研究會編，鳳凰出版社2012年6月版。

《唐順之詩文選》，常州市詩詞協會、常州市艤舟詩社編纂，2012年10月自印本（《常州歷代名家詩文系列叢書》）。

《唐順之集》，馬美信、黄毅點校，浙江古籍出版社2014年10月版（《別集叢刊》）。

沈　鍊

《塞鴻尺牘》一卷，明刻本，《明別集叢刊》第二輯第75册影印。

《樂府》一卷，明鈔本，《明代詩文集珍本叢刊》第67册影印。

《青霞沈公遺集》十六卷，清乾隆十九年沈振家刻本，《中國古籍珍本叢刊·東北師範大學圖書館卷》第55—56册影印。

《青霞沈公遺集》十六卷，清乾隆馬彭年刻嘉慶增修本，《明別集叢刊》第二輯第75册影印。

《青霞集》十一卷《年譜》一卷，清四庫全書本，《四庫全書珍本》五集集部第361册、《景印文淵閣四庫全書》第1278册、《文津閣四庫全書》第1282册、《文瀾閣四庫全書》第1315册（丁氏補鈔卷一至三、六至十一及《年譜》）影印。

《青霞集》四卷，清道光二十八年涇縣潘氏袁江節署刻《乾坤正氣集》本，臺灣環球書局1966年（《乾坤正氣集》第16册）影印。

王維楨

《王氏存笥稿》二十卷，明嘉靖三十六年趙忻刻本，《四庫全書存目叢書》集部第103册、《原國立北平圖書館甲庫善本叢書》第776册影印。

《王槐野先生存笥稿續集》九卷，明嘉靖徐學禮刻本，《四庫禁燬書叢刊》集部第75册影印。

《王祭酒集》一卷，明嘉靖隆慶刻萬曆增刻《盛明百家詩》本，《四庫全書存目叢書》集部第306册、《明别集叢刊》第五輯第97册影印。

《槐野文選》三十卷《别集》一卷《附録》一卷，明萬曆七年刻本，《明别集叢刊》第二輯第76册影印。

《槐野先生存笥稿》三十八卷《附録》一卷，明萬曆三十四年黄陞、王九叙刻本，《明人文集叢刊》第一期第18種、《續修四庫全書》第1344册、《明别集叢刊》第二輯第75册影印。

《司成遺翰》四卷，明萬曆三十八年王承之刻本，《續修四庫全書》第1344册影印。

《槐野先生存笥稿》，吴敏霞、范志鵬、袁憲點校，陕西人民出版社2018年12月版(《陕西古代文獻集成》第十八輯)。

孫　宜

《洞庭集》五十三卷，明嘉靖三十二年孫宗刻本，《北京圖書館古籍珍本叢刊》集部第105册影印。

《洞庭漁人續集》十六卷，明萬曆三十年孫斯傳刻本，《明代詩文集珍本叢刊》第62—63册影印。

《孫漁人集》一卷，明嘉靖隆慶刻萬曆增刻《盛明百家詩》本，《四庫全書存目叢書》集部第307册、《明别集叢刊》第五輯第99册影印。

盧　柟

《蠛蠓集》五卷，明嘉靖刻本，《四庫提要著録叢書》集部第125册影印。

《盧次楩集》一卷，明嘉靖隆慶刻萬曆增刻《盛明百家詩》本，《四庫全書存目叢書》集部第306册、《明别集叢刊》第五輯第97册影印。

《蠛蠓集》五卷，明萬曆三年賓寶泉刻本，《原國立北平圖書館甲庫善本叢書》第809册、《明别集叢刊》第二輯第76册、《四庫全書底本叢書》集部第205册影印。

《蠛蠓集》五卷，清四庫全書本，《四庫全書珍本》五集集部第368册、《景印文淵閣四庫全書》第1289册、《文津閣四庫全書》第1294册、《文瀾閣四庫全書》第1327册(丁氏補鈔)影印。

盧　澐

《盧月漁集》一卷，明刻本，《原國立北平圖書館甲庫善本叢書》第809册影印。

瞿景淳

《瞿文懿公集》十六卷《制科集》四卷《制勑稿》一卷，明萬曆瞿汝稷刻本，《四庫全書存目叢書》集部第109册、《原國立北平圖書館甲庫善本叢書》第779册、《明别集叢刊》第二輯第76册(僅《瞿文懿公集》)、《常熟文庫》第55—56册影印。

《瞿昆湖稿》一卷，清鈔《可儀堂一百廿名家制義》本《明人别集稿鈔本叢刊》第98册影印。

許應亨

《石屋存稿》六卷，明嘉靖三十九年許應元刻本，《原國立北平圖書館甲庫善本叢書》第779册影印。

袁　煒

《袁文榮公文集》八卷《詩略》二卷，明萬曆元年刻本，《明人文集叢刊》第一期第19種影印。

《袁文榮公詩略》二卷，明萬曆三十三年袁氏家刻本，《四庫全書存目叢書》集部第104册、《明别集叢刊》第二輯第80册影印。

孫　銓

《蕖塘閒草》十卷《蕖塘彙録諸名公贈言》二卷《續附》一卷，明孫懋機等刻本，《明别集叢刊》第二輯第80册影印。

孟　思

《孟龍川文集》二十卷，明萬曆十七年金繼震、朱應轂刻本，《四庫未收書輯刊》第六輯第21册、《原國立北平圖書館甲庫善本叢書》第806册（存卷一至十二）、《明别集叢刊》第三輯第48册影印。

《龍川駢語》不分卷，明紫芝堂鈔本，《明代詩文集珍本叢刊》第58册影印。

高　岱（字伯宗）

《西曹詩集》九卷，明嘉靖刻本，《原國立北平圖書館甲庫善本叢書》第791册影印。

皇甫濂

《續皇甫理山集》一卷，明嘉靖隆慶刻萬曆增刻《盛明百家詩》本，《四庫全書存目叢書》集部第308册、《明别集叢刊》第五輯第99册影印。

《皇甫水部集》二十卷，明隆慶三年刻本，《原國立北平圖書館甲庫善本叢書》第780册影印。

陳　束

《陳后岡詩集》一卷《文集》一卷，明萬曆十九年林可成刻本，《四庫全書存目叢書》集部第90册、《原國立北平圖書館甲庫善本叢書》第767册（存

《詩集》一卷）影印。

《陳后岡集》一卷，明嘉靖隆慶刻萬曆增刻《盛明百家詩》本，《四庫全書存目叢書》集部第305册、《明别集叢刊》第五輯第96册影印。

《陳后岡詩集》一卷《文集》一卷，民國二十五年四明張氏約園刻《四明叢書》本，《叢書集成續編》（臺灣新文豐出版公司）文學類第144册、《叢書集成續編》（上海書店）集部第116册、廣陵書社2006年8月（《四明叢書》第13册）、《明别集叢刊》第二輯第54册、《張壽鏞文獻輯刊》第61册影印。

劉存德

《結甃堂遺稿》，陳峰校注，厦門大學出版社2014年9月版（《厦門文獻叢刊》）。

康　朗

《康朗詩文集》，惠安縣文化館、惠安縣五音文物籌建會編，1986年10月内部出版物。

趙貞吉

《趙文肅公文集》二十三卷，明萬曆十三年巴渝趙德仲刻本，《四庫全書存目叢書》集部第100册、《原國立北平圖書館甲庫善本叢書》第772—773册影印。

《趙文肅公文集》二十三卷，明萬曆二十九年王藩臣蕭如松刻本，《明别集叢刊》第二輯第77册影印。

《李卓吾先生批選趙文肅公文集》二卷，明刻本，《故宫珍本叢刊》第533册影印。

《趙文肅公集》四卷，明刻本，《李卓吾文獻輯刊》第47册影印。

《趙貞吉詩文集注》，官長馳著，巴蜀書社1999年8月版。

李 嵩

《醒園文略》二十卷《集詠》一卷《疏草》一卷，明萬曆四十六年自刻本，《故宫珍本叢刊》第534册、《中國華北文獻叢書》第166册、《山西歷代著作集成》第388册影印。

王 材

《念初堂集》三十卷，清乾隆三十八年刻本，《明别集叢刊》第二輯第79册影印。

張 銶

《太乙詩集》五卷，明萬曆三十年古郃張氏家刻本，《四庫全書存目叢書補編》第99册、《明别集叢刊》第二輯第98册影印。

莫如忠

《崇蘭館集》二十卷，明萬曆十四年馮大受、董其昌等刻本，《四庫全書存目叢書》集部第104—105册、《明别集叢刊》第二輯第82册影印。

俞 憲

《是堂學詩》二十四卷（存《轂下集》二卷《當奕集》二卷《鵜鳴集》四卷《金陵集》一卷《去楚集》一卷《蓬萊集》一卷），明嘉靖刻本，《原國立北平圖書館甲庫善本叢書》第777册影印。

錢 穀

《懸罄室遺稿》四卷，清鈔本，《稀見明代四部輯刊》第二輯第59册影印。

李　遷

《鶯谷山房藏稿詩集》四卷《文集》三卷，明隆慶五年龔大器刻本，《稀見明代四部輯刊》第二輯第59—60册影印。

陳　鎏

《陳子兼文稿》不分卷，稿本，《中華再造善本·明代編》影印。

《已寬堂集》二卷，明萬曆刻本，《四庫全書存目叢書》集部第105册、《明别集叢刊》第二輯第80册影印。

丘雲霄

《止山集》二十卷（《南行集》四卷《東游集》二卷《北觀集》四卷《山中集》十卷），清四庫全書本，《四庫全書珍本》五集集部第358册、《景印文淵閣四庫全書》第1277册、《文津閣四庫全書》第1281册、《文瀾閣四庫全書》第1314册（張宗祥據文津閣本補鈔《南行集》《東游集》《山中集》）、《明别集叢刊》第二輯第81册（影文淵閣本）影印。

查秉彝

《覺庵存稿》七卷，明萬曆海昌查氏刻本，《四庫禁燬書叢刊補編》第58册、《明别集叢刊》第二輯第81册影印。

《覺庵存稿》四卷，明鈔本，《中國公共圖書館古籍文獻珍本匯刊·羅氏雪堂藏書遺珍》集部第14册影印。

陳昌積

《龍津原集》六卷，明嘉靖毛汝麟等校刻本，《明别集叢刊》第二輯第81册影印。

何良傅

《何禮部集》十卷，明嘉靖刻《雲間兩何君集》本，金山姚氏復廬 1932 年、《江南家族文學叢編·上海卷》上册、《明别集叢刊》第二輯第 71 册（影金山姚氏復廬本）影印。

茅 瓚

《茅見滄先生待問策》不分卷，清鈔本，《明别集叢刊》第二輯第 53 册影印。

李萬實

《崇質堂集》二十卷《附録》一卷，清康熙四十年李長祚刻本，《四庫全書存目叢書》集部第 112 册影印。

黄姬水

《黄淳父先生全集》二十四卷，明萬曆十三年顧九思刻本，《四庫全書存目叢書》集部第 186 册影印。

《高素齋集》二十八卷，明萬曆刻本，《四庫全書存目叢書》集部第 186 册、《明别集叢刊》第二輯第 82 册影印。

《白下集》十一卷，明萬曆黄氏家刻本，《四庫全書存目叢書》集部第 186 册、《原國立北平圖書館甲庫善本叢書》第 808 册影印。

傅夏器

《重刻叔祖錦泉先生文集》五卷，明萬曆刻本，《四庫未收書輯刊》第五輯第 21 册、《明别集叢刊》第二輯第 82 册影印。

《傅錦泉先生文集》，閻海文點校，商務印書館 2019 年 6 月版（《泉州文庫》)。

陸樹聲

《陸文定公集》二十六卷，明萬曆刻本，《明别集叢刊》第二輯第88册影印。

楊　博

《大椿堂詩選》二卷，明萬曆二十一年裴述祖刻本，《中國公共圖書館古籍文獻珍本匯刊·天津圖書館孤本秘籍叢書》第10册、《山西歷代著作集成》第384册影印。

《大椿堂詩選》，張志江點校，上海古籍出版社2017年11月版(《山右叢書二編》第4册)。

趙時春

《趙浚谷詩集》六卷《文集》十卷附《永思録》一卷《疏案》一卷，明萬曆八年周鑑增刻本，《中國西北文獻叢書》第160册(僅《文集》十卷)、《四庫全書存目叢書》集部第87册影印。

《趙浚谷詩集》六卷《文集》十卷，明萬曆八年周鑑刻清順治十六年葉王蓁重修本，《明别集叢刊》第二輯第83册影印。

《浚谷先生集》十七卷，明萬曆八年周鑑刻本，《四庫全書存目叢書》集部第87册(闕卷十四至十七)、《原國立北平圖書館甲庫善本叢書》第764册影印。

《(趙)浚谷文鈔》二卷，民國十三年序鈔本，《中國西北文獻叢書》第160册影印。

《趙時春詩集》，張硯田整理，三秦出版社2000年6月版(《愛我平凉叢書·西王母文化卷》)。

《趙時春詩集》，甘肅政協平凉市委員會編，2006年11月内部出版物(《平凉市文史資料》第二輯)。

《趙時春全集校釋》，魏柏樹、黄道編校整理，大衆文藝出版社 2010 年 2 月版（《漢唐遺韻》）。

《趙時春文集校箋》，杜志强整理，天津古籍出版社 2012 年 2 月版（《西北師範大學古籍整理研究所隴右文獻叢書》）。

《趙時春詩詞校注》，杜志强校注，巴蜀書社 2012 年 4 月版（《詩賦研究叢書》）。

《趙時春文集校注》，魏柏樹校注，天津古籍出版社 2020 年 6 月版。

王慎中

《玩芳堂摘稿》四卷，明嘉靖二十九年蔡克廉刻本，《四庫全書存目叢書》集部第 88 册影印。

《王遵巖家居集》七卷，明嘉靖三十一年句吴書院刻本，金山高尚志堂 1932 年、閩南同鄉會 1975 年、《原國立北平圖書館甲庫善本叢書》第 765 册、《明别集叢刊》第二輯第 83 册（影金山高尚志堂本）影印。

《遵巖先生文集》二十四卷《目録》一卷，明隆慶五年嚴鎡刻本，《四庫全書底本叢書》集部第 191—194 册影印。

《遵巖先生文集》四十一卷，明隆慶五年邵廉刻本，《北京圖書館古籍珍本叢刊》集部第 105 册、《明别集叢刊》第二輯第 84 册影印。

《遵巖先生文集》四十一卷，明嘉靖四十五年劉溱刻本，《中華再造善本·明代編》、《福建文脉叢書》第 317—319 册（闕卷二十、二十一、二十七至三十七）影印。

《王參政集》一卷，明嘉靖隆慶刻萬曆增刻《盛明百家詩》本，《四庫全書存目叢書》集部第 305 册、《明别集叢刊》第五輯第 96 册影印。

《遵巖先生文集》不分卷，明鈔本，《復旦大學圖書館藏古籍稿鈔珍本》第一輯第 23 册影印。

《南江外集》十卷，清初馮景鈔本，《復旦大學圖書館藏古籍稿鈔珍本》第一輯第 23—24 册、《八閩文庫·福建文獻集成》初編集部第 14 册影印。

《遵巖集》二十四卷，清四庫全書本，《景印摛藻堂四庫全書薈要》第 420 册（作二十五卷）、《四庫全書珍本》八集集部第 195—200 册、《景印文淵閣四庫全書》第 1274 册、《文津閣四庫全書》第 1278 册、《文瀾閣四庫全書》第 1311 册（丁氏補鈔卷九至二十四）影印。

《王遵巖文粹》五卷，日本文政五年題刻本，《日本所編中國詩文選集彙刊·明代卷》第21—22册影印。

《王遵巖文粹》五卷，日本天保十五年十二月田邊新次郎刻本，《和刻本漢籍文集》第15輯影印。

《王慎中集》，林虹點校，民族出版社2017年12月版。

《遵岩集》，林虹點校，商務印書館2020年12月版（《泉州文庫》）。

韓　貞

《韓樂吾先生遺集》一卷，清光緒十二年興化傳薪書室刻本，《泰州文獻》第57册影印。

《韓貞集》，黄宣民點校，中國社會科學出版社1996年2月版（見《顔鈞集》）。

《韓樂吾先生詩》，樂吾研究會編，2000年1月自印本。

《韓樂吾全集》，韓德粹編著，2012年1月自印本。

《韓貞詩助讀》，唐興傑著，吉林出版集團股份有限公司2017年12月版。

余　棐

《率峰先生遺稿》四卷，明嘉靖刻本，《原國立北平圖書館甲庫善本叢書》第765册影印。

袁　袠

《袁志山詩選》一卷，稿本，袁氏小嘉趣堂1948年、《稀見明代四部輯刊》第一輯第75册（影小嘉趣堂本）影印。

史臣紀

《史文學集》一卷，明嘉靖隆慶刻萬曆增刻《盛明百家詩》本，《四庫全書存目叢書》集部第306册、《明別集叢刊》第五輯第97册影印。

王　言

《王澄原集》一卷，明嘉靖隆慶刻萬曆增刻《盛明百家詩》本，《四庫全書存目叢書》集部第306册、《明别集叢刊》第五輯第97册影印。

董　份

《董學士泌園集》三十七卷，明萬曆董嗣茂刻本，《四庫全書存目叢書》集部第107册影印。

《泌園集》三十七卷，民國十六年吴興劉氏嘉業堂刻《吴興叢書》本，《叢書集成續編》（臺灣新文豐出版公司）文學類第145册、《叢書集成續編》（上海書店）集部第117册、《明别集叢刊》第二輯第85册影印。

梅守德

《宛溪先生滄洲摘稿》二卷《滄洲近稿》二卷《無文漫草》十四卷（存卷三至十四），明隆慶刻萬曆遞修本，《明代詩文集珍本叢刊》第68—69册影印。

張　瀚

《奚囊蠹餘》二十卷，明隆慶三年張佳胤刻本，《原國立北平圖書館甲庫善本叢書》第774册影印。

《奚囊蠹餘》二十卷，明隆慶六年李敏德刻本，《四庫全書存目叢書》集部第101册（卷十八至二十配鈔本）、《明别集叢刊》第二輯第85册影印。

《奚囊蠹餘》二十卷《補遺》一卷《附録》二卷，清光緒二十一年錢塘丁氏嘉惠堂刻《武林往哲遺著》本，《叢書集成續編》（臺灣新文豐出版公司）文學類第144册、《叢書集成續編》（上海書店）集部第116册、廣陵書社2011年7月（《武林往哲遺著》第3册）影印。

《奚囊蠹餘》，程志兵點校，杭州出版社2014年5月版（《杭州全書·杭州文獻集成》第17册）；浙江古籍出版社2019年11月版（《武林往哲遺著》

第 10—11 册,《浙江文叢》)。

陸師道

《陸尚寶遺文》不分卷,民國二十三年上虞羅振玉石印《百爵齋叢刊》本,《叢書集成續編》(臺灣新文豐出版公司)史地類第 257 册、《叢書集成續編》(上海書店)集部第 116 册、《明别集叢刊》第三輯第 5 册影印。

郭汝霖

《石泉山房文集》十三卷,明萬曆二十五年郭氏家刻本,《四庫全書存目叢書》集部第 129 册、《明别集叢刊》第三輯第 17 册影印。

范惟一

《范中方集》一卷,明嘉靖隆慶刻萬曆增刻《盛明百家詩》本,《四庫全書存目叢書》集部第 306 册、《明别集叢刊》第五輯第 97 册影印。

許邦才

《許長史集》一卷,明嘉靖隆慶刻萬曆增刻《盛明百家詩》本,《四庫全書存目叢書》集部第 306 册、《明别集叢刊》第五輯第 97 册影印。

郭　第

《郭山人集》一卷,明嘉靖隆慶刻萬曆增刻《盛明百家詩》本,《四庫全書存目叢書》集部第 306 册、《明别集叢刊》第五輯第 97 册影印。

羅鹿齡

《羅山人集》一卷,明嘉靖隆慶刻萬曆增刻《盛明百家詩》本,《四庫全書存目叢書》集部第 306 册、《明别集叢刊》第五輯第 97 册影印。

李先芳

《東岱山房詩録》十三卷《外集》一卷《江右稿》二卷（存卷上），明嘉靖刻本，《四庫全書存目叢書》集部第 119 册影印。

《東岱山房詩録》□卷（存《使金陵稿》一卷《古樂府》二卷），明嘉靖刻本，《原國立北平圖書館甲庫善本叢書》第 790 册影印。

《李尚寶集》一卷，明嘉靖隆慶刻萬曆增刻《盛明百家詩》本，《四庫全書存目叢書》集部第 306 册、《明别集叢刊》第五輯第 97 册影印。

《李氏山房集》四卷，明隆慶六年刻本，《中國公共圖書館古籍文獻珍本匯刊・天津圖書館孤本秘籍叢書》第 10 册影印。

《濠梁集》一卷，明萬曆五年劉長欽刻本，《原國立北平圖書館甲庫善本叢書》第 790 册影印。

《高齋集》一卷，明萬曆五年劉長欽刻本，《稀見明代四部輯刊》第二輯第 59 册影印。

《李氏山房詩選》六卷（存二卷），明刻本，《四庫全書存目叢書》集部第 119 册影印。

方攸躋

《方員外集》一卷，明嘉靖隆慶刻萬曆增刻《盛明百家詩》本，《四庫全書存目叢書》集部第 308 册、《明别集叢刊》第五輯第 100 册影印。

李文麟

《李武選集》一卷，明嘉靖隆慶刻萬曆增刻《盛明百家詩》本，《四庫全書存目叢書》集部第 308 册、《明别集叢刊》第五輯第 100 册影印。

余應舉

《余憲副集》一卷，明嘉靖隆慶刻萬曆增刻《盛明百家詩》本，《四庫全書存目叢書》集部第 308 册、《明别集叢刊》第五輯第 100 册影印。

徐文通

《徐汝思詩》二卷，明刻本，《明代詩文集珍本叢刊》第72册影印。

《徐汝思詩集》，徐加壽、徐八飛重校，2003年1月自印本；《重修金華叢書》第149册據重校本影印。

王　瑛

《秋日紀行雜言》一卷，明嘉靖刻本，《原國立北平圖書館甲庫善本叢書》第772册影印。

《王侍御集》一卷，明嘉靖隆慶刻萬曆增刻《盛明百家詩》本，《四庫全書存目叢書》集部第99册、《明别集叢刊》第五輯第99册影印。

王　表

《王禮部集》一卷，明嘉靖隆慶刻《盛明百家詩》本，《四庫全書存目叢書》集部第308册、《明别集叢刊》第五輯第99册影印。

王立道

《王翰林集》一卷，明嘉靖隆慶刻萬曆增刻《盛明百家詩》本，《四庫全書存目叢書》集部第308册、《明别集叢刊》第五輯第99册影印。

《校刻具茨先生詩集》五卷《文集》八卷《遺稿》一卷《詩集附録》一卷《文集附録》一卷，明萬曆六年無錫王化弘嘉樂堂刻本，《原國立北平圖書館甲庫善本叢書》第774册（闕《詩集》五卷《詩集附録》一卷）、《四庫全書底本叢書》集部第201—202册影印。

《具茨集》十四卷（《詩集》五卷《文集》八卷《遺稿》一卷），清四庫全書本，《四庫全書珍本》六集集部第283—284册、《景印文淵閣四庫全書》第1277册、《文津閣四庫全書》第1282册（多《附録》一卷）、《文瀾閣四庫全書》第1314册（多《具茨集附録》一卷，丁氏補鈔《詩集》卷四卷五、《文集》卷一卷七卷八)影印。

林貴兆

《正志稿》十卷,清宣統二年太平陳氏木活字印本,《明別集叢刊》第二輯第85册影印。

《知我軒近説》三卷,清宣統二年太平陳氏木活字本,《稀見明代四部輯刊》第二輯第82册影印。

《林貴兆集》,林家驪、廖秋華點校,浙江大學出版社2019年12月版(與《趙大佑集》同册,《温嶺叢書》甲集第12册)。

趙大佑

《燕石集讀解》,王英礎、吴小謙標點,中國文史出版社2012年2月版(《古色今香叢書》)。

《趙大佑集》,王英礎點校,浙江大學出版社2019年12月版(與《林貴兆集》同册,《温嶺叢書》甲集第12册)。

李宗木

《李杏山詩集》九卷,明萬曆三十五年刻《六李集》本,《四庫全書存目叢書補編》第14册、《明別集叢刊》第二輯第86册影印。

劉　熠

《同春堂遺稿》四卷,清順治十六年鹽官劉氏家刻本,《四庫全書存目叢書補編》第99册、《明別集叢刊》第二輯第86册影印。

蔡克廉

《可泉先生文集》十五卷,明萬曆七年晉江蔡氏家刻本,《明別集叢刊》第二輯第 86 册影印。

徐霈

《東溪先生文集》十九卷，民國十五年木活字本，《衢州文獻集成》第175—176 册影印。

嚴訥

《嚴文靖公集》十二卷，明萬曆十五年嚴治刻本，《四庫全書存目叢書》集部第 107 册、《明别集叢刊》第二輯第 86 册、《常熟文庫》第 56 册影印。

郭朴

《郭文簡公文集》六卷，清康熙十三年思齊軒刻本，《四庫未收書輯刊》第五輯第 19 册、《明别集叢刊》第二輯第 87 册影印。

周天佐

《周子弼集》不分卷，明鈔本，《明代詩文集珍本叢刊》第 66 册、《福建文脉叢書》第 321 册影印。

《周忠愍先生文集》二卷，清嘉慶二十年周學曾刻本，《四庫未收書輯刊》第五輯第 19 册、《明别集叢刊》第二輯第 87 册影印。

李春芳

《李文定公貽安堂集》十卷《附録》一卷，明萬曆十七年李戴刻本，《四庫全書存目叢書》集部第 113 册、《原國立北平圖書館甲庫善本叢書》第 784 册、《泰州文獻》第 57 册、《明别集叢刊》第二輯第 87 册影印。

馮惟敏

《海浮山堂詩稿》五卷《文稿》五卷，明嘉靖四十五年刻本，《續修四庫全書》第 1345 册、《山東文獻集成》第一輯第 34 册、《明别集叢刊》第二輯第 8 册影印。

《馮海浮集》一卷，明嘉靖隆慶刻萬曆增刻《盛明百家詩》本，《四庫全書存目叢書》集部第 308 册、《明别集叢刊》第五輯第 100 册影印。

《石門集》一卷，明萬曆刻《馮氏五先生集》本，《明别集叢刊》第二輯第 8 册影印。

《馮惟敏全集》，謝伯陽編纂，齊魯書社 2007 年 6 月版。

林大欽

《林殿撰東莆集》二卷，清道光刻《潮州耆舊集》本，《潮州文獻叢刊》之一、《明别集叢刊》第五輯第 94 册影印。

《東莆先生文集》五卷，清刻本，《中國古籍珍本叢刊·廣東省立中山圖書館卷》第 48 册影印。

《林大欽集》，黄挺校注，廣東人民出版社 1995 年 1 月版(《潮汕文庫》)。

《林大欽詩》，郭培忠、吕永光、張玲整理，嶺南美術出版社 2009 年 9 月版(《全粤詩》第 8 册)。

《林殿撰東莆集》，吴二持點校，暨南大學出版社 2016 年 8 月版(見《潮州耆舊集》，《潮汕文庫·文獻系列》)。

張天賦

《張天賦詩》，陳永正整理，嶺南美術出版社 2009 年 9 月版(《全粤詩》第 8 册)。

何維柏

《天山草堂存稿》六卷，清沙滘何氏鈔本，《四庫全書存目叢書》集部第 103 册、廣西師範大學出版社 2014 年 10 月(《西樵歷史文化文獻叢書》)、《廣州大典》第 426 册、丹竈延香詩社 2015 年 12 月、《明别集叢刊》第二輯第 87 册影印。

《何維柏集》,吴勁雄整理,知識産權出版社 2020 年 8 月版(《斗竈歷史文化叢書》)。

侯一元

《二谷山人集》十卷,明嘉靖刻本,《中國古籍珍本叢刊·天津圖書館卷》第 41 册影印。

《侯二谷集》一卷,明嘉靖隆慶刻萬曆增刻《盛明百家詩》本,《四庫全書存目叢書》集部第 306 册、《明別集叢刊》第五輯第 97 册影印。

《二谷山人集》十卷,清光緒十七年侯氏重刻本,《明別集叢刊》第二輯第 91 册影印。

《二谷山人近稿》十卷,清光緒二十年侯氏重刻本,《明別集叢刊》第二輯第 91 册影印。

《侯一元集》,陳瑞贊編校,黄山書社 2011 年 12 月版(《温州文獻叢刊》)。

王　襞

《新鐫東厓王先生遺集》二卷,明萬曆刻明崇禎至清嘉慶遞修本,《四庫全書存目叢書》集部第 146 册影印。

《明儒王東厓先生遺集》二卷首一卷,清宣統二年東臺袁氏鉛印《明儒王心齋先生遺集》本,《明別集叢刊》第二輯第 17 册影印。

《明儒東厓先生遺集》,李人偉點校,江蘇教育出版社 2001 年 10 月版(《王心齋全集》附録)。

《明儒王東厓先生遺集》,張樹俊點校,人民日報出版社 2003 年 3 月版(《淮南名儒王襞研究》附録)。

丁一中

《丁少鶴集》一卷,明嘉靖隆慶刻萬曆增刻《盛明百家詩》本,《四庫全書存目叢書》集部第 308 册、《明別集叢刊》第五輯第 100 册影印。

梁　孜

《梁中舍集》一卷，明嘉靖隆慶刻萬曆增刻《盛明百家詩》本，《四庫全書存目叢書》集部第 308 册、《廣州大典》第 426 册、《明别集叢刊》第五輯第 100 册影印。

《梁孜詩》，楊權、陳永滔整理，嶺南美術出版社 2010 年 4 月版(《全粤詩》第 10 册)。

李元昭

《李千户集》一卷，明嘉靖隆慶刻萬曆增刻《盛明百家詩》本，《四庫全書存目叢書》集部第 308 册、《明别集叢刊》第五輯第 100 册影印。

顧　聖

《顧山人集》一卷，明嘉靖隆慶刻萬曆增刻《盛明百家詩》本，《四庫全書存目叢書》集部第 308 册、《明别集叢刊》第五輯第 100 册影印。

林世璧

《林公子集》一卷，明嘉靖隆慶刻萬曆增刻《盛明百家詩》本，《四庫全書存目叢書》集部第 308 册、《明别集叢刊》第五輯第 100 册影印。

葉　芳

《葉客集》一卷，明嘉靖隆慶刻萬曆增刻《盛明百家詩》本，《四庫全書存目叢書》集部第 308 册、《明别集叢刊》第五輯第 100 册影印。

周東田

《周東田集》一卷，明嘉靖隆慶刻萬曆增刻《盛明百家詩》本，《四庫全書存目叢書》集部第 308 册、《明别集叢刊》第五輯第 100 册影印。

王昆崙

《王逸人集》一卷，明嘉靖隆慶刻萬曆增刻《盛明百家詩》本，《四庫全書存目叢書》集部第308册、《明別集叢刊》第五輯第100册影印。

潘　緯

《潘象安集》一卷，明嘉靖隆慶刻萬曆增刻《盛明百家詩》本，《四庫全書存目叢書》集部第308册、《明別集叢刊》第五輯第100册影印。

《潘象安詩集》四卷，明萬曆刻本，《四庫全書存目叢書》集部第189册影印。

茅　坤

《白華樓藏稿》十一卷，明嘉靖四十三年刻本，《歸安茅氏文獻輯刊》第8册影印。

《白華樓藏稿》十一卷，明嘉靖至萬曆遞刻本，《四庫全書存目叢書》集部第105册、《茅坤文獻輯刊》第39—42册影印。

《茅副使集》一卷，明嘉靖隆慶刻萬曆增刻《盛明百家詩》本、《四庫全書存目叢書》集部第308册、《明別集叢刊》第五輯第99册影印。

《玉芝山房稿》二十二卷，明萬曆十六年茅氏家刻本，《四庫全書存目叢書》集部第106册、《原國立北平圖書館甲庫善本叢書》第778册、《歸安茅氏文獻輯刊》第12—13册影印。

《白華樓續稿》十五卷，明萬曆刻本，《四庫全書存目叢書》集部第105册、《歸安茅氏文獻輯刊》第9—10册影印。

《白華樓吟稿》十卷，明萬曆刻本，《四庫全書存目叢書》集部第105册、《歸安茅氏文獻輯刊》第11册影印。

《耄年録》九卷，明萬曆刻本，《四庫全書存目叢書》集部第106册、《歸安茅氏文獻輯刊》第14册影印。

《茅鹿門先生文集》三十六卷（《白華樓藏稿》十一卷《續稿》十五卷《吟稿》十卷），明萬曆刻本，《續修四庫全書》第1344—1345册、《原國立北平圖書館甲庫善本叢書》第778—779册、《明别集叢刊》第二輯第92册、《茅坤文獻輯刊》第43—46册、《歸安茅氏文獻輯刊》第30—33册影印。

《新刻九我評注茅先生白華樓藏稿文撰評》五卷，明刻本，《海外藏集部珍本文獻叢刊》第158册影印。

《茅鹿門稿》一卷，清鈔《可儀堂一百廿名家制義》本，《明人别集稿鈔本叢刊》第98册影印。

《茅坤集》，張大芝、張夢新校點，浙江古籍出版社1993年10月版（《兩浙作家文叢》）。

《茅坤集》，張夢新、張大芝點校，浙江古籍出版社2012年9月版（《浙江文叢》）。

饒　相

《三溪先生文集》二卷，清乾隆二十五年饒咨疇刻本，《稀見明代四部輯刊》第二輯第61册影印。

《三溪詩草》一卷附《林下贈言》一卷，清光緒五年刻本，《明别集叢刊》第二輯第92册影印。

《饒副使三溪集》一卷，清道光刻《潮州耆舊集》本，《潮州文獻叢刊》之一、《明别集叢刊》第五輯第94册影印。

《饒相詩》，吕永光、張玲等整理，嶺南美術出版社2010年4月版（《全粤詩》第10册）。

《饒副使三溪集》，吴二持點校，暨南大學出版社2016年8月版（見《潮州耆舊集》，《潮汕文庫·文獻系列》）。

王國光

《率意稿》，楊淮、任健、李雪梅、王麗娟整理，三晉出版社2010年4月版（《陽城歷史名人文存》第1册）。

劉　燾

《劉帶川公遺集》，劉若山、劉德瀛、劉鎮菲、劉鎮連纂輯整理，孫建標點注釋,香港天馬圖書有限公司2006年8月版。

趙　釴

《無聞堂稿》十七卷,明隆慶六年趙鴻賜玄對樓刻本,《四庫全書存目叢書》集部第112册、《原國立北平圖書館甲庫善本叢書》第780册、《明别集叢刊》第二輯第98册影印。

陳全之

《游梁集》一卷,明嘉靖刻本,《明代詩文集珍本叢刊》第73册影印。

朱　衡

《朱鎮山集》一卷,明嘉靖隆慶刻萬曆增刻《盛明百家詩》本,《四庫全書存目叢書》集部第306册、《明别集叢刊》第五輯第97册影印。

《朱鎮山先生集》二十卷,明萬曆十九年陳宗刻本,《原國立北平圖書館甲庫善本叢書》第771—772册影印。

馮惟訥

《馮少洲集》一卷,明嘉靖隆慶刻萬曆增刻《盛明百家詩》本,《四庫全書存目叢書》集部第306册、《明别集叢刊》第五輯第97册影印。

《馮光禄詩集》十卷,明萬曆十四年馮琦、馮珣刻本,《明代詩文集珍本叢刊》第67册影印。

《光禄集》一卷,明萬曆刻《馮氏五先生集》本,《明别集叢刊》第二輯第8册影印。

徐　陟

《來嘉堂集》十九卷,鈔本,《稀見明代四部輯刊》第一輯第78册影印。

高拱

《高文襄公集》四十四卷，明萬曆刻本，《四庫全書存目叢書》集部第108册影印。

《高文襄公文集》十五種，清康熙籠春堂刻本，《明別集叢刊》第二輯第89—91册影印。

《高拱詩文標注》，楊樹荃標注，政協河南省新鄭市文史資料委員會1996年12月内部出版物。

《高拱全集》，岳金西、岳天雷編校，中州古籍出版社2006年12月版。

劉元凱

《雲鶴先生遺詩》一卷，民國二年上海廣益書局鉛印《古今文藝叢書》本，《明別集叢刊》第二輯第88册影印。

張天復

《鳴玉堂稿》十二卷，明萬曆八年陳文燭刻本，《續修四庫全書》第1348册、《原國立北平圖書館甲庫善本叢書》第789—790册、《明別集叢刊》第二輯第94册影印。

《鳴玉堂稿》不分卷，明藍格鈔本，《明人別集稿鈔本叢刊》第49册影印。

《鳴玉堂稿》十二卷（存卷一至七），清鈔本，《明人別集稿鈔本叢刊》第49册影印。

王寅

《十嶽山人詩集》四卷《王十嶽樂府》一卷，明萬曆十三年程開泰等刻本，《四庫全書存目叢書》集部第79册、《原國立北平圖書館甲庫善本叢書》第804—805册（闕《樂府》一卷）、《明別集叢刊》第二輯第93册影印。

程　琡

《程右丞稿》八卷，明萬曆十九年程紹刻本，《明别集叢刊》第二輯第 93 册、《明代詩文集珍本叢刊》第 65 册影印。

馬自强

《馬文莊公文集選》十五卷附一卷，清同治九年敦倫堂刻本，《四庫禁燬書叢刊補編》第 66 册、《明别集叢刊》第二輯第 93 册影印。

《馬文莊公集》十五卷附一卷，清道光二十六年重刻本《回族典藏全書》第 62—63 册影印。

俞允文

《俞仲蔚文稿》一卷，稿本，《稀見明代四部輯刊》第一輯第 79 册影印。

《俞仲蔚集》一卷，明嘉靖隆慶刻萬曆增刻《盛明百家詩》本，《四庫全書存目叢書》集部第 306 册、《明别集叢刊》第五輯第 97 册影印。

《仲蔚先生集》二十四卷《附録》一卷，明萬曆十年休寧程善定西野書屋刻本，《四庫全書存目叢書》集部第 140 册、《續修四庫全書》第 1354 册、《原國立北平圖書館甲庫善本叢書》第 812 册、《明别集叢刊》第二輯第 94 册、《寫刻古籍版本聚珍》第 220—221 册影印。

劉世偉

《后溪詩稿》一卷《文稿》一卷，明毛效直刻本，《原國立北平圖書館甲庫善本叢書》第 812 册影印。

朱東陽

《濯纓餘響》二卷，明萬曆朱南雍等刻本，《原國立北平圖書館甲庫善本叢書》第 812 册影印。

沈　霑

《沈山人詩》六卷《續集》十卷，明嘉靖四十三年宗臣刻萬曆四十一年王百祥遞修本，《原國立北平圖書館甲庫善本叢書》第 812 册(《續集》闕卷一至五)、《泰州文獻》第 56 册影印。

吴　鐄

《游梁詩集》六卷，明萬曆緑雨樓刻本，《原國立北平圖書館甲庫善本叢書》第 812 册、《明代詩文集珍本叢刊》第 101 册影印。

侯汝白

《湍屋留吟》一卷，明隆慶黄卷等刻本，《原國立北平圖書館甲庫善本叢書》第 812 册影印。

程應魁

《漢上離歌》一卷，明萬曆刻本，《原國立北平圖書館甲庫善本叢書》第 813 册影印。

陳所有

《秉燭堂押歌詩選》一卷《淘沙文選》一卷，明萬曆十年荆光裕刻本，《原國立北平圖書館甲庫善本叢書》第 813 册影印。

徐敷詔

《重鐫徐定庵先生集》二十一卷附《花朝閣樂府》一卷，明萬曆四十四年胡繼升刻本，《明別集叢刊》第二輯第 94 册影印。

盧　寧

《五鵲别集》二卷，明嘉靖三十八年劉珙重刻本，《四庫全書存目叢書》集部第111册、《明别集叢刊》第二輯第95册影印。

《盧寧詩》，楊權整理，嶺南美術出版社2010年4月版（《全粵詩》第10册）。

温如璋

《温函野詩集》二卷，明鈔本，《明代詩文集珍本叢刊》第83册影印。

陶　益

《樾墩詩集》□卷（存前七卷），明嘉靖四十三年王子充等刻本，《明代詩文集珍本叢刊》第83册影印。

《陶益詩》，楊權整理，嶺南美術出版社2010年4月版（《全粵詩》第10册）。

李　奎

《李文伯詩集》二卷，明嘉靖刻本，《原國立北平圖書館甲庫善本叢書》第806册影印。

《閩中稿》一卷，明龍珠山房刻本，《域外漢籍珍本文庫》第四輯集部第17册、《明代詩文集珍本叢刊》第96册影印。

《湖上篇》一卷，明龍珠山房刻本，《原國立北平圖書館甲庫善本叢書》第806册、《域外漢籍珍本文庫》第四輯集部第17册影印。

《湖上篇》一卷，清光緒二十二年錢塘丁氏嘉惠堂刻《武林往哲遺著》本，《叢書集成續編》（臺灣新文豐出版公司）文學類第170册、《叢書集成續編》（上海書店）集部第116册、廣陵書社2011年7月（《武林往哲遺著》第4册）影印。

《龍珠山房詩集》二卷《補遺》一卷《附録》一卷，清光緒二十二年錢塘丁氏嘉惠堂刻《武林往哲遺著》本,《叢書集成續編》(臺灣新文豐出版公司)文學類第170册、《叢書集成續編》(上海書店)集部第116册、廣陵書社2011年7月(《武林往哲遺著》第4册)、《明别集叢刊》第二輯第95册影印。

《湖上篇》,錢志坤點校,杭州出版社2014年5月版(《杭州全書·杭州文獻集成》第19册);浙江古籍出版社2019年11月版(見《武林往哲遺著》第16册,《浙江文叢》)。

《龍珠山房詩集》,陳斯風點校,杭州出版社2014年5月版(《杭州全書·杭州文獻集成》第19册);浙江古籍出版社2019年11月版(見《武林往哲遺著》第16册,《浙江文叢》)。

姜 寶

《姜鳳阿文集》三十八卷,明萬曆刻本,《四庫全書存目叢書》集部第127—128册、《明别集叢刊》第二輯第95册影印。

王道行

《王明甫先生桂子園集》二十三卷,明萬曆刻本,《山西歷代著作集成》第382—384册影印。

王用賓

《三渠先生集》十四卷《附録》一卷,明萬曆二十九年刻本,《美國哈佛大學哈佛燕京圖書館藏中文善本彙刊》第34册影印。

靳學顔

《靳兩城先生集》二十卷,明萬曆十七年刻本,《四庫全書存目叢書》集部第102册、《明别集叢刊》第二輯第67册影印。

《間存集》八卷,明刻本,《明代詩文集珍本叢刊》第66册影印。

包大中

《東征漫稿》二卷，明嘉靖三十六年刻本，《原國立北平圖書館甲庫善本叢書》第 805 册影印。

唐汝楫

《小漁先生遺稿》十二卷，明萬曆四十三年刻本，《四庫全書存目叢書》集部第 124 册、《明別集叢刊》第二輯第 93 册影印。

朱炳如

《明朱白野先生温陵留墨》一卷，明萬曆元年丁一中編刻《温陵留墨》本，《明別集叢刊》第二輯第 94 册、《泉州文獻叢刊》第一輯、香港華夏文化出版社 2017 年 6 月、《美國哈佛大學哈佛燕京圖書館藏明清善本總集叢刊》第 112 册影印。

海　瑞

《海剛峰先生集》六卷《政事》四卷，明萬曆二十二年阮尚賓刻本，《明代詩文集珍本叢刊》第 78—79 册影印。

《備忘集》十二卷，明萬曆三十年海邁刻清康熙五年海廷芳補修本，臺灣學海出版社 1970 年、《四庫提要著録叢書》集部第 278 册影印。

《海忠介公文集》十卷，明萬曆四十六年蔡鍾有刻本，《明別集叢刊》第二輯第 96 册影印。

《海忠介公全集》十二卷，明天啓五年梁子璠刻本，《中國古籍珍本叢刊·廣東省立中山圖書館卷》第 49 册影印。

《海忠介公集》六卷，清康熙刻本，《明別集叢刊》第二輯第 96 册影印。

《海剛峰集》二卷，清正誼堂刻本，《回族典藏全書》第 165 册影印。

《備忘集》八卷《附録》二卷，清四庫全書本，《景印文淵閣四庫全書》第 1286 册、《文津閣四庫全書》第 1290 册、《文瀾閣四庫全書》第 1323 册、《回族典藏全書》第60—61册(影文淵閣本)影印。

《海忠介公備忘集》一卷,清嘉慶刻同治印《廣東文獻》初集本,江蘇廣陵古籍刻印社1994年7月(《廣東文獻》第2册)影印。

《海剛峰稿》一卷,清鈔《可儀堂一百廿名家制義》本,《明人別集稿鈔本叢刊》第94册影印。

《海忠介公集》,王堯雲校訂,海南書局1927年10月版(見《丘海文集》,《海南叢書》第1種);1935年版(《海南叢書》第二集)。

《海剛峰集》,商務印書館1936年12月版(《叢書集成初編》文學類第2436册);中華書局2010年9月重印版(《叢書集成初編》第509册)。

《海瑞集》,陳義鐘編校,中華書局1962年12月版;中華書局2018年3月新版。

《海忠介公全集》,王夢雲等編,臺灣《海忠介公全集》輯印委員會1973年5月自印本。

《海忠介公全集》,朱逸輝、勞定貴、張昌禮校注,香港東西文化事業公司1998年12月版。

《海忠介公詩選》,朱逸輝、勞定貴、張昌禮校注,香港東西文化事業公司1999年2月版。

《海瑞集》,李錦全、陳憲猷點校,海南出版社2003年1月版(《海南先賢詩文叢刊》)。

《海瑞詩》,楊權整理,嶺南美術出版社2010年4月版(《全粤詩》第10册)。

《海瑞集》,鄭行順校訂,海南出版社2013年9月版(《海南地方志叢刊》)。

貢　鏞

《貢西園集》三卷《西園先生遺訓》四卷,明隆慶六年刻本,《中國古籍珍本叢刊·廣東省立中山圖書館卷》第49册影印。

王逢年

《海岱集》十二卷,清鈔本,《中國古籍珍本叢刊·廣東省立中山圖書館卷》第 49 册影印。

李攀龍

《白雪樓詩集》十卷,明嘉靖四十二年魏裳刻本,《四庫全書存目叢書》集部第 110 册、《中華再造善本·明代編》、《明别集叢刊》第二輯第 97 册影印。

《李學憲集》一卷,明嘉靖隆慶刻萬曆增刻《盛明百家詩》本,《四庫全書存目叢書》集部第 306 册、《明别集叢刊》第五輯第 97 册影印。

《續李滄溟集》一卷,明嘉靖隆慶刻萬曆增刻《盛明百家詩》本,《四庫全書存目叢書》集部第 308 册、《明别集叢刊》第五輯第 100 册影印。

《白雪樓詩集》十二卷,明隆慶四年汪時元刻本,《續修四庫全書》第 1345 册、《原國立北平圖書館甲庫善本叢書》第 782 册影印。

《滄溟先生集》三十卷《附録》一卷,明隆慶六年王元美刻本,《明别集叢刊》第二輯第 96 册影印。

《滄溟集》三十卷《附録》一卷,明隆慶六年刻萬曆二十八年修補本,《中國西北文獻叢書二編》第 45—46 册影印。

《滄溟先生集》三十卷《附録》一卷,明萬曆三年胡來貢刻本,《原國立北平圖書館甲庫善本叢書》第 783 册影印。

《補注李滄溟先生文選》四卷,明宋光廷刻本,《四庫全書存目叢書》集部第 110 册影印。

《滄溟先生集》三十卷《附録》一卷,明徐履道起鳳館刻本,《原國立北平圖書館甲庫善本叢書》第 782—783 册影印。

《滄溟先生集》三十一卷《附録》一卷,明刻本,《明代論著叢刊》第一輯、《四庫提要著録叢書》集部第 71 册影印。

《滄溟集》三十卷《附録》一卷,清四庫全書本,《景印摛藻堂四庫全書薈要》第 422 册、《四庫全書珍本》八集集部第 201—205 册、《景印文淵閣四庫全書》第 1278 册、《文津閣四庫全書》第 1282 册、《文瀾閣四庫全書》第 1315 册(丁氏補鈔卷十三至二十三、二十六至三十、附録一卷)影印。

《李于鱗七律鈔》一卷,清鈔《石研齋七律鈔選》本,《明人别集稿鈔本叢刊》第 93 册影印。

《滄溟先生尺牘》三卷,日本享保十五年九月江都書肆嵩山房刻本,《日本所編中國詩文選集彙刊·明代卷》第4册影印。

《李攀龍詩》一卷,日本元文元年序刻《七才子詩》本,《日本所編中國詩文選集彙刊·明代卷》第5册影印。

《李于鱗尺牘注解》一卷,日本延享四年序刻宫瀨龍門注《盛明七子尺牘注解》本,《日本所編中國詩文選集彙刊·明代卷》第7册、《中國文集日本古注本叢刊》第四輯第6册影印。

《李攀龍七言律解》一卷,日本寬延二年序刻《明李王七言律解》本,《日本所編中國詩文選集彙刊·明代卷》第8册影印。

《滄溟先生尺牘》三卷,日本寶曆元年十一月江户崇山房小林新兵衛印本,《和刻本漢籍文集》第15輯影印。

《李滄溟尺牘便覽》三卷,日本寶曆元年序刻本,《日本所編中國詩文選集彙刊·明代卷》第9册影印。

《李滄溟尺牘國字解》三卷,日本明和二年序刻本,《日本所編中國詩文選集彙刊·明代卷》第13册影印。

《李于鱗詩掌故》一卷,日本明和九年序刻《七才子詩掌故》本,《日本所編中國詩文選集彙刊·明代卷》第15册影印。

《滄溟先生集》,包敬第標校,上海古籍出版社1992年12月版(《中國古典文學叢書》);2014年2月新版(《中國古典文學叢書》)。

《李攀龍詩箋注》,羅焕章編著,電子科技大學出版社1993年5月版。

《李攀龍集》,李伯齊校點,齊魯書社1993年12月版(《明清山左作家叢書》)。

《李攀龍詩文選》,李伯齊、宋尚齋、石玲選注,濟南出版社1993年12月版(《濟南名士叢書》);2009年4月版(《濟南歷代名家詩文選》)。

《李攀龍詩選》,李伯齊、李斌選注,人民文學出版社2009年1月版(《明清十大家詩選》)。

吴維嶽

《天目山齋歲編》二十八卷,明嘉靖刻增修本,《四庫全書存目叢書》集部第105册影印。

《吴霽寰集》一卷,明嘉靖隆慶刻萬曆增刻《盛明百家詩》本,《四庫全書存目叢書》集部第 306 册、《明别集叢刊》第五輯第 97 册影印。

《天目山齋歲編》二十八卷，家刻本，吴氏雍睦堂 1915 年、《明别集叢刊》第二輯第 97 册（影吴氏雍睦堂本）影印。

宋儀望

《華陽館詩集》十四卷《文集》十二卷《附録》一卷，明萬曆三年魏學禮刻本，《四庫全書存目叢書》集部第 116 册影印。

《華陽館文集》十八卷《續刻》二卷，清道光二十二年大豐宋氏中和堂刻本，《四庫全書存目叢書》集部第 116 册、《明别集叢刊》第三輯第 7 册影印。

余曰德

《余德甫先生集》十四卷，明萬曆刻本，《四庫全書存目叢書》集部第 122 册影印。

《余德甫先生集》十四卷，清鈔本，《明别集叢刊》第三輯第 12 册影印。

李時行

《李青霞集》一卷，明嘉靖隆慶刻萬曆增刻《盛明百家詩》本，《四庫全書存目叢書》集部第 308 册、《明别集叢刊》第五輯第 100 册影印。

《李駕部（前）集》二卷《續編詩集》一卷《續編文集》一卷《青霞漫稿》一卷，清乾隆二十八年李文炳刻本，《廣州大典》第 426 册、《中國古籍珍本叢刊・廣東省立中山圖書館卷》第 49 册（闕《續編詩集》一卷《青霞漫稿》一卷）、《明代詩文集珍本叢刊》第 68 册影印。

《李駕部集》七卷（《李駕部前集》四卷《後集》二卷《青霞漫稿》一卷）《附録》一卷，清道光二十年南海伍氏詩雪軒刻《粤十三家集》本，《叢書集成續編》（臺灣新文豐出版公司）文學類第 144 册、《廣州大典》第 501—502 册、《歷代地方詩文總集彙編》第 411—412 册、《明别集叢刊》第二輯第 97 册影印。

《李青霞詩》六卷，清同治九年南海陳氏樵山草堂重刻《南園後五先生詩》本，《四庫全書存目叢書補編》第 38 册影印。

《李駕部青霞詩》一卷，清嘉慶刻同治印《廣東文獻》初集本，《廣東文獻》第 2 册影印。

《李青霞詩》,鄭力民點校,中山大學出版社 1990 年 4 月版(見《南園前五先生詩　南園後五先生詩》,《嶺南叢書》)。

《李時行詩》,楊權、史洪權整理,嶺南美術出版社 2010 年 4 月版(《全粤詩》第 10 册)。

王　交

《緑槐堂稿》二十二卷,明隆慶五年王益荃刻本,《明代詩文集珍本叢刊》第 70—71 册影印。

程應登

《程刺史栖霞集》不分卷,明天啓程尚勤、程正己刻清康熙二十九年程之玿重修本,《明代詩文集珍本叢刊》第 72 册影印。

倪　潤

《新刻淮厓倪先生遺稿》二卷,明萬曆六年朱維藩刻本,《原國立北平圖書館甲庫善本叢書》第 782 册影印。

魏文焲

《石室私鈔》九卷,明萬曆刻本,《四庫全書存目叢書》集部第 110 册影印。

《石室私鈔》五卷,明崇禎四年刻本,《明别集叢刊》第二輯第 98 册影印。

方九叙

《方九叙詩》一卷,清林氏樸學齋鈔《二友詩》本,《明人别集稿鈔本叢刊》第 52 册影印。

宋登春

《宋布衣詩集》二卷，明萬曆五年徐學謨刻本，《明代詩文集珍本叢刊》第106册影印。

《宋布衣文集》一卷《詩集》二卷《清平閣倡和詩》一卷，清乾隆二十一年誠意堂刻本，《中國人民大學圖書館藏古籍珍本叢刊》第131册、《明别集叢刊》第五輯第42册影印。

《宋布衣集》三卷，清四庫全書本，《景印文淵閣四庫全書》第1296册、《文津閣四庫全書》第1301册、《文瀾閣四庫全書》第1334册（丁氏補鈔）影印。

《宋布衣集》三卷，清光緒定州王氏謙德堂刻《畿輔叢書》本，《百部叢書集成》之九十四影印。

《宋布衣集》，商務印書館1936年12月版（《叢書集成初編》文學類第2155册）；中華書局2010年9月重印版（《叢書集成初編》第464册）。

蕭端蒙

《蕭御史同野集》二卷，清道光刻《潮州耆舊集》本，《潮州文獻叢刊》之一、《明别集叢刊》第五輯第94册影印。

《蕭端蒙文選》，潮陽蕭氏四序堂宗親聯誼總會編，2006年11月自印本（見《蕭氏先賢文選》）。

《蕭御史同野集》，吴二持點校，暨南大學出版社2016年8月版（見《潮州耆舊集》，《潮汕文庫·文獻系列》）。

黎民表

《黎瑶石集》一卷，明嘉靖隆慶刻萬曆增刻《盛明百家詩》本，《四庫全書存目叢書》集部第308册、《廣州大典》第427册、《明别集叢刊》第五輯第99册影印。

《瑶石山人詩稿》十六卷，明萬曆十六年黎君華刻本，《中國古籍珍本叢刊·廣東省立中山圖書館卷》第48册、《廣州大典》第427册、《四庫全書底本叢書》集部第197—198册（卷九至十一配清鈔本）影印。

《瑶石山人稿》十六卷，清四庫全書本，《四庫全書珍本》七集集部第248—250册、《景印文淵閣四庫全書》第1277册、《文津閣四庫全書》第1281册、《文瀾閣四庫全書》第1314册影印。

《瑶石山人詩稿》十六卷，清道光二十年南海伍氏詩雪軒刻《粤十三家集》本，《叢書集成續編》（臺灣新文豐出版公司）文學類第170册、《廣州大典》第502册、《歷代地方詩文總集彙編》第412—413册、《明別集叢刊》第三輯第1册影印。

《黎祕書瑶石集》一卷，清嘉慶刻同治印《廣東文獻》初集本，江蘇廣陵古籍刻印社1994年7月（《廣東文獻》第2册）影印。

《瑶石山房稿》二卷，日本江户時代鈔本，《域外漢籍珍本文庫》第五輯集部第21册、《海外廣東珍本文獻叢刊》第34册影印。

《黎瑶石詩》七卷，清同治九年南海陳氏樵山草堂重刻《南園後五先生詩》本，《四庫全書存目叢書補編》第38册影印。

《黎民表詩選注》，盧岳、藍天、劉國泉注釋，從化縣政協文史資料研究委員會1988年12月内部出版物（《從化文史資料》第八輯）。

《黎瑶石詩》，鄭力民點校，中山大學出版社1990年4月版（見《南園前五先生詩　南園後五先生詩》，《嶺南叢書》）。

《黎民表詩》，楊權等整理，嶺南美術出版社2009年9月版（《全粤詩》第8册）。

吴　旦

《吴蘭皋詩》一卷，清嘉慶刻同治印《廣東文獻》初集本，江蘇廣陵古籍刻印社1994年7月（《廣東文獻》第2册）影印。

《吴蘭皋詩》一卷，清同治九年南海陳氏樵山草堂重刻《南園後五先生詩》本，《四庫全書存目叢書補編》第38册影印。

《吴蘭皋詩》，鄭力民點校，中山大學出版社1990年4月版（見《南園前五先生詩　南園後五先生詩》，《嶺南叢書》）。

羅汝芳

《近溪子集》六卷，明萬曆十六年季膺刻本，《原國立北平圖書館甲庫善本叢書》第 796 册影印。

《耿中丞楊太史批點近溪羅子全集》二十四卷，明萬曆刻本，《四庫全書存目叢書》集部第 129—130 册、《北京市文物局圖書資料中心藏古籍珍本叢刊》第 82—85 册影印。

《晚明被遺忘的思想家——羅汝芳(近溪)詩文事跡編年》，程玉瑛著，臺灣廣文書局 1995 年 12 月版。

《羅汝芳集》，方祖猷、梁一群、李慶龍等編校整理，鳳凰出版社 2007 年 3 月版(《陽明後學文獻叢書》)。

《近溪羅子全集》，方祖猷、梁一群、李開升、李雲校點，北京大學出版社 2013 年 10 月版(《儒藏 · 精華編》第 261 册)。

孫　樓

《孫百川先生未刻稿》不分卷，稿鈔本，《常熟文庫》第 57—58 册、《明人别集稿鈔本叢刊》第 50—51 册影印。

《刻孫百川先生(文)集》十二卷，明萬曆四十八年梁溪、華淦蕃刻本，《四庫全書存目叢書》集部第 112 册、《原國立北平圖書館甲庫善本叢書》第 783 册、《明别集叢刊》第三輯第 4 册、《常熟文庫》第 57 册影印。

《孫百川先生集》不分卷，金病鶴鈔本，《常熟文庫》第 58 册影印。

《孫百川稿》一卷，清鈔《可儀堂一百廿名家制義》本，《明人别集稿鈔本叢刊》第 99 册影印。

尹　耕

《朔埜山人集》六卷，明崇禎十年刻本，《原國立北平圖書館甲庫善本叢書》第 771 册(存卷一至四)、《明别集叢刊》第三輯第 1 册影印。

葉朝榮

《芝堂遺草》七卷(存卷一至三)，明萬曆刻本，《四庫全書存目叢書》集部第 147 册、《明别集叢刊》第三輯第 1 册影印。

陸　楫

《蒹葭堂稿》八卷（闕卷八），明嘉靖四十五年陸郯刻本，《續修四庫全書》第1354册、《明别集叢刊》第三輯第1册影印。

秦　梁

《秦方伯集》一卷，明嘉靖隆慶刻萬曆增刻《盛明百家詩》本，《無錫文庫》第88册、《明别集叢刊》第五輯第99册影印。

强　仕

《强德州集》一卷，明嘉靖隆慶刻萬曆增刻《盛明百家詩》本，《四庫全書存目叢書》集部第308册、《明别集叢刊》第五輯第99册影印。

王崇古

《王督撫集》一卷，明嘉靖隆慶刻萬曆增刻《盛明百家詩》本，《四庫全書存目叢書》集部第308册、《明别集叢刊》第五輯第100册影印。

《公餘漫稿》五卷，明隆慶二年栗永禄、馮惟訥刻本，《明代詩文集珍本叢刊》第67—68册、《山西歷代著作集成》第379册影印。

胡　安

《胡苑卿集》一卷，明嘉靖隆慶刻萬曆增刻《盛明百家詩》本，《四庫全書存目叢書》集部第308册、《明别集叢刊》第五輯第100册影印。

《趨庭集》六卷，明隆慶二年邊維垣等刻本，《四庫未收書輯刊》第五輯第20册影印。

莫叔明

《莫公遠集》一卷，明嘉靖隆慶刻萬曆增刻《盛明百家詩》本，《四庫全書存目叢書》集部第308册、《明别集叢刊》第五輯第100册影印。

《緑水新編》三卷，明刻本，《原國立北平圖書館甲庫善本叢書》第892册影印。

楊 巍

《夢山存家詩稿》八卷，明萬曆三十年海豐楊岑刻本，《原國立北平圖書館甲庫善本叢書》第789册、《明别集叢刊》第二輯第97册影印。

《存家詩稿》八卷，清四庫全書本，《四庫全書珍本》五集集部第362册、《景印文淵閣四庫全書》第1285册、《文津閣四庫全書》第1289册、《文瀾閣四庫全書》第1323册（錢恂據文津閣本補鈔卷三至八）影印。

王叔果

《半山藏稿》二十卷，明萬曆刻本，《中國公共圖書館古籍文獻珍本匯刊・天津圖書館孤本秘籍叢書》第11册影印。

《半山藏稿》二十卷，民國二十四年温州黄氏鉛印本，《明别集叢刊》第三輯第1册影印。

《王叔果集》，蔡克驕點校，黄山書社2009年4月版（《温州文獻叢刊》）。

楊繼盛

《楊忠愍公集》六卷，明隆慶三年惲應明刻本，《故宫珍本叢刊》第527—528册、《四庫提要著録叢書》集部第71册影印。

《楊忠愍公集》三卷附一卷，明隆慶三年王世貞刻本，《明代朱子學文獻叢刊》第183册、《雄安文脉叢書》第89册、《雄安先賢全集叢書》第56册、《雄安歷代著作集成二編》第31册、《雄安歷代别集叢刊二編》第12册影印。

《楊忠愍公集》四卷，明隆慶四年孫克弘刻本，《明别集叢刊》第三輯第1册影印。

《楊忠湣公集》不分卷《遺集》一卷，明萬曆二十六年刻本，《雄安先賢全集叢書》第56册、《雄安歷代著作集成二編》第32册、《雄安歷代别集叢刊二編》第13册影印。

《李卓吾評選楊椒山集》四卷(《奏疏》一卷《詩》一卷《文》一卷《附録》一卷),明末吴山俞氏文房刻《三異人文集》本,《四庫全書存目叢書補編》第13册、《明代朱子學文獻叢刊》第184册、《雄安文脉叢書》第89册、《雄安先賢全集叢書》第57册、《雄安歷代著作集成二編》第32册、《雄安歷代别集叢刊二編》第13册影印。

《楊忠愍公集》四卷,清康熙十二年重刻本,《雄安歷代著作集成》第13册、《雄安先賢全集叢書》第58册影印。

《楊忠湣公集》四卷,清康熙三十三年朱永輝刻本,《雄安先賢全集叢書》第59册、《雄安歷代著作集成二編》第33册、《雄安歷代别集叢刊二編》第14册影印。

《楊椒山先生集》四卷《自著年譜》一卷,清康熙三十七年胡范刻本,《美國哈佛大學哈佛燕京圖書館藏明代善本别集叢刊》第13册、《雄安先賢全集叢書》第60册影印。

《(楊)忠愍集》三卷《附録》一卷,清四庫全書本,《景印文淵閣四庫全書》第1278册、《文津閣四庫全書》第1282册、《文瀾閣四庫全書》第1315册(丁氏補鈔卷一、二及《附録》)影印。

《楊忠愍集》八卷首一卷末一卷,清道光五年刻本,《雄安先賢全集叢書》第61册、《雄安歷代著作集成二編》第34册、《雄安歷代别集叢刊二編》第15册影印。

《容城椒山楊先生文集》四卷,清道光十六年正義書院重刻《容城三賢文集》本,《歷代地方詩文總集彙編》第15册、《雄安先賢全集叢書》第134—136册影印。

《楊忠愍集》二卷,清道光二十八年涇縣潘氏袁江節署刻《乾坤正氣集》本,臺灣環球書局1966年(《乾坤正氣集》第17册)影印。

《楊椒山先生集》四卷附《椒山先生自著年譜》,日本嘉永四年木活字印本,《和刻本四部叢刊》集部第98册影印。

《楊忠湣集》一卷,清咸豐二年秀義齋重刻本,《雄安先賢全集叢書》第62册、《雄安歷代著作集成二編》第35册、《雄安歷代别集叢刊二編》第16册影印。

《楊椒山集》二卷,清同治五年福州正誼書院刻、八年至九年續刻《正誼堂全書》本,廣陵書社2016年4月(《正誼堂全書》第19册)影印。

《楊忠愍公遺書》不分卷,清同治五年木樨山房刻本,《雄安歷代著作集成》第 13 册、《雄安文脉叢書》第 89 册、《雄安先賢全集叢書》第 62 册影印。

《楊忠愍公集》五卷首一卷末一卷《楊忠愍公表忠記》二卷，清同治十一年刻本，《雄安歷代著作集成》第 14 册、《京津冀歷代別集叢刊》第 162 册、《雄安先賢全集叢書》第 63 册影印。

《楊忠愍公集》二卷，清光緒五年定州王氏謙德堂刻《畿輔叢書》本，《百部叢書集成》之九十四、《雄安歷代著作集成》第 15 册、《雄安先賢全集叢書》第 64 册影印。

《楊忠愍公全集》四卷首一卷末一卷，清光緒十九年味菜廬校刻本，《雄安歷代著作集成》第 15 册、《雄安文脉叢書》第 90 册、《雄安先賢全集叢書》第 64 册影印。

《明人楊椒山文集》四卷，清光緒二十四年重修《合刻容城三賢集》本，《雄安先賢全集叢書》第 137—139 册影印。

《楊忠愍公集》五卷首一卷末一卷，清光緒順德龍氏知服齋刻《知服齋叢書》本，《叢書集成續編》（臺灣新文豐出版公司）文學類第 145 册、《叢書集成續編》（上海書店）集部第 117 册、《廣州大典》第 82 册影印。

《楊忠愍公集》，商務印書館 1936 年 12 月版（《叢書集成初編》文學類第 2437 册）；中華書局 2010 年 9 月重印版（《叢書集成初編》第 509 册）。

《楊椒山詩文集》，楊培林校編，隴西李氏祖籍臨洮聯誼研究會 2000 年 3 月自印本。

《楊繼盛詩文注評》，楊知秋注評，雲南人民出版社 2002 年 1 月版。

《楊椒山集校注》，李洪程校注，臺灣蘭台出版社 2015 年 5 月版（《古典文學研究叢刊》）。

袁福徵

《袁太冲稿》一卷，清鈔《可儀堂一百廿名家制義》本，《明人別集稿鈔本叢刊》第 99 册影印。

楊　鑑

《秋泉先生遺稿》一卷，清鈔本，《美國哈佛大學哈佛燕京圖書館藏明代善本别集叢刊》第13册影印。

洪朝選

《洪芳洲集》一卷，明嘉靖隆慶刻萬曆增刻《盛明百家詩》本，《四庫全書存目叢書》集部第306册、《明别集叢刊》第五輯第97册影印。

《洪芳洲先生歸田稿》三卷《奏疏》一卷《讀禮稿》六卷，明刻本，《四庫未收書輯刊》第五輯第19册、《福建文脉叢書》第314册影印。

《洪芳洲公文集》十四卷（《洪芳洲先生摘稿》四卷《歸田稿》三卷《續歸田稿》三卷《奏疏》一卷《讀禮稿》三卷），清光緒鈔本，臺灣洪芳洲研究會1989年11月影印。

《洪芳洲先生詩文集譯釋》，邱燮友、丘瓊華、李清筠、季旭昇、顔瑞芳譯釋，洪芳洲研究會2000年2月自印本。

《芳洲先生詩集》，方友義編校、邱燮友等注釋，香港華星出版社2000年10月版（《洪朝選研究》第二集）。

《芳洲先生文集（上）》，方友義編校、邱燮友等注釋，香港華星出版社2002年10月版（《洪朝選研究》第三集）。

《洪芳洲先生文集》，李玉昆點校，商務印書館2018年11月版（《泉州文庫》）。

萬士和

《萬履庵集》一卷，明嘉靖隆慶刻萬曆增刻《盛明百家詩》本，《四庫全書存目叢書》集部第306册、《明别集叢刊》第五輯第97册影印。

《續萬履庵集》一卷，明嘉靖隆慶刻萬曆增刻《盛明百家詩》本，《四庫全書存目叢書》集部第308册、《明别集叢刊》第五輯第99册影印。

《萬文恭公摘集》十二卷，明萬曆二十年素履齋刻本，《四庫全書存目叢書》集部第109册、《明别集叢刊》第二輯第89册影印。

方弘静

《素園存稿》二十卷，明萬曆刻本，《四庫全書存目叢書》集部第121册、

《明别集叢刊》第三輯第 2 册影印。

蔡汝楠

《自知堂集》七卷，明嘉靖四十三年刻本，《明別集叢刊》第三輯第 2 册影印。

《自知堂集》二十四卷，明嘉靖刻本，《四庫全書存目叢書》集部第 97 册、《原國立北平圖書館甲庫善本叢書》第 772 册影印。

《蔡白石集》一卷續一卷，明嘉靖隆慶刻萬曆增刻《盛明百家詩》本，《四庫全書存目叢書》集部第 306 册、《明別集叢刊》第五輯第 97 册影印。

王　梅

《王柘湖遺稿》二卷，明藍格鈔本，《原國立北平圖書館甲庫善本叢書》第 772 册影印。

歐大任

《歐司訓集》一卷，明嘉靖隆慶刻萬曆增刻《盛明百家詩》本，《四庫全書存目叢書》集部第 308 册、《明別集叢刊》第五輯第 100 册影印。

《北轅集》一卷，明隆慶六年趙用光家鈔本，《明代詩文集珍本叢刊》第 96 册影印。

《歐虞部集》十五種七十九卷（《百越先賢志》四卷《旦玄堂集》八卷《旅燕集》四卷《浮淮集》七卷《軺中稿》一卷《廣陵十先生傳》一卷《游梁集》七卷《南翥集》一卷《北轅集》一卷《廱館集》四卷《西署集》八卷《秣陵集》八卷《詔歸集》一卷《蘧園集》二卷《歐虞部文集》二十二卷），明萬曆刻清印本，《廣州大典》第 88 册、《揚州文庫》第 42 册（僅《浮淮集》七卷）影印。

《歐虞部集》十五種七十二卷（《百越先賢志》四卷《歐虞部文集》二十二卷《旅燕集》四卷《浮淮集》七卷《軺中稿》一卷《廣陵十先生傳》一卷《游梁集》七卷《南翥集》一卷《北轅草》一卷《廱館集》四卷《西署集》八卷《秣陵集》八卷《詔歸集》一卷《蘧園集》二卷《都下贈言》一卷）附四卷，清刻本，《四庫禁燬書叢刊》集部第 47—48 册、《北京圖書館古籍珍本叢刊》子部第 81

册、《明别集叢刊》第三輯第3册影印。

《秣陵集》八卷,清鈔本,《明代詩文集珍本叢刊》第96册影印。

《歐虞部崙山集》一卷,清嘉慶刻同治印《廣東文獻》初集本,江蘇廣陵古籍刻印社1994年7月(《廣東文獻》第2册)影印。

《歐崙山詩》六卷,清同治九年南海陳氏樵山草堂重刻《南園後五先生詩》本,《四庫全書存目叢書補編》第38册影印。

《歐崙山詩》,鄭力民點校,中山大學出版社1990年4月版(見《南園前五先生詩　南園後五先生詩》,《嶺南叢書》)。

《歐大任詩》,吕永光整理,嶺南美術出版社2009年12月版(《全粤詩》第9册)。

鄭明寶

《鄭松庵漫稿》七卷(存卷三至七)《附録》一卷,明嘉靖刻本,《明代詩文集珍本叢刊》第96册影印。

盧　楓

《白狼山人漫稿》二卷,明嘉靖三十七年鄧霓等刻本,《明代詩文集珍本叢刊》第96册影印。

徐學詩

《石龍庵詩草》六卷,清乾隆二十三年重慶堂刻本,《四庫全書存目叢書》集部第110册、《明别集叢刊》第三輯第5册影印。

胡友信

《重刻戊辰進士思泉胡先生天一山全稿》三卷,明天啓清芬堂刻本,《明别集叢刊》第三輯第79册影印。

《胡思泉稿》一卷,清鈔《可儀堂一百廿名家制義》本,《明人别集稿鈔本叢刊》第 100 册影印。

查 鐸

《毅齋查先生闡道集》十卷附一卷,清乾隆二十五年涇川查氏刻本,《明别集叢刊》第三輯第 71 册影印。

《毅齋查先生闡道集》十卷末一卷,清光緒十六年涇川查氏刻本,《四庫未收書輯刊》第七輯第 16 册影印。

張元諭

《張月泉詩集》不分卷,殘稿本,《重修金華叢書》第 150 册影印。

《張月泉詩集》不分卷,明鈔本,《中國公共圖書館古籍文獻珍本匯刊·羅氏雪堂藏書遺珍》集部第 15 册影印。

王叔杲

《玉介園存稿》十八卷《附録》四卷,明萬曆二十九年王光美刻本,《明代詩文集珍本叢刊》第 87—89 册影印。

《王叔杲集》,張憲文校注,上海社會科學院出版社 2005 年 10 月版(《温州文獻叢書》)。

侯一麟(侯一麐)

《龍門集》二十卷《附録》一卷,明隆慶刻本,《美國哈佛大學哈佛燕京圖書館藏中文善本彙刊》第 35 册影印。

《龍門集》,蔡克驕點校,上海社會科學院出版社 2006 年 3 月版(與《神器譜》同册,《温州文獻叢書》)。

何洛文

《何震川先生集》二十八卷,明天啓五年何奕家刻本《明代詩文集珍本叢刊》第90—91册影印。

葉逢春

《起曹稿》□卷(存卷三),明刻本,《明代詩文集珍本叢刊》第91册影印。

張　焕

《張中丞詩集》二卷,明萬曆刻本,《明代詩文集珍本叢刊》第92册影印。

陳　純

《長嘯軒近稿》一卷《續草》一卷,明萬曆四十一至四十二年朱之蕃刻本,《明代詩文集珍本叢刊》第92册影印。

朱勛瀓

《雲仙集》□□卷(存卷一至五、九至十四、十八至二十、二十六至二十八),明嘉靖十八年沈藩刻本,《明代詩文集珍本叢刊》第92—93册影印。

胡　直

《衡廬精舍藏稿》三十卷《(衡廬)續稿》十一卷,明萬曆十二年郭子章刻二十三年莊誠補刻本,《四庫提要著録叢書》集部第123册、《明别集叢刊》第三輯第4册影印。

《太虚軒稿》一卷,明萬曆二十一年曠驥刻本,《明代詩文集珍本叢刊》第83册影印。

《衡廬精舍藏稿》三十卷《(衡廬)續稿》十一卷,清四庫全書本,《四庫全書珍本》四集集部第366—370册、《景印文淵閣四庫全書》第1287册、《文津閣四庫全書》第1291册、《文瀾閣四庫全書》第1325册(丁氏、張宗祥補鈔卷十、十一、十四、十五、二十二至二十五、二十九)影印。

《胡直集》，張昭煒編校，上海古籍出版社2015年5月版；2020年5月新版（《陽明後學文獻叢書》）。

劉　崙

《白石山人詩文稿》七卷，明萬曆十二年刻本，《稀見明代四部輯刊》第一輯第77册影印。

張廷揚

《蘿崖集》五卷，明嘉靖刻本，《稀見明代四部輯刊》第一輯第78册影印。

姚　翼

《玩畫齋雜著編》八卷，明隆慶萬曆間自刻本，《四庫全書存目叢書》集部第188册、《明别集叢刊》第三輯第5册影印。

徐師曾

《湖上集》十四卷，明萬曆刻本，《續修四庫全書》第1351册、《明别集叢刊》第三輯第5册影印。

顧起綸

《玄言齋集》二卷，明嘉靖三十二年無錫顧氏奇字館刻本，《無錫文庫》第87册影印。

《昆明集》二卷，明嘉靖三十四年五華書院刻本，《原國立北平圖書館甲庫善本叢書》第810册影印。

《勾漏集》四卷，明鈔本，《四庫全書存目叢書》集部第146册、《明别集叢刊》第三輯第5册影印。

韓應嵩

《太室山人集》十六卷，明萬曆三十二年韓光祐刻本，《原國立北平圖書館甲庫善本叢書》第810册影印。

何心隱（梁汝元）

《何心隱先生爨桐集》四卷，明天啓五年張宿、何怗園刻本，《續修四庫全書》第1355册、《明别集叢刊》第三輯第5册、《陽明學文獻大系》第三輯第12册影印。

《何心隱集》，容肇祖整理，中華書局1960年9月版。

《何心隱先生爨桐集》，容肇祖校點，北京大學出版社2013年10月版（《儒藏·精華編》第261册）。

王好問

《王西塘春煦軒集》二十二卷（存卷一至十一、十三、十六至十八、二十二），清鈔本，《四庫禁燬書叢刊》集部第159册、《明别集叢刊》第三輯第12册影印。

徐中行

《徐龍灣集》一卷，明嘉靖隆慶刻萬曆增刻《盛明百家詩》本，《四庫全書存目叢書》集部第306册、《明别集叢刊》第五輯第97册影印。

《續徐龍灣集》一卷，明嘉靖隆慶刻萬曆增刻《盛明百家詩》本，《四庫全書存目叢書》集部第308册、《明别集叢刊》第五輯第100册影印。

《青蘿館詩》六卷，明隆慶五年汪時元刻本，《四庫全書存目叢書》集部第122册、《原國立北平圖書館甲庫善本叢書》第791册、《明别集叢刊》第三輯第13册影印。

《天目先生集》二十卷《附録》一卷，明萬曆十二年張佳胤刻本，《明代論著叢刊》第一輯、《續修四庫全書》第1349册、《原國立北平圖書館甲庫善本叢書》第792册、《明别集叢刊》第三輯第13册影印。

《天目先生集》二十卷《附録》一卷,明刻本,《四庫全書存目叢書》集部第121册影印。

《青蘿館詩前集》四卷《續集》二卷,明萬曆刻本,《中國古籍珍本叢刊·廣東省立中山圖書館卷》第49册影印。

《徐中行詩》一卷,日本元文元年序刻《七才子詩》本,《日本所編中國詩文選集彙刊·明代卷》第6册影印。

《徐子與詩掌故》一卷,日本明和九年序刻《七才子詩掌故》本,《日本所編中國詩文選集彙刊·明代卷》第15册影印。

《明徐天目先生尺牘》不分卷,日本天明七年時習館跋刻本,《和刻本漢籍文集》第15輯、《日本所編中國詩文選集彙刊·明代卷》第15册影印。

《徐中行集》,王群栗點校,浙江古籍出版社2012年4月版(《浙江文叢》)。

南　軒

《渭上稿》二十五卷,明萬曆十六年關中南氏家刻本,《明别集叢刊》第三輯第52册影印。

《渭上續稿》十一卷,明萬曆二十年刻本,《明代詩文集珍本叢刊》第80—81册影印。

嚴　果

《天隱子遺稿》十七卷,明末嚴氏悟澹齋刻本,《四庫全書存目叢書》集部第141册、《原國立北平圖書館甲庫善本叢書》第895—896册、《明别集叢刊》第三輯第40册影印。

惲紹芳

《林居集》不分卷,清鈔本,《四庫未收書輯刊》第五輯第20册、《明别集叢刊》第三輯第5册影印。

史桂芳

《皇明史惺堂先生遺稿》十一卷《嘗惺先生書經補説》一卷附《史惺堂先生年譜》一卷，清順治十六年史簡等刻史氏增修本，《四庫全書存目叢書》集部第127册、《明别集叢刊》第三輯第19册(闕《史惺堂先生年譜》一卷)影印。

史稽古

《蕩滄人僅存稿》二卷，清順治十六年史簡等刻史氏增修本，《明别集叢刊》第三輯第19册影印。

史乘古

《僑翁詩鈔》一卷，清順治十六年史簡等刻史氏增修本，《明别集叢刊》第三輯第19册影印。

萬　衣

《萬子迂談》八卷，清乾隆二十二年聽瀑軒刻本，《四庫全書存目叢書》集部第109册、《明别集叢刊》第二輯第89册影印。

《廬山遺詠》一卷，清道光十三年芋栗園刻本，《稀見明代四部輯刊》第一輯第62册影印。

萬堯一

《蓮峰遺詠》一卷，清道光十三年芋栗園刻本，《稀見明代四部輯刊》第一輯第62册影印。

萬愛民

《朝鮮游稿》一卷，清鈔《曹縣萬氏詩文集》六種七卷本，《山東文獻集成》第三輯第42册影印。

楊豫孫

《楊幼殷集》一卷，清康熙五經堂刻《廣理學備考》本，《明別集叢刊》第三輯第6册影印。

趙完璧

《海壑吟稿》七卷《文稿》五卷，明萬曆十年趙慎修刻本，《四庫提要著録叢書》集部第278册影印。

《海壑吟稿》十一卷，清四庫全書本，《四庫全書珍本》二集集部第373册、《景印文淵閣四庫全書》第1285册、《文津閣四庫全書》第1289册、《文瀾閣四庫全書》第1323册影印。

張光孝

《左華丙子集》十卷，明刻本，《四庫未收書輯刊》第六輯第21册、《明別集叢刊》第四輯第69册影印。

馬繼龍

《馬繼龍詩選》一卷，民國三至十二年雲南圖書館刻《雲南叢書》初編《滇南詩略》本，《叢書集成續編》(上海書店)集部第150册、《回族典藏全書》第165册、中華書局2009年10月(《雲南叢書》第36册)影印。

李有朋

《清思集》四卷，清道光一六年重刻本，《重修金華叢書》第149册影印。

《清思集》《懷沙集》，單望陽點校，浙江古籍出版社2014年9月版(《東陽叢書》)。

林偕春

《雲山居士集》五卷，清光緒十五年漳城多藝齋刻本，雲霄縣雲山書院林太史墓董事會 1986 年 2 月影印。

《雲山居士集》，張瑞瑩、陳嘉音、張耀堂、方群達、張待德點校，雲霄縣雲山書院工作委員會 1999 年 9 月内部出版物。

《林偕春詩集》，張待德點校，雲霄縣雲山書院工作委員會 1999 年 9 月内部出版物；香港書藝出版社 2015 年版。

《雲山居士集》，雲霄縣人大常委會編，2009 年内部出版物（見《雲霄歷代詩文稿存》）。

盧洪遠

《蔗園外集》不分卷，清初刻本，《重修金華叢書》第 149 册影印。

《蔗園外集》，樓天良點校，浙江古籍出版社 2014 年 9 月版（《東陽叢書》）。

彭　輅

《冲溪先生集》二十二卷，明萬曆三十九年彭潤宏刻本，《四庫全書存目叢書》集部第 116 册、《明别集叢刊》第三輯第 6 册影印。

亢思謙

《慎修堂集》二十卷，明萬曆詹思虞刻本，《四庫未收書輯刊》第五輯第 21 册、《中國華北文獻叢書》第 165 册影印。

《慎修堂集》二十卷，明萬曆詹思虞刻清亢宗瑗重修本，《明别集叢刊》第三輯第 7 册影印。

沈明臣

《蒯緱集》二卷，明嘉靖刻本，《原國立北平圖書館甲庫善本叢書》第 805

册影印。

《沈嘉則集》一卷，明嘉靖隆慶刻萬曆增刻《盛明百家詩》本，《四庫全書存目叢書》集部第308册、《明别集叢刊》第五輯第100册影印。

《用拙集》一卷《帆前集》一卷，明隆慶刻本，《原國立北平圖書館甲庫善本叢書》第805册影印。

《用拙集》一卷《丁艾集》一卷，明隆慶刻本，《明代詩文集珍本叢刊》第100册影印。

《豐對樓詩選》四十三卷，明萬曆二十四年陳大科、陳堯佐刻本，《四庫全書存目叢書》集部第144册、《原國立北平圖書館甲庫善本叢書》第805—806册影印。

趙仲全

《趙梅峰先生遺稿》四卷，明萬曆二十四年趙健刻本，《明代詩文集珍本叢刊》第101册影印。

黄德水

《碧雞集》一卷《彈鋏集》一卷《金陵游稿》一卷，明萬曆刻本，《明代詩文集珍本叢刊》第101册影印。

李　敏

《東麓山堂詩集》七卷，明嘉靖刻本，《原國立北平圖書館甲庫善本叢書》第806册影印。

陳公綸

《白雲樓摘集》四十卷，明萬曆五至六年真賞齋刻本，《明别集叢刊》第三輯第8册影印。

方　新

《方侍御集》一卷，明嘉靖隆慶刻萬曆增刻《盛明百家詩》本，《四庫全書存目叢書》集部第308册、《明别集叢刊》第五輯第100册影印。

《金臺乙丑稿》一卷，明定溪書屋刻本，《原國立北平圖書館甲庫善本叢書》第797册影印。

袁　表

《逋客集》四卷，明萬曆十九年趙世芳刻本，《原國立北平圖書館甲庫善本叢書》第797册影印。

朱永年

《朱仲開集》一卷，明嘉靖隆慶刻萬曆增刻《盛明百家詩》本，《四庫全書存目叢書》集部第308册、《明别集叢刊》第五輯第100册影印。

吴　擴

《吴之山集》一卷，明嘉靖隆慶刻萬曆增刻《盛明百家詩》本，《四庫全書存目叢書》集部第308册、《明别集叢刊》第五輯第100册影印。

張士瀹

《張心父集》一卷，明嘉靖隆慶刻萬曆增刻《盛明百家詩》本，《四庫全書存目叢書》集部第308册、《明别集叢刊》第五輯第100册影印。

陸　弼

《陸客集》一卷，明嘉靖隆慶刻萬曆增刻《盛明百家詩》本，《四庫全書存目叢書》集部第308册、《明别集叢刊》第五輯第100册影印。

劉　鳳

《禪悦小草》十八卷《客建集》四卷《越攬編》一卷《劉子威集》五十二卷《劉子威别集》一卷《劉子威雜稿》八卷《劉子威先生澹思集》十六卷，明隆慶五年序刻《劉侍御全集》十四種一百三十七卷本，《叢書集成三編》文學類第41—42、47—50册影印。

《劉子威集》（《劉侍御集》）五十二卷，明萬曆刻本，《四庫全書存目叢書》集部第119—120册、《原國立北平圖書館甲庫善本叢書》第781—782册、《明别集叢刊》第二輯第99—100册影印。

《子威先生澹思集》十六卷，明萬曆刻本，《原國立北平圖書館甲庫善本叢書》第780册影印。

《劉子威雜稿》八卷，明刻本，《明别集叢刊》第二輯第100册影印。

任　環

《山海漫談》三卷，清四庫全書本，《四庫全書珍本》五集集部第362册、《景印文淵閣四庫全書》第1278册、《文津閣四庫全書》第1282册、《文瀾閣四庫全書》第1315册（丁氏補鈔）影印。

《山海漫談》五卷，清道光四年棣華堂重刻本，《山西歷代著作集成》第410册影印。

《山海漫談》五卷，清鈔本，南京江蘇省立國學圖書館1932年影印。

《山海漫談》五卷，民國十二年長治趙丕廉刻本，《明别集叢刊》第三輯第6册影印。

《山海漫談》，李蹊點校，上海古籍出版社2017年12月版（《山右叢書二編》第1册）。

余　寅

《農丈人文集》二十卷《詩集》八卷，明萬曆三十二年刻本，《四庫全書存目叢書》集部第168册、《原國立北平圖書館甲庫善本叢書》第844册、《明别集叢刊》第三輯第8册(僅《文集》二十卷)影印。

文肇祉

《文録事詩集》五卷,明萬曆十六年長洲文肇祉輯刻《文氏家藏詩集》本,《北京圖書館古籍珍本叢刊》集部第115册、《四庫提要著録叢書》集部第152册、《明别集叢刊》第三輯第9册影印。

《文録事詩集》五卷,清四庫全書《文氏五家集》本,《四庫全書珍本》初集第375—376册、《景印文淵閣四庫全書》第1382册、《文津閣四庫全書》第1385册、《文瀾閣四庫全書》第1427册(丁氏補鈔後三卷)影印。

馮皋謨

《豐陽先生集》十二卷《附録》一卷,明天啓二年馮振宗刻本,《四庫全書存目叢書》集部第122册、《明别集叢刊》第三輯第9册影印。

梁有譽

《蘭汀存稿》八卷《附録》一卷,明嘉靖四十四年刻本,《明代論著叢刊》第一輯影印。

《蘭汀存稿》八卷《附録》一卷,明嘉靖刻萬曆遞修本,《原國立北平圖書館甲庫善本叢書》第791册影印。

《蘭汀存稿》八卷《附録》一卷,明末刻本,《廣州大典》第426册影印。

《蘭汀存稿》八卷《附録》一卷,清康熙二十四年嶺南梁氏詒燕堂刻本,《續修四庫全書》第1348册、《明别集叢刊》第三輯第14册影印。

《梁比部集》一卷,明嘉靖隆慶刻萬曆增刻《盛明百家詩》本,《四庫全書存目叢書》集部第306册、《明别集叢刊》第五輯第97册影印。

《梁有譽詩》一卷,日本元文元年序刻《七才子詩》本,《日本所編中國詩文選集彙刊·明代卷》第6册影印。

《梁公實詩掌故》一卷,日本明和九年序刻《七才子詩掌故》本,《日本所編中國詩文選集彙刊·明代卷》第15册影印。

《梁比部蘭汀集》一卷，清嘉慶刻同治印《廣東文獻》初集本，江蘇廣陵古籍刻印社 1994 年 7 月(《廣東文獻》第 2 册)影印。

《梁蘭汀詩》五卷，清同治九年南海陳氏樵山草堂重刻《南園後五先生詩》本，《四庫全書存目叢書補編》第 38 册影印。

《梁蘭汀詩》，鄭力民點校，中山大學出版社 1990 年 4 月版(見《南園前五先生詩　南園後五先生詩》，《嶺南叢書》)。

《梁有譽詩》，楊權、史洪權整理，嶺南美術出版社 2010 年 4 月版(《全粤詩》第 10 册)。

吴百朋

《吴百朋集》，柯亞莉校點，中華書局 2015 年 12 月版(《義烏叢書》)。

汪　淮

《汪禹乂集》八卷，明萬曆刻本，《域外漢籍珍本文庫》第四輯集部第 12 册影印。

黄伯善

《菊山詩稿》十五卷，明萬曆二十五年跋刻本，《日本内閣文庫藏稀見明人别集彙刊》第二輯第 1—3 册影印。

周思兼

《周叔夜先生集》十一卷，明萬曆十年刻本，《四庫全書存目叢書》集部第 114 册、《明别集叢刊》第三輯第 9 册影印。

《周萊峰稿》一卷，清鈔《可儀堂一百廿名家制義》本，《明人别集稿鈔本叢刊》第 94 册影印。

孫　鏊

《端峰先生松菊堂集》二十四卷，明萬曆三十八年張垣刻本，《四庫全書存目叢書》集部第147册、《明别集叢刊》第三輯第9册影印。

凌約言

《凌約言尺牘注解》一卷，日本延享四年序刻《盛明七子尺牘注解》本，《日本所編中國詩文選集彙刊·明代卷》第7册影印。

顏廷榘

《叢桂堂全集》四卷，清初刻本，《四庫全書存目叢書》集部第193册影印。

《叢桂堂詩集》四卷，清初刻本，《明别集叢刊》第三輯第8册影印。

《叢桂堂全集》，李世山等點校，永春縣志編纂委員會辦公室1986年10月内部出版物。

《顏桃陵全集》，楊玲點校，商務印書館2018年4月版（《泉州文庫》）。

郭應聘

《郭襄靖公遺集》三十卷（存卷一至二十六），明萬曆郭良翰刻本，《續修四庫全書》第1349册、《明别集叢刊》第三輯第10册、《明代莆人文集》第28—32册影印。

譚　綸

《譚襄敏公遺集》三卷首一卷末一卷，清嘉慶二十四年鄒庭芳活字本，《四庫未收書輯刊》第五輯第20册影印。

《譚襄敏公遺集》三卷首一卷末一卷，清嘉慶二十四年序刻本，《域外漢籍珍本文庫》第五輯集部第22册、《明别集叢刊》第三輯第11册（多《奏議》十卷）影印。

《譚綸文集》，徐禹謨、朱健雄主編，百花洲文藝出版社1994年版。

魏　裳

《雲山堂集》六卷，明萬曆七年魏文可刻本，《四庫全書存目叢書》集部第121册、《明别集叢刊》第三輯第12册、《新編湖北叢書》第260—261册影印。

張祥鳶

《華陽洞稿》二十二卷，明萬曆刻本，《四庫全書存目叢書》集部第132册、《明别集叢刊》第三輯第50册影印。

《華陽洞稿》二十二卷《附録》一卷，明萬曆十七年張氏家刻本，《原國立北平圖書館甲庫善本叢書》第797册影印。

張子翼

《張事軒集》，王堯雲校訂，海南書局1931年8月版（《海南叢書》第9種）；1935年版（《海南叢書》第五集）。

《張事軒集》，王萬福等校印，1994年8月臺北自印本。

《張事軒摘稿》，鄭行順點校，海南出版社2006年3月版（與《渭丘集》等同册，《海南先賢詩文叢刊》）。

《張子翼詩》，韋盛年、史洪權整理，嶺南美術出版社2010年4月版（《全粵詩》第10册）。

梁辰魚

《梁國子生集》一卷，明嘉靖隆慶刻萬曆增刻《盛明百家詩》本，《四庫全書存目叢書》集部第306册、《明别集叢刊》第五輯第97册影印。

《鹿城詩集》二十八卷，明鈔本，《明人别集稿鈔本叢刊》第52—53册影印。

《鹿城詩集》二十八卷，清鈔本，《明代詩文集珍本叢刊》第97—98册影印。

《梁辰魚集》，吴書蔭編集校點，上海古籍出版社1998年7月版；2010年5月新版（《中國古典文學叢書》）。

曹大章

《曹太史含齋先生文集》十五卷，明萬曆二十八年曹祖鶴刻本，《原國立北平圖書館甲庫善本叢書》第794册影印。

《曹太史含齋先生文集》十六卷，明萬曆二十八年曹祖鶴刻增修本，《四庫全書存目叢書》集部第127册、《明别集叢刊》第三輯第11册影印。

王　樵

《方麓居士集》十四卷，明萬曆刻本，《明代朱子學文獻叢刊》第244—245册影印。

《方麓居士集》十四卷《戊申筆記》一卷《紫薇堂劄記》一卷（原闕《戊申筆記》），明刻本，《四庫全書底本叢書》集部第203—204册影印。

《王方麓稿》一卷，清康熙三十八年刻《可儀堂一百二十名家制義》本，《明别集叢刊》第三輯第11册影印。

《王方麓稿》一卷，清鈔《可儀堂一百廿名家制義》本，《明人别集稿鈔本叢刊》第99册影印。

《方麓集》十六卷（《方麓居士集》十四卷《戊申筆記》一卷《紫薇堂劄記》一卷），清四庫全書本，《四庫全書珍本》三集集部第346—348册、《景印文淵閣四庫全書》第1285册、《文津閣四庫全書》第1289册、《文瀾閣四庫全書》第1323册（丁氏補鈔卷二至五、八、十）影印。

陳　柏

《蘇山選集》七卷，明萬曆十五年陳文燭刻本，《四庫全書存目叢書》集部第124册、《明别集叢刊》第三輯第12册、《新編湖北叢書》第262册影印。

吴　京

《茂荆亭稿》十卷，明萬曆四年烏程吴氏原刻本，《明别集叢刊》第三輯第

12 册影印。

况叔祺

《大雅堂摘稿》二卷，民國二十五年高安藍壽堃排印本，《四庫全書存目叢書》集部第 121 册、《明別集叢刊》第三輯第 13 册影印。

吴文華

《濟美堂集》四卷《粵西疏稿》三卷《留都疏稿》一卷，明萬曆耿定力刻清印本，《四庫全書存目叢書》集部第 131 册、《原國立北平圖書館甲庫善本叢書》第 796 册（僅《濟美堂集》四卷）、《明別集叢刊》第三輯第 13 册影印。

徐　渭

《天池雜稿》不分卷，稿本，《中國公共圖書館古籍文獻珍本匯刊·天津圖書館孤本秘籍叢書》第 10 册影印。

《徐文學集》一卷，明嘉靖隆慶刻萬曆增刻《盛明百家詩》本，《四庫全書存目叢書》集部第 308 册、《明別集叢刊》第五輯第 100 册影印。

《徐文長三集》二十九卷《附録》三卷，明萬曆二十八年商濬刻本，"國立中央圖書館"1968 年（《明代藝術家集彙刊》，今人輯補一卷）、《原國立北平圖書館甲庫善本叢書》第 807 册（闕《附録》三卷）影印。

《徐文長三集》二十九卷《文長雜紀》二卷，明萬曆二十八年商維濬刻四十七年印本，《明別集叢刊》第三輯第 14 册影印。

《徐文長文集》三十卷《四聲猿》一卷，明萬曆四十二年鍾人傑刻本，《四庫全書存目叢書》集部第 145 册、《續修四庫全書》第 1354—1355 册（闕《四聲猿》一卷）、《原國立北平圖書館甲庫善本叢書》第 806—807 册影印。

《徐文長文集》三十四卷，明萬曆四十二年刻本，鳳凰出版社 2019 年 4 月、《海外藏集部珍本文獻叢刊》第 159—161 册影印。

《一枝堂稿》二卷，明萬曆清響齋刻本，《域外漢籍珍本文庫》第四輯集部第 12 册、《海外藏集部珍本文獻叢刊》第 167 册影印。

《徐文長逸稿》二十四卷附《畸譜》一卷，明天啓三年張維城刻本，《明代論著叢刊》第三輯、《四庫全書存目叢書》集部第145册、《續修四庫全書》第1355册、《原國立北平圖書館甲庫善本叢書》第808册影印。

《翠娱閣評選徐文長先生小品》二卷，明崇禎六年陸雲龍刻《皇明十六名家小品》本，《四庫全書存目叢書》集部第378册、《揚州大學圖書館藏古籍珍本叢刊》第79册影印。

《徐文長佚草》十卷，清初息耕堂鈔本，《續修四庫全書》第1355册影印。

《青藤書屋（文）集》三十卷《補遺》一卷，清道光二十一年番禺潘仕成輯刻《海山仙館叢書》本，《百部叢書集成》之六十、鳳凰出版社2010年5月（《海山仙館叢書》第21册）、《廣州大典》第34册、鳳凰出版社2015年5月影印。

《徐文長全集》，張忍叟校，中央書店1935年11月版（《國學基本文庫》）。

《徐文長全集》，大道書局1935年版（《新式標點明代小品文六名家集》）。

《徐文長全集》，周鬱浩校，廣益書局1936年4月版。

《徐文長逸稿》，施蟄存校點，上海雜志公司1936年8月版（《中國文學珍本叢書》第一輯）；臺灣淡江書局1956年6月版。

《青藤書屋文集》，商務印書館1939年12月版（《叢書集成初編》文學類第2156—2160册；《萬有文庫》第二集《國學基本叢書》）；臺灣商務印書館1968年12月版；中華書局2010年9月重印版（《叢書集成初編》第465册）。

《徐渭集》，中華書局編輯部整理，中華書局1983年4月版（《中國古典文學基本叢書》）。

《徐渭集》，鄭利華整理，海南國際新聞出版中心1996年12月版（《傳世藏書》集庫别集第10册）。

《徐渭小品》，黄桃紅、劉宗彬編，江西人民出版社2010年7月版。

《新譯徐渭詩文選》，周郡、王遜注譯，臺灣三民書局2016年6月版（《古籍今注新譯叢書》）。

潘季馴

《留餘堂集》四卷，明萬曆二十六年吴興潘氏家刻本，《四庫全書存目叢書補編》第99册、《明别集叢刊》第三輯第14册影印。

《留餘堂尺牘》六卷（闕卷一），明刻本，《尺牘文獻叢刊》第6册影印。

徐學謨

《徐氏海隅集詩編》二十二卷《文編》四十三卷《外編》十四卷，明萬曆五年刻四十年徐元嘏重修本，《四庫全書存目叢書》集部第124—125册、《明别集叢刊》第三輯第15册（闕《外編》十四卷）影印。

《春明稿》三卷附《填郎續稿》一卷，明萬曆十一年嘉定徐氏刻本，《四庫全書存目叢書補編》第97册影印。

《歸有園稿詩編》七卷《文編》二十二卷（闕卷十九至二十二），明萬曆二十一年張汝濟刻本，《原國立北平圖書館甲庫善本叢書》第791册影印。

《歸有園稿》二十九卷，明萬曆二十一年張汝濟刻四十年徐元嘏重修本，《四庫全書存目叢書》集部第125—126册影印。

霍與瑕

《霍勉齋集》二十二卷，清乾隆三十三年霍有光、霍世光刻遞修本，《明别集叢刊》第三輯第18册影印。

《霍勉齋集》二十二卷，清道光三年刻咸豐七年補刻本，《廣州大典》第428册影印。

《霍勉齋集》二十二卷，清光緒十二年石頭書院刻本，廣西師範大學出版社2014年6月（《西樵歷史文化文獻叢書》）影印。

《霍與瑕詩》，楊權、張星整理，嶺南美術出版社2010年6月版（《全粵詩》第11册）。

殷士儋

《金輿山房稿》十四卷，明萬曆十七年邵陛刻本，《四庫全書存目叢書》集部第115册、《原國立北平圖書館甲庫善本叢書》第787—788册、《明别集叢刊》第三輯第16册影印。

詹　萊

《招摇池館集》十卷，明萬曆福建書坊詹佛美木活字本，《衢州文獻集成》集部第176册、《中國古籍珍本叢刊·武漢大學圖書館卷》第45—46册影印。

劉堯誨

《虚籟集》十四卷附六卷,清康熙六十一年劉逌孝刻雍正續刻本,《明别集叢刊》第三輯第20册影印。

《劉堯誨先生全集》十六卷(存七卷),清鈔本,《四庫全書存目叢書》集部第128册影印。

劉文相

《藎庵遺文》一卷,清康熙六十一年劉逌孝刻雍正續刻本(附《虚籟集》後),《明别集叢刊》第三輯第20册影印。

劉明東

《一溪遺文》一卷《旅居十景詩》一卷,清康熙六十一年劉逌孝刻雍正續刻本(附《虚籟集》後),《明别集叢刊》第三輯第20册影印。

劉際炎

《藜軒遺文》一卷,清康熙六十一年劉逌孝刻雍正續刻本(附《虚籟集》後),《明别集叢刊》第三輯第20册影印。

劉亨甲

《震陽遺文》一卷,清康熙六十一年劉逌孝刻雍正續刻本(附《虚籟集》後),《明别集叢刊》第三輯第20册影印。

王時槐

《塘南王先生友慶堂合稿》七卷首一卷《補遺》一卷,清光緒三十三年重刻本,《四庫全書存目叢書》集部第114册、《明別集叢刊》第三輯第16册影印。

《王時槐集》,錢明、程海霞編校,上海古籍出版社2015年11月版(《陽明後學文獻叢書》);2020年5月新版(《陽明後學文獻叢書》)。

《友慶堂合稿》,錢明校點,北京大學出版社2016年10月版(《儒藏·精華編》第263册)。

李　貴

《浣所李公文集》十三卷(闕卷一至三)附《警心要語》一卷,明萬曆十三湖廣刻本,《明別集叢刊》第三輯第16册影印。

《浣所李公文集》十三卷,明沈子木刻本,《劍邑文庫》第12册影印。

雷鳴春

《雷氏白雲樓詩集》三卷,明隆慶五年唐藩、朱宙楨刻本,《明別集叢刊》第三輯第16册影印。

宋　纁

《莊敏公遺集》一卷,清康熙六年宋犖編刻《商丘宋氏三世遺集》本,《明別集叢刊》第三輯第17册、《美國哈佛大學哈佛燕京圖書館藏明清善本總集叢刊》第133册影印。

《宋纁集》,劉萬華輯校,浙江古籍出版社2020年7月版(《宋犖全集》第7册)。

葉　權

《沙南遺草》十卷《附録》一卷,民國三十年薛茂如鈔本,《明別集叢刊》第三輯第17册影印。

方逢時

《大隱樓集》十七卷，清乾隆四十二年滋元堂刻本，《四庫未收書輯刊》第五輯第19册影印。

《大隱樓集》十六卷《補遺》一卷《附録》二卷《校勘記》一卷，民國十一年潛江甘氏崇雅堂刻《崇雅堂叢書》初編本，《明别集叢刊》第二輯第88册影印。

《大隱樓集》，李勤璞校注，遼寧人民出版社2009年1月版。

林大春

《井丹先生集》三卷首一卷，明萬曆十九年林克鳴刻本，《潮州文獻叢刊》之三、《明别集叢刊》第三輯第19册影印。

《林提學井丹集》四卷，清道光刻《潮州耆舊集》本，《潮州文獻叢刊》之一、《明别集叢刊》第五輯第94册影印。

《林大春詩》，郭培忠整理，嶺南美術出版社2010年6月版(《全粤詩》第11册)。

《林提學井丹集》，吴二持點校，暨南大學出版社2016年8月版(見《潮州耆舊集》，《潮汕文庫·文獻系列》)。

孫　鈺

《思則堂續稿》一卷，明隆慶四年刻本，《原國立北平圖書館甲庫善本叢書》第808册影印。

袁尊尼

《袁魯望集》十二卷，明萬曆十二年袁年刻本，《四庫全書存目叢書》集部第137册、《原國立北平圖書館甲庫善本叢書》第803册、《明别集叢刊》第三輯第19册影印。

王宗沐

《敬所王先生文集》三十卷，明萬曆元年劉良弼刻本，《四庫全書存目叢書》集部第111册、《明别集叢刊》第三輯第24册影印。

張　鹵

《滸東先生文集》十四卷，明天啓五年張永忠等刻本，《四庫全書存目叢書》集部第132册、《明别集叢刊》第三輯第51册影印。

吳國倫

《吳川樓集》一卷，明嘉靖隆慶刻萬曆增刻《盛明百家詩》本，《四庫全書存目叢書》集部第306册、《明别集叢刊》第五輯第97册影印。

《續吳川樓集》一卷，明嘉靖隆慶刻萬曆增刻《盛明百家詩》本，《四庫全書存目叢書》集部第308册、《明别集叢刊》第五輯第100册影印。

《藏甲岩稿》六卷，明萬曆二年唐汝禮刻本，《中國古籍珍本叢刊·保定市圖書館卷》第20册、《明代詩文集珍本叢刊》第77册影印。

《甔甀洞稿》五十四卷《目録》二卷，明萬曆十二年序刻本，《明代論著叢刊》第一輯、《原國立北平圖書館甲庫善本叢書》第792—793册影印。

《甔甀洞稿》五十四卷《目録》二卷，明萬曆刻本，《四庫全書存目叢書》集部第122—123册、《明别集叢刊》第三輯第25册影印。

《甔甀洞續稿詩部》十二卷《文部》十五卷《目録》二卷，明萬曆三十一年吳士良、馬攀龍刻本，《四庫全書存目叢書》集部第123册、《原國立北平圖書館甲庫善本叢書》第793—794册、《明别集叢刊》第三輯第26册影印。

《吳國倫詩》一卷，日本元文元年序刻《七才子詩》本，《日本所編中國詩文選集彙刊·明代卷》第6册影印。

《吳國倫尺牘注解》一卷，日本延享四年序刻《盛明七子尺牘注解》本，《日本所編中國詩文選集彙刊·明代卷》第8册影印。

《吳明卿詩掌故》一卷，日本明和九年序刻《七才子詩掌故》本，《日本所編中國詩文選集彙刊·明代卷》第15册影印。

趙志皋

《趙文懿公文集》四卷《附録》一卷，明崇禎趙世溥刻本，《四庫禁燬書叢刊》集部第 180 册、《明别集叢刊》第三輯第 19 册、《重修金華叢書》第 144 册影印。

《趙志皋集》，夏勇點校，浙江古籍出版社 2012 年 9 月版(《浙江文叢》)。

汪　坦

《石盂集》十七卷，明萬曆刻本，《四庫全書存目叢書補編》第 54 册、《明别集叢刊》第三輯第 20 册影印。

向洪邁

《向懷葛先生文集》十卷，明萬曆刻本，《明别集叢刊》第三輯第 20 册影印。

陳　完

《皆春園集》四卷，明萬曆刻本，《四庫全書存目叢書》集部第 182 册、《明别集叢刊》第五輯第 24 册影印。

朱察卿

《朱山人集》一卷，明嘉靖隆慶刻萬曆增刻《盛明百家詩》本，《四庫全書存目叢書》集部第 308 册、《明别集叢刊》第五輯第 100 册影印。

《朱邦憲集》十五卷《附録》一卷，明萬曆六年朱家法刻增修本，《四庫全書存目叢書》集部第 145 册、《明别集叢刊》第三輯第 6 册影印。

《朱察卿集》，戎默整理，復旦大學出版社 2015 年 5 月版(與《朱豹集》《石英中集》同册，《浦東歷代要籍選刊》)。

凌　立

《碧筠館詩稿》四卷《補遺》一卷《附録》二卷，清光緒二十二年錢塘丁氏嘉惠堂刻《武林往哲遺著》本，《叢書集成續編》（臺灣新文豐出版公司）文學類第144册、《叢書集成續編》（上海書店）集部第117册、廣陵書社2011年7月（《武林往哲遺著》第3册）、《明别集叢刊》第三輯第21册影印。

《碧筠館詩稿》，王杏林點校，杭州出版社2014年5月版（《杭州全書·杭州文獻集成》第18册）；浙江古籍出版社2019年11月版（《武林往哲遺著》第13册，《浙江文叢》）。

張元凱

《伐檀齋集》十二卷，明萬曆刻本，《四庫提要著録叢書》集部第71册影印。

《伐檀齋集》十二卷附《諸名家贈答詩》一卷，清四庫全書本，《四庫全書珍本》二集集部第374册、《景印文淵閣四庫全書》第1285册、《文津閣四庫全書》第1289册、《文瀾閣四庫全書》第1323册影印。

林　燫

《學士林文恪公詩集》六卷，明刻本，《八閩文庫·福建文獻集成》初編集部第15册影印。

《林學士詩集》六卷《文集》十六卷，清鈔本，《四庫全書存目叢書》集部第115册、《明别集叢刊》第三輯第21册影印。

黄克晦

《黄吾野先生詩集》五卷，清乾隆二十五年黄隆恩刻本，《四庫全書存目叢書》集部第189册、《明别集叢刊》第三輯第22册影印。

《黄吾野詩選注》，福建省惠安縣文化館編，1981年12月内部出版物。

《黄吾野詩集卷》，林凌鶴主編，崇武文庫編纂委員會2013年8月自印本(《崇武文庫》第一輯)。

《吾野詩集》,林興中、陳忠義點校,上海辭書出版社 2014 年 6 月版(《泉州文庫》)。

龐尚鵬

《百可亭摘稿》七卷《詩集摘稿》二卷,明萬曆二十七年龐英山刻本,《四庫全書存目叢書》集部第 129 册、《廣州大典》第 427 册影印。

《百可亭摘稿》九卷首一卷,清刻本,《明别集叢刊》第三輯第 22 册影印。

《龐惠敏公百可亭集》一卷,清嘉慶刻同治印《廣東文獻》三集本,江蘇廣陵古籍刻印社 1994 年 7 月(《廣東文獻》第 6 册)影印。

《龐尚鵬詩》,郭培忠整理,嶺南美術出版社 2010 年 6 月版(《全粤詩》第 11 册)。

耿定向

《耿天臺先生文集》二十卷,明萬曆二十六年劉元卿刻本,《明人文集叢刊》第一期第 20 種、《四庫全書存目叢書》集部第 131 册、《新編湖北叢書》第 263—266 册影印。

《耿天臺先生全書》十六卷,民國十四年武昌鉛印本,《明别集叢刊》第三輯第 23 册影印。

《耿天臺先生文集》,胡正武校點,北京大學出版社 2010 年 1 月版(《儒藏·精華編》第 262 册)。

《耿定向集》,傅秋濤點校,華東師範大學出版社 2015 年 9 月版(《明代别集叢刊》)。

童　珮

《童子鳴集》六卷,明萬曆梁溪談氏天籟堂刻本,《四庫全書存目叢書》集部第 142 册、《明别集叢刊》第三輯第 23 册、《衢州文獻集成》第 176 册影印。

《童賈集》一卷,明嘉靖隆慶刻萬曆增刻《盛明百家詩》本,《四庫全書存目叢書》集部第308册、《衢州文獻集成》第176册、《明别集叢刊》第五輯第100册影印。

《童子鳴集》，勞乃强標點，中華書局2013年12月版（《衢州歷史文獻集成·文集專輯》第1册）。

《童子鳴集》《童賈集》，勞乃强點校，中華書局2019年6月版（《龍游文庫·龍游歷史文獻集成》）。

《〈童子鳴集〉箋注》，姜勇箋注，浙江工商大學出版社2019年10月版（《改革開放40周年浙商研究院智庫叢書》）。

郭諫臣

《鯤溟先生詩集》四卷《奏疏》一卷，明郭元禹等刻本，《明别集叢刊》第三輯第23册影印。

《鯤溟先生詩集》四卷《奏疏》一卷，清康熙五十二年郭鸞刻本，《四庫提要著録叢書》集部第71册、《四庫全書底本叢書》集部第194册影印。

《鯤溟詩集》四卷，清四庫全書本，《四庫全書珍本》五集集部第366册、《景印文淵閣四庫全書》第1288册、《文津閣四庫全書》第1292册、《文瀾閣四庫全書》第1326册（多《奏疏》一卷）影印。

田藝蘅

《香宇集》三十四卷《拾遺》一卷，明嘉靖刻本，《續修四庫全書》第1354册、《明别集叢刊》第三輯第60册影印。

孟　秋

《孟我疆先生集》八卷（存卷五至八），明萬曆十四年孟化鯉、鄒元標刻藍印本，《明代詩文集珍本叢刊》第105册影印。

《孟我疆先生集》六卷（存卷一、五、六），清康熙五年刻道光十六年補刻《茌邑三先生合刻》本，《明别集叢刊》第二輯第63册影印。

張子中

《醯雞鳴甌》□□卷（存卷十六至二十一、卷二十八至三十二），明刻本，《明代詩文集珍本叢刊》第105册影印。

吳敏道

《觀槿續稿》十九卷（存卷一至十），明萬曆耿隨龍、曹大咸等刻本，《明代詩文集珍本叢刊》第105—106册影印。

趙維新

《感述録》六卷《續録》四卷，清康熙五年刻道光十六年補刻《茌邑三先生合刻》本，《明别集叢刊》第二輯第63册影印。

谷中虛

《少司馬谷公文集》二卷，明天啓元年谷遷喬、葛如麟刻本，《明代詩文集珍本叢刊》第72册影印。

《少司馬谷公文集》五卷，鈔本，《明别集叢刊》第三輯第23册影印。

張　淵

《一舫齋詩》一卷，明萬曆刻本，《明代詩文集珍本叢刊》第73册影印。

馬三才

《自由堂稿》十一卷，明刻本，《明代詩文集珍本叢刊》第73—74册影印。

石　璽

《寄籬稿詩》六卷（存一卷）《寄籬稿文》一卷《寄籬雜稿》一卷，明萬曆刻本,《明代詩文集珍本叢刊》第74册影印。

黄　甲

《鳳巖山房文草》二十六卷(闕《癸字戊寅稿》《己卯稿》二卷),明萬曆刻本,《明代詩文集珍本叢刊》第75—77册影印。

劉伯生

《劉子》五種十一卷附《年譜》一卷,明萬曆刻本,《明别集叢刊》第三輯第26册影印。

朱憲㷆

《種蓮歲稿》六卷《文略》二卷,明嘉靖三十五年遼藩刻本,《原國立北平圖書館甲庫善本叢書》第693册影印。

張居正

《新刻張太岳先生詩文集》四十六卷附《行實》一卷,明萬曆四十年唐國達刻本,上海古籍出版社1984年2月(題作《張太岳集》)、《四庫全書存目叢書》集部第113—114册、《續修四庫全書》第1345—1346册、《新編湖北叢書》第249—253册影印。

《太岳集書牘》十五卷,明萬曆刻本,《尺牘文獻叢刊》第10—11册影印。

《新刻張太岳先生集》四十七卷,清刻本,《明别集叢刊》第三輯第27册影印。

《張江陵書牘》二卷,清光緒三十三年六月廣智書局排印本,上海群學社1924年10月翻印;《尺牘文獻叢刊》第12册影印。

《張江陵全集》,毛思誠校,國民政府軍事委員會1935年2月版。

《張文忠公全集》,商務印書館1935年3月版(《萬有文庫》第二集《國學基本叢書》);日本中文出版社1980年1月版。

《張居正文選》,天津輕工業學院理論小組譯注,天津人民出版社 1975 年 12 月版(《法家著作譯注叢書》)。

《張居正著作選注》,《法家著作選讀》編輯組編,北京人民出版社 1976 年 5 月版(《法家著作選讀》)。

《張居正集》,張舜徽主編,湖北人民出版社 1994 年 9 月版。

《張太岳集》,中國書店編,中國書店 2019 年 9 月版(《張居正全集》之一)。

吴子玉

《吴瑞穀集》十六卷,明隆慶六年何其賢刻本,《原國立北平圖書館甲庫善本叢書》第 810 册影印。

《大鄣山人集》五十三卷,明萬曆十六年黄正蒙刻本,《四庫全書存目叢書》集部第 141 册、《原國立北平圖書館甲庫善本叢書》第 810—811 册、《明别集叢刊》第三輯第 75 册影印。

張遜業

《鳴玉集》一卷,明徐夢易刻本,《原國立北平圖書館甲庫善本叢書》第 811 册影印。

《鳴玉集》,張衛中整理,開元文化企劃 2004 年 3 月自印本(《浙南譜牒研究叢刊》)。

張　翀

《鶴樓集》十四卷,明隆慶四年序刻本,香港京華出版社 2005 年 6 月(《柳州鄉賢著述影印叢刊》)、《域外漢籍珍本文庫》集部第一輯第 2 册影印。

《鶴樓集》,王堯禮、邱祥彬點校,孔學堂書局 2018 年 4 月版。

宗　臣

《宗子相集》八卷,明嘉靖三十九年林朝聘、黄中等刻本,《原國立北平圖書館甲庫善本叢書》第790册影印。

《宗子相集》十五卷附一卷，明嘉靖三十九年林朝聘、黄中等刻本，《明代論著叢刊》第一輯、《四庫提要著録叢書》集部第279册影印。

《宗子相集》一卷，明嘉靖隆慶刻萬曆增刻《盛明百家詩》本，《四庫全書存目叢書》集部第306册、《明别集叢刊》第五輯第97册影印。

《宗子相集》十五卷，明萬曆刻本，《原國立北平圖書館甲庫善本叢書》第790—791册影印。

《宗子相集》十五卷，明刻本，《泰州文獻》第58册影印。

《子相文選》五卷，明末刻本，《四庫全書存目叢書》集部第126册影印。

《宗子相先生集》二十五卷，明常郡葉孟瞻刻本，《明别集叢刊》第三輯第28册影印。

《宗臣詩》一卷，日本元文元年序刻《七才子詩》本，《日本所編中國詩文選集彙刊·明代卷》第6册影印。

《宗臣尺牘注解》一卷，日本延享四年序刻《盛明七子尺牘注解》本，《日本所編中國詩文選集彙刊·明代卷》第8册影印。

《宗子相詩掌故》一卷，日本明和九年序刻《七才子詩掌故》本，《日本所編中國詩文選集彙刊·明代卷》第15册影印。

《宗子相集》十五卷，清四庫全書本，《四庫全書珍本》六集集部第286—287册、《景印文淵閣四庫全書》第1287册、《文津閣四庫全書》第1291册、《文瀾閣四庫全書》第1324册影印。

陳文燭

《五嶽山人尺牘》十七卷，明萬曆十三年張淳刻本，《尺牘文獻叢刊》第19—22册影印。

《二酉園續集》二十三卷，明萬曆刻本，《四庫全書存目叢書》集部第139册、《明别集叢刊》第三輯第92册、《新編湖北叢書》第267—271册影印。

《二酉園尺牘選》二十卷，明萬曆刻本，《明别集叢刊》第三輯第92册影印。

《二酉園文集》十四卷，明刻本，沔陽盧氏慎始基齋1923年（《湖北先正遺書》）、《明别集叢刊》第三輯第92册（影《湖北先正遺書》本）影印。

《淮上詩》四卷，明隆慶刻本，《明代詩文集珍本叢刊》第92册影印。

《二西園文集》十四卷《詩集》十二卷，明天啓三年陳之蘧重刻本，《四庫全書存目叢書》集部第 139 册、《原國立北平圖書館甲庫善本叢書》第 803—804 册（僅《詩集》十二卷）、《新編湖北叢書》第 267—271 册影印。

丁自申

《三陵集》十四卷，明鈔本，《回族典藏全書》第 173—174 册影印。

汪道昆

《副墨》五卷，明萬曆二年金陵毛少池刻本，《四庫全書存目叢書》集部第 119 册影印。

《太函集》一百二十卷《目録》六卷，明萬曆刻本，《四庫全書存目叢書》集部第 117—118 册、《續修四庫全書》第 1346—1348 册、《明别集叢刊》第三輯第 30—31 册影印。

《副墨》八卷，明萬曆刻本，《原國立北平圖書館甲庫善本叢書》第 788 册、《明别集叢刊》第三輯第 28 册影印。

《太函副墨》二十二卷《年譜》一卷，明崇禎六年新都汪瑶光刻本，《原國立北平圖書館甲庫善本叢書》第 788—789 册（闕《年譜》一卷）、《明别集叢刊》第三輯第 29 册影印。

《汪南溟集》九卷，清康熙郢雪書林刻《明四大家文集》本，《美國哈佛大學哈佛燕京圖書館藏明代善本别集叢刊》第 12 册影印。

《汪南溟尺牘輯注》二卷，日本寶曆四年平安河南樓刻本，《中國文集日本古注本叢刊》第一輯第 4 册影印。

《汪道昆尺牘注解》一卷，日本延享四年序刻《盛明七子尺牘注解》本，《日本所編中國詩文選集彙刊·明代卷》第 7 册影印。

《汪南溟尺牘箋注》二卷，明咸恭輯注本，民國間上海廣益書局石印；《明代名人尺牘選萃》第 2 册（影廣益書局本）影印。

《太函集》，胡益民、余國慶點校，黄山書社 2004 年 12 月版（《徽學研究資料輯刊》）。

唐文燦

《鑑江集四六彙輯》八卷《初集》一卷，清康熙二十六年閩漳唐氏刻本，《明别集叢刊》第三輯第32册影印。

方承訓

《方鄴邮復初集》三十六卷(闕卷十五至十九)，明萬曆刻本，《四庫全書存目叢書》集部第187—188册、《明别集叢刊》第三輯第32册影印。

王世貞

《弇州山人四部稿》一百七十四卷《目録》十二卷，明萬曆五年王氏世經堂刻本，《明代論著叢刊》第一輯、《四庫提要著録叢書》集部第117—119册、《王世貞文獻輯刊》第1—15册影印。

《弇州山人四部稿》一百八十卷《目録》十二卷，明萬曆五年王氏世經堂刻本，《原國立北平圖書館甲庫善本叢書》第784—787册、《明别集叢刊》第三輯第33—35册影印。

《弇州山人四部稿選》十六卷，明萬曆二十年克勤齋余碧泉刻本，《四庫全書存目叢書》集部第115册影印。

《弇州山人續稿》二百七卷《目録》十卷，明萬曆刻本，《明别集叢刊》第三輯第36—39册影印。

《弇州山人續稿》二百七卷《目録》十卷，明崇禎刻本，《明人文集叢刊》第一期第22種、《四庫提要著録叢書》集部第120—122册影印。

《弇州山人續稿選》三十八卷，明刻本，《王世貞文獻輯刊》第16—21册影印。

《弇州四部稿》一百七十四卷《弇州續稿》二百七卷，清四庫全書本，《景印文淵閣四庫全書》第1279—1284册、《文津閣四庫全書》第1283—1288册、《文瀾閣四庫全書》第1316—1322册(丁氏補鈔九十三卷)影印。

《弇州山人讀書後》八卷，明刻本，《四庫提要著録叢書》集部第123册、

《中華再造善本·明代編》影印。

《弇州山人讀書後》八卷,明天啓崇禎間刻本,《明別集叢刊》第三輯第39冊影印。

《讀書後》八卷,清四庫全書本,《四庫全書珍本》六集集部第285冊、《景印文淵閣四庫全書》1285冊、《文津閣四庫全書》第1289冊、《文瀾閣四庫全書》第1323冊(丁氏補鈔卷一、二、五至八)影印。

《弇州山人讀書後》四卷,日本江源閣菱花軒活字本,《王世貞文獻輯刊》第27冊影印。

《鳳洲筆記》二十四卷《續集》四卷《後集》四卷,明黄美中刻本,《四庫全書存目叢書》集部第114冊影印。

《陽羨諸游稿》一卷,明嘉靖刻本,《原國立北平圖書館甲庫善本叢書》第784冊影印。

《王副使集》一卷,明嘉靖隆慶刻萬曆增刻《盛明百家詩》本,《四庫全書存目叢書》集部第306冊、《明別集叢刊》第五輯第97冊影印。

《續王鳳洲集》二卷,明嘉靖隆慶刻萬曆增刻《盛明百家詩》本,《四庫全書存目叢書》集部第308冊、《明別集叢刊》第五輯第100冊影印。

《重鍥鳳洲王先生文鈔注釋》四卷續四卷,明萬曆二十五年秋林刻本,《王世貞文獻輯刊》第31—32冊影印。

《王弇州文集》四卷,明崇禎雲間平露堂刻《皇明經世文編》本,臺灣臺聯國風出版社1968年11月(《皇明經世文編》第20—21冊)、《中國西北文獻叢書》第78冊、《四庫禁燬書叢刊》集部第22冊、《續修四庫全書》第1660冊影印。

《王元美七律鈔》一卷,清鈔《石研齋七律鈔選》本,《明人別集稿鈔本叢刊》第93冊影印。

《戊辰三郡稿》一卷《丙辰奉使三郡稿》一卷,明小西室刻本,《原國立北平圖書館甲庫善本叢書》第784冊影印。

《伏闕稿》二卷,明刻本,《原國立北平圖書館甲庫善本叢書》第784冊影印。

《游太和雜稿》二卷,明刻本,《原國立北平圖書館甲庫善本叢書》第784冊影印。

《游太湖稿》一卷《廬山游稿》一卷,明刻本,《明別集叢刊》第三輯第39

册影印。

《山園雜著》一卷《山園十二記》一卷，明刻本，《稀見明代四部輯刊》第二輯第54册影印。

《王世貞詩》一卷，日本元文元年序刻《七才子詩》本，《日本所編中國詩文選集彙刊·明代卷》第5册影印。

《弇園詠物詩》一卷，日本享保二十一年京都中川茂兵衛等刻本，《和刻本漢詩集成補篇》第18輯、《日本所編中國詩文選集彙刊·明代卷》第6册影印。

《弇州先生尺牘選》二卷，日本寬保二年九月京都丸屋市兵衛刻本，《和刻本漢籍文集》第15輯、《日本所編中國詩文選集彙刊·明代卷》第7册影印。

《弇園摘芳》三卷，日本寬保二年序刻本，《日本所編中國詩文選集彙刊·明代卷》第6—7册影印。

《弇州山人四部稿》六卷，日本延享三年三月京都博文堂田中市兵衛後印本，《和刻本漢籍文集》第19輯影印。

《王鳳洲尺牘注解》一卷，日本延享四年序刻《盛明七子尺牘注解》本，《日本所編中國詩文選集彙刊·明代卷》第7册影印。

《弇園詩集》八卷，日本延享五年春大坂玉筒堂丹波屋半兵衛等刻本，《和刻本漢詩集成補篇》第18輯、《和刻本四部叢刊》集部第98册影印。

《弇園詩集》八卷，日本延享五年序刻本，《日本所編中國詩文選集彙刊·明代卷》第8册影印。

《王世貞七言律解》一卷，日本寬延二年序刻宮瀨龍門注《明李王七言律解》本，《日本所編中國詩文選集彙刊·明代卷》第3册、《中國文集日本古注本叢刊》第四輯第6册影印。

《弇州先生尺牘解》二卷，日本寶曆三年序刻本，《日本所編中國詩文選集彙刊·明代卷》第9册、《中國文集日本古注本叢刊》第一輯第4册影印。

《王元美詩掌故》一卷，日本明和九年序刻《七才子詩掌故》本，《日本所編中國詩文選集彙刊·明代卷》第15册影印。

《王世貞文選》，陳書録等選注評點，蘇州大學出版社2001年9月版(《明清八大家文選叢書》)。

《王世貞撫鄖詩文集》，王學范主編，長江出版社2010年9月版。

《弇州山人題跋》，湯志波點校，浙江人民美術出版社2012年7月版(《中國藝術文獻史料叢刊》)；上海書畫出版社2020年4月版(與《書畫跋跋》同册,《中國書畫基本叢書》)。

張四維

《條麓堂集》三十四卷,明萬曆二十三年張泰徵刻本,《續修四庫全書》第1351册、《中國華北文獻叢書》第164册、《原國立北平圖書館甲庫善本叢書》第795册(存卷一至十二、二十三至三十四)、《明别集叢刊》第三輯第41册、《山西歷代著作集成》第397—401册影印。

《條麓堂集》《條麓堂續集》,張志江點校,上海古籍出版社2017年11月版(《山右叢書二編》第6—7册)。

《張四維集》,張志江點校,上海古籍出版社2018年6月版(《山右叢書》)。

張佳胤

《張居來集》一卷,明嘉靖隆慶刻萬曆增刻《盛明百家詩》本,《四庫全書存目叢書》集部第306册、《明别集叢刊》第五輯第97册影印。

《張居來集》三十五卷,明萬曆十五年張宗載刻藍印本,《明别集叢刊》第三輯第40册影印。

《居來先生集》六十五卷,明萬曆刻本,《四庫全書存目叢書補編》第51册影印。

《東巡雜詠》一卷,明活字印本,《原國立北平圖書館甲庫善本叢書》第792册影印。

張名由

《張公路詩集》八卷,明末刻本,《明别集叢刊》第三輯第40册影印。

王天性

《王别駕半憨集》一卷,清道光刻《潮州耆舊集》本,《潮州文獻叢刊》之一、《明别集叢刊》第五輯第94册影印。

《王天性集》，許少襄整理校點，王天性紀念祠理事會 1995 年 7 月内部出版物。

《王天性詩》，楊權整理，嶺南美術出版社 2010 年 6 月版(《全粤詩》第 11 册)。

《王别駕半憨集》，吴二持點校，暨南大學出版社 2016 年 8 月版(見《潮州耆舊集》，《潮汕文庫·文獻系列》)。

顧聖之

《游襄陽名山詩》一卷，明刻本，《原國立北平圖書館甲庫善本叢書》第 896 册影印。

《北游漫稿》三卷《附録》一卷，明鈔本，《明代詩文集珍本叢刊》第 97 册影印。

宗　訓

《五瓠山人詩集》四卷《續附》一卷，明嘉靖四十一年潘嘉刻本，《明代詩文集珍本叢刊》第 97 册影印。

游　朴

《游參知藏山集》十卷，明萬曆四十五年游仲卿等刻本，《明代詩文集珍本叢刊》第 107—109 册影印。

《游參知文集》，陶孝通點校，福建省柘榮縣地方志編纂委員會 1989 年 7 月内部出版物。

《游朴詩文集》，魏高鵬、魏定榔、游再生點校，福建人民出版社 2015 年 8 月版。

胡　定

《胡二溪稿》一卷，清康熙三十八年刻《可儀堂一百二十名家制義》本，

《明別集叢刊》第三輯第 42 册影印。

《胡二溪稿》一卷，清鈔《可儀堂一百廿名家制義》本，《明人别集稿鈔本叢刊》第 100 册影印。

顧允默

《顧伯子集》一卷，明嘉靖隆慶刻萬曆增刻《盛明百家詩》本，《四庫全書存目叢書》集部第 308 册、《明别集叢刊》第五輯第 100 册影印。

俞　淵

《續俞伯子集》一卷，明嘉靖隆慶刻萬曆增刻《盛明百家詩》本，《明别集叢刊》第五輯第 100 册影印。

俞　沂

《續俞仲子集》一卷，明嘉靖隆慶刻萬曆增刻《盛明百家詩》本，《明别集叢刊》第五輯第 100 册影印。

梁夢龍

《賜麟堂集》六卷（闕卷三卷四），明末鈔本，《明代詩文集珍本叢刊》第 80 册影印。

佘有丁

《佘文敏公文集》十二卷，明萬曆刻本，《續修四庫全書》第 1352 册、《明别集叢刊》第三輯第 42 册影印。

《佘文敏公文集》十五卷，明萬曆刻本，《四庫禁燬書叢刊補編》第 58 册影印。

孫應鰲

《孫山甫督學詩集》四卷，明刻本，《原國立北平圖書館甲庫善本叢書》第795册影印。

《幽心瑶草》一卷《學孔精舍詩鈔》六卷《補輯雜文》一卷《附録》一卷，清光緒六年獨山莫氏刻《孫文恭公遺書》本，《四庫全書存目叢書》集部第129册影印。

《孫文恭公遺書》七種二十三卷《附録》一卷，清宣統二年南洋官書局鉛印本，《明别集叢刊》第三輯第42册影印。

《孫山甫督學文集》四卷《補輯雜文》一卷《附録》一卷，民國十一至三十二年任可澄等輯刻《黔南叢書》本，《叢書集成續編》（上海書店）集部第117册影印。

《孫應鰲文集》，龍連榮、王雄夫、劉宗碧點校，黔東南州志辦公室1990年10月内部出版物；貴州教育出版社1996年4月版（《陽明學研究叢書》）。

《孫山甫督學文集》，趙廣升點校，貴州人民出版社2014年1月版（《黔南叢書·點校本》第七輯）。

《孫應鰲全集》，趙廣升編校整理，貴州民族出版社2016年5月版（《貴州先賢全集叢刊》）。

《孫應鰲集》，趙廣升點校，人民文學出版社2017年4月版（《明清别集叢刊》）。

許　國

《許文穆公集》六卷，明萬曆三十九年許立言等刻本，《四庫禁燬書叢刊》集部第40册、《明别集叢刊》第三輯第43册影印。

《許文穆公全集》二十卷，明天啓五年刻本，《明别集叢刊》第三輯第43册影印。

李　贄

《李卓吾先生遺書》二卷附一卷，明萬曆四十年刻本，《四庫禁燬書叢刊補編》第72册影印。

《李卓吾五種》九卷，明萬曆刻四十年序刻本，《李卓吾文獻輯刊》第28册影印。

《（李氏）焚書》六卷，明刻本，臺灣河洛圖書出版社1974年5月（《夏學叢書》）、《四庫禁燬書叢刊》集部第140册、《明別集叢刊》第三輯第44册（題作《李氏焚餘》）、《李卓吾文獻輯刊》第1—2册、文物出版社2020年9月（《拾瑶叢書》）影印。

《李氏焚書》六卷，明天啓間吴興閔氏刻朱墨套印本，《遼寧省圖書館藏陶湘舊藏閔凌刻本集成》集類第92—93册影印。

《李温陵集》二十卷，明顧大韶刻本，臺灣文史哲出版社1971年8月、《四庫全書存目叢書》集部第126册、《續修四庫全書》第1352册、《回族典藏全書》第84—86册、《明別集叢刊》第三輯第44册、《李卓吾文獻輯刊》第29—30册影印。

《李氏續焚書》五卷，明刻汪本鈳編校本，《四庫禁燬書叢刊補編》第72册、《回族典藏全書》第161册影印。

《李卓吾尺牘全稿》，王英、王慎名編校，南强書局1935年4月版。

《李卓吾尺牘》（上、下），鄭振鐸主編，上海生活書店1935年12月、1936年1月版（《世界文庫》第8、9册）；河北人民出版社1991年4月、上海文藝出版社1994年9月影印。

《李氏雜述》（上、下），鄭振鐸主編，上海生活書店1936年3月、1936年4月版（《世界文庫》第11、12册）；河北人民出版社1991年4月、上海文藝出版社1994年9月影印。

《李氏焚書》，阿英校點，貝葉山房1936年3月版（《中國文學珍本叢書》第一輯）。

《焚書》《續焚書》，中華書局上海編輯所編，中華書局1959年12月至1961年3月版；日本中文出版社1971年2月版；中華書局1974年8月修訂大字版；1975年1月版；2009年8月版（《中國思想史資料叢刊》）。

《李氏焚書》，臺灣河洛圖書出版社1974年5月版（點校與影印同册，《夏學叢書》）。

《李贄散文選注》，張凡編注，北京師範學院出版社1991年1月版。

《李贄文集》，張建業整理，北京燕山出版社1998年1月版；社會科學文獻出版社 2000 年 5 月版。

《李贄書答集》，王焰整理，山東畫報出版社 2004 年 1 月版（《四庫家藏》第 138 册）。

《李贄全集注》，張建業主編，社會科學文獻出版社 2010 年 5 月版。

《焚書・續焚書校釋》，陳仁仁校釋，岳麓書社 2011 年 10 月版（《明清思想經典叢書》）。

《李温陵集》，張建業整理、韓喬治校訂，首都師範大學出版社 2019 年 10 月版（《李贄全集續編》）。

《焚書》《續焚書》，學文點校，商務印書館 2020 年 10 月版（《泉州文庫》）。

吴時來

《横槎集》十卷，明萬曆一六年刻本，《明代詩文集珍本叢刊》第 81 册影印。

《吴悟齋先生摘稿》十四卷，明刻本，《原國立北平圖書館甲庫善本叢書》第 796 册影印。

《寤齋先生遺稿》一卷，民國二十四年鉛印《僊居叢書》本，《叢書集成續編》（臺灣新文豐出版公司）文學類第 146 册、浙江人民美術出版社 2013 年 9 月（《僊居叢書》第 4 册）、《明別集叢刊》第三輯第 44 册影印。

《横槎集》，王巧賽、季之愷點校整理，浙江古籍出版社 2018 年 5 月版（《仙居文獻録》第一輯）。

駱問禮

《萬一樓集》五十六卷，清嘉慶十年余振活字印本，《四庫禁燬書叢刊》集部第 174 册、《明別集叢刊》第三輯第 45 册影印。

孫七政

《刻孫齊之先生松韻堂集》十二卷，明萬曆四十五年孫朝肅刻本，《四庫全書存目叢書》集部第 142 册、《明別集叢刊》第三輯第 46 册、《常熟文庫》等

59 册影印。

《松韻堂詩稿》一卷，鈔本，《常熟文庫》第 59 册影印。

嚴　怡

《嚴石溪詩稿》六卷，明萬曆五年劉效祖刻本，《四庫禁燬書叢刊》集部第 101 册、《原國立北平圖書館甲庫善本叢書》第 809 册（存卷一至四）、《明別集叢刊》第三輯第 46 册影印。

張應治

《玄陽堂詩稿》一卷《文集》一卷，明萬曆二十二年檇李張氏刻本，《明別集叢刊》第三輯第 46 册影印。

蔡國珍

《蔡恭靖公遺稿》十卷，清乾隆十六年蔡尚才刻本，《四庫全書存目叢書》集部第 132 册、《明別集叢刊》第三輯第 46 册影印。

李以龍

《寒窗感寓集》三卷《附録》一卷，清乾隆嘉慶覆刻明萬曆四十六年刻本，《明別集叢刊》第三輯第 47 册影印。

戚繼光

《止止堂集》五卷，清光緒十四年山東書局刻本，《四庫全書存目叢書》集部第 146 册、《山東文獻集成》第一輯第 34 册、《明別集叢刊》第三輯第 47 册、《海壇文叢・戚繼光集》第 3 册影印。

《戚繼光詩稿》，曲樹程注釋，黄河出版社 1991 年 12 月版；2007 年 8 月版（《蓬萊文庫》）；海洋出版社 2020 年 7 月版。

《止止堂集》，王熹校釋，中華書局2001年6月版（《戚繼光研究叢書·戚繼光文集》）。

佘翔

《薜荔園詩集》四卷，清四庫全書本，《四庫全書珍本》八集集部第206—207册、《景印文淵閣四庫全書》第1288册、《文津閣四庫全書》第1292册、《文瀾閣四庫全書》第1325册影印。

《薜荔園詩集》四卷，清鈔本，《明别集叢刊》第三輯第47册、《明代莆人文集》第34册影印。

凌儒

《舊業堂集》十卷，明天啓四年刻本，《泰州文獻》第44册、《明别集叢刊》第三輯第47册影印。

陳吾德

《謝山存稿》十卷，清乾隆五十四年忠直堂刻本，《四庫全書存目叢書》集部第138册、《廣州大典》第428册、《明别集叢刊》第三輯第49册影印。

《陳吾德詩》，戴武軍整理，嶺南美術出版社2010年6月版（《全粵詩》第12册）。

鄧子龍

《横戈集》不分卷，明末清初鈔本，《劍邑文庫》第12册影印。

《横戈集》一卷《附録》一卷，清鈔本，《明代詩文集珍本叢刊》第85册影印。

《横戈存稿》二卷，清道光二十三年傅復龍刻本，《劍邑文庫》第12册影印。

《横戈集校注與南詔大理國年號考》，王雲校著，香港天馬圖書有限公司

2000年8月版。

《横戈集注》,楊升義注釋,雲南科技出版社2012年11月版。

張　敬

《儀部張先生文集》二卷,明萬曆張至發刻本,《明別集叢刊》第四輯第14册影印。

李　材

《觀我堂摘稿》十二卷,明萬曆刻本,《劍邑文庫》第13册影印。

《見羅李先生觀我堂稿》二十二卷,明萬曆愛成堂刻本,《域外漢籍珍本文庫》第四輯集部第13册影印。

《(見羅李先生)正學堂稿》四十卷,民國元年李希泌刻本,《劍邑文庫》第13册、《明別集叢刊》第三輯第59册影印。

《正學堂稿》,劉經富校點,北京大學出版社2010年1月版(《儒藏·精華編》第262册)。

李廷謨

《李榕崖先生白雲窗稿》四卷,明末稿本,《劍邑文庫》第15册影印。

盛時泰

《游燕雜紀》二卷,明萬曆三年盛時泰自刻本,《明代詩文集珍本叢刊》第184册影印。

郭　棐

《郭棐詩》,楊權、吕永光整理,嶺南美術出版社2010年6月版(《全粵詩》第11册)。

劉黄裳

《藏徵館集》十五卷，明萬曆刻本，《明代詩文集珍本叢刊》第 126 册影印。

鄧元錫

《潛學編》十二卷，明萬曆三十五年左宗郢刻本，《明别集叢刊》第三輯第 48 册影印。

《潛學稿》十九卷，明崇禎十二年鄧應瑞刻本，《明别集叢刊》第三輯第 49 册、《明代朱子學文獻叢刊》第 275—277 册影印。

吴譽聞

《緑墅堂遺集》二卷，清乾隆九年順德吴氏刻本，《廣州大典》第 428 册影印。

林景暘

《玉恩堂集》九卷《附録》一卷，明萬曆三十五年林有麟刻本，《四庫全書存目叢書》集部第 148 册、《原國立北平圖書館甲庫善本叢書》第 819 册（存卷一至四）、《明别集叢刊》第三輯第 50 册影印。

宋　諾

《宋金齋文集》四卷，明萬曆周世選開封刻本，《四庫全書存目叢書補編》第 97 册、《明别集叢刊》第二輯第 68 册影印。

萬廷言

《學易齋集》二十卷，明萬曆刻本，《明代詩文集珍本叢刊》第 86—87 册影印。

《萬廷言集》,張昭煒點校,中華書局2015年5月版(《理學叢書》)。

董傳策

《采薇集》四卷《幽貞集》三卷《邕歈稿》六卷,明萬曆刻本,《四庫全書存目叢書》集部第122册、《明别集叢刊》第三輯第9册影印。

《董幼海先生全集》二十三卷(《采薇集》四卷《邕歈稿》六卷《幽貞集》三卷《奇游漫紀》八卷《附録》一卷《董宗伯奏疏輯略》一卷),明萬曆雲間董氏刻本,《原國立北平圖書館甲庫善本叢書》第792册影印。

《董傳策集》,許建平、王杏林、孫鶯點校整理,浙江大學出版社2018年11月版(《閔行歷代稀見文獻叢刊》)。

田九齡

《紫芝亭詩集》,中共鶴峰縣委統戰部縣史志編纂辦公室、中共五峰縣委統戰部縣民族工作辦公室編,1984年1月内部出版物(見《容美土司史料彙編》)。

《田九齡詩評注》,陳湘鋒、趙平略評注,中央民族大學出版社1999年10月版(見《〈田氏一家言〉詩評注》,《土家族研究叢書》)。

《紫芝亭詩集》,趙志武、許楚安、李德成編注,五峰土家族自治縣民族宗教事務委員會2000年12月内部出版物(《五峰民族古籍整理叢書》)。

《紫芝亭詩集解讀》,田虞德編著,湖北人民出版社2011年1月版(見《〈田氏一家言〉解讀》)。

《紫芝亭詩集校注》,周西之、熊先群校注,湖北人民出版社2011年10月版(見《尋找湮滅的輝煌——〈田氏一家言〉叢論·校注·賞析》)。

《紫芝亭詩集》,周西之、熊先群注,湖北人民出版社2013年6月版(見《〈田氏一家言〉注》)。

《田子壽詩集校注》,貝錦三夫校注,中國文史出版社2016年9月版。

《紫芝亭詩集》,周西之、熊先群校注,湖北人民出版社2019年9月版(見《田氏一家言》,《荆楚文庫》)。

《田子壽詩集》,李傳鋒、吴燕山、李詩選校注,湖北人民出版社2020年

11 月版(與《田國華詩集》同册,《荆楚文庫》)。

鄭　洛

《白賁堂詩草》十四卷,明萬曆二十七年刻本,《原國立北平圖書館甲庫善本叢書》第 796 册影印。

林　潤

《林御史殘稿》不分卷,清鈔本,《明别集叢刊》第五輯第 24 册、《明代莆人文集》第 33 册影印。

王　圻

《王侍御類稿》十六卷,明萬曆四十八年王思義刻本,《四庫全書存目叢書》集部第 140 册、《原國立北平圖書館甲庫善本叢書》第 304 册、《明别集叢刊》第三輯第 51 册影印。

彭紹賢

《擊壺編》六卷,明萬曆刻本,《明别集叢刊》第三輯第 52 册影印。

朱顯槐

《少鶴詩稿》八卷,明嘉靖武岡王府刻本,《域外漢籍珍本文庫》第二輯集部第 5 册、《明别集叢刊》第三輯第 53 册影印。

《宗室武岡王集》一卷,明嘉靖隆慶刻萬曆增刻《盛明百家詩》本,《四庫全書存目叢書》集部第 306 册、《明别集叢刊》第五輯第 97 册影印。

魯近智

《魯郡伯明吾詩稿》二卷,明萬曆二十三年刻本《域外漢籍珍本文庫》第二輯集部第 5 册影印。

畢　木

《黄髮翁全集》四卷《戲筆》一卷首一卷末一卷，清嘉慶十三年畢豐增等刻本，《四庫未收書輯刊》第五輯第 22 册、《明别集叢刊》第三輯第 53 册影印。

《黄髮翁全集》四卷《黄髮翁戲筆》一卷，清鈔本，《山東文獻集成》第二輯第 27 册影印。

管大勛

《光禄集》六卷，明萬曆刻本，《北京師範大學圖書館藏明刻孤本秘笈叢刊》第 18 册影印。

李　蓘

《李子田詩集》四卷《一悦園稿》一卷，明刻本，《原國立北平圖書館甲庫善本叢書》第 795—796 册影印。

《李内翰集》一卷，明嘉靖隆慶刻萬曆增刻《盛明百家詩》本，《四庫全書存目叢書》集部第 308 册、《明别集叢刊》第五輯第 100 册影印。

《李太史詩集》六卷，明萬曆三十五年刻《六李集》本，《四庫全書存目叢書補編》第 14 册、《明别集叢刊》第二輯第 86 册影印。

《李子田詩集》二卷，民國十二年河南官書局刻《三怡堂叢書》本，《叢書集成續編》（臺灣新文豐出版公司）文學類第 170 册、《明别集叢刊》第二輯第 86 册影印。

李　蔭

《李比部集》九卷，明萬曆三十五年刻《六李集》本，《四庫全書存目叢書補編》第 14 册、《明别集叢刊》第二輯第 86 册影印。

于慎思

《龐眉生集》十六卷，明萬曆二十七年于氏刻本，《四庫全書存目叢書》集部第 148 册、《明别集叢刊》第三輯第 53 册影印。

葉夢熊

《葉太保詩文集》一卷，清嘉慶刻同治印《廣東文獻》三集本，江蘇廣陵古籍刻印社 1994 年 7 月(《廣東文獻》第 6 册)影印。

《葉夢熊詩》，楊權等整理，嶺南美術出版社 2010 年 6 月版(《全粤詩》第 12 册)。

沈　鯉

《亦玉堂稿》十卷，明萬曆刻本，《四庫提要著録叢書》集部第 124 册、《明别集叢刊》第三輯第 53 册影印。

《亦玉堂續稿》八卷，明萬曆王象乾刻本，《原國立北平圖書館甲庫善本叢書》第 803 册影印。

《亦玉堂稿》十卷，清四庫全書本，《四庫全書珍本》五集集部第 367 册、《景印文淵閣四庫全書》第 1288 册、《文津閣四庫全書》第 1292 册、《文瀾閣四庫全書》第 1326 册影印。

朱恬烄

《緑筠軒唫帙》□卷(存首二卷)，明萬曆元年沈藩刻本，《原國立北平圖書館甲庫善本叢書》第 694 册影印。

沈一貫

《喙鳴文集》二十一卷《詩集》十八卷《敬事草》十九卷，明刻本，《四庫禁燬書叢刊》集部第176冊(闕《敬事草》十九卷)、《續修四庫全書》第1357—1358冊、《原國立北平圖書館甲庫善本叢書》第821冊(僅《詩集》十八卷)、《明別集叢刊》第三輯第54冊(闕《敬事草》十九卷)影印。

楊時喬

《新刻楊端潔公文集》二十卷,明天啓楊閛中刻本,《四庫全書存目叢書》集部第139—140冊、《明別集叢刊》第三輯第71冊影印。

王祖嫡

《師竹堂集》三十七卷《目録》二卷,明天啓刻本,《四庫未收書輯刊》第五輯第23冊、《明別集叢刊》第三輯第87冊影印。

《師竹堂集》三十卷,民國河南官書局刻《三怡堂叢書》本,《叢書集成續編》(臺灣新文豐出版公司)文學類第145冊影印。

《師竹堂尺牘》二卷,民國間《龍潭精舍叢刻》本,《明代名人尺牘選萃》第2冊影印。

周世選

《衛陽先生集》十四卷,明崇禎五年周承芳刻本,《四庫全書存目叢書》集部第136冊、《原國立北平圖書館甲庫善本叢書》第802冊、《明別集叢刊》第三輯第54冊、《京津冀歷代別集叢刊》第182冊影印。

馮光浙

《馮北湖先生鳴春集》八卷,明萬曆三十九年馮烶刻本,《中國公共圖書館古籍文獻珍本匯刊・天津圖書館孤本秘籍叢書》第10冊影印。

朱多炤

《五體集唐》五卷,明刻本,《中國公共圖書館古籍文獻珍本匯刊・天津圖書館孤本秘籍叢書》第 10 册、《歷代集句詩詞别集叢刊》第 4 册影印。

朱多熿

《朱宗良集》八卷，明萬曆二十五年游及遠等刻本，《原國立北平圖書館甲庫善本叢書》第 694 册影印。

陳有年

《陳恭介公文集》十二卷，明萬曆三十年陳啓孫刻本，《續修四庫全書》第 1352—1353 册、《原國立北平圖書館甲庫善本叢書》第 801—802 册、《明别集叢刊》第三輯第 55 册、《寫刻古籍版本聚珍》第 232—233 册影印。

何東序

《九愚山房詩集》十三卷，明萬曆二十八年刻清乾隆遞修本，《四庫全書存目叢書》集部第 126 册、《原國立北平圖書館甲庫善本叢書》第 794 册、《明别集叢刊》第三輯第 55 册、《山西歷代著作集成》第 389 册影印。

《佐右集詩》六卷《文》九卷，明萬曆三十一年何東序刻本，《明别集叢刊》第三輯第 55 册、《山西歷代著作集成》第 385 册（存一三卷）影印。

康從理

《康裕卿集》一卷，明嘉靖隆慶刻萬曆增刻《盛明百家詩》本，《四庫全書存目叢書》集部第 308 册、《明别集叢刊》第五輯第 100 册影印。

《二雁山人詩集》二卷，民國十七年永嘉黄氏鉛印《敬鄉樓叢書》本，《叢書集成續編》（臺灣新文豐出版公司）文學類第 170 册、《明别集叢刊》第三輯第 56 册影印。

萬達甫

《皆非集》一卷附《法藏碎金》一卷，稿本，《明人别集稿鈔本叢刊》第 53

册影印。

《皆非集》二卷附《一枝軒吟草》一卷，明萬曆四明萬氏家刻本，《原國立北平圖書館甲庫善本叢書》第808册影印。

《皆非集》二卷附《一枝軒吟草》一卷，清初萬世標刻本，《四庫全書存目叢書》集部第187册、《明别集叢刊》第三輯第56册影印。

吕　時

《甬東山人稿》七卷（存卷一至四），明萬曆九年沈府勉學書院刻本，《四庫全書存目叢書》集部第187册、《原國立北平圖書館甲庫善本叢書》第896册、《明别集叢刊》第三輯第56册影印。

郭造卿

《海嶽山房存稿詩部》五卷《文部》十五卷《别稿》五卷《附録》一卷，明萬曆三十五至四十一年刻本，《明别集叢刊》第三輯第56册、《福建文脉叢書》第206—208册影印。

梁　綗

《高梁生文集》六卷《詩集》四卷，明河東梁氏家鈔本，《中國古籍珍本叢刊·復旦大學圖書館卷》第44册影印。

辛丑年

《寒蟹詩稿存》一卷，民國二十三年鉛印《甲戌叢編》本，《叢書集成續編》（上海書店）集部第117册、《明别集叢刊》第三輯第59册、《王欣夫遺書·八年叢編》第1册影印。

沈節甫

《大樸主人文集》九卷《詩集》七卷，明萬曆刻本，《稀見明代四部輯刊》

第二輯第 85—86 册影印。

葉春及

《絅齋先生文集》□□卷（存卷五至八），明刻本，《明代詩文集珍本叢刊》第 82 册影印。

《羅浮石洞葉絅齋先生全集》十九卷《附録》一卷，清康熙三十二年葉倫刻本，《明别集叢刊》第三輯第 57 册影印。

《石洞集》十八卷，清四庫全書本，《四庫全書珍本》五集集部第 363—365 册、《景印文淵閣四庫全書》第 1286 册、《文津閣四庫全書》第 1290 册、《文瀾閣四庫全書》第 1324 册（丁氏補鈔卷三至六）影印。

《葉民部石洞集》一卷，清嘉慶刻同治印《廣東文獻》三集本，江蘇廣陵古籍刻印社 1994 年 7 月（《廣東文獻》第 6 册）影印。

《葉春及詩》，陳方整理，嶺南美術出版社 2010 年 6 月版（《全粤詩》第 11 册）。

李尚實

《李裕州蕭然亭集》四卷，明萬曆刻本，《明代詩文集珍本叢刊》第 82—83 册影印。

詹景鳳

《留都集》二十七卷《玄覽編》四卷，清初鈔本，《中國科學院文獻情報中心藏古籍珍本叢書（鈔稿本部分）》第三輯第 110—113 册影印。

《詹東圖集》不分卷，鈔本，《明别集叢刊》第三輯第 57 册影印。

穆文熙

《逍遥園集》十卷，明萬曆十五年劉懷恕刻本，《原國立北平圖書館甲庫善本叢書》第 802 册影印。

《穆考功逍遥園集選》二十卷，明萬曆二十九年穆光胤刻本，《四庫全書存目叢書》集部第137册、《明别集叢刊》第三輯第58册影印。

倪　珣

《京寓稿》一卷，明萬曆七年刻本，《原國立北平圖書館甲庫善本叢書》第803册影印。

劉伯燮

《鶴鳴集》二十七卷，明萬曆十四年鄭懋洵刻本，《四庫未收書輯刊》第五輯第22册影印。

《鶴鳴集》三十五卷《附録》一卷，明崇禎二年刻本，《明别集叢刊》第三輯第58册影印。

王國祚

《三録彙編》，王吉倉、王吉泉、王峰整理，孫建、馬合意點校，滄州區域文化研究所2012年6月内部出版物(《滄海叢書》第一輯)。

王時濟

《龍塢集》八十四卷，清順治王震亨刻本，《明别集叢刊》第四輯第43册影印。

何　燿

《重刻四詩存采稿》不分卷，明萬曆四十三年黄熙運重刻本，《域外漢籍珍本文庫》第四輯集部第17册影印。

華啓直

《華豫庵先生集》不分卷，清宣統三年存裕堂木活字印本，《明别集叢刊》

第三輯第59册影印。

高　濂

《高濂集》,王大淳整理,浙江古籍出版社2015年3月版(《浙江文叢》)。

張夢鯉

《交繡閣詩草》四卷,清乾隆六十年鈔本,《山東文獻集成》第二輯第27册影印。

趙樞生

《含玄齋别編》十卷《含玄齋遺編》四卷《附録》一卷,明萬曆二十二年趙頤光活字印本,《稀見明代四部輯刊》第一輯第80—81册影印。

何慶元

《何長人集》九卷(《蘧來室存稿》二卷《蘧來室近稿》二卷《南北游草》二卷《甓社游草》三卷),明萬曆刻本,《四庫禁燬書叢刊》集部第77册、《原國立北平圖書館甲庫善本叢書》第870册、《明别集叢刊》第三輯第60册影印。

許　察

《南峰雜詠》一卷,清嘉慶二十二年石契齋刻《許氏巾箱集》三種本,《明别集叢刊》第三輯第60册影印。

王大韶

《樵餘筆記》一卷,明萬曆十一年南郡王氏重刻本,《明别集叢刊》第三輯第60册影印。

張鳴鳳

《羽王先生集》六卷，清康熙超拔刻本，《四庫全書存目叢書補編》第 54 册、《劍邑文庫》第 12 册、《明别集叢刊》第三輯第 18 册影印。

錢騰蛟

《歸田漫稿》二卷，明萬曆二十四年錢秉忠等刻本，《稀見明代四部輯刊》第二輯第 86 册影印。

張文憲

《殳山先生遺稿》三卷，明萬曆十一年張汝賢刻本，《北京圖書館古籍珍本叢刊》集部第 108 册、《明别集叢刊》第三輯第 61 册影印。

張九一

《張周田集》一卷，明嘉靖隆慶刻萬曆增刻《盛明百家詩》本，《四庫全書存目叢書》集部第 308 册、《明别集叢刊》第五輯第 100 册影印。

《緑波樓集》十卷，明萬曆刻本，《明别集叢刊》第三輯第 21 册影印。

《緑波樓詩集》十四卷首一卷，清康熙三十一年大吕書院吕民服刻本，《四庫全書存目叢書》集部第 128 册影印。

《張助甫詩選》三卷，明末清初鈔《明三家詩選》本，《明人别集稿鈔本叢刊》第 53 册影印。

戴　洵

《戴司成集》二十五卷，明萬曆刻本，戴岳軒據日本宫内廳書陵部藏本 2020 年影印。

明人研究基礎文獻叢刊【第二種】

明別集整理總目

下册

湯志波 李嘉穎 編

中西書局

圖書在版編目(CIP)數據

明別集整理總目/湯志波,李嘉穎編.—上海:
中西書局,2022
(明人研究基礎文獻叢刊)
ISBN 978-7-5475-1955-4

Ⅰ. ①明… Ⅱ. ①湯… ②李… Ⅲ. ①別集—古籍整
理—圖書目録—中國—明代 Ⅳ. ①Z838

中國版本圖書館 CIP 數據核字(2022)第 095982 號

李學一

《李學一詩》,吴定球、鍾東、戴武軍整理,嶺南美術出版社 2010 年 6 月版(《全粤詩》第 12 册)。

程正誼

《宸華堂集》十卷(存卷三至十)《續集》一卷,明萬曆二十七年華陽知縣張琔刻本,《明别集叢刊》第三輯第 89 册影印。

《宸華堂集》十卷,清光緒亘刻本(配明萬曆刻本),《重修金華叢書》第 150 册影印。

《程正誼集》,程朱昌、程育全編,上海古籍出版社 2012 年 12 月版(《永康程氏遺書》)。

曾朝節

《紫園草文集》,政協臨武縣委員會編,2020 年 12 月内部出版物(《臨武文史研究叢書》)。

艾　穆

《艾熙亭先生終太山人集》十卷,明萬曆四十七年刻本,《故宫珍本叢刊》第 531—532 册影印。

《艾熙亭先生文集》十卷附《諸公贈詩》一卷,明萬曆刻本,《四庫未收書輯刊》第五輯第 21 册(闕《附録》一卷)、《原國立北平圖書館甲庫善本叢書》第 805 册影印。

《艾熙亭先生文集》八卷,清光緒十六年平江艾氏刻本,《明别集叢刊》第三輯第 61 册影印。

范　謙

《范文恪先生雙柏堂集》二十卷,明崇禎刻本,《明别集叢刊》第三輯第

61 册影印。

張獻翼

《紈綺集》一卷，明嘉靖刻本，《四庫全書存目叢書》集部第 137 册、《原國立北平圖書館甲庫善本叢書》第 808 册影印。

《張敉集》一卷，明嘉靖隆慶刻萬曆增刻《盛明百家詩》本，《四庫全書存目叢書》集部第 306 册、《明别集叢刊》第五輯第 97 册影印。

《文起堂集》十卷，明萬曆刻本，《四庫全書存目叢書補編》第 99 册、《明别集叢刊》第三輯第 62 册影印。

董光宏

《秋水閣墨副》九卷，明刻本，《原國立北平圖書館甲庫善本叢書》第 874 册（明刻藍印本）、《明别集叢刊》第三輯第 62 册、《美國哈佛大學哈佛燕京圖書館藏明代善本别集叢刊》第 35 册影印。

李良翰

《李元輔集》十八卷，明刻本，《美國哈佛大學哈佛燕京圖書館藏明代善本别集叢刊》第 35—36 册影印。

吴崇節

《狎鷗子摘稿》一卷，清刻本，《四庫全書存目叢書》集部第 137 册、《明别集叢刊》第三輯第 62 册影印。

趙重道

《文南趙先生三餘館集》十二卷，明萬曆四十四年荆溪趙氏家刻本，《明别集叢刊》第三輯第 62 册影印。

王錫爵

《王文肅公文集》五十五卷，明萬曆王時敏刻本，《四庫全書存目叢書》集部第135—136册、《四庫禁燬書叢刊》集部第7—8册、《明别集叢刊》第三輯第63—64册影印。

《王文肅公文集》五十五卷，明唐氏廣慶堂刻本，《原國立北平圖書館甲庫善本叢書》第800—801册影印。

《王荆石稿》一卷，清鈔《可儀堂一百廿名家制義》本，《明人别集稿鈔本叢刊》第100册影印。

王用章

《王氏松雲集》一卷，明嘉靖隆慶刻萬曆增刻《盛明百家詩》本，《四庫全書存目叢書》集部第308册、《明别集叢刊》第五輯第100册影印。

戚元佐

《青藜閣初稿》三卷，明萬曆元年胡日新刻本，《原國立北平圖書館甲庫善本叢書》第801册影印。

許孚遠

《敬和堂集》十三卷，明萬曆二十二年序刻本，《域外漢籍珍本文庫·日藏明人别集珍本叢刊》第一輯第1—3册影印。

《敬和堂集》八卷(存《序》一卷《記》一卷《雜著》一卷《書》一卷)，明萬曆刻本，《四庫全書存目叢書》集部第136册影印。

《許敬庵稿》一卷，清康熙三十八年刻《可儀堂一百二十名家制義》本，《明别集叢刊》第三輯第65册影印。

《許敬庵稿》一卷，清鈔《可儀堂一百廿名家制義》本，《明人别集稿鈔本叢刊》第100册影印。

《敬和堂集》，張琴校點，北京大學出版社 2016 年 10 月版（《儒藏·精華編》第 263 册）。

王穉登

《王上舍集》一卷，明嘉靖隆慶刻萬曆增刻《盛明百家詩》本，《四庫全書存目叢書》集部第 306 册、《明别集叢刊》第五輯第 97 册影印。

《續王上舍集》一卷，明嘉靖隆慶刻萬曆增刻《盛明百家詩》本，《四庫全書存目叢書》集部第 308 册、《明别集叢刊》第五輯第 100 册影印。

《王百穀先生集》十一種二十卷，明萬曆刻本，《域外漢籍珍本文庫》第五輯集部第 22 册影印。

《王百穀集》十九種三十九卷，明刻本，《四庫禁燬書叢刊》集部第 175 册影印。

《王百穀集》二十一種四十二卷，明萬曆四十七年金陵葉氏刻本，《原國立北平圖書館甲庫善本叢書》第 830 册、《明别集叢刊》第三輯第 65 册影印。

《王百穀集》九種十八卷，清鈔本，《明人别集稿鈔本叢刊》第 54—55 册影印。

《燕市集》二卷，明隆慶四年朱宅快閣刻本，《原國立北平圖書館甲庫善本叢書》第 830 册、《中國古籍珍本叢刊·天津圖書館卷》第 40 册影印。

《客越志》二卷，明隆慶吴氏蕭疎齋刻本，《原國立北平圖書館甲庫善本叢書》第 830 册影印。

《明月篇》二卷，明刻本，《原國立北平圖書館甲庫善本叢書》第 830 册影印。

《南有堂集》不分卷，稿本，臺灣正中書局 1970 年 7 月影印。

《南有堂詩》十卷，明崇禎九年陳克懋集貲刻本，《原國立北平圖書館甲庫善本叢書》第 830—831 册影印。

《南有堂詩》十卷（存卷一至三），明末清初徐樹丕鈔本，《明人别集稿鈔本叢刊》第 55—56 册影印。

《謀野集》十卷，明萬曆江陰郁氏玉樹堂刻本，《原國立北平圖書館甲庫善本叢書》第 831 册（存卷一至八）、《明别集叢刊》第三輯第 65 册影印。

《謀野乙集》十卷，明萬曆十九年刻本，《明别集叢刊》第三輯第 66 册影印。

《屠先生評釋謀野集》四卷，明萬曆熊體忠刻本，《美國哈佛大學哈佛燕京圖書館藏明代善本別集叢刊》第17册影印。

《謀野集刪》一卷，日本享保二十年書林大和屋孫兵衛、富士屋彌三右衛門刻本，《日本所編中國詩文選集彙刊・明代卷》第5册影印。

《謀野集刪》一卷，日本享保二十年書林大和屋孫兵衛、富士屋彌三右衛門刻京都植村藤右衛門等後印本，《和刻本漢籍文集》第15輯影印。

《王穉登尺牘注解》一卷，日本延享四年序刻《盛明七子尺牘注解》本，《日本所編中國詩文選集彙刊・明代卷》第7册影印。

吴　褒

《集詩》四卷，清鈔本，《明人別集稿鈔本叢刊》第56册影印。

釋袾宏(雲　棲)

《雲棲蓮池大師遺稿》三卷，日本元禄七年刻本，《和刻影印近世漢籍叢刊思想編四編》第6册影印。

《蓮池大師全集》(《釋經》十一册《輯古》十一册《手著》十二册)，清光緒二十三年金陵刻經處刻《雲棲法彙》本，臺灣東初出版社1992年3月、福建莆田廣化寺2009年5月影印。

《蓮池大師全集》，張景崗點校，華夏出版社2011年7月版(《霧中山彌陀净土系列》)。

《蓮池大師全集》，明學主編，上海古籍出版社2011年9月版。

《蓮池大師文集》，張景崗點校，九州出版社2013年8月版(《净土宗大師全集》)。

《雲棲法雨》，林克智編述，宗教文化出版社2014年10月版。

《蓮池大師全集》，上海佛學書局2017年自印本。

趙用賢

《松石齋集》三十六卷(《文》三十卷《詩》六卷)，明萬曆四十六年趙琦美等刻本,《原國立北平圖書館甲庫善本叢書》第824—825册、《明别集叢刊》第三輯第67册、《常熟文庫》第59—60册影印。

《松石齋集》三十卷,明萬曆刻本,《四庫禁燬書叢刊》集部第41册影印。

申時行

《綸扉簡牘》十卷,明萬曆二十四年刻本,《四庫禁燬書叢刊》集部第161册、《明别集叢刊》第三輯第69册影印。

《賜閒堂集》四十卷,明萬曆四十四年申用懋等刻本,《四庫全書存目叢書》集部第134册、《原國立北平圖書館甲庫善本叢書》第798—799册、《明别集叢刊》第三輯第68—69册影印。

曾同亨

《泉湖山房稿》三十卷(存卷一至十二),明刻本,《明代詩文集珍本叢刊》第84—85册影印。

朱　賡

《朱文懿文稿》不分卷,稿本,《明代詩文集珍本叢刊》第102册影印。

《朱文懿公文集》十二卷,明天啓刻本,《明人文集叢刊》第一期第23種、《四庫全書存目叢書》集部第149册、《明别集叢刊》第三輯第70册影印。

李　汶

《次溪南游紀併出塞詩》一卷,明鈔本,《明别集叢刊》第四輯第40册、《雄安歷代著作集成》二編第77册、《雄安歷代别集叢刊》二編第27册影印。

潘之恒

《漪游草》三卷,明萬曆刻本,《明代詩文集珍本叢刊》第102册影印。

《涉江集選》一卷，清順治刻《詩慰》二十種本，《四庫禁燬書叢刊》集部第56册、《四庫全書存目叢書》集部第142册、《明别集叢刊》第五輯第93册影印。

龔　勉

《尚友堂詩集》十三卷，明萬曆十二年龔勉自刻本，《明代詩文集珍本叢刊》第102—103册影印。

顧凝遠

《蟋蟀在堂草》一卷，民國二十八至三十二年江蘇省立蘇州圖書館鉛印《吴中文獻小叢書》本，《叢書集成續編》（上海書店）集部第119册、《江蘇地方文獻叢刊·吴中文獻小叢書》上册影印。

曾維綸

《來復堂遺集》二十五卷，清乾隆九年刻本，《四庫全書存目叢書》集部第169册、《明别集叢刊》第三輯第70册影印。

李　登

《冶城真寓存稿》不分卷，明萬曆二十五年活字印本，《明别集叢刊》第三輯第71册影印。

陳　言

《潁水遺編》二卷，明天啓三年樊維城刻《鹽邑志林》本，《景印元明善本叢書·鹽邑志林》、《叢書集成初編》第2438册（中華書局版第509册）、《叢書集成新編》文學類第75册、《元明善本叢書十種》第60册、《明别集叢刊》第三輯第71册影印。

管志道

《管子惕若齋集》四卷《續集》二卷，明萬曆刻本，《明别集叢刊》第三輯第72册影印。

《管子憲章餘集》二卷，明萬曆刻本，《明代詩文集珍本叢刊》第103册影印。

丁元復

《片玉齋存稿》二卷，明天啓刻本，《明代詩文集珍本叢刊》第104册影印。

朱載堉

《補亡詩》《辭爵疏》，李天綱主編，上海交通大學出版社2013年9月版（《朱載堉集》第6册）。

吕　坤

《吕新吾先生去僞齋文集》十卷，清康熙三十三年吕慎多刻本，《四庫全書存目叢書》集部第161册、《明别集叢刊》第三輯第72册影印。

《吕子遺書》七種二十八卷，清道光七年刻本，《明代朱子學文獻叢刊》第312—317册、《河南文脉叢書》第41—46册影印。

《去僞齋文集約選》一卷，清道光二十三年刻本，《稀見明代四部輯刊》第一輯第81册影印。

《吕坤全集》，王國軒、王秀梅整理，中華書局2008年5月版（《理學叢書》）。

《吕新吾先生文集》，李明友校點，北京大學出版社2016年10月版（《儒藏·精華編》第263册）。

周光鎬

《周大理明農堂集》三卷，清道光刻《潮州耆舊集》本，《潮州文獻叢刊》之一、《明别集叢刊》第五輯第94册影印。

《明農山堂彙草》四十九卷(《詩》十五卷《文》三十四卷)，民國三年周燿南鉛印本，《明别集叢刊》第三輯第88册影印。

《周光鎬詩文選注》，鄭焕隆選注，廣東人民出版社2000年10月版(《潮汕文庫》)。

《周大理明農堂集》，吴二持點校，暨南大學出版社2016年8月版(見《潮州耆舊集》，《潮汕文庫·文獻系列》)。

王世懋

《王儀部集》一卷，明嘉靖隆慶刻萬曆增刻《盛明百家詩》本，《四庫全書存目叢書》集部第308册、《明别集叢刊》第五輯第100册影印。

《符臺集》一卷，明萬曆五年史繼書刻本，《原國立北平圖書館甲庫善本叢書》第797册影印。

《王奉常集詩》十五卷《目録》三卷《文》五十四卷《目録》二卷，明萬曆十七年吴郡王氏家刻本，《四庫全書存目叢書》集部第133册、《原國立北平圖書館甲庫善本叢書》第797—798册、《明别集叢刊》第三輯第73册影印。

《關洛紀游稿》二卷，明萬曆刻本，《四庫全書存目叢書》集部第133册影印。

《西征集》二卷(存卷下)，明刻本，《明代詩文集珍本叢刊》第85册影印。

包大炣

《越吟》一卷，明萬曆元年玉樹齋活字藍印本，《原國立北平圖書館甲庫善本叢書》第798册、《中華再造善本·明代編》影印。

王　留

《澗上集選》一卷，清順治刻《詩慰》二十種本，《四庫禁燬書叢刊》集部第56册、《明别集叢刊》第五輯第93册影印。

帥機

《陽秋館集》二十三卷《目録》一卷，清乾隆三年日新堂、修獻堂重刻本，《四庫禁燬書叢刊》集部第139册、《明別集叢刊》第三輯第18册影印。

王家屏

《王文端公詩集》二卷《奏疏》四卷《尺牘》八卷，明萬曆四十至四十五年家刻本，《四庫全書存目叢書》集部第149册、《明別集叢刊》第三輯第67册、《山西歷代著作集成》第395—396册影印。

《復宿山房集》四十卷，明萬曆魏養蒙、徐中元等刻本，《明別集叢刊》第三輯第66册、《山西歷代著作集成》第390—394册影印。

《王文端公尺牘》八卷，明刻本，《尺牘文獻叢刊》第13—14册影印。

《王家屏詩詞譯注》，王永貞譯注，北岳文藝出版社2010年12月版。

《王家屏尺牘譯注》，王永貞編譯，山西人民出版社2012年4月版(《山陰縣歷史文化叢書》)。

王叔承

《後吴越游》十二卷，明萬曆十四年吴江知縣徐元刻本，《明別集叢刊》第三輯第74册影印。

陶允淳

《蘭渚先生遺稿》一卷，明天啓四年陶崇道重刻本(附《陶莊敏公文集》後)，《四庫全書存目叢書》集部第48册、《明別集叢刊》第一輯第93册影印。

徐顯卿

《天遠樓集》二十七卷，明萬曆刻本，《四庫全書存目叢書補編》第98册、

《明别集叢刊》第三輯第78册影印。

沈懋孝

《長水先生文鈔》二十四卷,明萬曆刻本,《四庫禁燬書叢刊》集部第159—160册影印。

《沈司成先生集》一卷《長水先生文鈔》二卷《長水先生洛誦編》四卷《長水先生石林蕢草》三卷,明萬曆刻本,《原國立北平圖書館甲庫善本叢書》第820—821册影印。

《長水先生文鈔》一卷《洛誦編》一卷《石林蕢草》一卷《四餘編》一卷《水雲緒編》三卷《賁園草》三卷,明萬曆刻本,《原國立北平圖書館甲庫善本叢書》第821册影印。

《沈司成先生集》一卷,民國三十年張悦鄰鈔本,《明别集叢刊》第三輯第77册影印。

莫是龍

《小雅堂詩稿》不分卷,明稿本,《明代詩文集珍本叢刊》第185册影印。

《石秀齋集》十卷附《寶顔堂訂正畫説》一卷,明萬曆三十三年刻本(《附録》配《寶顔堂秘笈》續集本),"國立中國圖書館"1968年6月(《明代藝術家集彙刊》)影印。

《石秀齋集》十卷,清康熙五十五年城書室刻《雲間二韓詩》本,《四庫全書存目叢書》集部第188册、《江南家族文學叢編·上海卷》下册、《明别集叢刊》第三輯第74册影印。

《石秀齋集》二卷,清鈔本,《中國古籍珍本叢刊·復旦大學圖書館卷》第45册影印。

范惟丕

《范中吴集》一卷,明嘉靖隆慶刻萬曆增刻《盛明百家詩》本,《四庫全書存目叢書》集部第308册、《明别集叢刊》第五輯第100册影印。

顧斗英

《小庵羅集》六卷，清康熙五十五年城書室刻《雲間二韓詩》本，《江南家族文學叢編・上海卷》下册、《明别集叢刊》第三輯第 74 册影印。

顧正誼

《(顧仲方)百詠圖譜》二卷《(咏物)新詞圖譜》一卷，明萬曆二十四年顧正誼蘇州自刻本，《明别集叢刊》第三輯第 76 册、文物出版社 2019 年 8 月(《奎文萃珍》)影印。

《顧氏詩史》十五卷，明萬曆二十八年顧正誼自刻本，《明别集叢刊》第三輯第 76 册影印。

余孟麟

《余學士集》三十卷《續集》不分卷，明萬曆二十八年刻本，《明别集叢刊》第四輯第 1 册影印。

朱謀境

《擊轅稿》五卷，明刻本，《明别集叢刊》第五輯第 25 册影印。

鄒德涵

《鄒聚所先生文集》六卷《外集》一卷《易教》一卷《語録》三卷，明萬曆鄒袠、鄒衮刻本，《四庫全書存目叢書》集部第 157 册、《明别集叢刊》第三輯第 86 册影印。

卓明卿

《卓光禄集》三卷，明萬曆卓爾昌刻本，《四庫全書存目叢書》集部第 158

册影印。

《卓徵甫詩續集》三卷，明萬曆崧齋刻本，《四庫全書存目叢書》集部第158册影印。

《卓光禄集》三卷，清光緒二十三年錢塘丁氏嘉惠堂刻《武林往哲遺著》本，《叢書集成續編》（臺灣新文豐出版公司）文學類第148册、《叢書集成續編》（上海書店）集部第119册、廣陵書社2011年7月（《武林往哲遺著》第4册）、《明别集叢刊》第三輯第70册影印。

《卓光禄集》，錢志坤點校，杭州出版社2014年5月版（《杭州全書·杭州文獻集成》第19册）；浙江古籍出版社2019年11月版（《武林往哲遺著》第16册，《浙江文叢》）。

張元忭

《張陽和先生不二齋文選》七卷《附録》一卷，明萬曆張汝霖、張汝懋刻本，《四庫全書存目叢書》集部第154册、《原國立北平圖書館甲庫善本叢書》第822册（闕《附録》一卷）影印。

《張陽和文選》（《張陽和集》）三卷，清同治五年福州正誼書院刻、八年至九年續刻《正誼堂全書》本，廣陵書社2016年4月（《正誼堂全書》第31册）、《明别集叢刊》第三輯第77册影印。

《張陽和文選》，商務印書館1935年12月版（《叢書集成初編》文學類第2161册）；中華書局2010年9月重印版（《叢書集成初編》第465册）。

《張元忭集》，錢明編校，上海古籍出版社2015年12月版（《陽明後學文獻叢書》）。

馮敏效

《小有亭集》二十六卷，明萬曆刻本，《稀見明代四部輯刊》第一輯第82—84册影印。

許承周

《西園公文集》八卷，清康熙三十二年肯穫堂刻本，《明别集叢刊》第三輯第77册影印。

周復元

《欒城稿》六卷,明萬曆刻本,《四庫未收書輯刊》第五輯第22册、《明別集叢刊》第三輯第77册影印。

鄭學醇

《勾漏集》五卷《詠史詩》一卷,清康熙六十一年鄭時達刻本,《廣州大典》第427册、《中國古籍珍本叢刊·廣東省立中山圖書館卷》第49册影印。

《鄭學醇詩》,鍾東、陳永滔整理,嶺南美術出版社2010年6月版(《全粤詩》第12册)。

陳　履

《懸榻齋集》八卷《文集》四卷,明萬曆刻本,廣東教育出版社2005年7月、《廣州大典》第427册影印。

《懸榻齋詩集》一卷《文集》一卷,民國東莞陳氏刻《聚德堂叢書》本,《叢書集成續編》(臺灣新文豐出版公司)文學類第146册影印。

《陳履詩》,李永新、陳丕武整理,嶺南美術出版社2010年6月版(《全粤詩》第12册)。

朱孟震

《朱秉器詩集》四卷《文集》四卷,明萬曆刻本,《四庫全書存目叢書補編》第57册影印。

《朱秉器全集》十四卷,明萬曆濟美堂刻本,《原國立北平圖書館甲庫善本叢書》第813册、《美國哈佛大學哈佛燕京圖書館藏明代善本別集叢刊》第14—17册、《明別集叢刊》第三輯第77册影印。

喬因阜

《遠志堂集》十三卷，明萬曆三十七年自刻本，《原國立北平圖書館甲庫善本叢書》第818册影印。

喻　均

《山居文稿》十卷，明萬曆刻本，《明别集叢刊》第三輯第78册影印。

《僊都稿》三卷，明刻本，《明别集叢刊》第三輯第78册影印。

汪　禔

《檗庵集》二卷，清康熙十八年汪宗豫刻《汪氏家集》本，《四庫全書存目叢書》集部第146册、《明别集叢刊》第一輯第4册、《明代朱子學文獻叢刊》第134册影印。

黄鳳翔

《田亭草》二十卷，明萬曆三十九年吉州甘雨刻本，《四庫禁燬書叢刊》集部第44册、《續修四庫全書》第1356册、《明别集叢刊》第三輯第81册、《福建文脉叢書》第334—336册影印。

《田亭草》，林中和點校，商務印書館2018年5月版（與《嘉靖大政類編》同册，《泉州文庫》）。

戴庭槐

《制錦堂集》四卷，明萬曆刻本，《明别集叢刊》第三輯第78册影印。

于孔兼

《于景素先生山居稿》十一卷，明萬曆四十年刻本，《明别集叢刊》第四輯第31册影印。

顧懋宏

《炳燭軒詩集》五卷，清乾隆九年顧登桂雲堂刻《玉峰雍里顧氏六世詩文集》本，《美國哈佛大學哈佛燕京圖書館藏明代善本别集叢刊》第 27 册影印。

萬道光

《交翠館集》十卷，清乾隆四年志學軒重刻本，《四庫全書存目叢書》集部第 158 册、《明别集叢刊》第四輯第 91 册影印。

温　純

《温恭毅公文集》三十卷，明崇禎刻清乾隆補修本，《四庫提要著録叢書》集部第 124 册（闕卷二十四）、《明别集叢刊》第三輯第 79 册影印。

《温恭毅（公）集》三十卷《目録》一卷，清四庫全書本，《四庫全書珍本》七集集部第 251—256 册、《景印文淵閣四庫全書》第 1288 册、《文津閣四庫全書》第 1292 册（闕《目録》一卷）、《文瀾閣四庫全書》第 1326 册（丁氏補鈔，闕《目録》一卷）、《明代朱子學文獻叢刊》第 249—251 册（影文淵閣本）影印。

沈懋學

《郊居遺稿》十卷，明萬曆三十三年何喬遠刻本，《四庫全書存目叢書》集部第 163 册、《原國立北平圖書館甲庫善本叢書》第 837 册、《明别集叢刊》第三輯第 79 册影印。

祝世禄

《環碧齋詩》三卷《尺牘》五卷《祝子小言》一卷《留垣疏草》二卷，明萬曆刻本（《尺牘》配明吴時元刻本），《四庫全書存目叢書》集部第 94 册（闕《祝子小言》一卷《留垣疏草》二卷）、《明别集叢刊》第三輯第 80 册、《尺牘文獻叢刊》第 15 册（選《尺牘》五卷）影印。

何出圖

《雲藜稿》八卷附《何伯子自注年譜》一卷，清乾隆十八年扶溝何氏刻本，《明别集叢刊》第三輯第80册影印。

王　教

《中川遺稿》三十三卷，明嘉靖三十九年清白堂家刻本，《四庫全書存目叢書》集部第84册、《原國立北平圖書館甲庫善本叢書》第760册、《明别集叢刊》第三輯第81册影印。

《銓部王先生文集》一卷《詩集》一卷《修縣誌小序》一卷，明萬曆四十四年張至發刻本，《明别集叢刊》第三輯第82册影印。

《秋澄詩集》一卷，明鈔本，《山東文獻集成》第三輯第24册影印。

江東之

《瑞陽阿集》十卷，清乾隆八年東皋堂刻本，《四庫全書存目叢書》集部第167册、《明别集叢刊》第三輯第82册影印。

陳汝瑒

《湛然堂詩稿》不分卷，明崇禎陳邦綸刻本，《四庫全書存目叢書》集部第146册、《明别集叢刊》第三輯第82册影印。

鄭一麟

《趾庵歸養草》六卷，明萬曆四十一年寫刻本，《中國公共圖書館古籍文獻珍本匯刊·天津圖書館孤本秘籍叢書》第11册、《寫刻本詩詞集叢刊》第15册影印。

《鄭趾庵文集》八卷《周易象義》一卷《書旨一得》一卷，明萬曆四十二年刻本，《域外漢籍珍本文庫》第二輯集部第5册影印。

陳邦訓

《玄感軒稿》四卷,明萬曆四十五年刻本,《中國公共圖書館古籍文獻珍本匯刊·天津圖書館孤本秘籍叢書》第11册影印。

唐伯元

《醉經樓集》六卷《附刻》一卷,清乾隆十四年刻本,暨南大學出版社2016年12月(《潮汕文庫·文獻系列》)影印。

《唐選部醉經樓集》二卷,清道光刻《潮州耆舊集》本,《潮州文獻叢刊》之一、《明别集叢刊》第五輯第94册影印。

《醉經樓集》六卷《附刻》一卷《續附刻》一卷,清光緒二年潮州金山書院刻本,《明别集叢刊》第三輯第82册影印。

《醉經樓集》,唐伯元紀念館編,唐伯元紀念館2009年8月内部出版物。

《醉經樓集》,朱鴻林點校,上海古籍出版社2010年1月版;"中央研究院"歷史語言研究所2010年12月版(《"中央研究院"歷史語言研究所專刊》);中華書局2014年1月版(《中國歷史文集叢刊》)。

《唐伯元詩》,郭培忠、吕永光、張玲整理,嶺南美術出版社2010年6月版(《全粤詩》第12册)。

《唐選部醉經樓集》,吴二持點校,暨南大學出版社2016年8月版(見《潮州耆舊集》,《潮汕文庫·文獻系列》)。

王光藴

《玉洞集》,陳偉玲校注,中國文史出版社2010年版(見《明代英橋王氏詩録》,《龍灣文化叢書》)。

張一桂

《漱秇堂文集》二十卷,明萬曆三十一年刻本,《明别集叢刊》第一輯第2

册影印。

孫　柚

《籐溪詩》一卷《籐溪記》一卷附《籐溪寄贈》一卷,清鈔本,《四庫未收書輯刊》第五輯第21册、《明别集叢刊》第三輯第82册、《常熟文庫》第56册影印。

何喬遴

《刻積孝公紀愚稿》二卷,明萬曆刻本,《明别集叢刊》第三輯第82册影印。

田一儁

《鍾臺先生文集》十二卷《附録》一卷,明萬曆二十八年田元振刻本,《四庫全書存目叢書》集部第150册、《明别集叢刊》第三輯第82册、《福建文脉叢書》第433—434册影印。

吴中行

《賜餘堂集》十四卷,明萬曆二十八年吴亮、吴奕等刻本,《四庫全書存目叢書》集部第157册影印。

《賜餘堂集》十四卷《補遺》一卷,清乾隆五十八年刻本,《明别集叢刊》第三輯第86册影印。

《賜餘堂集》十四卷,清光緒二十一至二十四年武進盛氏思惠齋刻《常州先哲遺書》本,《叢書集成續編》(上海書店)集部第117册、南京大學出版社2010年3月(《常州先哲遺書》第95—96册)影印。

林　烴

《覆瓿草》六卷,明萬曆刻本,《域外漢籍珍本文庫》第五輯集部第22册影印。

《林熞文稿》二卷，明鈔本，《稀見明代四部輯刊》第一輯第 85 册、《八閩文庫·福建文獻集成》初編集部第 15 册影印。

焦竑

《焦氏澹園集》四十九卷，明萬曆三十四年黄雲蛟刻本，《明代論著叢刊》第三輯、《四庫禁燬書叢刊》集部第 61 册、《續修四庫全書》第 1364 册、《中華再造善本·明代編》、《原國立北平圖書館甲庫善本叢書》第 854 册影印。

《焦氏澹園續集》二十七卷，明萬曆三十九年金勵、朱汝鰲刻本，《四庫禁燬書叢刊》集部第 61—62 册、《續修四庫全書》第 1364—1365 册、《明别集叢刊》第三輯第 83 册影印。

《澹園集》四十九卷《續集》二十七卷，民國三至五年上元蔣氏慎修書屋鉛印《金陵叢書》本，臺灣大西洋圖書公司 1970 年 1 月(《金陵叢書》第 13—17 册)、《叢書集成續編》(臺灣新文豐出版公司)文學類第 186—187 册、《叢書集成續編》(上海書店)集部第 118 册、《明别集叢刊》第三輯第 83 册(闕《續集》二十七卷)影印。

《澹園集》，李劍雄點校，中華書局 1999 年 5 月版(《理學叢書》)。

董志毅

《望峰公詩文軼稿》，董作錦編注，吉林大學出版社 2019 年 4 月版(《清白世家詩文軼稿集注》上卷)。

趙炯然

《息壤集》三卷，清嘉慶二十年湘雪軒刻本，《中國古籍珍本叢刊·暨南大學圖書館卷》第 27 册影印。

顧大典

《清音閣集》六卷，明萬曆刻本，綫裝書局 2006 年 1 月影印。

陸卿子

《陸卿子詩》一卷，日本明和七年序刻《明七才女詩集》本，《日本所編中國詩文選集彙刊・明代卷》第14册影印。

陳　第

《一齋集》三十五卷（闕《一齋陳先生考終録》一卷《雜文》一卷），明萬曆會山樓刻本，《四庫禁燬書叢刊》集部第57册影印。

《兩粤游草》一卷《寄心集》六卷《五嶽游草》七卷，明萬曆會山樓刻《一齋集》本，《四庫全書存目叢書》集部第178册、《廣州大典》第428册（僅《兩粤游草》一卷）、《福建文脉叢書》第211册（闕《寄心集》六卷）影印。

《一齋詩文集》，郭庭平點校，福建教育出版社2012年9月版。

《一齋文集》，郭庭平點校，香港中國文藝出版社2013年版。

《陳第全集》，郭庭平點校，香港中國文藝出版社2014年版。

楊道賓

《楊文恪公文集》六十二卷，明刻本，《福建叢書》第一輯影印。

《楊文恪公文集》，陳貽庭、鄧月娥點校，上海辭書出版社2012年11月版（《泉州文庫》）。

陳萬言

《鈃園集》十四卷，明天啓王起隆刻本，《美國哈佛大學哈佛燕京圖書館藏中文善本彙刊》第35册影印。

《陳庶常遺集》四卷《附録》一卷，明崇禎三年王起隆等刻本，《明代詩文集珍本叢刊》第183—184册影印。

徐應翻

《徑山游草》一卷，明萬曆刻本，《美國哈佛大學哈佛燕京圖書館藏中文善本彙刊》第35册影印。

徐應翀

《洞蕭游草》一卷，明萬曆刻本，《美國哈佛大學哈佛燕京圖書館藏中文善本彙刊》第35册影印。

徐應翹

《龍門游草》一卷，明萬曆刻本，《美國哈佛大學哈佛燕京圖書館藏中文善本彙刊》第35册影印。

許夢熊

《襟日樓草》三卷，明萬曆十九年序刻本，《日本内閣文庫藏稀見明人别集彙刊》第二輯第4册影印。

馮時可

《超然樓集》十二卷，明萬曆二十五年刻本，《明别集叢刊》第三輯第85册影印。

《西征集》十卷《馮文所詩稿》三卷《黔中語録》一卷《續語録》一卷《黔中程式》一卷，明萬曆馮曾可刻本，《明别集叢刊》第三輯第85册影印。

《馮元成文集》一卷，明崇禎平露堂刻《皇明經世文編》本，臺灣臺聯國風出版社1968年11月(《皇明經世文編》第26册)、《中國西北文獻叢書》第103册、《四庫禁燬書叢刊》集部第28册、《續修四庫全書》第1661册影印。

《馮元成選集》八十三卷《目録》一卷，明劉雲承刻本，《域外漢籍珍本文庫》第三輯集部第12—15册影印

《馮元成選集》八十三卷《目録》一卷，明刻本，《四庫禁燬書叢刊補編》第61—64册、《原國立北平圖書館甲庫善本叢書》第826—829册(闕卷八十至八十二)影印。

《南征稿》二十一卷《武陵稿》二十卷《燕喜堂稿》十五卷《馮元成壬子續

北征集》十六卷，明刻本，《原國立北平圖書館甲庫善本叢書》第825册影印。

《重刻馮玄嶽巖棲稿》十卷，明刻本，《明别集叢刊》第三輯第85册影印。

《金閶稿》二卷《石湖稿》二卷《雨航吟稿》三卷，明刻本，《明代詩文集珍本叢刊》第104册影印。

王任重

《王太僕集》二卷，明崇禎平露堂刻《皇明經世文編》本 臺灣臺聯國風出版社1968年11月(《皇明經世文編》第25册)、《中國西北文獻叢書》第103册、《四庫禁燬書叢刊》集部第28册、《續修四庫全書》第1661册影印。

蘇 濬

《三餘集》□□卷(存卷二至五、十至十五、十七至二十四、二十九至三十二)，明刻本(卷十二至十五、十七至二十、二十九至三十二配清鈔本)，《明代詩文集珍本叢刊》第110—112册影印。

吴 奕

《觀復庵綺集》十二卷《綦集》四卷《續集》四卷，明萬曆四十四年刻本，《故宫珍本叢刊》第534册影印。

王弘誨(王宏誨)

《太子少保王忠銘先生文集天池草重編》二十六卷，清康熙刻本，《四庫全書存目叢書》集部第138册、《明别集叢刊》第三輯第52册影印。

《天池草》，王堯雲校訂，海南書局1935年版(《海南叢書》第四集)。

《王弘誨張岳崧詩選》，朱逸輝、范會俊選注，海南人民出版社1985年12月版。

《天池草》，王力平點校，海南出版社2004年2月版(《海南先賢詩文叢刊》)。

《王弘誨詩》，楊權、韋盛年、史洪權整理，嶺南美術出版社 2010 年 6 月版（《全粵詩》第 11 册）。

梅國楨

《西征集》十卷，明崇禎十一年序刻本，《日本内閣文庫藏稀見明人别集彙刊》第二輯第 4—5 册影印。

《梅國楨集》，凌禮潮箋校，湖北人民出版社 2006 年 10 月版。

豐越人

《豐正元先生詩》四卷，明天啓七年豐建刻本，《四庫全書存目叢書》集部第 190 册、《明别集叢刊》第三輯第 17 册影印。

鄧以讚

《鄧文潔公佚稿》十卷，明萬曆萬尚列等校刻本，《中國公共圖書館古籍文獻珍本匯刊·天津圖書館孤本秘籍叢書》第 11 册影印。

《鄧定宇先生文集》四卷，明周文光刻本，《四庫全書存目叢書》集部第 156 册影印。

《鄧定宇稿》一卷，清康熙三十八年刻《可儀堂一百二十名家制義》本，《明别集叢刊》第三輯第 86 册影印。

《鄧定宇稿》一卷，清鈔《可儀堂一百廿名家制義》本，《明人别集稿鈔本叢刊》第 100 册影印。

凌湛初

《申椒館敝帚集》四卷，明刻本，《中國公共圖書館古籍文獻珍本匯刊·天津圖書館孤本秘籍叢書》第 11 册影印。

王伯稠

《王世周先生詩集》二十卷，明萬曆刻本，《四庫全書存目叢書》集部第 142

册、《四庫禁燬書叢刊》集部第 139 册、《明别集叢刊》第三輯第 62 册影印。

沈思孝

《溪山堂草》四卷，明萬曆刻本，《四庫全書存目叢書》集部第 149 册影印。

《沈繼山全集》六卷，清鈔本，《明别集叢刊》第三輯第 93 册影印。

魏允貞

《開府魏見泉先生詩》三卷（闕卷三），明萬曆刻本，《原國立北平圖書館甲庫善本叢書》第 839 册影印。

李廷機

《李文節集》二十八卷，明崇禎刻本，《明人文集叢刊》第一期第 28 種、《八閩文庫・福建文獻集成》初編集部第 16—19 册影印。

《李文節集》，于英麗點校，商務印書館 2019 年 5 月版（《泉州文庫》）。

李言恭

《李公子集》一卷，明嘉靖隆慶刻萬曆增刻《盛明百家詩》本，《四庫全書存目叢書》集部第 308 册、《明别集叢刊》第五輯第 100 册影印。

《貝葉齋稿》四卷《游西山記》一卷《戊寅山行記》一卷，明萬曆八年壽州朱宗吉刻本，《原國立北平圖書館甲庫善本叢書》第 889 册、《明别集叢刊》第三輯第 82 册影印。

《青蓮閣集》十卷，明萬曆十八年刻本，《四庫未收書輯刊》第五輯第 23 册影印。

《白雪齋詩集》二卷，日本寶曆三年冬京都錢屋七郎兵衛覆明壽州朱汝修刻本，《和刻本漢詩集成補篇》第 18 輯、《和刻本中國古逸書叢刊》第 58 册、《和刻本四部叢刊》集部第 98 册影印。

黄洪憲

《碧山學士集》二十一卷《别集》四卷，明萬曆刻本，《四庫禁燬書叢刊》集部第30册、《原國立北平圖書館甲庫善本叢書》第822—823册影印。

《碧山學士集》二十卷，清康熙五十一年刻本，《明别集叢刊》第三輯第87册影印。

《黄葵陽稿》一卷，清鈔《可儀堂一百廿名家制義》本，《明人别集稿鈔本叢刊》第100册影印。

方　揚

《方初庵先生集》十六卷，明萬曆四十年方時化刻本，《四庫全書存目叢書》集部第156册、《原國立北平圖書館甲庫善本叢書》第823册、《明别集叢刊》第三輯第89册影印。

趙善政

《肖軒稿略》二卷，清道光十年趙炳文刻本，《明别集叢刊》第三輯第89册影印。

王守誠

《周南太史王公遺集》一卷，清雍正十二年王廷琮刻本，《四庫未收書輯刊》第五輯第22册、《明别集叢刊》第三輯第89册影印。

葛　昕

《集玉山房稿》十卷，明鈔本（四庫底本），《四庫全書底本叢書》集部第212册影印。

《集玉山房稿》十卷，明末清初黑格鈔本，《明人别集稿鈔本叢刊》第57—58册影印。

《集玉山房稿》十卷，清四庫全書本，《四庫全書珍本》三集集部第351—352册、《景印文淵閣四庫全書》第1296册、《文津閣四庫全書》第1300册、《文瀾閣四庫全書》第1334册影印。

屠隆

《園居雜詠》一卷，稿本，《中華再造善本·明代編》影印。

《棲真館集》三十一卷，明萬曆十八年吕氏棲真館刻本，《續修四庫全書》第1360册、《原國立北平圖書館甲庫善本叢書》第842册、《明别集叢刊》第三輯第90册影印。

《娑羅館逸稿》二卷，明萬曆繡水沈氏尚白齋刻《寶顔堂秘笈》正集本，上海文明書局1922年石印；《百部叢書集成》之十八、敦煌文藝出版社2018年1月(《寶顔堂秘笈》第1册)、《美國哈佛大學哈佛燕京圖書館藏叢部善本彙刊》第6册影印。

《白榆集》二十八卷，明萬曆龔堯惠刻本，《四庫全書存目叢書》集部第180册、《原國立北平圖書館甲庫善本叢書》第840—841册、《明别集叢刊》第三輯第90册影印。

《白榆集》二十卷，明刻袁氏家藏本，《明代論著叢刊》第三輯影印。

《屠長卿集》十九卷(存《詩》卷一至七、《文》卷二至七)，明萬曆刻本，《明代詩文集珍本叢刊》第112册影印。

《由拳集》二十三卷，明萬曆八年馮夢禎刻本，《明代論著叢刊》第三輯、《四庫全書存目叢書》集部第180册、《續修四庫全書》第1360册、《原國立北平圖書館甲庫善本叢書》第841册影印。

《由拳集》二十三卷，明刻本，《原國立北平圖書館甲庫善本叢書》第841册影印。

《由拳集》二十三卷，明刻本，《明别集叢刊》第三輯第84册影印。

《翠娱閣評選屠赤水先生小品》二卷，明崇禎六年陸雲龍刻《皇明十六名家小品》本，《四庫全書存目叢書》集部第378册影印。

《梨雲館合刻屠緯真尺牘》不分卷，明末刻本，《北京市文物局圖書資料中心藏古籍珍本叢刊》第32册影印。

《娑羅館逸稿》，商務印書館1937年6月版(《叢書集成初編》文學類第

2281册);中華書局2010年9月重印版(《叢書集成初編》第485册)。

《屠隆集》,汪超宏主編,浙江古籍出版社2012年9月版(《浙江文叢》)。

《由拳集校注》,李亮偉、張萍校注,浙江大學出版社2016年10月版(《寧波學術文庫》)。

《白榆集校注》,李亮偉、張萍校注,浙江大學出版社2020年7月版(《寧波學術文庫》)。

閻孝季

《懷亭詠集》不分卷,明隆慶萬曆刻本,《北京市文物局圖書資料中心藏古籍珍本叢刊》第32册影印。

孫　鑛

《月峰先生居業次編》五卷,明萬曆四十年吕胤筠刻本,《四庫禁燬書叢刊》集部第126册影印。

《孫月峰先生全集》十二卷,明末刻本,《明别集叢刊》第三輯第91册影印。

《孫月峰稿》一卷,清鈔《可儀堂一百廿名家制義》本,《明人别集稿鈔本叢刊》第100册影印。

盧維禎

《醒後集》五卷(闕卷二)《續集》一卷,明萬曆三十二至三十三年刻、三十八年續刻本,《四庫全書存目叢書》集部第149册、《明别集叢刊》第三輯第78册影印。

《醒後集(含續集)》,林祥瑞點校,中國文史出版社2013年12月版。

張嗣綱

《張嗣綱詩》,馮永紅整理,嶺南美術出版社2013年3月版(《全粵詩》第14册)。

饒與齡

《饒與齡詩》,鍾東整理,嶺南美術出版社 2013 年 3 月版(《全粵詩》第 14 册)。

王　巽

《客越集》一卷,明萬曆二十一年談修刻本,《明代詩文集珍本叢刊》第 185 册影印。

李多見

《楚游稿》二卷,明刻本,《明代詩文集珍本叢刊》第 185 册影印。

王文禎

《湖海長吟》八卷《操瑟迂譚》二卷,清鈔本,《明代詩文集珍本叢刊》第 185 册影印。

錢　薾

《擊轅草》一卷,清道光六年錢泰吉家鈔本,《明代詩文集珍本叢刊》第 185 册影印。

劉一相

《頃陽子啓劄》七卷,明萬曆三十七年刻本,《明別集叢刊》第三輯第 93 册影印。

《燕喜堂集》十五卷,清初鈔本,《山東文獻集成》第二輯第 28 册影印。

衛承芳

《曼衍集》十卷《前集》二卷，明萬曆刻本，《明別集叢刊》第三輯第93册影印。

姚舜牧

《樂陶吟草》六卷，明刻本，《四庫全書存目叢書》集部第158册影印。

《來恩堂草》十六卷，明刻本，《四庫禁燬書叢刊》集部第107册影印。

《來恩堂草》十六卷《樂陶吟草》三卷，明刻清康熙十二年姚淳顯補修本，《明別集叢刊》第三輯第93册影印。

許言詩

《許正吾集》二十八卷，明萬曆十六年張斗重刻本，《故宫珍本叢刊》第527—528册影印。

陳所藴

《竹素堂藏稿》十四卷（闕卷三至五），明萬曆刻本，《四庫全書存目叢書》集部第172册、《明別集叢刊》第四輯第66册影印。

《竹素堂續稿》二十卷，明萬曆三十三年刻本，《明別集叢刊》第四輯第66册影印。

郭子章

《蠙衣生粤草》十卷《蜀草》十卷，明萬曆十八年周應鰲刻本，《四庫全書存目叢書》集部第154册、《原國立北平圖書館甲庫善本叢書》第824册、《蜀藏·巴蜀珍稀文學文獻匯刊》第40—41册（選《蜀草》十卷）、《明別集叢刊》第三輯第94册影印。

《蠙衣生黔草》二十四卷《傳草》二十二卷首一卷，明萬曆刻本，《四庫全書存目叢書》集部第155—156册影印。

《蠙衣生晉草》九卷，明萬曆刻本，《四庫禁燬書叢刊補編》第65册影印。

《青螺公遺書合編》三十五卷首一卷，清光緒八年三樂堂刻本，《明別集叢刊》第三輯第94册影印。

《郭子章涉潮詩文輯録》，周修東輯校，暨南大學出版社2016年8月版（《潮汕文庫·文獻系列》）。

林如楚

《碧麓堂集》，林豪生整理，2010年3月自印本（《水西林文史資料》一）。

程大約

《圜中草》二卷，明萬曆刻本，《域外漢籍珍本文庫》第五輯集部第26册影印。

郭孔建

《垂楊館集》十一卷，清光緒七年郭子仁刻本，《四庫未收書輯刊》第六輯第29册影印。

《垂楊館集》十一卷，清光緒八年三樂堂刻本，《明別集叢刊》第三輯第94册影印。

丁　賓

《丁清惠公遺集》八卷，明崇禎刻本，《四庫禁燬書叢刊》集部第44册、《回族典藏全書》第87—89册、《明別集叢刊》第三輯第95册影印。

劉敏寬

《定園集》三十六卷（存卷七、八、十八、二十一、二十三、三十、三十一），明萬曆四十年刻清康熙四十七年重刻本，《山西歷代著作集成》第386—387

册影印。

釋達觀(紫柏真可)

《紫柏老人集》十五卷首一卷,明天啓七年釋三炬刻本,《四庫未收書輯刊》第六輯第23册影印。

《紫柏老人集》二十九卷首一卷,明崇禎四年刻本,《故宫珍本叢刊》第518册影印。

《紫柏老人集》二十九卷首一卷,清刻本,《明别集叢刊》第三輯第95册影印。

《紫柏大師詩鈔》,慧舟法師選輯,佛學書局1934年7月版。

《紫柏老人集》,孔宏點校,北京圖書館出版社2005年1月版(《明清四大高僧文集》)。

《紫柏大師全集》,明學主編,上海古籍出版社2013年1月版。

祝　彦

《侶鶴堂詩集》八卷,明刻本,《四庫禁燬書叢刊》集部第82册、《明别集叢刊》第三輯第96册影印。

朱長春

《朱太復文集》五十二卷《目録》五卷《乙集》三十八卷《目録》四卷,明萬曆刻本,《四庫禁燬書叢刊》集部第82—83册、《續修四庫全書》第1361—1362册影印。

李應徵

《藿園詩存》六卷,清康熙三十六年李繩遠刻《澄遠堂三世詩存》本,《明别集叢刊》第三輯第96册影印。

區大相

《區太史詩集》二十七卷，明崇禎十六年刻本，《原國立北平圖書館甲庫善本叢書》第859册影印。

《區太史文集》十二卷，清雍正刻本，《中國古籍珍本叢刊·澳門大學圖書館卷》第12册影印。

《區海目集詩選》一卷，清嘉慶刻同治印《廣東文獻》四集本，江蘇廣陵古籍刻印社1994年7月(《廣東文獻》第7册)影印。

《區太史詩集》二十七卷，清道光十年刻本，《明别集叢刊》第三輯第96册影印。

《區太史詩集》二十七卷，清道光二十年南海伍氏詩雪軒刻《粤十三家集》本，《叢書集成續編》(臺灣新文豐出版公司)文學類第170册、《廣州大典》第502册、《歷代地方詩文總集彙編》第413—414册影印。

《區大相詩》，吕永光整理，嶺南美術出版社2013年3月版(《全粤詩》第14册)。

《區大相詩三百賞析》，劉正剛、喬玉紅著，齊魯書社2015年10月版。

《區太史詩文集(外二種)》，劉正剛整理，齊魯書社2017年6月版。

方于魯

《方建元集》十四卷《佳日樓詞》一卷《續集師心草》一卷，明萬曆刻本，《四庫全書存目叢書》集部第146册、《明别集叢刊》第三輯第96册影印。

陳與郊

《隅園集》十八卷《蘋川集》八卷，明萬曆四十五年至天啓元年賜緋堂刻本，《四庫全書存目叢書》集部第160册、《明别集叢刊》第三輯第98册(僅《隅園集》)影印。

《黄門集》三卷，明萬曆刻本，《明别集叢刊》第三輯第98册影印。

劉元卿

《山居草》四卷，明萬曆二十一年安成陳國相刻本，《明別集叢刊》第三輯第98冊影印。

《劉聘君全集》十二卷，清咸豐二年重刻本，《四庫全書存目叢書》集部第154冊影印。

《劉聘君全集》十二卷，清南溪義社刻本，《明別集叢刊》第三輯第99冊影印。

《劉元卿集》，彭樹欣編校，上海古籍出版社2014年3月版（《陽明後學文獻叢書》）。

范應龍

《南通范氏詩文世家·范應龍卷》，范曾編，河北教育出版社2004年7月版（《南通范氏詩文世家》第1冊）。

余繼登

《淡然軒集》八卷，明萬曆三十一年馮琦刻本，《明別集叢刊》第三輯第99冊影印。

《淡然軒集》八卷，明萬曆三十一年吴達可、李開芳等刻本，《四庫全書底本叢書》集部第206—207冊影印。

《淡然軒集》八卷，清四庫全書本，《四庫全書珍本》五集集部第369—370冊、《景印文淵閣四庫全書》第1291冊、《文津閣四庫全書》第1296冊、《文瀾閣四庫全書》第1330冊（丁氏補鈔卷一至五、卷七）影印。

李　英

《李生集》一卷，明嘉靖隆慶刻萬曆增刻《盛明百家詩》本，《四庫全書存目叢書》集部第308冊、《明別集叢刊》第五輯第100冊影印。

《李英集》四卷，清刻本（附《歐虞部集》後），《四庫禁燬書叢刊》集部第48

册、《北京圖書館古籍珍本叢刊》子部第81册、《明别集叢刊》第三輯第2册影印。

《李英詩》，李雪梅、李君明整理，嶺南美術出版社2010年6月版（《全粤詩》第12册）。

張重華

《滄漚集》八卷，明萬曆刻本，《四庫全書存目叢書補編》第57册、《明别集叢刊》第三輯第99册影印。

徐即登

《劍江倡和詩》一卷，明萬曆刻本，《劍邑文庫》第15册影印。

雷　暎

《金臺稿》一卷《鳳臺稿》一卷《松門稿》三卷，明末稿本，《劍邑文庫》第15册影印。

魏允中

《魏仲子集》八卷，明萬曆刻本，《原國立北平圖書館甲庫善本叢書》第845册影印。

朱慎鍾

《寶善堂稿》二卷，明萬曆三年刻本，《四庫全書存目叢書》集部第140册、《明别集叢刊》第四輯第7册影印。

孟化鯉

《孟雲浦先生集》八卷《附録》一卷，明萬曆二十五年張維新等刻本，《原國立北平圖書館甲庫善本叢書》第845册、《河南文脉叢書》第40册影印。

《孟雲浦先生集》八卷《附録》一卷,明萬曆二十五年刻清康熙增修本,《四庫全書存目叢書》集部第167册影印。

《孟雲浦先生文集》四卷,清光緒三十年鴻文局石印《續中州名賢文表》本,《明别集叢刊》第四輯第31册、《歷代地方詩文總集彙編》第334—335册影印。

《孟雲浦集》,扈耕田、曹先武點校,中國文聯出版社2007年4月版(《明史庫》)。

《孟雲浦集》,鄒建鋒、李旭等編校,上海古籍出版社2017年10月版(見《北方王門集》,《陽明後學文獻叢書》)。

釋洪恩

《雪浪集》二卷,明萬曆釋通澤刻本,《四庫全書存目叢書》集部第190册、《明别集叢刊》第四輯第20册影印。

《雪浪續集》不分卷,明萬曆四十六年吴門管覺僊刻本,《禪門逸書續編》第2册影印。

《雪浪集》一卷,日本舊鈔本,《禪門逸書續編》第2册影印。

釋僧悦

《堯山藏草》三卷,明萬曆二十九年古嚴潘之恒編刻本,《禪門逸書初編》第7册影印。

于慎行

《穀城山館詩集》二十卷,明萬曆三十二年于緯刻本,《山東文獻集成》第三輯第25册、《四庫提要著録叢書》集部第126册影印。

《穀城山館文集》四十二卷,明萬曆于緯刻本,《四庫全書存目叢書》集部第147—148册、《山東文獻集成》第三輯第25—26册影印。

《穀城山館全集》六十二卷(《詩集》二十卷《文集》四十二卷),明萬曆三十五年周時泰刻本,《原國立北平圖書館甲庫善本叢書》第819—820册、《明別集叢刊》第四輯第 4 册影印。

《穀城山館詩集》二十卷，清四庫全書本，《四庫全書珍本》七集集部第257—259 册、《景印文淵閣四庫全書》第 1291 册、《文津閣四庫全書》第 1295 册、《文瀾閣四庫全書》第 1329 册（丁氏補鈔）影印。

《于慎行詩文選》，王傳明、曹茜選注，濟南出版社 2009 年 4 月版（《濟南歷代名家詩文選》）。

黄體仁

《四然齋藏稿》十卷，明萬曆刻本，《明別集叢刊》第四輯第 1 册影印。

《黄體仁集》，杜怡順整理，復旦大學出版社 2014 年 12 月版（《浦東歷代要籍選刊》）。

張維新

《餘清樓稿》二十五卷，明萬曆刻本，《原國立北平圖書館甲庫善本叢書》第 842—843 册影印。

周若水

《松濤詩稿》四卷，稿本，《山東文獻集成》第三輯第 26 册影印。

文大綸

《文華平先生集》四十卷《附録》一卷，明萬曆清旦閣刻本，《四庫全書存目叢書》集部第 162 册、《原國立北平圖書館甲庫善本叢書》第 835—836 册、《明別集叢刊》第四輯第 2 册影印。

張文柱

《張文學集》一卷，明嘉靖隆慶刻萬曆增刻《盛明百家詩》本，《四庫全書存目叢書》集部第308册、《明别集叢刊》第五輯第100册影印。

黄　道

《黄趙客集》一卷，明嘉靖隆慶刻萬曆增刻《盛明百家詩》本，《四庫全書存目叢書》集部第308册、《明别集叢刊》第五輯第100册影印。

盧大雅

《盧羽士集》一卷，明嘉靖隆慶刻萬曆增刻《盛明百家詩》本，《四庫全書存目叢書》集部第308册、《明别集叢刊》第五輯第100册影印。

章志宗

《章羽士集》一卷，明嘉靖隆慶刻萬曆增刻《盛明百家詩》本，《四庫全書存目叢書》集部第308册、《明别集叢刊》第五輯第100册影印。

錢月齡

《錢羽士集》一卷，明嘉靖隆慶刻萬曆增刻《盛明百家詩》本，《四庫全書存目叢書》集部第308册、《明别集叢刊》第五輯第100册影印。

黄　峨（黄　娥）

《楊狀元妻詩集》一卷，明嘉靖隆慶刻萬曆增刻《盛明百家詩》本，《四庫全書存目叢書》集部第308册、《明别集叢刊》第五輯第100册影印。

《黄峨詩詞曲賞析》，蔡忠等主編，中國文聯出版社2006年10月版（《遂寧歷史文化叢書》）。

潘　氏（潘留鶴女）

《潘氏詩集》一卷，明嘉靖隆慶刻萬曆增刻《盛明百家詩》本，《四庫全書存目叢書》集部第308册、《明别集叢刊》第五輯第100册影印。

王懋明

《王僅初集》一卷，明嘉靖隆慶刻萬曆增刻《盛明百家詩》本，《四庫全書存目叢書》集部第 308 册、《明别集叢刊》第五輯第 100 册影印。

王　涑

《王貢士集》一卷，明嘉靖隆慶刻萬曆增刻《盛明百家詩》本，《四庫全書存目叢書》集部第 308 册、《明别集叢刊》第五輯第 100 册影印。

陶允宜

《鏡心堂草》十六卷，明刻本，《明代詩文集珍本叢刊》第 107 册影印。

李堯民

《雍野李先生快獨集》十八卷，明萬曆三十六年康丕揚刻本，《四庫全書存目叢書》集部第 160 册、《原國立北平圖書館甲庫善本叢書》第 836 册、《明别集叢刊》第四輯第 2 册影印。

范守己

《御龍子集》七十七卷，明萬曆十八年侯廷珮刻本，《四庫全書存目叢書》集部第 162—163 册、《原國立北平圖書館甲庫善本叢書》第 834 册、《明别集叢刊》第四輯第 3 册影印。

華善繼

《華孟達詩稿》八卷，明刻本，《四庫全書存目叢書》集部第 176 册、《明别集叢刊》第四輯第 3 册影印。

華善述

《被褐先生詩文稿》十七卷(闕卷七至九、十三至十五),明萬曆刻本,《四庫全書存目叢書》集部第 142 册、《明別集叢刊》第四輯第 25 册影印。

敖文禎

《薜荔山房藏稿》十卷,明萬曆牛應元刻本,《續修四庫全書》第 1359 册、《明別集叢刊》第四輯第 5 册影印。

趙世顯

《芝園稿》二十八卷《目録》二卷,明萬曆刻本,《四庫未收書輯刊》第五輯第 24 册、《明別集叢刊》第四輯第 5 册影印。

鄒觀光

《古離別》一卷,明刻本,《稀見明代四部輯刊》第二輯第 92 册影印。

葛　曦

《葛太史公集》五卷,清嘉慶八年德平葛周玉樹堂刻本,《四庫全書存目叢書》集部第 170 册、《明別集叢刊》第四輯第 42 册影印。

吴夢暘

《射堂詩鈔》十四卷《附録》一卷,明天啓刻本,《四庫全書存目叢書》集部第 194 册、《明別集叢刊》第四輯第 29 册(影《四庫全書存目叢書》本)、《明別集叢刊》第五輯第 24 册影印。

《射堂集選》一卷,清順治刻《詩慰》本,《明別集叢刊》第五輯第 93 册影印。

賀時泰

《賀陽亨集》一卷，清康熙五經堂刻《廣理學備考》本，《明别集叢刊》第四輯第51册影印。

葉　修

《葉永溪稿》一卷，清鈔《可儀堂一百廿名家制義》本，《明人别集稿鈔本叢刊》第98册影印。

董　裕

《董司寇文集》二十卷，清雍正乾隆間宸翰閣刻本，《四庫未收書輯刊》第五輯第22册、《明别集叢刊》第四輯第6册影印。

王士性

《王太初先生五嶽游草》十二卷，清康熙馮蘇刻本，《四庫全書存目叢書》史部第251册、《續修四庫全書》第737册、《明别集叢刊》第四輯第12册影印。

《王恒叔近稿》，周振鶴編校，上海古籍出版社1993年4月版（《王士性地理書三種》附録）。

《王太初游草》，朱汝略箋注，中國文史出版社2008年8月版；團結出版社2014年12月版（與《徐霞客詩鈔》同册）。

《王士性集》，朱汝略點校，浙江古籍出版社2013年1月版（《浙江文叢》）。

《五岳游草》，周振鶴點校，中華書局2006年7月版（與《廣志繹》同册，《元明史料筆記》）；上海人民出版社2019年5月版（與《廣志繹》同册）。

薛夢雷

《彩雲篇》二卷，明刻本，《日本内閣文庫藏稀見明人别集彙刊》第二輯第

4 册影印。

《薛夢雷詩文選》,福清薛港薛氏宗祠理事會、福州謝坑薛夢雷史跡紀念館編,2010 年 9 月自印本(見《薛夢雷資料彙編》,《福建薛氏叢書》)。

釋德清(憨　山)

《憨山老人夢游集》五卷(闕卷三),明天啓元年釋海印刻本,《明别集叢刊》第四輯第 6 册影印。

《憨山老人夢游集》四十卷,清順治十七年毛褒等刻本,《續修四庫全書》第 1377—1378 册、《全椒古代典籍叢書·憨山大師集》第 1—7 册(闕卷三十三)影印。

《憨山老人夢游集》,曹越主編,北京圖書館出版社 2005 年 1 月版(《明清四大高僧文集》)。

《夢游集》,崔軍霞點校,河北禪學研究所 2005 年 12 月自印本(《憨山大師全集》一),

《憨山老人夢游集》,趙州柏林禪寺 2019 年自印本(《憨山大師全集》第 1—3 册)。

雷士楨

《覆瓿集》八卷,明萬曆二十四年刻本,《明别集叢刊》第四輯第 7 册影印。

鍾　薇

《耕餘集》一卷《雲水集》一卷附《隨游漫筆》三卷《倭奴遺事》一卷,明萬曆刻本,《明别集叢刊》第四輯第 7 册影印。

鄭汝璧

《由庚堂集》三十八卷,明萬曆刻本,《續修四庫全書》第 1356—1357 册、《明别集叢刊》第四輯第 7 册影印。

《由庚堂集》,鄭春奎點注,浙江古籍出版社 2004 年 10 月版。

李維楨

《大泌山房集》一百三十四卷《目録》二卷,明萬曆三十九年刻本,《四庫全書存目叢書》集部第 150—153 册(卷八十至八十一、九十一至九十三配鈔本)、《原國立北平圖書館甲庫善本叢書》第 814—818 册、《明别集叢刊》第四輯第 8—11 册影印。

《新刻楚郢大泌山人四游集》二十二卷,明萬曆徐善生刻本,《明别集叢刊》第四輯第 12 册影印。

《翠娱閣評選李本寧先生小品》二卷,明崇禎六年陸雲龍刻《皇明十六名家小品》本,《四庫全書存目叢書》集部第 378 册影印。

華叔陽

《華禮部集》八卷,明萬曆四年刻本,《四庫全書存目叢書》集部第 150 册、《原國立北平圖書館甲庫善本叢書》第 813 册、《明别集叢刊》第三輯第 78 册影印。

王體復

《姑射山人吟稿》二卷,清乾隆四十年趙熟典刻本,《明别集叢刊》第三輯第 78 册、《中國古籍珍本叢刊·東北師範大學圖書館卷》第 57 册影印。

楊東明

《山居功課》,鄒建鋒、李旭等編校,上海古籍出版社 2017 年 10 月版(見《北方王門集》,《陽明後學文獻叢書》)。

楊寅秋

《臨臯先生文集》四卷(原闕卷三卷四),清乾隆鈔本,《四庫全書底本叢書》集部第 198 册影印。

《臨皋文集》四卷，清四庫全書本，《四庫全書珍本》二集集部第 375—376 册、《景印文淵閣四庫全書》第 1291 册、《文津閣四庫全書》第 1296 册、《文瀾閣四庫全書》第 1329 册（張宗祥據文津閣本補鈔卷一、三、四）、《明别集叢刊》第三輯第 100 册（影文淵閣本）影印。

傅光宅

《傅伯俊詩草》七卷，明萬曆二十七年自刻本，《原國立北平圖書館甲庫善本叢書》第 842 册影印。

顧紹芳

《寶庵集》八卷，明萬曆刻本，《四庫全書存目叢書補編》第 55 册、《明别集叢刊》第三輯第 93 册影印。

《寶庵集》二十四卷，明萬曆趙標刻本，《四庫禁燬書叢刊補編》第 58 册影印。

《寶庵集》二十四卷，明藍格鈔本，《原國立北平圖書館甲庫善本叢書》第 839—840 册影印。

周汝登

《東越證學録》十六卷，明萬曆三十三年序刻本，《明人文集叢刊》第一期第 25 種、《四庫全書存目叢書》集部第 165 册影印。

《周海門先生文録》十二卷，明萬曆張元憬等刻本，《四庫全書存目叢書》集部第 165 册、《明别集叢刊》第四輯第 12 册影印。

《東越證學録》十六卷，清活字本，《明别集叢刊》第四輯第 13 册影印。

《周汝登集》，張夢新、張衛中點校，浙江古籍出版社 2015 年 11 月版（《浙江文叢》、《浙江文獻集成》）。

《周海門先生文録》，張夢新校點，北京大學出版社 2020 年 6 月版（《儒藏·精華編》第 264 册）。

楊起元

《續刻楊復所先生家藏文集》(《重刻楊復所先生家藏文集》)八卷,明楊見晙等刻本,《四庫全書存目叢書》集部第167册、《四庫禁燬書叢刊》集部第63册、《域外漢籍珍本文庫》第四輯集部第13册、《寫刻古籍版本聚珍》第252—253册影印。

《楊貞復稿》一卷,清康熙三十八年刻《可儀堂一百二十名家制義》本,《明别集叢刊》第四輯第13册影印。

《楊貞復稿》一卷,清鈔《可儀堂一百廿名家制義》本,《明人别集稿鈔本叢刊》第93册影印。

《楊文懿公復所集》一卷,清嘉慶刻同治印《廣東文獻》三集本,江蘇廣陵古籍刻印社1994年7月(《廣東文獻》第6册)影印。

《楊起元詩》,關瑾華、吕永光、張玲整理,嶺南美術出版社2010年6月版(《全粵詩》第12册)。

費尚伊

《費太史市隱園集選》二十四卷,明崇禎費之巽刻本,《四庫未收書輯刊》第五輯第23册、《原國立北平圖書館甲庫善本叢書》第843册影印。

《市隱園集》三十卷《附録》一卷,民國二十二年沔陽盧氏慎始基齋刻《沔陽叢書》本,《叢書集成續編》(臺灣新文豐出版公司)文學類第147册、《明别集叢刊》第四輯第14册影印。

方問孝

《蒼耳齋詩集》十七卷,明萬曆蔣之秀等刻本,《四庫全書存目叢書》集部第157册、《明别集叢刊》第四輯第14册影印。

沈九疇

《沈箕仲先生曲轅居集》十八卷,明萬曆三十二年周官刻本,《明别集叢刊》第四輯第 15 册影印。

李 培

《水西全集》十卷，明天啓元年刻本，《四庫未收書輯刊》第六輯第 24 册、《明别集叢刊》第四輯第 15 册影印。

莊履豐

《梅谷莊先生文集》十六卷，明萬曆二十四年江都縣刻本，《四庫全書存目叢書》集部第 166 册、《明别集叢刊》第四輯第 15 册、《福建文脉叢書》第 331—333 册影印。

《莊梅谷先生文集》，陳建中、陳秋紅點校，商務印書館 2018 年 8 月版（《泉州文庫》）。

陸可教

《陸學士先生遺稿》十六卷，明萬曆三十六年劉曰寧、楊宏科等校刻本，《四庫禁燬書叢刊》集部第 160 册、《原國立北平圖書館甲庫善本叢書》第 837 册、《重修金華叢書》第 149 册（題作《陸學士先生遺集》）、《明别集叢刊》第四輯第 17 册影印。

詹事講

《詹養貞先生文集》三卷，明萬曆二十六年詹德象刻本，《四庫全書存目叢書》集部第 166 册、《四庫禁燬書叢刊補編》第 59 册影印。

伍袁萃

《貽安堂稿》八卷《續集》二卷，明萬曆三十八年刻本，《稀見明代四部輯刊》第一輯第 89—91 册影印。

張　棟

《張可庵先生書牘》十卷，明天啓元年徐洌刻本，《四庫全書存目叢書》集部第166册、《明別集叢刊》第四輯第16册、《尺牘文獻叢刊》第7—9册影印。

張養蒙

《張毅敏公集》十卷，明崇禎三年張光奎刻本，《明別集叢刊》第四輯第16册影印。

瞿汝稷

《瞿冏卿集》十四卷《附録》一卷，明萬曆三十九年張養正刻本，《四庫全書存目叢書》集部第187册、《明別集叢刊》第三輯第76册、《常熟文庫》第60册影印。

陸應陽

《東游草》一卷，明萬曆刻本，《明代詩文集珍本叢刊》第185册影印。

《江行稿》一卷《白門稿》一卷《武夷稿》一卷《燕草》一卷《笏溪草》一卷，明萬曆刻本，《稀見明代四部輯刊》第一輯第85册影印。

王之猷

《閭里歌德》二卷，稿本，《稀見明代四部輯刊》第一輯第86册影印。

吴仁度

《吴繼疎先生遺集》十三卷首一卷，清乾隆吴炯刻本，《四庫全書存目叢書》集部第172册、《明別集叢刊》第四輯第17册影印。

安紹芳

《西林全集》二十卷《目録》二卷，明萬曆四十七年句吴安氏刻本，《無錫文庫》第 86 册影印。

《西林全集》二十卷《目録》二卷《附録》一卷，明萬曆四十七年句吴安氏刻清康熙十一年遞修本，《原國立北平圖書館甲庫善本叢書》第 889 册、《明別集叢刊》第四輯第 17 册影印。

馬守真

《湘蘭子集》一卷，搭配本，《回族典藏全書》第 181 册影印。

《輯本湘蘭子集》，吴海鷹主編，甘肅文化出版社 2008 年 7 月版（《回族典藏全書》第 181 册）。

李　佺

《竹浪齋集》八卷附《吴游記》一卷，明萬曆刻本，《原國立北平圖書館甲庫善本叢書》第 889 册影印。

劉繼善

《掩關集》二卷，清道光十九年世德堂刻本，《四庫未收書輯刊》第七輯第 16 册、《明別集叢刊》第四輯第 17 册影印。

馮夢禎

《快雪堂集》六十四卷，明萬曆四十四年黄汝亨、朱之蕃等刻本，《四庫全書存目叢書》集部第 164—165 册、《原國立北平圖書館甲庫善本叢書》第 838—839 册、《明別集叢刊》第四輯第 18—19 册影印。

《馮具區稿》一卷，清鈔《可儀堂一百廿名家制義》本，《明人別集稿鈔本叢刊》第93册影印。

《快雪堂尺牘校注》,鄒定霞校注,四川大學出版社2018年4月版。

吴成志

《廢稿》八卷,明萬曆三十六年余懋華刻本,《明别集叢刊》第四輯第19册影印。

謝與思

《抱膝居存稿》二卷,清乾隆三十五年謝敦源刻本,《廣州大典》第428册、《中國古籍珍本叢刊·廣東省立中山圖書館卷》第50册影印。

《謝大田抱膝居集》一卷,清嘉慶十九年順德羅氏春暉堂刻同治二年印《廣東文獻》四集本,江蘇廣陵古籍刻印社1994年7月(《廣東文獻》第7册)、《明别集叢刊》第四輯第20册影印。

《謝與思詩》,鍾東整理,嶺南美術出版社2011年10月版(《全粤詩》第13册)。

石昆玉

《石居士漫游紀事》二卷,明刻本,《明代詩文集珍本叢刊》第114册影印。

陳禹謨

《學半齋集》不分卷,明挹爽樓藍格鈔本,《明代詩文集珍本叢刊》第143—144册、《常熟文庫》第61册、《明人别集稿鈔本叢刊》第58—59册影印。

張貞觀

《仰答》,黄清華編,中國文史出版社2017年1月版(《徐州明清十八文萃》)。

《張貞觀集校注》,黄清華校注,江蘇人民出版社2018年5月版。

李光縉

《(刻)李衷一(先生)清源洞文集》六卷,明萬曆四十一年李洪宇刻本,《明別集叢刊》第四輯第20册、《福建文脉叢書》第328册影印。

《景璧集》十九卷,明崇禎十年諸葛羲刻本,《福建叢書》第一輯、《明別集叢刊》第四輯第21册影印。

《景璧集》,曾祥波注解,福建人民出版社2012年2月版(《八閩文獻叢刊》)。

區大倫

《區羅陽集》,劉正剛整理,齊魯書社2017年6月版(見《區太史詩文集(外二種)》)。

釋宗乘

《載之詩存》一卷,明崇禎毛氏汲古閣刻本,《常熟文庫》第61册影印。

釋法藏(三　峰)

《三峰藏禪師山居詩》一卷《三峰三十景詩》一卷,明萬曆刻本,《常熟文庫》第61册影印。

翁應祥

《杭川集》二卷附《游武夷山記》一卷,明刻本,《常熟文庫》第61册影印。

詹萬善

《小詹子尺牘》二卷,明萬曆刻本,《原國立北平圖書館甲庫善本叢書》第

895册影印。

諸萬里

《諸繼明如縷編》六卷《心經注解》一卷，明萬曆四十四年自刻本，《原國立北平圖書館甲庫善本叢書》第895册影印。

周履靖

《狂夫酒語》二卷《閑雲稿》四卷《山家語》一卷《野人清嘯》二卷《燎松吟》一卷《尋芳詠》二卷《泛柳吟》一卷，明萬曆周履靖輯刻《夷門廣牘》本，《叢書集成初編》文學類第2163—2164册與2282—2284册（中華書局版第466與486册）、《景印元明善本叢書·夷門廣牘》、《百部叢書集成》之十三、《叢書集成新編》文學類第68與71册、書目文獻出版社1990年4月（《夷門廣牘》下册）、《元明善本叢書十種》第39—40册影印。

《野人清嘯》二卷，明萬曆金陵荊山書林刻本，《明别集叢刊》第四輯第20册影印。

《梅顛稿選》二十卷，明末刻本，《四庫全書存目叢書》集部第187册、《明别集叢刊》第四輯第20册影印。

桑貞白

《香奩詩草》二卷，明萬曆周履靖輯刻《夷門廣牘》本，《叢書集成初編》文學類第2284册（中華書局版第486册）、《景印元明善本叢書·夷門廣牘》、《百部叢書集成》之十三、《叢書集成新編》文學類第71册、書目文獻出版社1990年4月（《夷門廣牘》下册）、《元明善本叢書十種》第40册、《明别集叢刊》第四輯第20册（影《景印元明善本叢書》本）影印。

唐文獻

《唐文恪公遺牘》一卷，稿本，《明人别集稿鈔本叢刊》第60册影印。

《唐文恪公文集》十六卷，明萬曆楊鶴、崔爾進刻本，《四庫全書存目叢書》集部第170册、《明别集叢刊》第四輯第20册影印。

詹軫光

《問石先生語語》二卷(《逃禪賸語》一卷《堊几稗語》一卷),明崇禎汪本静刻本,《四庫未收書輯刊》第六輯第22册、《明别集叢刊》第四輯第20册影印。

梅鼎祚

《鹿裘石室集》六十五卷,明天啓三年玄白堂刻本,《四庫禁燬書叢刊》集部第57—58册、《續修四庫全書》第1378—1379册、《原國立北平圖書館甲庫善本叢書》第892—893册、《明别集叢刊》第四輯第22册影印。

陳益祥

《陳履吉采芝堂文集》十六卷,明萬曆四十一年侯官陳氏刻本(卷十六配鈔本),《四庫全書存目叢書》集部第195册、《明别集叢刊》第四輯第23册影印。

張鳳翼(字伯起)

《處實堂集》八卷《續集》十卷《後集》六卷,明萬曆刻本,《四庫全書存目叢書》集部第137册(闕《後集》六卷)、《續修四庫全書》第1353册、《原國立北平圖書館甲庫善本叢書》第803册(僅《處實堂集》八卷)、《明别集叢刊》第三輯第46册(僅《後集》六卷)影印。

黄嘉善

《見山樓詩》一卷,清即墨黄守平纂《黄氏詩鈔》九種九卷稿本,《山東文獻集成》第四輯第33册影印。

黄宗庠

《鏡岩樓詩》一卷，清即墨黄守平纂《黄氏詩鈔》九種九卷稿本，《山東文獻集成》第四輯第33册影印。

陳　昂

《白雲集》七卷《附録》一卷，明萬曆四十六年宋珏刻本，《四庫全書存目叢書》集部第189册、《明代莆人文集》第35册影印。

《白雲集》七卷《補遺》一卷《附録》一卷，明萬曆四十六年宋珏刻天啓五年重修本，《明别集叢刊》第三輯第20册影印。

《白雲集》七卷《附録》一卷，明崇禎十三年林古度等刻本，《原國立北平圖書館甲庫善本叢書》第892册影印。

冒日乾

《存笥小草》六卷附《遺稿雜集》一卷，清康熙六十年冒春溶刻本，《四庫禁燬書叢刊》集部第60册、《明别集叢刊》第四輯第79册影印。

冒守愚

《遺稿雜集》(《奉議公存笥遺稿》)一卷，清康熙六一年冒春溶刻本(附《存笥小草》後)，《四庫禁燬書叢刊》集部第60册、《明别集叢刊》第四輯第79册影印。

邢雲路

《澤宇先生詩集》十卷，明萬曆十八年楊起元刻本，《原國立北平圖書館甲庫善本叢書》第846册影印。

蕭良有

《玉堂遺稿》不分卷，清鈔本，《新編湖北叢書》第 272 册影印。

《玉堂遺稿》□卷（存卷二），清鈔本，《四庫全書存目叢書》集部第 169 册、《明别集叢刊》第四輯第 31 册影印。

王　畿（字翼邑）

《慕蓼王先生樗全集》八卷，清乾隆二十四年王宗敏刻本，《四庫全書存目叢書》集部第 178 册、《明别集叢刊》第四輯第 97 册、《福建文脉叢書》第 392—394 册影印。

《樗全集》，閻海文點校，商務印書館 2019 年 6 月版（《泉州文庫》）。

萬邦孚

《一枝軒吟草》一卷，明萬曆四明萬氏家刻本（附《皆非集》後），《原國立北平圖書館甲庫善本叢書》第 808 册影印。

《一枝軒吟草》一卷，清初萬世標刻本（附《皆非集》後），《四庫全書存目叢書》集部第 187 册、《明别集叢刊》第三輯第 56 册影印。

陳鳴鶴

《泡庵詩選》六卷《田家儀注》一卷，明刻本，《原國立北平圖書館甲庫善本叢書》第 892 册影印。

楊承鯤

《西清閣詩草》十二卷《碣石編》二卷，明萬曆刻本，《原國立北平圖書館甲庫善本叢書》第 894 册影印。

《碣石編》二卷，民國二十五年四明張氏約園刻《四明叢書》本，《叢書集成續編》(臺灣新文豐出版公司)文學類第146册、《叢書集成續編》(上海書店)集部第117册、廣陵書社2006年8月(《四明叢書》第13册)、《明别集叢刊》第四輯第20册、《張壽鏞文獻輯刊》第61册影印。

鄒迪光

《犀提齋稿》八卷,明萬曆十七年芙蓉官舍刻本,《明别集叢刊》第四輯第23册影印。

《調象庵稿》四十卷,明萬曆刻本,《四庫全書存目叢書》集部第159—160册、《原國立北平圖書館甲庫善本叢書》第832册(存卷一至二十一)、《明别集叢刊》第四輯第24册影印。

《鬱儀樓集》五十四卷,明萬曆刻本,《四庫全書存目叢書》集部第158册、《明别集叢刊》第四輯第25册影印。

《鬱儀樓集》五十六卷(闕卷五十六),明萬曆三十二年刻本,《原國立北平圖書館甲庫善本叢書》第833册影印。

《始青閣稿》二十四卷,明天啓元年刻本,《四庫禁燬書叢刊》集部第103册、《無錫文庫》第80册影印。

《石語齋集》二十六卷,明刻本,《四庫全書存目叢書》集部第159册影印。

黄克纘

《數馬集》五十一卷,清家刻本,《福建叢書》第一輯、《四庫禁燬書叢刊》集部第180册、《明别集叢刊》第三輯第97册、《福建文脉叢書》第380—384册影印。

《數馬集》,李夢生點校,商務印書館2019年6月版(與《古今疏治黄河全書》同册,《泉州文庫》)。

區大樞

《區大樞詩》,史洪權、鍾東、李永新整理,嶺南美術出版社2010年6月版(《全粤詩》第12册)。

孫繼臯

《孫宗伯集》十卷，明萬曆陳一教、劉毅等刻本，《四庫提要著録叢書》集部第126册、《無錫文庫》第82册、《原國立北平圖書館甲庫善本叢書》第831—832册、《明别集叢刊》第三輯第100册影印。

《宗伯集》十卷，清四庫全書本，《四庫全書珍本》四集集部第371—372册、《景印文淵閣四庫全書》第1291册、《文津閣四庫全書》第1295册、《文瀾閣四庫全書》第1329册（丁氏補鈔卷一至六、八至九）影印。

《孫宗伯集》十卷，清光緒十八年鼎元堂木活字印本，1978年孫宗桐等影印。

王三省

《潼谷集》十卷，明萬曆八至十三年太原刻本，《明别集叢刊》第三輯第100册影印。

袁應祺

《浮玉山人文集》三卷《書集》二卷，明萬曆刻本，《明别集叢刊》第三輯第100册影印。

吴道南

《吴文恪公文集》三十二卷《附録》一卷，明崇禎吴之京刻本，《四庫禁燬書叢刊》集部第31册影印。

《吴文恪公文集》三十二卷《佚集》五卷《附録》一卷，清初吴之銓刻本，《明别集叢刊》第四輯第13册影印。

顧憲成

《涇臯藏稿》二十二卷，明刻本，《明别集叢刊》第四輯第24册、《四庫提要著録叢書》集部第127册、《無錫文庫》第83册、《明代朱子學文獻叢刊》第326—327册(作二十卷)影印。

《顧端文公集》二十卷《附録》二卷,明崇禎刻本,《原國立北平圖書館甲庫善本叢書》第844册、《明代朱子學文獻叢刊》第324—325册影印。

《顧端文公集》三十九卷附《年譜》四卷,清康熙三十三年刻本,《無錫文庫》第83册影印。

《涇皋藏稿》二十二卷,清四庫全書本,《四庫全書珍本》八集集部第210—212册、《景印文淵閣四庫全書》第1292册、《文津閣四庫全書》第1296册、《文瀾閣四庫全書》第1330册(丁氏補鈔卷一至七、十二至二十二)影印。

《顧涇陽稿》一卷,清鈔《可儀堂一百廿名家制義》本,《明人别集稿鈔本叢刊》第94册影印。

《涇陽遺書》二卷,朝鮮銅活字本,《稀見明代四部輯刊》第一輯第88册影印。

《涇皋藏稿》,董平、陳瑞新校點,北京大學出版社2020年6月版(《儒藏·精華編》第264册)。

余純照

《續縠音草》一卷附《暨陽贈言》一卷,明天啓二年趙廿魁等刻本,《稀見明代四部輯刊》第一輯第88册影印。

湯顯祖

《湯臨川問棘堂郵草》十卷,明萬曆六年謝廷諒刻本《原國立北平圖書館甲庫善本叢書》第854册影印。

《玉茗堂全集》四十六卷,明天啓刻本,《四庫全書存目叢書》集部第181册、《續修四庫全書》第1362—1363册、《明别集叢刊》第四輯第26册、《歷代賦學文獻輯刊》第140册(選《賦集》六卷)影印。

《翠娱閣評選湯若士先生小品》二卷,明崇禎六年陸雲龍刻《皇明十六名家小品》本,《四庫全書存目叢書》集部第378册影印。

《湯海若問棘郵草》二卷,明刻本,古典文學出版社1958年6月、《續修四庫全書》第1363册、《域外漢籍珍本文庫》第四輯集部第13册、《明別集叢刊》第四輯第25册影印。

《刻湯海若玉茗堂集選》十五卷,明刻本,《明別集叢刊》第四輯第25册影印。

《玉茗堂尺牘》六卷,明刻本,《尺牘文獻叢刊》第23册影印。

《玉茗堂尺牘》,有正書局1919年版。

《湯若士全集》,大道書局1935年版(《新式標點明代小品文六名家集》)。

《玉茗堂全集》(一、二),鄭振鐸主編,上海生活書店1935年8月、1935年9月(《世界文庫》第4、5册);河北人民出版社1991年4月、上海文藝出版社1994年9月影印。

《湯顯祖尺牘》,貝葉山房1936年2月版(《明人尺牘四家之一》)。

《紅泉逸草　問棘郵草》,中華書局上海編輯所編,中華書局1960年7月版。

《湯顯祖集》,徐朔方、錢南揚箋校,中華書局1962年版;臺灣洪氏出版社1975年3月版(《樂天人文叢書》);上海人民出版社1973年7月版。

《湯顯祖詩文集》,徐朔方箋校,上海古籍出版社1982年11月版(《中國古典文學叢書》)。

《湯若士小品》,季國平選注,文化藝術出版社1996年8月版(《明人小品十家》)。

《玉茗堂尺牘》,石衣編注,上海遠東出版社1996年12月版(《宋明清小品文集輯注》)。

《湯顯祖全集》,徐朔方箋校,北京古籍出版社1999年1月版。

《湯顯祖集全編》,徐朔方箋校,上海古籍出版社2015年12月版。

周如砥

《周季平先生文集》三十二卷,明天啓刻本,《明別集叢刊》第四輯第27册影印。

《周季平先生青藜館集》四卷,明崇禎十五年周燝刻本,《四庫全書存目叢書》集部第172册影印。

《〈青藜館集〉詩校釋》，張曉明著，中國社會科學出版社2016年12月版。

吴稼竳

《玄蓋副草》二十卷《目録》二卷，明萬曆家刻本，吴氏雍睦堂1916年石印；《四庫全書存目叢書》集部第186册（影吴氏雍睦堂石印本）、《明别集叢刊》第四輯第27册（影吴氏雍睦堂石印本）影印。

臧懋循

《負苞堂詩選》五卷《文選》四卷，明天啓元年臧爾炳刻本，《四庫全書存目叢書》集部第168册、《續修四庫全書》第1361册、《明别集叢刊》第四輯第29册影印。

《負苞堂集》，古典文學出版社編，古典文學出版社1958年6月版；臺灣河洛圖書出版社1975年10月版（《河洛文庫》）。

《臧懋循集》，趙紅娟點校，浙江古籍出版社2012年3月版（《浙江文獻集成》、《浙江文叢》）。

趙南星

《趙忠毅公全集》十二種二十一卷，明萬曆至清初稿鈔本，《京津冀歷代别集叢刊》第156—158册、《雄安文脉叢書》第112—115册影印。

《趙忠毅公（詩文）集》二十四卷，明崇禎十一年范景文、姜大受等刻本，《四庫禁燬書叢刊》集部第68册、《明别集叢刊》第四輯第28册、《京津冀歷代别集叢刊》第149—154册、《雄安文脉叢書》第106—111册影印。

《夢白先生集》三卷，明挹霞閣刻本，《雄安文脉叢書》第99册影印。

《趙忠毅集》十八卷，清道光二十八年涇縣潘氏袁江節署刻《乾坤正氣集》本，臺灣環球書局1966年（《乾坤正氣集》第18—19册）影印。

《味檗齋文集》十四卷《遺筆》一卷，清光緒五年定州王氏謙德堂刻《畿輔叢書》本，《百部叢書集成》之九十四、《明别集叢刊》第四輯第29册、《雄安文脉叢書》第100—102册影印。

《味檗齋文集》,商務印書館 1936 年 6 月版(《叢書集成初編》文學類第 2439—2450 册);中華書局 2010 年 9 月重印版(《叢書集成初編》第 509—510 册)。

《趙南星詩文選》,趙南星學術研究會選編,河北省趙縣 1984 年 10 月自印本。

《趙南星詩詞校注》,單紀蘭、陳金鎖校注,天津教育出版社 2009 年 9 月版。

謝三秀

《雪鴻集選》一卷,清順治刻《詩慰》二十種本,《四庫禁燬書叢刊》集部第 56 册、《明别集叢刊》第五輯第 93 册影印。

《雪鴻堂蒐逸》四卷《附録》一卷,清獨山莫氏手稿《獨山莫氏遺稿》本,《叢書集成三編》文學類第 42 册影印。

《雪鴻堂詩蒐逸》三卷《附録》一卷,清咸豐元年王介臣遵義刻本,《四庫未收書輯刊》第八輯第 16 册、《明别集叢刊》第四輯第 29 册影印。

《雪鴻堂詩蒐逸》三卷《附録》一卷補一卷,民國十一至三十二年任可澄等輯刻《黔南叢書》本,《叢書集成續編》(上海書店)集部第 118 册、《中國西南文獻叢書》第 57 册、《中國西南文獻叢書》第 174 册影印。

《雪鴻堂詩搜逸》,黄萬機點校,貴州人民出版社 2009 年 4 月版(《黔南叢書·點校本》第四輯)。

梁雲龍

《梁中丞集》,王堯雲校訂,海南書局 1935 年版(《海南叢書》第六集)。

《梁中丞集》,朱巧雲點校,海南出版社 2004 年 2 月版(與《北泉草堂遺稿》等同册,《海南先賢詩文叢刊》)。

俞安期

《翏翏集》四十卷,明萬曆刻本,《四庫全書存目叢書》集部第 143 册、《明別集叢刊》第四輯第30册影印。

謝兆申

《謝耳伯先生初集》十六卷《全集》八卷，明崇禎十三年閩綏安謝氏玉樹軒刻本，《四庫全書存目叢書》集部第190册、《閩刻珍本叢刊》第53—54册、《原國立北平圖書館甲庫善本叢書》第895册、《明別集叢刊》第四輯第30册影印。

樊學曾

《蓀竹軒草》二卷，明萬曆刻本，《四庫未收書輯刊》第六輯第23册、《明別集叢刊》第四輯第31册影印。

祝以豳

《詒美堂集》二十四卷，明天啓刻本，《四庫禁燬書叢刊》集部第101册、《明別集叢刊》第四輯第32册影印。

鄒元標

《鄒南皋集選》七卷，明萬曆三十五年余懋衡刻本，《美國哈佛大學哈佛燕京圖書館藏明代善本別集叢刊》第23—24册影印。

《鄒子願學集》八卷，明萬曆四十七年龍遇奇、郭一鶚刻本，《四庫提要著録叢書》集部第128册、《明別集叢刊》第四輯第32册影印。

《鄒公存真集》十二卷，清乾隆十二年特恩堂刻本，《四庫禁燬書叢刊補編》第76册、《明別集叢刊》第四輯第34册影印。

《願學集》八卷，清四庫全書本，《四庫全書珍本》五集集部第376—377册、《景印文淵閣四庫全書》第1294册、《文津閣四庫全書》第1293册、《文瀾閣四庫全書》第1332册(丁氏補鈔卷一、五至七)影印。

方應選

《方衆甫集》十四卷，明萬曆刻本，《四庫全書存目叢書》集部第170册、《明别集叢刊》第四輯第41册影印。

萬國欽

《萬二愚先生遺集》六卷，明萬曆萬尚烈刻本，《四庫禁燬書叢刊》集部第78册影印。

《萬二愚先生遺集》六卷，民國二十八年北平燕京大學圖書館鈔本，《明别集叢刊》第四輯第42册影印。

何出光

《中寰集》十一卷，明萬曆三十四年何稽曾、何稽遜刻本，《域外漢籍珍本文庫》第五輯集部第26册、《美國哈佛大學哈佛燕京圖書館藏明代善本别集叢刊》第24—26册影印。

邢　侗

《來禽館集》二十九卷，明萬曆四十六年刻清康熙十九年鄭雍重修本，《四庫全書存目叢書》集部第161册、德州市臨邑縣檔案館2007年12月、《明别集叢刊》第四輯第33册影印。

《泲園集》五卷，明天啓四年賜緋堂刻本，《明代詩文集珍本叢刊》第109—110册影印。

《來禽館集》二十八卷，明崇禎十年版築居刻本，《山東文獻集成》第三輯第25册、《原國立北平圖書館甲庫善本叢書》第835册影印。

《邢侗集》，宫曉衛、修廣利輯校，齊魯書社2017年3月版。

張鶴鳴

《蘆花湄集》二十九卷，明萬曆刻本，《明代詩文集珍本叢刊》第141—

142 册影印。

《蘆花湄集校注》，張明華、朱玲芝校注，社會科學文獻出版社 2017 年 4 月版。

車大任

《車參政集》，易孟醇校點，岳麓書社 2008 年 12 月版（見《邵陽車氏一家集》，《湖湘文庫》甲編）。

唐時升

《三易集》二十卷，明崇禎四明謝三賓刻本，《明代論著叢刊》第三輯影印。

《三易集》二十卷，明崇禎四明謝三賓刻清康熙三十三年陸廷燦補修《嘉定四先生集》本，《四庫禁燬書叢刊》集部第 178 册、《明别集叢刊》第四輯第 33 册影印。

《唐先生遺稿》一卷，清鈔本，《稀見明代四部輯刊》第一輯第 87 册影印。

胡應麟

《少室山房全稿》一百八十九卷（闕《甲乙剩言》一卷），明萬曆四十六年江湛然刻本，《明别集叢刊》第四輯第 35—37 册影印。

《少室山房集》一百二十卷，明萬曆四十六年江湛然刻本，《重修金華叢書》第 147 册影印。

《石羊生詩稿》六卷，清初研露齋刻本，《明代詩文集珍本叢刊》第 113 册影印。

《少室山房類稿》（《少室山房集》）一百二十卷附《石羊生傳》一卷，清四庫全書本，《四庫全書珍本》十二集集部第 183—188 册、《景印文淵閣四庫全書》第 1290 册、《文津閣四庫全書》第 1294—1295 册、《文瀾閣四庫全書》第 1328 册（丁氏補鈔八十五卷）影印。

《少室山房集》一百二十卷，清鈔本，《重修金華叢書》第 147 册影印。

《少室山房類稿》一百二十卷，民國十三年永康胡宗楙夢選樓刻《續金華叢書》本，《叢書集成續編》（臺灣新文豐出版公司）文學類第 146 册、《重修金華叢書》第 17 册影印。

謝廷諒

《薄游草》二十四卷，明萬曆刻本，《四庫全書存目叢書》集部第 177 册、《明别集叢刊》第四輯第 38 册影印。

張　恒

《明志稿》□卷（存卷一卷二），明刻本，《四庫禁燬書叢刊》集部第 126 册、《明别集叢刊》第四輯第 39 册影印。

吴禮嘉

《西巡草》一卷，明萬曆二十二年黄克纘、吴堯弼刻本，《明代詩文集珍本叢刊》第 113 册影印。

許聞造

《長孺先生集》十卷《附録》一卷，明天啓七年刻本，《原國立北平圖書館甲庫善本叢書》第 837 册影印。

林熙春

《林忠宣公全集》二十一卷，清康熙八年刻乾隆五十七年補刻本，《中國古籍珍本叢刊·廣東省立中山圖書館卷》第 50 册、《明别集叢刊》第四輯第 38 册影印。

《林尚書城南書莊集》三卷，清道光刻《潮州耆舊集》本，《潮州文獻叢刊》之一、《明别集叢刊》第五輯第 94 册影印。

《潮州先賢林熙春》，潮安庵埠寶隴教忠堂理事會編，2004年9月自印本。

《林熙春詩》，鍾東、吕永光、張玲整理，嶺南美術出版社2013年3月版（《全粵詩》第14册）。

《林尚書城南書莊集》，吴二持點校，暨南大學出版社2016年8月版（見《潮州耆舊集》，《潮汕文庫·文獻系列》）。

曾士鑑

《曾士鑑詩》，陳永滔等整理，嶺南美術出版社2013年3月版（《全粵詩》第14册）。

鄭友周

《率真鳴》一卷，民國五年定襄牛氏雪華館鉛印《雪華館叢編》本，《定襄古代文獻彙編》第22册、《稀見清代民國叢書五十種》第47册、《明别集叢刊》第四輯第40册影印。

于若瀛

《弗告堂集》二十六卷，明萬曆自刻本，《四庫禁燬書叢刊》集部第46册、《原國立北平圖書館甲庫善本叢書》第853册、《寫刻古籍版本聚珍》第251册影印。

何三畏

《詠物詩》六卷，明萬曆二十五年刻本，《明别集叢刊》第四輯第40册影印。

《新刻漱六齋全集》四十八卷，明萬曆陳錫恩刻本，《原國立北平圖書館甲庫善本叢書》第846—847册、《明别集叢刊》第四輯第39册影印。

《何氏芝園集》二十五卷，明萬曆刻本，《明别集叢刊》第四輯第40册影印。

劉虞夔

《劉宮詹先生文集》十六卷，明崇禎元年劉氏家刻本，高平市文史資料委員會2013年(《高平歷史文化資料》第六輯)、《原國立北平圖書館甲庫善本叢書》第823—824册影印。

沈　璟

《沈璟集》，徐朔方輯校，上海古籍出版社1991年12月版(《中國古典文學叢書》)；2012年9月新版(《中國古典文學叢書》)。

江盈科

《江盈科集》，黄仁生輯校，岳麓書社1997年4月版；2008年12月增訂版(《湖湘文庫》甲編)。

虞淳熙

《虞德園先生集》二十五卷又八卷，明天啓三年虞氏𡒄務山館刻本，《四庫禁燬書叢刊》集部第43册、《原國立北平圖書館甲庫善本叢書》第852—853册、《明别集叢刊》第四輯第41册影印(闕又八卷)影印。

《翠娱閣評選虞德園先生小品》二卷，明崇禎六年陸雲龍刻《皇明十六名家小品》本，《四庫全書存目叢書》集部第378册影印。

何其偉

《轂音集》一卷，明天啓刻本，《廣州大典》第432册影印。

《何其偉詩》，楊權、程中山整理，嶺南美術出版社2010年6月版(《全粤詩》第12册)。

盧龍雲

《四留堂稿》三十卷，明萬曆刻本，《原國立北平圖書館甲庫善本叢書》第853册（存卷一至十七）、《廣州大典》第430册影印。

《盧龍雲詩》，楊權、程中山整理，嶺南美術出版社2011年10月版（《全粵詩》第13册）。

吴大經

《蘗桂軒詩》二卷，明萬曆刻藍印本，《四庫全書存目叢書》集部第182册、《明别集叢刊》第四輯第41册、《常熟文庫》第61册影印。

《在原咏》一卷《題贈》一卷，明萬曆刻本，《明代詩文集珍本叢刊》第188册、《常熟文庫》第61册影印。

王　潾

《礫園詩稿》二卷，明末刻本，《明代詩文集珍本叢刊》第188册影印。

周如錦

《紫霞閣文集》十三卷（闕末卷），清鈔本，《明代詩文集珍本叢刊》第188—192册影印。

《游歷集》一卷《附録》一卷，清末民國初鈔本，《明人别集稿鈔本叢刊》第65册影印。

俞景寅

《携劍集》四卷《恒西游草》一卷，明萬曆刻本，《明代詩文集珍本叢刊》第192册影印。

范　槲

《蜀都賦》不分卷，明萬曆刻本，《明代詩文集珍本叢刊》第192册影印。

《明〈蜀都賦〉》，陳倫敦校，四川大學出版社2018年12月版。

胡之驥

《胡伯良集》六卷《游廬山詩》一卷《詩説紀事》三卷，明萬曆刻本，《明代詩文集珍本叢刊》第193册影印。

范之默

《我有軒集》四卷《哀挽詩》一卷，明萬曆四十四年范之熊刻本，《明代詩文集珍本叢刊》第194册影印。

馮　珣

《韞璞齋稿》一卷《燕臺草》一卷，明鈔本，《明代詩文集珍本叢刊》第194册影印。

朱敬鐪

《梅雪軒詩稿》四卷附《飲酒雜詩》一卷，明萬曆蘭亭書坊王燦刻本，《四庫全書存目叢書》集部第158册、《明别集叢刊》第四輯第43册影印。

顧允成

《小辨齋偶存》八卷《事定録》三卷，明萬曆四十一年顧與演刻本，《故宫珍本叢刊》第541册、《四庫提要著録叢書》集部第279册影印。

《小辨齋偶存》八卷，清四庫全書本，《四庫全書珍本》九集集部第266

册、《景印文淵閣四庫全書》第 1292 册、《文津閣四庫全書》第 1296 册(附《事定録》三卷)、《文瀾閣四庫全書》第 1330 册(丁氏、張宗祥補鈔,附《事定録》三卷)、《明代朱子學文獻叢刊》第 328 册(影文淵閣本)影印。

《小辨齋偶存》八卷,清光緒二二年涇里宗祠刻本,《明别集叢刊》第四輯第 43 册影印。

《小辨齋偶存》八卷《附録》一卷,清光緒二十一至二十四年武進盛氏思惠齋刻《常州先哲遺書》本,《叢書集成續編》(臺灣新文豐出版公司)文學類第 147 册、《叢書集成續編》(上海書店)集部第 117 册、南京大學出版社 2010 年 3 月(《常州先哲遺書》第 42 册)影印。

鄒德溥

《鄒泗山稿》一卷,清康熙三十八年刻《可儀堂一百二十名家制義》本,《明别集叢刊》第四輯第 43 册影印。

《鄒泗山稿》一卷,清鈔《可儀堂一百廿名家制義》本,《明人别集稿鈔本叢刊》第 94 册影印。

李應策

《蘇愚山洞續集》三十卷(闕卷十九、二十九),明刻本,《明别集叢刊》第四輯第 44 册影印。

許弘綱

《刻庚辰進士少薇許先生窗稿》一卷《會試墨卷》一卷,明萬曆十年江志省刻本,《明代詩文集珍本叢刊》第 113 册影印。

《群玉山房文集》七卷,清康熙四十一年許氏百城樓刻本,《四庫未收書輯刊》第五輯第 24 册(多《疏草》二卷)、《重修金華叢書》第 149 册、《明别集叢刊》第四輯第 45 册影印。

《刻庚辰進士少薇許先生窗稿》,應守岩點校,浙江古籍出版社 2014 年 9 月版(《東陽叢書》)。

《群玉山房文集》，蔣金德點校，浙江古籍出版社 2014 年 9 月版（《東陽叢書》）。

黄汝良

《何干集》十卷附一卷，明天啓四年序刻本，《日本内閣文庫藏稀見明人别集彙刊》第二輯第 6—11 册影印。

楊于庭

《楊道行集》三十三卷，明萬曆二十三年季東魯、湯沐刻本，《四庫全書存目叢書》集部第 168—169 册、《原國立北平圖書館甲庫善本叢書》第 845 册、《明别集叢刊》第四輯第 6 册、《全椒古代典籍叢書・楊于庭集》第 1—5 册影印。

《楊道行集》十七卷（闕卷八至十），明萬曆二十三年刻本，《全椒古代典籍叢書・綜合卷》第 4—5 册影印。

《楊道行集》三十三卷（存卷一至四）《續集》二十七卷（存卷一至五），明萬曆二十五年刻三十四年續刻本，《全椒古代典籍叢書・綜合卷》第 5—6 册影印。

郭正域

《鐫黄離草》十卷，明萬曆刻本（配鈔本），《明代詩文集珍本叢刊》第 115—117 册影印。

《合併黄離草》三十卷，明萬曆四十年史記事刻本，《四庫禁燬書叢刊》集部第 13—14 册、《明别集叢刊》第四輯第 81—82 册影印。

王庭譔

《松門稿》八卷《附録》一卷，明萬曆四十一年汪學海刻本，《四庫全書存目叢書》集部第 167 册、《明别集叢刊》第四輯第 32 册影印。

《松門稿》，高璐箋注，陝西人民出版社 2017 年 3 月版（《陝西古代文獻集成》第十輯）。

馮大受

《竹素園集》九卷，明萬曆刻本，《明代詩文集珍本叢刊》第 114 册影印。

《馮咸甫詩集》九卷，舊鈔本，《臺灣珍藏善本叢刊·古鈔本明代詩文集》第 5 册影印。

徐學質

《徐孝廉遺稿》二卷，明萬曆二十八年葉永盛刻本，《重修金華叢書》第 150 册、《明代詩文集珍本叢刊》第 115 册影印。

王　萱

《王太史季孺詩草》一卷，明萬曆十七年屠本畯刻本，《明代詩文集珍本叢刊》第 115 册影印。

王演疇

《古學齋文集》十卷，明萬曆四十七年刻本，《四庫未收書輯刊》第五輯第 17 册、《明別集叢刊》第四輯第 46 册影印。

吴文奎

《蓀堂集》十卷，明萬曆三十二年吴可中刻本，《四庫全書存目叢書》集部第 189 册影印。

《蓀堂集》十卷，民國三十年鈔本，《明別集叢刊》第四輯第 46 册影印。

張壽朋

《張魯叟稿》一卷，清康熙三十八年刻《可儀堂一百二十名家制義》本，

《明别集叢刊》第四輯第46册影印。

《張魯叟稿》一卷，清鈔《可儀堂一百廿名家制義》本，《明人别集稿鈔本叢刊》第98册影印。

吴　默

《吴因之稿》一卷，清康熙三十八年刻《可儀堂一百二十名家制義》本，《明别集叢刊》第四輯第46册影印。

朱朝瞌

《青藜齋集》二卷《洛書樓社草》一卷《祀岳集》一卷《孝行始末文稿》一卷《學行始末文稿》一卷，明萬曆刻本，《四庫禁燬書叢刊》集部第104册（僅《青藜齋集》二卷）、《明别集叢刊》第四輯第46册（僅《青藜齋集》二卷）、《明代詩文集珍本叢刊》第194—195册影印。

朱頤娓

《市隱堂詩草》五卷，明崇禎十四年朱用溱刻本，《明代詩文集珍本叢刊》第195—196册影印。

朱誼澇

《大業堂詩草》十一卷，明刻本，《明代詩文集珍本叢刊》第196—197册影印。

李化龍

《李于田詩集》十二卷，明萬曆刻本，《四庫全書存目叢書》集部第163册、《明别集叢刊》第四輯第47册影印。

《李化龍詩集箋注》，侯海清主編，河南大學出版社2015年5月版。

婁　堅

《學古緒言》二十五卷，明崇禎刻清雍正陸廷燦重修本《四庫提要著録叢書》集部第128册影印。

《學古緒言》二十五卷，清康熙刻本，《明别集叢刊》第四輯第94册影印。

《吴歈小草》十卷，清康熙刻本，《四庫禁燬書叢刊》集部第49册、《明别集叢刊》第四輯第93册影印。

《學古緒言》二十五卷，清四庫全書本，《四庫全書珍本》七集集部第260—263册、《景印文淵閣四庫全書》第1295册、《文津閣四庫全書》第1299册、《文瀾閣四庫全書》第1333册影印。

張大復

《梅花草堂集》十六卷，明崇禎刻本，《續修四庫全書》第1380册影印。

釋傳燈（幽　溪）

《幽溪文集》十二卷（闕卷九），清光緒十九年天台山真覺寺刻本，《衢州文獻集成》第177册影印。

《幽溪文集》，余久一點校，中華書局2019年6月版（《龍游文庫·龍游歷史文獻集成》）。

《孤明獨照無盡燈——幽溪傳燈遺詩校箋》，黄啓江導論校箋，臺灣新文豐出版公司2020年7月版。

鍾羽正

《崇雅堂集》十五卷《附録》一卷，清順治十五年丁耀亢刻本，《四庫全書存目叢書》集部第167册、《山東文獻集成》第一輯第34册、《明别集叢刊》第二輯第19册、《明别集叢刊》第四輯第46册影印。

《崇雅堂續集》二卷，民國三十二年鉛印本，《稀見明代四部輯刊》第一輯

91 册影印。

《鍾羽正詩文集》，鍾安信、劉序勤、隋同文編校，青島出版社 2010 年 11 月版(《文化青州大型書庫·青州文獻系列》)。

林　章

《林初文詩文全集》不分卷，明天啓四年刻崇禎印本，《續修四庫全書》第 1358 册、《明别集叢刊》第四輯第 34 册(題作十七卷)影印。

《林初文先生詩選》一卷，明崇禎刻本，《四庫全書存目叢書補編》第 56 册影印。

《林孝廉集選》一卷，清順治刻《詩慰》本，《明别集叢刊》第五輯第 93 册影印。

《林初文詩文全集》，俞達珠主編，中國文史出版社 2016 年 10 月版(《玉融文庫系列叢書》)。

許子偉

《許忠直集》，王堯雲校訂，海南書局 1935 年版(《海南叢書》第六集)。

《許忠直集》，朱巧雲點校，海南出版社 2004 年 2 月版(與《北泉草堂遺稿》等同册，《海南先賢詩文叢刊》)。

劉應秋(字士和)

《劉大司成文集》十六卷，明萬曆刻本，《四庫禁燬書叢刊補編》第 73 册影印。

《劉大司成文集》十六卷，明萬曆刻清補刻本，《明别集叢刊》第四輯第 19 册影印。

黄　輝

《黄太史怡春堂逸稿》二卷，明萬曆末南充黄氏家刻本，《明代論著叢刊》第二輯影印。

鄧原岳

《西樓全集》十八卷(存卷一至十四),明萬曆三十九年鄧慶寀刻本,《原國立北平圖書館甲庫善本叢書》第862冊影印。

《西樓全集》十八卷《詩選》二卷,明崇禎元年鄧慶寀刻本,《四庫全書存目叢書》集部第173—174冊、《原國立北平圖書館甲庫善本叢書》第863冊、《明別集叢刊》第四輯第73冊、《福建文脉叢書》第212—214冊影印。

董其昌

《四印堂詩稿》一卷,稿本,《中華再造善本·明代編》影印。

《董香光手札》不分卷,稿本,上海有正書局1923年3月石印;《明代名人尺牘選萃》第9冊(影有正書局本)影印。

《容臺集》十七卷(《容臺文集》九卷《詩集》四卷《別集》四卷),明崇禎三年董庭刻本,《四庫全書存目叢書》集部第171冊、《四庫禁燬書叢刊》集部第32冊、《原國立北平圖書館甲庫善本叢書》第856—857冊、《明別集叢刊》第四輯第47冊、《海外藏集部珍本文獻叢刊》第163—166冊影印。

《容臺文集》九卷《詩集》四卷《別集》六卷,明崇禎葉有聲閩南刻本,"國立中央圖書館"1968年6月(《明代藝術家集彙刊》)、《原國立北平圖書館甲庫善本叢書》第857—858冊影印。

《容臺集》殘十八卷,明崇禎陳聘刻本,《域外漢籍珍本文庫》第三輯集部第11冊影印。

《翠娛閣評選董思白先生小品》二卷,明崇禎六年陸雲龍刻《皇明十六名家小品》本,《四庫全書存目叢書》集部第378冊影印。

《容臺集》,邵海清點校,西泠印社出版社2012年4月版(《中國古代書畫家詩文集叢書》)。

《董其昌全集》,嚴文儒、尹軍主編,上海書畫出版社2013年12月版。

秦懋德

《淮海吏隱稿》六卷，明萬曆十六年序刻本，《域外漢籍珍本文庫·日藏明人別集珍本叢》第一輯第11册影印。

朱吾弼

《朱密所先生密林漫稿》十卷，明天啓二年朱恒敬等校刻本，《中國公共圖書館古籍文獻珍本匯刊·天津圖書館孤本秘籍叢書》第11册影印。

吴文企

《絮庵塹録》不分卷，明末刻本，《中國公共圖書館古籍文獻珍本匯刊·天津圖書館孤本秘籍叢書》第11册影印。

蘇光泰

《適適草》四卷，明萬曆二十八年刻本，《原國立北平圖書館甲庫善本叢書》第858册影印。

徐爾鉉

《核庵集》二卷《詩餘》一卷，明崇禎二年刻本，《四庫未收書輯刊》第六輯第27册、《明別集叢刊》第四輯第48册影印。

查　价

《湖山漫稿》一卷，明萬曆三十三年刻本，《明別集叢刊》第四輯第48册影印。

夏樹芳

《消暍集》二十卷,明崇禎元年刻本,《原國立北平圖書館甲庫善本叢書》第890—892册影印。

《消暍集》二十四卷,明崇禎刻本,《明别集叢刊》第四輯第48册影印。

《冰蓮集》四卷,明末江陽夏氏清遠樓刻本,《中國公共圖書館古籍文獻珍本匯刊・天津圖書館孤本秘籍叢書》第12册、《明别集叢刊》第四輯第48册影印。

《消暍集》不分卷,民國間廣雅書局鈔本,《明人别集稿鈔本叢刊》第60—61册影印。

王太白

《耕心子漫稿》二十二卷,明萬曆四十二年刻本,《中國公共圖書館古籍文獻珍本匯刊・天津圖書館孤本秘籍叢書》第12册影印。

錢良胤

《春雪館詩》十六卷,《中國公共圖書館古籍文獻珍本匯刊・天津圖書館孤本秘籍叢書》第12册影印。

袁九淑

《伽音集》六卷《附録》一卷,明鈔本,《中國公共圖書館古籍文獻珍本匯刊・羅氏雪堂藏書遺珍》集部第15册影印。

王嘉謨

《薊丘集》四十七卷附《行狀》一卷,明刻本,《明代詩文集珍本叢刊》第127—129册、《京津冀歷代别集叢刊》第5—8册影印。

張懋忠

《客乘》二十八卷,明崇禎刻本,《明代詩文集珍本叢刊》第130—131册影印。

李　鼎

《李長卿集》二十八卷,明萬曆四十年李嗣宗刻本,《明代詩文集珍本叢刊》第131—133册影印。

張五典

《大司馬張海虹先生文集》十七卷,明刻本,《明代詩文集珍本叢刊》第136册影印。

《大司馬張海虹先生文集》,田同旭、趙建斌、馬豔點校,上海古籍出版社2017年11月版(《山右叢書二編》第9册);2018年7月版(《山右叢書》)。

《大司馬張海虹先生文集》,田同旭、趙建斌校正,三晉出版社2019年12月版(《沁水歷代名家文存》第2册)。

王樂善

《王考功鶡適軒詩集》十卷(存卷一至六)《文集》四卷《附録》一卷,明萬曆刻本,《明代詩文集珍本叢刊》第137册、《雄安歷代著作集成》二編第118册、《雄安歷代別集叢刊》二編第50册影印。

董復亨

《繁露園集》二十二卷,明萬曆四十年張銓刻本,《四庫全書存目叢書》集部第174册、《明別集叢刊》第五輯第13册影印。

陳宏己

《三溪集》□卷（存三卷），明崇禎刻本，《八閩文庫·福建文獻集成》初編集部第21册影印。

王光美

《玉滄集》，陳偉玲校注，中國文史出版社2010年版（見《明代莫橋王氏詩録》，《龍灣文化叢書》）。

《王季中詩集補遺》，陳偉玲整理，南京大學出版社2013年6月版（見《温州歷史文獻集刊》第三輯）。

馮從吾

《馮少墟集》二十二卷，明萬曆四十年畢懋康刻明天啓元年馮嘉年增修本，《四庫提要著録叢書》集部第127册、《明代朱子學文獻叢刊》第350—353册影印。

《馮少墟文集》六卷，明萬曆四十五年刻《馮恭定全書》六種二一六卷本，《叢書集成三編》文學類第50册影印。

《馮少墟集》二十二卷《續集》四卷，清康熙十二年洪琮刻本，《中國西北文獻叢書》第162册影印（闕《續集》四卷）、《明别集叢刊》第四輯第49册影印。

《少墟集》二十二卷，清四庫全書本，《四庫全書珍本》五集集部第371—373册、《景印文淵閣四庫全書》第1293册、《文津閣四庫全書》第1297册、《文瀾閣四庫全書》第1331册（丁氏補鈔卷二、八至十二、二十一、二十二）、《回族典藏全書》第90—93册（影文淵閣本）影印。

《馮從吾集》，劉學智、孫學功點校整理，西北大學出版社2015年1月版（《關學文庫·文獻整理系列》）。

《馮少墟集》，陳俊民校點，北京大學出版社2020年6月版（《儒藏·精華編》第264册）。

《關學經典集成·馮從吾卷》，陳俊民主編，三秦出版社2020年12月版

(《關學經典集成》第10册)。

王　琨

《林下吟》三卷《篋餘集》一卷,明崇禎刻本,《四庫未收書輯刊》第五輯第25册、《明别集叢刊》第四輯第49册影印。

《恒游草》一卷《燕游草》一卷,明刻本,《明代詩文集珍本叢刊》第180册影印。

趙　標

《趙翰林經濟全集》四卷,明天啓五年趙氏刻本,《明别集叢刊》第四輯第49册影印。

王如堅

《潛一齋遺稿》四卷,清光緒二十五年西昌千秋書院木活字本,《明别集叢刊》第四輯第50册影印。

羅大紘

《紫原文集》十二卷,明末刻本,《四庫禁燬書叢刊》集部第139—140册、《明别集叢刊》第四輯第50册影印。

周獻臣

《鷟林外編》五十二卷(存卷一至四十八)《附録》二卷,明萬曆刻本,《明别集叢刊》第四輯第51册影印。

陳邦瞻

《陳氏荷華山房詩稿》二十六卷《目録》二卷,明萬曆四十六年牛維赤刻本,《四庫禁燬書叢刊》集部第8册、《續修四庫全書》第1368册、《原國立北平圖書館甲庫善本叢書》第871册、《明別集叢刊》第四輯第50册影印。

來立模

《大觀堂遺稿》不分卷,明崇禎五年畷城官署刻本,《明別集叢刊》第四輯第51册影印。

錢士鰲

《錢季梁稿》一卷,清康熙三十八年刻《可儀堂一百二十名家制義》本,《明別集叢刊》第四輯第51册影印。

《錢季梁稿》一卷,清鈔《可儀堂一百廿名家制義》本,《明人別集稿鈔本叢刊》第98册影印。

張舜典

《張鷄山集》一卷,清康熙王經堂刻《廣理學備考》本,《明別集叢刊》第四輯第51册影印。

《薛敬之　張舜典集》,韓星點校整理,西北大學出版社2015年1月版(《關學文庫·文獻整理系列》)。

陳价夫(陳伯孺)

《招隱樓稿》不分卷,明鈔本,《稀見明代四部輯刊》第一輯第92册、《八閩文庫·福建文獻集成初編》集部第20册影印。

董應舉

《崇相集》八卷,明萬曆四十八年吕純如刻本,《福建文脉叢書》第215—217册影印。

《崇相集》十八卷，明崇禎十二年刻本，《原國立北平圖書館甲庫善本叢書》第872—874册、《明别集叢刊》第四輯第52册影印。

《崇相集》十九卷，明崇禎刻本，《四庫禁燬書叢刊》集部第102—103册影印。

《崇相集選録》，臺灣銀行經濟研究室編，臺灣銀行1967年10月版（《臺灣文獻叢刊》第237種）；臺灣大通書局1987年10月版（《臺灣文獻史料叢刊》第153册）；臺灣省文獻委員會1994年5月版（《臺灣歷史文獻叢刊·詩文集類》）。

《〈崇相集〉選譯》，倪孔錚編著，海峽書局2014年10月版。

《崇相集》，郭庭平點校，香港中國文藝出版社2015年版。

岳元聲

《潛初子文集》二十卷，明崇禎刻本，《域外漢籍珍本文庫》第五輯集部第23册影印。

謝廷讚

《步丘草》二十卷又一卷，明萬曆四十二年序刻本，《日本内閣文庫藏稀見明人别集彙刊》第三輯第1—2册影印。

郝　敬

《小山草》十卷，明天啓三年刻本，《四庫全書存目叢書補編》第53册、《新編湖北叢書》第272—273册影印。

《郝楚望稿》一卷，清康熙三十八年刻《可儀堂一百二十名家制義》本，《明别集叢刊》第四輯第61册影印。

程德良

《白蓮汫文選》九卷《詩選》六卷，明刻本，《明代詩文集珍本叢刊》第118—119册影印。

李茂春

《烟鬟子集》十四卷,明刻本,《明代詩文集珍本叢刊》第119册影印。

張　萱

《西園存稿》四十三卷《附録》二卷,明刻清康熙四年重修本,《明代詩文集珍本叢刊》第120—125册影印。

《張萱詩》,吕永光整理,嶺南美術出版社2011年10月版(《全粤詩》第13册)。

曹于汴

《仰節堂集》十四卷,明天啓刻清康熙乾隆補修本,《四庫提要著録叢書》集部第355册、《四庫全書底本叢書》集部第210—211册影印。

《仰節堂集》十四卷,清康熙二年吕崇烈等刻乾隆增修本,《明别集叢刊》第四輯第45册影印。

《仰節堂集》十四卷,清康熙長安首善書院刻本,《明代朱子學文獻叢刊》第359—360册、《山西歷代著作集成》第407—408册影印。

《仰節堂集》十四卷,清四庫全書本,《四庫全書珍本》三集集部第349—350册、《景印文淵閣四庫全書》第1293册、《文津閣四庫全書》第1298册、《文瀾閣四庫全書》第1332册(丁氏補鈔卷一至四、十三、十四)影印。

《仰節堂集》附五種(《曹門學則》《共發編》《共發續編》《乾臺筆記》《門人問答語》),李蹊點校,上海古籍出版社2017年11月版(《山右叢書二編》第8册)。

《仰節堂集(外五種)》,李蹊點校,上海古籍出版社2018年6月版(《山右叢書》)。

朱　完

《清暉館稿》存三卷,明刻本,《廣州大典》第428册、《梁基永儀清室藏明清稿鈔珍本叢刊》第1册影印。

陳繼儒

《陳眉公集》十七卷,明萬曆四十三年史兆斗刻本,《續修四庫全書》第1380册、《明别集叢刊》第四輯第51册影印。

《田園詩》一卷,明萬曆刻《閑情小品》本,《叢書集成續編》(上海書店)集部第118册、《美國哈佛大學哈佛燕京圖書館藏叢部善本彙刊》第44册影印。

《翠娱閣評選陳眉公先生小品》二卷,明崇禎六年陸雲龍刻《皇明十六名家小品》本,《四庫全書存目叢書》集部第378册影印。

《白石樵真稿》二十四卷《晚香堂集》十卷《白石樵真稿尺牘》四卷,明崇禎九年序刻《眉公叢書》十種六十二卷本,《叢書集成三編》文學類第50—51、77册、《四庫禁燬書叢刊》集部第66册(僅《晚香堂集》十卷)影印。

《白石樵真稿》二十八卷附一卷,明崇禎刻本,《四庫禁燬書叢刊》集部第66册影印。

《眉公詩鈔》八卷,明崇禎刻本,《四庫禁燬書叢刊》集部第67册影印。

《眉公先生晚香堂小品》二十四卷,明崇禎湯大節簡緑居刻本,《原國立北平圖書館甲庫善本叢書》第898—899册、《美國哈佛大學哈佛燕京圖書館藏明代善本别集叢刊》第37—40册影印。

《陳眉公先生全集》六十卷《年譜》一卷,明崇禎陳氏家刻本,《原國立北平圖書館甲庫善本叢書》第899—901册影印。

《陳眉公先生全集》六十卷《年譜》一卷,明崇禎吴震元刻本,《明别集叢刊》第四輯第53—54册影印。

《陳眉公全集》,大道書局1935年版(《新式標點明代小品文六名家集》)。

《白石樵真稿》,阿英校點,上海雜志公司1935年11月版(《中國文學珍本叢書》第一輯)。

《標點陳眉公尺牘》,智翁標點,上海東方文學社1936年1月版。

《陳眉公尺牘》,貝葉山房1936年1月版(《明人尺牘四家》之一)。

《陳眉公全集》,襟霞閣主人校閲,中央書店1936年2月版(《國學基本文庫》)。

《晚香堂小品》,施蟄存校點,上海雜志公司1936年2月版(《中國文學珍本叢書》第一輯)。

《陳眉公全集》,王心湛校勘,廣益書局1936年5月版。

《陳眉公小品》,胡紹棠選注,文化藝術出版社1996年3月版(《明人小品十家》)。

《陳繼儒小品文選注》,牛鴻恩、王凱符選注,首都師範大學出版社2010年6月版。

朱國禎(朱國楨)

《朱文肅公詩集》七卷,清初清美堂鈔本,《續修四庫全書》第1366册、《明人别集稿鈔本叢刊》第62—65册影印。

《朱文肅公集》不分卷,鈔本,《明别集叢刊》第四輯第55册影印。

《朱國禎詩文集》,何立民點校,浙江古籍出版社2015年3月版(《浙江文叢》)。

蔣孟育

《恬庵遺稿》,王振漢點校,福建教育出版社2017年3月版(與《釣磯詩集》同册,《臺灣古籍叢編》第一輯)。

《恬庵遺稿》,李竹深校點,漳州市薌城區政協文化文史和學習委員會2019年内部出版物(《薌城文史資料》)。

薛三省

《薛文介公文集》四卷,明崇禎刻本,《四庫全書存目叢書》集部第182册、《明别集叢刊》第四輯第55册影印。

邢大道

《白雲巢集》二十四卷,明萬曆四十五年刻補修本,《四庫未收書輯刊》第六輯第25册、《中國華北文獻叢書》第166册、《明别集叢刊》第四輯第55册影印。

王禹聲

《王文恪公集》三十六卷，明萬曆震澤王氏三槐堂刻本，《寫刻古籍版本聚珍》第256—258册影印。

《鶻音》一卷《白社詩草》一卷，明萬曆震澤王氏三槐堂刻清重修《王文恪公集》本，《明别集叢刊》第一輯第66册影印。

蔡獻臣

《清白堂稿》十七卷，明崇禎刻本，《四庫未收書輯刊》第六輯第22册、《明别集叢刊》第四輯第56册影印。

《清白堂稿》，厦門市圖書館校注，厦門大學出版社2012年3月版（《厦門文獻叢刊》）。

《清白堂稿》，陳煒點校，商務印書館2019年9月版（《泉州文庫》）。

馮　琦

《宗伯集》八十一卷，明萬曆三十五年寫刻本，《四庫禁燬書叢刊》集部第15—16册、《明别集叢刊》第四輯第57—58册、《寫刻古籍版本聚珍》第235—242册影印。

《（馮用韞先生）北海集》四十六卷，明萬曆末年雲間林有麟刻本，《明人文集叢刊》第一期第26種、《明别集叢刊》第四輯第58册、《美國哈佛大學哈佛燕京圖書館藏明代善本别集叢刊》第18—22册影印。

《宗伯馮先生尺牘》四卷，明末刻本，《明别集叢刊》第四輯第56册影印。

《馮用韞先生書牘》四卷，清乾隆三年程崟刻本，《山東文獻集成》第一輯第34册影印。

公　鼐

《問次齋稿》三十一卷，清咸豐公衢東鈔本，齊魯書社1998年12月影印。

《公鼐詩文選專輯》，政協蒙陰縣文史資料委員會編，1989 年 10 月内部出版物（《蒙陰文史資料》第三輯）。

《公鼐詩文輯注》，李芳元輯注，南海出版公司 1998 年 6 月版。

《問次齋稿》，趙廣升點校，中國戲劇出版社 2008 年 9 月版（《新學術叢書》）。

范允臨

《輸寥館集》八卷，明末吴趨范氏刻清乾隆十九年修補本，"國立中央圖書館"1971 年（《明代藝術家集彙刊續集》）、《原國立北平圖書館甲庫善本叢書》第 867—868 册影印。

《輸寥館集》八卷，清初刻本，《四庫禁燬書叢刊》集部第 101 册影印。

何喬遠

《何氏萬曆集》三十卷，明萬曆三十九年刻本，《故宫珍本叢刊》第 537—538 册影印。

《何氏萬曆集》三十卷《目録》二卷，明萬曆四十年刻本，《四庫禁燬書叢刊補編》第 65 册影印。

《鏡山全集》，陳節、張家壯點校，福建人民出版社 2015 年 4 月版（《福建文史叢書》）。

駱從宇

《駱太史澹然齋存稿》六卷，明崇禎十年刻本，《四庫禁燬書叢刊補編》第 66 册影印。

黄汝亨

《寓林集》三十二卷《寓林集詩》六卷，明天啓四年吴敬、吴芝等刻本，

《四庫禁燬書叢刊》集部第42—43册、《續修四庫全書》第1368—1369册、《原國立北平圖書館甲庫善本叢書》第871—872册、《明别集叢刊》第四輯第59册影印。

《翠娱閣評選黄貞父先生小品》二卷，明崇禎六年陸雲龍刻《皇明十六名家小品》本，《四庫全書存目叢書》集部第378册影印。

釋慧秀

《譚友夏先生評訂秀野軒集》十二卷《岩棲集》七卷《同波集》五卷，明萬曆書林龐雲衢刻本，《明别集叢刊》第四輯第60册影印。

張汝元

《修禊閣稿》二卷，明萬曆十七年秣陵張氏原刻本，《明别集叢刊》第四輯第60册影印。

梅守箕

《梅季豹居諸集》八卷，明萬曆刻本，《四庫未收書輯刊》第六輯第24册、《原國立北平圖書館甲庫善本叢書》第894册、《明别集叢刊》第四輯第61册影印。

《梅季豹居諸二集》十四卷，明崇禎十五年楊昌祚等刻本，《四庫未收書輯刊》第六輯第24册、《明别集叢刊》第四輯第60册影印。

喬應甲

《半九亭集》八卷，明天啓六年刻本，山西古籍出版社2012年8月、《明别集叢刊》第四輯第61册影印。

《喬應甲〈半九亭集〉格律詩注釋》，張倫注釋，臨猗縣喬應甲文化研究會2012年5月自印本。

《半九亭集楹聯賞讀》，張延華編著，中國楹聯出版社2015年1月版。

郭都賢

《些庵詩鈔》，陶新華校點，岳麓書社 2010 年 1 月版（與《石村詩文集》同册，《湖湘文庫》甲編）。

葉向高

《鐫蒼霞草》十二卷，明萬曆三十四年刻本，《原國立北平圖書館甲庫善本叢書》第 847 册影印。

《鐫蒼霞草》十二卷，明萬曆三十四年刻遞修本，《原國立北平圖書館甲庫善本叢書》第 848 册影印。

《蒼霞草》二十卷《蒼霞續草》二十二卷《蒼霞餘草》十四卷，明萬曆刻本，《四庫禁燬書叢刊》集部第 124—125 册、《福建文脉叢書》第 218—225 册（闕《餘草》十四卷）影印。

《蒼霞草》二十卷《蒼霞詩草》八卷《蒼霞餘草》十四卷《蒼霞續草》二十二卷《綸扉奏草》三十卷《續綸扉奏草》十四卷《後綸扉尺牘》十卷，明萬曆、天啓遞刻本，《福建叢書》第一輯（題作《蒼霞草全集》）、《四庫禁燬書叢刊補編》第 64 册（僅《蒼霞詩草》八卷《後綸扉尺牘》十卷）、《原國立北平圖書館甲庫善本叢書》第 848—852 册、《明别集叢刊》第四輯第 62—65 册影印。

《葉進卿蒼霞草》十五卷，明刻本，《故宫珍本叢刊》第 527—528 册影印。

《台山詩文選》，俞達珠編，中國文史出版社 2014 年 12 月版（《玉融文庫系列叢書》）。

《蒼霞詩草》，俞達珠點校輯補，中國文史出版社 2015 年 12 月版（《海西文化研究叢書》）。

鄭明選

《鄭侯升集》四十卷，明萬曆三十一年鄭文震刻本，《四庫禁燬書叢刊》集部第 75 册、《明别集叢刊》第四輯第 65 册影印。

《鄭侯升集》四十卷，清初鈔本，《原國立北平圖書館甲庫善本叢書》第858—859册影印。

歐陽東鳳

《素風居士集擴遺》二卷《附録》一卷，民國十至二十三年潛江甘氏鉛印《崇雅堂叢書》本，《明别集叢刊》第四輯第66册影印。

汪可進

《公餘草就》三卷，明萬曆二十四年淑艾堂刻本，《四庫未收書輯刊》第五輯第24册、《明别集叢刊》第四輯第66册影印。

傅新德

《傅文恪公初集》八卷，明天啓刻本，《明别集叢刊》第四輯第83册影印。

《傅文恪公全集》十卷《附録》一卷，民國五年定襄牛氏雪華館鉛印《雪華館叢書》本，《定襄古代文獻彙編》第18—21册、《稀見清代民國叢書五十種》第47册影印。

陳薦夫

《水明樓集》十四卷，明萬曆刻本，《四庫全書存目叢書》集部第176册、《原國立北平圖書館甲庫善本叢書》第867册、《明别集叢刊》第四輯第67册影印。

徐　媛

《絡緯吟》十二卷，明萬曆四十一年范允臨刻本，《原國立北平圖書館甲庫善本叢書》第868册、《寫刻古籍版本聚珍》第246册影印。

《絡緯吟》十二卷，明末鈔本，《四庫未收書輯刊》第七輯第16册、《明别集叢刊》第四輯第67册影印。

《徐小淑詩》一卷，日本明和七年序刻《明七才女詩集》本，《日本所編中國詩文選集彙刊·明代卷》第14册影印。

高應玘

《筆峰詩草》一卷《醉鄉小稿》一卷,明嘉靖刻本《明代詩文集珍本叢刊》第97册影印。

袁宗道

《白蘇齋類集》二十二卷,明刻本,《明代論著叢刊》第二輯、《四庫禁燬書叢刊》集部第48册、《續修四庫全書》第1363册、《明別集叢刊》第四輯第67册、《寫刻古籍版本聚珍》第247册影印。

《白蘇齋類集》,阿英校點,上海雜志公司1935年12月版(《中國文學珍本叢書》第一輯)。

《袁伯修全集》,沈亞公校,中央書店1936年3月版(《國學基本文庫》)。

《白蘇齋類集》,錢伯城標點,上海古籍出版社1989年6月版(《中國古典文學叢書》)。

《袁伯修小品》,趙伯陶選注,文化藝術出版社1996年8月版(《明人小品十種》)。

《袁宗道集》,錢伯城整理,海南國際新聞出版中心1996年12月版(《傳世藏書》集庫別集第9册)。

《袁宗道集箋校》,孟祥榮箋校,湖北人民出版社2003年7月版(《荆楚文化研究叢書》);2016年8月版(《荆楚文庫》)。

《袁宗道文選》,黄育智編製,臺灣南港山文史工作室2016年1月版。

《袁宗道集》,張覺民主編,臺灣致知學術出版社2017年9月版。

徐奮鵬

《徐筆峒先生文集》十二卷,明金陵王鳳翔光啓堂刻本,《原國立北平圖書館甲庫善本叢書》第890册、《明別集叢刊》第四輯第67册影印。

董嗣成

《青棠集》八卷，明刻本，《四庫全書存目叢書》集部第 169 册、《原國立北平圖書館甲庫善本叢書》第 843 册影印。

《董禮部集》六卷附《尺牘》二卷，民國十七年吴興劉氏嘉業堂刻《吴興叢書》本，《叢書集成續編》（臺灣新文豐出版公司）文學類第 146 册、《叢書集成續編》（上海書店）集部第 118 册、《明别集叢刊》第四輯第 68 册影印。

莊元臣

《家書》一卷，清鈔《莊忠甫雜著》本，《明人别集稿鈔本叢刊》第 65 册影印。

李宗臣

《李汝藩詩稿》四卷《續稿》四卷，明萬曆刻本，《域外漢籍珍本文庫》第五輯集部第 24 册影印。

方大鎮

《寧澹居奏議》一卷《遺文》一卷《寧澹語》二卷，清光緒十四年刻《桐城方氏七代遺書》本，《明别集叢刊》第四輯第 68 册影印。

方應祥

《青來閣初集》十卷，明萬曆四十五年自刻本，《四庫禁燬書叢刊》集部第 40 册、《衢州文獻集成》第 179 册、《明别集叢刊》第四輯第 68 册影印。

《青來閣二集》十卷，明天啓四年易道暹等刻本，《四庫禁燬書叢刊》集部第 78 册、《衢州文獻集成》第 180 册、《明代詩文集珍本叢刊》第 182—183 册影印。

《方孟旋先生合集》二十卷，清順治九年李際期刻本，《原國立北平圖書館甲庫善本叢書》第 886—887 册（闕卷一、十七）、《衢州文獻集成》第 181—

183冊影印。

《方孟旋稿》一卷，清鈔本，《衢州文獻集成》集部第183冊影印。

《方孟旋稿》一卷，清鈔《可儀堂一百廿名家制義》本，《明人别集稿鈔本叢刊》第95冊影印。

王永光

《冰玉堂詩草》一卷，明末刻本，《四庫未收書輯刊》第五輯第24冊、《明别集叢刊》第四輯第77冊影印。

丁元薦

《尊拙堂文集》十二卷《附録》一卷，清順治十七年丁世睿刻本，《四庫全書存目叢書》集部第170—171冊、《明别集叢刊》第四輯第79冊影印。

龍　膺

《綸㵽集選》十一卷，明末刻本，《明别集叢刊》第四輯第68冊影印。

《龍太常全集》五十三卷（《重刊綸㵽文集》二十七卷《詩集》十九卷首一卷末一卷《先集搜遺》二卷《外集》三卷），清光緒十三年九芝堂刻本，《明别集叢刊》第四輯第69冊、《稀見明代四部輯刊》第二輯第62—65冊（闕《詩集》末一卷《先集搜遺》二卷《外集》三卷）影印。

《九芝集》十四卷，清光緒十三年九芝堂刻《綸隱全集》本，《四庫全書存目叢書》集部第167冊影印。

《龍膺集》，梁頌成、劉夢初校點，湖南人民出版社2008年9月版；岳麓書社2011年12月版（《湖湘文庫》甲編）。

吴士鴻

《吹劍集》六卷，明萬曆句餘吴氏原刻本，《明别集叢刊》第四輯第70冊影印。

耿汝愚

《江汝社稿》九卷，明萬曆四十六年耿汝忞刻本，《四庫未收書輯刊》第六輯第 24 册、《明别集叢刊》第四輯第 70 册影印。

徐　熥

《幔亭集》二十卷，明萬曆二十九年徐𤊹刻本，《福建叢書》第三輯（題作《徐熥集》，配鈔本）、《原國立北平圖書館甲庫善本叢書》第 887 册影印。

《幔亭集》十五卷，明萬曆二十九年徐𤊹刻本，《四庫提要著録叢書》集部第 280 册、《明别集叢刊》第四輯第 70 册影印。

《幔亭集》十五卷，清四庫全書本，《四庫全書珍本》五集集部第 378—379 册、《景印文淵閣四庫全書》第 1296 册、《文津閣四庫全書》第 1300 册、《文瀾閣四庫全書》第 1334 册影印。

王象晉

《郢封里吟》一卷，明末刻本，《明别集叢刊》第四輯第 70 册影印。

《賜閑堂集》四卷，清順治間王與敕等刻本，《山東文獻集成》第三輯第 24 册、《原國立北平圖書館甲庫善本叢書》第 876 册影印。

滿朝薦

《滿朝薦遺稿箋注》，吴波、曾紹皇、譚善祥著，岳麓書社 2009 年 12 月版。

張信民

《張抱初先生文集》二卷，清光緒三十年鴻文局石印《續中州名賢文表》本，《明别集叢刊》第四輯第 74 册、《歷代地方詩文總集彙編》第 336 册影印。

楊守勤

《寧澹齋全集》十卷，明天啓二年楊一琛、楊一瑜刻本，《原國立北平圖書館甲庫善本叢書》第 875 册影印。

《寧澹齋全集文》十二卷（闕卷九）《留芳録》一卷附《（請恩）疏稿》一卷《寧澹齋全集詩》十卷，明末刻本，《四庫禁燬書叢刊》集部第 65 册、《明别集叢刊》第五輯第 4 册影印。

顧天埈

《顧太史文集》八卷，明崇禎顧循、顧舒刻本，《清代禁燬書叢刊》第一輯、《四庫禁燬書叢刊》集部第 9 册、《原國立北平圖書館甲庫善本叢書》第 861 册影印。

《顧開雍稿》一卷，清康熙三十八年刻《可儀堂一百二十名家制義》本，《明别集叢刊》第四輯第 70 册影印。

蕭　譽

《鄴下草》二十卷，明萬曆楚黄蕭氏家刻本，《明别集叢刊》第四輯第 70 册影印。

薛　岡

《天爵堂文集》十九卷《筆餘》三卷，明崇禎刻本，《四庫未收書輯刊》第六輯第 25 册（闕《筆餘》三卷）、《原國立北平圖書館甲庫善本叢書》第 894 册、《明别集叢刊》第五輯第 33 册影印。

《落花詩》一卷，明崇禎刻本，《明代詩文集珍本叢刊》第 197 册影印。

《天爵堂集選》一卷，清順治刻《詩慰》本，《明别集叢刊》第五輯第 93 册影印。

釋通潤

《二楞庵詩卷》一卷，清初刻本，《明代詩文集珍本叢刊》第 197 册影印。

穆光胤

《玄對樓巳集》七卷，明刻本，《明代詩文集珍本叢刊》第 197 册影印。

汪聖敎

《遠游集》十二卷，明萬曆刻本，《明代詩文集珍本叢刊》第 198 册影印。

釋圓復

《一葦集》二卷《附録》一卷，明刻本，《明代詩文集珍本叢刊》第 198 册影印。

顧昉之

《拾香草》一卷，清康熙五十五年城書室刻《雲間二韓詩》本，《江南家族文學叢編・上海卷》下册、《明别集叢刊》第三輯第 74 册影印。

繆昌期

《從野堂存稿》八卷，明崇禎十年繆虚白刻本，《四庫禁燬書叢刊》集部第 67 册、《續修四庫全書》第 1373 册、《明别集叢刊》第四輯第 61 册影印。

《從野堂稿》五卷，清道光二十八年涇縣潘氏袁江節署刻《乾坤正氣集》本，臺灣環球書局 1966 年（《乾坤正氣集》第 23 册）影印。

《從野堂存稿》八卷《補遺》一卷《附録》一卷附《文貞公年譜》一卷，清光緒二十一至二十四年武進盛氏思惠齋刻《常州先哲遺書》本，《叢書集成續編》（臺灣新文豐出版公司）文學類第 147 册、《叢書集成續編》（上海書店）

集部第118册、南京大學出版社2010年3月(《常州先哲遺書》第43—45册)影印。

《從野堂存稿》,繆幸龍主編,上海古籍出版社2014年8月版(《江陰東興繆氏家集》中册)。

葉秉敬

《定山園迴文集》一卷,明萬曆四十七年刻本,《衢州文獻集成》第177册影印。

何　白

《汲古堂集》二十八卷,明萬曆刻本,《四庫禁燬書叢刊》集部第177册影印。

《汲古堂集》二十八卷,清乾隆二十九年敬勝堂刻本,《明别集叢刊》第四輯第71册影印。

《何白集》,沈洪保點校,上海社會科學院出版社2006年4月版(《温州文獻叢書》)。

高攀龍

《高忠憲公詩手稿真跡》,稿本,裘可桴1924年影印。

《高子遺書》十二卷《附録》一卷,明崇禎五年錢士升、陳龍正等刻本,《中華再造善本·明代編》、《無錫文庫》第84册、《原國立北平圖書館甲庫善本叢書》第859—860册(闕《附録》一卷)、《明别集叢刊》第四輯第71册、《明代朱子學文獻叢刊》第344—346册影印。

《高忠憲公詩集》八卷,明崇禎刻本,《無錫文庫》第85册影印。

《高子文集》六卷,清乾隆七年華希閔劍光閣刻《高子全書》本,《無錫文庫》第85册影印。

《高子遺書》十二卷,清四庫全書本,《景印文淵閣四庫全書》第1292册、《文津閣四庫全書》第1297册(多《附録》一卷)、《文瀾閣四庫全書》第1331册

(丁氏補鈔)影印。

《高子遺書》六卷,清道光二十八年涇縣潘氏袁江節署刻《乾坤正氣集》本,臺灣環球書局1966年(《乾坤正氣集》第17册)影印。

《高子未刻稿》六卷,清鈔本,《原國立北平圖書館甲庫善本叢書》第860册、《明代朱子學文獻叢刊》第347—348册影印。

《高子遺書未刻稿》不分卷,鈔本,《無錫文庫》第84册影印。

《高子遺書節鈔》十一卷,民國十一至二十年上海中華書局鉛印《錫山先哲叢刊》本,《無錫市圖書館館藏精品叢書·錫山先哲叢刊》第4册影印。

《高子别集》八卷,民國十五年太倉陸氏刻本,《無錫文庫》第85册影印。

《高子遺書》,董平、柴可輔校點,北京大學出版社2016年8月版(《儒藏·精華編》第265册)。

《高攀龍全集》,尹楚兵輯校,鳳凰出版社2020年9月版(《東林學派文獻整理叢書》)。

陶望齡

《歇庵集》十六卷,明萬曆三十八至三十九年山陰王應遴真如齋刻本,《明代論著叢刊》第二輯、《原國立北平圖書館甲庫善本叢書》第855册、海豚出版社2018年1月影印。

《歇庵集》十卷,明萬曆三十九年劉氏喬山堂刻本,《域外漢籍珍本文庫》第四輯集部第13—14册影印。

《歇庵集》十六卷,明萬曆刻遞修本,《原國立北平圖書館甲庫善本叢書》第856册影印。

《歇庵集》二十卷《附録》三卷,明萬曆喬時敏等刻本,《續修四庫全書》第1365册、《明别集叢刊》第四輯第72册影印。

《陶文簡公集》十三卷,明天啓七年陶履中刻本,《四庫禁燬書叢刊》集部第9册影印。

《陶望齡全集》,李會富編校,上海古籍出版社2019年11月版(《陽明後學文獻叢書》)。

徐光啓

《徐光啓手跡》，稿本，中華書局1962年11月珂羅版印。

《增訂徐文定公集》六卷首二卷，清宣統元年上海慈母堂鉛印本，臺北徐懋禧1962年、《明別集叢刊》第四輯第72册影印。

《增訂徐文定公集》，徐宗澤增補，徐家匯天主堂藏書樓1933年9月自印本。

《徐光啓集》，王重民輯校，中華書局1963年12月版；上海古籍出版社1984年1月；臺灣明文書局1986年1月版；中華書局2014年7月版（《中國歷史文集叢刊》）。

《徐光啓著譯集》，上海文物保管委員會主編，上海古籍出版社1983年10月版。

《徐光啓詩文集》，李天綱編，上海古籍出版社2011年11月版；2020年5月版（《徐光啓全集》）。

黄居中

《千頃齋初集》二十六卷，明刻本，《續修四庫全書》第1363册、《明別集叢刊》第四輯第73册影印。

程可中

《程仲權先生詩集》十卷《文集》十六卷，明程胤萬、程胤兆刻本，《四庫全書存目叢書》集部第190册、《明別集叢刊》第四輯第73册影印。

《汉上集選》一卷，清順治刻《詩慰》本，《明別集叢刊》第五輯第93册影印。

徐如珂

《徐念陽公集》八卷，清道光二十八年涇縣潘氏袁江節署刻《乾坤正氣集》本,臺灣環球書局1966年(《乾坤正氣集》第21册)、《明别集叢刊》第四輯第74册影印。

《望雲樓稿》十八卷,清鈔本,《明代詩文集珍本叢刊》第146—147册影印。

連繼芳

《鶯鳩小啓》十七卷,明萬曆刻清增修本,《明别集叢刊》第四輯第74册影印。

馬經綸

《前明河南道監察御史誠所公文集》八卷(卷三未刻)《補遺》一卷,清康熙四十三年馬騏刻本,《明别集叢刊》第四輯第79册、《京津冀歷代别集叢刊》第10册影印。

岳和聲

《餐微子集》三十卷,明天啓刻本,《原國立北平圖書館甲庫善本叢書》第866册影印。

李本緯

《灌蔬園詩集》七卷,明萬曆間卜有徵刻本,《原國立北平圖書館甲庫善本叢書》第867册影印。

陳懿典

《陳學士先生初集》三十六卷,明萬曆四十八年曹憲來刻本,《四庫禁燬書叢刊》集部第78—79册、《原國立北平圖書館甲庫善本叢書》第861—862册、《明别集叢刊》第四輯第76册影印。

張同德

《昭甫集》二十六卷，明萬曆二十八年大樑張氏原刻本，《明別集叢刊》第四輯第77册影印。

徐必達

《南州草》不分卷，明藍格謄清稿本，《明別集叢刊》第四輯第77册影印。

閔繼迪

《閔繼迪詩選》一卷，民國三至十二年雲南圖書館刻《雲南叢書》初編《滇南詩略》本，《叢書集成續編》(上海書店)集部第150册、《回族典藏全書》第181册、中華書局2009年10月(《雲南叢書》第36册)影印。

閔應雷

《閔應雷詩選》一卷，民國三至十二年雲南圖書館刻《雲南叢書》初編《滇南詩略》本，《叢書集成續編》(上海書店)集部第150册、《回族典藏全書》第181册、中華書局2009年10月(《雲南叢書》第36册)影印。

湯兆京

《靈蕿閣集》八卷，明萬曆末刻本，《四庫全書存目叢書補編》第98册、《明別集叢刊》第四輯第77册影印。

周　佑

《娱老亭集》二卷，明崇禎五年刻本，《明別集叢刊》第四輯第78册影印。

余懋衡

《關中集》四卷，明刻本，《四庫全書存目叢書》集部第 173 册、《明别集叢刊》第四輯第 78 册、《明代朱子學文獻叢刊》第 355 册影印。

王惟儉

《遥連堂訂王損仲先生詩乙稿》一卷，明刻本，《明代詩文集珍本叢刊》第 148 册影印。

李廷訓

《醯雞吟》十三卷，明天啓刻本，《域外漢籍珍本文庫》第四輯集部第 17 册影印。

《醯雞吟》，劉璇點校，陝西人民出版社 2017 年 3 月版（《陝西古代文獻集成》第十輯）。

沈朝焕

《沈伯含集》二十卷《附録》一卷，明萬曆刻本，《明别集叢刊》第四輯第 78 册影印。

陳懋仁

《藕居士友籍》一卷，明刻本，《明别集叢刊》第四輯第 79 册影印。

王　衡

《緱山先生集》二十七卷，明萬曆太倉王氏家刻本，《明人文集叢刊》第一期第 27 種、《四庫全書存目叢書》集部第 178—179 册、《明别集叢刊》第四輯第86册影印。

郭　涓

《蘇門山房詩草》二卷《文草》四卷《家乘》一卷《柬事書》一卷，明天啓六年刻本，《明代詩文集珍本叢刊》第144—145册影印。

《緑竹園文集》，郭贊興校點，1999年11月新鄉自印本（《鄘南郭氏全書》巳集）。

趙維寰

《雪廬焚餘稿》十卷《續草》二卷附《客問》一卷，明崇禎刻本，《四庫禁燬書叢刊》集部第88册、《明别集叢刊》第五輯第4册影印。

謝正蒙

《謝御史文集》一卷，清道光刻《潮州耆舊集》本，《潮州文獻叢刊》之一、《明别集叢刊》第五輯第94册影印。

《謝御史文集》，吴二持點校，暨南大學出版社2016年8月版（見《潮州耆舊集》，《潮汕文庫·文獻系列》）。

李春熙

《玄居集》九卷首一卷《附録》一卷，清乾隆二十六年重刻本，《四庫全書存目叢書》集部第177册影印。

祁承㸁

《澹生堂集》二十一卷（存卷一至六），明萬曆刻本，《四庫禁燬書叢刊補編》第71册影印。

《澹生堂集》二十一卷（《詩》六卷《文》十五卷），明崇禎刻本，國家圖書館出版社 2012 年 12 月、《原國立北平圖書館甲庫善本叢書》第 876—877 册影印。

區慶雲

《定香樓全集》四卷，民國四年鉛印本，廣西師範大學出版社 2014 年 6 月（《西樵歷史文化文獻叢書》）影印。

王在晉

《越鐫》二十一卷，明萬曆三十九年刻本，《四庫禁燬書叢刊》集部第 104 册、《明別集叢刊》第四輯第 78 册影印。

《蘭江集》二十卷《楚編》二卷，明萬曆刻本，《四庫禁燬書叢刊補編》第 66 册影印。

孫承宗

《高陽集》二十卷附《年譜》五卷，清順治十二年刻本，《明別集叢刊》第四輯第 80 册影印。

《高陽集》二十卷，清順治十二年刻嘉慶補修本，《四庫禁燬書叢刊》集部第 164 册、《續修四庫全書》第 1370 册、《雄安先賢全集叢書》第 67—70 册影印。

《孫高陽全集》二十六卷（《孫文正公年譜》五卷首一卷《詩》十卷《文》十卷），清嘉慶十二年刻本，《雄安歷代著作集成》第 54—58 册、《京津冀歷代別集叢刊》第 166—170 册、《雄安文脉叢書》第 126—130 册、《雄安先賢全集叢書》第 71—75 册影印。

《高陽文集》三卷，清道光二十八年涇縣潘氏袁江節署刻《乾坤正氣集》本，臺灣環球書局 1966 年（《乾坤正氣集》第 40 册）影印。

《孫承宗集》，李紅權輯録點校，學苑出版社 2014 年 10 月版（《明季遼事文集叢刊》）。

王寰洽

《嬾園漫稿》五卷，明崇禎元年刻本，《四庫全書存目叢書補編》第 53 册、《明别集叢刊》第四輯第 82 册影印。

安希范

《天全堂集》五卷（《詩》一卷《書》四卷），稿本，《無錫文庫》第 86 册影印。

《天全堂集》四卷《續編》一卷《附録》一卷，清乾隆四十六年七世孫安言刻本，《明别集叢刊》第四輯第 82 册、《美國哈佛大學哈佛燕京圖書館藏明代善本别集叢刊》第 26 册（闕《續編》一卷）影印。

傅　梅

《雉園詩稿》二卷《文稿》二卷，明萬曆三十一年刻本，《原國立北平圖書館甲庫善本叢書》第 894 册影印。

顧起元

《嬾真草堂集》五十卷（《詩》二十卷《文》三十卷），明萬曆四十六年刻本，《明人文集叢刊》第一期第 29 種、《四庫禁燬書叢刊補編》第 68—69 册、《明别集叢刊》第四輯第 84 册（闕《詩》二十卷）影印。

《雪堂隨筆》四卷，明天啓七年刻本，《四庫禁燬書叢刊》集部第 80 册影印。

《蟄庵日録》四卷，明天啓刻本，《四庫全書存目叢書》集部第 177 册影印。

《遯園漫稿》四卷，明刻本，《四庫禁燬書叢刊》集部第 104 册影印。

《嬾真草堂集》二十卷（原闕卷十一至十七），民國三至五年上元蔣氏慎修書屋鉛印《金陵叢書》本，臺灣大西洋圖書公司 1970 年 1 月（《金陵叢書》第 26—27 册）、《叢書集成續編》（臺灣新文豐出版公司）文學類第 170 册、《叢書集成續編》（上海書店）集部第 118 册影印。

李日華

《恬致堂集》四十卷，明崇禎刻本，“國立中央圖書館”1971年(《明代藝術家集彙刊續集》)、《四庫禁燬書叢刊》集部第64—65册、《原國立北平圖書館甲庫善本叢書》第863—864册、《明别集叢刊》第四輯第85册影印。

《恬致堂集》，趙杏根整理，上海古籍出版社2012年12月版(《嘉興文獻叢書》)。

姚　櫃

《姚培吾集》一卷，清康熙五經堂刻《廣理學備考》本，《明别集叢刊》第四輯第86册影印。

劉鴻訓

《四素山房集》十九卷《皇華集》二卷，明崇禎劉孔中刻清雍正修印本，《四庫未收書輯刊》第六輯第21册、《明别集叢刊》第四輯第87册影印。

楊德遵

《雄飛集》五卷，明刻本，《明别集叢刊》第四輯第87册影印。

張　春

《不二歌集》四卷，清道光二十八年步渠堂刻本，《明别集叢刊》第四輯第87册影印。

《不二歌集》二卷，民國二十三至二十五年陝西通志館鉛印《關中叢書》本，《叢書集成續編》(臺灣新文豐出版公司)文學類第185册、《叢書集成續編》(上海書店)集部第118册影印。

《不二歌集》，李興盛主編，黑龍江大學出版社2011年5月版(與《千山詩集》同册,《東北流人文庫》)。

潘　榛

《隨在集》,李檣、李天擇點校,上海書店出版社2017年8月版。

李之藻

《李之藻集》,鄭誠輯校,中華書局2018年6月版。

吴　兆

《吴非熊集》四卷,清康熙四十三年汪洪度等刻《新安二布衣詩》本,《四庫禁燬書叢刊》集部第155册、《歷代地方詩文總集彙編》第245册影印。

程嘉燧

《松圓浪淘集》十八卷附《松圜偈庵集》二卷,明萬曆末年至崇禎初年遞刻本,臺灣學生書局1960年6月(《歷代畫家詩文集》第28種)影印。

《松寥詩》一卷,明天啓冷風臺刻本,《明代詩文集珍本叢刊》第217册影印。

《松圓浪淘集》十八卷《目録》三卷,明崇禎謝三賓刻本,《續修四庫全書》第1385册、《明別集叢刊》第四輯第87册影印。

《松圓浪淘集》十八卷《目録》三卷,明崇禎謝三賓刻清康熙三十三年陸廷燦補修《嘉定四先生集》本,《四庫禁燬書叢刊》集部第163册影印。

《松圓偈庵集》二卷,明崇禎刻清印本,《續修四庫全書》第1385册、《明別集叢刊》第四輯第87册影印。

《耦耕堂存稿詩》三卷《文》二卷,明末孫石甫鈔本,《明人別集稿鈔本叢刊》第65册影印。

《耦耕堂集詩》三卷《文》二卷,清順治十二至十三年金獻士、金望刻本,《續修四庫全書》第1386册、《四庫禁燬書叢刊補編》第67册影印。

《浪淘集》一卷《耦耕堂集選》一卷,清順治刻《詩慰》本,《明別集叢刊》

第五輯第93册影印。

《程孟陽集》四卷，清康熙四十三年汪洪度等刻《新安二布衣詩》本，《四庫禁燬書叢刊》集部第155册、《歷代地方詩文總集彙編》第245册影印。

《松圓偈庵集》二卷，清康熙刻本，《四庫禁燬書叢刊補編》第67册影印。

《程嘉燧全集》，沈習康點校，上海古籍出版社2015年5月版。

曹葭之

《衡歸堂詩》一卷，明崇禎刻本，《明别集叢刊》第四輯第88册影印。

吴桂森

《存笥詩草》五卷，明崇禎吴陞之刻本，《明代詩文集珍本叢刊》第183册、《明代朱子學文獻叢刊》第361册影印。

《吴素衣集》一卷，清康熙五經堂刻《廣理學備考》本，《明别集叢刊》第四輯第88册影印。

朱載墣

《紹易詩集》二卷《附録》一卷，明直敬堂刻本，《四庫未收書輯刊》第五輯第21册、《明别集叢刊》第四輯第88册影印。

黄　奂

《黄玄龍詩集》十卷《小品》四卷，清康熙刻本，《四庫全書存目叢書》集部第189册、《明别集叢刊》第四輯第88册影印。

鮑應鰲

《瑞芝山房集》十四卷，明崇禎刻本，《四庫禁燬書叢刊》集部第141册、《明别集叢刊》第四輯第88册影印。

王元翰

《凝翠集》五卷(《疏草》一卷《尺牘》一卷《墓誌》一卷《詩集》一卷《文集》一卷),清嘉慶五年寧州王文焕樹德堂刻本,《明代名人尺牘選萃》第4册(選《尺牘》一卷)、《明别集叢刊》第四輯第89册影印。

《王諫議全集》六卷《附録》一卷,清嘉慶五年王文焕刻本,《四庫未收書輯刊》第五輯第25册影印。

《凝翠集》五卷,民國三至十二年雲南圖書館刻《雲南叢書》初編本,《叢書集成續編》(臺灣新文豐出版公司)文學類第147册、《叢書集成續編》(上海書店)集部第117册、中華書局2009年10月(《雲南叢書》第21册)影印。

李　朴

《調刁集》不分卷,明刻本,《明别集叢刊》第四輯第89册影印。

來儼然

《自愉堂集》十卷,明萬曆四十七年來復、來臨刻本,《四庫全書存目叢書》集部第177册影印。

《自愉堂集》十卷,清道光三原李氏惜陰軒刻本,《明别集叢刊》第四輯第89册影印。

賀燦然

《六欲軒初稿》十九卷,明萬曆三十六年序刻本,《日本内閣文庫藏稀見明人别集彙刊》第三輯第3—4册影印。

《五欲軒稿》不分卷,明刻本,《明别集叢刊》第四輯第89册影印。

孫慎行

《玄晏齋文鈔》五卷,明萬曆刻本,《北京師範大學圖書館藏明刻孤本秘笈叢刊》第18册影印。

《玄晏齋集》五種十一卷(《玄晏齋文鈔》一卷《玄晏齋詩選》五卷《玄晏齋困思鈔》一卷《玄晏齋奏議》三卷《止躬齋慎獨義》一卷),明崇禎刻本,《四庫禁燬書叢刊》集部第123册、《明别集叢刊》第四輯第91册影印。

《玄晏齋詩選》五卷《奏議》三卷《困思鈔》三卷《中庸慎獨義》一卷,明末刻本,《原國立北平圖書館甲庫善本叢書》第867册影印。

董　遲

《白社稿》十四卷,明末李學元刻本,《原國立北平圖書館甲庫善本叢書》第874册影印。

雷思霈

《雷檢討詩集》五卷,明萬曆刻本,《域外漢籍珍本文庫》第五輯集部第24册影印。

《蓬池閣遺稿》十四卷,明崇禎元年張景良刻本,《明别集叢刊》第五輯第10册影印。

《雷思霈詩輯注》,周德富輯注,湖北人民出版社2014年9月版(《宜昌市政協文史資料》第37輯)。

《雷思霈文集》,周德富輯注,長江出版社2019年12月版(《炎黄文化研究書系》)。

《雷思霈集》,周德富輯注,湖北人民出版社2020年12月版(《荆楚文庫》)。

李騰芳

《李宫保湘洲先生集》十二卷,清刻本,《四庫全書存目叢書》集部第173册影印。

《李文莊公全集》十卷,清光緒二年刻本,《明别集叢刊》第五輯第10册影印。

《李湘洲集》,劉依平、湯穎芳、章飈校點,岳麓書社2012年4月版(與

《夏原吉集》同册,《湖湘文庫》甲編)。

王道通

《簡平子集》十六卷《補遺》一卷,明崇禎九年繭齋刻本。《中國公共圖書館古籍文獻珍本匯刊·天津圖書館孤本秘籍叢書》第12册、《原國立北平圖書館甲庫善本叢書》第903册影印。

沈　珣

《净華庵詩稿》二卷,松陵薛氏邃漢齋鈔本,《稀見明代四部輯刊》第二輯第61册影印。

林時躍

《朋鶴草堂文集》二卷《詩留》六卷《初刻》一卷《詞》一卷,稿本,《稀見明代四部輯刊》第二輯第66—68册影印。

徐應簧

《鳳谷公詩集》一卷,民國十六年木活字本,《稀見明代四部輯刊》第二輯第68册影印。

元　孟

《唹噻隨筆》不分卷,稿本,《稀見明代四部輯刊》第二輯第69册影印。

馬　萬

《梅檀閣詩集》不分卷,清鈔本,《稀見明代四部輯刊》第二輯第69册影印。

郭尚友

《答問草》一卷，明萬曆四十五年自刻本，《明代詩文集珍本叢刊》第157冊影印。

馮有經

《詠春堂集》七卷，明末刻本，《明别集叢刊》第四輯第68冊影印。

王雅量

《長馨軒集》一卷，舊鈔本，《山東文獻集成》第二輯第28冊影印。

《長馨軒集》，王法義主編，香港中國文化出版社2005年11月版（見《明賢王雅量》）。

田宗文

《楚騷館詩集》，中共鶴峰縣委統戰部縣史志編纂辦公室、中共五峰縣委統戰部縣民族工作辦公室編，1984年1月内部出版物（見《容美土司史料彙編·田氏一家言》）。

《田宗文詩評注》，陳湘鋒、趙平略評注，中央民族大學出版社1999年10月版（見《〈田氏一家言〉詩評注》，《土家族研究叢書》）。

《楚騷館詩集》，趙志武、許楚安、李德成編注，五峰土家族自治縣民族宗教事務委員會2000年12月内部出版物（見《紫芝亭詩集》附録，《五峰民族古籍整理叢書》）。

《楚騷館詩集解讀》，田虞德編著，湖北人民出版社2011年1月版（見《〈田氏一家言〉解讀》）。

《楚騷館詩集校注》，周西之、熊先群校注，湖北人民出版社2011年10月版（見《尋找湮滅的輝煌——〈田氏一家言〉叢論·校注·賞析》）。

《楚騷館詩集》，周西之、熊先群注，湖北人民出版社2013年6月版（見

《〈田氏一家言〉注》)。

《田國華詩集校注》,周西之、李詩選校注,中國文史出版社 2017 年 8 月版。

《楚騷館詩集》,周西之、熊先群校注,湖北人民出版社 2019 年 9 月版(見《田氏一家言》,《荆楚文庫》)。

《田國華詩集》,李傳鋒、吴燕山、李詩選校注,湖北人民出版社 2020 年 11 月版(與《田子壽詩集》同册,《荆楚文庫》)。

陳于廷

《定軒存稿》不分卷,明崇禎刻本,《故宫珍本叢刊》第 535—536 册影印。

王嗣奭

《泠然草詩編》二卷,明天啓五年刻本,《原國立北平圖書館甲庫善本叢書》第 874 册影印。

《密娱齋詩集》九卷《後集》一卷,清鈔本,《明代詩文集珍本叢刊》第 158 册影印。

《夷困文編》六卷,民國二十五年張氏約園刻《四明叢書》本,《叢書集成續編》(臺灣新文豐出版公司)文學類第 187 册、《叢書集成續編》(上海書店)集部第 120 册、廣陵書社 2006 年 8 月(《四明叢書》第 13 册)、《明别集叢刊》第四輯第 91 册、《張壽鏞文獻輯刊》第 62 册影印。

王臣直

《澶淵雜著》二卷,明崇禎六年刻本,《明代詩文集珍本叢刊》第 159 册影印。

郭應寵

《郭汝承集》存四卷,清鈔本,《明代詩文集珍本叢刊》第 159 册影印。

葉憲祖

《青錦園文集選》五卷(存卷一),明天啓刻本,《明代詩文集珍本叢刊》第184册影印。

《青錦園賦草》一卷附《廣連珠》一卷,民國二十四年活字印《蓼照廬叢書》本,《明别集叢刊》第四輯第91册、《歷代賦學文獻輯刊》第141册(闕《附録》一卷)影印。

王士驌

《鐫中弇山人稿》五卷,明萬曆三十六年刻本,《四庫禁燬書叢刊》集部第32册、《明别集叢刊》第四輯第92册影印。

《王房仲稿》一卷,清鈔《可儀堂一百廿名家制義》本,《明人别集稿鈔本叢刊》第97册影印。

吴士奇

《緑滋館稿》九卷《考信編》二卷《徵信編》五卷,明萬曆刻本,《四庫全書存目叢書》集部第173册影印。

《緑滋館稿》九卷《考信編》二卷《徵信編》五卷,明萬曆刻清康熙重修本,《明别集叢刊》第四輯第92册影印。

范弘嗣

《范竹溪集》一卷,清康熙五經堂刻《廣理學備考》本,《明别集叢刊》第四輯第92册影印。

繆國維

《繆西垣先生文集》十一卷,清康熙繆氏刻本,《明别集叢刊》第四輯第96册影印。

《繆西垣先生文集》，繆幸龍主編，上海古籍出版社 2014 年 8 月版（《江陰東興繆氏家集》中册）。

丁肇亨

《白門草》二卷，明崇禎三年吴郡丁氏刻本，《明别集叢刊》第五輯第 24 册影印。

來斯行

《槎庵詩集》八卷，明末百順堂刻本，《明代詩文集珍本叢刊》第 162 册影印。

周如磐

《澹志齋集》十四卷，明萬曆刻本，《明别集叢刊》第四輯第 97 册、《明代莆人文集》第 36—38 册影印。

葛一龍

《葛震甫詩集》十七卷，明崇禎刻本，《四庫禁燬書叢刊》集部第 123 册、《明别集叢刊》第四輯第 92 册影印。

《豳堂集》一卷，明崇禎刻本，《美國哈佛大學哈佛燕京圖書館藏中文善本彙刊》第 35 册影印。

江伯榮

《青蘿館集》五卷，明崇禎元年江氏自刻本，《美國哈佛大學哈佛燕京圖書館藏中文善本彙刊》第 36 册、《重修金華叢書》第 149 册影印。

馮嘉言

《十菊山人雪心草》四卷《崇祀録》一卷，明崇禎馮起綸聽彝堂刻本，《美國哈佛大學哈佛燕京圖書館藏中文善本彙刊》第 36 册影印。

丁紹軾

《丁文遠集》二十卷《外集》八卷,明天啓刻本,《四庫未收書輯刊》第五輯第 25 册影印。

《丁文恪公續集》六卷,明崇禎刻本,《明别集叢刊》第四輯第 93 册影印。

謝肇淛

《下菰集》六卷,明萬曆刻本,《明别集叢刊》第四輯第 93 册、《八閩文庫・福建文獻集成》初編集部第 22 册影印。

《小草齋集》三十卷《續集》三卷,《小草齋集》明萬曆刻本、《續集》明末刻本,《續修四庫全書》第 1366—1367 册(《小草齋集》卷十九至二十三據福建師範大學圖書館藏鈔本配補)、《福建叢書》第三輯(題作《謝肇淛集》)影印。

《小草齋集》三十卷《續集》三卷《小草齋文集》二十八卷,《小草齋集》明刻本、《續集》配鈔本、《文集》明天啓刻本,《四庫全書存目叢書》集部第 175—176 册影印。

《居東集》六卷(存卷一至四),明刻本,《中國古籍珍本叢刊・廣東省立中山圖書館卷》第 50 册影印。

《小草齋集》十一卷《烏衣集》一卷,明謝氏小草齋鈔本,《明代詩文集珍本叢刊》第 138 册、《八閩文庫・福建文獻集成》初編集部第 21 册影印。

《小草齋集》,江中柱點校,福建人民出版社 2009 年 12 月版(《八閩文獻叢刊》)。

高克正

《木天遺草》二十八卷《附録》一卷,清康熙十年高維檜寶安公署刻本,《明代詩文集珍本叢刊》第 138—139 册影印。

張應泰

《溪南清墅集草》六卷,明萬曆刻本,《明代詩文集珍本叢刊》第 140—

141 册影印。

楊一葵

《增刻芙蓉館集》九卷，明萬曆刻本，《域外漢籍珍本文庫》第四輯集部第17册、漳浦縣佛曇鎮文化研究會2017年8月影印。

陳際泰

《太乙山房文集》十五卷附《孝威論》一卷《陳孝逸論》一卷，明崇禎六年李士奇刻本，《四庫禁燬書叢刊補編》第67册、《原國立北平圖書館甲庫善本叢書》第904册、《明别集叢刊》第四輯第100册影印。

《已吾集》十四卷附《墓志銘》一卷，清順治李來泰刻本，《清代禁燬書叢刊》第一輯、《四庫禁燬書叢刊》集部第9册、《原國立北平圖書館甲庫善本叢書》第905册、《明别集叢刊》第四輯第93册影印。

許以忠

《希驥鳴》一卷，明萬曆刻本，《明别集叢刊》第四輯第94册影印。

崔世召

《秋谷集》二卷，明崇禎刻本，《四庫未收書輯刊》第六輯第23册、《明别集叢刊》第四輯第94册影印。

《崔世召集校箋》，陳仕玲校箋，福建人民出版社2020年11月版。

《崔世召集》，陳慶元點校，廣陵書社2020年12月版(《閩海文獻叢書》)。

湯賓尹

《睡庵稿文集》二十五卷《詩集》十一卷，明萬曆刻本，《四庫禁燬書叢刊》集部第63册、《明别集叢刊》第四輯第90册影印。

《睡庵文稿初刻》四卷《二刻》六卷《三刻》二卷，明萬曆李曙寰等刻本，《明别集叢刊》第四輯第89册、《美國哈佛大學哈佛燕京圖書館藏明代善本别集叢刊》第27册（僅《二刻》六卷）影印。

《睡庵詩稿》一卷《文稿》二卷，明萬曆刻本，《明代詩文集珍本叢刊》第144册影印。

袁宏道

《瀟碧堂集》二十卷，明萬曆三十六年袁叔度書種堂刻本，《續修四庫全書》第1367册、《原國立北平圖書館甲庫善本叢書》第864—865册、《明别集叢刊》第四輯第95册、《寫刻古籍版本聚珍》第243—244册影印。

《瀟碧堂集》二十卷《續集》十卷，明萬曆刻本，《四庫禁燬書叢刊》集部第67册影印。

《瓶花齋集》十卷附《瓶史》一卷，明萬曆三十七年袁叔度書種堂刻本，《續修四庫全書》第1367册（闕《瓶史》一卷）、《原國立北平圖書館甲庫善本叢書》第864—865册、《明别集叢刊》第四輯第95册、《寫刻古籍版本聚珍》第255册影印。

《錦帆集》四卷《去吴七牘》一卷，明萬曆三十七年袁叔度書種堂刻本，《續修四庫全書》第1367册、《原國立北平圖書館甲庫善本叢書》第864—865册、《明别集叢刊》第四輯第95册（闕《去吴七牘》一卷）影印。

《解脱集》四卷，明萬曆三十八年袁叔度書種堂刻本，《續修四庫全書》第1367册、《原國立北平圖書館甲庫善本叢書》第864—865册、《明别集叢刊》第四輯第95册影印。

《敝篋集》二卷《去吴七牘》一卷，明萬曆袁氏書種堂刻本，《明别集叢刊》第四輯第94册、《寫刻古籍版本聚珍》第254—255册影印。

《李卓吾選校袁石公文集》二十卷，明萬曆四十三年刻本，《域外漢籍珍本文庫》第五輯集部第24册影印。

《（鍾伯敬增訂）袁中郎全集》四十卷《目録》一卷，明崇禎二年武林佩蘭居刻本，《明代論著叢刊》第二輯、《四部精要》第21册、《四庫全書存目叢書》集部第174册、《明别集叢刊》第四輯第96册、《新編湖北叢書》第274—277册影印。

《翠娱閣評選袁中郎先生小品》二卷，明崇禎六年陸雲龍刻《皇明十六名家小品》本,《四庫全書存目叢書》集部第378册影印。

《(梨雲館類定)袁中郎全集》二十四卷首一卷,日本元禄九年十月京都小島市右衛門等覆明末寫刻本,《和刻本漢詩集成補篇》第19輯、《和刻本四部叢刊》集部第98—99册影印。

《袁中郎先生尺牘》二卷,日本安永十年山本北山奚疑塾刻本,《和刻本漢籍文集》第15輯、《日本所編中國詩文選集彙刊·明代卷》第15册影印。

《袁中郎尺牘全稿》,王英標點,上海南强書局1934年8月版。

《袁中郎全集》,劉大傑校編,時代圖書公司1934年10月版(《有不爲齋叢書》)。

《袁中郎尺牘》《袁中郎文鈔》《袁中郎游記》《袁中郎隨筆》《袁中郎詩集》,顧紅梵校閲,中央書店1935年1月版(《襟霞閣普及本》);臺灣清流出版社1976年10月版(題作《袁中郎全集》,《國學珍本》)。

《袁中郎全集》,中國圖書館出版部1935年7月版。

《袁中郎全集》,金汝盛校,大方書局1935年10月版。

《袁中郎全集》,國學整理社、世界書局1935年11月版;香港廣智書局1960年代版;臺灣世界書局1964年版(《中國學術名著》第六輯《中國文學名著》第六集第15册)。

《袁中郎全集》,周惟立校,廣益書局1936年4月版。

《袁中郎文選》,陳筱梅編,上海仿古書店1937年4月版。

《袁宏道集箋校》,錢伯城箋校,上海古籍出版社1981年7月版(《中國古典文學叢書》)。

《袁中郎尺牘》,范橋、張明高編注,中國廣播電視出版社1991年10月版。

《袁中郎詩文選注》,任亮直選注,河南大學出版社1993年12月版。

《袁中郎隨筆》,立人編選校訂,作家出版社1995年3月版(《明清性靈文學珍品》)。

《袁中郎小品》,熊禮匯選注,文化藝術出版社1996年8月版(《明人小品十家》)。

《袁宏道集》,錢伯城整理,海南國際新聞出版中心1996年12月版(《傳世藏書》集庫·别集第9册)。

《袁宏道集》,趙伯陶編選,鳳凰出版社2009年1月版(《歷代名家精選集》)。

《袁宏道文選》，黃育智編製，臺灣南港山文史工作室2016年1月版。

《袁中郎隨筆》，段雪萌注，故宫出版社2019年11月版（《明清美文拾種》）。

李叔元

《雞肋删》三卷，明崇禎李雲寧等刻本，《明代詩文集珍本叢刊》第134册、《福建文脉叢書》第320册影印。

《雞肋删》，鄭焕章點校，商務印書館2020年6月版（與《福建市舶提舉司志》同册，《泉州文庫》）。

沈　淮

《尊生館稿》不分卷，清初鈔本，《明代詩文集珍本叢刊》第135册影印。

余紉蘭

《燕林藏稿》十卷附《楚風》一卷，明崇禎刻本，《四庫禁燬書叢刊》集部第125册、《明别集叢刊》第五輯第60册影印。

張世偉

《張異度先生自廣齋集》十六卷附《周吏部紀事》一卷，明崇禎十一年刻本，《四庫禁燬書叢刊》集部第162册、《明别集叢刊》第五輯第1册影印。

趙用光

《蒼雪軒全集》二十卷，明崇禎刻本，《四庫禁燬書叢刊》集部第182册、《中國華北文獻叢書》第166册、《明别集叢刊》第四輯第94册、《山西歷代著作集成》第402册影印。

《蒼雪軒全集》，張仁點校，上海古籍出版社2017年11月版（《山右叢書二編》第8册）。

范鳳翼

《范勳卿詩集》二十一卷《文集》六卷，明崇禎刻本，《四庫禁燬書叢刊》集部第112册、《明别集叢刊》第四輯第95册（僅《文集》六卷）、《清代詩文集珍本叢刊》第1—2册影印。

《范璽卿詩集》一卷《補遺》一卷，清咸豐十一年姜渭鈔本，《清代詩文集珍本叢刊》第2册影印。

《南通范氏詩文世家·范鳳翼卷》，范曾編，河北教育出版社2004年7月版（《南通范氏詩文世家》第1—2册）。

范鳳彩

《南通范氏詩文世家·范鳳彩卷》，范曾編，河北教育出版社2004年7月版（《南通范氏詩文世家》第2册）。

王琢璞

《王無瑕先生詩集》五卷《文集》三卷，清刻本，《清代詩文集珍本叢刊》第3册影印。

葛應秋

《石丈齋集》四卷，明崇禎葛道一刻本，《明别集叢刊》第四輯第95册影印。

《石丈齋集》四卷首一卷，清刻本，《四庫未收書輯刊》第六輯第23册影印。

曾紹芳

《驥鳴集》一卷，明萬曆刻本，《明别集叢刊》第四輯第95册影印。

鄧雲霄

《百花洲集》二卷，明萬曆三十五年陳元素等刻本，《四庫全書存目叢書》集部第178册影印。

《百花洲集》二卷《京華元夕詩》一卷，明萬曆三十六年衛拱宸刻本，《廣州大典》第428册影印。

《百花洲集》二卷《燃桂稿》二卷《越烏吟》一卷《秋興集》一卷，明萬曆刻本，《廣州大典》第429册（闕《百花洲集》二卷）、《明别集叢刊》第四輯第98册影印。

《漱玉齋文集》□卷（存卷一卷二），明崇禎刻本，《廣州大典》第429册影印。

《漱玉齋類詩》三卷《初吟草》一卷《解弢集》一卷，明刻本，《廣州大典》第429册、《明代詩文集珍本叢刊》第151册影印。

《漱玉齋文集》三卷，清同治十一年刻本，《明别集叢刊》第四輯第98册影印。

《鄧虚舟詩選》十卷，清刻本，《廣州大典》第429册影印。

《鄧雲霄詩文集》，鄧進滔整理，樂水園2003年8月自印本（《莞水叢書》第一輯）。

《鄧雲霄詩》，鍾東、史洪權、吕永光整理，嶺南美術出版社2013年12月版（《全粤詩》第15册）。

劉光復

《暨中言》一卷，明萬曆刻本，《域外漢籍珍本文庫》第五輯集部第24册影印。

蘇惟霖

《西游續稿》六卷，明刻本，《明代詩文集珍本叢刊》第151—152册影印。

吴　玄

《衆妙齋集》不分卷，明天啓間序刻本，《日本内閣文庫藏稀見明人别集彙刊》第三輯第 5—7 册影印。

《率道人素草》七卷，明刻本，《明代詩文集珍本叢刊》第 152—153 册影印。

張邦紀

《張文愨公遺集》十卷，明崇禎十七年刻本，《四庫禁燬書叢刊》集部第 104 册、《明别集叢刊》第四輯第 98 册、《京津冀歷代别集叢刊》第 11 册影印。

杜　詩

《净明山房存笥稿》不分卷，稿本，《中國科學院文獻情報中心藏古籍珍本叢書（鈔稿本部分）》第二輯第 87—90 册影印。

張維樞

《澹然齋小草》六卷，明萬曆四十三年刻本，《故宫珍本叢刊》第 541 册影印。

《澹然齋小草》十二卷，明萬曆刻本，《明别集叢刊》第四輯第 99 册影印。

張師繹

《月鹿堂文集》八卷，清道光六年蝶花樓刻本，《四庫未收書輯刊》第六輯第 30 册影印。

《月鹿堂文集》六卷，清道光十二年張湄刻本《明别集叢刊》第四輯第 100 册影印。

查應光

《麗崎軒詩》四卷《詩餘》一卷，明崇禎十二年歐陽鉉刻本，《四庫禁燬書叢刊》集部第 182 册、《原國立北平圖書館甲庫善本叢書》第 870 册、《明別集叢刊》第五輯第 1 册影印。

張以誠

《張宫諭酌春堂集》十卷首一卷，明崇禎十年張安苞刻本，《故宫珍本叢刊》第 530 册影印。

《張君一稿》一卷，清康熙三十八年刻《可儀堂一百二十名家制義》本，《明別集叢刊》第五輯第 1 册影印。

《張君一稿》一卷，清鈔《可儀堂一百廿名家制義》本，《明人別集稿鈔本》第 95 册影印。

汪　逸

《北笥存稿》一卷《斷腸詩》一卷《山夏詩》一卷《燕再》一卷，明萬曆刻本，《明別集叢刊》第五輯第 1 册影印。

于燕芳

《（陳眉公訂正）燕市雜詩》一卷，明萬曆繡水沈氏尚白齋刻《寶顏堂秘笈》彙集本，上海文明書局 1922 年石印；《百部叢書集成》之十八、《四庫禁燬書叢刊補編》第 76 册、《明別集叢刊》第五輯第 1 册、敦煌文藝出版社 2018 年 1 月（《寶顏堂秘笈》第 12 册）、《美國哈佛大學哈佛燕京圖書館藏叢部善本彙刊》第 43 册影印。

《輦下歈》九卷，明刻本，《稀見明代四部輯刊》第二輯第 70 册影印。

《燕市雜詩》，商務印書館 1937 年 6 月版（《叢書集成初編》文學類第 2287 册）；中華書局 2010 年 9 月重印版（《叢書集成初編》第 486 册）。

熊廷弼

《遼中書牘》二卷，明萬曆三十九年刻本，《四庫禁燬書叢刊》集部第122册影印。

《熊襄湣公集》十卷，清嘉慶十七年刻本，《美國哈佛大學哈佛燕京圖書館藏明代善本別集叢刊》第31—33册影印。

《熊襄愍集》七卷，清道光二十八年涇縣潘氏袁江節署刻《乾坤正氣集》本，臺灣環球書局1966年（《乾坤正氣集》第20册）影印。

《熊襄湣公集》十卷首一卷末一卷，清同治三年刻本，《明別集叢刊》第四輯第83册影印。

《熊襄愍公尺牘》四卷，清光緒三十四年武昌璞園刻本，《明代名人尺牘選萃》第2册、《明別集叢刊》第四輯第83册、《尺牘文獻叢刊》第24册影印。

《熊廷弼集》，李紅權點校，學苑出版社2011年5月版（《明季遼事文集叢刊》）；湖北人民出版社2019年2月版（《荆楚文庫》）。

楊繩武

《楊文毅公文集》一卷《詩集》一卷，清宣統三年李根源輯刻《明滇南五名臣遺集》本，《明別集叢刊》第一輯第70册、《歷代地方詩文總集彙編》第462册影印。

《楊文毅公文集》一卷《詩集》一卷，民國三至十二年雲南圖書館刻《雲南叢書》初編《明滇南五名臣遺集》本，《叢書集成續編》（臺灣新文豐出版公司）文學類第105册、《叢書集成續編》（上海書店）別録第179册、中華書局2009年10月（《雲南叢書》第40册）影印。

公　鼐

《浮來先生詩集》十四卷，明天啓五年公襄刻本，《四庫禁燬書叢刊》集部第160册、《明別集叢刊》第四輯第80册影印。

鄧　渼

《留夷館集》四卷，明萬曆刻本，《四庫未收書輯刊》第五輯第 24 册影印。

《留夷館集》四卷，清初新城鄧氏刻本，《明别集叢刊》第四輯第 97 册影印。

俞　彦

《俞少卿集》四卷，明崇禎刻本，《四庫未收書輯刊》第六輯第 23 册、《明别集叢刊》第五輯第 1 册影印。

侯震暘

《侯太常集》不分卷，清鈔《嘉定侯氏三先生集》本，《明人别集稿鈔本叢刊》第 66 册影印。

宋懋澄

《九籥集》四十七卷，明萬曆刻本，《四庫禁燬書叢刊》集部第 177 册、《續修四庫全書》第 1373—1374 册、《明别集叢刊》第五輯第 5 册影印。

《九籥别集》四卷，清初刻本，《四庫禁燬書叢刊》集部第 177 册、《續修四庫全書》第 1374 册、《明别集叢刊》第五輯第 5 册影印。

《九籥集》，王利器校録，中國社會科學出版社 1984 年 3 月版。

畢自嚴

《白陽畢公自嚴遺跡》一卷，稿本，《山東文獻集成》第二輯第 27 册影印。

《畢自嚴遺稿》一卷，明末鈔本，《山東文獻集成》第二輯第 27 册影印。

《石隱園藏稿》不分卷，明末鈔本，《明人别集稿鈔本叢刊》第 66 册影印。

《石隱園文稿》不分卷，清初鈔本，《明代詩文集珍本叢刊》第 140 册影印。

《石隱園藏稿》八卷首一卷，清康熙二十五年畢際有刻本，《明別集叢刊》第五輯第2册、《四庫全書底本叢書》集部第208—209册影印。

《石隱園藏稿》八卷，清四庫全書本，《四庫全書珍本》五集集部第374—375册、《景印文淵閣四庫全書》第1293册、《文津閣四庫全書》第1298册、《文瀾閣四庫全書》第1332册(丁氏補鈔卷四、五、七)影印。

《石隱園詩草》一卷附《石隱園題詠》一卷《石隱園襍詠》一卷，民國十四年畢柱承鈔本，《山東文獻集成》第二輯第27册影印。

《石隱園藏稿》，蒲澤校注，中國文聯出版社2010年10月版。

董應雷

《遠游草》一卷，清嘉慶十三年福山鹿林松刻《董氏遺稿》本，《山東文獻集成》第三輯第40册影印。

温日知

《嶼浮閣詩賦集》十四卷，清咸豐七年刻本，《明別集叢刊》第五輯第2册影印。

彭宗孟

《侍御公書稿真蹟》一卷，稿本，《稀見明代四部輯刊》第二輯第80册影印。

《明彭孟公先生萬曆庚子科浙江鄉試卷》一卷，明萬曆二十八年寫本，《上海圖書館藏涉園稿鈔校本叢書》第45册影印。

《(彭孟公)江上雜疏》一卷，明天啓三年樊維城刻《鹽邑志林》本，《景印元明善本叢書·鹽邑志林》、《叢書集成初編》史地類第3153册(中華書局版第627册)、《叢書集成新編》史地類第95册、《元明善本叢書十種》第61册、《明別集叢刊》第五輯第2册影印。

《侍御公詩集》不分卷，清鈔本，《中國公共圖書館古籍文獻珍本匯刊·羅氏雪堂藏書遺珍》集部第13册影印。

王象艮

《迂園詩》十二卷，明萬曆刻本，《明别集叢刊》第五輯第2册影印。

劉養徵

《康谷子集》六卷，清乾隆四十一年劉傳等刻本，《四庫全書存目叢書》集部第60册、《明别集叢刊》第五輯第2册、《新編湖北叢書》第255册影印。

袁中道

《珂雪齋前集》二十四卷《外集》十五卷，明萬曆四十六年自刻本，《明代論著叢刊》第二輯（題作《袁中郎全集》）、《四庫禁燬書叢刊》集部第181册（闕《外集》十五卷）、《續修四庫全書》第1375—1376册、《明别集叢刊》第四輯第75册（闕《外集》十五卷）影印。

《新安集》一卷，明萬曆刻本，《域外漢籍珍本文庫》第五輯集部第24册影印。

《珂雪齋集選》二十四卷，明天啓二年汪惟修等刻本，《原國立北平圖書館甲庫善本叢書》第865—866册影印。

《珂雪齋近集》十卷，明末書林唐振吾（唐國達）刻本，《明代論著叢刊》第二輯（附《楚狂之歌》一卷）、《四庫禁燬書叢刊》集部第103册（附《楚狂之歌》一卷《小袁幼稿》一卷《近游草》一卷）、《續修四庫全書》第1376册（附《近游草》一卷）、《明别集叢刊》第四輯第74册（附《近游草》一卷）影印。

《翠娱閣評選袁小修先生小品》二卷，明崇禎六年陸雲龍刻《皇明十六名家小品》本，《四庫全書存目叢書》集部第378册影印。

《珂雪齋近集》，章衣萍校訂，中央書店1912年版（《國學珍本文庫》）；1936年3月版（《國學珍本文庫》）；上海書店1982年11月版。

《袁小修日記》，何有林校閲，國學研究社1935年8月版（《國學珍本叢書》）。

《袁小修日記》（《游居杮録》），阿英校點，上海雜志公司1935年9月版

(《中國文學珍本叢書》第一輯)。

《袁小修日記》(《游居柿録》),胡協寅校閲,廣益書局1936年4月版。

《珂雪齋集》,阿英校點,上海雜志公司1936年6月版(《中國文學珍本叢書》第一輯)。

《珂雪齋集》,錢伯城點校,上海古籍出版社1989年1月版(《中國古典文學叢書》)。

《袁小修小品》,李壽和選注,文化藝術出版社1996年3月版(《明人小品十家》)。

《袁中道集》,錢伯城整理,海南國際新聞出版中心1996年12月版(《傳世藏書》集庫别集第9册)。

《小修詩注》,王能議注,崇文書局2015年1月版。

《袁中道文選》,黄育智編制,臺灣南港山文史工作室2016年1月版。

薛光瑜

《薛潤甫集》七卷,明萬曆刻本,《域外漢籍珍本文庫》第五輯集部第24册影印。

張民表

《原圃集》一卷《塞庵詩一續》一卷《二續》一卷《三續》一卷,清順治周亮工等刻本,《四庫未收書輯刊》第六輯第23册、《明别集叢刊》第五輯第2册影印。

葛寅亮

《葛司農遺集》不分卷,清吴允嘉鈔本,《明代詩文集珍本叢刊》第154册影印。

吴　亮

《止園集》二十四卷《續集》一卷,明天啓元年吴亮刻本,《明代詩文集珍本叢刊》第154—156册影印。

李　槚

《薄遊小草》一卷，明刻本，《明代詩文集珍本叢刊》第156册影印。

楊師孔

《秀野堂集》十卷，明萬曆天啓刻本，《明代詩文集珍本叢刊》第157册影印。

張瑞圖

《白毫庵内篇》二卷《外篇》一卷《褉篇》二卷，明崇禎刻本，《四庫禁燬書叢刊》集部第142册、《明别集叢刊》第五輯第5册影印。

《白毫庵集》，粘良圖校注，鷺江出版社2015年12月版（《晉江文庫》）。

《白毫庵集》，許長鋒、粘良圖點校，商務印書館2019年3月版（《泉州文庫》）。

徐　[山勃]

《紅雨樓集》不分卷《鼇峰文集》不分卷，稿本，《上海圖書館未刊古籍稿本》第42—45册影印。

《鼇峰集》二十八卷，明天啓五年南居益刻本，《續修四庫全書》第1381册、《明别集叢刊》第五輯第3册影印。

《鼇峰集選》一卷，清順治刻《詩慰》本，《明别集叢刊》第五輯第93册影印。

《鼇峰絶句鈔》一卷，日本文政四年宫澤氏序刻本，《和刻本漢詩集成補篇》第18輯、《日本所編中國詩文選集彙刊·明代卷》第21册影印。

《田園雜興》一卷，日本嘉永二年序刻本，《和刻本漢詩集成補篇》第18輯影印。

《鼇峰集》，陳慶元、陳煒編著，廣陵書社 2012 年 7 月版（《福建叢書》）。

朱載壐

《新樂王甲戌稿》一卷，稿本，《明代詩文集珍本叢刊》第 94 册影印。

釋大善

《西溪百詠》二卷，清光緒八年錢塘丁氏嘉惠堂刻《武林掌故叢編》第十集本，《叢書集成續編》（臺灣新文豐出版公司）史地類第 231 册、《叢書集成續編》（上海書店）史部第 64 册、《四庫全書存目叢書》集部第 195 册、《中國風土志叢刊》第 51 册、廣陵書社 2018 年 4 月（《武林掌故叢編》第 5 册）、《明別集叢刊》第五輯第 3 册影印。

《西溪百詠》，褚樹青等點校，杭州出版社 2014 年 6 月版（《杭州全書·杭州文獻集成》第 5 册）。

馮　淮

《江皋集》六卷《遺稿》一卷，明刻本，《明代詩文集珍本叢刊》第 94 册影印。

傅　倫

《素軒吟稿》十一卷，明嘉靖五年朱肅齋刻本，《明代詩文集珍本叢刊》第 94—95 册影印。

紀　坤

《花王閣賸稿》一卷，清嘉慶四年紀氏閱微草堂刻本《四庫全書存目叢書》集部第 193 册影印。

《花王閣賸稿》一卷，清光緒五年定州王氏謙德堂刻《畿輔叢書》本，《百部叢書集成》之九十四、《明別集叢刊》第五輯第3册影印。

《花王閣賸稿》，商務印書館1937年12月版(《叢書集成初編》文學類第2286册)；中華書局2010年9月重印版(《叢書集成初編》第486册)。

《花王閣剩稿》，曹書通輯校，河北人民出版社2018年11月版(見《紀坤 紀樹蕤 紀煐述 紀堪琴 紀鉅維詩集》，《直隸學研究書系·歷代獻縣詩鈔》)。

浦義升

《赤霞公詩鈔》不分卷，舊鈔本，《臺灣珍藏善本叢刊·古鈔本明代詩文集》第2册、《明別集叢刊》第五輯第3册影印。

劉世教

《研寶齋遺稿》十二卷，明天啓六年劉祖鐸等刻本，《四庫未收書輯刊》第六輯第25册、《明別集叢刊》第五輯第3册影印。

丘禾實

《循陔園集》八卷，明萬曆金陵刻本，《稀見明代四部輯刊》第一輯第93—94册影印。

許　獬

《許鍾斗文集》五卷，明萬曆三十九年李光縉刻本，《明別集叢刊》第五輯第8册影印。

《許鍾斗文集》五卷，明萬曆四十年洪夢錫等刻本，《四庫全書存目叢書》集部第179册影印。

《叢青軒集》六卷，明崇禎十三年刻本，金門縣文獻委員會1971年8月(《金門叢書》)影印。

《許鍾斗稿》一卷，清鈔《可儀堂一百廿名家制義》本，《明人別集稿鈔本叢刊》第95册影印。

《叢青軒集譯注》，方清河譯注，金門縣文化局2008年8月版（《金門古書新釋叢書系列》）。

《叢青軒集》，陳煒點校，福建教育出版社2017年3月版（《臺灣古籍叢編》第二輯）。

《許鍾斗文集》，陳煒點校，商務印書館2018年5月版（《泉州文庫》）。

劉榮嗣

《簡齋詩鈔》十卷《二刻秋水謡》五卷《劍吷》五卷，明崇禎刻本，《原國立北平圖書館甲庫善本叢書》第885册（僅《簡齋詩鈔》十卷）、《明别集叢刊》第五輯第6册影印。

《簡齋先生詩選》十一卷《文選》四卷，清康熙元年劉佑刻本，《四庫禁燬書叢刊》集部第46册、《明别集叢刊》第五輯第6册（僅《文選》四卷）影印。

鄭以偉

《靈山藏》二十二卷，明崇禎刻本，《四庫禁燬書叢刊》集部第175册、《明别集叢刊》第五輯第14册影印。

劉文卿

《新刻劉直洲先生文集》□卷（存卷一至八），明萬曆唐國達刻本，《四庫全書存目叢書》集部第172册、《明别集叢刊》第四輯第66册影印。

楊　漣

《楊忠烈公文集》六卷，清順治十七年李贊元刻本、《續修四庫全書》第1371册影印。

《楊忠烈公集》四卷，清道光十三年世美堂刻本，臺灣華文書局1968年10月影印。

《楊忠烈公文集》十卷附《表忠録》一卷《補遺》一卷《年譜》一卷，清道光十三年世美堂刻本，《四庫禁燬書叢刊》集部第13册、《明别集叢刊》第五輯第6册影印。

《楊忠烈集》五卷，清道光二十八年涇縣潘氏袁江節署刻《乾坤正氣集》本，臺灣環球書局1966年（《乾坤正氣集》第21—22册）影印。

《楊大洪先生文集》二卷，清同治光緒間福州正誼書院重刻《正誼堂全書》本，《四庫禁燬書叢刊》集部第10册影印。

《楊大洪集》，商務印書館1936年12月版（《叢書集成初編》文學類第2459册）；中華書局2010年9月重印版（《叢書集成初編》第512册）。

王　徵

《王端節公遺集》四卷，民國十四年鉛印《涇陽文獻叢書》本，《明别集叢刊》第五輯第6册影印。

《王徵遺著》，李之勤校點，陝西人民出版社1987年8月版。

《王徵全集》，林樂昌編校，三秦出版社2011年12月版。

《王徵集》，林樂昌編校，西北大學出版社2015年1月版（《關學文庫·文獻整理系列》）。

陶奭齡

《賜曲園今是堂集》十一卷，明崇禎刻本，《四庫禁燬書叢刊》集部第80册、《明别集叢刊》第五輯第38册影印。

《陶奭齡集》，李會富編校，武漢大學出版社2020年7月版（《陽明學要籍選刊》）。

韓上桂

《蘧廬稿選》十三卷，明天啓刻本，《四庫禁燬書叢刊》集部第78册、《廣州大典》第429册影印。

《蘧廬稿選》十七卷《仿騷》一卷《五惜》一卷《浮丘彙稿》一卷《咄咄樽瓠

合選》一卷《韓孟郁雜稿選》四卷，明天啓刻本，《明别集叢刊》第五輯第 42 册影印。

《韓節湣公遺稿》十二卷首一卷末一卷，清嘉慶二十一年粤省九曜坊尚古齋刻本，《廣州大典》第 429 册、《明别集叢刊》第五輯第 42 册影印。

《韓節愍公月峰集》一卷，清嘉慶刻同治印《廣東文獻》二集本，江蘇廣陵古籍刻印社 1994 年 7 月（《廣東文獻》第 4 册）影印。

《韓上桂詩》，吕永光、李永新整理，嶺南美術出版社 2013 年 3 月版（《全粤詩》第 14 册）。

白南金

《洺詞》不分卷，明天啓元年刻本，《明别集叢刊》第五輯第 7 册影印。

王以悟

《王惺所先生文集》十卷，明天啓刻本，《明别集叢刊》第五輯第 7 册影印。

吴之甲

《静悱集》十卷《附録》一卷，清乾隆四年吴重康刻本，《四庫禁燬書叢刊》集部第 78 册、《明别集叢刊》第五輯第 36 册影印。

彭堯諭

《黍丘文集》三卷《詩集》六卷，明萬曆刻本，《稀見明代四部輯刊》第二輯第 72 册影印。

《西園前稿》□卷（存卷一），明刻本，《四庫禁燬書叢刊》集部第 175 册、《明别集叢刊》第五輯第 36 册影印。

《西園續稿》二十卷（闕卷一、卷十五），明末刻本，《明代詩文集珍本叢刊》第 201—203 册影印。

熊　化

《静儉堂集》二十卷，明崇禎十四年刻本，《中國公共圖書館古籍文獻珍本匯刊·天津圖書館孤本秘籍叢書》第12册影印。

孫光裕

《瀟湘先生廉善堂集》二十卷，明末刻本，《明别集叢刊》第五輯第7册影印。

周之龍

《熊南文集》六卷，清光緒二十一年静諳家塾刻本，《明别集叢刊》第五輯第8册影印。

眭　石

《眭東蓀先生集》十六卷，明崇禎刻本，《故宫珍本叢刊》第539—540册影印。

《東蓀先生集》十五卷，清光緒二十四年木活字印本，《明别集叢刊》第五輯第8册影印。

徐如翰

《檀燕山藏稿》十九卷，明刻本，《原國立北平圖書館甲庫善本叢書》第875册影印。

陳玉輝

《陳先生適適齋鑑鬚集》七卷，清康熙十一年刻本，《四庫全書存目叢書》集部第182册、《明别集叢刊》第五輯第8册影印。

宋　沾

《福山公遺集》一卷附《家傳》一卷，清康熙六年宋犖編刻《商丘宋氏三世遺集》本，《明别集叢刊》第三輯第17册、《美國哈佛大學哈佛燕京圖書館藏明清善本總集叢刊》第133册影印。

《宋沾集》，劉萬華輯校，浙江古籍出版社2020年7月版（《宋犖全集》第7册）。

何棟如

《何太僕集》十卷，明末刻本，《四庫禁燬書叢刊補編》第66册影印。

《何太僕集》十卷，民國三至五年上元蔣氏慎修書屋鉛印《金陵叢書》本，臺灣大西洋圖書公司1970年1月（《金陵叢書》第27—28册）、《叢書集成續編》（臺灣新文豐出版公司）文學類第148册、《叢書集成續編》（上海書店）集部第119册、《明别集叢刊》第五輯第9册影印。

丘兆麟

《學餘園初集》五卷，明萬曆刻本，《四庫禁燬書叢刊補編》第69册、《原國立北平圖書館甲庫善本叢書》第882册影印。

《玉書庭全集》三十二卷，明崇禎刻清修本，《明别集叢刊》第五輯第9册影印。

惲厥初

《知希庵稿》四卷，民國二十八年顧氏鈔本，《明别集叢刊》第三輯第20册影印。

陳于朝

《苧蘿山稿》六卷《附録》一卷，明萬曆四十三年陳洪緒、陳洪綬刻本，

《明別集叢刊》第五輯第10册影印。

周同谷

《玉沙集》四卷《素聲集》一卷《十一草》一卷，清道光九年潘道根鈔本，《常熟文庫》第83册影印。

《十一草》一卷《玉沙集》二卷《素聲集》二卷，清咸豐二年王德森鈔本，《常熟文庫》第83册影印。

《霜猿集》一卷，清光緒十四年董氏木活字印《琳琅秘室叢書》本，《百部叢書集成》之六十五、《琳琅秘室叢書》第9册影印。

《霜猿集》一卷，民國二年西泠印社木活字印《遯盦叢編》甲集本，《常熟文庫》第82册影印。

《霜猿集》四卷附《校記》一卷，民國四至八年常熟丁祖蔭刻《虞山叢刻》本，《叢書集成續編》(臺灣新文豐出版公司)文學類第171册、《明別集叢刊》第五輯第11册、《江蘇地方文獻叢刊·虞山叢刻　虞陽説苑》第1册影印。

《霜猿集》，商務印書館1937年6月版(《叢書集成初編》文學類第2287册)；中華書局2010年9月重印版(《叢書集成初編》第486册)。

王心一

《蘭雪堂集》六卷，清乾隆刻本，《四庫禁燬書叢刊》集部第105册、《明別集叢刊》第五輯第11册影印。

李若訥

《四品稿》九卷，明天啓二年刻本，《四庫禁燬書叢刊》集部第10册、《明別集叢刊》第五輯第11册影印。

《李若訥專輯》，中國人民政治協商會議臨邑縣委員會文史資料研究委員會編，1998年5月内部出版物(《臨邑文史資料》第十一輯)。

徐從治

《徐忠烈公集》四卷《附録》一卷，明末刻清康熙乾隆補修本，《四庫禁燬書叢刊補編》第70冊影印。

沈守正

《雪堂集》十卷《附録》一卷，明崇禎三年沈尤含、沈美含刻本，《四庫禁燬書叢刊》集部第70冊、《明別集叢刊》第五輯第12冊、《明代詩文集珍本叢刊》第160—161冊影印。

劉士龍

《藿議》不分卷，明刻本，《明代詩文集珍本叢刊》第161冊影印。

陸明揚

《紫薇堂集》八卷《附録》一卷，清鈔本，《明代詩文集珍本叢刊》第161—162冊影印。

胡繼先

《樂中集》一卷《近集》七卷《前集》七卷，明萬曆刻本，《明代詩文集珍本叢刊》第163冊影印。

汪廷訥

《坐隱先生全集》十八卷（《坐隱先生精訂捷徑弈譜》二卷《題贈》三卷《坐隱先生集》十二卷《坐隱園清賞》一卷），明萬曆三十七年汪氏環翠堂刻本，《四庫全書存目叢書》集部第188冊、《明別集叢刊》第五輯第1冊（闕《坐隱先生精訂捷徑弈譜》二卷《題贈》三卷）影印。

張　燮(張　爕)

《霏雲居集》五十四卷《目録》五卷，明萬曆四十年刻本，《四庫禁燬書叢刊補編》第59册影印。

《張燮集》，陳正統主編，中華書局2015年9月版。

駱日升

《駱先生文集》八卷，明崇禎刻本，《四庫全書存目叢書》集部第177册影印。

《駱先生文集》八卷，清道光七年駱德龍刻本，《明别集叢刊》第四輯第90册影印。

《駱台晉先生文集》，臺北市駱姓宗親會編，1970年1月自印本。

《駱台晉先生文集》，鄭焕章點校，商務印書館2017年9月版(《泉州文庫》)。

辛　全

《樂天集》十卷，明萬曆刻本，《明别集叢刊》第四輯第95册影印。

傅振商

《木天館稿》二卷《恒南稿》三卷，明萬曆刻本，《明别集叢刊》第五輯第13册影印。

《西征稿》八卷，明萬曆刻本，《明代詩文集珍本叢刊》第164—165册影印。

《愛鼎堂全集選》三十卷，清順治三年傅鶱祥、傅鸞祥刻乾隆十一年傅鵬祥重修本，《明别集叢刊》第五輯第12册影印。

《愛鼎堂遺集前集》十卷首一卷《後集》二十卷，清乾隆五十五年傅應奎刻本，《中國古籍珍本叢刊·東北師範大學圖書館卷》第57—59册影印。

周　銓

《醉石居未焚集》不分卷，明崇禎刻本，《中國古籍珍本叢刊·東北師範大學圖書館卷》第59册影印。

劉　鐸

《來復齋稿》十卷，明崇禎劉淑刻永曆重修本，《明代詩文集珍本叢刊》第179—180册影印。

《來復齋稿》，王泗原校注，人民教育出版社1999年5月版（見《劉鐸劉淑父女詩文》）。

董　杏

《鎮平公詩文軼稿》，董作錦編注，吉林大學出版社2019年4月版（《清白世家詩文軼稿集注》下卷）。

歐必元

《琭玉齋稿》十四卷《羅浮稿》一卷《溪上草》一卷《勾漏草》一卷，清刻本，《廣州大典》第431册影印。

《歐必元詩》，王蘭等整理，嶺南美術出版社2016年7月版（《全粵詩》第18册）。

陳　詩

《知鴻堂文集》二卷，清道光三十年刻本，《廣州大典》第431册影印。

陳一元

《漱石山房集》十六卷，明崇禎徐致遠校刻本，《四庫禁燬書叢刊補編》第

71 册、《明别集叢刊》第五輯第 13 册影印。

冒愈昌

《緑蕉館集》四卷，明萬曆二十六年刻本，《稀見明代四部輯刊》第一輯第 86 册影印。

《冒伯麐先生集》二十五卷，清光緒至民國間刻《如皋冒氏叢書》本，《明别集叢刊》第五輯第 13 册影印。

程于古

《落玄軒集選》十二卷，明天啓三年郭起鳳刻本，《四庫未收書輯刊》第六輯第 25 册、《明别集叢刊》第五輯第 14 册影印。

馬　陛

《夏父集》一卷，明萬曆刻本，《明别集叢刊》第五輯第 14 册影印。

吴　兗

《山居雜著》不分卷，明崇禎刻本，《明别集叢刊》第五輯第 14 册影印。

吴本泰

《吴吏部集》九卷，清順治刻本，《四庫禁燬書叢刊》集部第 84 册、《明别集叢刊》第五輯第 15 册影印。

歸昌世

《假庵詩草》不分卷，明稿本，《明代詩文集珍本叢刊》第 198 册影印。

朱　篁

《居易子鏗鏗齋外稿續集》一卷《雜卷》一卷，明刻本，《明代詩文集珍本叢刊》第198册影印。

俞琬綸

《自娱集》十卷《詩餘》一卷，明萬曆四十六年刻本，《原國立北平圖書館甲庫善本叢書》第883册影印。

錢士升

《賜餘堂集》十卷《年譜》一卷，清乾隆四年錢佳刻本，《四庫禁燬書叢刊》集部第10册、《明别集叢刊》第五輯第14册影印。

文震孟

《藥園文集》二十七卷（闕卷十八至二十、二十三、二十四），明稿本，長洲王氏1930年曬印；《中國公共圖書館古籍文獻珍本匯刊　羅氏雪堂藏書遺珍》集部第11册、《明别集叢刊》第五輯第15册（影長洲王氏曬印本）影印。

《文湛持稿》一卷，清鈔《可儀堂一百廿名家制義》本，《明人别集稿鈔本叢刊》第95册影印。

李邦華

《文水李忠肅先生集》六卷《附録》一卷，清乾隆七年徐大坤刻本，《四庫禁燬書叢刊》集部第81册、《明别集叢刊》第五輯第15册影印。

趙秉忠

《明趙秉忠（殿試）狀元卷》一卷，稿本，杭州出版社2003年二月、青州博物館2006年影印。

《峨山集》十二卷，明刻本，《山東文獻集成》第一輯第34册、《原國立北平圖書館甲庫善本叢書》第870册、《明別集叢刊》第二輯第13册影印。

《趙秉忠狀元卷注譯》，厲保津著，遠方出版社2003年12月版。

《趙秉忠文集》，劉序勤編注，香港中國國際文化出版社2007年9月版（《青州歷史文化研究會叢書》）。

喻安性

《喻氏疏議詩文稿》八卷，明崇禎刻本，《故宫珍本叢刊》第535—536册影印。

鍾　惺

《隱秀軒集》三十三卷（《詩集》十卷《文集》二十三卷），明天啓二年沈春澤刻本，《明代論著叢刊》第二輯、《四庫禁燬書叢刊》集部第48册、《原國立北平圖書館甲庫善本叢書》第879册、《明別集叢刊》第五輯第16册影印。

《鍾伯敬先生遺稿》四卷，明天啓七年徐波刻本，《明別集叢刊》第五輯第16册影印。

《翠娱閣評選鍾伯敬先生小品》二卷，明崇禎六年陸雲龍刻《皇明十六名家小品》本，《四庫全書存目叢書》集部第378册影印。

《翠娱閣評選鍾伯敬先生合集》十六卷（《文集》十一卷《詩集》五卷）《附録》一卷，明崇禎九年陸雲龍刻本，《四庫禁燬書叢刊》集部第140—141册、《續修四庫全書》第1371册、《原國立北平圖書館甲庫善本叢書》第880册（《文集》闕卷四卷五）影印。

《鍾惺文鈔》不分卷，清鈔本，《四庫禁燬書叢刊》集部第160册影印。

《鍾伯敬詩鈔讀》不分卷，清丁有曾鈔本，《明人別集稿鈔本叢刊》第66—67册影印。

《鍾伯敬合集》，阿英校點，上海雜志公司1936年4月版（《中國文學珍本叢書》第一輯）。

《隱秀軒集》，李先耕、崔重慶標校，上海古籍出版社1992年9月版（《中國古典文學叢書》);2017 年 7 月新版(《中國古典文學叢書》)。

《竟陵派鍾惺譚元春選集》,王驤、祝誠選注,湖北人民出版社 1993 年 2 月版。

《鍾伯敬小品》,劉良明選注,文化藝術出版社 1996 年 8 月版(《明人小品十家》)。

《鍾惺集》,陳廣宏整理,海南國際新聞出版中心 1996 年 12 月版(《傳世藏書》集庫别集第 10 册)。

《鍾惺散文選集》,陳少松選注,百花文藝出版社 1997 年 8 月版(《百花散文書系·古代部分》)。

趙彦復

《趙微生詩選》一卷,明末清初鈔《明三家詩選》本,《明人别集稿鈔本叢刊》第 75 册影印。

貢修齡

《斗酒堂集》十二卷(《詩》九卷《詩補遺》一卷《詞》一卷《附集》一卷),明崇禎刻本,《四庫禁燬書叢刊》集部第 80 册、《明别集叢刊》第五輯第 57 册影印。

高夢箕

《許山集》一卷《承平雜咏》一卷,清括齋王氏鈔本,《明代詩文集珍本叢刊》第 237 册影印。

《高夢箕　陳祺齡　李爲亘　劉清漳詩集》,武尌慧輯校,河北大學出版社 2019 年 8 月版(《直隸學研究書系·歷代獻縣詩鈔》)。

丁　清

《續古草堂解愁吟》四卷,鈔本,《常熟文庫》第 69 册影印。

何　雲

《何士龍詩》一卷，清初鈔本，《明代詩文集珍本叢刊》第 237 册、《常熟文庫》第 69 册影印。

文從簡

《文彦可先生遺稿》不分卷，明稿本，《明代詩文集珍本叢刊》第 237 册影印。

謝　焜

《墨巢集》十六卷，明崇禎十年汪宗友刻本，《明代詩文集珍本叢刊》第 237 册、《八閩文庫・福建文獻集成》初編集部第 32 册影印。

茅　維

《十賚堂乙集詩部》十七卷《詞部》一卷《北闈蕢言》二卷，明萬曆四十五年十賚堂刻本，《稀見明代四部輯刊》第一輯第 98—99 册影印。

《十賚堂丙集》十二卷，明末十賚堂刻本，《原國立北平圖書館甲庫善本叢書》第 890 册、《歸安茅氏文獻輯刊》第 61 册影印。

吴宗達

《吴文端公涣亭存稿》二十八卷，明崇禎吴職思刻本，《原國立北平圖書館甲庫善本叢書》第 875—876 册影印。

《涣亭存稿》，吴君貽、朱雋整理，鳳凰出版社 2018 年 4 月版。

王思任

《王季重雜著》八卷（《避園擬存》一卷《雜文序》一卷《時文序》一卷《王季重歷游紀》一卷《游唤》一卷《律陶》一卷《游廬山記》一卷《奕律》一卷），明末刻本,《明代論著叢刊》第三輯、《四庫禁燬書叢刊補編》第78册(僅《避園擬存》一卷《游唤》一卷《王季重歷游記》一卷)、《原國立北平圖書館甲庫善本叢書》第869册(題作《王季重集》)影印。

《王季重九種集》九卷(《避園擬存》一卷《雜文序》一卷《時文序》一卷《王季重歷游紀》一卷《游唤》一卷《律陶》一卷《廬山詠》一卷《廬游記》一卷《奕律》一卷),明末刻本,《明别集叢刊》第五輯第11册影印。

《王季重集》十四卷,明刻本,《原國立北平圖書館甲庫善本叢書》第869—870册影印。

《王季重集》不分卷,明刻本,《域外漢籍珍本文庫》第五輯集部第25册影印。

《翠娱閣評選王季重先生小品》二卷,明崇禎六年陸雲龍刻《皇明十六名家小品》本,《四庫全書存目叢書》集部第378册影印。

《謔庵文飯小品》五卷,清順治十五年王鼎起刻本,《續修四庫全書》第1368册影印。

《王季重集》四卷,清道光二十八年涇縣潘氏袁江節署刻《乾坤正氣集》本,臺灣環球書局1966年(《乾坤正氣集》第34册)影印。

《王季重律陶》一卷,清輝閣刻本,《歷代集句詩詞别集叢刊》第4册影印。

《王季重十種》,阿英校點,上海雜志公司1936年3月版(《中國文學珍本叢書》第一輯)。

《王季重十種》,任遠校點,浙江古籍出版社1987年8月版(《兩浙作家文叢》)。

《王季重小品》,李鳴選注,文化藝術出版社1996年8月版(《明人小品十種》)。

《王季重集》,任遠點校,浙江古籍出版社2012年4月版(《浙江文叢》)。

無名氏(托名辛棄疾)

《蕊閣集》二卷,清趙氏小山堂鈔本,《歷代集句詩詞别集叢刊》第4册影印。

李士標

《蒼雪齋詩存》一卷,清康熙三十六年李繩遠刻《登遠堂三世詩存》本,

《明别集叢刊》第三輯第96册影印。

余懋孳

《荑言》六卷,明萬曆三十七年刻本,《四庫全書存目叢書補編》第99册、《明别集叢刊》第五輯第16册影印。

李流芳

《檀園集》十二卷,明崇禎二年刻本,臺灣學生書局1960年6月(《歷代畫家詩文集》第37種)、《明别集叢刊》第五輯第16册影印。

《檀園集》十二卷,明崇禎二年刻清康熙二十八年陸廷燦重修《嘉定四先生集》本,《四庫提要著録叢書》集部第279册影印。

《檀園集》十二卷,清四庫全書本,《四庫全書珍本》六集集部第288册、《景印文淵閣四庫全書》第1295册、《文津閣四庫全書》第1299册、《文瀾閣四庫全書》第1333册(丁氏補鈔卷七、八)影印。

《李流芳集》,李柯纂輯點校,浙江人民美術出版社2012年6月版(《中國藝術文獻叢刊》);2019年12月版(《藝術文獻集成》)。

《檀園集》,李維琨點校,上海文化出版社2013年9月版(《南翔古鎮文化書系》)。

《嘉定李流芳全集》,陶繼明、王光乾校注,上海古籍出版社2013年11月版。

徐方廣

《徐思曠稿》一卷,清鈔《可儀堂一百廿名家制義》本,《明人别集稿鈔本叢刊》第96册影印。

劉遵憲

《來鶴樓集》四卷(闕卷三),明天啓刻本,《四庫禁燬書叢刊》集部第108

册、《明别集叢刊》第五輯第17册影印。

劉士驥

《蟋蟀軒草》四卷，明刻本，《四庫全書存目叢書》集部第182册影印。

《蟋蟀軒草》不分卷，明刻清嘉慶七年劉元龍等補刻本，《明别集叢刊》第五輯第17册影印。

曹學佺

《曹大理集》八卷，明萬曆刻本，《續修四庫全書》第1367册、《曹學佺文獻輯刊》第4册影印。

《石倉文稿》四卷，明萬曆刻本，《續修四庫全書》第1367册、《曹學佺文獻輯刊》第6册影印。

《翠娱閣評選曹能始先生小品》二卷，明崇禎六年陸雲龍刻《皇明十六名家小品》本，《四庫全書存目叢書》集部第378册影印。

《石倉集》二十四卷，明末刻本，《四庫禁燬書叢刊補編》第80册、《曹學佺文獻輯刊》第1—3册影印。

《石倉三稿》二十五卷《石倉文稿》一卷，明末刻本，《明别集叢刊》第五輯第17册影印。

《浮山堂集》一卷《石倉文稿》一卷，明刻本，《明代詩文集珍本叢刊》第148册、《曹學佺文獻輯刊》第5册影印。

《石倉詩文集》二十卷，明刻本，《曹學佺文獻輯刊》第11—13册、《福建文脉叢書》第236—238册影印。

《春别篇》一卷，明刻本，《曹學佺文獻輯刊》第5册、《明代詩文集珍本叢刊》第148册、《福建文脉叢書》第238册影印。

《金陵集》三卷(闕卷上)，明刻本，《明代詩文集珍本叢刊》第148册影印。

《金陵集》三卷《游太湖詩》一卷，明刻本，《曹學佺文獻輯刊》第5册、《福建文脉叢書》第235册影印。

《石倉詩稿》三十三卷，清乾隆十九年曹岱華刻本，《四庫禁燬書叢刊》集部第143册、《蜀藏·巴蜀珍稀文學文獻匯刊》第45—46册(選《巴草》一卷《蜀草》三卷)、《明别集叢刊》第五輯第18册、《曹學佺文獻輯刊》第7—10册影印。

《石倉詩稿》三十三卷《曹大理詩文集》一百零九卷《翠娱閣評選曹能始先生小品》二卷附《曹石倉行述》,《石倉詩稿》清乾隆十九年曹岱華刻本、《曹大理詩文集》《翠娱閣評選曹能始先生小品》明末刻本,《福建叢書》第三輯(題作《曹學佺集》)影印。

《曹學佺詩文集》,莊可庭纂輯、高祥傑點注,香港文學報社出版公司2013年9月版。

葉維榮

《詹炎集》三十四卷(存卷一至十八),明萬曆二十八年林中梧等刻藍印本,《明代詩文集珍本叢刊》第148—150册影印。

鄧士亮

《心月軒稿》十七卷,明末刻本,《四庫未收書輯刊》第六輯第26册、《明别集叢刊》第五輯第18册影印。

費元禄

《甲秀園集》四十七卷,明萬曆三十五年刻本,《四庫禁燬書叢刊》集部第62册、《明别集叢刊》第五輯第19册影印。

《甲秀園集》四十七卷,明萬曆陳繼儒校刻本(卷九至卷十二有鈔配),《域外漢籍珍本文庫》第四輯集部第18册影印。

《轉情集》二卷,清康熙九年費氏刻本,《明别集叢刊》第五輯第19册影印。

鹿善繼

《鹿伯順十五種認真草》三十六卷,明崇禎刻本,《原國立北平圖書館甲庫善本叢書》第882—883册影印。

《認真草》十六卷,清光緒定州王氏謙德堂刻《畿輔叢書》本,《百部叢書集成》之九十四影印。

《鹿忠節公認真草》十五種，清刻本，《明別集叢刊》第五輯第 20 册、《明代朱子學文獻叢刊》第 368—370 册、《雄安文脉叢書》第 118—119 册影印。

《鹿忠節公集》二十一卷，清乾隆後刻本，《續修四庫全書》第 1373 册、《中國稀見史料》第一輯第 5—6 册、《明別集叢刊》第五輯第 20 册影印。

《鹿忠節集》二十一卷，清道光二十八年涇縣潘氏袁江節署刻《乾坤正氣集》本，臺灣環球書局 1966 年（《乾坤正氣集》第 25 册）、《雄安文脉叢書》第 121 册影印。

《無欲齋詩鈔》不分卷，清乾隆五十五年鹿荃刻本，《寫刻本詩詞集叢刊》第 15 册、《寫刻古籍版本聚珍》第 393 册、《明代朱子學文獻叢刊》第 367 册、《雄安文脉叢書》第 120 册影印。

《無欲齋詩鈔》一卷，清道光四年鹿亢宗刻本，《明別集叢刊》第五輯第 20 册影印。

《無欲齋詩鈔》一卷，清刻本，《四庫全書存目叢書》集部第 184 册影印。

《無欲齋詩草》八卷附《尋聲譜》一卷，清光緒二十三年刻本，《雄安文脉叢書》第 120 册影印。

《三歸草》二卷，清刻本，《明別集叢刊》第五輯第 20 册、《明代朱子學文獻叢刊》第 368 册、《雄安文脉叢書》第 120 册影印。

《認真草》，商務印書館 1936 年 6 月版（《叢書集成初編》文學類第 2451—2454 册）；中華書局 2010 年 9 月重印版（《叢書集成初編》第 511 册）。

左光斗

《左忠毅公集》五卷，清康熙刻本，《四庫禁燬書叢刊》集部第 46 册、《續修四庫全書》第 1370 册、《明別集叢刊》第五輯第 21 册影印。

《左忠毅集》三卷，清道光二十八年涇縣潘氏袁江節署刻《乾坤正氣集》本，臺灣環球書局 1966 年（《乾坤正氣集》第 22 册）影印。

《左光斗詩文集》，吴純生點校，合肥工業大學出版社 2017 年 2 月版（《樅陽文化叢書》）。

《左光斗集》，黄成蔚、張夢新點校，黄山書社 2018 年 9 月版（《安徽古籍叢書》）。

魏大中

《藏密齋集》二十四卷，明崇禎刻本，《續修四庫全書》第1374—1375册影印。

《藏密齋集》二十五卷，明崇禎刻本，《明别集叢刊》第五輯第21册影印。

《藏密齋集》二十四卷，明崇禎刻清嘉慶補刻本，《四庫禁燬書叢刊》集部第45册影印。

《藏密齋集》七卷，清道光二十八年涇縣潘氏袁江節署刻《乾坤正氣集》本，臺灣環球書局1966年（《乾坤正氣集》第25册）影印。

《魏忠節遺著》不分卷，清同治八年劉履芬鈔本，《明人别集稿鈔本叢刊》第68册影印。

《藏密齋書牘》一卷，清光緒四年秀水孫氏望雲仙館刻《檇李遺書》本，《叢書集成續編》（臺灣新文豐出版公司）文學類第217册、《叢書集成續編》（上海書店）集部第119册、《尺牘文獻叢刊》第27册影印。

《魏廓園先生尺牘》不分卷，清鈔本，《明代名人尺牘選萃》第3册、《明别集叢刊》第五輯第21册影印。

章世純

《章大力先生全稿》一卷，清康熙天蓋樓刻《江西五家稿》本，《四庫禁燬書叢刊》經部第7册影印。

《章柳州集》四卷，清康熙刻《臨川文選》本，《明别集叢刊》第五輯第22册影印。

《章大力稿》一卷，清鈔《可儀堂一百廿名家制義》本，《明人别集稿鈔本叢刊》第95册影印。

張　鼐

《遼籌》二卷《遼夷略》一卷《奏草》一卷《陳謡雜詠》一卷，明天啓刻本，《四庫禁燬書叢刊》集部第105册影印。

《寶日堂初集》三十二卷，明崇禎二年刻本，《四庫禁燬書叢刊》集部第76—77册、《明别集叢刊》第五輯第22—23册影印。

《翠娱閣評選張侗初先生小品》二卷，明崇禎六年陸雲龍刻《皇明十六名家小品》本，《四庫全書存目叢書》集部第378册影印。

梅之焕

《梅中丞遺稿》八卷附《西州淚》一卷，清順治衛貞元刻本，《四庫未收書輯刊》第五輯第25册、《明别集叢刊》第五輯第23册影印。

《梅中丞遺稿》，凌禮潮編校，華中師範大學出版社2019年10月版（《荆楚文庫》）。

莊起元

《漆園卮言》十七卷，明萬曆刻本，《四庫全書存目叢書》集部第184册、《明别集叢刊》第五輯第36册影印。

張　銓

《張忠烈公存集》三十五卷（闕卷一至五、三十一），明末刻本，《四庫禁燬書叢刊》集部第77册、《中國華北文獻叢書》第165册、《明别集叢刊》第五輯第26册影印。

《張蕙江先生存笥集》二卷《徵行録》一卷，明張世俊素心堂刻本，《明代詩文集珍本叢刊》第54—55册影印。

《張忠烈公存集》，田同旭、趙建斌、馬艷點校，上海古籍出版社2017年11月版（《山右叢書二編》第9册）；2018年6月版（《山右叢書》）。

《張忠烈公存集》，田同旭、趙建斌校正，三晉出版社2019年12月版（《沁水歷代名家文存》第3册）。

朱之蕃

《奉使朝鮮稿》一卷附《東方和音》一卷，明萬曆刻本，《四庫全書存目叢書》集部第176册影印。

《(朱之蕃)詠物詩》一卷,日本弘化元年井伊氏仁山堂序刻本,《和刻本漢詩集成補篇》第18輯、《和刻本中國古逸書叢刊》第58册、《日本所編中國詩文選集彙刊·明代卷》第26册影印。

朱翊鈺

《廣讌堂集》二十四卷,明天啓六年序刻本,《日本内閣文庫藏稀見明人别集彙刊》第三輯第7—9册影印。

嚴　衍

《溪亭集》二卷《附集》一卷,清黑格鈔本,《明人别集稿鈔本叢刊》第67册影印。

曾楚卿

《曾城詩集》四卷,明崇禎十七年刻本,《稀見明代四部輯刊》第二輯第80册影印。

劉永基

《劉止庵先生語録》五卷《文集》五卷,明崇禎二年刻本,《稀見明代四部輯刊》第二輯第81册影印。

鍾　夏

《鍾貴溪先生四體詩稿》一卷,明萬曆復初堂刻本,《稀見明代四部輯刊》第二輯第82册影印。

徐月汀

《水月軒漫吟稿》四卷(闕卷一),明刻本,《稀見明代四部輯刊》第二輯第82册影印。

顧大韶

《炳燭齋稿》不分卷《隨筆》一卷，清康熙十年顧晶、顧祿刻本，《明别集叢刊》第五輯第24册影印。

《炳燭齋稿》一卷，清道光二十年鈔本，《四庫禁燬書叢刊》集部第104册、《常熟文庫》第62册影印。

《炳燭齋文集初刻》一卷《續刻》一卷《隨筆》一卷，清末鈔本，《明人别集稿鈔本叢刊》第68册影印。

《炳燭齋文集初刻》一卷《續刻》一卷，清宣統元年國學扶輪社鉛印本，《稀見明代四部輯刊》第一輯第97册影印。

黄公輔

《北燕巖集》四卷，清道光刻本，《廣東叢書》第一集、《叢書集成續編》（臺灣新文豐出版公司）文學類第148册（影《廣東叢書》本）、《叢書集成續編》（上海書店）集部第119册（影《廣東叢書》本）、《明别集叢刊》第五輯第24册（影《廣東叢書》本）影印。

《北燕巖集》四卷，清咸豐八年杜阮萬卷樓刻本，《廣州大典》第430册影印。

《黄公輔詩》，鍾稚鷗整理，嶺南美術出版社2014年11月版（《全粵詩》第17册）。

蘇　昇

《讀易堂遺稿》二卷，清光緒七年蘇種德堂刻本，《廣州大典》第430册影印。

《蘇昇詩》，鍾東整理，嶺南美術出版社2014年11月版（《全粵詩》第17册）。

劉餘祐

《燕香齋詩集》六卷《文集》四卷，清康熙刻本，《四庫全書存目叢書》集部第195冊、《京津冀歷代別集叢刊》第13冊影印。

馮夢龍

《馮夢龍詩文》，橘君輯注，海峽文藝出版社1985年10月版。

《馮夢龍集》，高洪鈞輯校，河北人民出版社1992年3月版。

《馮夢龍集箋注》，高洪鈞編著，天津古籍出版社2006年5月版。

黄　錦

《黄錦詩》，李君明等整理，嶺南美術出版社2016年7月版（《全粤詩》第18冊）。

《黄錦集（外一種）》，孫道平輯校，暨南大學出版社2018年4月版（《潮汕文庫·文獻系列》）。

馬元調

《簡堂集》不分卷，清鈔本，1980年代線裝私印；《明別集叢刊》第五輯第24冊、《中國古籍珍本叢刊·東北師範大學圖書館卷》第60冊影印。

顧大章

《裕愍公稿》不分卷，清鈔本，《常熟文庫》第62冊影印。

李孫宸

《建霞樓詩集》二十二卷《文集》七卷，清刻本，《廣州大典》第431冊影印。

《李孫宸詩》,鍾東、史洪權整理,嶺南美術出版社2014年10月版(《全粤詩》第16册)。

李之世

《鶴汀詩集》十卷(存卷一至七),清乾隆涉園刻本,《四車禁燬書叢刊》集部第80册、《廣州大典》第430册影印。

《鶴汀詩集》十卷,清乾隆嘉慶覆刻明萬曆本,《明别集叢刊》第五輯第25册影印。

《李之世詩》,黄坤堯、鍾東、李永新整理,嶺南美術出版社2014年10月版(《全粤詩》第16册)。

劉錫玄

《頌帚居士戒草》一卷,明萬曆四十五年劉錫玄自刻本,《明代詩文集珍本叢刊》第165册影印。

《頌帚三集》二卷,明萬曆刻本,《明代詩文集珍本叢刊》第165—165册影印。

《掃餘之餘》三卷,明末刻本,《四庫全書存目叢書》集部第183册、《明别集叢刊》第五輯第25册影印。

《歸涂閑紀》一卷,明末刻《黔南十集》本,《四庫全書存目叢書》集部第183册影印。

袁懋貞

《善名堂詩集》六卷,明天啓自刻本,《泰州文獻》第45册影印。

《寤園山人素辭》十卷(闕卷五卷六),明崇禎刻本,《明别集叢刊》第五輯第25册影印。

袁懋謙

《虎溪詩選》四卷,明天啓五年刻本,《劍邑文庫》第15册影印。

劉永澄

《劉練江先生集》八卷附《離騷經纂注》一卷《年譜》一卷，清乾隆劉穎刻本，《四庫全書存目叢書》集部第179册影印。

陳　勳

《陳元凱集》五卷，明天啓二年吕純如刻本，《四庫全書存目叢書》集部第179册影印。

葛如麟

《葛如麟文集》不分卷，明崇禎手稿本，《臺灣珍藏善本叢刊·古鈔本明代詩文集》第11册影印。

《葛憲使公集》四卷，清嘉慶八年葛氏樹滋堂刻本，《明別集叢刊》第五輯第26册影印。

柯　榮

《歌宜室集》，沈洪保點校，黄山書社2010年3月版（與《識匡齋全集》同册，《温州文獻叢刊》）。

鄧　澄

《鄧東垣集》十八卷，清敦夙堂活字印本，《四庫禁燬書叢刊補編》第80册影印。

蔡復一

《遯庵詩集》十卷《駢語》五卷《續駢語》二卷，明末林文昌刻本，《原國立北平圖書館甲庫善本叢書》第868册、《明別集叢刊》第五輯第27册（闕《詩集》十卷)影印。

《遯庵全集》十八卷《遯庵駢語》五卷《續駢語》二卷,明刻本,《四庫禁燬書叢刊補編》第60册影印。

《遯庵蔡先生文集校釋》,郭哲銘譯注,金門縣文化局2007年版(《金門古書新釋叢書系列》)。

《遯庵詩集校注》,蔡振念校注,金門縣文化局2013年11月版。

《遯庵全集》,何丙仲點校,商務印書館2018年7月版(《泉州文庫》)。

《遯庵全集》,陳炳南校注,金門縣蔡氏宗親會2013年12月版。

吴　沛

《西墅草堂遺集》五卷,清康熙十二年吴國對刻本,《四庫未收書輯刊》第六輯第25册、《明别集叢刊》第五輯第25册、國家圖書館出版社2020年12月(《全椒古代典籍叢書》)影印。

汪汝謙

《不繫園集》一卷,清光緒五年錢塘丁氏嘉惠堂刻《武林掌故叢編》第一集本,《叢書集成續編》(臺灣新文豐出版公司)史地類第224册、《叢書集成續編》(上海書店)集部第122册、廣陵書社2018年4月(《武林掌故叢編》第1册)影印。

《隨喜庵集》一卷,清光緒五年錢塘丁氏嘉惠堂刻《武林掌故叢編》第一集本,《叢書集成續編》(臺灣新文豐出版公司)史地類第224册、《叢書集成續編》(上海書店)集部第122册、廣陵書社2018年4月(《武林掌故叢編》第1册)影印。

《綺詠》一卷《續集》一卷,清光緒十二年錢唐汪氏長沙刻《叢睦汪氏遺書》本,《四庫全書存目叢書》集部第192册影印。

《不繫園集》《隨喜庵集》,魏得良、徐吉軍標點,杭州出版社2014年6月版(《杭州全書·杭州文獻集成》第1册)。

釋元賢

《竹窗隨筆》一卷《二筆》一卷《三筆》一卷,日本承應二年京都秋田屋平左衛門刻本,《和刻影印近世漢籍叢刊思想編四編》第7册影印。

《永覺和尚禪餘外集》八卷,日本延寶五年刻本,《和刻影印近世漢籍叢刊思想編四編》第8册、《明別集叢刊》第五輯第30册影印。

《竹窗隨筆》,曹越主編,北京圖書館出版社2005年1月版(《明清四大高僧文集》)。

文翔鳳

《文太青先生全集》五十三卷(《皇極篇》二十七卷《南極篇》二十二卷《東極篇》四卷),明萬曆四十七年書坊蔡益所刻本,《四庫全書存目叢書》集部第184册(僅《東極篇》四卷)、《四庫禁燬書叢刊》集部第49册與子部第11册(闕《東極篇》四卷)、《原國立北平圖書館甲庫善本叢書》第880—881册、《明別集叢刊》第五輯第37册影印。

《翠娛閣評選文太青先生小品》二卷,明崇禎六年陸雲龍刻《皇明十六名家小品》本,《四庫全書存目叢書》集部第378册影印。

《紫庭草》一卷,明刻《三子小草》本,《明代詩文集珍本叢刊》第166册影印。

《竹聖齋詩》一卷,明鈔本,《明代詩文集珍本叢刊》第166册影印。

《文太青先生文集》二卷,鈔本,《四庫全書存目叢書》集部第184册影印。

《文翔鳳詩文選注》,劉敏卓主編,中國文化出版社2007年4月版。

劉汝佳

《劉婺州集》二十四卷,明萬曆四十五年序刻本,《日本内閣文庫藏稀見明人別集彙刊》第四輯第1—3册影印。

林光宇

《林子真詩》一卷,明崇禎韓錫鈔本,《柏克萊加州大學東亞圖書館藏稿鈔校本叢刊》第15册影印。

張慎言（張　言）

《勺水庵詩集》不分卷，明末刻本，《明代詩文集珍本叢刊》第168册影印。

《泊水齋詩集》六卷，明崇禎一四年張履旋刻本，《原國立北平圖書館甲庫善本叢書》第881册影印。

《泊水齋文鈔》三卷，清康熙三十九年張茂生刻本，《四庫全書存目叢書》集部第183册影印。

《泊水齋詩鈔》五卷《泊水齋文鈔》三卷，民國二十五年鉛印《山右叢書初編》本，《叢書集成續編》（臺灣新文豐出版公司）文學類第171册與187册、山西人民出版社1986年9月（《山右叢書初編》第13册）、《叢書集成續編》（上海書店）集部第119册、《中國華北文獻叢書》第69册、《明别集叢刊》第五輯第30册影印。

《泊水齋詩文鈔》，李蹊校注，山西人民出版社1992年1月版（《三晉古籍叢書》）。

《泊水齋集》，馬甫平點校，三晉出版社2008年7月版（《晉城歷史名人文存》）。

《泊水齋文鈔》《泊水齋詩鈔》《勺水庵詩集》，王麗娟整理，三晉出版社2010年4月版（《陽城歷史名人文存》第1册）。

《泊水齋文鈔詩鈔》，李蹊點校，上海古籍出版社2014年6月版（《山右叢書初編》第5册）；2016年12月版（見《潞公文集（外二種）》，《山右叢書》）。

《張慎言集》，張春國、王曉楓點校，三晉出版社2016年11月版（《山西文華・著述編》）。

楊夢衮

《岱宗藏稿》五十卷，明天啓秣陵廣慶堂刻本，《中國古籍珍本叢刊・保定市圖書館卷》第21—24册影印。

徐石麒

《可經堂集》十二卷，清順治徐氏可經堂刻本，《四庫禁燬書叢刊》集部第

72 册、《明别集叢刊》第五輯第 26 册影印。

《可經堂集》十二卷，清鈔本，《明人别集稿鈔本叢刊》第 69—71 册影印。

鄒維璉

《達觀樓集》二十四卷，清乾隆三十一年重刻本，《四庫全書存目叢書》集部第 183 册、《明别集叢刊》第五輯第 27 册影印。

杜開美

《藺陔堂稿》十四卷，明萬曆刻本，《明代詩文集珍本叢刊》第 185—187 册影印。

文從龍

《停雲館詩選》二卷，明萬曆刻本，《明代詩文集珍本叢刊》第 187 册影印。

曹　臣

《文几山人集》四卷《附録》一卷，清康熙三十五年曹度帶存堂刻本，《明别集叢刊》第五輯第 27 册、《明代詩文集珍本叢刊》第 224 册影印。

楊　宣

《剩草》一卷，明崇禎六年楊宣自刻本，《明代詩文集珍本叢刊》第 224 册影印。

蔡邦俊

《敬民堂小集》三卷，明崇禎刻本，《明代詩文集珍本叢刊》第 225 册影印。

聞　龍

《行樂吟》一卷，明萬曆二十八年聞龍自刻本，《明代詩文集珍本叢刊》第187册影印。

錢希言

《桃葉編》一卷，明萬曆二十八年吴趨客傲齋刻本，《明代詩文集珍本叢刊》第187册影印。

《松樞十九山》五十六卷，明萬曆刻本，《域外漢籍珍本文庫》第五輯集部第27—28册影印。

吴懷賢

《吴翼明先生存集》七卷，明萬曆刻本，《域外漢籍珍本文庫》第五輯集部第28册影印。

許自昌

《卧雲稿》一卷，明萬曆三十年許自昌自刻本，《明代詩文集珍本叢刊》第187册影印。

于承祖

《長征吟》二卷，明萬曆刻本，《域外漢籍珍本文庫》第五輯集部第26册影印。

《鷇音集》一卷，明萬曆芙蓉社刻本，《明代詩文集珍本叢刊》第187册影印。

汪子祜

《石西集》八卷附《崇禮堂詩》一卷，清康熙十八年汪宗豫刻《汪氏家集》本，《四庫全書存目叢書》集部第146册、《明别集叢刊》第一輯第4册影印。

劉宗周

《劉念臺先生鈔稿》一卷，稿本，《明人别集稿鈔本叢刊》第 71 册影印。

《劉蕺山先生集》十種二十四卷首一卷，清乾隆十七年證人堂刻本，《四庫提要著録叢書》集部第 355 册、《中華再造善本·清代編》影印。

《劉蕺山集》十七卷，清四庫全書本，《四庫全書珍本》十二集集部第 189—190 册、《景印文淵閣四庫全書》第 1294 册、《文津閣四庫全書》第 1299 册、《文瀾閣四庫全書》第 1333 册（丁氏補鈔卷一至八）影印。

《劉子全書》四十卷首一卷，清道光四至十五年會稽吴氏刻本，《明别集叢刊》第五輯第 28—29 册影印。

《劉子全書遺編》二十四卷，清道光三十年刻光緒十八年重修本，《明别集叢刊》第五輯第 29 册影印。

《劉子文編》十卷，清道光二十八年涇縣潘氏袁江節署刻《乾坤正氣集》本，臺灣環球書局 1966 年（《乾坤正氣集》第 29 册）影印。

《劉蕺山文鈔》二卷，日本文久二年大坂河内屋茂兵衛等刻本，《和刻影印近世漢籍叢刊思想編續編》第 14 册、《和刻本漢籍文集》第 15 輯、《日本所編中國詩文選集彙刊·明代卷》第 28 册影印。

《劉宗周全集》，戴璉璋、吴光主編，“中央研究院”中國文哲研究所籌備處 1997 年 6 月版（《“中央研究院”中國文哲研究所籌備處古籍整理叢刊》）。

《劉宗周全集》，吴光主編，浙江古籍出版社 2007 年 4 月版。

《劉宗周全集》，吴光等點校，浙江古籍出版社 2012 年 6 月版（《浙江文叢》）。

《劉蕺山先生集》，秦峰校點，北京大學出版社 2016 年 8 月版（《儒藏·精華編》第 265 册）。

王象春

《王季木問山亭詩集選》一卷《辛亥草》二卷《癸丑草》一卷《壬子草》一卷《甲寅草》一卷，明藍格鈔本，《明人别集稿鈔本叢刊》第 71 册影印。

《問山亭詩》十八卷，清康熙樹音堂鈔本，《山東文獻集成》第二輯第 28 册影印。

《問山亭詩》十卷，清初刻本，《明别集叢刊》第五輯第31册影印。

《問山亭詩拾遺》一卷，清鈔本，《山東文獻集成》第二輯第28册影印。

《問山亭主人遺詩正集》一卷《續集》一卷《補集》一卷《附録》一卷，民國十七年武進陶氏涉園石印《喜詠軒叢書》本，《叢書集成續編》（臺灣新文豐出版公司）文學類第170册、《叢書集成續編》（上海書店）集部第119册、北京聯合出版公司2016年1月（《喜詠軒叢書》第2册）影印。

《齊音》，張昆河、張健之注，濟南出版社1993年12月版。

沈德符

《清權堂集》二十二卷，明刻本，《續修四庫全書》第1377册、《明别集叢刊》第五輯第32册影印。

《沈德符集》，李祥耀點校，浙江古籍出版社2015年11月版（《浙江文叢》）；2018年11月版（《大家文集》）。

姚　康

《休那遺稿》十二卷《外集》三卷，清光緒十五年桐城姚氏五桂山房活字本，《明别集叢刊》第五輯第32册影印。

《太白劍》二卷，清光緒刻本，《四庫禁燬書叢刊》集部第106册影印。

《休那先生詩文集》，姚鏡清、姚允慰輯校箋注，2008年8月自印本。

張文郁

《度予亭三逸遺集》，張紹棟重編，2008年自印本。

《張文郁侍郎公集》，張紹棟編纂，浙江古籍出版社2015年3月版。

《度予亭集新編》，張紹棟編纂，浙江大學出版社2016年8月版。

韓日纘

《韓文恪公文集》二十一卷首二卷末一卷《詩集》九卷，明崇禎刻本，《原國立北平圖書館甲庫善本叢書》第878—879册影印。

《韓文恪公文集》二十一卷首一卷末一卷《詩集》十卷，清康熙刻本，《四庫禁燬書叢刊補編》第70册影印。

《韓日纘詩》，黄坤堯、戴武軍整理，嶺南美術出版社2014年10月版（《全粤詩》第16册）。

《韓文恪公文集》，吴早先點校，中國視覺藝術出版社2019年3月版（《博羅歷代經典文化叢書》之十九）。

陶朗先

《陶元暉中丞遺集》二卷首一卷《附録》一卷跋一卷，民國九年上海聚珍仿宋印書局鉛印本，《明别集叢刊》第五輯第27册影印。

《陶（元暉）中丞遺集》二卷《附録》一卷，民國二十五年僞滿日本文化協會石印《明季遼事叢刊》四種十三卷本，臺灣鼎文書局1978年（《中國學術類編·明季遼事叢刊四種》）、《叢書集成三編》文學類第51册、北京圖書館出版社2005年12月（《明清史料叢書八種》第4册）影印。

高出

《鏡山庵集》二十五卷，明天啓刻本，《四庫禁燬書叢刊》集部第30—31册、《明别集叢刊》第四輯第98册、《美國哈佛大學哈佛燕京圖書館藏明代善本别集叢刊》第28—31册影印。

佘儼

《陟鼇館詩》十卷，明刻本，《明别集叢刊》第三輯第20册影印。

屠中孚

《屠德胤重暉堂集》二十五卷，明萬曆刻本，《四庫禁燬書叢刊補編》第71册影印。

孔　鼎

《楷園文集》八卷，清康熙刻本，《四庫禁燬書叢刊補編》第 71 册影印。

吴時行

《兩洲集》十卷，明崇禎刻本，《故宫珍本叢刊》第 538 册、《四庫禁燬書叢刊補編》第 72 册影印。

徐日久

《徐子卿先生論文別集》五卷附《家言》一卷，明崇禎間刻清初印本，《域外漢籍珍本文庫》第五輯集部第 25 册影印。

《徐子卿近集》十卷，明末刻本，《四庫禁燬書叢刊補編》第 73 册、《衢州文獻集成》第 178 册影印。

洪翼聖

《洪季隣集》四卷，明萬曆刻本，《四庫禁燬書叢刊補編》第 77 册影印。

傅宗龍

《傅忠壯公文集》一卷《詩集》一卷，清宣統三年李根源輯刻《明滇南五名臣遺集》本，《明別集叢刊》第一輯第 70 册、《歷代地方詩文總集彙編》第 462 册影印。

《傅忠壯公文集》一卷《詩集》一卷，民國三至十二年雲南圖書館刻《雲南叢書》初編《明滇南五名臣遺集》本，《叢書集成續編》（臺灣新文豐出版公司）文學類第 105 册、《叢書集成續編》（上海書店）別録第 179 册、中華書局 2009 年 10 月（《雲南叢書》第 40 册）影印。

王玉鉉

《清水篇》四卷，清咸豐七年甯城王氏刻本，《明別集叢刊》第五輯第92册影印。

王光魯

《碧漸堂詩草》一卷，清順治十三年江渚熊氏刻《閲史約書》本，《明別集叢刊》第五輯第92册影印。

錢文薦

《麗矚樓集》十二卷，明刻本，《日本内閣文庫藏稀見明人別集彙刊》第四輯第4—5册影印。

黄廷鵠

《希聲館藏稿》十卷《附刻》一卷附《都門草》一卷《京兆微波録》一卷《南淮草》一卷，明崇禎十年序刻本，《日本内閣文庫藏稀見明人別集彙刊》第四輯第6—8册影印。

李光元

《市南子》二十二卷《制勅》六卷，明崇禎李汝至刻本，《四庫禁燬書叢刊》集部第105册、《原國立北平圖書館甲庫善本叢書》第877—878册、《明別集叢刊》第四輯第42册影印。

成靖之

《雲石堂集》二十四卷，明崇禎刻本，《稀見明代四部輯刊》第一輯第59—61册影印。

張廷玉

《張石初也足山房尤臒稿》六卷，明崇禎刻本，《四庫禁燬書叢刊》集部第161册、《明别集叢刊》第五輯第92册影印。

狄雲鼎

《古照堂詩集》二卷，民國十九年鉛印本，《明别集叢刊》第五輯第92册影印。

廖汝檝

《野航詩集》二卷，清光緒二十三年新吴廖氏世綵堂木活字印本，《明别集叢刊》第五輯第92册影印。

姚希孟

《公槐集》六卷《響玉集》十卷餘一卷《棘門集》八卷《沆瀣集》五卷《松癭集》二卷《文遠集》二十八卷《補遺》一卷，明崇禎張叔籟等刻《清閟全集》本，《四庫禁燬書叢刊》集部第178—179册影印。

《響玉集》十卷餘一卷《棘門集》八卷《文遠集》二十八卷《補遺》一卷《迦陵集》四卷《風唫集》三卷《循滄集》二卷，明崇禎張叔籟等刻《清閟全集》本，《明别集叢刊》第五輯第33—34册影印。

《秋旻集》十卷《二刻》一卷《續刻》一卷，明崇禎張叔籟刻本，《明别集叢刊》第五輯第35册影印。

《循滄集》二卷《風唫集》三卷《迦陵集》四卷《棘門集》八卷(存卷一至四)，明末刻本，《原國立北平圖書館甲庫善本叢書》第887—888册影印。

《文遠集》二十八卷《補遺》一卷，明末大隱堂刻本，《原國立北平圖書館甲庫善本叢書》第888册影印。

《薇天集》二卷《公槐集》二卷，明崇禎大隱堂刻本，《明别集叢刊》第五輯第35册影印。

黄毓祺

《大愚老人遺集》二卷補一卷，清鈔本，《四庫未收書輯刊》第六輯第27册影印。

《黄介子詩鈔》四卷，民國二十三年陶社木活字印《江陰先哲遺書》本，《明别集叢刊》第五輯第35册影印。

馮元仲

《天益山堂遺集》十卷《續刻》一卷，清乾隆八年馮廷楷刻本，《明别集叢刊》第五輯第85册、《寫刻古籍版本聚珍》第337册（闕《續刻》一卷）影印。

陳仁錫

《陳太史無夢園初集》三十四卷《遺集》八卷，《初集》明崇禎六年張一鳴刻本、《遺集》明崇禎八年陳禮錫等刻本，《四庫禁燬書叢刊》集部第59—60册與142册、《續修四庫全書》第1381—1383册、《陳仁錫文獻輯刊》第2—13册（多《小品》二卷《家乘》一卷）影印。

《無夢園初集》三十五卷《遺集》八卷《小品》二卷《家乘文》一卷，明陳禮錫刻本，《域外漢籍珍本文庫》第四輯集部第14—16册影印。

《翠娱閣評選陳明卿先生小品》二卷，明崇禎六年陸雲龍刻《皇明十六名家小品》本，《四庫全書存目叢書》集部第378册影印。

《無夢園集》十四卷，明崇禎六年陳仁錫白松堂刻本，《明代朱子學文獻叢刊》第371—379册影印。

《綉古堂集》十卷，明陳智錫刻本，《陳仁錫文獻輯刊》第1册影印。

熊明遇

《緑雪樓集》存十種二十卷，明天啓刻本，《四庫禁燬書叢刊》集部第185册影印。

《文直行書詩》十三卷《文》十七卷首一卷，清順治十七年熊人霖刻本，

《四庫禁燬書叢刊》集部第 106 册影印。

佚　名

《芝山集》一卷，明末鈔本，《四庫禁燬書叢刊》集部第 186 册影印。

梁維棟

《梁維棟詩》，史洪權整理，嶺南美術出版社 2013 年 12 月版（《全粤詩》第 15 册）。

鄭仲夔

《偶記》八卷，明刻本，《四庫禁燬書叢刊》集部第 65 册影印。

汪泗論

《伯子策籌小草》二卷，明萬曆刻本，《域外漢籍珍本文庫》第五輯集部第 27 册影印。

沈静專

《適適草》，彭國忠、劉天倪整理，黄山書社 2019 年 6 月版（《江南女性别集》五編上册）。

魏浣初

《蹋庵集》不分卷，明鈔本，《明代詩文集珍本叢刊》第 180—181 册、《常熟文庫》第 62 册影印。

《四留堂雜著》不分卷，清康熙鈔本，《明代詩文集珍本叢刊》第 181—182 册、《常熟文庫》第 62 册、《明人别集稿鈔本叢刊》第 71—72 册影印。

蘇　先

《蘇子後集》七卷，稿本，《清代詩文集珍本叢刊》第 77 册影印。

周　嬰

《遠游篇》十二卷，清康熙濯來亭鈔本，《明人别集稿鈔本叢刊》第 72—74 册影印。

林古度

《林茂之文草》不分卷《林茂之賦草》不分卷，明崇禎刻本，《清代詩文集彙編》第 1 册影印。

《林茂之詩選》二卷，清康熙程哲七略書堂刻本，《清代詩文集彙編》第 1 册影印。

聞啓祥

《自娱齋集選》一卷，清順治刻《詩慰》本，《明别集叢刊》第五輯第 93 册影印。

王啓茂

《渚宫集選》一卷，清順治刻《詩慰》本，《明别集叢刊》第五輯第 93 册影印。

湯開先

《潭庵集選》一卷，清順治刻《詩慰》本，《明别集叢刊》第五輯第 93 册影印。

何吾騶

《元氣堂詩集》三卷，清嘉慶二十四年粵東省城學院前聚英堂刻本，《廣州大典》第431册影印。

《何吾騶詩》，陳莉等整理，嶺南美術出版社2014年11月版（《全粵詩》第17册）。

張爾忠

《焚餘摘》二卷，清桐柏樓鈔本，《明别集叢刊》第五輯第38册影印。

謝士章

《謝石渠先生詩集》十三卷，明天啓刻本，《四庫禁燬書叢刊》集部第181册、《明别集叢刊》第五輯第51册影印。

《謝士章詩集》，吴之俊、唐林清注譯，中國文史出版社2012年5月版（《盤縣歷史文化古籍》）。

宋統殷

《役言集》六卷，清鈔本，《明别集叢刊》第五輯第38册影印。

方孟式

《紉蘭閣詩集》十四卷，清康熙三十四年刻本，《方以智歷史文獻輯刊》第43册影印。

王　猷

《壯其遺集》，張淦祥、楊寶霖整理，樂水園2002年1月自印本（與《石尹遺集》同册,《莞水叢書》第一輯)。

《壯其遺集》,楊寶霖整理,上海古籍出版社 2011 年 7 月版(與《石屏遺集》同册,《東莞歷代著作叢書》)。

《王猷詩》,吕永光整理,嶺南美術出版社 2014 年 11 月版(《全粤詩》第 17 册)。

劉理順

《劉文烈公全集》十二卷,清順治刻康熙重修本,《四庫禁燬書叢刊》集部第 144 册、《明别集叢刊》第五輯第 36 册影印。

《劉文烈集》一卷,清道光二十八年涇縣潘氏袁江節署刻《乾坤正氣集》本,臺灣環球書局 1966 年(《乾坤正氣集》第 27 册)影印。

張纘曾

《侍御静生張公遺集》二卷,清康熙三十三年張元昇等刻本(附《忠諫静思張公遺集》後),《四庫全書存目叢書》集部第 93 册、《明别集叢刊》第二輯第 51 册影印。

錢謙益

《牧齋初學集》一百一十卷《目録》二卷,明崇禎十六年瞿式耜刻本,《四部叢刊初編》集部第 1624—1655 册、《大本原式精印四部叢刊正編》第 78—79 册、《四庫禁燬書叢刊》集部第 114—115 册、《續修四庫全書》第 1389—1390 册(影《四部叢刊》本)、《清代詩文集彙編》第 1—3 册(影《四部叢刊》本)、《江左三大家文獻叢刊》第 2—10 册影印。

《牧齋初學集詩注》二十卷《有學集詩注》十四卷,清初玉詔堂刻本,臺北周法高 1978 年 7 月、《江左三大家文獻叢刊》第 17—20 册影印。

《牧齋有學集》五十卷補一卷附《校勘記》一卷,清康熙三年初刻本,《四部叢刊初編》集部第 1656—1667 册、《大本原式精印四部叢刊正編》第 79 册、《續修四庫全書》第 1391 册(影《四部叢刊》本)、《清代詩文集彙編》第 3 册(影《四部叢刊》本)、《江左三大家文獻叢刊》第 21—24 册影印。

《牧齋詩鈔》三卷，清康熙六年顧有孝、趙澐編桐葉山房刻《江左三大家詩鈔》本，《歷代地方詩文總集彙編》第54册影印。

《牧齋詩鈔》三卷，清康熙七年顧有孝、趙澐編綠蔭堂刻《江左三大家詩鈔》本，《四庫禁燬書叢刊》集部第39册、《美國哈佛大學哈佛燕京圖書館藏明清善本總集叢刊》第114册影印。

《牧齋有學集》五十一卷，清康熙二十四年金匱山房刻本，《四庫禁燬書叢刊》集部第115—116册影印。

《錢牧齋先生尺牘》三卷，清康熙三十九年顧氏知月樓刻《歸錢尺牘》本，《四庫禁燬書叢刊》集部第111册、《尺牘文獻叢刊》第27册、《江左三大家文獻叢刊》第31册、《寫刻古籍版本聚珍》第295册影印。

《牧齋詩鈔》不分卷，清康熙五十年刻本，《江左三大家文獻叢刊》第36册影印。

《牧齋詩鈔》不分卷，清沈東甫鈔本，《清代詩文集珍本叢刊》第4—5册影印。

《野汀詩稿》二卷，清劉履芬鈔本，《清代詩文集珍本叢刊》第5—6册影印。

《牧齋初學集詩注》二十卷《有學集詩注》十四卷《投筆集注》一卷，清鈔本，《江左三大家文獻叢刊》第11—16册影印。

《牧齋有學集》五十卷《集外詩》一卷，清鈔本，《江左三大家文獻叢刊》第25—29册影印。

《牧齋有學集補遺》不分卷，清鈔本，《江左三大家文獻叢刊》第30册影印。

《牧齋有學集補遺》不分卷附《有學外集》不分卷，清鈔本，《清代詩文集珍本叢刊》第3册影印。

《牧齋詩集》九卷，清鈔本，《清代詩文集珍本叢刊》第3—4册、《江左三大家文獻叢刊》第37册影印。

《牧齋外集》二十五卷，清嘉興沈氏鈔本，臺北周法高1978年7月、《清代詩文集彙編》第4册、《常熟文庫》第68册、《江左三大家文獻叢刊》第32—33册影印。

《投筆集》一卷，清劉履芬鈔校本，《江左三大家文獻叢刊》第30册影印。

《(精刊)錢牧齋文鈔》不分卷，清宣統元年國學扶輪社鉛印本，臺灣廣文書局1976年3月(《文學叢書》)影印。

《投筆集箋注》二卷，清宣統二年鄧氏風雨樓鉛印本，《續修四庫全書》第1391册、《清代詩文集彙編》第3册、《江左三大家文獻叢刊》第30册影印。

《錢牧齋全集》一百六十二卷（《初學集》一百一十卷《有學集》五十卷《補遺》二卷），清宣統二年邃漢齋鉛印本，《江左三大家文獻叢刊》第41—49册影印。

《錢牧齋先生尺牘》三卷，清宣統三年刻本，《清代名人尺牘選萃》第1册影印。

《錢謙益文》，黄公渚選注，商務印書館1935年9月版（《萬有文庫》第一集《學生國學叢書》）。

《牧齋詩鈔》，商務印書館1937年3月版（《萬有文庫》第二集《國學基本叢書》）。

《錢謙益投筆集校本》，潘重規校著，臺灣文史哲出版社1973年6月版。

《牧齋初學集》，錢仲聯標校，上海古籍出版社1985年9月版；2009年4月新版（《中國古典文學叢書》）。

《牧齋有學集》，錢仲聯標校，上海古籍出版社1996年9月版（《中國古典文學叢書》）；2009年4月新版（《中國古典文學叢書》）。

《牧齋集》，譚松林、喻幾凡、金身佳、萬蓮姣整理，海南國際新聞出版中心1996年12月版（《傳世藏書》集庫别集第11册）。

《錢牧齋全集》，錢仲聯標校，上海古籍出版社2003年8月版。

《牧齋雜文集》，譚松林整理，山東畫報出版社2004年1月版（《四庫家藏》第139册）。

《錢謙益詩選》，裴世俊選注，中華書局2005年1月版（《古典詩詞名家》）。

《牧齋雜著》，錢仲聯標校，上海古籍出版社2007年6月版（《中國古典文學叢書》）。

《錢謙益詩選》，孫之梅選注，人民文學出版社2009年1月版（《明清十大家詩選》）。

《錢謙益〈病榻消寒雜咏〉論釋》，嚴志雄著，臺灣聯經出版事業股份有限公司2012年5月版（《"中央研究院"叢書》）。

《牧齋初學集詩注彙校》，卿朝暉輯校，上海古籍出版社2012年11月版（《中國古典文學叢書》）。

高弘圖

《太古堂集》二卷，清乾隆刻本，《四庫全書存目叢書》集部第183册影印。

《太古堂詩稿》一卷《遺文》一卷《遺編》一卷，清乾隆高敬業得真堂鈔稿本，《明别集叢刊》第五輯第29册、《中國古籍珍本叢刊·復旦大學圖書館卷》第43册影印。

《太古堂遺編》十四卷，清鈔本，《明代詩文集珍本叢刊》第156—167册影印。

劉康祉

《識匡齋全集》十六集，清順治刻本，《四庫禁燬書叢刊》集部第108册、《明别集叢刊》第五輯第30册影印。

《識匡齋全集》，沈洪保點校，黄山書社2010年3月版（與《歌宜室集》同册，《温州文獻叢刊》）。

王至京

《南海雜詠》《菁中草》，陳偉玲校注，中國文史出版社2010年版（見《明代英橋王氏詩録》，《龍灣文化叢書》）。

沈自晉

《沈自晉集》，張樹英點校，中華書局2004年5月版。

艾南英

《艾千子先生全稿》一卷，清康熙天蓋樓刻《江西五家稿》本，《四庫禁燬書叢刊》經部第7册影印。

《天傭子集》二十卷首一卷末一卷附《依歸草》二卷，清康熙三十四年張符驤淳如堂刻本，《四庫禁燬書叢刊補編》第72册、《明别集叢刊》第五輯第

39冊影印。

汪康謡

《菉漪園集》五種六卷，明崇禎七年序刻本，《日本内閣文庫藏稀見明人別集彙刊》第四輯第8—9冊影印。

何士域

《珠樹堂集》一卷，清順治十七年刻《九誥堂詩選元氣集》本，《廣州大典》第432冊影印。

何士壎

《澤月齋集》一卷，清順治十七年刻《九誥堂詩選元氣集》本，《廣州大典》第432冊影印。

李雲龍

《嘯樓遺稿》一卷，清鈔本，《廣州大典》第432冊影印。

《李雲龍詩》，李君明、陳永正整理，嶺南美術出版社2017年5月版（《全粤詩》第22冊）。

吴之鯨

《瑶草園初集》存十一卷，明刻本，《明代詩文集珍本叢刊》第168—171冊影印。

吴伯與

《素雯齋集》三十八卷，明天啓刻本，《明代詩文集珍本叢刊》第171—

177 册影印。

釋如愚(藴　璞)

《石頭庵寶善堂詩集》五卷,明萬曆三十四年劉戡之南京刻本,《禪門逸書初編》第 8 册影印。

《石頭庵集》五卷,明萬曆刻本,《禪門逸書初編》第 8 册、《四庫全書存目叢書》集部第 191 册、《明别集叢刊》第五輯第 30 册影印。

《空華集》二卷《飲河集》二卷,明萬曆刻本,《禪門逸書續編》第 2 册、《四庫全書存目叢書》集部第 191 册、《明别集叢刊》第五輯第 30 册影印。

《止啼齋集》一卷,明萬曆刻本,《四庫全書存目叢書》集部第 191 册、《明别集叢刊》第五輯第 30 册影印。

周順昌

《忠介燼餘集》三卷,清四庫全書本,《景印文淵閣四庫全書》第 1295 册、《文津閣四庫全書》第 1299 册、《文瀾閣四庫全書》第 1334 册(丁氏補鈔)影印。

《周忠介公燼餘集》三卷《附録》一卷,清嘉慶張海鵬輯《借月山房彙鈔》本,臺灣義士出版社 1969 年 9 月(《借月山房彙鈔》第十六集)、《百部叢書集成》之四十八影印。

《周忠介燼餘集》三卷,清道光二十八年涇縣潘氏袁江節署刻《乾坤正氣集》本,臺灣環球書局 1966 年(《乾坤正氣集》第 23 册)影印。

《周忠介公燼餘集》三卷附《年譜》一卷《遺事》一卷,清光緒二十九年唐文治刻本,《明别集叢刊》第五輯第 30 册影印。

《周忠介公燼餘集》,商務印書館 1936 年 12 月版(《叢書集成初編》文學類第 2165 册);中華書局 2010 年 9 月重印版(《叢書集成初編》第 466 册)。

《燼餘集校輯》,陳斌編,蘇州大學出版社 2013 年 11 月版(《周順昌研究資料匯編》上編)。

梁雲構

《豹陵集》十八卷《目録》二卷《豹陵二集》十二卷,明崇禎刻本,《域外漢籍珍本文庫》第五輯集部第25—26册影印。

林邦雝

《宗簡齋集》七卷,明崇禎刻本,《域外漢籍珍本文庫》第五輯集部第26册影印。

王象明

《聊聊草》一卷,明末刻本,《明别集叢刊》第五輯第32册影印。

王　澹

《墻東集》二十二卷,明泰昌元年刻本,《原國立北平圖書館甲庫善本叢書》第889册影印。

李永昌

《畫響》四卷(存《貞集》一卷),明刻本,《四庫全書存目叢書》集部第194册、《明别集叢刊》第五輯第35册影印。

陶長吉

《陶長吉詩稿》六卷,鈔本,《明别集叢刊》第五輯第35册影印。

耿志煒

《逸園新詩》一卷,明崇禎刻本,《四庫全書存目叢書》集部第185册、《明别集叢刊》第五輯第35册影印。

郝景春

《郝太僕遺集》一卷,清道光二十八年涇縣潘氏袁江節署刻《乾坤正氣集》本，臺灣環球書局1966年（《乾坤正氣集》第38册）、《明别集叢刊》第五輯第36册影印。

徐培植

《紫雲亭初稿》一卷，明萬曆刻本，《明别集叢刊》第五輯第36册影印。

翁孺安

《素蘭集》二卷，清鈔本，《明别集叢刊》第五輯第38册影印。

《素蘭集》二卷，鈔本，《常熟文庫》第63册影印。

《素蘭集》一卷，清黑格鈔本，《明代詩文集珍本叢刊》第200册、《明人别集稿鈔本叢刊》第84册影印。

《素蘭集》，朱新華、陳丹點校，廣陵書社2020年4月版（見《海虞翁氏女詩人集三種》，《翁氏文化研究叢書》）。

來繼韶

《來舜和先生稿》一卷，民國間鈔本，《明人别集稿鈔本叢刊》第66册影印。

魏　浛

《魏季堂詩集》一卷《南漪新草》一卷《至喜齋集》三卷，清刻本，《常熟文庫》第63册影印。

龔　黄

《龍潭集》□□卷（存卷四至二十），明刻本，《明代詩文集珍本叢刊》第200—201册影印。

李雲鵠

《李侍御集》四卷，明萬曆三十五年刻《六李集》本《四庫全書存目叢書補編》第 14 册、《明別集叢刊》第二輯第 86 册影印。

李雲雁

《李白羽集》二卷，明萬曆三十五年刻《六李集》本，《四庫全書存目叢書補編》第 14 册、《明別集叢刊》第二輯第 86 册影印。

李雲鴻

《李秋羽集》五卷，明萬曆三十五年刻《六李集》本，《四庫全書存目叢書補編》第 14 册、《明別集叢刊》第二輯第 86 册影印。

焦源溥

《逆旅集》二十卷《奏議》四卷，清道光十九年宏道書院刻《惜陰軒叢書》本，《四庫未收書輯刊》第六輯第 30 册、《明別集叢刊》第五輯第 38 册影印。

尹夢璧

《五亭長集》一卷，明萬曆刻本，《明別集叢刊》第五輯第 38 册影印。

來　臨

《叢筆齋集》十四卷，明萬曆四十二年刻本，《明別集叢刊》第五輯第 38 册影印。

王醒之

《詹詹言》一卷，清光緒二十四年誠齋鈔本，《明別集叢刊》第五輯第 38 册影印。

楊德周

《銅馬編》二卷,明崇禎刻本,《四庫全書存目叢書》集部第 184 册、《原國立北平圖書館甲庫善本叢書》第 882 册影印。

《銅馬編》二卷,民國二十五年張氏約園刻《四明叢書》本,《叢書集成續編》(臺灣新文豐出版公司)文學類第 147 册、《叢書集成續編》(上海書店)集部第 119 册、廣陵書社 2006 年 8 月(《四明叢書》第 13 册)、《明别集叢刊》第一輯第 38 册、《張壽鏞文獻輯刊》第 61 册影印。

戴　澳

《杜曲集》十一卷,明崇禎刻本,《四庫禁燬書叢刊》集部第 71 册、《明别集叢刊》第五輯第 39 册影印。

石文器

《翠筠亭集》十三卷《補遺》一卷,清順治三年石珂刻補修本,《四庫禁燬書叢刊》集部第 83 册影印。

《翠筠亭集》十卷《附録》一卷,清乾隆二年石迴瀾等刻本,《明别集叢刊》第五輯第 40 册影印。

朱　存

《圖南館近草》六卷,明萬曆刻本,《明别集叢刊》第五輯第 40 册影印。

葉　燦

《讀書堂稿》十二卷,明崇禎刻本,《四庫禁燬書叢刊》集部第 185 册(存卷九至十二)、《原國立北平圖書館甲庫善本叢書》第 882 册、《明别集叢刊》第五輯第 40 册(存卷九至十二)影印。

胡維霖

《胡維霖集》三十四卷，明崇禎刻本，《四庫禁燬書叢刊》集部第164—165册、《明别集叢刊》第五輯第40册影印。

郎兆玉

《無類生詩選》一卷，清光緒二十一年錢塘丁氏嘉惠堂刻《武林往哲遺著》本，《叢書集成續編》（臺灣新文豐出版公司）文學類第170册、《叢書集成續編》（上海書店）集部第119册、廣陵書社2011年7月（《武林往哲遺著》第4册）、《明别集叢刊》第五輯第40册影印。

《無類生詩選》，錢志坤點校，杭州出版社2014年5月版（《杭州全書·杭州文獻集成》第19册）；浙江古籍出版社2019年11月版（《武林往哲遺著》第16册，《浙江文叢》）。

袁崇焕

《袁經略集》一卷，清嘉慶刻同治印《廣東文獻》三集本，江蘇廣陵古籍刻印社1994年7月（《廣東文獻》第6册）影印。

《袁督師遺集》三卷《附録》一卷《續刻》一卷，民國二十一至二十三年東莞張氏刻《滄海叢書》本，《叢書集成續編》（臺灣新文豐出版公司）文學類第148册、《叢書集成續編》（上海書店）集部第119册、《明别集叢刊》第五輯第40册影印。

《袁崇焕詩賞析》，石瑞良編注，中國書籍出版社2006年8月版。

《袁崇焕詩選注》，袁仲麟編著，黑龍江大學出版社2012年12月版。

《袁崇焕集》，楊寶霖輯校，上海古籍出版社2014年5月版（《東莞地域歷史文化叢書》）。

孫奇逢

《容城鍾元孫先生文集》四卷，清道光十六年正義書院重刻《容城三賢文集》

本,《歷代地方詩文集彙編》第16册、《雄安先賢全集叢書》第134—136册影印。

《夏峰先生集》十四卷首一卷《補遺》二卷,清道光二十五年大梁書院刻本,《四庫禁燬書叢刊》集部第118册、《續修四庫全書》第1391—1392册、《清代詩文集彙編》第4册、《河南文脉叢書》第60—62册、《雄安先賢全集叢書》第93—95册、《雄安歷代著作集成二編》第46—48册、《雄安歷代别集叢刊二編》第20—22册影印。

《夏峰先生集》十四卷,清光緒五年定州王氏謙德堂刻《畿輔叢書》本,《百部叢書集成》之九十四影印。

《孫夏峰先生遺書》六種二十二卷(《夏峰先生集》十四卷《孫子遺書語録》二卷《孫子遺書答問》二卷《孫夏峰先生年譜》二卷《孝友堂家規》一卷《孝友堂家訓》一卷),清光緒五年定州王氏謙德堂刻《畿輔叢書》本,《雄安先賢全集叢書》第103—105册、《雄安歷代别集叢刊二編》第23—25册影印。

《夏峰先生集》二十二卷,清光緒五年刻本,《雄安先賢全集叢書》第96—98册、《雄安歷代著作集成二編》第49—51册影印。

《容城鍾元孫先生文集》四卷,清光緒二十四年重修《合刻容城三賢集》本,《雄安先賢全集叢書》第137—139册影印。

《孫夏峰全集》十四種二十二卷,清遞刻本,《雄安歷代著作集成》第17—38册、《京津冀歷代别集叢刊》第185—206册影印。

《孫夏峰全集》一百四十九卷,清遞刻本,《雄安文脉叢書》第131—151册、《雄安先賢全集叢書》第106—127册影印。

《孫奇逢遺書》十種六十三卷,清遞修本,《雄安先賢全集叢書》第128—133册影印。

《夏峰先生集》,商務印書館1939年12月版(《叢書集成初編》文學類第2173—2178册);中華書局2010年9月重印版(《叢書集成初編》第468册)。

《夏峰先生集》,朱茂漢注解,中華書局1985年12月版(《理學叢書》)。

《孫奇逢集》,張顯清主編,中州古籍出版社2003年9月版。

《夏峰先生集》,朱茂漢校點,北京大學出版社2018年4月版(《儒藏·精華編》第266册)。

馬世奇

《澹寧居文集》十卷《詩集》三卷,清初刻乾隆二十一年周原溥重修本,《四庫禁燬書叢刊》集部第113册、《明别集叢刊》第五輯第75册(闕《詩集》

三卷）影印。

《澹寧居詩集》二卷，民國十一至二十年上海中華書局鉛印《錫山先哲叢刊》本，《無錫市圖書館館藏精品叢書·錫山先哲叢刊》第2冊影印。

孔貞時

《在魯齋文集》五卷，明崇禎四年孔尚豫刻本，《清代禁燬書叢刊》第一輯、《四庫禁燬書叢刊》集部第16冊、《原國立北平圖書館甲庫善本叢書》第883冊、《明别集叢刊》第五輯第41冊影印。

裴邦奇

《巢雲詩集》八卷，明刻本，《明代詩文集珍本叢刊》第106冊、《山西歷代著作集成》第406冊影印。

張鳳翼（字九苞）

《句注山房集》二十卷《尺牘》七卷，明孫傳庭刻本，《四庫禁燬書叢刊》集部第70冊、《明别集叢刊》第五輯第41冊、《尺牘文獻叢刊》第13冊（選《尺牘》七卷）、《山西歷代著作集成》第404—405冊影印。

《句注山房集稿》十八卷，明刻本，《原國立北平圖書館甲庫善本叢書》第882冊影印。

《句注山房集》，李蹊點校，上海古籍出版社2017年11月版（《山右叢書二編》第11冊）；2018年7月版（《山右叢書》）。

黄尊素

《黄忠端公文略》三卷《詩略》二卷《説略》一卷附《黄忠端公正氣録》一卷，清康熙十五年許三禮刻本，《四庫禁燬書叢刊》集部第185冊影印。

《黄忠端集》三卷，清道光二十八年涇縣潘氏袁江節署刻《乾坤正氣集》本，臺灣環球書局1966年（《乾坤正氣集》第24冊）影印。

《余姚黄忠端公集》六卷《附集》六種，清光緒刻本，《明别集叢刊》第五輯第41册影印。

《黄尊素集》，黄成蔚、張夢新點校，浙江古籍出版社2016年4月版(《浙江文叢》)。

蔣若椰

《石桃丙舍草》一卷，明天啓六年刻《快書》本，《叢書集成續編》(上海書店)集部第120册、《明别集叢刊》第五輯第42册影印。

張明弼

《琴張子螢芝集》七卷《評琴張子禪粟粖》二卷，明天啓五年書林段君定刻本，《四庫禁燬書叢刊》集部第108册影印。

《榕城二集》五卷，明崇禎十二年刻本，《原國立北平圖書館甲庫善本叢書》第904册影印。

《張公亮先生癸甲螢芝集》二卷，明崇禎刻本，《明代詩文集珍本叢刊》第232册影印。

《螢芝全集》十八卷，清光緒二十四年金沙于氏杏林書屋刻本，《明别集叢刊》第五輯第42册影印。

《榕城二集》，陳作宏校點編訂，世界圖書出版廣東有限公司2017年1月版。

陳山毓

《陳靖質居士文集》六卷，明天啓四年陳舒等刻本，《四庫禁燬書叢刊》集部第14册、《原國立北平圖書舘甲庫善本叢書》第887册、《明别集叢刊》第五輯第42册影印。

顧錫疇

《顧瑞屏稿》一卷，清康熙三十八年刻《可儀堂一百二十名家制義》本，

《明别集叢刊》第四輯第94册影印。

《顧瑞屏稿》一卷，清鈔《可儀堂一百廿名家制義》本，《明人别集稿鈔本叢刊》第97册影印。

任大冶

《任天卿集》四卷，清嘉慶道光間郭協寅等鈔本，《寧海叢書・明清卷》第73—74册影印。

《任天卿集》一卷，清光緒章梫輯鈔本，《寧海叢書・明清卷》第74册影印。

閻夢夔

《中隱園草》二卷《嵩游草》一卷，明崇禎九年刻本，《明别集叢刊》第五輯第43册影印。

馬鳴霆

《古閣睡餘集》四卷《墓誌銘》一卷，明趙志美等刻本，《原國立北平圖書館甲庫善本叢書》第884册影印。

徐應亨

《樂在軒文集》十五卷《樂在軒稿》二卷《十笏齋稿》五卷《和論語頌》一卷《廣論語頌》二卷《吴越集》二卷《庚申篇》一卷《邊事詩》一卷《南越集》一卷《羅浮集》一卷，明刻本，《原國立北平圖書館甲庫善本叢書》第884—885册影印。

蒲秉權

《碩邁園集》十卷，明末刻本，《原國立北平圖書館甲庫善本叢書》第884册影印。

《碩邁園集》十卷，清光緒元年蒲蔭枚手拙齋刻本，《四庫禁燬書叢刊》集部第161—162冊、《明别集叢刊》第五輯第43冊影印。

王公弼

《撲塵居集》四卷，明崇禎刻本，《明别集叢刊》第一輯第89冊影印。

孫　偉

《鷺沙詩集》二卷，明嘉靖龔一鵬陜州刻《清江二家詩選》本，《明别集叢刊》第一輯第90冊影印。

《孫鷺沙集》一卷，明嘉靖隆慶刻萬曆增刻《盛明百家詩》本，《四庫全書存目叢書》集部第307冊、《明别集叢刊》第五輯第98冊影印。

黄端伯

《瑶光閣集》十二卷《外集》二卷《明夷集》一卷，清乾隆黄祐刻本，《四庫全書存目叢書》集部第193冊、《明别集叢刊》第五輯第70冊影印。

《瑶光閣集》十卷，清道光二十八年涇縣潘氏袁江節署刻《乾坤正氣集》本，臺灣環球書局1966年(《乾坤正氣集》第28冊)、《明别集叢刊》第五輯第43冊影印。

李國槽

《李文敏公遺集定本》二卷《附録》一卷，清康熙七年李霨刻本，《四庫全書存目叢書》集部第185冊、《明别集叢刊》第五輯第40冊、《雄安歷代著作集成》第59冊影印。

《李文敏公遺集定本》二卷《附録》一卷，清鈔本，《明人别集稿鈔本叢刊》第74冊影印。

陳龍正

《幾亭文録》四卷，明崇禎刻本，《明代詩文集珍本叢刊》第233冊影印。

《幾亭全書》五種六十二卷附《家傳》二卷，清康熙雲書閣刻本，《叢書集成三編》文學類第51—52册（僅《文録》二十卷）、《四庫禁燬書叢刊》集部第11—12册、《百部叢書增編》第52册（僅《文録》二十卷）、《明别集叢刊》第五輯第43—44册、《陽明學文獻大系》第三輯第66—68册（闕附録）、《明代朱子學文獻叢刊》第450—455册影印。

方震孺

《方孩未先生全集》十六卷，清同治七年樹德堂刻本，《明别集叢刊》第五輯第45册影印。

文震亨

《文生小草》一卷，明崇禎刻本，《四庫禁燬書叢刊》集部第183册、《明别集叢刊》第五輯第45册影印。

伍瑞隆

《伍瑞隆詩》，吕永光等整理，嶺南美術出版社2014年11月版（《全粵詩》第17册）。

黄道周

《黄石齋手札》，稿本，上海西泠印社1931年11月影印。

《黄石齋先生尺牘》不分卷，稿本，上海商務印書館1923年4月珂羅版印；《明代名人尺牘選萃》第9册（影商務印書館本）影印。

《黄忠端公遺稿》不分卷，明稿本，《域外漢籍珍本文庫・日藏明人别集珍本叢刊》第一輯第12册影印。

《駢枝别集》二十卷，明末沈氏大來堂刻本，臺灣學生書局1960年6月（《歷代畫家詩文集》第10種）、《明别集叢刊》第五輯第45册、《美國哈佛大學哈佛燕京圖書館藏明代善本别集叢刊》第40册、《福建文脉叢書》第418册、《黄道周文獻輯刊》第25册影印。

《詠業近集》四卷《焦桐山詩集》二卷《焦桐山文集》一卷《明誠堂詩集》二卷《浩然堂詩集》一卷，明末刻本，《續修四庫全書》第1384册、《福建文脉叢書》第419册（闕《浩然堂詩集》一卷）影印。

《黄石齋先生文集》十三卷《補遺》一卷，清康熙五十三年鄭玫刻本，《續修四庫全書》第1384册、《黄道周文獻輯刊》第23—24册影印。

《黄漳浦集》三十六卷，清道光八年鋟刻《黄漳浦先生全集》三種五十卷本，《叢書集成三編》文學類第52—53册影印。

《黄漳浦集》五十卷首一卷《年譜》二卷《目録》二卷，清道光十年福州陳氏刻本，《明别集叢刊》第五輯第45—46册影印。

《黄石齋先生集》十六卷，清道光二十八年涇縣潘氏袁江節署刻《乾坤正氣集》本，臺灣環球書局1966年（《乾坤正氣集》第35—36册）影印。

《黄石齋稿》一卷，清鈔《可儀堂一百廿名家制義》本，《明人别集稿鈔本叢刊》第95册影印。

《黄石齋手寫詩卷》一卷，清光緒三十三年上海國學保存會影印明崇禎十三年稿本，《明人别集稿鈔本叢刊》第75册影印。

《黄子録》六十六卷（闕卷二至八、二十三至三十三、四十六至五十七），清鈔本，《明代詩文集珍本叢刊》第208—211册影印。

《黄石齋集》不分卷，清鈔本，《八閩文庫·福建文獻集成》初編集部第22—31册影印。

《黄石齋書牘》二卷，清光緒廣益書局石印本，《尺牘文獻叢刊》第28册影印。

《黄石齋未刻稿》一卷附《蔡夫人未刻稿》一卷，舊鈔本，《玄覽堂叢書續集》第120册、臺灣世界書局1957年（《民族正氣叢書》）、《玄覽堂叢書》第10册、《黄道周文獻輯刊》第28—29册影印。

《黄漳浦文選》附二種，臺灣銀行經濟研究室編，臺灣銀行1962年3月版（《臺灣文獻叢刊》第137種）；臺灣大通書局1987年10月版（《臺灣文獻史料叢刊》第150册）；臺灣省文獻委員會1994年5月版（《臺灣歷史文獻叢刊·詩文集類》）。

《黄漳浦文集》，王文徑主編點校，悉尼國際華文出版社2006年8月版。

《黄漳浦文集》，政協漳浦縣文史委員會編，鷺江出版社2006年8月版。

《黄道周集》，翟奎鳳、鄭晨寅、蔡傑整理，中華書局2017年7月版（《理學叢書》)。

蔡潤石

《蔡夫人未刻稿》一卷,舊鈔本(附《黄石齋未刻稿》後),《玄覽堂叢書續集》第120册、臺灣世界書局1957年(《民族正氣叢書》)、《玄覽堂叢書》第10册、《明别集叢刊》第五輯第46册(影南京國立中央圖書館《玄覽堂叢書》本)、《黄道周文獻輯刊》第29册影印。

王 先(王思侗)

《小東山散人賸稿》一卷《附録》一卷,羅田王氏精鈔本,沔陽盧氏慎始基齋1923年(《湖北先正遺書》)影印。

李邦光

《少洲稿》十卷,明嘉靖三十一年刻本,《域外漢籍珍本文庫》第五輯集部第28册、《域外漢籍珍本文庫·日藏明人别集珍本叢刊》第一輯第12册影印。

高元濬

《桂院詩删》八卷,清鈔本,《明别集叢刊》第五輯第46册影印。

黄以陞

《蟫窠集》十二卷,明末刻本,《明别集叢刊》第五輯第46册影印。

温 璜

《温寶忠先生遺稿》十二卷,清順治貞石堂刻本,《四庫禁燬書叢刊》集部第83册影印。

《温寶忠先生遺稿》十卷,清道光二十八年涇縣潘氏袁江節署刻《乾坤正氣集》本，臺灣環球書局 1966 年（《乾坤正氣集》第 32 册）、《明別集叢刊》第五輯第 46 册影印。

《温忠烈公遺稿》二卷《附録》一卷，民國十一年吴興劉氏嘉業堂刻《吴興叢書》本，《叢書集成續編》（臺灣新文豐出版公司）文學類第 185 册、《叢書集成續編》（上海書店）集部第 119 册影印。

施邦曜

《施忠湣公遺集》七卷，清咸豐刻光緒四年重修本，《明別集叢刊》第五輯第 48 册影印。

顧夢麟

《織簾居詩》四卷，清初刻本，《汲古閣叢書》第 4 册影印。

《顧麟士詩》一卷，清刻本，《清代詩文集珍本叢刊》第 6 册影印。

李中行

《澠溪草》一卷，清三十六硯居鈔《李詩集遺》本，《清代家集叢刊續編》第 15 册、《明人別集稿鈔本叢刊》第 75 册影印。

譚元春

《新刻譚友夏合集》二十三卷附《旨齋詩草》一卷，明崇禎六年徐汧、張澤嶽歸堂評刻本，《明代論著叢刊》第二輯、《四庫全書存目叢書》集部第 191—192 册、《續修四庫全書》第 1385 册（闕《旨齋詩草》一卷）、《域外漢籍珍本文庫》第四輯集部第 16 册、《明別集叢刊》第五輯第 47 册、《新編湖北叢書》第 278—279 册（闕《旨齋詩草》一卷）、《海外藏集部珍本文獻叢刊》第 167—169 册（闕《旨齋詩草》一卷）影印。

《（㚢庵訂定）譚子詩歸》十卷，明末嶽歸堂刻本，《四庫全書存目叢書》集部第 192 册、《明別集叢刊》第五輯第 47 册、《新編湖北叢書》第 280 册影印。

《嶽歸堂合集》十卷，明刻本，《四庫全書存目叢書》集部第 191 册影印。

《嶽歸堂集選》一卷,清順治刻《詩慰》本,《明別集叢刊》第五輯第93册影印。

《鵠灣未刻古文》二卷,民國北平燕京大學圖書館鈔本,《明別集叢刊》第五輯第47册影印。

《譚友夏合集》,阿英校點,上海雜志公司1935年11月版(《中國文學珍本叢書》第一輯)。

《譚友夏合集》,龔復初校,國學研究社1935年11月版。

《鵠灣文草》,張國光點校,岳麓書社1988年5月版(《明清小品選刊》);2016年1月版(《明清小品》)。

《譚友夏小品》,田秉鍔選注,文化藝術出版1996年8月版(《明人小品十家》)。

《譚元春集》,陳廣宏整理,海南國際新聞出版中心1996年12月版(《傳世藏書》集庫别集第10册)。

《譚元春集》,陳杏珍標校,上海古籍出版社1998年12月版(《中國古典文學叢書》);湖北教育出版社2017年1月版(《荆楚文庫》)。

文祖堯

《明陽山房遺詩》一卷《遺文》一卷《附録》一卷,民國三至十二年雲南圖書館刻《雲南叢書》初編《呈貢文氏三遺集合鈔》本,《叢書集成續編》(臺灣新文豐出版公司)文學類第105册、《叢書集成續編》(上海書店)别録第179册、中華書局2009年10月(《雲南叢書》第22册)影印。

孫徵蘭

《香國樓精選□□草》□□卷(存《半日閒》《芙蓉城》《星鏕路倖》《清肺丸》各一卷),明天啓崇禎孫隆孫、孫啓賢刻本,《明代詩文集珍本叢刊》第215册影印。

張　澤

《旨齋詩草》一卷,明崇禎六年張澤刻本,《明代論著叢刊》第二輯、《四庫全書存目叢書》集部第191—192册、《明别集叢刊》第五輯第48册影印。

王　岍

《王王屋遺稿》二卷，清康熙二十年刻本，《中國古籍珍本叢刊·河南大學圖書館卷》第50册影印。

周之夔

《棄草詩集》七卷《文集》八卷《棄草二集》二卷，明崇禎木犀館刻本，《福建叢書》第一輯、《四庫禁燬書叢刊》集部第112—113册、《明别集叢刊》第五輯第48册影印。

吴希哲

《雲起堂集》十六卷，清順治刻本，《中國人民大學圖書館藏古籍珍本叢刊》第134—135册影印。

沈　承

《毛孺初先生評選即山集》六卷附刻《悼亡詩》一卷，明天啓六年毛一鷺刻本，《四庫禁燬書叢刊》集部第41册、《原國立北平圖書館甲庫善本叢書》第902册、《明别集叢刊》第五輯第48册影印。

薄少君

《悼亡詩》一卷，明天啓六年毛一鷺刻本（附《毛孺初先生評選即山集》後），《四庫禁燬書叢刊》集部第41册、《原國立北平圖書館甲庫善本叢書》第902册、《明别集叢刊》第五輯第48册影印。

陳維新

《文園集》八種，明天啓刻本，《稀見明代四部輯刊》第一輯第95—97册影印。

萬　燝

《萬忠貞公遺集》三卷首一卷，明道光十七年萬醇春暉樓刻本，《明別集叢刊》第五輯第48册影印。

鄒德泳

《湛源續集》九卷《復古紀事》一卷，明萬曆三十二年至崇禎五年刻本，《明別集叢刊》第五輯第49册影印。

《鄒德泳雜著》十三卷，明刻本，《域外漢籍珍本文庫》第四輯集部第17册影印。

王納諫

《初日齋文集》七卷，明末清初刻本，《明別集叢刊》第五輯第49册影印。

曹履吉

《博望山人稿》二十卷，明崇禎十七年曹臺望、曹臺嶽等刻本，《四庫全書存目叢書》集部第185—186册、《明別集叢刊》第五輯第49册影印。

彭期生

《節滑公遺集》不分卷，清嘉慶十八年彭世喆鈔本，《明人別集稿鈔本叢刊》第87册影印。

《彭節滑公家書》一卷，民國二至六年烏程張鈞衡刻《適園叢書》本，《明別集叢刊》第五輯第50册、廣陵書社2016年12月（《適園叢書》第6册）影印。

陳　昱

《陶庵全集》二十四卷（存卷三至七、十一至十四、十八至二十），稿本，

《明人別集稿鈔本叢刊》第 87—88 册影印。

賀逢聖

《賀文忠集》四卷，清道光二十八年涇縣潘氏袁江節署刻《乾坤正氣集》本，臺灣環球書局 1966 年(《乾坤正氣集》第 27 册)影印。

《賀文忠公遺集》四卷末一卷，清同治八年錦樹山房刻本，《明別集叢刊》第五輯第 50 册影印。

來　復

《來陽伯集》二十卷，明天啓刻本，《原國立北平圖書館甲庫善本叢書》第 885 册影印。

《來陽伯文集》二十卷《來陽伯先生詩集》二十卷，清道光二十三年三原李氏惜陰軒刻《惜陰軒叢刻》本，《明別集叢刊》第五輯第 50 册影印。

《來陽伯文集》，丁俊麗、李輝點校，三秦出版社 2018 年 5 月版。

《來陽伯詩集》，敬曉慶點校，陝西人民出版社 2018 年 12 月版(《陝西古代文獻集成》第十九輯)。

《來陽伯文集》，丁俊麗點校，陝西人民出版社 2018 年 12 月版(《陝西古代文獻集成》第十九輯)。

陳所志

《飛六亭稿》五卷，清咸豐五年惟正堂刻本，《明別集叢刊》第五輯第 50 册影印。

焦之夏

《歲寒集》一卷，民國二十三至二十五年陝西通志館鉛印《關中叢書》本，《叢書集成續編》(臺灣新文豐出版公司)文學類第 188 册、《叢書集成續編》(上海書店)集部第 120 册、《明別集叢刊》第五輯第 51 册影印。

楊承誨

《唧唧吟》一卷，明崇禎刻本，《明代詩文集珍本叢刊》第216册影印。

吴履中

《餘廉堂集》八卷，清康熙元年王元晋刻本，《明代詩文集珍本叢刊》第216册影印。

曹履泰

《浪吟集》二卷《疏草》一卷《方城公尺牘》一卷，清康熙刻本，《明代詩文集珍本叢刊》第217册、《尺牘文獻叢刊》第27册（選《方城公尺牘》一卷）影印。

《浪吟》二卷《曹方城疏草》一卷，海鹽張氏涉園鈔本，《上海圖書館藏涉園稿鈔校本叢書》第45册影印。

許士柔

《許大司成遺集》四卷，清鈔本，《常熟文庫》第63册、《明人别集稿鈔本叢刊》第75册影印。

宋應昇

《方玉堂集》二十八卷，明崇禎刻清乾隆宋瑾重修本，《四庫禁燬書叢刊》集部第165册、《明别集叢刊》第五輯第35册影印。

董斯張

《静嘯齋存草》十二卷《遺文》四卷附一卷，明崇禎刻本，《四庫禁燬書叢刊》集部第108册影印。

《緒言》四卷，明末刻本，《明代詩文集珍本叢刊》第199册影印。

《静嘯齋存草》十二卷《附録》一卷，清初刻本，《續修四庫全書》第1381册影印。

《静歗齋遺文》四卷，民國十三年吴興劉氏嘉業堂刻《吴興叢書》本，《叢書集成續編》（臺灣新文豐出版公司）文學類第188册、《叢書集成續編》（上海書店）集部第119册、《明别集叢刊》第五輯第51册影印。

陳魁文

《句曲游稿》一卷，明萬曆刻本，《明代詩文集珍本叢刊》第199册影印。

《西渼草》一卷，明崇禎刻本，《明代詩文集珍本叢刊》第199册影印。

王承勛

《瑞雲樓稿》□□卷（存卷七至九），明刻本，《明代詩文集珍本叢刊》第199册影印。

夏大寤

《夏叔夏貧居日出言》二卷《仍園日出言》二卷，明刻本，《明代詩文集珍本叢刊》第199册影印。

詹紹治

《印可編》一卷《續編》一卷，明崇禎四年、十七年詹日昌刻本，《明代詩文集珍本叢刊》第200册影印。

卓發之

《漉籬集》二十五卷《遺集》一卷，明崇禎傳經堂刻本，《四庫禁燬書叢刊》集部第107册、《明别集叢刊》第五輯第51册影印。

范景文

《范文忠公文稿》不分卷,明稿本,《明代詩文集珍本叢刊》第 177 册影印。

《范文忠公初集》十二卷《年譜》一卷,清康熙十二年范毓秀、范繩祖等刻本,《明别集叢刊》第五輯第 52 册影印。

《范文忠公初集》十二卷《年譜》一卷,清康熙四十年范毓秀、范繩祖等刻本,《四庫提要著録叢書》集部第 280 册影印。

《(范)文忠集》十二卷,清四庫全書本,《景印文淵閣四庫全書》第 1295 册、《文津閣四庫全書》第 1300 册、《文瀾閣四庫全書》第 1334 册影印。

《范文忠集》九卷,清道光二十八年涇縣潘氏袁江節署刻《乾坤正氣集》本,臺灣環球書局 1966 年(《乾坤正氣集》第 26 册)影印。

《范文忠公文集》十卷,清光緒定州王氏謙德堂刻《畿輔叢書》本,《百部叢書集成》之九十四影印。

《范文忠公初集》十二卷,清末思仁堂刻本,《京津冀歷代别集叢刊》第 183—184 册影印。

《范文忠公文集》,商務印書館 1936 年 12 月版(《叢書集成初編》文學類第 2455—2456 册);中華書局 2010 年 9 月重印版(《叢書集成初編》第 511 册)。

陸雲龍

《翠娱閣近言》四卷,明崇禎刻本,《續修四庫全書》第 1389 册、《明别集叢刊》第五輯第 52 册影印。

吕維祺

《儆學詩》一卷,明崇禎刻清印《葉潤山輯著全書》本,《明别集叢刊》第五輯第 71 册影印。

《明德先生文集》二十六卷《制藝》一卷附《新安定變全城記》一卷,清康熙二年吕兆璜、吕兆琳等刻本,《四庫全書存目叢書》集部第 185 册(多《明德先生年譜》四卷)、中州古籍出版社2015年10月(題作《吕明德先生文集》,《中國河洛文化文獻叢書》)、《明别集叢刊》第五輯第52册、《河南文脈叢書》第57—59册影印。

陳元贇

《元贇詩》一卷,日本寬文三年書林村上勘兵衛刻《元元唱和集》本,《域外漢籍珍本文庫》第四輯集部第3册影印。

《陳元贇集》,衷爾鉅輯注,遼寧人民出版社1994年2月版。

阮大鋮

《詠懷堂詩集》四卷《外集》二卷,明崇禎八年刻本,《續修四庫全書》第1374册、《原國立北平圖書館甲庫善本叢書》第885册(闕《外集》二卷)影印。

《詠懷堂詩集》四卷《外集》二卷《丙子詩》一卷《戊寅詩》一卷《辛巳詩》二卷,民國十七年國立中央大學國學圖書館鉛印本,《明别集叢刊》第五輯第53册影印。

《詠懷堂詩補遺》一卷,民國十八年國立中央大學圖書館鉛印本,《明别集叢刊》第五輯第53册影印。

《詠懷堂詩集》,胡金望、汪長林校點,黄山書社2006年11月版(《安徽古籍叢書》;2014年9月版(《安徽古籍叢書萃編》)。

宋應星

《野議》一卷《論氣》一卷《談天》一卷《思憐詩》一卷,明刻本,西泠印社出版社2010年9月(《江西省圖書館館藏古籍珍本叢刊·宋應星見存著作五種》)、《中華再造善本續編》(題作《宋應星四種》)影印。

《野議　論氣　談天　思憐詩》,丘鋒等標點,上海人民出版社1976年6月版(《宋應星佚著四種》)。

《宋應星思想研究及詩文注譯》,楊維增編著,中山大學出版社1987年9

月版。

《宋應星學術著作四種》,王咨臣、熊飛注,江西人民出版社 1988 年 1 月版。

曹勳

《曹勳大詩草》五卷,清初刻本,《故宫珍本叢刊》第 529 册影印。

《曹峨雪稿》一卷,清康熙三十八年刻《可儀堂一百二十名家制義》本,《明别集叢刊》第五輯第 59 册影印。

木增

《芝山雲薖集》二卷,民國間鈔本,《明人别集稿鈔本叢刊》第 75—76 册影印。

《芝山雲薖集》《山中逸趣》《木生白嘯月堂詩》《空翠居集》,多洛肯、王銘璇輯校,社會科學文獻出版社 2020 年 11 月版(見《明代納西族木氏土司文學家族詩集》)。

楊嗣昌

《楊文弱先生集》五十七卷,清初刻本,《續修四庫全書》第 1372—1373 册、《明别集叢刊》第五輯第 53—54 册影印。

《楊文弱先生集》五十七卷,舊鈔本,《四庫禁燬書叢刊》集部第 69—70 册影印。

《楊嗣昌詩文輯注》,梁頌成著,遠方出版社 2002 年 5 月版(《學者文叢》)。

《楊嗣昌集》,梁頌成輯校,岳麓書社 2005 年 12 月版;2008 年 11 月版(《湖湘文庫》甲編)。

馬之駿

《妙遠堂全集》四十卷,明天啓七年刻本,《四庫全書存目叢書》集部第 183—

184 册、《回族典藏全書》第 168—172 册、《明別集叢刊》第五輯第 31 册影印。

釋牧原(何南鳳)

《訒堂餘稿》,廣東省興寧市政協文史委員會編,2008 年 12 月内部出版物(見《興寧先賢叢書選録》,《興寧文史》第三十二輯)。

《何南鳳詩》,周先華整理,嶺南美術出版社 2014 年 10 月版(《全粵詩》第 16 册)。

池顯方

《晃岩集》,厦門市圖書館校注,厦門大學出版社 2009 年 9 月版(《厦門文獻叢刊》)。

高　岱(字魯瞻)

《高白浦集》一卷,清康熙五經堂刻《廣理學備考》本,《明別集叢刊》第五輯第 48 册影印。

王家彦

《王忠端公文集》十一卷,清順治十六年刻本,《四庫禁燬書叢刊》集部第 162 册、《明別集叢刊》第五輯第 62 册、《明代莆人文集》第 39—40 册影印。

盧世㴶

《漫興》三十首,明崇禎刻清印《葉潤山輯著全書》本,《明別集叢刊》第五輯第 71 册影印。

《尊水園集略》十二卷《補遺》二卷,清順治盧氏見賓堂刻本,《山東文獻集成》第三輯第 28 册影印。

《尊水園集略》十二卷《補遺》二卷,清順治刻十七年盧孝餘增修本,《續修四庫全書》第 1392 册、《清代詩文集彙編》第 5 册影印。

釋讀徹(蒼　雪)

《中峰蒼雪大師集》六卷,清鈔本,《常熟文庫》第64册影印。

《南來堂詩鈔》二卷,清鈔本,《常熟文庫》第64册影印。

《(蒼雪和尚)南來堂詩集》四卷《附録》一卷,民國三至十二年雲南圖書館刻《雲南叢書》初編本,《叢書集成續編》(臺灣新文豐出版公司)文學類第172册、《叢書集成續編》(上海書店)集部第122册、《續修四庫全書》第1393册、中華書局2009年10月(《雲南叢書》第22册)影印。

《(蒼雪大師)南來堂詩集》四卷《遺文》一卷《補編》四卷《附録》四卷,民國二十九年上海王培孫鉛印本,臺灣南洋中學校友會1955年8月、臺灣世界書局1955年、臺灣新文豐出版公司1974年12月、臺灣鼎文書局1977年(《中國學術類編・王氏輯注南來堂詩集》)、《清代詩文集彙編》第5册、《明别集叢刊》第五輯第54册影印。

《蒼雪大師〈南來堂詩集〉詩注》,楊爲星注,雲南人民出版社2011年11月版。

《南來堂詩集》,徐睿點校,雲南教育出版社2020年9月版(《雲南古代漢文學要籍》)。

劉應賓

《平山堂詩集》四卷,清順治刻本,《四庫禁燬書叢刊補編》第78册、《清代詩文集珍本叢刊》第7—8册影印。

商　梅

《彙選邪庵全集》,陳慶元編著,廣陵書社2019年1月版(《閩海文獻叢書》)。

徐弘祖

《徐霞客詩校注》,盧永康、祁若渝校注,雲南人民出版社1994年10

月版。

《徐霞客詩譯賞》,劉湘和注釋譯評,中國文史出版社2007年10月版。

《徐霞客詩鈔》,朱汝略箋注,中國文史出版社2008年8月版(與《王太初游草》同册,《中華山水名勝旅游詩經典》)。

《徐霞客詩》,蔡伯仁編,中國文聯出版社2011年3月版。

《徐霞客詩鈔》,朱汝略編著,團結出版社2014年12月版(與《王太初游草》同册)。

陸瑞徵

《頤志堂稿》五卷,明崇禎刻本,《常熟文庫》第64册影印。

張朱佐

《醉緑齋外課》一卷,明崇禎刻本,《明别集叢刊》第五輯第54册影印。

陳　曼

《詠歸堂集》一卷,民國二十六年鉛印《丁丑叢编》本,《叢書集成續編》(上海書店)集部第121册、《明别集叢刊》第五輯第54册、《王欣夫遺書·八年叢編》第4册影印。

華　夏

《過宜言》八卷《附録》一卷,清鈔本,《四庫未收書輯刊》第六輯第28册影印。

《過宜言》八卷《附録》一卷,民國二十三年四明張氏約園刻《四明叢書》本,《叢書集成續編》(臺灣新文豐出版公司)文學類第140册、《叢書集成續編》(上海書店)集部第113册、廣陵書社2006年8月(《四明叢書》第4—5册)、《明别集叢刊》第五輯第55册、《張壽鏞文獻輯刊》第18—19册影印。

范壺貞

《胡繩集詩鈔》三卷，清乾隆天游閣刻本，《明别集叢刊》第五輯第55册影印。

《胡繩集詩鈔》三卷附《賦》一卷，清光緒五年刻本，《稀見明代四部輯刊》第二輯第74册影印。

周道仁

《樂府》一卷，明崇禎嶷如館刻本，《四庫全書存目叢書》集部第195册、《明别集叢刊》第五輯第55册影印。

鄭二陽

《鄭中丞公益樓集》四卷，清康熙世德堂刻本，《四庫未收書輯刊》第六輯第22册、《清代詩文集彙編》第10册、《明别集叢刊》第五輯第55册影印。

張　瑋

《如此齋詩集》一卷，民國二十三年上虞羅氏石印《百爵齋叢刊》本，《叢書集成續編》（臺灣新文豐出版公司）文學類第170册、《叢書集成續編》（上海書店）集部第119册、《明别集叢刊》第五輯第55册影印。

邵捷春

《劍津集》十卷（闕卷五），明崇禎刻本，《四庫禁燬書叢刊補編》第78册、《明别集叢刊》第五輯第55册影印。

李芳蘊

《知還堂集》四卷，清康熙三十一年李湘刻本，《清代詩文集珍本叢刊》第8册影印。

葉紹袁

《秦齋怨》一卷附《伊人思》一卷，明崇禎九年序刻本，《域外漢籍珍本文庫》第四輯集部第17册、《海外藏集部珍本文獻叢刊》第169册（闕《伊人思》一卷）影印。

《秦齋怨》一卷《春餘續附》一卷《朞淚》一卷《屺雁哀》一卷《彤奩續些》二卷《窈聞》一卷續一卷，明崇禎刻《午夢堂集》本，《明别集叢刊》第五輯第56册影印。

《秦齋怨》一卷，民國二十四年長沙中國古書刊印社匯印《郎園先生全書》本，《叢書集成續編》（臺灣新文豐出版公司）文學類第171册、《叢書集成續編》（上海書店）集部第119册影印。

《窈聞》《續窈聞》《秦齋怨》《瓊花鏡》，洪霞卿校點，貝葉山房1936年10月版（《午夢堂全集》第1—2册，《中國文學珍本叢書》第一輯）。

《窈聞》《續窈聞》《秦齋怨》《瓊花鏡》，冀勤輯校，中華書局1998年11月版（見《午夢堂集》）。

張泰階

《北征小草》十二卷，明崇禎刻本，《四庫禁燬書叢刊》集部第176册、《明别集叢刊》第五輯第56册影印。

錢嘉徵

《侍御公奏疏》一卷《遺詩》一卷，明萬曆四十一至四十二年錢氏刻清增修本（附《海石先生文集》後），《四庫全書存目叢書》集部第97册、《明别集叢刊》第二輯第60册影印。

梁元柱

《梁侍御偶然堂集》一卷，清嘉慶刻同治印《廣東文獻》三集本，江蘇廣陵古籍刻印社 1994 年 7 月(《廣東文獻》第 6 册)影印。

《梁元柱詩》,吕永光、陳永正整理,嶺南美術出版社 2016 年 7 月版(《全粤詩》第 18 册)。

王　亹

《匪石堂詩》三十二卷,稿本,《上海圖書館未刊古籍稿本》第 46—47 册影印。

《妙遠堂詩三集》一卷《閩游草》一卷,清初王自超鈔本,《明代詩文集珍本叢刊》第 230 册影印。

王與胤

《隴首集》一卷《附録》一卷,清康熙刻《王漁洋遺書》本,《叢書集成三編》文學類第 53 册、《四庫全書存目叢書》集部第 193 册、《百部叢書增編》文學類第 53 册、《中國華北文獻叢書》第 67 册、《中國古籍珍本叢刊·西南大學圖書館卷》第 33 册、《明别集叢刊》第五輯第 70 册影印。

徐　波(徐元歎)

《徐元歎先生殘稿》一卷,清光緒九年吴縣潘氏刻《滂喜齋叢書》本,《百部叢書集成》之六十八、北京圖書館出版社 2003 年 6 月(《滂喜齋叢書》第 6 册)、《明别集叢刊》第五輯第 23 册影印。

《徐元歎先生殘稿》,商務印書館 1937 年 6 月版(《叢書集成初編》文學類第 2287 册);中華書局 2010 年 9 月重印版(《叢書集成初編》第 486 册)。

《落木庵詩集輯箋》,嚴志雄輯編、謝正光箋釋,上海古籍出版社 2020 年 6 月版。

王鳳嫻

《王文如詩》一卷附《二女稿》,日本明和七年序刻《明七才女詩集》本,

《日本所編中國詩文選集彙刊·明代卷》第14册影印。

沈宜修

《鸝吹》二卷《鸝吹附集》一卷《鸝吹集梅花詩》一卷《伊人思》一卷,明崇禎刻《午夢堂集》本,《明别集叢刊》第五輯第56册影印。

《繡垂館遺稿》(《鸝吹集》)一卷,清康熙葉氏二棄草堂刻《午夢堂詩鈔》本,《四庫全書存目叢書》第244册、《清代詩文集彙編》第104册影印。

《沈宛君詩》一卷,日本明和七年序刻《明七才女詩集》本,《日本所編中國詩文選集彙刊·明代卷》第14册影印。

《鸝吹》二卷《附集》一卷《梅花詩》一卷,民國二十四年長沙中國古書刊印社匯印《郎園先生全書》本,《叢書集成續編》(臺灣新文豐出版公司)文學類第148册、《叢書集成續編》(上海書店)集部第119册影印。

《鸝吹》《鸝吹附》《鸝吹集梅花詩》,洪霞卿校點,貝葉山房1936年10月版(《午夢堂全集》第1册,《中國文學珍本叢書》第一輯)。

《鸝吹》,冀勤輯校,中華書局1998年11月版(《午夢堂集》上册)。

邢　昉

《石臼前集》九卷《後集》七卷,清康熙刻本,《四庫禁燬書叢刊》集部第51册、《清代詩文集彙編》第5册影印。

《石臼前集》九卷《後集》七卷,民國三至五年上元蔣氏慎修書屋鉛印《金陵叢書》本,臺灣大西洋圖書公司1970年1月(《金陵叢書》第21—22册)、《叢書集成續編》(臺灣新文豐出版公司)文學類第172册、《叢書集成續編》(上海書店)集部第120册影印。

萬時華

《溉園初集》二卷《二集》三卷,明末刻本,《四庫禁燬書叢刊》集部第144册影印。

《溉園集選》一卷,清順治刻《詩慰》本,《明别集叢刊》第五輯第93册影印。

《溉園詩集》五卷,民國間南昌豫章叢書編刻局刻《豫章叢書》本,《叢書集成續編》(臺灣新文豐出版公司)文學類第171册、《叢書集成續編》(上海書店)别録第177册、《明别集叢刊》第五輯第56册影印。

《溉園詩集》,萬萍點校,江西教育出版社2007年12月版(《豫章叢書》集部十一)。

沈嘉客

《西溪先生文集》十卷,清康熙三十九年沈寅清刻本,《中國華北文獻叢書》第157册影印。

譚貞默

《埽庵集》一卷附《石倉十二代詩選檇李明人詩目》一卷,民國間緑格鈔本,《明人别集稿鈔本叢刊》第77册影印。

《(譚水部梁生)埽庵集》一卷,民國二十三年嘉興譚氏承啓堂刻《嘉興譚氏遺書》十種二十三卷藍印本,《叢書集成三編》文學類第53册、《明别集叢刊》第五輯第56册影印。

陳函煇

《小寒山子集》十四卷,明崇禎刻本,《四庫禁燬書叢刊》集部第185册影印。

《選寒光集》八卷,明崇禎刻本,《原國立北平圖書館甲庫善本叢書》第904册影印。

《寒玉集》十一卷《選寒光集》八卷《寒香集選》七卷,明崇禎刻本,《明别集叢刊》第五輯第57册影印。

《陳寒山子文》一卷附《孤忠遺稿》二卷,民國四年黄巖楊晨刻《台州叢書後集》本,《叢書集成續編》(臺灣新文豐出版公司)文學類第148册影印。

瞿式耜

《明瞿忠宣公文稿》不分卷，稿本，《常熟文庫》第64册、《明人别集稿鈔本叢刊》第76册影印。

《浩氣吟》一卷《附録》一卷，清順治八年瞿昌文東日堂刻本，《常熟文庫》第63册影印。

《浩氣吟》一卷《附録》一卷，清嘉慶張海鵬輯《借月山房彙鈔》本，臺灣義士出版社1969年9月（《借月山房彙鈔》第十六集）、《百部叢書集成》之四十八影印。

《東日堂詩稿》一卷，清順治十四年刻本，《常熟文庫》第63册影印。

《瞿忠宣公集》十卷，清道光十五年蔣因培、許廷誥刻本，《續修四庫全書》第1375册、《明别集叢刊》第五輯第57册影印。

《瞿忠宣集》八卷，清道光二十八年涇縣潘氏袁江節署刻《乾坤正氣集》本，臺灣環球書局1966年（《乾坤正氣集》第40册）影印。

《虞山集》十二卷（闕卷十），清瞿氏寶恩堂鈔本，《常熟文庫》第63册影印。

《虞山集》六卷，清鈔本，《常熟文庫》第63册影印。

《浩氣吟》，商務印書館1937年12月版（《叢書集成初編》文學類第2285册）；中華書局2010年9月重印版（《叢書集成初編》第486册）。

《瞿式耜集》，江蘇師範學院歷史系蘇州地方史研究室整理，上海古籍出版社1981年11月版。

侯　恂

《南園詩》，王樹林校箋，人民文學出版社2013年1月版（《侯方域全集校箋》附録，《明清别集叢刊》）。

張同敞

《宫詹司馬張公别山遺詩》一卷，清光緒二十七年荆州刻本，《明别集叢刊》第五輯第57册影印。

馮元颺

《留仙詩集》一卷,民國間張氏約園鈔本,《明人别集稿鈔本叢刊》第75册影印。

郭文祥

《郭孟履集》五卷,稿本,《明人别集稿鈔本叢刊》第85—86册影印。

李　達

《李行季遺詩》一卷附《詩餘》一卷,民國九年貴池劉氏唐石簃刻《貴池先哲遺書》本,《叢書集成續編》(臺灣新文豐出版公司)文學類第171册、《叢書集成續編》(上海書店)集部第119册、《明别集叢刊》第五輯第58册影印。

陳如松(陳白南)

《蓮山堂文集》二卷,民國十七年鉛印本,《明别集叢刊》第四輯第86册、《稀見明代四部輯刊》第二輯第69册影印。

《蓮山堂文集》,陳峰校注,厦門大學出版社2019年1月版(《厦門文獻叢刊》)。

石有恒

《石季常稿》一卷,清康熙三十八年刻《可儀堂一百二十名家制義》本,《明别集叢刊》第五輯第58册影印。

《石季常稿》一卷,清鈔《可儀堂一百廿名家制義》本,《明人别集稿鈔本叢刊》第97册影印。

曾　異

《紡授堂集詩集》八卷《文集》八卷《二集》十卷，明崇禎益友齋刻本，《四庫禁燬書叢刊》集部第163册、《明别集叢刊》第五輯第58册、《福建文脉叢書》第401—403册（闕《詩集》八卷）影印。

《紡授堂詩文集》，何立民點校，商務印書館2017年9月版（《泉州文庫》）。

田　玄

《秀碧堂詩集》，中共鶴峰縣委統戰部縣史志編纂辦公室、中共五峰縣委統戰部縣民族工作辦公室編，1984年1月内部出版物（見《容美土司史料彙編·田氏一家言》）。

《田玄詩評注》，陳湘鋒、趙平略評注，中央民族大學出版社1999年10月版（見《〈田氏一家言〉詩評注》，《土家族研究叢書》）。

《秀碧堂詩集》，趙志武、許楚安、李德成編注，五峰土家族自治縣民族宗教事務委員會2000年12月内部出版物（《紫芝亭詩集》附録，《五峰民族古籍整理叢書》）。

《秀碧堂詩集解讀》，田虞德編著，湖北人民出版社2011年1月版（見《〈田氏一家言〉解讀》）。

《秀碧堂詩集校注》，周西之、熊先群校注，湖北人民出版社2011年10月版（見《尋找湮滅的輝煌——〈田氏一家言〉叢論·校注·賞析》）。

《秀碧堂詩集》，周西之、熊先群注，湖北人民出版社2013年6月版（見《〈田氏一家言〉注》）；2019年9月版（見《田氏一家言》，《荆楚文库》）。

張鏡心

《雲隱堂文集》三十卷《詩集》十卷《附録》四卷，清康熙十一年奉思堂張溍刻本，《明代詩文集珍本叢刊》第212—215册影印。

路振飛

《路文貞公集》一卷，清道光二十一年洞庭吴氏刻本，《臺灣文獻匯刊》第一輯第 4 册影印。

冒起宗

《萬里吟》二卷，明末刻本，《明代詩文集珍本叢刊》第 225 册影印。

《拙存堂逸稿》十卷（《文牘》六卷《詩》四卷），清順治刻本，《清代詩文集彙編》第 6 册影印。

韓國植

《葛坡草堂集》四卷，明崇禎刻本，《明代詩文集珍本叢刊》第 225 册影印。

李陳玉

《退思堂集》十二卷，明崇禎刻本，《明代詩文集珍本叢刊》第 226—230 册影印。

侯峒曾

《侯通政集》不分卷，清鈔《嘉定侯氏三先生集》本，《明人別集稿鈔本叢刊》第 77—78 册影印。

《仍貽堂集》十卷，清道光二十八年涇縣潘氏袁江節署刻《乾坤正氣集》本，臺灣環球書局 1966 年（《乾坤正氣集》第 31 册）影印。

《侯忠節公全集》十八卷首一卷，民國二十二年嘉定侯氏鉛印本，《明別集叢刊》第五輯第 58 册影印。

李天植

《蜃園文集》四卷《補遺》一卷《詩前集》一卷《後集》一卷《續集》一卷《七言雜詠》一卷《梅花百詠》一卷《九山游草》一卷，民國八年上虞羅氏鉛印《明季三孝廉集》本，《明別集叢刊》第五輯第 58 册影印。

李　魯

《重編燼餘集》六卷首一卷，民國十四年丘復鉛印本，《臺灣文獻匯刊》第一輯第 4 册影印。

李肇亨

《夢餘集》五卷（闕卷五），清順治刻本，《北京師範大學圖書館藏稀見清人别集叢刊》第 1 册影印。

黄震象

《愳庵遺集》不分卷，清同治五年廬陵黄氏刻本，《明别集叢刊》第五輯第 59 册影印。

凌義渠

《凌忠清公集》六卷，清初刻本，《四庫提要著録叢書》集部第 280 册、《明别集叢刊》第五輯第 61 册影印。

《凌忠介（公）集》六卷，清四庫全書本，《四庫全書珍本》三集集部第 353 册、《景印文淵閣四庫全書》第 1297 册、《文津閣四庫全書》第 1301 册、《文瀾閣四庫全書》第 1335 册影印。

《凌忠介集》二卷，清道光二十八年涇縣潘氏袁江節署刻《乾坤正氣集》本，臺灣環球書局 1966 年（《乾坤正氣集》第 26 册）影印。

謝德溥

《謝文貞公文集》四卷，清光緒二十四年刻本，《四庫禁燬書叢刊補編》第 58 册影印。

文安之(鐵庵先生)

《鐵庵詩》一卷,明鈔本,《明别集叢刊》第五輯第38册影印。

《文安之詩文輯注》,中共宜昌市夷陵區委宣傳部等合編,三峽電子音像出版社2017年11月版(《明末宰相文安之》卷三,《宜昌市夷陵區政協文史資料》第十七輯)。

王　鐸

《擬山園選集》七十五卷(存五十四卷),清順治十年蘇州刻本,臺灣學生書局1960年6月(《歷代畫家詩文集》第11種)影印。

《擬山園選集》八十一卷,清順治十年王鏞、王鑨刻本,《四庫禁燬書叢刊》集部第87—88册(作八十二卷)、《北京圖書館古籍珍本叢刊》集部第111册、《清代詩文集彙編》第6—7册影印。

《王鐸詩集》,李根柱輯校,河南人民出版社2012年4月版。

釋隆琦(隱　元)

《新纂校訂隱元全集》,平久保章編,東京開明書院1979年10月版。

《隱元詩文選》,俞達珠編,中國文史出版社2014年12月版(《玉融文庫系列叢書》)。

王時敏

《王煙客先生集》八卷(《偶諧舊草》一卷《偶諧續草》一卷《西廬詩草》二卷《西廬詩餘》一卷《奉常公遺訓》一卷《尺牘》二卷)《附録》三卷(《減庵公詩存》一卷《西田詩集》一卷《西廬懷舊集》一卷),民國五年上海蘇新書社、蘇州振新書社鉛印本,《清代詩文集彙編》第7册影印。

《西廬家書》一卷,民國二十五年鉛印《丙子叢編》本,《叢書集成續編》(上海書店)集部第122册、《王欣夫遺書·八年叢編》第3册影印。

《王時敏集》，毛小慶點校，浙江人民美術出版社2016年5月版（《中國藝術文獻叢刊》）；2019年12月版（《藝術文獻集成》）。

顧若璞

《黄夫人卧月軒稿》六卷《續刻》一卷，清順治八年黄燦、黄煒卧月軒刻本，《明代詩文集珍本叢刊》第224册影印。

《卧月軒稿》三卷《附録》一卷，清光緒二十三年錢塘丁氏嘉惠堂刻《武林往哲遺著》本，《叢書集成續編》（臺灣新文豐出版公司）文學類第172册、《叢書集成續編》（上海書店）集部第119册、《美國哈佛大學哈佛燕京圖書館藏明清婦女著述彙刊》第4册、廣陵書社2011年7月（《武林往哲遺著》第4册）影印。

《卧月軒稿》六卷《續刻》一卷附《遺草》，清光緒二十三年錢塘丁氏嘉惠堂刻《武林往哲遺著》本（卷四至六配胡文楷鈔本），《清代閨秀集叢刊》第1册影印。

《卧月軒稿》，錢志坤點校，杭州出版社2014年5月版（《杭州全書·杭州文獻集成》第19册）；浙江古籍出版社2019年11月版（《武林往哲遺著》第17册，《浙江文叢》）。

《黄夫人卧月軒稿》，蘇珊影、趙厚均整理，黄山書社2019年6月版（《江南女性别集》五編上册）。

釋道盛（覺　浪）

《植聖草》不分卷，明崇禎刻本，《明别集叢刊》第五輯第63册影印。

《天界覺浪盛禪師全録》三十四卷，清康熙十九年刻本，《明别集叢刊》第五輯第63册影印。

黄景昉

《鹿鳩詠》二卷，明鈔本，《明别集叢刊》第五輯第68册影印。

《甌安館詩集》，陳慶元點校，商務印書館2019年11月版（《泉州文庫》）。

侯　恪

《侯太史遂園詩集》十三卷，清順治十二年刻本，《四庫禁燬書叢刊補編》第 78 册影印。

韓　錫(韓廷錫)

《韓子》二十卷，明刻本，《福建叢書》第一輯（題作《榕庵集》）、《明别集叢刊》第五輯第 59 册影印。

王若之

《王湘客集》十一卷，明末刻本，《四庫禁燬書叢刊補編》第 67 册影印。

《佚笈姑存》十卷，清順治二年傅敏刻本，《明别集叢刊》第五輯第 70 册影印。

安廣居

《率意吟》一卷，清順治刻本，《無錫文庫》第 86 册影印。

王道焜

《王節愍公遺集》一卷《補遺》一卷，清嘉慶九年吴氏刻《拜經樓叢書》本，上海博古齋 1922 年增輯石印；《百部叢書集成》之四十（影博古齋增輯本）影印。

《王節愍集》二卷，清道光二十八年涇縣潘氏袁江節署刻《乾坤正氣集》本，臺灣環球書局 1966 年（《乾坤正氣集》第 28 册）影印。

《王節湣公遺集》二卷《附録》一卷，清光緒二十二年錢塘丁氏嘉惠堂刻《武林往哲遺著》本，《叢書集成續編》（上海書店）集部第 120 册、廣陵書社 2011 年 7 月（《武林往哲遺著》第 4 册）影印、《明别集叢刊》第五輯第 59 册影印。

《王節湣公遺集》，錢志坤點校，杭州出版社2014年5月版（《杭州全書·杭州文獻集成》第19册）；浙江古籍出版社2019年11月版（《武林往哲遺著》第17册，《浙江文叢》）。

孫承澤

《硯山齋集》一卷《藤陰劄記》不分卷，清雍正十一年刻本，《京津冀歷代別集叢刊》第184册影印。

區懷瑞

《琅玕巢稿》四卷，明崇禎刻本，《明別集叢刊》第三輯第59册影印。

《區懷瑞詩》，吕永光、李君明整理，嶺南美術出版社2016年7月版（《全粤詩》第18册）。

鹿化麟

《北海亭詩集》四卷《文集》四卷，明崇禎十二年渠水范氏刻本，《明別集叢刊》第五輯第59册影印。

曹大鎬

《化碧録》一卷，民國九年貴池劉氏唐石簃刻《貴池先哲遺書》本，《叢書集成續編》（臺灣新文豐出版公司）文學類第151册、《叢書集成續編》（上海書店）集部第122册、《明別集叢刊》第五輯第59册影印。

許令瑜

《容庵遺文鈔》一卷《存稿鈔》一卷，清光緒十三年粤東海昌羊氏傳卷樓刻《海昌叢載》本，《明別集叢刊》第五輯第59册、《浙學未刊稿叢編》第二輯第31—34册影印。

《容庵存稿》三卷《孤臣述》一卷《容庵附録》二卷，清鈔本，《上海圖書館藏涉園稿鈔校本叢書》第 46 册、《清代詩文集珍本叢刊》第 13 册影印。

裴養素

《鄞水吟》一卷《許閒居詩》一卷《秋詩》二卷，明崇禎刻本，《明别集叢刊》第五輯第 60 册影印。

凌義業

《凌桐窗遺詩》一卷，清初刻本，《四庫提要著録叢書》集部第 280 册、《明别集叢刊》第五輯第 61 册影印。

李　盤

《李小有詩紀》十一卷《莨園唱和》一卷《牧懷詩紀》五卷《媚獨齋詩集》八卷，清順治刻本，《四庫未收書輯刊》第六輯第 29 册、《泰州文獻》第 58 册、《明别集叢刊》第五輯第 61 册影印。

徐時進

《啜墨亭集》十二卷《雜著》一卷，明萬曆刻本，《四庫禁燬書叢刊》集部第 45 册、《明别集叢刊》第五輯第 61 册影印。

孫傳庭

《白谷山人詩鈔》二卷，明刻本，《山西歷代著作集成》第 409 册、《雄安歷代别集叢刊二編》第 16 册影印。

《白谷山人詩鈔》二卷，清康熙四十二年刻後印本，《四庫提要著録叢書》集部第 356 册影印。

《白谷集》五卷，清四庫全書本，《四庫全書珍本》十集集部第 272—273 册、《景印文淵閣四庫全書》第 1296 册、《文津閣四庫全書》第 1300 册（多《附録》一卷)、《文瀾閣四庫全書》第1334册(作六卷,丁氏補鈔卷二至六)、《雄安歷代著作集成二編》第36—37册(影文淵閣本)、《雄安歷代别集叢刊二編》第16—17册(影文淵閣本)影印。

《白谷集》四卷,清道光二十八年涇縣潘氏袁江節署刻《乾坤正氣集》本,臺灣環球書局1966年(《乾坤正氣集》第33册)、《山西歷代著作集成》第409册、《雄安歷代著作集成二編》第37册、《雄安歷代别集叢刊二編》第18册影印。

《孫忠靖公遺集》八卷首一卷末一卷,清咸豐六年代州孫氏刻本,《明别集叢刊》第五輯第62册影印。

《孫忠靖公文鈔》三卷,日本明治四年浪華岡田群玉堂河内屋茂兵衛刻本,《日本所編中國詩文選集彙刊·明代卷》第30册影印。

《孫忠靖公集》十卷首一卷,民國三年鉛印本,《山西歷代著作集成》第411—412册、《雄安歷代著作集成二編》第38—39册、《雄安歷代别集叢刊二編》第18—19册影印。

《孫忠靖公全集》,王欣欣點校,上海古籍出版社2017年11月版(《山右叢書二編》第12册);2018年6月版(《山右叢書》)。

《孫傳庭集》,王增斌箋注,山西人民出版社2018年12月版(《山西文華·著述編》)。

王忠孝

《王忠孝公集》十二卷,鈔本,《福建叢書》第二輯、《臺灣文獻匯刊》第一輯第5册影印。

《惠安王忠孝公全集》,夏新點校,臺灣省文獻委員會1993年12月版(《臺灣文獻叢書》)。

《王忠孝詩》,施懿琳主編,"國立臺灣文學館"2004年2月版(《全臺詩》第1册)。

《王忠孝公集》,方寶川、陳旭東點校,福建人民出版社2010年10月版(《八閩文獻叢刊》)。

《徐孚遠　王忠孝集》,郭秋顯選注,"國立臺灣文學館"2012年12月版(《臺灣古典作家精選集》)。

《王忠孝公集》,陳中義、林興中點校,上海辭書出版社 2013 年 6 月版(《泉州文庫》)。

《惠安王忠孝公全集》,楊天厚點校,福建教育出版社 2017 年 3 月版(《臺灣古籍叢編》第二輯)。

陳是集

《陳中秘稿》,王堯雲校訂,海南書局 1929 年 6 月版(《海南叢書》第 6 種);1935 年版(《海南叢書》第五集)。

《陳中秘稿》,平慧善點校,海南出版社 2006 年 3 月版(與《湄丘集》等同册,《海南先賢詩文叢刊》)。

林　嵋

《螷蜞集》十卷,清初求野堂刻本,《明代莆人文集》第 43 册影印。

錢天錫

《馴鶴樓稿》□□卷(存《使楚記》二卷),明刻本,《明别集叢刊》第五輯第 62 册影印。

王彦泓

《疑雨集》二卷,清康熙侯文燦亦園刻本,《明别集叢刊》第五輯第 63 册影印。

《疑雨集箋注初草》一卷,清丁國鈞籛注稿本,掃葉山房 1920 年石印;《明人别集稿鈔本叢刊》第 78 册影印。

《疑雨集》四卷,民國二十四年長沙中國古書刊印社匯印《郎園先生全書》本,《叢書集成續編》(臺灣新文豐出版公司)文學類第 172 册、《叢書集成續編》(上海書店)集部第 120 册影印。

《王次回疑雨集注》,古吴句漏後裔釋,文明書局 1918 年 3 月版。

《疑雨集》,陳益標點,掃葉山房1926年3月版;啓智書局1934年5月版。

《疑雨集》(《王次回艷體詩》),儲菊人校訂,中央書店1935年8月版。

《王次回疑雨集》,朱太忙校,大達圖書供應社1935年11月版。

《丁注疑雨集》,丁國鈞注,臺灣文光圖書公司1973年5月版。

《王次回詩集》,鄭清茂校,臺灣聯經出版事業公司1984年7月版。

李燦箕

《西玉山房文》五卷《九潦草》一卷,明刻本,《明别集叢刊》第五輯第64册影印。

馮　舒

《默庵遺稿》十卷(闕卷九卷十),清康熙世豸堂刻本,《四庫禁燬書叢刊》集部第87册、《清代詩文集彙編》第7册、《常熟文庫》第68册影印。

陸廷保

《司契集》二卷,清初刻本,《常熟文庫》第68册影印。

錢謙貞

《未學庵詩稿》十卷(《尺五集》二卷《得閒集》二卷《懷古集》二卷《愚公集》四卷),清順治二至四年海虞毛氏汲古閣刻本,《明别集叢刊》第五輯第64册、《清代詩文集珍本叢刊》第12册(多《集外詩》一卷)影印。

《未學庵詩稿》十卷《耐翁先生集外詩》一卷,鈔本,《常熟文庫》第65册影印。

錢孫艾

《頤仲遺稿》一卷,清順治二至四年海虞毛氏汲古閣刻《未學庵詩稿》本,《明别集叢刊》第五輯第64册、《常熟文庫》第81册影印。

吴麟徵

《吴忠節公遺集》四卷附《年譜》一卷，明弘光刻本，《四庫禁燬書叢刊》集部第 81 册、《明别集叢刊》第五輯第 64 册影印。

《吴忠節集》二卷，清道光二十八年涇縣潘氏袁江節署刻《乾坤正氣集》本，臺灣環球書局 1966 年(《乾坤正氣集》第 27 册)影印。

李爲稷

《萍居集》四卷，清康熙李方晟等刻本，《四庫未收書輯刊》第五輯第 26 册、《重修金華叢書》第 150 册、《明别集叢刊》第五輯第 64 册影印。

袁繼咸

《六柳堂遺集》二卷餘一卷，清鈔本，《四庫禁燬書叢刊》集部第 116 册、《明别集叢刊》第五輯第 64 册影印。

蔣德璟

《蔣氏敬日草》十二卷《外集》十二卷，明崇禎刻隆武元年續刻本，《明代詩文集珍本叢刊》第 203—207 册、《福建文脉叢書》第 395—400 册影印。

《慤書》□□卷(存卷二至五、七至十二)，清息耕堂鈔本，《明人别集稿鈔本叢刊》第 78—79 册影印。

《慤書》，粘良圖校注，鷺江出版社 2015 年 12 月版(《晉江文庫》)。

《慤書》，粘良圖點校，商務印書館 2018 年 8 月版(《泉州文庫》)。

陳文沂

《移情草》一卷，清順治二年刻本，《稀見明代四部輯刊》第二輯第 87 册影印。

王德乾

《寶露園詩草》四卷附《題先大人九十翁憶素小影》一卷，清刻本，《稀見明代四部輯刊》第二輯第 88 册影印。

徐 緘

《雪屋未刻集》一卷，稿本，《稀見明代四部輯刊》第二輯第 88 册影印。

胡世安

《秀巖集》三十一卷，清順治刻康熙三十四年胡蔚先修補本，《四庫禁燬書叢刊》集部第 196 册、《清代詩文集彙編》第 8 册影印。

《秀巖集》，劉奕、鄧雅姿點校，巴蜀書社 2020 年 11 月版（《巴蜀文叢》）。

金之俊

《息齋集》四卷《外集》一卷，清順治六年自刻本，《清代詩文集珍本叢刊》第 11—12 册影印。

《金文通公集》二十卷《奏疏》六卷《詩集》六卷《外集》八卷，清康熙二十五年懷天堂刻本，《四庫全書存目叢書補編》第 56 册（《詩集》作三卷）、《續修四庫全書》第 1392—1393 册、《清代詩文集彙編》第 8 册影印。

《金文通公集》二十卷，清康熙二十五年金祖彭重刻本，《清代詩文集珍本叢刊》第 8—10 册影印。

謝三賓

《一笑堂詩集》四卷，清康熙十六年刻本，《清代詩文集珍本叢刊》第 12—13 册影印。

釋擔當(通　荷、普　荷)

《擔當遺詩》七卷《附録》一卷,民國三至十二年雲南圖書館刻《雲南叢書》初編本,《叢書集成續編》(臺灣新文豐出版公司)文學類第 172 册、《叢書集成續編》(上海書店)集部第 123 册、《清代詩文集彙編》第 9 册、中華書局 2009 年 10 月(《雲南叢書》第 22 册)影印。

《擔當詩文全集》,余嘉華、楊開達點校,雲南人民出版社、雲南美術出版社 2003 年 11 月版。

《擔當遺詩》,黄立飛點校,雲南教育出版社 2018 年 12 月版(《雲南古代漢文學要籍》)。

孫朝讓

《孫光甫詩稿》一卷,稿本,《常熟文庫》第 65 册、《明人别集稿鈔本叢刊》第 80 册影印。

《孫本芝先生詩稿》不分卷,稿本,《常熟文庫》第 65 册、《稀見明代四部輯刊》第二輯第 89 册影印。

魏方炳

《問霞閣集》十卷,清康熙刻本,《稀見明代四部輯刊》第二輯第 89 册影印。

李應昇

《落落齋遺集》十卷,明崇禎十七年李遜之刻本,《四庫禁燬書叢刊》集部第 50 册、《原國立北平圖書館甲庫善本叢書》第 886 册影印。

《落落齋遺集》六卷,清道光二十八年涇縣潘氏袁江節署刻《乾坤正氣集》本,臺灣環球書局 1966 年(《乾坤正氣集》第 24 册)影印。

《落落齋遺集》十卷《附録》一卷,清光緒二十一至二十四年武進盛氏思惠齋刻《常州先哲遺書》本,《叢書集成續編》(臺灣新文豐出版公司)文學類第 148 册、《叢書集成續編》(上海書店)集部第 119 册、南京大學出版社 2010 年 3 月(《常州先哲遺書》第 46—48 册)影印。

錢啓忠

《清溪遺稿》一卷《不朽録》一卷《(清溪公)題詞》一卷,民國二十三年四明張氏約園刻《四明叢書》本,《叢書集成續編》(臺灣新文豐出版公司)文學類第 187 册、《叢書集成續編》(上海書店)集部第 119 册、廣陵書社 2006 年 8 月(《四明叢書》第 4 册)、《明別集叢刊》第五輯第 64 册、《張壽鏞文獻輯刊》第 17 册影印。

辛　陞(辛克羽)

《寒香館遺稿》十卷,民國五年木活字印本,《清代詩文集彙編》第 7 册、《明別集叢刊》第五輯第 92 册影印。

翁　白

《梅莊遺草》六卷,清嘉慶十六至十九年留香室刻《浦城遺書》本,《叢書集成續編》(臺灣新文豐出版公司)文學類第 171 册、《明別集叢刊》第五輯第 93 册影印。

李　介

《天香閣隨筆》二卷《集》一卷,清道光光緒間南海伍氏刻《粤雅堂叢書》本,《百部叢書集成》之六十四、臺灣華聯出版社 1965 年 5 月(《粤雅堂叢書》第 2 册)、《明別集叢刊》第五輯第 93 册、《廣州大典》第 29 册影印。

談　遷

《棗林詩集》不分卷,清鈔本,《清代詩文集珍本叢刊》第 16 册影印。

《棗林集》五卷,清宣統元年張錞鈔本,《清代詩文集珍本叢刊》第 16—

17 册影印。

《棗林詩集》三卷《附録》一卷，民國元年上海國粹學報社鉛印《古學彙刊》第二集本，《叢書集成續編》（上海書店）集部第 121 册、廣陵書社 2006 年 12 月（《古學彙刊》第 6 册）、《明别集叢刊》第五輯第 61 册影印。

《談遷詩文集》，羅仲輝校點，遼寧教育出版社 1998 年 12 月版（《新世紀萬有文庫·傳統文化書系》）。

侯岐曾

《侯文節集》不分卷，清鈔《嘉定侯氏三先生集》本，《明人别集稿鈔本叢刊》第 80 册影印。

倪元璐

《鴻寶應本》十七卷，明崇禎十五年刻本，臺灣學生書局 1960 年 6 月（《歷代畫家詩文集》第 9 種）、《原國立北平圖書館甲庫善本叢書》第 897 册、《明别集叢刊》第五輯第 65 册影印。

《倪文正公遺稿》二卷，清順治八年刻本，《四庫禁燬書叢刊》集部第 50 册影印。

《鴻寶應本》十七卷，清順治十四年唐九經刻本，《四庫禁燬書叢刊補編》第 77 册影印。

《倪文貞公文集》十七卷《續編》三卷《奏疏》十二卷《講編》四卷《詩集》二卷首一卷，清乾隆三十七年倪安世刻本，《四庫提要著録叢書》集部第 356 册、《明别集叢刊》第五輯第 65 册（闕《講編》四卷《詩集》二卷）、《四庫全書底本叢書》集部第 213—215 册影印。

《倪文貞集》十七卷《續編》三卷《奏疏》十二卷《講編》四卷《詩集》二卷，清四庫全書本，《景印文淵閣四庫全書》第 1297 册、《文津閣四庫全書》第 1301 册、《文瀾閣四庫全書》第 1335 册（丁氏補鈔《倪文貞集》卷十）影印。

《倪文正集》四卷，清道光二十八年涇縣潘氏袁江節署刻《乾坤正氣集》本，臺灣環球書局 1966 年（《乾坤正氣集》第 26 册）影印。

《倪文正公尺牘逸稿》六卷，清鈔本，《傅斯年圖書館藏未刊稿鈔本·集部》第 27 册影印。

《倪文貞公詩集》二卷《附録》一卷，王伯沆圈點手寫本 南京襄社 1935 年、臺灣藝文印書館 1974 年 3 月、《冬飲叢書》第一輯第 5 册（影南京襄社本）、《明别集叢刊》第五輯第 65 册（影南京襄社本）影印。

徐　標

《小築邇言》十六卷，明崇禎刻本，《原國立北平圖書館甲庫善本叢書》第 897 册影印。

《小築邇言》八卷《徐公經濟録》一卷，清鈔本，《山東文獻集成》第二輯第 29 册影印。

杜文焕

《太霞洞集》三十二卷《附録》二卷，明天啓刻本，《原國立北平圖書館甲庫善本叢書》第 898 册影印。

《太霞集選》二十八卷，明天啓刻本，《明代詩文集珍本叢刊》第 217—218 册影印。

華師召

《玩世齋集》十二卷，明天啓二年華師召自刻本，《明代詩文集珍本叢刊》第 219 册影印。

孫繼統

《釋義美人染甲詩》二卷《釋義雁字詩》二卷，明天啓刻本，《明代詩文集珍本叢刊》第 220 册影印。

周應辰

《采藍集》四卷，明天啓三年李子啓刻本，《明代詩文集珍本叢刊》第 221

册影印。

倪大繼

《亦頽集》八卷，明刻本，《明代詩文集珍本叢刊》第 221 册影印。

安 舒

《墨華集》不分卷，清稿本，《明代詩文集珍本叢刊》第 221—222 册影印。

黎 密

《黎縝之游稿》一卷《椒花初頌贈言》一卷，明天啓五年自刻本，《廣州大典》第 428 册、《明代詩文集珍本叢刊》第 222 册影印。

茅元儀

《石民未出集》三種二十卷，明天啓七年刻本，《四庫禁燬書叢刊補編》第 73 册、《歸安茅氏文獻輯刊》第 156—157 册影印。

《石民江村集》二十卷，明崇禎刻本，《四庫禁燬書叢刊》集部第 70 册、《明别集叢刊》第五輯第 66 册、《歸安茅氏文獻輯刊》第 160—161 册影印。

《石民四十集》九十八卷，明崇禎刻本，《四庫禁燬書叢刊》集部第 109—110 册、《續修四庫全書》第 1386—1387 册、《歸安茅氏文獻輯刊》第 150—155 册影印。

《石民渝水集》六卷《又峴集》五卷《横塘集》十卷《賞心集》八卷，明崇禎刻本，《四庫禁燬書叢刊》集部第 110 册、《歸安茅氏文獻輯刊》第 157—159 册影印。

《石民甲戌集》□卷(存卷一至五)，明崇禎刻本，《明代詩文集珍本叢刊》第 223 册、《歸安茅氏文獻輯刊》第 159 册影印。

《石民西崦集》三卷，明末刻本，《四庫禁燬書叢刊補編》第 73 册影印。

劉正宗

《逋齋詩》四卷《逋齋詩二集》二卷又《逋齋詩》二卷，清順治刻本，《四庫未收書輯刊》第八輯第16册影印。

《逋齋詩》四卷，清刻本，《清代詩文集珍本叢刊》第13—14册影印。

錢繼登

《壑專堂集》十四卷，清康熙六年自刻本，《清代詩文集珍本叢刊》第14—16册影印。

張道濬

《張司隸初集》，田同旭、趙建斌、馬艷點校，上海古籍出版社2017年11月版（《山右叢書二編》第11册）；2018年6月版（《山右叢書》）。

《張司隸初集》，田同旭、趙建斌校正，三晉出版社2019年12月版（《沁水歷代名家文存》第5册）。

宋繼澄

《萬柳老人詩集殘稿》一卷，民國十八年廬鄉叢書社鉛印《廬鄉叢書》本，《明別集叢刊》第五輯第66册影印。

王應斗

《湛輝閣草》十卷附《怡雲草》一卷，清康熙刻本，《四庫禁燬書叢刊補編》第74册影印。

鄒　枚

《鄒荻翁先生集》六卷《殆笑編略》一卷，清康熙刻本，《四庫禁燬書叢刊補編》第 75 册影印。

鍾震陽

《偶居集》八卷，明崇禎五年刻本，《四庫禁燬書叢刊補編》第 77 册影印。

吕大器

《吕大器詩文集》，胡傳淮、陳名揚主編，現代出版社 2016 年 6 月版（《南明宰相吕大器》上篇）。

宋　權

《文康公遺集》二卷附《文康公家傳》一卷《文康公年譜》一卷，清康熙六年宋犖編刻《商丘宋氏三世遺集》本，《明別集叢刊》第三輯第 17 册、《美國哈佛大學哈佛燕京圖書館藏明清善本總集叢刊》第 133 册影印。

《宋權集》，劉萬華輯校，浙江古籍出版社 2020 年 7 月版（《宋犖全集》第 7 册）。

徐來復

《徐民上先生集》八卷，明末刻本，《四庫禁燬書叢刊補編》第 78 册影印。

莫秉清

《采隱草》一卷，清康熙五十五年城書室刻《雲間二韓詩》本，《江南家族文學叢編・上海卷》下册、《明別集叢刊》第三輯第 74 册影印。

吴應箕

《樓山堂集》二十七卷《遺文》六卷《遺詩》一卷，清刻本，《續修四庫全書》第 1388—1389 册影印。

《樓山堂集》二十七卷，清刻本，《四庫禁燬書叢刊》集部第 11 册影印。

《樓山堂集》十八卷，清道光二十八年涇縣潘氏袁江節署刻《乾坤正氣集》本，臺灣環球書局 1966 年(《乾坤正氣集》第 33 册)影印。

《樓山堂集》二十七卷，清道光光緒間南海伍氏刻《粤雅堂叢書》本，《百部叢書集成》之六十四、臺灣華聯出版社 1965 年 5 月(《粤雅堂叢書》第 13 册)、《廣州大典》第 45 册影印。

《樓山堂集》，商務印書館 1935 年 12 月版(《叢書集成初編》文學類第 2167—2170 册)；中華書局 2010 年 9 月重印版(《叢書集成初編》第 467 册)。

《吴應箕文集》，章建文點校，黄山書社 2017 年 2 月版(《安徽古籍叢書》)。

孟稱舜

《孟稱舜集》，朱穎輝輯校，中華書局 2005 年 6 月版。

鄭　鄤

《峚陽草堂文集》十六卷附一卷《詩集》二十卷(闕卷十三)，民國二十一年鄭國棟活字印本，《四庫禁燬書叢刊》集部第 126 册、《明别集叢刊》第五輯第 66 册影印。

單思恭

《甜雪齋文》□卷(存卷一至九)，明刻本，《明别集叢刊》第五輯第 67 册影印。

《甜雪齋詩》十卷(存卷一至三)《文》十卷(存卷一至八)，清鈔本，《四庫全書存目叢書》集部第 190 册影印。

韓　洽

《寄庵詩存》四卷，清道光二十年韓崇刻本，《四庫禁燬書叢刊》集部第

149 册、《明别集叢刊》第五輯第 67 册影印。

趙　譔

《趙忠潛公景忠集》一卷，民國十二至二十九年雲南圖書館刻《雲南叢書》二編本，《叢書集成續編》（臺灣新文豐出版公司）文學類第 197 册、《叢書集成續編》（上海書店）集部第 120 册、《明别集叢刊》第五輯第 67 册影印。

范汝楨

《烟霞外集》一卷，明崇禎刻本，《明代詩文集珍本叢刊》第 235 册影印。

楊　彝

《穀園集詩》一卷《文》一卷，清道光二年譚天成家鈔本，《明代詩文集珍本叢刊》第 235—236 册、《常熟文庫》第 68 册影印。

陳紹英

《五石居詩》二卷，清鈔本，《明代詩文集珍本叢刊》第 236 册影印。

柴惟道

《玩梅亭集稿》二卷，明刻本，《四庫全書存目叢書》集部第 193 册、《衢州文獻集成》第 176 册、《明别集叢刊》第三輯第 23 册影印。

唐汝詢

《酉陽山人編蓬集》十卷《後集》十五卷，明萬曆刻清乾隆二十四年唐元素重修本，《四庫全書存目叢書》集部第 192 册、《明别集叢刊》第四輯第 45 册影印。

王貴德

《青箱集剩校注》，謝明仁、江宏校注，巴蜀書社2014年4月版（《廣西地方古籍整理研究叢書》）。

張國維

《張忠敏公遺集》十卷首一卷《附録》六卷，清咸豐十年刻本，《四庫未收書輯刊》第六輯第29册、《重修金華叢書》第150册影印。

《張忠敏公遺集》十卷《附録》六卷，清光緒五年江蘇書局刻本，《明別集叢刊》第五輯第67册影印。

《張忠敏公遺集》，樓天良點校，浙江古籍出版社2014年9月版（《東陽叢書》）。

李之標

《李之標詩》，黄坤堯整理，嶺南美術出版社2014年11月版（《全粵詩》第17册）。

熊文舉

《恥廬近集》二卷，清順治十八年李仲章刻本，《清代詩文集珍本叢刊》第17册影印。

《雪堂先生集選》十一卷，清順治刻本，《四庫禁燬書叢刊》集部第33册影印。

《雪堂先生詩選》四卷《恥廬近集》二卷，清初刻本，《四庫全書存目叢書補編》第82册影印。

《侶鷗閣近集》二卷，清康熙刻本，《四庫禁燬書叢刊》集部第120册影印。

《雪堂先生文集》二十八卷，清刻本，《北京圖書館古籍珍本叢刊》集部第

112 册影印。

釋正喦（豁　堂）

《豁堂老人同凡草》九卷，清刻本，《清代詩文集珍本叢刊》第 18 册影印。

李元鼎

《石園全集》三十卷，清康熙四十二年香雪堂刻本，《清代詩文集彙編》第 9 册、《清代家集叢刊》第 14—15 册影印。

《石園全集》三十卷，清康熙刻雍正修補本，《四庫全書存目叢書》集部第 196 册影印。

《石園詩集》十五卷，清刻本，《故宫珍本叢刊》第 592 册影印。

釋德寧（李麓庵）

《上林集》一卷附《晦仙遺作》，清康熙四十一年刻本，《重修金華叢書》第 150 册影印。

錢　禧

《錢吉士先生全稿》不分卷，清康熙二十年天蓋樓刻《江西五家稿》本，《四庫禁燬書叢刊》經部第 7 册影印。

《錢吉士稿》一卷，清康熙三十八年刻《可儀堂一百二十名家制義》本，《明别集叢刊》第五輯第 67 册影印。

《錢吉士稿》一卷，清鈔《可儀堂一百廿名家制義》本，《明人别集稿鈔本叢刊》第 96 册影印。

汪　樞

《存竢篇》十卷，明弘光元年夷白軒刻本，《明别集叢刊》第五輯第 67 册影印。

張　采

《知畏堂文存》十二卷《詩存》四卷，清康熙十二至十三年金起鱗、方瑛刻本，《四庫禁燬書叢刊》集部第 81 册、《原國立北平圖書館甲庫善本叢書》第 903 册、《明别集叢刊》第三輯第 74 册、《清代詩文集珍本叢刊》第 19—20 册、《明代朱子學文獻叢刊》第 434—435 册影印。

李生光

《西山閣筆》一卷，清順治汾西洞刻本，《四庫未收書輯刊》第八輯第 16 册、《中國華北文獻叢書》第 167 册影印。

陳子壯

《進講録》二卷《秋痕》二卷，明崇禎十一年刻本，《廣州大典》第 431 册影印。

《禮部存稿》八卷，明崇禎刻本，《廣東叢書》第一集、《叢書集成續編》（上海書店）集部第 120 册（影《廣東叢書》本）影印。

《陳文忠公遺集》十一卷，清道光二十年南海伍氏詩雪軒刻《粤十三家集》本，《何氏至樂樓叢書》第 14 種、《叢書集成續編》（臺灣新文豐出版公司）文學類第 149 册、《廣州大典》第 502 册、《歷代地方詩文總集彙編》第 414—415 册、《明别集叢刊》第五輯第 67 册影印。

《陳忠簡集》三卷，清道光二十八年涇縣潘氏袁江節署刻《乾坤正氣集》本，臺灣環球書局 1966 年（《乾坤正氣集》第 38 册）影印。

《陳子壯詩》，梁基永等整理，嶺南美術出版社 2014 年 11 月版（《全粤詩》第 17 册）。

袁祈年

《楚狂之歌》一卷《小袁幼稿》一卷《近游草》一卷，明末書林唐國達刻本

（附《珂雪齋近集》後），《明代論著叢刊》第二輯（僅《楚狂之歌》一卷）、《四庫禁燬書叢刊》集部第 103 册影印。

周廷鑨

《去來漫草》二卷《頤園吟草》二卷，明崇禎間刻本，《日本内閣文庫藏稀見明人别集彙刊》第四輯第 10 册影印。

艾　容

《微塵闇稿》十四卷，明崇禎七年序刻本，《日本内閣文庫藏稀見明人别集彙刊》第四輯第 10—11 册影印。

朱之馮

《朱勉齋集》一卷，清康熙五經堂刻《廣理學備考》本，《明别集叢刊》第五輯第 67 册、《雄安文脉叢書》第 122 册影印。

項　煜

《項太史全稿》不分卷，清乾隆五十二年敦化堂刻本，《明别集叢刊》第五輯第 68 册影印。

朱之俊

《（朱太史）吴越游草》一卷《峪園近草》一卷《排青樓詩》一卷《賦》一卷《硯廬詩》一卷，明末至清初刻清彙印本，《四庫未收書輯刊》第七輯第 16 册、《中國華北文獻叢書》第 167 册影印。

《硯廬詩》一卷《峪園近草》一卷《排青樓詩》一卷《碑版文集》一卷《歸田尺牘》一卷，民國二十四年汾陽公立圖書館鉛印本，《清代詩文集彙編》第 9 册影印。

賈開宗

《遡園文集》四卷《杜少陵秋興八首偶論》一卷，清道光八年賈洪信重刻本，《清代詩文集彙編》第 9 册影印。

余紹祉

《賦草》一卷，明崇禎刻《余子疇先生雜著》本，《歷代賦學文獻輯刊》第 141 册影印。

《晚聞堂集》十六卷，清道光十七年和源單士修刻本，《四庫未收書輯刊》第六輯第 28 册、《明別集叢刊》第五輯第 68 册影印。

吴之器

《明月槎賦》《明月槎稿》《明月齋稿》《蘭雪二編》《兩山集稿》《玄暢樓大社稿》六種不分卷，明末清初刻本，上海古籍出版社 2015 年 3 月（《義烏叢書·吴之器佚作六種》）影印。

《經鋤草》一卷，清順治十年刻本，《重修金華叢書》第 150 册、《稀見清代四部輯刊補編》第 284 册影印。

范　路（范　瀫）

《靈蘭館詩集》二卷，清康熙六十一年刻本，《重修金華叢書》第 150 册影印。

方拱乾

《何陋居集》一卷《甦庵集》二卷，清康熙錫善堂鈔本，《四庫全書存目叢書補編》第 79 册影印。

《何陋居集》三卷，清康熙刻本，《清代詩文集彙編》第 10 册、《清代東北流人文獻集成》第 1 輯第 4 册影印。

《方拱乾詩集》,李興盛、張文玲、方承整理,黑龍江教育出版社 1992 年 4 月版。

《何陋居集》《甦庵集》,李興盛、安春傑主編,黑龍江人民出版社 1997 年 9 月版(見《何陋居集(外二十一種)》,《黑水叢書》)。

《何陋居集・甦庵集》,李興盛主編,黑龍江大學出版社 2010 年 4 月版(《東北流人文庫》)。

蕭雲從

《蕭雲從詩文輯注》,沙鷗輯注,黄山書社 2010 年 4 月版(《安徽古籍叢書》)。

《蕭雲從詩歌箋注》,唐俊箋注,安徽師範大學出版社 2019 年 9 月版。

蔣之翹

《天啓宫詞》一卷,清道光十一年六安晁氏活字印《學海類編》本,《百部叢書集成》之二十四、《叢書集成新編》文學類第 71 册影印。

《天啓宫詞》一卷,清道光十三年世楷堂楊復吉輯刻《昭代叢書》丁集新編本,上海古籍出版社 1990 年 7 月(《昭代叢書》第 1 册)、《明别集叢刊》第五輯第 69 册、廣陵書社 2016 年 12 月(《昭代叢書合刻》第 4 册)影印。

《蔣石林先生遺詩》三卷,清光緒二十二年刻本,《明别集叢刊》第五輯第 69 册影印。

《天啓宫詞》,商傳點校,北京古籍出版社 1987 年 5 月版(見《明宫詞》);北京出版社 2018 年 2 月版(見《明宫詞》,《北京古籍叢書》)。

鄭敷教

《桐庵文集》一卷《雲游詩》一卷,清長洲徐枋鈔本,《中國古籍珍本叢刊・復旦大學圖書館卷》第 46 册影印。

《重編桐庵文稿》一卷,清宣統至民國新陽趙詒琛刻《峭帆樓叢書》十八種五十四卷本,《叢書集成三編》文學類第 53 册、《明别集叢刊》第五輯第 73

册影印。

《桐庵存稿》一卷，民國二十五年鉛印《丙子叢編》本，《叢書集成續編》（上海書店）集部第119册、《明别集叢刊》第五輯第73册、《王欣夫遺書·八年叢編》第3册影印。

理咝和

《寒石先生文集》三卷，清乾隆十七年刻本，《明别集叢刊》第五輯第87册影印。

《寒石先生文集》三卷，民國二十四年蔡晉鏞刻本，《四庫未收書輯刊》第五輯第26册影印。

釋道忞（林　莅）

《布水臺集》三十二卷，清康熙刻本，《四庫未收書輯刊》第五輯第30册影印。

《弘覺忞禪師北游集》六卷，民國北平燕京大學圖書館鈔本，《清代詩文集彙編》第10册影印。

《道忞和尚選集》，董卓、鍾東、郭鵬飛點校，廣東旅游出版社2017年9月版（《清初嶺南佛門史料叢刊》）。

杜　越

《紫峰集》十四卷，清康熙十三年刻本，《四庫全書存目叢書補編》第52册、《清代詩文集彙編》第10册、《雄安文脉叢書》第155—156册、《京津冀歷代别集叢刊》第234册影印。

楊廷麟

《兼山集》四卷，清康熙貞齋刻本，《四庫禁燬書叢刊》集部第165册影印。

《兼山集》四卷，清康熙三十二年胡麟兆刻本，《明别集叢刊》第五輯第69册影印。

《楊忠節公遺集》六卷，清同治三年活字本，《明别集叢刊》第五輯第69册影印。

魯世任

《魯媿尹集》一卷，清康熙五經堂刻《廣理學備考》本，《明别集叢刊》第五輯第69册影印。

汪　膺

《寸碧堂詩集》二卷《外集》一卷，清康熙刻本（附《鈍翁全集》後），《四庫全書存目叢書》集部第192册、《明别集叢刊》第五輯第69册影印。

《寸碧堂集》，李聖華校點，人民文學出版社2010年1月版（《汪琬全集箋校》附録，《明清别集叢刊》）。

田　圭

《田信夫詩集》，中共鶴峰縣委統戰部縣史志編纂辦公室、中共五峰縣委統戰部縣民族工作辦公室編，1984年1月内部出版物（見《容美土司史料彙編·田氏一家言》）。

《田圭詩評注》，陳湘鋒、趙平略評注，中央民族大學出版社1999年10月版（見《〈田氏一家言〉詩評注》，《土家族研究叢書》）。

《田信夫詩集》，趙志武、許楚安、李德成編注，五峰土家族自治縣民族宗教事務委員會2000年12月内部出版物（《紫芝亭詩集》附録，《五峰民族古籍整理叢書》）。

《田信夫詩集解讀》，田虞德編著，湖北人民出版社2011年1月版（見《〈田氏一家言〉解讀》）。

《田信夫詩集校注》，周西之、熊先群校注，湖北人民出版社2011年10月版（見《尋找湮滅的輝煌——〈田氏一家言〉叢論·校注·賞析》）。

《田信夫詩集》,周西之、熊先群注,湖北人民出版社 2013 年 6 月版(見《〈田氏一家言〉注》);2019 年 9 月版(見《田氏一家言》,《荆楚文庫》)。

鄒　潔

《鄒遽庵詩集》一卷,清鈔本,《稀見明代四部輯刊》第二輯第 70 册影印。

鈕仲玉

《五浮山人詩集》一卷,清刻本,《稀見明代四部輯刊》第二輯第 70 册影印。

王　信

《西溪詩稿》一卷,清道光二十六年刻本,《稀見明代四部輯刊》第二輯第 70 册影印。

薄　霎

《獨賞編》一卷《勞勞語》一卷《洛如集》一卷《擬古樂府》一卷,清道光二十年季錫疇鈔本,《常熟文庫》第 62 册、《稀見明代四部輯刊》第二輯第 71 册影印。

水佳胤

《珵美堂集》一卷《沙上集》一卷,明崇禎刻本,《明代詩文集珍本叢刊》第 212 册影印。

《精選明水啓明葯齋近藝》一卷,清初刻本,《稀見明代四部輯刊》第二輯第 71 册影印。

時　銘

《夢墨稿》十卷首一卷《補遺》一卷,清光緒十八年尚友書屋刻本,《稀見明代四部輯刊》第二輯第73册影印。

陸文鳳

《入洛草》一卷《未刻詩稿》一卷，狄斗南鈔本，《稀見明代四部輯刊》第二輯第74册影印。

魏學洢

《魏子敬遺集》八卷，明崇禎元年刻本，《四庫禁燬書叢刊補編》第76册影印。

《茅簷集》八卷，明崇禎刻本，《四庫提要著録叢書》集部第356册影印。

《茅簷集》八卷，清四庫全書本，《四庫全書珍本》四集集部第373册、《景印文淵閣四庫全書》第1297册、《文津閣四庫全書》第1301册、《文瀾閣四庫全書》第1335册（丁氏補鈔）影印。

朱集璜

《觀復堂稿略》不分卷，明崇禎刻本，《中國古籍珍本叢刊·東北師範大學圖書館卷》第60册影印。

《觀復堂集》二卷，清道光二十八年涇縣潘氏袁江節署刻《乾坤正氣集》本，臺灣環球書局1966年（《乾坤正氣集》第40册）、《明别集叢刊》第五輯第53册影印。

曾大升

《依隱堂詩略》一卷，清康熙二年刻本，《中國古籍珍本叢刊·東北師範大學圖書館卷》第60册影印。

胡敬辰

《檀雪齋集》四十卷（闕卷二至六、二十三至二十五、三十至四十），明刻本,《四庫全書存目叢書》集部第191册、《明别集叢刊》第五輯第60册影印。

楊文驄

《山水移》三卷,明崇禎刻本,《明代詩文集珍本叢刊》第235册影印。

《洵美堂詩集》九卷,民國二十五年貴陽陳氏金陵刻本,《明别集叢刊》第五輯第67册、貴州人民出版社2020年12月(《貴州文庫》)影印。

《楊文驄詩文三種校注》,關賢柱校注,貴州人民出版社1990年2月版(《貴州古籍集粹》)。

蔣 臣

《無他技堂遺稿》十六卷,清康熙四十九年蔣于湄刻本,《四庫禁燬書叢刊》集部第72册、《明别集叢刊》第五輯第69册影印。

張 岱

《張子文粃》十八卷《詩粃》五卷,稿本,《原國立北平圖書館甲庫善本叢書》第910—911册、《清代詩文集珍本叢刊》第21—22册、《中華再造善本·清代編》影印。

《瑯嬛文集》二卷,清鈔本,《清代詩文集珍本叢刊》第21册影印。

《琅嬛文集》六卷,清光緒刻本,《明别集叢刊》第五輯第69册影印。

《瑯嬛文集》,劉大傑點校,上海雜志公司1935年11月版(《中國文學珍本叢書》第一輯);臺灣淡江書局1956年5月版。

《瑯嬛文集》,龔復初校閲,國學研究社1935年12月版(《國學珍本叢書》)。

《瑯嬛文集》,胡協寅校,廣益書局1936年4月版。

《琅嬛文集》,雲告點校,岳麓書社1985年7月版(《明清小品選刊》);2016年1月版(《明清小品》)。

《張岱詩文集》,夏咸淳校點,上海古籍出版社1991年6月版(《中國古典文學叢書》);2014年11月增訂版(《中國古典文學叢書》);2018年5月簡體版(《中國古典文學叢書》)。

《張宗子小品》,魏崇武選注,文化藝術出版社 1996 年 8 月版(《明人小品十家》)。

《張岱散文選集》,夏咸淳選注,百花文藝出版社 1997 年 8 月版(《百花散文書系·古代部分》)。

《嫏嬛文集》,欒保群注,故宫出版社 2012 年 3 月版(《明清美文拾種》)。

《琅嬛文集》,欒保群點校,浙江古籍出版社 2013 年 4 月版(《張岱著作集》)。

《沈復燦鈔本琊嬛文集》,路偉、馬濤點校,浙江古籍出版社 2016 年 2 月版。

車以遵

《車逸民集》,易孟醇校點,岳麓書社 2008 年 12 月版(見《邵陽車氏一家集》,《湖湘文庫》甲編)。

葉樹人

《春暉堂詩集》一卷《文集》一卷《題詞》一卷,清咸豐葉堯蓂刻本,《明别集叢刊》第五輯第 69 册影印。

徐允禄

《思勉齋集詩集》二卷《文集》十二卷,清順治刻本,《四庫禁燬書叢刊》集部第 163 册影印。

陳弘緒

《陳士業先生集》十六卷(《石莊初集》六卷《寒崖近稿》二卷《敦宿堂留書》二卷《鴻桷集》二卷《鴻桷續集》二卷《恒山存稿》二卷),清康熙二十六年陳玫重刻本,《四庫全書存目叢書補編》第 54 册、《清代詩文集彙編》第 10—11 册影印。

苗胙土

《大中丞苗晉侯先生文集》八卷《撫陨雜録》一卷《解鞍小録》一卷《築樊文鈔》一卷《借鑄文鈔》一卷《巡襄約言》一卷，明崇禎至清康熙刻本，《北京圖書館古籍珍本叢刊》集部第112册影印。

張自烈

《芑山文集》三十一卷，清初刻本，《四庫禁燬書叢刊》集部第166册、《清代詩文集彙編》第11册影印。

《芑山文集》二十二卷《詩集》一卷附《校勘記》一卷《校勘後記》一卷，民國南昌豫章叢書編刻局刻《豫章叢書》本，《叢書集成續編》（臺灣新文豐出版公司）文學類第188册影印。

《芑山集》，謝蒼霖點校，江西教育出版社2007年12月版（《豫章叢書》集部九）。

歐主遇

《歐明經自畊軒集》一卷，清嘉慶刻同治印《廣東文獻》四集本，江蘇廣陵古籍刻印社1994年7月（《廣東文獻》第7册）影印。

《歐主遇詩》，李芳等整理，嶺南美術出版社2016年7月版（《全粵詩》第18册）。

金　聲

《金正希先生文集輯略》九卷，明末邵鵬程刻本，《四庫禁燬書叢刊》集部第50册影印。

《金正希先生燕詒閣集》七卷，明末刻本，《四庫禁燬書叢刊》集部第85册影印。

《金文毅公殉國文獻彙鈔》，金素風軒輯稿本，《中國古籍珍本叢刊·安慶市圖書館卷》第 18 册影印。

《金正希先生文集輯略》九卷,清初刻本,《明别集叢刊》第五輯第 70 册影印。

《金太史集》九卷,清刻本,《故宫珍本叢刊》第 529 册影印。

《金太史集》九卷,清道光二十八年涇縣潘氏袁江節署刻《乾坤正氣集》本,臺灣環球書局 1966 年(《乾坤正氣集》第 32 册)影印。

《金聲集》,常虚懷點校,黄山書社 2019 年 8 月版(《安徽古籍叢書》)。

顔俊彦

《顔彦叔先生聯捷合稿》六卷,明崇禎刻本,《域外漢籍珍本文庫》第五輯集部第 28 册影印。

翁吉燽

《石佛洞榷倀小品》十六卷,明崇禎六年刻本,《域外漢籍珍本文庫》第五輯集部第 29 册影印。

馬玉麟(馬德徵)

《静觀堂文稿》三十八卷,明萬曆刻本,《域外漢籍珍本文庫》第五輯集部第 29—30 册影印。

陳言集

《陳布衣集句》二卷,明萬曆三十二年序刻本,《域外漢籍珍本文庫》第五輯集部第 30 册影印。

陳禔永

《水鏡集》十二卷《閨詞》一卷,清康熙刻本,《域外漢籍珍本文庫》第五輯集部第 30 册影印。

盧若騰

《島噫詩》四卷附《留庵文選》一卷，臺灣銀行經濟研究室編，臺灣銀行1970年1月版(《臺灣文獻叢刊》第245種)；臺灣大通書局1987年10月版(《臺灣文獻史料叢刊》第147册)；臺灣省文獻委員會1994年版(《臺灣歷史文獻叢刊·詩文集類》)。

《留庵詩文集》，金門縣文獻委員會編，1969年9月版(《金門叢書》)。

《島噫詩校釋》，吴島校釋，臺灣古籍出版社2003年3月版(《臺灣古籍大觀》)。

《盧若騰詩》，施懿琳主編，"國立臺灣文學館"2004年2月版(《全臺詩》第1册)。

《白話留庵詩文集》，顏炳洳釋譯，金門古官道工作室2005年版(《金門古書新譯叢書系列》)。

《留庵文集》，黄永哲、吴福劲主編，臺灣文听閣圖書有限公司2007年7月版(《全臺文》第1册)。

《留庵文集釋譯》《島噫詩釋譯》，顏炳洳釋譯，金門縣文化局2014年12月版(《金門古書新釋叢書系列》)。

《留庵詩文集》，吴島、葉鈞培點校，福建教育出版社2017年3月版(《臺灣古籍叢編》第二輯)。

王錫袞

《王忠節公文集》一卷《詩集》一卷，清宣統三年李根源輯刻《明滇南五名臣遺集》本，《明別集叢刊》第一輯第70册、《歷代地方詩文總集彙編》第462册影印。

《王忠節公文集》一卷《詩集》一卷，民國三至一二年雲南圖書館刻《雲南叢書》初編《明滇南五名臣遺集》本，《叢書集成續編》(臺灣新文豐出版公司)文學類第105册、《叢書集成續編》(上海書店)別録第179册、中華書局2009年10月(《雲南叢書》第40册)影印。

《王文毅公集》，王武科編，雲南大學出版社1993年5月版。

陳洪綬

《寶綸堂集》十卷，清康熙三十年刻本，《清代詩文集彙編》第 11 册、海豚出版社 2018 年 1 月影印。

《寶綸堂集》十卷《拾遺》一卷，清光緒十四年董氏取斯堂木活字印本，浙江古籍出版社 2012 年 10 月(《諸暨再造古籍珍本》)影印。

《陳洪綬集》，吴敢點校，浙江古籍出版社 1994 年 3 月版(《兩浙作家文叢》);2012 年 11 月版(《浙江文叢》);2016 年 12 月版(見《諸暨三賢叢書》)。

《寶綸堂集》，陳傳席點校整理，天津人民美術出版社 2016 年 3 月版。

《陳洪綬集》，陳傳席點校，中華書局 2017 年 7 月版。

程　陽

《怡虚集》四卷，清道光七年程樹青刻本，《北京師範大學圖書館藏稀見清人别集叢刊》第 1 册影印。

高斗樞

《甕甕集》不分卷，清鈔本，《梁基永儀清室藏明清稿鈔珍本叢刊》第 1 册影印。

金光辰

《金雙巖中丞集》四卷，清刻本，《全椒古代典籍叢書·綜合卷》第 6 册影印。

薛　寀

《薛寀詩文稿》不分卷，稿本，《明人别集稿鈔本叢刊》第 80—81 册影印。

《堆山先生前集鈔》一卷，清光緒二十一至二十四年武進盛氏思惠齋刻

《常州先哲遺書》本,《叢書集成續編》(臺灣新文豐出版公司)文學類第187册、《叢書集成續編》(上海書店)集部第120册、南京大學出版社2010年3月(《常州先哲遺書》第49册)、《明别集叢刊》第五輯第70册影印。

劉　城

《嶧桐文集》十卷《詩集》十卷,清光緒十九年養雲山莊刻本,《四庫禁燬書叢刊》集部第121册影印。

《嶧桐文集》十卷《詩集》十卷附《劉城先生年譜》一卷,民國九年貴池劉氏唐石簃刻《貴池先哲遺書》本,《叢書集成續編》(臺灣新文豐出版公司)文學類第162册、《叢書集成續編》(上海書店)集部第123册、《明别集叢刊》第五輯第68册影印。

陳昌言

《六草》一卷,清鈔本,《清代詩文集珍本叢刊》第3册影印。

李　確

《李潛夫先生遺文》一卷,清四古堂鈔本,《清代詩文集珍本叢刊》第8册影印。

《梅花百詠》一卷,清鈔本,《四庫全書存目叢書》集部第205册影印。

《九山游草》一卷,民國六年刻本,《四庫全書存目叢書》集部第204册影印。

姚孫棐

《亦園全集》六卷,清初刻本,《四庫禁燬書叢刊》集部第86册、《明别集叢刊》第五輯第60册影印。

萬　泰(悔　庵)

《續騷堂集》一卷,清光緒順德龍氏刻《知服齋叢書》朱印本、《明别集叢刊》第二輯第74册影印。

《續騷堂集》一卷，民國二十九年四明張氏約園刻《四明叢書》本，《叢書集成續編》（臺灣新文豐出版公司）文學類第171册、《叢書集成續編》（上海書店）集部第120册、廣陵書社2006年8月（《四明叢書》第27册）、《張壽鏞文獻輯刊》第131册影印。

李　桐

《兼葭什》一卷，明天啓六年李桐自刻本，《明代詩文集珍本叢刊》第222册影印。

崔培元

《横山草堂詩集》十一卷，明末刻本，《明代詩文集珍本叢刊》第222册影印。

徐濟忠

《綴閑集》二卷，明崇禎刻本，《常熟文庫》第62册影印。

《綴閑集》二卷《公孫龍子達辭》一卷，明末刻本，《明代詩文集珍本叢刊》第223册影印。

楊　宛

《鍾山獻續》一卷《再續》二卷《三續》二卷，明崇禎四至八年茅氏玄穡居刻本，《明代詩文集珍本叢刊》第223册影印。

周之玠

《燕巢拾稿》一卷《悲風草》一卷，清初刻本，《明代詩文集珍本叢刊》第238册影印。

李德星

《栩栩編》□卷(存卷上),明崇禎刻本,《明代詩文集珍本叢刊》第238册影印。

鮑　劍

《雪花三十韻》一卷,明末刻本,《明代詩文集珍本叢刊》第238册影印。

曾　益

《坻場集》十九卷,明末刻本,《明代詩文集珍本叢刊》第238—239册影印。

秦舜昌

《林衣集》八卷,明末馮若愚刻本,《原國立北平圖書館甲庫善本叢書》第902册影印。

《林衣集》六卷,民國二十八年張氏約園刻《四明叢書》本,《叢書集成續編》(臺灣新文豐出版公司)文學類第150册、《叢書集成續編》(上海書店)集部第122册、廣陵書社2006年8月(《四明叢書》第22册)、《明别集叢刊》第五輯第70册、《張壽鏞文獻輯刊》第103册影印。

陸澄原

《燕山夢草》一卷《蕭草》一卷,明崇禎十一年刻本,《原國立北平圖書館甲庫善本叢書》第903册影印。

王承之

《澗詞》四卷,明崇禎刻本,《原國立北平圖書館甲庫善本叢書》第903册影印。

管紹甯

《賜誠堂文集》十六卷《附録》一卷，清道光十一年讀雪山房刻本，《四庫未收書輯刊》第六輯第26册影印。

《賜誠堂集》六卷，清道光二十八年涇縣潘氏袁江節署刻《乾坤正氣集》本，臺灣環球書局1966年(《乾坤正氣集》第39册)影印。

《賜誠堂文集》十六卷，清光緒三年毗陵管氏刻本，《明别集叢刊》第五輯第70册影印。

朱應昌

《洗影樓集》五卷，清道光二十年刻《金陵朱氏家集》本，《明别集叢刊》第五輯第70册、《清代家集叢刊》第57册影印。

羅萬藻

《此觀堂集》十二卷，清乾隆二十一年躍齋刻本，《四庫全書存目叢書》集部第192册、《明别集叢刊》第五輯第90册影印。

《小千園全集》五卷，舊鈔本，《臺灣珍藏善本叢刊·古鈔本明代詩文集》第12册、《明别集叢刊》第五輯第90册影印。

周鳳翔

《周文忠公集》七卷《附録》一卷，清嘉慶十八年周源刻本，《明别集叢刊》第五輯第71册影印。

《周文忠集》四卷，清道光二十八年涇縣潘氏袁江節署刻《乾坤正氣集》本，臺灣環球書局1966年(《乾坤正氣集》第27册)影印。

謝泰宗

《天愚先生詩鈔》八卷《天愚先生文鈔》八卷《附録》一卷，清康熙四十五年刻本,《清代詩文集彙編》第12册、《明别集叢刊》第五輯第82册影印。

《天愚先生詩集》六卷《天愚先生文集》八卷《别集》四卷(原闕卷三),清康熙五十五年致遠堂刻本,《清代詩文集彙編》第12册、《明别集叢刊》第五輯第82册(闕《文集》八卷)影印。

蔣　棻

《南陔詩稿》十二卷,清刻本,《明别集叢刊》第五輯第82册影印。

《南陔文集》□□卷(存卷十三卷十四),清刻本,《常熟文庫》第71册影印。

周立勳

《符勝堂集》五卷,清乾隆十二年几社刻本,《稀見明代四部輯刊》第二輯第77册影印。

沈　龍

《雪初堂詩集》六卷,明末刻本,《稀見明代四部輯刊》第二輯第77册影印。

劉必紹

《觀我亭集》不分卷,明刻本,《稀見明代四部輯刊》第二輯第78—79册影印。

趙士春

《趙士春詩文底稿》不分卷,稿本,《常熟文庫》第67册、《明人别集稿鈔本叢刊》第81册影印。

《保閒堂續集》四卷,稿本,《清代詩文集珍本叢刊》第23册、《常熟文庫》第67册影印。

《保閒堂集》二十六卷（闕卷二十六），清光緒九年常熟趙氏活字印本，《清代詩文集彙編》第13册、《常熟文庫》第66册影印。

王猷定

《四照堂文集》五卷《詩集》二卷，清康熙二十二年王玑刻本，《四庫未收書輯刊》第五輯第27册影印。

《四照堂文集》十二卷《詩集》四卷《校勘記》一卷《校勘後記》一卷，民國南昌豫章叢書編刻局刻《豫章叢書》本，《叢書集成續編》（臺灣新文豐出版公司）文學類第151册、《叢書集成續編》（上海書店）别録第177册、《清代詩文集彙編》第12册影印。

《四照堂集》，羅宗陽點校，江西教育出版社2007年12月版（《豫章叢書》集部十一）。

毛　晉

《汲古閣集》四卷，稿本，《中華再造善本·明代編》、《常熟文庫》第67册影印。

《和古人詩》一卷《和今人詩》一卷《和友人詩》一卷《野外詩》一卷，民國四至八年常熟丁祖蔭刻《虞山叢刻》本，《叢書集成續編》（臺灣新文豐出版公司）文學類第171册、《清代詩文集彙編》第12册、《江蘇地方文獻叢刊·虞山叢刻　虞陽説苑》第1册影印。

《汲古閣集箋校》，朱新華、彭尚炯、周志强、張衛箋校，東方出版中心2019年9月版（《讀書臺文叢》）。

熊開元

《魚山剩稿》八卷，清康熙二十五年休寧金氏尚有堂刻本，上海古籍出版社1986年12月（《清人别集叢刊》）、《四庫禁燬書叢刊補編》集部第75册、《清代詩文集彙編》第14册、《原國立北平圖書館甲庫善本叢書》第898册影印。

《熊魚山先生文集》二卷首一卷末一卷，清光緒二十一年刻本，《清代詩文集珍本叢刊》第23册影印。

釋牧雲（釋通門）

《牧雲和尚嬾齋别集》十四卷《病游初草》一卷《後草》一卷《游刃》一卷《宗本投機頌》一卷，明末清初虞山毛氏汲古閣刻本，《原國立北平圖書館甲庫善本叢書》第912册、《四庫全書存目叢書補編》第1册（僅《别集》十四卷）、《明别集叢刊》第五輯第71册（僅《别集》十四卷）、《常熟文庫》第69册（多《七會餘録》六卷，闕《游刃》一卷）影印。

《牧雲和尚嬾齋後集》六卷，清初刻本，《常熟文庫》第69册影印。

《嬾齋别集》十四卷，清初刻《嘉興藏》本，《禪門逸書初編》第9册影印。

《古南澹翁老人嬾齋遺稿》四卷，清康熙釋超志刻本，《常熟文庫》第69册影印。

顧夢游

《顧與治詩》八卷，清初書林毛恒所刻本，《四庫禁燬書叢刊》集部第51册影印。

《顧與治詩》八卷，清康熙元年施閏章、沈希孟等刻本，《明别集叢刊》第五輯第71册影印。

《顧與治詩集》八卷，民國三至五年上元蔣氏慎修書屋鉛印《金陵叢書》本，臺灣大西洋圖書公司1970年1月（《金陵叢書》第28册）、《叢書集成續編》（臺灣新文豐出版公司）文學類第171册、《叢書集成續編》（上海書店）集部第120册、《四庫全書存目叢書補編》第1册影印。

王　邵

《王太史遺稿》八卷《附録》一卷，清刻本，《明别集叢刊》第五輯第71册、《山西歷代著作集成》第410册影印。

《王邵詩文集校注》，郭志飛校注，政協保德縣委員會2016年内部出版物（《保德文史資料》第十一輯）。

釋智旭（蕅　益）

《净信堂初集》八卷，明崇禎十五年刻本，《中國古籍珍本叢刊・天津圖書館卷》第 42 册、《明別集叢刊》第四輯第 60 册影印。

《絶餘編》四卷，明崇禎十五年釋普滋等刻本，《明代詩文集珍本叢刊》第 238 册影印。

《净信堂初集》三卷，明崇禎刻本，《中國公共圖書館古籍文獻珍本匯刊・天津圖書館孤本秘籍叢書》第 13 册影印。

《靈峰蕅益大師文集》不分卷，明刻《嘉興藏》本，社會科學文獻出版社 2017 年 1 月影印。

《靈峰蕅益大師宗論》十卷首一卷，清光緒刻本，臺灣青蓮出版社 1994 年 5 月影印（題作《靈峰宗論》）。

《靈峰宗論》，孔宏點校，北京圖書館出版社 2005 年 1 月版（《明清四大高僧文集》）。

《靈峰蕅益大師宗論》，普陀山紫竹林編，2007 年自印本。

《蕅益大師文集》，于德隆、徐尚定點校，九州出版社 2013 年 8 月版。

《蕅益大師全集》，明學主編，巴蜀書社 2014 年 11 月版。

《靈峰宗論》，福建莆田廣化寺 2017 年 1 月自印本；廬山東林寺自印本（《東林文庫》）。

《靈峰宗論》，張景崗點校，弘化社 2017 年 7 月自印本（《弘化叢書》）。

葉廷秀

《魯鄒游記》一卷附《詩》一卷《遠道隨筆》一卷《疏稿》一卷《和朱文公感興詩》一卷《秋興詩》一卷《素園詩》一卷《和儆學詩》一卷《和律》三十首，明崇禎刻清印《葉潤山輯著全書》本，《明別集叢刊》第五輯第 71 册影印。

趙栩然

《和儆學詩》一卷，明崇禎刻清印《葉潤山輯著全書》本，《明別集叢刊》

第五輯第 71 册影印。

喻龍德

《和儆學》十首《續集》一卷，明崇禎刻清印《葉潤山輯著全書》本，《明别集叢刊》第五輯第 71 册影印。

顧德基

《東海散人集》六卷，清順治四年汲古閣刻本，《常熟文庫》第 64 册影印。

《詠七十二候詩》一卷，清初鈔本，《四庫全書存目叢書》集部第 195 册、《明别集叢刊》第五輯第 71 册、《常熟文庫》第 64 册影印。

馬宏衜

《采菊雜詠》一卷，明末清初虞山毛氏汲古閣刻《群芳清玩》本，《四庫全書存目叢書》集部第 194 册、《明别集叢刊》第五輯第 71 册、《常熟文庫》第 59 册影印。

吴甘來

《吴莊介公遺集》六卷首一卷，清咸豐七年柏友山房吴叙倫刻本，《四庫禁燬書叢刊》集部第 142 册、《明别集叢刊》第五輯第 71 册影印。

徐孚遠

《釣璜堂存稿》二十卷《交行摘稿》一卷《徐闇公先生遺文》一卷，民國十五年金山姚氏懷舊樓刻本，《臺灣文獻匯刊續編》第 1 册（僅《遺文》一卷）、《清代詩文集彙編》第 14 册、《清代宦臺文人文獻選編》第 1—5 册影印。

《交行摘稿》，商務印書館 1935 年 12 月版（《叢書集成初編》文學類第 2170 册）；中華書局 2010 年 9 月重印版（《叢書集成初編》第 467 册）。

《交行摘稿》，臺灣銀行經濟研究室 1961 年 10 月版（《臺灣文獻叢刊》第 123 種《徐闇公先生年譜》附録二）；臺灣大通書局 1987 年 10 月版（《臺灣文獻史料叢刊》第 111 册）；臺灣省文獻委員會 1997 年 12 月版（《徐闇公先生年譜》附録，《臺灣歷史文獻叢刊·傳記類》）。

《徐孚遠詩》，施懿琳主編，"國立"臺灣文學館 2004 年 2 月（《全臺詩》第 1 册）。

《徐孚遠·王忠孝詩》，郭秋顯選注，"國立臺灣文學館"2012 年 12 月版（《臺灣古典作家精選集》）。

薛所藴

《澹友軒文集》十六卷，清順治十六年自刻本，《四庫全書存目叢書》集部第 197 册、《清代詩文集彙編》第 15 册影印。

《桴庵詩》五卷，清順治刻本，《四庫全書存目叢書》集部第 197 册、《清代詩文集彙編》第 14 册影印。

張縉彦

《徵音詩集》一卷《歸懷詩集》一卷《燕箋詩集》五卷，清順治刻本，《清代詩文集彙編》第 12 册影印。

《依水園文集》四卷，清順治刻本，《清代詩文集彙編》第 13 册影印。

《菉居詩集》一卷，清刻本，《清代詩文集珍本叢刊》第 23 册、《清代東北流人文獻集成》第一輯第 5 册影印。

《寧古塔山水記》《域外集》，李興盛主編，黑龍江人民出版社 1984 年 10 月版。

《域外集》，李興盛、安春傑主編，黑龍江人民出版社 1997 年 9 月版（見《何陋居集（外二十一種）》，《黑水叢書》）。

《依水園文集》，蔣寅、于景祥、徐桂秋等點校，遼海書社 2017 年 12 月版（《清代東北流人詩文集成》第一輯）。

丁耀亢

《逍遥游》二卷，清順治刻本，《四庫禁燬書叢刊》集部第 186 册影印。

《逍遥游》二卷《陸舫詩草》五卷《椒丘詩》二卷《丁野鶴先生遺稿》三卷《家政須知》一卷，清順治康熙遞刻《丁野鶴集》八種本，《四庫全書存目叢書》集部第 235 册、《清代詩文集彙編》第 13 册影印。

《逍遥游》二卷，舊鈔本，《山東文獻集成》第三輯第 28 册影印。

《丁耀亢全集》，張清吉校點，中州古籍出版社 1999 年 3 月版；2014 年 4 月版（《諸城文存》第 1 輯）。

蕭士瑋

《春浮園詩集》一卷《文集》二卷《偶録》二卷《附録》一卷，清初刻本，《明别集叢刊》第五輯第 47 册影印。

《春浮園集》八種九卷附六卷，清康熙蕭伯升刻本，《美國哈佛大學哈佛燕京圖書館藏叢部善本叢刊》第 76—78 册影印。

《春浮園文集》二卷《附録》一卷《詩》一卷《南歸日録》一卷《偶録》二卷《日涉録》一卷《汴游録》一卷《蕭齋日紀》一卷，清光緒刻本，《四庫禁燬書叢刊》集部第 108 册影印。

盧象昇

《明盧忠肅公象昇草書手跡》一卷，稿本，民國間有正書局石印；山西人民出版社 2016 年 9 月（影有正書局本，《中國歷代書法珍本集成》）影印。

《忠肅集》二卷，清四庫全書本，《四庫全書珍本》十一集集部第 176 册、《景印文淵閣四庫全書》第 1296 册、《文津閣四庫全書》第 1301 册（作三卷）、《文瀾閣四庫全書》第 1334 册（作三卷，丁氏補鈔）影印。

《盧忠烈公集》三卷，清乾隆刻本，《四庫提要著録叢書》集部第 230 册影印。

《盧忠肅公書牘》一卷，清嘉慶張海鵬輯《借月山房彙鈔》本，臺灣義士出版社 1969 年 9 月（《借月山房彙鈔》第十六集）、《百部叢書集成》之四十八影印。

《盧忠肅集》二卷，清道光二十八年涇縣潘氏袁江節署刻《乾坤正氣集》本，臺灣環球書局 1966 年（《乾坤正氣集》第 25 册）影印。

《明大司馬盧公集》十二卷首一卷，清光緒元年施惠刻本，《明别集叢刊》第五輯第 72 册影印。

《盧忠肅軍中書牘》，刁廣孚編，武學書館 1922 年 6 月版(《武學叢鈔》)。

《盧忠肅公書牘》，商務印書館 1939 年 12 月版(《叢書集成初編》文學類第 2970 册)；中華書局 2010 年 9 月重印版(《叢書集成初編》第 593 册)。

楊以任

《楊維節先生稿》一卷，清康熙天蓋樓刻《江西五家稿》本，《四庫禁燬書叢刊》經部第 7 册、《明別集叢刊》第五輯第 72 册影印。

區懷年

《區懷年詩》，李永新等整理，嶺南美術出版社 2016 年 7 月版(《全粤詩》第 18 册)。

羅明祖

《羅紋山先生全集》十八卷首一卷，明末古處齋刻本，《福建叢書》第一輯、《四庫禁燬書叢刊》集部第 84 册、《明別集叢刊》第五輯第 72 册影印。

郭　濬

《虹暎堂詩集》十四卷，清順治刻本，《四庫未收書輯刊》第六輯第 27 册、《明別集叢刊》第五輯第 73 册影印。

徐明彬

《摩麟近詩》九卷，明崇禎建陽書坊刻本，《四庫未收書輯刊》第五輯第 26 册、《明別集叢刊》第五輯第 73 册影印。

盛於斯

《休庵前集》一卷《後集》一卷，民國二十三年徐乃昌《南陵先哲遺書》影刻清順治五年刻本,《叢書集成續編》(臺灣新文豐出版公司)文學類第173册、《叢書集成續編》(上海書店)集部第123册、《中國華東文獻叢書》第56册、《明别集叢刊》第五輯第73册影印。

《休庵影語》,陳楚材標點,開明書店1931年12月版。

《休庵影語》,劉蔭柏編,上海古籍出版社1990年8月版(見《西游記研究資料》)。

涂伯昌

《涂子一杯水》五卷,清康熙四十五年江西涂見春刻本,《四庫全書存目叢書》集部第193册、《明别集叢刊》第五輯第73册影印。

王永積

《心遠堂遺集》二十卷,清刻本,《四庫全書存目叢書》集部第194册、《明别集叢刊》第五輯第80册影印。

禄 洪

《北征集》一卷,民國三至十二年雲南圖書館刻《雲南叢書》初編本,《叢書集成續編》(臺灣新文豐出版公司)文學類第148册、《叢書集成續編》(上海書店)集部第119册、中華書局2009年10月(《雲南叢書》第22册)、《明别集叢刊》第五輯第73册影印。

陸天麟

《煙坪詩鈔》二卷,民國三至十二年雲南圖書館刻《雲南叢書》初編本,《叢書集成續編》(臺灣新文豐出版公司)文學類第173册、《叢書集成續編》(上海書店)集部第124册、中華書局2009年10月(《雲南叢書》第22册)影印。

趙炳龍

《居易軒遺稿》二卷，民國十二至二十九年雲南圖書館刻《雲南叢書》二編本《叢書集成續編》（臺灣新文豐出版公司）文學類第152册、《叢書集成續編》（上海書店）集部第123册、中華書局2009年10月（《雲南叢書》第22册）影印。

《歷代白族作家叢書：趙炳龍卷》，羅江文選注，民族出版社2006年4月版（《情系大理》）。

葛　麟

《葛中翰集》三卷，清道光二十八年涇縣潘氏袁江節署刻《乾坤正氣集》本，臺灣環球書局1966年（《乾坤正氣集》第31册）影印。

《葛中翰遺集》十二卷首一卷，清光緒十六年敦本堂刻本，《四庫未收書輯刊》第七輯第16册、《明別集叢刊》第五輯第87册影印。

朱舜水（朱之瑜）

《舜水先生文集》二十八卷，日本正德二年刻本，《續修四庫全書》第1384—1385册影印。

《舜水先生文集》二十八卷《附録》一卷，日本享保五年書林茨城多左衛門刻本，《清代詩文集彙編》第15册影印。

《舜水遺書》二十五卷《改定釋奠儀注》一卷《陽九述略》一卷《安南供役紀事》一卷《附録》一卷，民國二年會稽馬浮鉛印本，臺灣世界書局1956年（《民族正氣叢書》第一集）、中國書店1991年8月影印。

《朱舜水全集》，稻葉君山編，東京文會堂1912年鉛印本；臺灣進學書局1969年5月、東京雄松堂1988年（《明治期刊行物集成》）影印。

《朱舜水集》，許嘯天整理，上海群學社1926年1月版；知識産權出版社2012年12版（《清初五大師集》，《民國文存》）。

《朱舜水全集》，國學整理社1936年12月版。

《朱舜水文選》,臺灣銀行經濟研究室編輯,臺灣銀行1963年9月版(《臺灣文獻叢刊》第182種);臺灣大通書局1987年10月版(《臺灣文獻史料叢刊》第151册);臺灣文獻委員會1994年5月版(《臺灣歷史文獻叢刊·詩文集類》)。

《朱舜水集》,朱謙之整理,中華書局1981年8月版;臺灣漢京文化事業有限公司1984年5月(《四部刊要》子部儒家類);2008年8月版(《中國思想史資料叢刊》)。

《朱舜水集補遺》,徐興慶編注,臺灣學生書局1992年5月版。

《新訂朱舜水集補遺》,徐興慶編注,臺灣大學出版中心2004年11月版(《東亞文明研究叢書》)。

李之椿

《霞起樓詩》八卷,明末刻本,《稀見明代四部輯刊》第二輯第90册影印。

魏　憲

《擬唐七言近體》一卷,明萬曆刻本,《稀見明代四部輯刊》第二輯第92册影印。

《枕江堂詩》十卷《文》不分卷,清康熙十二年有恒書屋刻本,《四庫未收書輯刊》第八輯第16册影印。

陳名夏

《石雲居文集》十五卷,清順治三年刻本,《四庫全書存目叢書補編》第55册、《清代詩文集彙編》第16册影印。

《石雲居詩集》七卷附《詞》一卷,清順治刻本,《四庫全書存目叢書》集部第201册、《清代詩文集彙編》第15册影印。

查繼佐

《粤游雜詠》不分卷,稿本,《廣州大典》第433册影印。

《東山遺集》二種(《釣業》一卷《粤游雜詠》一卷),查氏手稿本,古書流通處 1922 年、《叢書集成續編》(臺灣新文豐出版公司)文學類第 172 册(影古書流通處本)、《清代詩文集彙編》第 16 册(影古書流通處本)影印。

《敬修堂詩》不分卷,清鈔本,《清代詩文集珍本叢刊》第 23 册影印。

曹　燁

《曹司馬集》六卷,清康熙三十二年曹肩吾刻本,《四庫未收書輯刊》第七輯第 18 册、《北京圖書館古籍珍本叢刊》集部第 112 册(附《曹孝廉文稿》一卷)、《清代詩文集彙編》第 16 册影印。

陶汝鼐

《榮木堂集》三十七卷,清順治康熙遞刻本,《明别集叢刊》第五輯第 74 册影印。

《榮木堂合集》三十五卷,清康熙刻世綵堂彙印本,《四庫禁燬書叢刊》集部第 85 册影印。

《陶汝鼐集》,梁頌成校點,岳麓書社 2008 年 11 月版(《湖湘文庫》甲編)。

傅　巖

《歙紀》,陳春秀校點,黄山書社 2007 年 7 月版(《安徽古籍叢書》)。

《傅巖文集》,陳春秀、顧春峰點校,中華書局 2019 年 1 月版(《義烏叢書》)。

左懋第

《蘿石山房文鈔》四卷首一卷,清乾隆五年刻本,《山東文獻集成》第三輯第 27 册影印。

《梅花屋詩草》一卷,清乾隆十八年家刻本,《山東文獻集成》第四輯第 26 册影印。

《蘿石山房文鈔》四卷首一卷,清乾隆四十六年左堯勳刻本,《四庫未收書輯刊》第六輯第 26 册影印。

《左忠貞公剩稿》四卷，清乾隆五十八年左彤九刻本，《山東文獻集成》第三輯第 26 册、《四庫未收書輯刊》第六輯第 26 册影印。

《左懋第全集》九卷，清乾隆左光㫚刻左彤九續刻本，《明别集叢刊》第五輯第 75 册影印。

《左忠貞集》八卷，清道光二十八年涇縣潘氏袁江節署刻《乾坤正氣集》本，臺灣環球書局 1966 年(《乾坤正氣集》第 28 册)影印。

《梅花屋詩草》一卷，清鈔《明清山左七家詩文鈔》本，《山東文獻集成》第四輯第 33 册影印。

《左忠貞公文集》七卷首一卷附《蘿石先生年譜》一卷，清光緒二十四年長洲章氏算鶴量鯨室緑格鈔本，《明人别集稿鈔本叢刊》第 81—82 册影印。

《左忠貞公詩文集》，左書諤、左玉品點校注釋，中國社會科學出版社 2009 年 9 月版。

戴　重

《河村集》四卷《附録》一卷，清鈔本，《四庫禁燬書叢刊》集部第 11 册、《明别集叢刊》第五輯第 75 册影印。

堵允錫

《堵文忠集》六卷，清道光二十八年涇縣潘氏袁江節署刻《乾坤正氣集》本，臺灣環球書局 1966 年(《乾坤正氣集》第 34 册)影印。

《堵文忠公集》十卷《附録》一卷《年譜》一卷，清光緒十三年刻本，《明别集叢刊》第五輯第 83 册影印。

葉承宗

《濼函》十卷，清順治十七年葉承祧友聲堂刻本，《四庫未收書輯刊》第七輯第 21 册影印。

《濼函》十卷，清友聲堂鈔本，《山東文獻集成》第二輯第 30 册影印。

朱鶴齡

《愚庵小集》十五卷《附録》一卷,清康熙十年金閶童晉之刻本,上海古籍出版社 1979 年 6 月(《清人别集叢刊》)影印。

《愚庵小集》十五卷,清康熙十年松陵朱氏刻本,《四庫提要著録叢書》集部第 289 册、《清代詩文集彙編》第 22 册影印。

《愚庵小集》十五卷《傳家質言》一卷,清四庫全書本,《四庫全書珍本》四集集部第 384—385 册、《景印文淵閣四庫全書》第 1319 册、《文津閣四庫全書》第 1322 册、《文瀾閣四庫全書》第 1357 册(丁氏補鈔卷一至七、九至十、十三至十五,闕《傳家質言》一卷)影印。

《愚庵小集》,虞思徵點校,華東師範大學出版社 2010 年 6 月版(《清代别集叢刊》)。

周　燦(周闇昭)

《澤畔吟》一卷,民國二十八至三十二年江蘇省立蘇州圖書館鉛印《吴中文獻小叢書》本,《叢書集成續編》(上海書店)集部第 119 册、《江蘇地方文獻叢刊·吴中文獻小叢書》下册影印。

高應雷

《澹生詩鈔》一卷《文鈔》一卷,民國三至十二年雲南圖書館刻《雲南叢書》初編本,《叢書集成續編》(臺灣新文豐出版公司)文學類第 151 册、《叢書集成續編》(上海書店)集部第 123 册、中華書局 2009 年 10 月(《雲南叢書》第 22 册)影印。

惲日初

《惲日初集》,林勝彩點校,中研院中國文哲研究所 2015 年 12 月版(《劉子節要》附録,《中研院中國文哲研究所古籍整理叢刊》)。

金俊明

《耿庵詩稿》一卷，稿本，臺灣學生書局1960年6月(《歷代畫家詩文集》第36種)影印。

釋大錯(錢邦芑)

《梅花百詠》一卷，清鈔本，《遵義叢書》第141册影印。

《梅柳詩合刻》一卷，民國三至十二年雲南圖書館刻《雲南叢書》初編本，《叢書集成續編》(臺灣新文豐出版公司)文學類第171册、《叢書集成續編》(上海書店)集部第120册、中華書局2009年10月(《雲南叢書》第22册)影印。

《大錯和尚遺集》四卷，民國十二至二十九年雲南圖書館刻《雲南叢書》二編本，《叢書集成續編》(臺灣新文豐出版公司)文學類第149册、《叢書集成續編》(上海書店)集部第120册、中華書局2009年10月(《雲南叢書》第47册)、《明别集叢刊》第五輯第88册、《遵義叢書》第141册影印。

《梅柳詩合刻》一卷，民國刻本，《遵義叢書》第141册影印。

雷躍龍

《石庵尚書集》一卷，民國三至十二年雲南圖書館刻《雲南叢書》初編《明雷石庵胡二峰遺集合刻》本，《叢書集成續編》(臺灣新文豐出版公司)文學類第105册、《叢書集成續編》(上海書店)别録第179册、中華書局2009年10月(《雲南叢書》第40册)、《明别集叢刊》第五輯第69册影印。

胡　璇

《胡二峰侍郎遺集》一卷，民國三至十二年雲南圖書館刻《雲南叢書》初編《明雷石庵胡二峰遺集合刻》本，《叢書集成續編》(臺灣新文豐出版公司)文學類第105册、《叢書集成續編》(上海書店)别録第179册、中華書局2009年10月(《雲南叢書》第40册)、《明别集叢刊》第五輯第69册影印。

顧　樞

《顧庸庵集》一卷，清康熙五經堂刻《廣理學備考》本，《明別集叢刊》第五輯第67册影印。

徐士俊

《雁樓集》二十五卷，清順治刻本，《清代詩文集彙編》第17册影印。

《雁樓集》二十五卷，清康熙五年刻本，《原國立北平圖書館甲庫善本叢書》第911册影印。

釋大香

《雲外録》十八卷，明崇禎德清夏元彬刻清順治十六年修補本，《禪門逸書初編》第8册、《原國立北平圖書館甲庫善本叢書》第911册影印。

釋曇英

《曇英集》四卷，明末閬峰居刻本，《禪門逸書初編》第8册影印。

釋法杲

《雪山草》九卷，明萬曆三十八年昭陽李思睿校刻本，《禪門逸書續編》第3册、《原國立北平圖書館甲庫善本叢書》第911册影印。

釋海觀

《林樾集》二卷，明刻本，《禪門逸書續編》第3册影印。

王崇簡

《青箱堂詩集》三十三卷《文集》十二卷附《續刻》一卷《年譜》一卷，清康熙二十八年王燕重刻本,《四庫全書存目叢書》集部第203册、《清代詩文集彙編》第16—17册、《江南家族文學叢編·上海卷》上册、《京津冀歷代别集叢刊》第14—18册影印。

趙善增

《偶庵集略》二卷附《詩餘》《游龍門記》,清康熙二十年刻本,《北京師範大學圖書館藏稀見清人别集叢刊》第1册影印。

宋徵璧

《抱真堂詩稿》八卷,清順治九年刻本,《清代詩文集珍本叢刊》第24册影印。

李 清

《李映碧公餘録》二卷,明崇禎刻本,《泰州文獻》第59册、《清代詩文集珍本叢刊》第25册影印。

李世熊

《寒支初集》十卷《寒支二集》六卷首一卷,清康熙四十三年檀河精舍刻本,《四庫禁燬書叢刊》集部第89册、《清代詩文集彙編》第17—18册影印。

《寒支二集》六卷首一卷,清道光八年活字本,《福建文脉叢書》第452册影印。

毛聚奎

《呑月子集》不分卷,清初鈔本,《明人别集稿鈔本叢刊》第90册影印。

《呑月子集》六卷《外集》一卷,清末鈔本,《明人别集稿鈔本叢刊》第90—91册影印。

《吞月子集》三卷《附録》一卷，民國二十三年張氏約園刻《四明叢書》本，《叢書集成續編》（臺灣新文豐出版公司）文學類第 152 册、《叢書集成續編》（上海書店）集部第 123 册、廣陵書社 2006 年 8 月（《四明叢書》第 6 册）、《明别集叢刊》第五輯第 75 册、《張壽鏞文獻輯刊》第 27 册影印。

宋存標

《秋士偶編》一卷附《董劉春秋雜論》一卷，明末刻本，《四庫禁燬書叢刊》集部第 11 册、《明别集叢刊》第五輯第 75 册影印。

王　佐（字佐之）

《春浮堂初集》二卷《言行世則鈔評》四卷《車塵筆記》一卷《秋晏草》一卷《公餘吟》一卷《枝吟》一卷《敬勝堂褋語》一卷《友聲》一卷，明崇禎刻本，《明别集叢刊》第五輯第 76 册影印。

吴國琦

《懷兹堂集》八卷，明崇禎十四年吕士坊刻本，《明别集叢刊》第四輯第 100 册影印。

黎遂球

《迦陵集》不分卷，明崇禎十七年四知堂居士鈔本，《廣州大典》第 432 册、《明代詩文集珍本叢刊》第 217 册影印。

《蓮鬚閣集》二十六卷，清康熙黎延祖刻本，《四庫禁燬書叢刊》集部第 183 册、《廣州大典》第 432 册影印。

《蓮鬚閣集》二十六卷首一卷，清道光二十年南海伍氏詩雪軒刻《粤十三家集》本，《何氏至樂樓叢書》第 21 種、《叢書集成續編》（臺灣新文豐出版公司）文學類第 149 册、《廣州大典》第 502 册、《歷代地方詩文總集彙編》第 415—417 册、《明别集叢刊》第五輯第 76 册影印。

《黎烈愍公蓮鬚集》一卷，清嘉慶刻同治印《廣東文獻》二集本，江蘇廣陵古籍刻印社 1994 年 7 月(《廣東文獻》第 4 册)影印。

《蓮鬚閣集》六卷,清道光二十八年涇縣潘氏袁江節署刻《乾坤正氣集》本,臺灣環球書局 1966 年(《乾坤正氣集》第 37 册)影印。

《南園花信詩》一卷,清同治九年南海陳氏樵山草堂刻本(附《南園後五先生詩》後),《四庫全書存目叢書補編》第 38 册、《廣州大典》第 501 册影印。

《蓮鬚閣文鈔》十八卷,清鈔本,《廣州大典》第 432 册、《中國古籍珍本叢刊·廣東省立中山圖書館卷》第 50 册影印。

《蓮鬚閣文鈔》十八卷,新印舊鈔本,《廣東叢書》第一集、《叢書集成續編》(臺灣新文豐出版公司)文學類第 187 册(影《廣東叢書》本)、《叢書集成續編》(上海書店)集部第 120 册(影《廣東叢書》本)影印。

《黎遂球詩選注》,黎志安、黎錦鴻、黎耀明校注,重修黎氏宗祠永思堂義務工作組 2010 年自印本(《番禺板橋黎氏宗祠永思堂史記集》下卷)。

《黎遂球詩》,吕永光、李君明整理,嶺南美術出版社 2016 年 7 月版(《全粵詩》第 18 册)。

史可法

《史道鄰先生遺稿》三卷,清康熙三十六年張純修刻《五名臣遺集》本,《明别集叢刊》第五輯第 74 册影印。

《史忠正公集》四卷首一卷末一卷,清乾隆四十九年史開純刻本,《續修四庫全書》第 1387 册、《明别集叢刊》第五輯第 74 册影印。

《史閣部遺集》不分卷《補編》一卷,清道光十六年梁春齡鈔本,《明人别集稿鈔本叢刊》第 82—83 册影印。

《史忠正集》四卷,清道光二十八年涇縣潘氏袁江節署刻《乾坤正氣集》本,臺灣環球書局 1966 年(《乾坤正氣集》第 27 册)影印。

《明忠正史道鄰先生集》四卷首一卷末一卷,清同治七年楚醴景萊書室校刻本,《京津冀歷代别集叢刊》第 13 册影印。

《史忠正公集》四卷首一卷《附録》一卷,清光緒定州王氏謙德堂刻《畿輔叢書》本,《百部叢書集成》之九十四影印。

《史忠正尺牘》一卷,民國二十四年上海商務印書館排印本,《尺牘文獻叢刊》第 28 册影印。

《史可法集》，李劍虹編，軍事新聞社、國民救國宣傳社 1933 年 8 月版（《民族英雄叢書》）。

《史忠正公集》，商務印書館 1936 年 12 月版（《叢書集成初編》文學類第 2171 册）；中華書局 2010 年 9 月重印版（《叢書集成初編》第 467 册）。

《史忠正公集》，胡達聰校對，商務印書館 1937 年 4 月版（《萬有文庫》第二集《國學基本叢書》）。

《史可法集》，羅振常校補，上海古籍出版社 1984 年 7 月版。

張　溥

《七録齋詩文合集》十六卷（《古文近稿》六卷《古文存稿》五卷《館課》一卷《論略》一卷《詩稿》三卷），明崇禎九年刻本，《明代論著叢刊》第三輯（闕《詩稿》三卷）、《續修四庫全書》第 1387 册、《張溥文獻輯刊》第 105—107 册影印。

《七録齋集》六卷《論略》一卷，明崇禎吴門童潤吾刻本，《四庫禁燬書叢刊》集部第 182 册、《原國立北平圖書館甲庫善本叢書》第 903 册（闕《論略》一卷）、《明别集叢刊》第五輯第 77 册、《張溥文獻輯刊》第 104 册（闕《論略》一卷）影印。

《七録齋近集》十六卷，明末刻本，《張溥文獻輯刊》第 108—110 册影印。

《七録齋合集》，曾肖點校，齊魯書社 2015 年 8 月版（《歷史文獻與傳統文化叢刊》）。

錢體澂

《錢性川稿》一卷，清鈔本，《常熟文庫》第 70 册影印。

《蛙吟集》一卷，清鈔本，《常熟文庫》第 70 册影印。

馮　班

《鈍吟全集》二十三卷（《馮氏小集》三卷《鈍吟集》三卷《鈍吟别集》一卷《鈍吟餘集》一卷《游仙詩》二卷《鈍吟老人集外詩》一卷《鈍吟樂府》一卷《鈍吟老人文稿》一卷《鈍吟老人雜録》十卷），清初毛晉汲古閣、康熙陸貽典等遞刻本,《四庫全書存目叢書》集部第216册(闕《鈍吟樂府》一卷《鈍吟老人雜録》十卷)、《清代詩文集彙編》第20册、《常熟文庫》第70册影印。

《鈍吟集詩箋注》十二卷,清鈔本,《常熟文庫》第71册影印。

《馮氏小集》三卷《鈍吟集》三卷《鈍吟别集》一卷《鈍吟餘集》一卷《游仙詩》二卷,清道光中浦江周氏刻《紛欣閣叢書》本,《稀見清代民國叢書五十種》第2册影印。

《鈍吟集》三卷,清光緒三十四年鉛印《問影樓叢刻》初編本,上海集益書局1914年、上海掃葉山房1923年石印;《叢書集成三編》文學類第42册(影掃葉山房本)、《叢書集成續編》(上海書店)集部第123册影印。

江天一

《江止庵遺集》八卷首一卷,清康熙祭書草堂刻本,《四庫未收書輯刊》第六輯第28册、《明别集叢刊》第五輯第77册影印。

《江止庵集》八卷,清道光二十八年涇縣潘氏袁江節署刻《乾坤正氣集》本,臺灣環球書局1966年(《乾坤正氣集》第38册)影印。

王玄度

《王學人遺集選》一卷,清順治刻《詩慰》本,《明别集叢刊》第五輯第93册影印。

釋行溥

《秉堂集選》一卷,清順治刻《詩慰》本,《明别集叢刊》第五輯第93册影印。

梁一儒

《梁一儒詩》一卷,清順治刻《詩慰》本,《明别集叢刊》第五輯第93册影印。

馮明期

《馮明期詩》一卷,清順治刻《詩慰》本,《明别集叢刊》第五輯第 93 册影印。

沈師昌

《沈師昌詩》一卷,清順治刻《詩慰》本,《明别集叢刊》第五輯第 93 册影印。

楊惟休

《楊惟休詩》一卷,清順治刻《詩慰》本,《明别集叢刊》第五輯第 93 册影印。

曹　玑

《曹子玉詩集》十卷,明末刻本,《明代詩文集珍本叢刊》第 230—231 册影印。

王　翃

《二槐草存》一卷,清康熙十一年王庭刻本,《四庫全書存目叢書》集部第 205 册、《清代詩文集珍本叢刊》第 25 册影印。

《王介人集》不分卷,鈔本,《稀見清代四部輯刊》第一輯第 85 册影印。

施端教

《嘯閣集古》五卷(闕《長安秋興》卷一),清順治刻本,《清代詩文集珍本叢刊》第 25 册、《歷代集句詩詞别集叢刊》第 5 册影印。

刁包

《用六集》十二卷，清康熙三年漢陽熊仲龍刻本，《四庫全書存目叢書》集部第196册影印。

《用六集》十二卷首一卷，清康熙三年漢陽熊仲龍刻二十九年修訂本，《清代詩文集彙編》第18册影印。

《用六集》十二卷，清同治八年順積樓重刻本，《京津冀歷代别集叢刊》第207册、《雄安文脉叢書》第169—170册影印。

陳邦彦

《陳巖野先生全集》四卷，清嘉慶十年順德温氏聽松閣刻本，《何氏至樂樓叢書》第16種、《廣州大典》第433册、《明别集叢刊》第五輯第76册影印。

《陳忠烈公巖野集》一卷，清嘉慶刻同治印《廣東文獻》二集本，江蘇廣陵古籍刻印社1994年7月(《廣東文獻》第3册)影印。

《巖野先生集》三卷，清道光二十八年涇縣潘氏袁江節署刻《乾坤正氣集》本，臺灣環球書局1966年(《乾坤正氣集》第39册)影印。

《陳巖野集》，馬以君主編，順德縣志辦公室1987年内部出版物(《順德文獻叢書》)。

《陳邦彦詩》，丁正整理，嶺南美術出版社2017年5月版(《全粤詩》第21册)。

《陳邦彦詩文集校注》，王傳龍校注，廣東人民出版社2017年11月版(《嶺南文庫》)。

李蛟禎

《增城集》二十二卷(存卷一至十六)，明崇禎賦鵬館刻本，《四庫禁燬書叢刊補編》第79册、《明别集叢刊》第五輯第77册影印。

祁彪佳

《祁忠敏公稿》五種五卷，稿本，《浙學未刊稿叢編》第一輯第23册影印。

《遠山堂詩集》十卷，清初祁氏東書堂鈔本，書目文獻出版社1991年6月(《祁彪佳文稿》第2册)、《續修四庫全書》第1385册影印。

《遠山堂文稿》一卷，清初祁氏起元社鈔本，《續修四庫全書》第1385册影印。

《祁忠惠公遺集》十卷，清道光十五年刻本，《明别集叢刊》第五輯第77册影印。

《祁忠惠集》八卷，清道光二十八年涇縣潘氏袁江節署刻《乾坤正氣集》本，臺灣環球書局1966年(《乾坤正氣集》第30册)影印。

《撫吴尺牘》《按吴尺牘》《都門入里尺牘》《里中入都尺牘》《林居尺牘》《遠山堂尺牘》六種不分卷，舊鈔本，書目文獻出版社1991年6月(《祁彪佳文稿》第2—3册)影印。

《祁彪佳集》，中華書局上海編輯所編，中華書局1960年2月版。

《祁彪佳詩詞編年箋校》，趙素文箋校，浙江古籍出版社2016年12月版(《浙江文叢》)。

《祈彪佳詩傳：遠山堂詩詞編年校釋》，曹淑娟編年校釋，臺灣聯經出版事業公司2020年9月版。

韓四維

《叢桂堂詩集》二卷《館閣試詩》一卷，明崇禎八年刻本，《原國立北平圖書館甲庫善本叢書》第904册影印。

黄　濤

《賦日堂詩稿》一卷附《始有廬文賸》一卷，清宣統鈔本，《稀見明代四部輯刊》第二輯第74册影印。

藍近任

《藍亞中文集》十八卷，明崇禎九年藍庚生紫芝館刻本，《稀見明代四部輯刊》第二輯第 75—76 册影印。

祝謙吉

《澹遠集》三卷，明崇禎刻本，《常熟文庫》第 61 册、《稀見明代四部輯刊》第二輯第 76 册影印。

魏　栩

《晚香堂詩》不分卷，稿本，《常熟文庫》第 61 册影印。

申佳胤（申佳允）

《申端愍公文集》一卷《詩集》八卷《年譜》一卷，清康熙刻道光二十三年補刻本，《明别集叢刊》第五輯第 78 册影印。

《申忠愍（愍）詩集》六卷，清四庫全書本，《景印文淵閣四庫全書》第 1297 册、《文津閣四庫全書》第 1301 册、《文瀾閣四庫全書》第 1335 册影印。

《申端愍公詠史詩集》不分卷，清道光元年永年申續曾鈔本，《明人别集稿鈔本叢刊》第 84 册影印。

《申端愍集》一卷，清道光二十八年涇縣潘氏袁江節署刻《乾坤正氣集》本，臺灣環球書局 1966 年（《乾坤正氣集》第 27 册）影印。

《申端愍公詩集》八卷《文集》四卷，清光緒定州王氏謙德堂刻《畿輔叢書》本，《百部叢書集成》之九十四影印。

《申端愍公文集》一卷《外集》一卷，清申永鈞傳鈔本，《明人别集稿鈔本叢刊》第 83—84 册影印。

《申端愍公文集》，商務印書館 1936 年 12 月版（《叢書集成初編》文學類第 2457 册）；中華書局 2010 年 9 月重印版（《叢書集成初編》第 511 册）。

《申端愍公詩集》，商務印書館 1937 年 12 月版（《叢書集成初編》文學類第 2285 册）；中華書局 2010 年 9 月重印版（《叢書集成初編》第 486 册）。

李　楷

《河濱文選》十卷附《賦選》一卷《河濱詩選》十卷《河濱遺書鈔》六卷，清嘉慶謝蘭佩、謝澤刻本,《清代詩文集彙編》第 34 册影印。

萬壽祺

《萬年少遺詩》一卷,民國元年上海國粹學報社鉛印《古學彙刊》第一集本,《叢書集成續編》(上海書店)集部第 123 册、廣陵書社 2006 年 12 月(《古學彙刊》第 3 册)影印。

《隰西草堂詩集》五卷《文集》三卷《遯渚唱和集》一卷《隰西草堂拾遺》一卷,民國八年上虞羅氏鉛印《明季三孝廉集》本,《續修四庫全書》第 1394 册、《羅雪堂合集》第 35 函(僅《隰西草堂拾遺》一卷)影印。

《隰西草堂集》十二卷,民國二十三年刻本,《明别集叢刊》第五輯第 78 册影印。

《隰西草堂集拾遺》,羅繼祖主編,上海古籍出版社 2010 年 12 月版(《羅振玉學術論文集》第 5 册)。

《萬壽祺集》,余平、王翼飛點校,浙江人民美術出版社 2014 年 12 月版(《中國藝術文獻叢刊》);2019 年 12 月版(《藝術文獻集成》)。

《步月》,張憲濤編,中國文史出版社 2017 年 1 月版(《徐州明清十人文萃》)。

陳　悰

《天啓宫中詞》一卷《雪舫集》一卷,清初刻本,《明代詩文集珍本叢刊》第 240 册影印。

《天啓宫詞百詠》二卷,清康熙四十一年梅壑散人鈔本,《四庫全書存目叢書》集部第 192 册影印。

《天啓宫詞百詠》一卷,清鈔本,《明别集叢刊》第五輯第 78 册影印。

《天啓宫中詞》一卷,清鈔本,《明人别集稿鈔本叢刊》第 92 册影印。

秦徵蘭(秦蘭徵、秦元方)

《天啓宫詞》一卷,清嘉慶十六年海虞瞿氏鐵琴銅劍樓刻本,《常熟文庫》

第68册影印。

《熹廟拾遺雜詠》一卷，清鈔本，《四庫禁燬書叢刊》集部第55册、《明别集叢刊》第五輯第78册、《常熟文庫》第68册影印。

《天啓宫詞》一卷，民國四至八年常熟丁祖蔭刻《虞山叢刻》本，《叢書集成續編》（臺灣新文豐出版公司）史地類第279册、《江蘇地方文獻叢刊·虞山叢刻　虞陽説苑》第1册影印。

《天啓宫詞》，商傳點校，北京古籍出版社1987年5月版（見《明宫詞》）；北京出版社2018年2月版（見《明宫詞》，《北京古籍叢書》）。

馮如京

《秋水集》十六卷，清乾隆五年清暉堂刻本，《四庫全書存目叢書》集部第236册影印。

《秋水集》十六卷，清乾隆五年武林雁門馮氏重刻本，《清代詩文集彙編》第18册、《山西歷代著作集成》第426—427册影印。

萬元吉

《墨山草堂初集》十卷，明崇禎十七年刻本，《明别集叢刊》第五輯第78册影印。

殷　岳

《留耕堂詩集》一卷，清光緒定州王氏謙德堂刻《畿輔叢書》本，《百部叢書集成》之九十四、《叢書集成新編》文學類第71册、《叢書集成初編》（中華書局補印）第487册、《清代詩文集彙編》第19册影印。

閻爾梅

《古古詩》三卷，清康熙五十二年静遠堂刻本，《清代詩文集珍本叢刊》第26册影印。

《白耷山人詩集》十卷《文集》二卷,清康熙刻本,《四庫禁燬書叢刊》集部第119册、《續修四庫全書》第1394册、《清代詩文集彙編》第19册影印。

《閻古古全集》六卷,民國十一年北京中國地學會鉛印本,《稀見明代四部輯刊》第一輯第71—72册影印。

《白耷山人詩集編年注》,王爾濤、蔡生印編注,中國文聯出版社2002年6月版。

《野望》,龔逢慶編,中國文史出版社2017年1月版(《徐州明清十人文萃》)。

陳衍虞

《蓮山詩集》十九卷,清道光十九年刻本,香港中華詩詞出版社2006年12月(題作《蓮山詩集點注》)影印。

《蓮山詩集點注》,曾楚楠主編,香港中華詩詞出版社2006年12月版(點校與影印同册)。

周齊曾

《囊雲文集》二卷《補遺》一卷,民國二十五年四明張氏約園刻《四明叢書》本,《叢書集成續編》(臺灣新文豐出版公司)文學類第187册、《叢書集成續編》(上海書店)集部第120册、廣陵書社2006年8月(《四明叢書》第13册)、《明别集叢刊》第五輯第78册、《張壽鏞文獻輯刊》第62册影印。

桑拱陽

《桑松風集》一卷,清康熙五經堂刻《廣理學備考》本,《明别集叢刊》第五輯第79册影印。

程正揆

《青溪遺稿》二十八卷,清康熙天咫閣刻本,《四庫全書存目叢書》集部第

197 册、《清代詩文集彙編》第 20 册影印。

鄺　露

《嶠雅》二卷，清初鄺氏海雪堂刻本，《四庫禁燬書叢刊》集部第 10 册、《廣州大典》第 432 册、《明别集叢刊》第五輯第 79 册影印。

《鄺中翰嶠雅集》一卷，清嘉慶刻同治印《廣東文獻》二集本，江蘇廣陵古籍刻印社 1994 年 7 月（《廣東文獻》第 3 册）影印。

《鄺海雪集箋》十二卷，清咸豐元年鄺氏綺錯樓刻本，《廣州大典》第 432 册、《明别集叢刊》第五輯第 79 册影印。

《海雪堂文獻集》，鄺光寧編著，香港篁齋圖書室 1972 年 5 月版（《篁齋圖書》之五）。

《嶠雅》，黄灼耀校點、楊明新注釋，廣東高等教育出版社 1990 年 3 月版（《嶺南叢書》）。

《鄺露詩》，何澤棠等整理，嶺南美術出版社 2017 年 5 月版（《全粵詩》第 21 册）。

來集之

《倘湖遺稿》不分卷，稿本，《浙學未刊稿叢編》第二輯第 3—5 册影印。

《倘湖手稿》□□卷（存卷一至十、十九至二十二），稿本，《浙學未刊稿叢編》第二輯第 6—8 册影印。

《倘湖遺稿》不分卷，寫樣稿本，《浙學未刊稿叢編》第二輯第 8—9 册影印。

《倘湖遺稿》□□卷（存四卷），清鈔本，《清代詩文集珍本叢刊》第 28—29 册影印。

《倘湖詩》二卷，清康熙十四年倘湖小築刻本，《清代詩文集珍本叢刊》第 29 册、《浙學未刊稿叢編》第二輯第 9 册影印。

《南行載筆》六卷，清倘湖小築刻本，《清代詩文集珍本叢刊》第 29 册影印。

陳　璧

《陳璧詩文殘稿箋證》，江村、瞿冕良箋證，上海古籍出版社 1984 年 5 月版。

熊人霖

《星言草》不分卷，明崇禎十二年刻本，《原國立北平圖書館甲庫善本叢書》第 905 册影印。

《操縵草》十二卷，明崇禎刻本，《明代詩文集珍本叢刊》第 234 册影印。

《尋雲草》，王賢淼點校，江西教育出版社 2007 年 12 月版（《豫章叢書》集部九）。

陳　確

《乾初先生遺集》四十七卷首一卷《外編》一卷，清陳敬璋餐霞軒鈔本，《續修四庫全書》第 1394—1395 册、《清代詩文集彙編》第 20 册影印。

《陳確集》，中華書局 1979 年 4 月版；2009 年 3 月再版（《理學叢書》）。

《乾初先生遺集》，朱茂漢校點，北京大學出版社 2012 年 1 月版（《儒藏·精華編》第 267 册）。

朱朝瑛

《金陵游草》一卷，明崇禎九年刻本，《原國立北平圖書館甲庫善本叢書》第 908 册影印。

《正誼堂遺集》不分卷，清鈔本，《南開大學圖書館藏稀見清人别集叢刊》第 3 册影印。

許國佐

《許班王詩集》，孫淑彦選編，廣東省揭陽市博物館 1995 年 12 月自印本

(《揭陽市博物館叢書》)。

劉中藻

《葛衣集》，寧德福安縣圖書館編，寧德福安縣圖書館 1980 年自印本。

陳之遴

《浮雲集》十一卷，清康熙間旋吉堂刻本，《四庫全書存目叢書》集部第 197 册、《清代東北流人文獻集成》第一輯第 4 册影印。

《浮雲集》十二卷，清鈔本，《四庫禁燬書叢刊補編》第 75 册、《清代詩文集珍本叢刊》第 30—31 册影印。

《浮雲集》，李興盛主編，黑龍江大學出版社 2010 年 10 月版(與《拙政園詩餘》《拙政園詩集》同册，《東北流人文庫》)。

《浮雲集》，蔣寅、于景祥、徐桂秋等點校，遼海書社 2017 年 12 月版(《清代東北流人詩文集成》第一輯)。

許　楚

《青巖集》十二卷，清康熙五十四年許象縉刻本，《四庫未收書輯刊》第五輯第 72 册影印。

《青巖集》十二卷，清康熙白華堂刻本，《清代詩文集彙編》第 21 册影印。

鄭元勳

《潛學編》十二卷，明萬曆三十五年左宗郢刻本，《四庫全書存目叢書》集部第 130 册影印。

《影園集》一卷，清道光二十八年涇縣潘氏袁江節署刻《乾坤正氣集》本，臺灣環球書局 1966 年(《乾坤正氣集》第 37 册)、《明别集叢刊》第五輯第 79 册影印。

賀貽孫

《水田居存詩》三卷附一卷《文集》五卷，清道光至同治敕書樓刻《水田居全集》本，《四庫全書存目叢書》集部第208册（僅《文集》五卷）、《清代詩文集彙編》第21册、《清代詩文集珍本叢刊》第31—33册影印。

喬　鉢

《匡蠡草》二卷，清順治刻本，《清代詩文集珍本叢刊》第33册影印。

彭而述

《禹峰先生文集》二十四卷，清順治十六年張芳刻本，《清代詩文集珍本叢刊》第40—42册影印。

《讀史亭詩集》十六卷《文集》二十卷，清康熙四十七年彭始摶刻本，《四庫全書存目叢書》集部第200—201册影印。

《讀史亭詩集》十六卷，清康熙五十年刻本，《清代詩文集彙編》第21—22册、《寫刻本詩詞集叢刊》第16—17册影印。

白胤謙

《東谷集》三十四卷（《詩》二十二卷《文》十二卷）《歸庸齋詩》四卷《文》四卷《桑榆集》六卷（《詩》三卷《文》三卷）《學言》三卷，清順治刻康熙續刻雍正補刻本，《四庫全書存目叢書》集部第204册（闕《學言》三卷）、《清代詩文集彙編》第22册影印。

《念園存稿》四卷，清康熙刻本，《清代詩文集珍本叢刊》第34册、《山西歷代著作集成》第414册影印。

《東谷集》《歸庸集》《桑榆集》，周君平、楊淮、張玉玲整理，三晉出版社2010年4月版（《陽城歷史名人文存》第2册）。

《東谷集》，馬甫平點校，中州古籍出版社2016年3月版（《晉城歷史名人文存》)。

朱芾煌

《文嘻堂詩集》三卷,清康熙三十七年朱端紫陽書院刻本,《四庫全書存目叢書》集部第194册、《明别集叢刊》第五輯第79册影印。

季步騶

《懶蠶居士遺稿》七卷附《月當樓詩稿》八卷,清乾隆十四年無爲季氏刻本,《四庫禁燬書叢刊補編》第69册、《明别集叢刊》第五輯第79册影印。

《懶蠶居士和月當樓遺稿》,季漢章標點,香港天馬出版有限公司2010年10月版(《四庫禁燬書叢刊》)。

季孟蓮

《月當樓詩稿》八卷,清乾隆十四年無爲季氏刻本(附《懶蠶居士遺稿》後),《四庫禁燬書叢刊補編》第69册、《明别集叢刊》第五輯第79册影印。

《懶蠶居士和月當樓遺稿》,季漢章標點,香港天馬出版有限公司2010年10月版(《四庫禁燬書叢刊》)。

文德翼

《雅似堂文集》十一卷《詩集》一卷《訟過録》一卷,明末刻本,《四庫全書存目叢書》集部第193册、《明别集叢刊》第五輯第79册影印。

《求是堂文集》十八卷,明末刻本,《四庫禁燬書叢刊》集部第141册影印。

徐鍾震

《雪樵文集》不分卷,手稿本,《原國立北平圖書館甲庫善本叢書》第910册影印。

潘一桂

《中清堂詩集》八卷《賦集》三卷《文集》六卷，明崇禎刻本，《原國立北平圖書館甲庫善本叢書》第910册影印。

單　崇

《烈愍公遺文》一卷，民國十六年高密單氏上海石印《高密單氏詩文匯存》五十七種八十四卷本，《山東文獻集成》第三輯第43册影印。

單父琴

《半僧居士遺集》一卷，民國十六年高密單氏上海石印《高密單氏詩文匯存》五十七種八十四卷本，《山東文獻集成》第三輯第43册影印。

單若魯

《語石居詩集》一卷《語石居文集》一卷，民國十六年高密單氏上海石印《高密單氏詩文匯存》五十七種八十四卷本，《山東文獻集成》第三輯第43册影印。

黄淳耀

《黄陶庵先生全集》二十卷，清乾隆二十六年刻本，《明别集叢刊》第五輯第80册影印。

《陶庵全集》二十二卷，清四庫全書本，《四庫全書珍本》十二集集部第191—192册、《景印文淵閣四庫全書》第1297册、《文津閣四庫全書》第1301册、《文瀾閣四庫全書》第1335册（丁氏補鈔卷一至四、十一至十三）影印。

《黄陶庵先生全稿》八卷，清道光二十二年重刻本，《域外漢籍珍本文庫》第四輯集部第18册影印。

《陶庵集》十卷，清道光二十八年涇縣潘氏袁江節署刻《乾坤正氣集》本，臺灣環球書局1966年(《乾坤正氣集》第31册)影印。

《陶庵集》二十二卷,清光緒五年刻本,《明代朱子學文獻叢刊》第456—457册影印。

《陶庵集》二十二卷首一卷附《谷簾學吟》一卷,清光緒順德龍氏知服齋刻《知服齋叢書》本,《叢書集成續編》(臺灣新文豐出版公司)文學類第148册、《叢書集成續編》(上海書店)集部第121册、《廣州大典》第82册影印。

孫永祚

《孫雪屋先生文稿》不分卷,稿本,《常熟文庫》第65册影印。

《雪屋集》八卷,明崇禎五年古嘯堂刻本,《四庫禁燬書叢刊》集部第110册、《明别集叢刊》第五輯第80册、《常熟文庫》第66册影印。

《孫雪屋文集》不分卷,清稿本,《明代詩文集珍本叢刊》第236册、《常熟文庫》第65册影印。

《雪屋二集》五卷,清順治十七年古嘯堂刻本,《四庫禁燬書叢刊》集部第110册、《明别集叢刊》第五輯第80册、《常熟文庫》第66册影印。

《孫雪屋先生文稿》一卷,鈔本,《常熟文庫》第65册影印。

王夢鼎

《槐川堂留稿》六卷,清鈔本,《清代詩文集珍本叢刊》第18—19册、《常熟文庫》第66册影印。

范　愷

《楚游小草》一卷,明崇禎澹然堂刻本,《常熟文庫》第67册影印。

歐陽鉉

《野獲園詩》二卷,明崇禎刻本,《四庫全書存目叢書》集部第194册、《原國立北平圖書館甲庫善本叢書》第905册、《明别集叢刊》第五輯第80册影印。

朱議霧

《朱中尉詩集》五卷附《校勘記》一卷《校勘續記》一卷，民國間南昌豫章叢書編刻局刻《豫章叢書》本，《叢書集成續編》（臺灣新文豐出版公司）文學類第171册、《叢書集成續編》（上海書店）别録第177册、《明别集叢刊》第五輯第90册影印。

《朱中尉詩集》，姚品文點校，江西教育出版社2007年12月版（《豫章叢書》集部十）。

釋智舷

《黄葉庵詩稿》一卷，明末刻本，《禪門逸書續編》第3册影印。

《黄葉庵詩草》一卷，明鈔本，《四庫禁燬書叢刊》集部第182册影印。

揭重熙

《揭蒿庵先生文集》八卷首一卷《附録》一卷《詩集》七卷《遺集》三卷《附録》一卷，清乾隆二十七年鶴玉齋刻本，《四庫禁燬書叢刊》集部第182册影印。

釋古翼

《丹霞天老人雪詩》四卷，清刻本，《四庫禁燬書叢刊》集部第183册影印。

朱廷佐

《春雨堂集》一卷，清道光二十年刻《金陵朱氏家集》本，《明别集叢刊》第五輯第17册、《清代家集叢刊》第57册影印。

王　巖

《白田文集》二十卷，鈔本，《揚州文庫》第 98 册、《明别集叢刊》第五輯第 82 册影印。

謝元汴

《謝給諫霜崖集》一卷，清道光刻《潮州耆舊集》本，《潮州文獻叢刊》之一、《明别集叢刊》第五輯第 94 册影印。

《謝給諫霜崖集》，吴二持點校，暨南大學出版社 2016 年 8 月版（見《潮州耆舊集》，《潮汕文庫·文獻系列》）。

商景蘭

《商夫人錦囊集》一卷，清刻本，《清代閨秀集叢刊續編》第 1 册影印。

《商夫人錦囊集》，中華書局上海編輯所編，中華書局 1960 年 2 月版（《祁彪佳集》附録）。

《商景蘭集》，李雷點校，中華書局 2015 年 1 月版（《清代閨閣詩集萃編》第 1 册，《國家清史編纂委員會·文獻叢刊》）。

黄媛介

《黄媛介集》，李雷、杜珣輯校，中華書局 2015 年 1 月版（《清代閨閣詩集萃編》第 1 册，《國家清史編纂委員會·文獻叢刊》）。

王端淑

《映然子吟紅集》，鄒遠志點校，中華書局 2015 年 1 月版（《清代閨閣詩集萃編》第 1 册，《國家清史編纂委員會·文獻叢刊》）。

梁清寬

《嘯雲樓詩集》不分卷，清初手稿本，《清代稿本百種彙刊》第 65 册影印。

《惹香居合稿》不分卷，清順治刻本，《清代詩文集珍本叢刊》第 39—40 册影印。

祝尚矣

《半邏隨筆》不分卷，手稿本，《清代稿本百種彙刊》第 65 册影印。

黄一淵

《黄處士遥峰閣集》一卷，清道光刻《潮州耆舊集》本，《潮州文獻叢刊》之一、《明别集叢刊》第五輯第 94 册影印。

《黄處士遥峰閣集》，吴二持點校，暨南大學出版社 2016 年 8 月版（見《潮州耆舊集》，《潮汕文庫·文獻系列》）。

白德游

《浴鶴庵詩集》存二卷，明末清初鈔本，《傅斯年圖書館藏未刊稿鈔本·集部》第 3 册影印。

劉承棠

《劉劬懷遺稿》不分卷，舊鈔本，《傅斯年圖書館藏未刊稿鈔本·集部》第 3 册影印。

蕭中素

《釋柯集》一卷《近草》一卷《藥房近草》一卷《釋柯餘集》一卷附《南山

集》一卷，清康熙刻本，《清代詩文集珍本叢刊》第35—36冊影印。

林　垐

《居易堂詩集》一卷，明崇禎十七年刻本，《四庫未收書輯刊》第六輯第26冊、《明别集叢刊》第五輯第79冊影印。

《海外遺稿》一卷，清康熙刻本，《原國立北平圖書館甲庫善本叢書》第909冊影印。

釋超弘

《瘦松集》，楊清江點校，商務印書館2019年2月版（與《温嶺開元寺志》同冊，《泉州文庫》）。

李復泰

《匪石齋詩草》二卷，清雍正十二年田嵋鈔本，《山東文獻集成》第二輯第29冊影印。

傅占衡

《湘帆堂集》二十六卷，清康熙六十一年木活字印本，《四庫禁燬書叢刊》集部第165冊、《清代詩文集彙編》第27冊影印。

梁清遠

《祓園集》九卷（《文》四卷《詩》四卷《詞》一卷），清康熙二十四年刻本，《四庫全書存目叢書補編》第1冊、《京津冀歷代别集叢刊》第226冊影印。

《祓園集》九卷（《文》四卷《詩》四卷《詞》一卷），清康熙二十七年梁允桓刻本，《清代詩文集彙編》第22冊影印。

錢肅樂

《庚辰春偶吟》一卷，明刻本，《原國立北平圖書館甲庫善本叢書》第905册影印。

《錢忠節集》一卷，清道光二十八年涇縣潘氏袁江節署刻《乾坤正氣集》本，臺灣環球書局1966年(《乾坤正氣集》第37册)影印。

《忠介公正氣堂文集》八卷《越中集》二卷《南征集》十卷，清鈔本，《明代詩文集珍本叢刊》第231—232册影印。

《錢忠介公集》二十卷首一卷《附録》六卷附《錢忠介公年譜》一卷，民國二十三年四明張氏約園刻《四明叢書》本，《叢書集成續編》(臺灣新文豐出版公司)文學類第149册、《叢書集成續編》(上海書店)集部第121册、廣陵書社2006年8月(《四明叢書》第5册)、《明別集叢刊》第五輯第81册、《張壽鏞文獻輯刊》第20—22册影印。

《錢肅樂集》，卿朝暉點校，浙江古籍出版社2014年4月版(《浙江文叢》)。

王與玟

《籠鵝館集》不分卷，清初鈔本，《明代詩文集珍本叢刊》第240册、《明人別集稿鈔本叢刊》第85册影印。

《籠鵝館集》二卷，清初鈔本，《明人別集稿鈔本叢刊》第84册影印。

郭之奇

《宛在堂文集》三十四卷，明崇禎刻本，《四庫未收書輯刊》第六輯第27册、《明別集叢刊》第五輯第81册影印。

《郭忠節宛在堂集》一卷，清道光刻《潮州耆舊集》本，《潮州文獻叢刊》之一、《明別集叢刊》第五輯第94册影印。

《郭忠節宛在堂集》，吴二持點校，暨南大學出版社2016年8月版(見《潮州耆舊集》，《潮汕文庫·文獻系列》)。

《郭之奇詩》，吕永光、史洪權整理，嶺南美術出版社2016年8月版(《全粵詩》第 19 册)。

劉象賢

《劉象賢詩文輯存》,雙峰縣政協文教衛體和文史委編,2020 年 12 月内部出版物(見《湖湘一脉——劉象賢、王龍文文史資料專輯》)。

王　庭(字言遠)

《秋閑詩草》四卷,清刻本,《清代詩文集珍本叢刊》第 35 册影印。

《王邁人文集》不分卷,鈔本,《稀見清代四部輯刊補編》第 280 册影印。

程　邃

《蕭然吟》二卷,清順治刻本,《四庫禁燬書叢刊》集部第 116 册、《清代詩文集彙編》第 21 册影印。

程先貞

《海右陳人集》二卷,清康熙初刻本,上海古籍出版社 1981 年 2 月(《清人别集叢刊》)、《清代詩文集彙編》第 25 册影印。

《窺園百二詩》八卷,清鈔本,《中國公共圖書館古籍文獻珍本匯刊·羅氏雪堂藏書遺珍》集部第 15 册影印。

田嘉生

《松月軒望遥集》一卷,清初鈔本,《明别集叢刊》第五輯第 82 册影印。

秦　鏞

《秦弱水集》一卷,清康熙五經堂刻《賡理學備考》本,《明别集叢刊》第五輯第 82 册影印。

張　穆

《鐵橋集》不分卷，清康熙刻本，《廣州大典》第 433 册影印。

《鐵橋集》一卷《補遺》一卷《後人題畫詩》一卷《附録》一卷，民國間容庚輯録本，《何氏至樂樓叢書》第 8 種影印。

《張穆詩》，鄭曉俊、陳永正整理，嶺南美術出版社 2017 年 5 月版（《全粤詩》第 21 册）。

嚴首昇

《瀨園詩初集》三卷《後集》不分卷《詩話》一卷《談史》四卷，清順治十四年劉綋刻本，《明别集叢刊》第五輯第 83 册影印。

《瀨園詩初集》三卷《後集》一卷《補遺》一卷《文集》二十卷《談史》六卷，清順治十四年劉綋刻康熙增修本，《四庫禁燬書叢刊》集部第 147 册、《明别集叢刊》第五輯第 83 册（僅《文集》二十卷）影印。

《瀨園遺集》十二卷《文集》二十卷，清康熙静業齋刻本，《清代詩文集珍本叢刊》第 36—38 册影印。

倪仁吉

《凝香閣詩稿》《宫意圖詩》《山居雜詠》三種不分卷，清嘉慶二十一年仰止堂重刻本，浙江古籍出版社 2006 年 9 月（題作《凝香閣詩稿》）、《重修金華叢書》第 150 册、《稀見清代四部輯刊》第一輯第 86 册影印。

《凝香閣詩稿》，張晶、敬鴻章整理，黄山書社 2014 年 3 月版（《江南女性别集》四編上册）。

沈壽民

《姑山遺集》三十卷，清康熙有本堂刻本，《明别集叢刊》第五輯第 84 册影印。

顧　杲

《悟秋草堂詩集》十卷，清光緒元年木活字本，《無錫文亘》第 87 册、《明別集叢刊》第五輯第 54 册影印。

《顧子方詩》一卷，民國元年上海國粹學報社鉛印《古學彙刊》第一集《二顧先生遺詩》本，《叢書集成續編》（上海書店）集部第 154 册、廣陵書社 2006 年 12 月（《古學彙刊》第 3 册）、《明別集叢刊》第五輯第 54 册影印。

顧　緗

《顧遐篆詩》一卷，民國元年上海國粹學報社鉛印《古學彙刊》第一集《二顧先生遺詩》本，《叢書集成續編》（上海書店）集部第 154 册、廣陵書社 2006 年 12 月（《古學彙刊》第 3 册）、《明別集叢刊》第五輯第 54 册影印。

劉翼明

《東武高士劉翼明詩稿》一卷，稿本，《山東文獻集成》第三輯第 28 册影印。

《鏡庵詩選》一卷，稿本，《四庫未收書輯刊》第八輯第 16 册、《中國科學院文獻情報中心藏古籍珍本叢書（鈔稿本部分）》第一輯第 11 册影印。

《鏡庵詩稿》十一卷，鈔本，《山東文獻集成》第三輯第 29 册影印。

《鏡庵詩選》五卷，民國二十七年膠州張鑒祥家鈔本，《山東文獻集成》第三輯第 28 册影印。

黄圖安

《東園詩集》五卷，清順治刻本，《清代詩文集彙編》第 14 册、《朔方文庫》第 70 册影印。

《黄圖安詠寧夏》，鄭濟洧箋注，寧夏文史研究館 2017 年内部出版物（《寧夏文史》增刊）。

唐德亮

《唐采臣稿》不分卷，清嘉慶江都秦氏石研齋刻《國初十六家精選》本，《朔方文庫》第70冊影印。

釋本晝

《寒泉子牧石吟》一卷，明末刻本，《稀見明代四部輯刊》第一輯第69冊影印。

《直木堂詩集》七卷，清康熙睡香庵刻本，《四庫全書存目叢書》集部第205冊影印。

王 鑨

《大愚集》二十七卷《諸同人尺牘》一卷，清康熙四年王允明刻本，《四庫未收書輯刊》第七輯第24冊、《清代詩文集彙編》第24冊影印。

傅 山

《傅青主先生自書詩稿》一卷，稿本，有正書局1918年石印。

《傅青主先生撰書李御史暨汾二子傳真蹟》一卷，定襄董子安藏稿本，山西書局1937年石印。

《霜紅龕集》十二卷附《我詩集》六卷，清乾隆十二年生生堂刻本，《北京市文物局圖書資料中心藏古籍珍本叢刊》第32—33冊影印。

《霜紅龕集》四十卷，清咸豐四年劉靄（雪崖）輯刻本，山西古籍出版社2004年11月影印。

《霜紅龕集》存三種七卷，清光緒宣統間平遥文蔚堂王氏刻本，《山西歷代著作集成》第478冊影印。

《霜紅龕集》四十卷《附録》三卷《年譜》一卷，清宣統三年山陽丁寶銓刻本，臺灣文史哲出版社1971年5月（《中國文史哲資料叢刊》第21種）、《續修四庫全書》第1395—1396冊、《清代詩文集彙編》第25冊、《山西歷代著作集成》第479—481冊影印。

《陳批霜紅龕集》四十卷《附録》三卷《年譜》一卷，清丁寶銓刻、陳監先批校本，山西古籍出版社 2007 年 5 月影印。

《傅徵君霜紅龕詩鈔》附《冷雲齋冰燈詩》一卷，清宣統三年上海國學扶輪社鉛印《張氏適園叢書初集》本，《叢書集成續編》（臺灣新文豐出版公司）文學類第 173 册、《叢書集成續編》（上海書店）集部第 123 册影印。

《傅山詩文選注》，侯文正等選注，山西人民出版社 1986 年 2 月版。

《霜紅龕文》，勞柏林點校，岳麓書社 1986 年 5 月版（《明清小品選刊》）。

《傅山全書》，劉貫文、張海瀛、尹協理主編，山西人民出版社 1991 年 12 月版（《三晉文化研究叢書》）。

《傅山全書補編》，太原市三晉文化研究會編，山西人民出版社 2004 年 2 月版。

《傅山文選》，張厚餘選注，北岳文藝出版社 2007 年 7 月版（《傅山文化叢書》）。

《傅山詩選》，侯文正選注，北岳文藝出版社 2007 年 7 月版（《傅山文化叢書》）。

《傅山詩苑》，侯文正選注，山西人民出版社 2011 年 1 月版（《尖草坪區文史資料》第四輯）。

《傅山詩選注》，王磊編著，山西經濟出版社 2014 年 11 月版。

《傅山全書（新編版）》，尹協理主編，山西人民出版社 2016 年 4 月版。

《霜紅龕集》，王薇校點，北京大學出版社 2018 年 4 月版（《儒藏·精華編》第 266 册）。

范士楫

《匪棘堂集》十二卷，清順治九年刻本，《北京圖書館古籍珍本叢刊》集部第 112 册、《清代詩文集珍本叢刊》第 38—39 册影印。

《橘洲詩集》六卷，清順治十六年刻本，《四庫全書存目叢書》集部第 198 册影印。

湯來賀

《内省齋文集》三十二卷，清康熙書林五車樓刻本，《四庫全書存目叢書》集部第 199 册、《北京圖書館古籍珍本叢刊》集部第 113 册影印。

《内省齋文集》三十二卷，清康熙南豐湯氏内省齋刻本，《清代詩文集彙編》第25—26册影印。

姜 埰

《敬亭集》十卷《補遺》一卷《附録》一卷《自著年譜》一卷《年譜續編》一卷，清康熙姜氏念祖堂刻本，《四庫全書存目叢書》集部第193册、《清代詩文集彙編》第25册影印。

《姜給諫詩》一卷，清鈔《明清山左七家詩文鈔》本，《山東文獻集成》第四輯第33册影印。

《敬亭集》，印曉峰點校，華東師範大學出版社2011年5月版（《明代别集叢刊》）。

吴六奇

《忠孝堂文集》不分卷，清鈔本，《清代詩文集彙編》第24册影印。

《吴六奇書札》一卷，清鈔本，廣東人民出版社2007年（《清代稿鈔本》第24册）、《清代詩文集彙編》第24册影印。

王 岱

《了菴文集》九卷，清康熙四年刻本，《四庫全書存目叢書》集部第199册影印。

《了庵文集》九卷，清康熙中刻本，《北京圖書館古籍珍本叢刊》集部第112册影印。

《且園近詩》五卷《且園近集》四卷，清康熙刻本，《四庫全書存目叢書補編》第52册影印。

《了庵詩集》二十卷《文集》十五卷，清乾隆刻本，《四庫禁燬書叢刊》集部第91册影印。

《了庵詩集》二十卷附《題讚》一卷《輓詩》一卷，清乾隆十二年王恪刻本，《清代詩文集彙編》第23册影印。

《王岱集》，謝孝明校點，岳麓書社 2013 年 5 月版（與《黄周星集》同册，《湖湘文庫》甲編）。

李　雯

《蓼齋集》四十七卷《後集》五卷，清順治十四年石維昆刻本，《四庫禁燬書叢刊》集部第 111 册、《清代詩文集彙編》第 23 册、《雲間三子文獻輯刊》第 18—22 册影印。

《李雯集》，王啓元整理，復旦大學出版社 2017 年 9 月版（《浦東歷代要籍選刊》）。

劉醇驥

《芝在堂文集》十五卷，清康熙刻本，《四庫全書存目叢書》集部第 208 册、《新編湖北叢書》第 289 册影印。

胡承諾

《石莊先生詩集》二十七卷（《青玉軒詩》七卷《檄游草》一卷《菊佳軒詩》十一卷《頤志堂詩》八卷），民國五年沉觀齋重刻本，《清代詩文集彙編》第 43 册影印。

陳子龍

《安雅堂稿》十八卷，明崇禎刻本，《明代論著叢刊》第三輯、華東師範大學出版社 1988 年 11 月（《上海文獻叢書·陳子龍文集》下册）、《續修四庫全書》第 1387—1388 册、《原國立北平圖書館甲庫善本叢書》第 905 册、《雲間三子文獻輯刊》第 7—8 册影印。

《湘真閣稿》六卷，明末刻本，《續修四庫全書》第 1388 册、《雲間三子文獻輯刊》第 6 册影印。

《陳黄門詩》一卷，清康熙二十八年原刻本，《雲間三子文獻輯刊》第 9 册影印。

《陳忠裕全集》三十卷首一卷末一卷《年譜》三卷，清嘉慶八年簳山草堂刻本，華東師範大學出版社1988年11月（《上海文獻叢書·陳子龍文集》上册）、《明别集叢刊》第五輯第84—45册影印。

《陳忠裕全集》三十卷首一卷《年譜》三卷末一卷《兵垣奏議》一卷，清遞刻本，《雲間三子文獻輯刊》第9—13册影印。

《陳忠裕集》十卷，清道光二十八年涇縣潘氏袁江節署刻《乾坤正氣集》本，臺灣環球書局1966年（《乾坤正氣集》第30册）、《雲間三子文獻輯刊》第14册影印。

《陳忠裕集續編》不分卷，清鈔本，《明别集叢刊》第五輯第85册、《雲間三子文獻輯刊》第15—17册影印。

《陳子龍詩集》，施蟄存、馬祖熙標校，上海古籍出版社1983年10月版（《中國古典文學叢書》）；2006年4月新版（《中國古典文學叢書》）。

《陳子龍集》，談蓓芳整理，海南國際新聞出版中心1996年12月版（《傳世藏書》集庫别集第10册）。

《湘真閣稿》，方雲校點，遼寧教育出版社2001年2月版（《新世紀萬有文庫·傳統文化書系》）。

《安雅堂稿》，孫啓治校點，遼寧教育出版社2003年3月版（《新世紀萬有文庫·傳統文化書系》）。

《陳子龍全集》，王英志編纂校點，人民文學出版社2011年6月版（《明清别集叢刊》）。

金人瑞（金聖嘆）

《沉吟樓詩選》不分卷，清鈔本，上海古籍出版社1979年6月（與《廣陽詩集》同册，《清人别集叢刊》）、《清代詩文集彙編》第27册影印。

《金聖嘆尺牘》，鐵琴樓主編，大通圖書社1935年6月版（《才子尺牘》）；廣文書局1989年9月版（《尺牘彙編》之九）。

《標點金聖嘆尺牘》，智翁標點，上海東方文學社1936年1月版。

《金聖嘆才子尺牘》，啓智書局1936年5月版。

《金聖嘆全集》，曹方人、周錫山標點，江蘇古籍出版社1985年7月版。

《金聖嘆詩文評選》，張國光選編，岳麓書社1986年3月版。

《金聖嘆文集》，艾舒仁編次、冉苒校點，巴蜀書社 1997 年 11 月版。

《金聖嘆全集》，陸林輯校整理，鳳凰出版社 2008 年 12 月版；2016 年 10 月修订版。

傅維鱗

《四思堂文集》八卷，清康熙十七年刻本，《四庫全書存目叢書》集部第 213—214 册、《清代詩文集彙編》第 27 册影印。

張　怡

《濯足庵文集鈔》三卷，清同治五年凌霞手鈔本，《南開大學圖書館藏稀見清人别集叢刊》第 3 册影印。

梁　澤

《取斯堂存稿》不分卷，清乾隆二十二年刻本，《廣州大典》第 434 册影印。

徐世溥

《榆溪詩鈔》二卷，清康熙三十年宋犖刻本，《四庫禁燬書叢刊》集部第 119 册、《清代詩文集彙編》第 26 册影印。

《榆墩集》五卷，清康熙刻本，《清代詩文集彙編》第 26 册影印。

《榆墩集》十一卷，清康熙舫齋刻本，《四庫禁燬書叢刊》集部第 211 册影印。

《榆溪逸詩》二卷《榆溪逸稿》八卷，清嘉慶刻本，《清代詩文集彙編》第 26 册影印。

《榆溪詩鈔》二卷，清光緒陶福履輯刻《豫章叢書》本，《叢書集成初編》文學類第 2292 册（中華書局版第 487 册）、《百部叢書集成》之九十六、《叢書集成新編》文學類第 71 册影印。

《榆溪詩鈔》，李娟點校，江西教育出版社 2007 年 12 月版（《豫章叢書》

集部九)。

釋函昰(天　然)

《瞎堂詩集》二十卷首一卷,清道光海幢寺刻本,《何氏至樂樓叢書》第13種影印。

《瞎堂詩集》二十卷首一卷,清刻本,《四庫禁燬書叢刊》集部第116册、《清代詩文集彙編》第27册、《廣州大典》第434册影印。

《瞎堂詩集》,李福標、仇江點校,中山大學出版社2006年5月版(《清初嶺南佛門史料叢刊》)。

戴明説

《定園詩集》十一卷《定園文集》不分卷,清康熙平山在東閣刻本,《四庫未收書輯刊》第七輯第18册(僅《定園文集》)、《清代詩文集彙編》第21册影印。

李長祥

《天問閣集》三卷,清光緒六年會稽趙之謙刻《仰視千七百二十九鶴齋叢書》本,紹興墨潤堂書苑1929年、《百部叢書集成》之七十二、《明代傳記叢刊》第102册影印。

《天問閣文集》四卷,民國吴興劉氏刻《求恕齋叢書》本,《叢書集成續編》(臺灣新文豐出版公司)文學類第189册、《四庫禁燬書叢刊》集部第11册(附姚淑《海棠居初集》一卷)、《明别集叢刊》第五輯第87册影印。

《天問閣集》,商務印書館1936年12月版(《叢書集成初編》文學類第2458册);中華書局2010年9月重印版(《叢書集成初編》第511册)。

《天問閣文集》,達川市地方誌辦公室整理,1998年11月内部出版物。

姚　淑

《海棠居初集》一卷,民國吴興劉氏刻《求恕齋叢書》本,《叢書集成續編》(臺灣新文豐出版公司)文學類第171册(題作《海棠居詩集》)、《四庫禁燬書叢刊》集部第11册、《美國哈佛大學哈佛燕京圖書館藏明清婦女著述彙刊》第4册、《明别集叢刊》第五輯第88册影印。

鄭鳳超

《鄭鳳超文集》不分卷,清天臺閣鈔本,《清代詩文集珍本叢刊》第89册影印。

陳 協

《金庭集》二卷,清初刻本,《常熟文庫》第76册影印。

陳 絅

《放下吟稿》一卷,鈔本,《清代詩文集珍本叢刊》第45册影印。

顧 苓

《顧雲美自書詩稿》,稿本,中華書局1958年8月影印。

《顧雲美卜居集手蹟》,手稿本,中華書局1958年8月影印。

《斜陽集》一卷,稿本,《清代詩文集珍本叢刊》第45册影印。

《塔影園集》不分卷,清鈔本,《清代詩文集珍本叢刊》第45—46册影印。

《塔影園文集》三卷《詩集》一卷,清鈔本,《清代詩文集珍本叢刊》第46册影印。

《塔影園集》四卷《詩集》一卷,民國十七年東方學會鉛印《殷禮在斯堂叢書》本,《叢書集成續編》(臺灣新文豐出版公司)文學類第152册、《叢書集成續編》(上海書店)集部第123册、《明别集叢刊》第五輯第73册影印。

《塔影園集》,李花蕾點校,華東師範大學出版社2014年9月版(《清代别集叢刊》)。

顧人龍

《顧雲馭詩集》八卷，清康熙四十八年顧涵刻本，《清代詩文集珍本叢刊》第48—49冊影印。

王靈岳

《岳色編》二卷《蜨螟寄别録》一卷，清鈔本，《美國哈佛大學哈佛燕京圖書館藏稿鈔校本彙刊》集部第103冊影印。

李騰蛟

《李咸齋集》三卷，清鈔本，《美國哈佛大學哈佛燕京圖書館藏稿鈔校本彙刊》集部第104冊影印。

《半廬文稿》二卷《詩稿》一卷，民國南昌豫章叢書編刻局刻《豫章叢書》本，《叢書集成續編》（臺灣新文豐出版公司）文學類第152冊、《叢書集成續編》（上海書店）集部第124冊、《明别集叢刊》第五輯第85冊影印。

《半廬文稿》，張賢蓉點校，江西教育出版社2007年12月版（《豫章叢書》集部九）。

魏　閥

《清風遺集》不分卷，清光緒十八年漢川甑山書院刻本，《南開大學圖書館藏稀見清人别集叢刊》第2冊影印。

劉子壯

《屺思堂文集》八卷《屺思堂詩集》不分卷，清康熙二十五年刻本，《四庫全書存目叢書》集部第216冊、《清代詩文集彙編》第28冊、《新編湖北叢書》第290冊影印。

《劉稚川詩》一卷，清乾隆五十七年刻《熊劉詩集》本，《美國哈佛大學哈佛燕京圖書館藏明清善本總集叢刊》第 4 册影印。

《屺思堂集》，劉飆點校，鳳凰出版社 2019 年 11 月版（《鄂東文獻叢書》）。

馬世俊

《匡庵文集》十二卷《匡庵詩前集》六卷《匡庵詩集》六卷，清康熙刻本，《四庫未收書輯刊》第五輯第 29 册（闕《文集》十二卷）、《回族典藏全書》第 184—186 册（《匡庵詩前集》配鉛印本）、《清代詩文集彙編》第 28 册影印。

《匡庵詩前集》，東錫紅整理，上海古籍出版社 2008 年 8 月版（《回族文獻叢刊》第 6 册）。

郭金臺

《石村詩集》三卷《文集》三卷，清康熙二十四年郭鵬年刻本，《四庫禁燬書叢刊》集部第 84 册、《明别集叢刊》第五輯第 86 册影印。

《石村詩文集》，陶新華校點，岳麓書社 2010 年 1 月版（與《呰庵詩鈔》同册，《湖湘文庫》甲編）。

蔡仲光

《謙齋文集》十二卷《謙齋詩集》八卷首一卷，清咸豐三年篤慶堂刻本，《清代詩文集彙編》第 43 册影印。

錢龍惕

《大兖集》二卷，民國八年木活字印本，《清代詩文集彙編》第 33 册、《常熟文庫》第 71 册影印。

李士焜

《司空公奏議》一卷《麟纂齋集》一卷，明鈔本，《雄安歷代著作集成》二編第77册影印。

吴偉業

《吴梅村歌詩》一卷《附録》一卷，稿本，《清代詩文集珍本叢刊》第43册影印。

《梅村先生文集》六十卷《目録》二卷，清初鈔本，《大倉文庫粹編·名家鈔校本》第57—59册影印。

《梅村集》二十卷，清順治十七年刻本，《江左三大家文獻叢刊》第71—72册影印。

《梅村詩鈔》三卷，清康熙六年顧有孝、趙澐編桐葉山房刻《江左三大家詩鈔》本，《歷代地方詩文總集彙編》第54册影印。

《梅村詩鈔》三卷，清康熙七年顧有孝、趙澐編緑蔭堂刻《江左三大家詩鈔》本，《四庫禁燬書叢刊》集部第39册、《美國哈佛大學哈佛燕京圖書館藏明清善本總集叢刊》第115册影印。

《梅村集》四十卷《目録》二卷，清康熙七年顧湄等刻本，《中華再造善本·清代編》影印。

《梅村先生詩集》四十卷，清乾隆八年刻本，《江左三大家文獻叢刊》第73—76册影印。

《吴詩集覽》二十卷《吴詩補注》二十卷《吴詩談藪》二卷，清乾隆四十年凌雲亭刻本，《續修四庫全書》第1396—1397册（僅《集覽》二十卷）、《江左三大家文獻叢刊》第87—91册、《山西歷代著作集成》第444—448册（闕《吴詩補注》二十卷）影印。

《梅村集》四十卷，清四庫全書本，《景印文淵閣四庫全書》第1312册、《文津閣四庫全書》第1316册、《文瀾閣四庫全書》第1350册（丁氏補鈔卷四至八）影印。

《梅村詩箋》十二卷，清程穆衡輯鈔本，《江左三大家文獻叢刊》第80—81册影印。

《梅村詩集箋注》十二卷附《詩餘小令箋注》一卷，清嘉慶十六年黄氏士禮居鈔本，《清代詩文集珍本叢刊》第43—44冊、《江左三大家文獻叢刊》第82—83冊影印。

《梅村詩集箋注》十八卷，清嘉慶十九年刻本，《江左三大家文獻叢刊》第84—86冊影印。

《梅村家藏稿》五十八卷《補遺》一卷《世系》一卷《年譜》四卷，清宣統三年武進董氏誦芬室刻本，《四部叢刊初編》集部第1668—1675冊、《大本原式精印四部叢刊正編》第80冊、臺灣學生書局1975年3月《歷代畫家詩文集》第40種，闕《補遺》《世系》《年譜》，多《傳奇》三種四卷）、《續修四庫全書》第1396冊、《清代詩文集彙編》第29冊、《江左三大家文獻叢刊》第77—79冊（多《樂府》三種）影印。

《吴梅村先生編年詩集》十二卷《詩餘》一卷《詩話》一卷《詩詞補鈔》一卷，民國十八年太倉俞慶恩世德堂鉛印及影印《太昆先哲遺書》本，《叢書集成續編》（臺灣新文豐出版公司）文學類第172冊（闕《詩話》一卷《詩詞補鈔》一卷）、《江蘇地方文獻叢刊·太昆先哲遺書》中册、下册影印。

《吴詩精華録》不分卷，清鈔本，《江左三大家文獻叢刊》第94册影印。

《吴梅村詩集補鈔》，思益旬刊社編，思益旬刊社1913年3月版。

《音注吴梅村詩》，蔣劍人選、張梓良音注，文明書局1925年3月版；《江左三大家文獻叢刊》第94册據文明書局本影印。

《吴梅村詩集箋注》，朱太忙標點，大達圖書供應社1935年9月版。

《音注吴梅村詩》，蔣劍人選、中華書局輯注，中華書局1936年8月版（《中國文學精華》）。

《吴梅村全集》，儲蘇民校閱，春明書店1936年8月版；自力出版社1959年8月版。

《吴梅村詩集箋注》，國學整理社1936年12月版。

《吴梅村詩集》，商務印書館1937年12月版（《萬有文庫》第二集《國學基本叢書》）；臺灣商務印書館1965年（《萬有文庫薈要》）。

《吴偉業詩選注》，高章采選注，上海古籍出版社1986年2月版（《中國古典文學作品選讀》）。

《吴梅村全集》，李學穎集評標校，上海古籍出版社1990年12月版（《中國古典文學叢書》）。

《吴梅村集精華》，宇林、唐貴平、文木點校，岳麓書社 1991 年 1 月版（《四部精華》下册）。

《吴梅村集》，徐煉整理，海南國際新聞出版中心 1996 年 12 月版（《傳世藏書》集庫别集第 11 册）。

《吴偉業詩選》，葉君遠選注，人民文學出版社 2000 年 3 月版（《明清十大家詩選》）。

《吴梅村歌編年箋釋》，施祖毓著，香港天馬圖書有限公司 2001 年 10 月版。

《吴梅村序文集》，徐煉整理，山東畫報出版社 2004 年 1 月版（《四庫家藏》第 139 册）。

《吴梅村詩集箋注》，張耕點校，中華書局 2020 年 6 月版（《中國古典文學基本叢書》）。

《吴梅村尺牘》，王於飛編選，浙江古籍出版社 2020 年 11 月版（《歷代名家尺牘精粹》）。

馮　溥

《佳山堂詩集》十卷《二集》九卷，清康熙刻本，《四庫全書存目叢書》集部第 215 册、《清代詩文集彙編》第 29 册影印。

《佳山堂詩集》，馮漢軍校點，濟南出版社 2016 年 8 月版（《青州歷史文化叢書》）。

《馮溥集箋注》，張秉國箋注，人民文學出版社 2019 年 12 月版（《清代詩人别集叢刊》）。

張三異

《來青園文集》一卷《詩集》一卷，清康熙五十年刻本，《稀見清代四部輯刊補編》第 279 册影印。

《來青園全集》，張明祥輯注，武漢出版社 2013 年 12 月版（《武漢市東西湖區地方古籍集成》第二輯）。

紀映鐘

《真冷堂詩稿》一卷，清順治刻本，《清代詩文集珍本叢刊》第44册影印。

《戇叟詩鈔》四卷，清長嘯軒鈔本，《四庫未收書輯刊》第七輯第30册影印。

《戇叟詩鈔》四卷《補遺》二卷，清光緒三十一年江寧傅氏晦齋刻《金陵叢刻》本，《清代詩文集彙編》第30册影印。

《戇叟詩鈔》並《補遺》，商務印書館1937年6月版(《叢書集成初編》文學類第2296册)；中華書局2010年9月重印版(《叢書集成初編》第488册)。

王命岳

《耻躬堂文集》二十卷，清康熙二十三年刻本，《四庫全書存目叢書》集部第224册、《清代詩文集彙編》第28册影印。

葉紈紈

《愁言》一卷《附集》一卷，明崇禎刻《午夢堂集》本，《明别集叢刊》第五輯第56册影印。

《芳雪軒遺集》(《愁言集》)一卷，清康熙葉氏二棄草堂刻《午夢堂詩鈔》本，《四庫全書存目叢書》集部第244册、《清代詩文集彙編》第104册影印。

《愁言》(《芳雪軒遺集》)一卷《附集》一卷，民國二十四年長沙中國古書刊印社匯印《郎園先生全書》本，《叢書集成續編》(臺灣新文豐出版公司)文學類第150册、《叢書集成續編》(上海書店)集部第121册影印。

《愁言》，洪霞卿校點，貝葉山房1936年10月版(《午夢堂全集》第1册，《中國文學珍本叢書》第一輯)。

《愁言》，冀勤輯校，中華書局1998年11月版(《午夢堂集》二册)。

李　因

《竹笑軒詩鈔》一卷，清鈔本，《清代詩文集彙編》第55册影印。

《竹笑軒吟草》一卷《續集》一卷，胡文楷鈔本，《清代閨秀集叢刊》第2册影印。

《竹笑軒吟草》，周書田校點，遼寧教育出版社2003年3月版（《新世紀萬有文庫·傳統文化書系》）。

釋弘仁（漸　江）

《畫偈》一卷附《江注詩集》四卷，傳鈔本，《安徽叢書》第一期、《叢書集成續編》（臺灣新文豐出版公司）文學類第170册（影《安徽叢書》本）、《明别集叢刊》第五輯第85册（影《安徽叢書》本）影印。

王廷掄

《臨汀考言》十八卷，清康熙刻本，《四庫未收書輯刊》第八輯第21册、《中國華北文獻叢書》第167册影印。

沈奕琛

《寄庵詩集》四卷（存卷一卷二），清康熙四年思貽堂刻本，《四庫禁燬書叢刊補編》第80册影印。

宋　璉

《曉園子詩集殘稿》一卷，民國十八年廬鄉叢書社鉛印《廬鄉叢書》本，《明别集叢刊》第五輯第66册影印。

宋　琮

《五河詩集殘稿》一卷，民國十八年廬鄉叢書社鉛印《廬鄉叢書》本，《明別集叢刊》第五輯第66册影印。

張允掄

《張允掄詩文》一卷，清鈔《明清山左七家詩文鈔》本，《山東文獻集成》第四輯第33册影印。

黄　培

《黄錦衣詩》一卷，清鈔《明清山左七家詩文鈔》本，《山東文獻集成》第四輯第33册影印。

李　寅

《視彼亭詩存》一卷，清康熙三十六年李繩遠刻《澄逗堂三世詩存》本，《明別集叢刊》第三輯第96册影印。

王自超

《柳潭遺集》六卷，清初平遠刻本，《明代詩文集珍本叢刊》第234册影印。

彭長宜

《明彭德符先生萬曆乙卯科浙江鄉試卷》一卷，明萬曆四十三年寫本，《上海圖書館藏涉園稿鈔校本叢書》第45册影印。

《上海公遺稿》不分卷，清鈔本，《明代詩文集珍本叢刊》第235册影印。

黄宗臣

《澹心齋詩集》一卷，清印墨黄守平纂《黄氏詩鈔》九種九卷稿本，《山東文獻集成》第四輯第33册影印。

胡周鼒

《葵錦堂集》不分卷，清初刻本，《明別集叢刊》第五輯第86册影印。

孫 肩

《甲乙雜著》一卷，清光緒六年會稽趙之謙刻《仰視千七百二十九鶴齋叢書》本，紹興墨潤堂書苑1929年、《百部叢書集成》之七十二、《明別集叢刊》第五輯第86册影印。

《甲乙雜著》，商務印書館1936年12月版(《叢書集成初編》文學類第2460册)；中華書局2010年9月重印版(《叢書集成初編》第512册)。

梁 逸

《紅葉村詩稿》六卷《補遺》一卷《附録》一卷，民國十年昆山趙氏刻《又滿樓叢書》本，《叢書集成續編》(臺灣新文豐出版公司)文學類第172册影印。

《紅葉村稿》六卷，民國間歲寒老人鈔本，《明別集叢刊》第五輯第86册影印。

趙士冕

《三山草》一卷《白門草》一卷《半塘草》一卷，清順治八至九年刻本，《北京師範大學圖書館藏稀見清人別集叢刊》第1册影印。

王廣心

《蘭雪堂詩稿》不分卷，清道光刻本，《清代詩文集珍本叢刊》第51册、《寫刻本詩詞集叢刊》第18册影印。

宋之韓

《海沂詩集》二十卷附《緑窗詩草》一卷，清嘉慶二十五年海沂宋氏刻本，《清代詩文集彙編》第 30 册影印。

彭士望

《恥躬堂文鈔》十卷《恥躬堂詩鈔》十六卷，清咸豐二年重刻本，《四庫禁燬書叢刊》集部第 52 册、《清代詩文集彙編》第 32 册影印。

蔣　薰

《留素堂文集》十卷，清初刻本，《清代詩文集彙編》第 32 册影印。

《留素堂詩刪》十三卷，清康熙刻本，《四庫未收書輯刊》第七輯第 19 册影印。

黄宗羲

《南雷文定》十一卷《後集》四卷《附録》一卷，清康熙二十七年靳治荆刻本，《四庫全書存目叢書》集部第 205 册、《中華再造善本·清代編》影印。

《南雷文定》二十二卷（《前集》十一卷《後集》四卷《三集》三卷《四集》四卷）《附録》一卷，清康熙二十七年靳治荆刻本，《續修四庫全書》第 1397 册、《清代詩文集彙編》第 33 册影印。

《南雷文案》十卷外一卷《吾悔集》四卷《撰杖集》一卷《子劉子行狀》二卷《南雷詩曆》三卷附《學箕初稿》二卷，清康熙刻本，《四部叢刊初編》集部第 1610—1617 册、《清代詩文集彙編》第 32 册（闕《南雷詩曆》三卷《學箕初稿》二卷，影《四部叢刊初編》本）影印。

《南雷文約》四卷，清雍正刻本，《四庫全書存目叢書》集部第 205 册影印。

《南雷文定五集》四卷，清程志隆刻本，《續修四庫全書》第 1397 册、《清代詩文集彙編》第 33 册影印。

《南雷詩曆》五卷，清鄭大節刻本，《續修四庫全書》第 1397 册、《清代詩文集彙編》第33册影印。

《南雷文定前集》十一卷《世譜》一卷《後集》四卷《三集》三卷《附録》一卷，清道光光緒間南海伍氏刻《粤雅堂叢書》本，《百部叢書集成》之六十四、臺灣華聯出版社1965年5月(《粤雅堂叢書》第19册)、《廣州大典》第48册影印。

《南雷詩曆》四卷，清道光光緒間南海伍氏刻《粤雅堂叢書》本，《百部叢書集成》之六十四、臺灣華聯出版社1965年5月(《粤雅堂叢書》第9册)、《叢書集成新編》文學類第71册、《叢書集成初編》(中華書局補印)第487册、《廣州大典》第48册影印。

《南雷集外文》一卷，清光緒十五年蕭穆鈔本，《續修四庫全書》第1397册影印。

《南雷文案》五卷《南雷文約》四卷《南雷文定四集》三卷，清宣統二年上海時中書局鉛印《黎洲遺書彙刊》三十種五十七卷本，《叢書集成三編》文學類第53册影印。

《南雷餘集》一卷，清宣統三年順德鄧氏排印《風雨樓叢書》本，《清代詩文集彙編》第33册影印。

《南雷文定前集·後集·三集》，商務印書館1936年6月版(《叢書集成初編》文學類第2463—2466册)；中華書局2010年9月重印版(《叢書集成初編》第512册)。

《南雷文定》，商務印書館1937年3月版(《萬有文庫》第二集《國學基本叢書》)；臺灣商務印書館1965年(《萬有文庫薈要》)。

《黄梨洲文集》，陳乃乾編，中華書局1959年1月版；2011年12月版(《理學叢書》)。

《黄梨洲詩集》，戚焕塤、聞旭初整理，中華書局1959年12月版；中華書局香港分局1977年9月版；臺灣河洛圖書出版社1980年8月版(《河洛文庫》)。

《南雷文定》《南雷詩曆》《南雷詩曆補遺》，楊家洛主編，臺灣世界書局1964年2月版(《中國學術名著》第六輯《中國文學名著》第六集第16册)。

《黄宗羲全集》，沈善洪主編，浙江古籍出版社1985年11月版；2005年1月增訂版。

《黄宗羲南雷雜著稿真跡》，吴光整理釋文，浙江古籍出版社1987年5月版；臺灣學生書局1990年5月版(《國學研究叢書》)。

《黄宗羲詩文選》，寧波師範學院黄宗羲研究室編，華東師範大學出版社

1990年6月版。

《黄梨洲詩文補遺》，吴光彙輯，臺灣聯經出版事業公司1995年8月版。

《黄宗羲集》，龔抗雲、楊艷平整理，海南國際新聞出版中心1996年12月版（《傳世藏書》集庫别集第12册）。

《黄梨洲詩集》，龔抗雲、楊艷平整理，山東畫報出版社2004年1月版（《四庫家藏》第140册）。

《黄宗羲全集》，吴光主編，浙江古籍出版社2012年11月版（《浙江文叢》）。

《南雷文定》《南雷文定五集》，吴光、平慧善校點，北京大學出版社2018年11月版（《儒藏·精華編》第258册）。

釋通醉（丈　雪、李　羅）

《昭覺丈雪禪師青松集》一卷附《里中行》一卷，清刻本，《遵義叢書》第141册影印。

《丈雪通醉禪師詩文集》，内江聖水寺編，内江聖水寺2010年代自印本。

《丈雪禪師語録詩文》，王路平、龔曉康主編，貴州大學出版社2018年8月版（《貴州佛教文獻叢書》）。

包啓禎（包秉德）

《包飲和詩集》四卷，清西河近聖居鈔本，《臺灣珍藏善本叢刊·古鈔本明代詩文集》第5册影印。

張于度（張果中）

《張逸民南游草》一卷，手稿本，《臺灣珍藏善本叢刊·古鈔本明代詩文集》第2册影印。

顧　湄

《水鄉集》一卷，清順治刻《太倉十子詩選》本，《四庫全書存目叢書》集部第384册影印。

《違竽集》二卷,清咸豐五年麻城潘道根手鈔本,《臺灣珍藏善本叢刊·古鈔本明代詩文集》第4册影印。

金　鉉

《金忠節公文集》八卷,清初刻本,《四庫未收書輯刊》第六輯第26册、《京津冀歷代别集叢刊》第12册影印。

《金忠潔集》二卷,清道光二十八年涇縣潘氏袁江節署刻《乾坤正氣集》本,臺灣環球書局1966年(《乾坤正氣集》第27册)影印。

《金忠潔集》六卷,清光緒五年定州王氏謙德堂刻《畿輔叢書》本,清光緒定州王氏謙德堂刻《畿輔叢書》本,《百部叢書集成》之九十四、《明别集叢刊》第一輯第25册、《雄安文脉叢書》第122册影印。

《金忠潔公文集》二卷,清光緒二十一至二十四年武進盛氏思惠齋刻《常州先哲遺書》本,《叢書集成續編》(上海書店)集部第120册、南京大學出版社2010年3月(《常州先哲遺書》第49册)影印。

《金忠潔集》,商務印書館1936年12月版(《叢書集成初編》文學類第2166册);中華書局2010年9月重印版(《叢書集成初編》第466册)。

林之蕃

《藏山堂遺篇》二卷,清光緒侯官黄熼刻本,《明别集叢刊》第五輯第88册影印。

《藏山堂文集》四卷,1964年北京中國書店鈔本,《明别集叢刊》第五輯第88册影印。

孫　臨

《肆雅堂詩選》十卷(存卷一至五),清鈔本,《明人别集稿鈔本叢刊》第86册影印。

李　漁

《笠翁一家言初集》十二卷(《文集》四卷《詩集》八卷),清康熙書林翼聖堂刻本,《故宫珍本叢刊》第587册、《四庫禁燬書叢刊補編》第85册、《重修金華叢書》第152册影印。

《笠翁一家言全集》十六卷,清雍正八年芥子園刻本,臺灣成文出版社1970年(《李漁全集》第1—4册)、《清代詩文集彙編》第30—31册影印。

《笠翁尺牘》一卷,清嘉慶六年許嘉猷鈔本,《重修金華叢書》第152册影印。

《評注李笠翁一家言》,沈心友、李將舒訂本,普益書局1928年11月影印。

《笠翁一家言全集》十六卷(《詩文集》十卷《閑情偶集》六卷),民國十九年上海會文堂書局石印本,《重修金華叢書》第151—152册影印。

《李漁文選》,洪爲法選注,北新書局1937年1月版(《列代名人選注》)。

《李漁全集》,浙江古籍出版社編,浙江古籍出版社1991年8月版。

《李漁全集》,蕭欣橋、黄霖、單錦珩等整理,浙江古籍出版社2014年6月版(《浙江文叢》)。

《李漁全集》,王艷軍整理,綫裝書局2016年1月版。

劉命清

《虎溪漁叟集》十八卷,清康熙三十八年臨川劉氏刻本,《四庫全書存目叢書》集部209册、《清代詩文集彙編》第31册、《寫刻古籍版本聚珍》第263—264册影印。

雷士俊

《傳心録》一卷《艾陵文鈔》十六卷《補遺》一卷《艾陵詩鈔》二卷,清康熙莘樂草堂刻本,《四庫禁燬書叢刊》集部第90册(僅《詩鈔》二卷)、《清代詩文集彙編》第35册(僅《文鈔》十六卷)、《清代詩文集珍本叢刊》第53—54册影印。

彭　賓

《偶存草》二卷，清初刻本，《清代詩文集珍本叢刊》第50册影印。

《彭燕又先生文集》三卷《詩集》一卷，清康熙六十一年彭士超刻本，《四庫全書存目叢書》集部197册影印。

方以智

《方子流寓草》九卷，明末刻本，《四庫禁燬書叢刊》集部第50册、《方以智歷史文獻輯刊》第5册影印。

《浮山文集前編》十卷《後編》二卷《浮山此藏軒别集》二卷，清康熙方氏此藏軒刻本，《四庫禁燬書叢刊》集部第113册、《續修四庫全書》第1398册、《清代詩文集彙編》第35册、《方以智歷史文獻輯刊》第1—3册影印。

《博依集》十卷(存卷二至五、八至十)，清康熙刻本，《方以智歷史文獻輯刊》第4册影印。

《方密之詩鈔》三卷，清鈔本，《清代詩文集珍本叢刊》第50册影印。

《浮山文集後編》《浮山此藏軒别集》，中國社會科學院歷史研究所清史研究室編，中華書局1985年5月版(《清史資料》第六輯)。

《方以智全書》，侯外廬主編，上海古籍出版社1988年9月版。

《浮山文集》，張永義校注，華夏出版社2017年7月版(《中國傳統：經典與解釋》)。

《方以智全書》，黄德寬、諸偉奇主編，黄山書社2018年12月版(《安徽古籍叢書》)。

《膝寓信筆》《稽古堂文集》，彭君華校點，黄山書社2019年3月版(見《桐城方氏七代遺書》，《安徽古籍叢書》)。

文俊德

《餘生隨詠》一卷《醉禪草》一卷，民國三至十二年雲南圖書館刻《雲南叢書》初編《呈貢文氏三遺集合鈔》本，《叢書集成續編》(臺灣新文豐出版公司)文學類第105冊、《叢書集成續編》(上海書店)别録第179冊、中華書局2009年10月(《雲南叢書》第22冊)影印。

陸世儀

《桴亭先生詩集》十卷《桴亭先生文集》六卷《補遺》一卷,清道光二十五年太倉唐受祺京師刻《陸桴亭先生遺書》十七種三十七卷本,《叢書集成三編》文學類第42與53冊影印。

《桴亭先生文鈔》六卷《桴亭先生詩鈔》八卷,清光緒六年鎮洋繆朝荃凝修堂刻《陸陳兩先生詩文鈔》本,《清代詩文集珍本叢刊》第61—62冊影印。

《桴亭先生詩集》十卷《桴亭先生文集》六卷《補遺》一卷,清光緒二十五年太倉唐受祺刻《陸桴亭先生遺書》二十一種附一種本,《續修四庫全書》第1398冊、《清代詩文集彙編》第36冊、廣陵書社2019年4月(《陸子遺書》第1—2冊)影印。

《桴亭先生集外文》不分卷附《陸桴亭先生傳》一卷《先儒陸子從祀文廟録》一卷,民國十六年刻本,《清代詩文集彙編》第36冊影印。

《桴亭先生文集》,趙友林整理,北京大學出版社2018年11月版(《儒藏·精華編》第268冊)。

陳結璘(陳　璘)

《繡香居存稿》一卷附《詩餘》一卷,清康熙四十年刻本,《常熟文庫》第71冊影印。

孫　江

《孫岷自詩選》一卷,清康熙四年陸貽典刻本,《常熟文庫》第71冊影印。

馮廷琯

《懷古集》三卷,清徐兲虹隱樓鈔本,《常熟文庫》第71冊影印。

周　臺

《清遠樓詩集》三卷,民國鈔本,《常熟文庫》第71册影印。

褚道潛

《年年集》一卷《鮫珠集》一卷《從軍集》一卷《夢曙集》一卷,清鈔本,《常熟文庫》第72册影印。

許　瑶

《竹廣詩集》五卷,稿本,《常熟文庫》第72册影印。

黄周星

《夏爲堂别集》二卷,清康熙二十七年刻本,《清代詩文集彙編》第37册影印。

《黄九煙先生和楚女詩》一卷,清宣統元年國學扶輪社排印《香艷叢書》本,《叢書集成續編》(臺灣新文豐出版公司)文學類第173册影印。

《千春一恨集唐詩》一卷,清宣統元年國學扶輪社排印《香艷叢書》本,《叢書集成續編》(臺灣新文豐出版公司)文學類第173册、《歷代集句詩詞别集叢刊》第5册影印。

《黄周星集》,謝孝明校點,岳麓書社2013年5月版(與《王岱集》同册,《湖湘文庫》甲編)。

陳佐才

《陳翼叔詩集》六卷附《石棺集》一卷,民國三至十二年雲南圖書館刻《雲南叢書》初編本,《叢書集成續編》(臺灣新文豐出版公司)文學類第171册、《叢書集成續編》(上海書店)集部第120册、中華書局2009年10月(《雲南叢書》第22册)、《明别集叢刊》第五輯第91册影印。

《陳翼叔詩集》,施立卓校注,雲南民族出版社2013年9月版。

釋弘贊

《弘贊和尚選集》,蕭卓、李福標、張珊珊、仇江、張燕點校,廣東旅游出版社2015年12月版(《清初嶺南佛門史料叢刊》)。

杜　濬

《變雅堂文集》不分卷《推枕吟》一卷《杜陵七歌》一卷,清康熙刻本,《四庫禁燬書叢刊》集部第72册、《清代詩文集珍本叢刊》第51—52册影印。

《變雅堂遺集》十八卷(《文集》八卷《詩集》十卷)《附録》二卷,清光緒二十年黄岡沈氏刻本,《續修四庫全書》第1394册、《清代詩文集彙編》第37册影印。

《變雅堂遺集》,方星移點校,鳳凰出版社2019年11月版(《鄂東文獻叢書》)。

冒　襄

《巢民詩集》六卷《巢民文集》七卷,清康熙刻本,《續修四庫全書》第1399册、《清代詩文集彙編》第37册影印。

《樸巢詩選》不分卷《文選》五卷,清刻本,《清代詩文集珍本叢刊》第52—53册影印。

《洗雪小草》一卷《香儷園偶存》一卷《寒碧孤吟》一卷《樸巢詩選》一卷《巢民詩集》六卷《樸巢文選》四卷《巢民文集》七卷,清光緒至民國間刻《如皋冒氏叢書》本,《叢書集成三編》文學類第39與42與53册影印。

《冒辟疆全集》,萬久富、丁富生編,鳳凰出版社2016年6月版。

吴景旭

《南山堂自訂詩》十卷(《詩》八卷《樂府》一卷《詞》一卷)《南山堂續訂

詩》五卷《南山堂三訂詩》四卷，清康熙刻本，《四庫未收書輯刊》第七輯第20册、《清代詩文集彙編》第38册影印。

張履祥

《楊園先生全集》二十八卷，清乾隆刻本，《四庫全書存目叢書》子部第165册影印。

《楊園先生未刻稿》十二卷，清咸豐六年徐椿信鈔本，《中華再造善本·清代編》影印。

《楊園先生詩文集》二十四卷，清同治十年江蘇書局刻《重訂楊園先生全集》本，臺灣中國文獻出版社1968年4月、《續修四庫全書》第1399册、《清代詩文集彙編》第36册影印。

《楊園先生未刻稿》十二卷，清光緒四年秀水孫氏望雲仙館刻《檇李遺書》本，《叢書集成續編》（臺灣新文豐出版公司）文學類第189册、《叢書集成續編》（上海書店）集部第123册影印。

《楊園先生全集》，陳祖武點校，中華書局2002年7月版；2014年8月版（《理學叢書》）。

《楊園先生詩文集》，張淑紅校點，北京大學出版社2014年3月版（《儒藏·精華編》第269册）。

《張履祥詩文選注》，張天傑、徐金松等選注，浙江古籍出版社2014年9月版。

上官鉝

《誠正齋文集》八卷，清康熙二十二年翼城上官氏刻本，《四庫全書存目叢書》集部第202册、《清代詩文集彙編》第59册、《山西歷代著作集成》第415—417册影印。

徐　夜

《徐詩》二卷，清康熙三十七年刻《王漁洋遺書》本，《叢書集成三編》文學類第43册、《四庫禁燬書叢刊補編》第76册、《清代詩文集彙編》第37册影印。

《隱君詩集》四卷，民國二十三年桓臺索鎮徐氏刻本，《山東文獻集成》第三輯第27册影印。

《徐夜詩選注》，張光興、李崇葵、畢宜伸編著，天津古籍出版社1993年11月版。

《徐夜詩集校注》，武潤婷、徐承詡校注，山東大學出版社1997年1月版。

鄭溱

《書帶草堂文選》二卷，清康熙鄭性刻本，《清代詩文集珍本叢刊》第59册影印。

方文

《嵞山集》十二卷《續集》四卷《再續集》五卷，清初方氏懷古堂刻本，《方以智歷史文獻輯刊》第44—45册影印。

《嵞山集》十二卷《續集》四卷《再續集》五卷，清康熙二十五年王槩刻本，《四庫禁燬書叢刊》集部第71册、《續修四庫全書》第1400册、《清代詩文集彙編》第38册影印。

《嵞山集》十二卷《續集》四卷《游草》四卷《又續集》五卷，清康熙二十八年跋刻本，上海古籍出版社1979年12月（《清人別集叢刊》）影印。

《嵞山集》，胡金望、張則桐校點，黄山書社2010年3月版（《安徽古籍叢書》）。

《方嵞山詩集》，胡金望、張則桐校點，黄山書社2010年3月版（《安徽古籍叢書》）。

畢振姬

《西北文集》四卷，清牛兆捷纂次康熙刻本，《山西歷代著作集成》第417册、晉城新浪印刷廠2006年影印。

《西北之文》四卷，清康熙刻本，《四庫全書存目叢書》集部第211册影印。

《病香居燼餘》不分卷，清刻本，高平市文史資料委員會2014年(《高平歷史文化資料》第八輯《畢振姬文集》)影印。

《西北之文》十二卷，民國二十五年鉛印《山右叢書初編》本，《叢書集成續編》(臺灣新文豐出版公司)文學類第189册、山西人民出版社1986年9月(《山右叢書初編》第12册)、《清代詩文集彙編》第42册、《中國華北文獻叢書》第69册、高平市文史資料委員會2014年(《高平歷史文化資料》第八輯《畢振姬文集》)影印。

《西北文集》，冀滿紅點校，山西古籍出版社1997年10月版。

《畢振姬詩文選》，政協山西省高平市文史資料委員會編，2006年5月内部出版物(見《高平文史資料》第七輯《畢振姬》)。

《西北文集》，馬甫平點校，三晉出版社2009年7月版(《晉城歷史名人文存》)。

《西北之文》，傅惠成點校，上海古籍出版社2014年6月版(《山右叢書初編》第4册)。

張元聲

《九夏公遺集》《養疴吟燼餘》，張紹棟重編，2008年自印本(見《度予亭三逸遺集》)；浙江大學出版社2016年8月版(見《度予亭集新編》)。

沈光文

《沈光文斯庵先生專輯》，沈友梅等編，臺灣寧波同鄉月刊社1977年3月版。

《沈光文全集及其研究資料彙編》，龔顯宗編著，臺南縣立文化中心1998年版(《南瀛文化叢書》)；臺南市政府文化局2012年再版(《臺南文學叢書》)。

《沈光文詩》，施懿琳主編，"國立臺灣文學館"2004年2月版(《全臺詩》第1册)。

《沈光文研究·詩文篇》，張萍、戴光中、張如安等著，寧波市政協文史委員會2012年10月自印本;浙江大學出版社2014年11月版。

李象坤

《匊庵集選》,蔡聽濤點校,黄山書社2012年1月版(與《畏庵集》同册,《温州文獻叢刊》)。

李含章

《遯山堂詩》一卷,清三十六硯居鈔《李詩集遺》本,《清代詩文集珍本叢刊》第54册、《清代家集叢刊續編》第15册影印。

周亮工

《賴古堂未刻詩》一卷,稿本,《中國公共圖書館古籍文獻珍本匯刊·天津圖書館孤本秘籍叢書》第13册影印。

《賴古堂集》二十四卷《附録》一卷,清康熙十四年周在浚刻本,上海古籍出版社1979年5月(《清人別集叢刊》)、《四庫禁燬書叢刊》集部第184册、《續修四庫全書》第1400册、《清代詩文集彙編》第39册影印。

《賴古堂文選》二十卷,清寫刻本,《寫刻古籍版本聚珍》第265册影印。

《通爈》一卷,清鈔本,《北京市文物局圖書資料中心藏古籍珍本叢刊》第32册、《清代詩文集珍本叢刊》第55册影印。

《周亮工全集》,朱天曙編校整理,鳳凰出版社2008年12月版。

《賴古堂集》,李花蕾點校,華東師範大學出版社2014年6月版(《清代別集叢刊》)。

俞　塞

《大剛集》二卷,清康熙刻《两孤集》本,《清代詩文集珍本叢刊》第77册影印。

宋之繩

《載石堂尺牘》一卷《年譜》一卷，清康熙十八年周肇刻本，《四庫未收書輯刊》第七輯第18册、《尺牘文獻叢刊》第28册（闕《年譜》一卷）影印。

《載石堂詩稿》二卷《年譜》一卷，清康熙十八年刻本，《清代詩文集珍本叢刊》第55册影印。

錢澄之

《田間文集》三十卷《田間詩集》二十八卷，清康熙二十九年斟雉堂刻本，《四庫禁燬書叢刊》集部第144—145册、《續修四庫全書》第1401册、《清代詩文集彙編》第40册影印。

《藏山閣集》二十卷（《詩存》十四卷《文存》六卷）《田間尺牘》四卷，清鈔本，《清代詩文集珍本叢刊》第55—56册影印。

《藏山閣集》二十卷（《詩存》十四卷《文存》六卷）《田間尺牘》四卷，清光緒三十四年鉛印本，《續修四庫全書》第1400—1401册、《清代詩文集彙編》第39册、《尺牘文獻叢刊》第28册（選《田間尺牘》四卷）影印。

《藏山閣集選輯》二種，臺灣銀行經濟研究室編，臺灣銀行1966年4月版（《臺灣文獻叢刊》第225種）；臺灣大通書局1987年10月版（《臺灣文獻史料叢刊》第163册）；臺灣省文獻委員會1994年5月版（《臺灣歷史文獻叢刊・詩文集類》）。

《田間文集》，彭華君校點，黄山書社1998年8月版（《錢澄之全集》之六，《安徽古籍叢書》）；2014年9月版（《安徽古籍叢書萃編》）。

《田間詩集》，諸偉奇校點，黄山書社1998年8月版（《錢澄之全集》之五，《安徽古籍叢書》）；2014年9月版（《安徽古籍叢書萃編》）。

《藏山閣集》，湯華泉校點，黄山書社2004年12月版（《錢澄之全集》之四，《安徽古籍叢書》）；2014年9月版（《安徽古籍叢書萃編》）。

鄭鴻逵

《及春堂集》二卷，清康熙三十八年刻本，《臺灣文獻匯刊》第一輯第4册影印。

《及春堂詩集》，何丙仲點校，上海辭書出版社 2012 年 5 月版（見《延平二王遺集（外二種）》，《泉州文庫》）。

錢陸燦

《圓沙未刻稿》不分卷，稿本，《常熟文庫》第 75 册影印。

《運齋詩文隨刻》十一卷，清初朱茂初刻本，《常熟文庫》第 72—73 册影印。

《調運齋集》一卷，清初刻本，《常熟文庫》第 74 册影印。

《調運齋詩集》十二卷《籛後老人八十以後詩》二卷《解脱八十以後詩》二卷《再生録》一卷，清初鈔本暨清初刻本，《常熟文庫》第 75 册影印。

《調運齋詩》一卷《和陶詩》一卷《調運齋文鈔》不分卷《調運齋集》不分卷，清康熙刻本，《四庫未收書輯刊》第七輯第 23 册、《常熟文庫》第 74—75 册（闕《調運齋詩》一卷《和陶詩》一卷）影印。

《調運齋集》八卷（闕卷二），清鈔本，《清代詩文集珍本叢刊》第 56—59 册、《常熟文庫》第 73 册影印。

《錢湘靈先生詩集》十六卷，清鈔本，《常熟文庫》第 75 册影印。

歸起先

《天山集》不分卷，清鈔本，《常熟文庫》第 76 册影印。

高　珩

《棲雲閣詩》二卷，清孫錫蝦輯《般陽詩鈔》稿本，《山東文獻集成》第三輯第 39 册影印。

《棲雲閣詩》十六卷《拾遺》三卷《文集》十五卷，清乾隆三年、四十四年刻合印本，《四庫全書存目叢書》集部第 202 册、《清代詩文集彙編》第 40 册（闕後刻《文集》十五卷）、《美國哈佛大學哈佛燕京圖書館藏清代善本别集叢刊》第 1—4 册影印。

《棲雲閣全集》，蒲澤、高鵬校注，中國文史出版社 2017 年 3 月版。

徐　增

《九誥堂集》三十七卷(《賦》一卷《詩》二十五卷《詩餘》一卷《古文》八卷《史論》二卷)首一卷,清鈔本,《清代詩文集彙編》第41冊影印。

釋函可(剩　人)

《千山詩集》二十卷首一卷《補遺》一卷,清鈔本,《中華再造善本·清代編》影印。

《千山詩集》二十卷首一卷《補遺》一卷,清康熙四十二年刻本,《續修四庫全書》第1398冊、《清代詩文集彙編》第38冊影印。

《千山詩集》二十卷首一卷《補遺》一卷,清道光刻本,《四庫禁燬書叢刊》集部第144冊、《廣州大典》第433冊、《清代東北流人文獻集成》第一輯第1冊影印。

《千山詩集》,崔世勛整理,北方文藝出版社2005年12月版。

《千山詩集校注》,楊輝校注,遼海出版社2007年8月版。

《千山詩集》,嚴志雄、楊權點校,"中央研究院"中國文哲研究所2008年12月版(《"中央研究院"中國文哲研究所古籍整理叢刊》)。

《千山詩集》,李興盛主編,黑龍江大學出版社2011年5月版(與《不二歌集》同册,《東北流人文庫》)。

《函可和尚集》,張江、仇江等點校,廣東旅游出版社2015年12月版(《清初嶺南佛門史料叢刊》。

《千山詩集》,博羅縣地方古典文獻整理委員會編,2018年内部出版物(《博羅歷代經典文化叢書》)。

張爾岐

《蒿庵集》三卷《附録》一卷,清乾隆三十八年胡德琳刻本,《四庫全書存目叢書》集部第207冊、《清代詩文集彙編》第39冊影印。

《蒿庵集捃逸》一卷,民國二十三年上虞羅氏石印《百爵齋叢刊》本,《叢書集成續編》(臺灣新文豐出版公司)文學類第152册、《叢書集成續編》(上海書店)集部第123册、《羅雪堂合集》第35函影印。

《蒿庵集》《蒿庵集据逸》,張翰勳等整理,齊魯書社1991年4月版(與《蒿庵閒話》同册,《山左名賢遺書》)。

《張爾岐詩文選》,張華松選注,濟南出版社2009年4月版(《濟南歷代名家詩文選》)。

《蒿庵集据佚》,羅繼祖三編,上海古籍出版社2010年12月版(《羅振玉學術論文集》第5册)。

《蒿庵詩集》,艾明義注,中國文史出版社2018年6月版(《山左名賢張爾岐叢書》)。

《白話蒿庵》,艾明義注譯,中國文史出版社2018年6月版(《山左名賢張爾岐叢書》)。

孫宗彝

《愛日堂全集》十一卷(《文集》八卷《詩集》二卷《外集》一卷)附《墓誌銘》一卷,清乾隆三十五年高郵孫仝邵刻本,臺灣文史哲出版社1971年5月(《中國文史資料叢刊》第2種)、《四庫未收書輯刊》第七輯第22册、《清代詩文集彙編》第39册影印。

祝　祺

《樸巢詩集》八卷《續集》一卷,清初刻本,《四庫禁燬書叢刊》集部第145册影印。

黎景義

《二丸居集選》九卷《續集》一卷《外集》一卷,清光緒元年順德黎氏光澤堂刻本,《廣州大典》第433册影印。

《二丸居集選》十一卷,舊鈔本,《四庫禁燬書叢刊》集部第16册影印。

《黎景義詩》,李君明整理,嶺南美術出版社2017年3月版(《全粵詩》篇

20 册）。

梁祐逵

《綺園蕉筒》三卷，清康熙刻本，《廣州大典》第 433 册影印。

程　雲

《松壺集》十八卷，清康熙刻本，《寫刻本詩詞集叢刊》第 18—19 册影印。

《松壺集》二十卷，清康熙魏錫祚刻本，《美國哈佛大學哈佛燕京圖書館藏清代善本别集叢刊》第 4—5 册影印。

吴　易

《吴長興伯集》五卷，清光緒宣統鉛印《國粹叢書》本，《明别集叢刊》第五輯第 86 册影印。

《惕齋遺書》四卷，清末鈔本，《明人别集稿鈔本叢刊》第 86 册影印。

梁朝鍾

《喻園集》四卷，清順治刻重修本，《廣州大典》第 433 册影印。

《喻園集》四卷，清康熙刻本，《廣東叢書》第一集、《叢書集成續編》（臺灣新文豐出版公司）文學類第 151 册（影《廣東叢書》本）、《叢書集成續編》（上海書店）集部第 122 册（影《廣東叢書》本）、《明别集叢刊》第五輯第 86 册（影《廣東叢書》本）影印。

祝守範

《借園雜集》不分卷，清康熙鈔《祝氏家集》本，《中國公共圖書館古籍文獻珍本匯刊・羅氏雪堂藏書遺珍》集部第 15 册影印。

卜舜年

《緑曉齋集》一卷附《詩來》一卷《附録》不分卷，明崇禎刻本，《中國公共圖書館古籍文獻珍本匯刊·羅氏雪堂藏書遺珍》集部第15册影印。

宋惕

《髻山文鈔》二卷《附録》一卷《補遺》一卷《校勘記》一卷《校勘續記》一卷，民國南昌豫章叢書編刻局刻《豫章叢書》本，《叢書集成續編》（臺灣新文豐出版公司）文學類第187册、《叢書集成續編》（上海書店）别録第177册、《明别集叢刊》第五輯第86册影印。

《髻山文鈔》，楊潤根點校，江西教育出版社2007年12月版（《豫章叢書》集部十）。

歸莊

《恒軒詩稿》不分卷，稿本，中華書局1959年11月影印（題作《歸莊手寫詩稿》）、《清代詩文集珍本叢刊》第63—64册影印。

《山游詩》一卷《恒軒詩》一卷，清康熙刻本，《續修四庫全書》第1401册、《清代詩文集彙編》第42册影印。

《看花雜詠》一卷，清同治十三年虞山顧氏刻《小石山房叢書》本，《叢書集成續編》（臺灣新文豐出版公司）文學類第173册、《叢書集成續編》（上海書店）集部第123册影印。

《歸玄恭遺著》一卷附《詩鈔》一卷，民國十二年上海中華書局鉛印本，《續修四庫全書》第1401册、《清代詩文集彙編》第42册影印。

《歸莊集》，中華書局上海編輯所1962年4月版；上海古籍出版社1984年6月版；2010年1月新版（《中國古典文學叢書》）。

曹元方

《淳村文集拾遺》一卷，清鈔本，《清代詩文集珍本叢刊》第64册影印。

《淳村詩集》七卷《詩集拾遺》一卷《詞集》二卷《文集》一卷《文集拾遺》一卷《年譜》一卷,海鹽張氏涉園鈔本,《上海圖書館藏涉園稿鈔校本叢書》第55—57 册影印。

魏一鰲

《雪亭文稿》不分卷《詩稿》不分卷,稿本,《清代詩文集珍本叢刊》第 74 册、《雄安文脉叢書》第 178 册、《雄安歷代别集叢刊二編》第 26 册影印。

孫廷銓

《沚亭删定文集》二卷,清康熙十七年慕天顔刻本,《四庫全書存目叢書》集部第 200 册影印。

《漢史億》二卷《顔山雜記》四卷《南征紀略》二卷《沚亭删定文集》二卷《沚亭自删詩》一卷《琴譜指法省文》不分卷,清康熙刻本,《清代詩文集彙編》第 42 册影印。

羅萬傑

《瞻六堂集》二卷,清乾隆三十年羅正佐刻本,《明别集叢刊》第五輯第 87 册、《清代詩文集珍本叢刊》第 29 册影印。

《瞻六堂集》二卷,清乾隆三十年余軒刻本,暨南大學出版社 2006 年 8 月(《潮汕文庫・文獻系列》)、《寫刻古籍版本聚珍》第 353—354 册影印。

《羅吏部瞻六堂集》一卷,清道光刻《潮州耆舊集》本,《潮州文獻叢刊》之一、《明别集叢刊》第五輯第 94 册影印。

《羅萬傑詩文集》,孫淑彦點校,香港天馬圖書有限公司 2002 年 8 月版。

《瞻六堂集》,羅舜恢、羅孔仁、羅惜春編,2014 年 5 月自印本。

《羅吏部瞻六堂集》,吴二持點校,暨南大學出版社 2016 年 8 月版(見《潮州耆舊集》,《潮汕文庫・文獻系列》)。

《羅萬傑詩》,李君明整理,嶺南美術出版社 2017 年 3 月版(《全粵詩》第 20 册)。

陸　卿

《陸卿詩》，李永新、李君明整理，嶺南美術出版社 2017 年 3 月版（《全粵詩》第 20 册）。

陳　瑚

《確庵文稿》不分卷，清初虞山毛氏汲古閣刻本，《明别集叢刊》第五輯第 87 册影印。

《確庵文稿》四十卷，清康熙毛氏汲古閣刻本，《四庫禁燬書叢刊》集部第 184 册、《汲古閣叢書》第 2—3 册影印。

《確庵先生文鈔》六卷《確庵先生詩鈔》八卷，清光緒六年鎮洋繆朝荃凝修堂刻《陸陳兩先生詩文鈔》本，《清代詩文集珍本叢刊》第 62—63 册影印。

葉小紈

《存餘草》，冀勤輯校，中華書局 1998 年 11 月版（《午夢堂集》下册）。

法若真

《黄山詩留》十六卷，清康熙三十八年刻本，《四庫全書存目叢書》集部第 212 册、《清代詩文集彙編》第 44 册影印。

《黄山集》二卷，清鈔本，《清代詩文集珍本叢刊》第 60—61 册影印。

釋正志（檗　庵）

《檗庵别録》五卷，清康熙刻本，《常熟文庫》第 76 册影印。

釋原志

《借巢集》三卷，清初刻本，《常熟文庫》第 76 册影印。

秦蘭佩

《鹿苑集》一卷《閒岐集》一卷《曇園集》一卷，清鈔本，《清代詩文集珍本叢刊》第61册、《常熟文庫》第77册影印。

《桐陰雜詠》一卷《窮居集》一卷《卧游集》一卷，清鈔本，《常熟文庫》第77册影印。

曹 溶

《德藻堂詩集》一卷，稿本，《中華再造善本·清代編》影印。

《静惕堂詩集》四十四卷，清雍正三年李維鈞刻本，《四庫全書存目叢書》集部第198册、《清代詩文集彙編》第45册、《寫刻本詩詞集叢刊》第20—22册影印。

《曹秋嶽尺牘》一卷，清茅復世德堂輯刻《曹李尺牘合選》二卷本，民國間上海仁記同文圖書館石印；《中國人民大學圖書館藏古籍珍本叢刊》第107册影印。

《倦圃曹先生尺牘》二卷，清雍正含暉閣刻本，《尺牘文獻叢刊》第29册影印。

《曹倦圃未刻編年佚詩》不分卷，清鈔本，《中國古籍珍本叢刊·廣東省立中山圖書館卷》第51册影印。

《荔枝吟》一卷，清鈔《荔枝志餘》本，《清代詩文集珍本叢刊》第64册影印。

丘維屏

《丘邦士文集》十七卷，清康熙五十八年刻本，《清代詩文集彙編》第46册影印。

《丘邦士文集》十七卷，清方功惠碧琳琅館鈔本，《中國古籍珍本叢刊·廣東省立中山圖書館卷》第51册影印。

李焕章

《老樹村集》不分卷，清初鈔本，《北京市文物局圖書資料中心藏古籍珍本叢刊》第 35 册影印。

《織水齋集》不分卷，清乾隆鈔本，《四庫全書存目叢書》集部第 208 册影印。

《織齋文集》八卷，清光緒十三年尚志堂刻本，《清代詩文集彙編》第 45 册影印。

王　鷺

《義圃傳家集》十卷《別録》二卷首一卷，清嘉慶刻本，《清代詩文集彙編》第 48 册影印。

《養素堂文集》八卷，清嘉慶二十年福德堂刻本，《稀見清代四部輯刊》第三輯第 80—81 册影印。

周茂源

《鶴静堂集》十九卷，清康熙天馬山房刻本，《四庫全書存目叢書》集部第 219 册、《清代詩文集彙編》第 49 册影印。

陸　舜

《陸吴州集》不分卷，清陸氏雙虹堂刻本，《四庫未收書輯刊》第七輯第 24 册、《清代詩文集彙編》第 49 册、《泰州文獻》第 48 册影印。

劉良臣

《鳳川先生文集》三卷，明萬曆十八年任養心刻本，《明代詩文集珍本叢刊》第 43 册影印。

祝　淵

《祝子遺書》六卷，清茹實齋鈔本，《四庫全書存目叢書》集部第 195 册影印。

《月隱先生遺集》四卷《外編》二卷，民國二至六年烏程張鈞衡刻《適園叢書》本,《叢書集成續編》(臺灣新文豐出版公司)文學類第188册、《叢書集成續編》(上海書店)集部第121册、廣陵書社2016年12月(《適園叢書》第1册)影印。

《重訂祝子遺書》六卷首一卷末一卷,民國六年祝廷錫刻本,《明别集叢刊》第五輯第88册影印。

傅 扆

《濆槻堂近詩》一卷《燕南日征草》一卷《落花詩》一卷《濆槻堂集唐》一卷,清順治刻本,《四庫未收書輯刊》第七輯第23册、《歷代集句詩詞别集叢刊》第6册(選《濆槻堂集唐》一卷)影印。

《伍硯堂集》六卷,清鈔本,《山東文獻集成》第二輯第30册影印。

《轅轍吟》一卷,清鈔本,《山東文獻集成》第二輯第30册影印。

陸 圻

《威鳳堂文集》八卷,清康熙刻本,《四庫未收書輯刊》第七輯第20册影印。

《威鳳堂集》三十六卷附《革命紀聞》一卷,舊鈔本,《南開大學圖書館藏稀見清人别集叢刊》第1—2册影印。

楊思本

《榴館初函集選》十卷,清康熙十三年楊日升刻本,《四庫全書存目叢書》集部第194—195册、《明别集叢刊》第五輯第88册影印。

姜 垓

《流覽堂詩稿殘稿》不分卷,清鈔本,《梁基永儀清室藏明清稿鈔珍本叢刊》第1册影印。

《流覽堂殘稿》六卷《附録》一卷,清宣統二年萊陽通興石印館石印本,《山東文獻集成》第一輯第34册影印。

《流覽堂詩稿殘編》，高洪鈞編，北京圖書館出版社 2006 年 11 月版（見《明清遺書五種》）。

許　珌

《鐵堂詩草》二卷，清乾隆五十五年蘭山書院刻本，《四庫未收書輯刊》第五輯第 30 册、《清代詩文集彙編》第 44 册影印。

《〈鐵堂詩草〉釋注》，李威業校注，敦煌文藝出版社 2003 年 2 月版。

《鐵堂詩草校箋》，定西市安定區人大常委會辦公室編，甘肅文化出版社 2018 年 6 月版（《安定古籍》）。

王之鄴

《羽聲集》一卷附《文集》一卷，清順治刻本，《梁基永儀清室藏明清稿鈔珍本叢刊》第 4 册影印。

陳子升

《中洲草堂遺集》二十三卷首一卷末一卷，清康熙五十九年詩雪軒校刻本，《清代詩文集彙編》第 48 册影印。

《中洲草堂遺書》二十三卷首一卷末一卷，清道光二十年南海伍氏詩雪軒刻《粵十三家集》本，《何氏至樂樓叢書》第 15 種、《叢書集成續編》（臺灣新文豐出版公司）文學類第 151 册、《廣州大典》第 503 册、《歷代地方詩文總集彙編》第 417—418 册影印。

《陳子升詩》，梁基永、陳永正、李永新整理，嶺南美術出版社 2017 年 5 月版（《全粵詩》第 21 册）。

釋今釋（金　堡、澹　歸）

《徧行堂集》四十九卷，清康熙十五年刻本，《清代詩文集彙編》第 46—47 册影印。

《徧行堂續集》十六卷，清康熙二十三年刻本，《清代詩文集彙編》第 47 册影印。

《徧行堂集》四十九卷《目録》二卷《續集》十六卷，清乾隆五年釋繼祖刻本，《四庫禁燬書叢刊》集部第 127—128 册、《原國立北平圖書館甲庫善本叢書》第 906—908 册、《廣州大典》第 434—435 册（《續集》闕卷十五、十六）影印。

《徧行堂集》四十六卷《續集》十六卷，清光緒釋惟心鈔本，《禪門逸書續編》第 4—6 册影印。

《徧行堂續集》十六卷，清宣統三年上海國學扶輪社鉛印本，香港佛教志蓮圖書館 1989 年 9 月影印。

《徧行堂集》，段曉華點校，廣東旅游出版社 2008 年 8 月版（《清初嶺南佛門史料叢刊》）。

張　度

《蟋蟀窩詩集》，張五鵬校訂，臺灣工夭書局 1992 年版。

孫光祀

《膽餘軒集》不分卷，清康熙三十五年刻本，《山東文獻集成》第四輯第 27 册、《清代詩文集彙編》第 49 册影印。

《孫光祀集》，魏伯何點校，齊魯書社 2014 年 3 月版。

葉矯然

《龍性堂詩集》二卷，清康熙二十一年刻本，《清代詩文集彙編》第 50 册影印。

《東溟集》二卷《雁唳編》一卷，清康熙五十年刻本，《清代詩文集彙編》第 50 册影印。

陳殿桂

《與袁堂集》十四卷（《詩集》十卷《文集》四卷），清康熙四十六年刻本，

《清代詩文集彙編》第 50 册影印。

《與袁堂文集》四卷,清刻本,《四庫未收書輯刊》第七輯第 18 册影印。

顧炎武(蔣山傭)

《亭林詩集》五卷附《校補》一卷附《文集》六卷,上海涵芬樓藏清刻本,《四部叢刊初編》集部第 1605—1608 册、《大本原式精印四部叢刊正編》第 77 册影印。

《亭林文集》六卷《亭林餘集》一卷,清乾隆三十八年山隱居刻本,《清代詩文集彙編》第 43 册影印。

《亭林詩集》五卷《亭林文集》六卷,清刻本,《續修四庫全書》第 1402 册、《清代詩文集彙編》第 42 册影印。

《(孤本舊鈔)蔣山傭殘稿》三卷附《熹廟諒陰記事》一卷,清鈔本,臺灣世界書局 1963 年(《中國學術名著》第五輯《文學名著》第五集第 5 册)、《清代詩文集彙編》第 43 册影印。

《亭林餘集》一卷,清光緒二年涵芬樓刻本,《四部叢刊初編》集部第 1609 册、《大本原式精印四部叢刊正編》第 77 册影印。

《亭林先生遺書彙輯》二十三種附三種,清光緒十一年吴縣朱氏校經山房刻本,鳳凰出版社 2011 年 6 月影印。

《顧亭林先生詩箋注》十七卷《校補》一卷《顧詩箋注校補》一卷,清光緒二十三年徐氏味静齋刻本,臺灣廣文書局 1976 年 3 月(《文學叢書》)、《續修四庫全書》第 1402 册影印。

《亭林先生集外詩》一卷附《亭林詩集校文》一卷,民國元年上海國粹學報社鉛印《古學彙刊》第二集本,《叢書集成續編》(上海書店)集部第 123 册、廣陵書社 2006 年 12 月(《古學彙刊》第 6 册)影印。

《亭林詩集》五卷《文集》六卷,掃葉山房 1915 年石印。

《亭林文集》六卷,上海書坊石印本,臺灣新興書局 1956 年影印。

《顧炎武文》,唐敬杲選注,商務印書館 1928 年 8 月版(《萬有文庫》第一集《學生國學叢書》);臺灣商務印書館 1965 年(《萬有文庫薈要》)。

《新式標點顧亭林集》,沈繼先校閱,上海群學社 1931 年 10 月版。

《亭林詩文集》,商務印書館 1937 年 3 月版(《萬有文庫》第二集《國學基本叢書》)。

《顧亭林詩文集》,華忱之點校,中華書局1959年8月初版;中華書局香港分局1976年4月版;中華書局1983年5月再版(《中國古典文學基本叢書》);臺灣漢京文化事業有限公司1984年5月版(《四部刊要》集部别集類)。

《新校顧亭林詩文集》,楊家駱主編,世界書局1963年1月版(《中國學術名著》第五輯《文學名著》第五集第5册,點校與影印同册)。

《顧亭林詩集彙注》,王蘧常輯注、吴丕績標校,上海古籍出版社1984年3月版(《中國古典文學叢書》)。

《顧亭林集》,馬固鋼整理,海南國際新聞出版中心1996年12月版(《傳世藏書》集庫别集第12册)。

《顧亭林詩箋釋》,王冀民箋釋,中華書局1998年1月版(《中國古典文學基本叢書》)。

《顧亭林文選》,華忱之校注,四川人民出版社1998年11月版。

《新譯顧亭林文集》,劉九洲注釋,臺灣三民書局2000年5月版(《古籍今注新譯叢書》)。

《顧炎武文選》,張兵選注評點,蘇州大學出版社2001年9月版(《明清八大家文選叢書》);江蘇古籍出版社2002年10月版(《昆山三賢叢書》)。

《顧亭林詩集》,馬固鋼整理,山東畫報出版社2004年1月版(《四庫家藏》第140册)。

《顧炎武全集》,黄坤、嚴佐之、劉永翔主編,上海古籍出版社2011年12月版。

《吴宓評注顧亭林詩集》,吴宓評注,人民文學出版社2012年2月版。

《亭林詩文集》,劉永翔、唐玲校點,北京大學出版社2016年8月版(《儒藏·精華編》第270册)。

程康莊

《崑崙草》一卷,清刻本,《清代詩文集珍本叢刊》第63册影印。

《自課堂集》三卷(《文集》一卷《詩餘》一卷《詩選》一卷),民國二十五年鉛印《山右叢書初編》本,《叢書集成續編》(臺灣新文豐出版公司)文學類第153册、山西人民出版社1986年9月(《山右叢書初編》第14册)、《叢書集成續編》(上海書店)集部第123册、《清代詩文集彙編》第42册、《中國華北文獻叢書》第69册影印。

《程昆侖先生詩文集》,李雪梅、李豫點校,三晉出版社2008年11月版。

《自課堂集》,李雪梅點校,上海古籍出版社2014年6月版(《山右叢書初編》第6册);2016年12月版(見《常評事集·常評事寫情集(外三種)》,《山右叢書》)。

《程康莊集》,李雪梅、田梅點校,三晉出版社2017年9月版(《山西文華·著述編》)。

俞汝言

《俞漸川集》四卷,清師竹齋鈔本,《中國公共圖書館古籍文獻珍本匯刊·天津圖書館孤本秘籍叢書》第13册影印。

金漸皋

《貽安堂詩集》,俞國林、郁震宏輯校,浙江大學出版社2019年1月版(《語溪文獻叢刊》)。

魏　畊

《雪翁詩集》十四卷《補遺》一卷《附録》二卷,民國二十三年四明張氏約園刻《四明叢書》本,《叢書集成續編》(臺灣新文豐出版公司)文學類第171册、《叢書集成續編》(上海書店)集部第121册、《續修四庫全書》第1393册、廣陵書社2006年8月(《四明叢書》第5册)、《張壽鏞文獻輯刊》第23册影印。

《雪翁詩集》,浙江古籍出版社整理,浙江古籍出版社1985年1月版(《兩浙作家文叢》)。

徐延壽

《尺木堂集》不分卷,福建師範大學圖書館藏黄曾樾1960年鈔本,《福建叢書》第四輯影印。

吴　綃

《嘯雪庵詩集》一卷《題詠》一卷《新集》一卷《題詠二集》一卷，清初刻民國間鈔配本，《四庫未收書輯刊》第七輯第23册、《清代閨秀集叢刊》第1册影印。

《嘯雪庵題詠二集》一卷《詩餘》一卷，清初鈔本，《常熟文庫》第72册影印。

《嘯雪庵詩集》一卷《詩詠》一卷《題詠》一卷《新集》一卷，清鈔本，《清代詩文集珍本叢刊》第88—89册、《常熟文庫》第72册影印。

《贈藥編》一卷《附録》一卷，清鈔本，《清代詩文集珍本叢刊》第88册、《常熟文庫》第72册影印。

《贈藥編》一卷，鈔本，《稀見清代四部輯刊補編》第283册影印。

《吴片霞詩》一卷，日本明和七年序刻《明七才女詩集》本，《日本所編中國詩文選集彙刊·明代卷》第14册影印。

《嘯雪庵集》，李雷點校，中華書局2015年1月版（《清代閨閣詩集萃編》第1册，《國家清史編纂委員會·文獻叢刊》）。

宋　琬

《安雅堂詩》不分卷《安雅堂拾遺詩》不分卷，稿本，《中華再造善本·清代編》影印。

《安雅堂詩》不分卷，清順治十七年刻本，《續修四庫全書》第1404册、《清代詩文集彙編》第44册影印。

《安雅堂文集》二卷，清康熙五年刻本，《續修四庫全書》第1404—1405册、《清代詩文集彙編》第44册影印。

《重刻安雅堂文集》二卷，清康熙三十八年宋思勃刻本，《清代詩文集彙編》第44册影印。

《安雅堂詩》八卷《文集》二卷《重刻安雅堂文集》二卷《安雅堂書啓》一卷《安雅堂未刻稿》八卷《入蜀集》二卷《二鄉亭詞》三卷《祭皋陶》一卷，清康熙刻本,《四庫全書存目叢書補編》第2册影印。

《安雅堂集選》一卷,清康熙鑑古堂刻《八家詩選》本,《四庫禁燬書叢刊補編》第57册影印。

《安雅堂未刻稿》八卷附《入蜀集》二卷,清乾隆三十一年刻本,《續修四庫全書》第1405册、《清代詩文集彙編》第45册、《蜀藏·巴蜀珍稀文學文獻匯刊》第41册(僅《入蜀集》二卷)影印。

《荔裳詩鈔》一卷,清乾隆三十二年詒燕樓刻《國朝六家詩鈔》本,《美國哈佛大學哈佛燕京圖書館藏明清善本總集叢刊》第4册影印。

《安雅堂詩》不分卷《安雅堂未刻稿》五卷《入蜀集》不分卷,民國間商務印書館據乾隆刻本排印本,《中國華東文獻叢書》第175册影印。

《宋琬全集》,辛鴻義、趙家斌點校,齊魯書社2003年8月版(《明清山左作家叢書》)。

《安雅堂全集》,馬祖熙標校,上海古籍出版社2007年8月版(《中國古典文學叢書》)。

《宋琬詩文選》,中國人民政治協商會議山東省萊陽市委員會編,團結出版社2018年12月版。

王建常

《王建常集》,李明點校整理,西北大學出版社2015年1月版(《關學文庫·文獻整理系列》)。

陳孝威

《壺山集》三卷,清順治間李來泰刻本(附《己丐集》後),《四庫禁燬書叢刊》集部第72册、《原國立北平圖書館甲庫善本叢書》第905册、《明別集叢刊》第四輯第93册影印。

王餘佑

《五公山人集》十六卷,清康熙三十四年枕鈐齋刻本,《四庫全書存目叢書》集部第207册、《清代詩文集彙編》第52册、《京津冀歷代别集叢刊》第235册、《雄安文脉叢書》第157册影印。

《五公山人集》,張京華點校,華東師範大學出版社2011年3月版(《明代别集叢刊》)。

《王餘佑集》,張京華整理點校,燕山大學出版社2017年5月版(《燕趙文庫》)。

《王餘佑詩集》,于萬復輯校,河北大學出版社2019年5月版(《直隸學研究書系·歷代獻縣詩鈔》)。

蕭家芝

《丹林集》六卷《附録》一卷,清康熙二十七年刻本,《清代詩文集彙編》第54册影印。

張　喬

《蓮香集》四卷《續編》一卷,清乾隆三十年西城草堂刻本,《廣州大典》第433册、《中國古籍珍本叢刊·廣東省立中山圖書館卷》第59册影印。

《蓮香集》,廣東民間工藝博物館輯,香港國際炎黄文化出版社2005年3月版。

《蓮香集校注》,黄劍豐校注,廣東旅游出版社2017年3月版。

蔡道憲

《蔡忠烈公遺集》一卷首一卷《續編》二卷,清道光十六年鄧顯鶴刻本,《四庫未收書輯刊》第五輯第26册影印。

《蔡忠烈公遺集》六卷,清道光二十六年蔡氏刻本,《明别集叢刊》第五輯第89册影印。

《蔡忠烈公遺集》,陳茗點校,商務印書館2020年5月版(《泉州文庫》)。

黄晉良

《和敬堂全集》四十四卷(《文部》十六卷《詩部》二十八卷),清康熙四十九年刻本,《清代詩文集彙編》第54册影印。

查士標

《種書堂遺稿》三卷《種書堂題畫詩》二卷,清刻本,《清代詩文集彙編》第54册影印。

《查士標集》,毛小慶點校,浙江人民美術出版社2016年1月版(《藝文叢刊》)。

葛　芝

《卧龍山人集》十四卷,清康熙九年自刻本,《四庫禁燬書叢刊》集部第33册、《明别集叢刊》第五輯第89册影印。

許　友

《米友堂詩集》七卷《文集》一卷《雜著》四卷,清初刻本,《域外漢籍珍本文庫》第五輯集部第20册影印。

《箬藹室詩集》一卷,民國陽新石氏排印《蓉城仙館叢書》本,《叢書集成續編》(臺灣新文豐出版公司)文學類第171册影印。

季　嫻

《季静娛詩》一卷,清順治十二年刻《詩媛八名家集》本,《泰州文獻》第47册影印。

《雨泉龕合刻》八卷《雨泉龕詩選》不分卷,清順治刻本,《清代閨秀集叢刊續編》第1册(僅《合刻》八卷)、《泰州文獻》第47册影印。

彭孫貽

《茗齋詩》十八卷補一卷，稿本，《上海圖書館藏涉園稿鈔校本叢書》第46—50册影印。

《茗齋百花詩》二卷，清康熙彭騫曾刻本，《四庫未收書輯刊》第七輯第29册影印。

《茗齋百花詩》二卷，鈔本，《清代詩文集珍本叢刊》第66册影印。

《茗齋雜著》不分卷，清鈔本，《清代詩文集珍本叢刊》第65—66册影印。

《客舍偶聞》一卷，清光緒鈔本，《清代詩文集珍本叢刊》第66册影印。

《茗齋集》二十三卷，海鹽張氏涉園藏鈔本，《四部叢刊續編》集部第453—486册、《四部叢刊廣編》第47—48册、《清代詩文集彙編》第51—52册（影《四部叢刊》本）影印。

彭　琰

《閒窗集》一卷，清鈔本，《清代詩文集珍本叢刊》第66册、《清代閨秀集叢刊續編》第1册影印。

嚴書開

《嚴逸山先生文集》十三卷（闕卷十二）《善餘堂家乘後編》一卷，清嚴氏寧德堂刻本，《四庫禁燬書叢刊》集部第90册、《清代詩文集珍本叢刊》第66—68册影印。

龔鼎孳

《過嶺集》一卷，清初芙蓉齋刻本，《四庫禁燬書叢刊》集部第117册、《江左三大家文獻叢刊》第112册影印。

《香嚴齋詩集》三卷，清康熙五年刻本，《四庫全書存目叢書補編》第75册、《江左三大家文獻叢刊》第111册影印。

《芝麓詩鈔》三卷，清康熙六年顧有孝、趙澐編桐葉山房刻《江左三大家詩鈔》本,《歷代地方詩文總集彙編》第54册影印。

《芝麓詩鈔》三卷,清康熙七年顧有孝、趙澐編緑蔭堂刻《江左三大家詩鈔》本,《四庫禁燬書叢刊》集部第39册、《美國哈佛大學哈佛燕京圖書館藏明清善本總集叢刊》第114册影印。

《定山堂詩集》四十三卷《詩餘》四卷,清康熙十五年吴興祚刻本,《四庫禁燬書叢刊》集部第117册、《續修四庫全書》第1402—1403册、《清代詩文集彙編》第50—51册、《江左三大家文獻叢刊》第95—99册(《詩餘》四卷配清光緒龔氏家刻本)影印。

《定山堂古文小品》二卷,清康熙五十三年龔志説刻本,《續修四庫全書》第1403册、《清代詩文集彙編》第51册、《江左三大家文獻叢刊》第107册(存一卷)影印。

《龔芝麓先生集》四十卷(存卷一至三十六),清康熙刻本,《北京圖書館古籍珍本叢刊》集部第113册、《江左三大家文獻叢刊》第108—110册影印。

《尊拙齋詩集》四卷,清康熙刻本,《江左三大家文獻叢刊》第112册影印。

《定山堂集》六十四卷(《詩集》四十三卷《詩餘》四卷《芳草詞》一卷《奏疏》八卷《浠川政譜》二卷《古文小品》二卷《續集》一卷《古文補遺》三卷),清末龔氏聽彝書屋刻本,《江左三大家文獻叢刊》第100—107册影印。

《龔鼎孳詩》,陳敏傑點校,廣陵書社2006年12月版(《清名家詩叢刊》初集)。

《龔鼎孳全集》,孫克强、裴喆校點,人民文學出版社2014年11月版(《明清别集叢刊》)。

徐作肅

《偶更堂文集》二卷《詩稿》二卷,清傳盛堂刻本,上海古籍出版社1982年6月(《清人别集叢刊》)、《四庫未收書輯刊》第五輯第30册影印。

《徐作肅集》,王利鎖點校,中州古籍出版社2019年11月版(《清代中州名家叢書》)。

周　肇

《東岡集》一卷,清順治刻《太倉十子詩選》本,《四庫全書存目叢書》集部第384册影印。

《東岡詩鈔》一卷《補遺》一卷《東岡文鈔》一卷，清鈔本，《清代詩文集彙編》第52册影印。

蕭士瑀

《陶莽雜記》四卷，清初刻本，《四庫禁燬書叢刊》集部第142册（存卷三）、《美國哈佛大學哈佛燕京圖書館藏叢部善本彙刊》第77—78册影印。

陸　寶

《霜鏡集》十三卷，明崇禎刻本，《四庫禁燬書叢刊》集部第142册影印。

《悟香集》三十卷（闕卷四至六、十至十二、十九至二十一），清初刻本，《清代詩文集彙編》第18册影印。

《悟香集》三十卷《四課》四卷，清順治刻本，《原國立北平圖書館甲庫善本叢書》第901—902册影印。

《開化游》一卷，民國間鈔本，《衢州文獻集成》第183册影印。

謝文洊

《謝程山先生集》十八卷，清乾隆十二年刻本，《清代詩文集彙編》第55册影印。

《謝程山先生集》十八卷首一卷《附録》三卷《年譜》一卷，清道光三十年刻《謝程山先生書》本，《四庫全書存目叢書》集部第209册影印。

嵇宗孟

《立命堂二集》六卷，清康熙刻本，《四庫全書存目叢書》集部第245册影印。

《楚江蠡史》不分卷，清康熙十年嵇氏立命堂刻本，《清代詩文集珍本叢刊》第68册影印。

葉小鸞

《返生香》(《疎香閣遺集》)一卷《附集》一卷,明崇禎刻《午夢堂集》本,《明别集叢刊》第五輯第56册影印。

《返生香》(《疎香閣遺集》)一卷,清康熙葉氏二棄草堂刻《午夢堂詩鈔》本,《四庫全書存目叢書》集部第244册、《清代詩文集彙編》第104册影印。

《返生香》(《疎香閣遺集》)一卷附《窈聞》一卷《續窈聞》一卷,清光緒二十二年番禺葉衍蘭秋夢盦刻朱墨套印本,臺灣梁寒操1969年、上海古籍出版社2015年1月影印。

《疎香閣遺集》一卷,清光緒二十二年疏香閣刻本,《寫刻本詩詞集叢刊》第23册影印。

《返生香》(《疎香閣遺集》)一卷《附集》一卷,民國二一四年長沙中國古書刊印社匯印《郎園先生全書》本,《叢書集成續編》(臺灣新文豐出版公司)文學類第150册、《叢書集成續編》(上海書店)集部第121册影印。

《返生香》《疎香閣附集》,洪霞卿校點,貝葉山房1936年10月版(《午夢堂全集》第1册,《中國文學珍本叢書》第一輯)。

《返生香》,冀勤輯校,中華書局1998年11月版(《午夢堂集》上册)。

《返生香集詮注》,任根林編著,作家出版社2007年3月版(《神州作家文叢》)。

傅亶初

《清風堂詩稿》二卷附《清風堂過庭録》一卷,清康熙二十七年刻本,《南開大學圖書館藏稀見清人别集叢刊》第3册影印。

郭輔畿

《郭輔畿詩》,史洪權整理,嶺南美術出版社2017年3月版(《全粤詩》第20册)。

張家玉

《張文烈公軍中遺稿》不分卷，清鈔本，《何氏至樂樓叢書》第 9 種、《四庫禁燬書叢刊補編》第 80 册、《廣州大典》第 433 册影印。

《張文烈遺集》六卷《附録》一卷附《寒木居詩鈔》一卷，民國二十一至二十三年東莞張氏刻《滄海叢書》本，《叢書集成續編》(臺灣新文豐出版公司)文學類第 150 册、《叢書集成續編》(上海書店)集部第 121 册、《明別集叢刊》第五輯第 88 册影印。

《張文烈遺集》，楊亮功等主編，臺灣開明書店 1975 年 4 月版(《臺灣文獻叢刊外編》第二種)。

《張家玉集》，楊寶霖點校，廣東高等教育出版社 1992 年 3 月版(《嶺南叢書》)。

《張文烈公家玉詩集》，麥少麟、譚瑋雄校對，高歌寄意樓 2002 年 9 月自印本。

《張家玉詩》，楊權、陳永正、李君明整理，嶺南美術出版社 2017 年 3 月版(《全粤詩》第 20 册)。

胡天球

《柳盟園詩集》二卷附《隱軒詩稿》一卷附《柳盟胡公紀實》一卷，清道光三十年駿譽堂刻本，《廣州大典》第 435 册影印。

李昌祚

《真山人後集》四卷(《文》二卷《詩》二卷)，清康熙七年周有德大業堂刻本，《四庫未收書輯刊》第七輯第 23 册、《清代詩文集彙編》第 54 册影印。

柴紹炳

《柴省軒先生文鈔》十二卷《外集》一卷，清康熙刻本，《四庫全書存目叢書》集部第 210 册、《清代詩文集彙編》第 55 册影印。

《西湖賦》一卷，清乾隆三十九年洽禮堂刻本，《稀見清代四部輯刊》第一輯第 86 册影印。

魏裔介

《崑林小品集》二卷，清初刻本，《四庫全書存目叢書補編》第 78 册影印。

《兼濟堂詩選》十卷《文選》十四卷《疏稿》二卷，清康熙七年刻本，《中國古籍珍本叢刊·廣東省立中山圖書館卷》第 51 册影印。

《兼濟堂詩集》八卷《兼濟堂文集》二十四卷，清康熙三十九年刻本，《清代詩文集彙編》第 56—57 册影印。

《兼濟堂文集》二十四卷（闕卷十二），清康熙三十九年刻本，《京津冀歷代别集叢刊》第 218—233 册影印。

《兼濟堂文集選》二十卷，清康熙五十年龍江書院刻本，《四庫提要著録叢書》集部第 286 册、《京津冀歷代别集叢刊》第 214—217 册影印。

《兼濟堂文集》二十卷，清四庫全書本，《四庫全書珍本》四集集部第 374—377 册、《景印文淵閣四庫全書》第 1312 册、《文津閣四庫全書》第 1316—1317 册、《文瀾閣四庫全書》第 1351 册（丁氏補鈔卷二至四、七、九至二十）影印。

《兼濟堂文集》，魏連科點校，中華書局 2007 年 7 月版（《中國歷史文集叢刊》）；河北人民出版社 2017 年 5 月（《燕趙文庫》）。

熊伯龍

《熊學士詩文集》三卷，清康熙九年刻乾隆五十一年熊光補修本，《四庫全書存目叢書》集部第 217 册、《新編湖北叢書》第 291 册影印。

《熊鍾陵詩》一卷，清乾隆五十七年刻《熊劉詩集》本，《美國哈佛大學哈佛燕京圖書館藏明清善本總集叢刊》第 4 册影印。

《熊鍾陵無何集》十四卷首一卷，清乾隆五十八年刻本，《清代詩文集彙編》第 58 册影印。

《無何集》，中華書局點校，中華書局 1979 年 9 月版。

陳孝逸

《癡山集》六卷，清順治間李來泰刻本(附《己吾集》後)，《四庫禁燬書叢刊》集部第49冊、《原國立北平圖書館甲庫善本叢書》第905冊、《明別集叢刊》第四輯第93冊影印。

余　懷

《玉琴齋詞》不分卷《江山集》不分卷《甲申集》七卷《味外軒詩輯》不分卷，稿鈔本，《明代莆人文集》第44冊影印。

《余懷集》五種(《余澹心集》《玉琴齋詞》《江山集》《甲申集》《味外軒詩輯》)，鈔本，《福建叢書》第三輯影印。

《江山集》三卷，清鈔本，《南開大學圖書館藏稀見清人別集叢刊》第3冊影印。

《味外軒詩輯》不分卷，清鈔本，《清代詩文集彙編》第57冊影印。

《甲申集(外十一種)》，杜華平、戴訓超點校，福建人民出版社2010年12月版(《八閩文獻叢刊》)。

《余懷全集》，李金堂編校，上海古籍出版社2011年6月版。

陶　季

《舟車集》二十卷《舟車後集》十卷附《集唐》一卷，清康熙刻本，《四庫全書存目叢書》集部第258冊、《清代詩文集彙編》第57冊、《歷代集句詩詞別集叢刊》第6冊(選《集唐》一卷)影印。

陸求可

《陸密庵文集》二十卷《録餘》二卷《陸密庵詩集》八卷《詩餘》四卷，清康熙二十年王霖思過堂刻本，《四庫全書存目叢書》集部第224冊、《清代詩文集彙編》第59冊影印。

王　翊

《王侍郎遺著》一卷《附録》一卷，民國二十三年四明張氏約園刻《四明叢書》本，《叢書集成續編》（臺灣新文豐出版公司）文學類第151册、《叢書集成續編》（上海書店）集部第122册、廣陵書社2006年8月（《四明叢書》第6册）、《明别集叢刊》第五輯第89册、《張壽鏞文獻輯刊》第26册影印。

徐　芳

《懸榻編》六卷，清康熙刻本，《四庫禁燬書叢刊》集部第86册、《明别集叢刊》第五輯第89册影印。

孫　爽

《容庵詩集》十卷《辛卯集》一卷，清順治十六年刻本，《四庫全書存目叢書》集部第209册、《明别集叢刊》第五輯第90册影印。

《容庵詩集》十卷《辛卯集》一卷《容庵文集》二卷，清康熙刻本，《明代詩文集珍本叢刊》第239—240册影印。

朱一是

《爲可堂初集》四十二卷《詩》十六卷《史論》十卷《海里詞》三卷，清初刻本，《原國立北平圖書館甲庫善本叢書》第908—909册影印。

《爲可堂集選》十卷，鈔本，《明别集叢刊》第五輯第87册影印。

錢　棻

《蕭林初集》八卷，明崇禎刻本，《四庫未收書輯刊》第六輯第28册影印。

《蕭林初集》八卷，清初刻本，《原國立北平圖書館甲庫善本叢書》第909册影印。

王 璞

《王無瑕先生詩集》五卷《文集》三卷，清王揚宗、王振宗刻本，《四庫未收書輯刊》第六輯第29册影印。

曹爾堪

《客裝》一卷《里音》一卷，清順治刻本，《北京師範大學圖書館藏稀見清人別集叢刊》第2册影印。

《南溪集選》一卷，清康熙鑑古堂刻《八家詩選》本，《四庫禁燬書叢刊補編》第57册影印。

鄧漢儀

《官梅集》二卷，清鈔本，《揚州大學圖書館藏古籍珍本叢刊》第88册影印。

《慎墨堂詩》不分卷，清鈔本，《中國古籍珍本叢刊·西南大學圖書館卷》第33册影印。

《慎墨堂詩拾》四卷，清鈔本，《揚州大學圖書館藏古籍珍本叢刊》第88册影印。

《慎墨堂詩拾》九卷《附録》一卷《贈答詩》一卷《筆記》一卷，民國漢書軒藍格鈔本，《四庫禁燬書叢刊補編》第57册、《泰州文獻》第46册影印。

《官梅集》一卷，1980年泰州古舊書店鈔本，《泰州文獻》第47册影印。

《鄧漢儀集校箋》，王卓華校箋，人民文學出版社2019年12月版(《明清別集叢刊》)。

方孝標

《光啓堂文集》不分卷，清康熙刻本，《續修四庫全書》第1405册、《清代東北流人文獻集成》第一輯第4册影印。

《鈍齋詩選》二十二卷,清鈔本,《續修四庫全書》第1405册、《清代詩文集彙編》第63册、《清代東北流人文獻集成》第一輯第5册影印。

《鈍齋詩選》二十二卷,清鈔本,《中國古籍珍本叢刊·安慶市圖書館卷》第18—19册影印。

《方孝標文集》,石鍾揚、郭春萍校點,黄山書社2007年11月版(《安徽古籍叢書》)。

《鈍齋詩選》,唐根生、李永生點校,黄山書社1996年5月版(《安徽古籍叢書》);2014年9月版(《安徽古籍叢書萃編》)。

薛始亨

《南枝堂稿》一卷,清末民國間鈔本,《何氏至樂樓》第7種、《海外廣東珍本文獻叢刊》第34册影印。

《蒯緱館十一草》一卷,清末民國間鈔本,《廣東叢書》第二集、《海外廣東珍本文獻叢刊》第35册(影《廣東叢書》本)影印。

《薛始亨詩》,張灝、陳永正整理,嶺南美術出版社2017年3月版(《全粵詩》第20册)。

張能鱗

《西山集》九卷,清康熙十六年刻本,《四庫全書存目叢書》集部第216册、《清代詩文集彙編》第63册、《京津冀歷代别集叢刊》第34册影印。

李呈祥

《東村集》十卷《附刊》一卷,清康熙五十八年儀一堂刻本,《四庫全書存目叢書》集部第203册、《清代詩文集彙編》第60册、《清代東北流人文獻集成》第一輯第3册影印。

《東村集》,滕建民校注,瀋陽出版社2019年12月版(《瀋陽歷史文化典籍叢書》第9輯)。

魏象樞

《望雲草》一卷，清順治刻本，《中國公共圖書館古籍文獻珍本匯刊·天津圖書館孤本秘籍叢書》第 13 册、《雄安文脉叢書》第 170 册影印。

《寒松堂全集》十二卷，清康熙四十七年魏氏刻本，《四庫全書存目叢書》集部第 213 册、《故宫珍本叢刊》集部第 588 册、《清代詩文集彙編》第 60 册、《中國華北文獻叢書》第 168 册、《雄安文脉叢書》第 171—174 册影印。

《與我周旋集》十六卷（《詩》十二卷《文》二卷《四六》一卷《雜體》一卷）附《寧武府志序》一卷，清乾隆五十八年清祜堂刻本，《四庫未收書輯刊》第九輯第 23 册、《中國華北文獻叢書》第 160 册影印。

《寒松堂集》十卷，清光緒五年刻本，《雄安文脉叢書》第 175—177 册影印。

《寒松堂詩集》三卷《寒松堂集》十卷，清光緒定州王氏謙德堂刻《畿輔叢書》本，《百部叢書集成》之九十四影印。

《寒松堂詩集》，商務印書館 1936 年 6 月版（《叢書集成初編》文學類第 2290—2291 册）；中華書局 2010 年 9 月重印版（《叢書集成初編》第 487 册）。

《寒松堂集》，商務印書館 1936 年 6 月版（《叢書集成初編》文學類第 2467—2472 册）；中華書局 2010 年 9 月重印版（《叢書集成初編》第 513 册）。

《寒松堂全集》，崔凡芝校點，山西人民出版社 1992 年 8 月版。

《寒松堂全集》，陳金陵點校，中華書局 1996 年 8 月版。

余　縉

《大觀堂文集》二十二卷首一卷，清康熙三十八年刻本，《清代詩文集彙編》第 61 册影印。

《大觀堂文集》二十二卷首一卷，清康熙三十八年刻後印本，《四庫全書存目叢書》史部第 67 册（選卷一至三）、《四庫未收書輯刊》第九輯第 16 册影印。

陸元輔

《陸菊隱先生文集》十六卷《陸菊隱先生詩集》四卷，清鈔本，《清代詩文集彙編》第 61 册影印。

《陸菊隱先生文集》十五卷《詩鈔》一卷，鈔本，《清代詩文集珍本叢刊》第 69—70 册影印。

李棐章

《春暉堂詩》一卷，清三十六硯居鈔《李詩集遺》本，《清代詩文集珍本叢刊》第 70 册、《清代家集叢刊續編》第 15 册影印。

錢陸靖

《錢存梅先生遺稿詩》一卷，民國八年常熟繆氏承古堂活字本，《常熟文庫》第 77 册影印。

陸貽典

《覿庵詩鈔》六卷，清雍正元年張道淙刻本，《汲古閣叢書》第 5 册、《常熟文庫》第 77 册影印。

《覿庵詩稿漸于集》四卷，清鈔本，《汲古閣叢書》第 5 册、《常熟文庫》第 77 册影印。

《覿庵詩鈔》，周小艷、仝廣順整理，社會科學文獻出版社 2019 年 4 月版。

釋道源

《寄巢詩》二卷，清順治十八年毛表、陸貽典刻本，《汲古閣叢書》第 5 册、《清代詩文集珍本叢刊》第 6 册影印。

于成龍

《于山奏牘》七卷附《詩詞合選》一卷，清康熙二十二年刻本，《四庫全書存目叢書》史部第 67 册影印。

《于清端公集》四卷《附刻》一卷，清康熙三十二年刻本，《清代詩文集彙編》第59册影印。

《于清端公政書》八卷《外集》一卷《首編》一卷，清康熙四十六年刻本，《四庫提要著録叢書》集部第289册影印。

《于成龍集》，閻鳳梧、蕭泰芳、趙桂溟點校，山西古籍出版社2008年6月版（《國家清史編纂委員會·文獻叢刊》）。

《于成龍集》，張仲偉、耿建華校勘，三晉出版社2017年8月版（《山西文華·著述編》）。

楊 炤

《懷古堂詩選》十二卷，清康熙懷古堂刻本，《四庫未收書輯刊》第八輯第25册、《明別集叢刊》第四輯第7册影印。

《懷古堂詩選》，黄曙輝點校，華東師範大學出版社2010年6月版（《明代別集叢刊》）。

馮小青

《小青集》一卷《閲稿》一卷，明末刻本，《明代詩文集珍本叢刊》第240册影印。

《小青焚餘集》一卷，清咸豐九年勞權鈔本，《明代詩文集珍本叢刊》第240册影印。

宋徵輿

《林屋文稿》十六卷，清康熙九籥樓刻本，《清代詩文集彙編》第58册影印。

《林屋詩稿》十四卷，清鈔本，《清代詩文集彙編》第58册影印。

陳 軾

《道山堂前集》不分卷《道山堂後集》十卷，清康熙刻本，《四庫全書存目叢書》集部第201册、《清代詩文集彙編》第62册(《前集》作二卷)影印。

《道山堂集》,張小琴點校,廣陵書社2016年12月版(《閩海文獻叢書》)。

丁元公

《立承草》一卷,舊鈔本,《明别集叢刊》第五輯第90册影印。

宗　誼

《愚囊彙稿》二卷《補遺》一卷,民國二十三年四明張氏約園刻《四明叢書》本,《叢書集成續編》(臺灣新文豐出版公司)文學類第171册、《叢書集成續編》(上海書店)集部第122册、廣陵書社2006年8月(《四明叢書》第5册)、《明别集叢刊》第五輯第90册、《張壽鏞文獻輯刊》第23册影印。

柳如是

《柳如是集》三種(《戊寅草》一卷《河東君尺牘》一卷《湖上草》一卷),明崇禎十一年、十二年刻本,《中國公共圖書館古籍文獻珍本匯刊・柳如是詩文集》、上海古籍出版社2000年10月(附《東山酬唱集》《柳如是詩文補輯》)、文物出版社2014年11月、鳳凰出版社2014年12月影印。

《戊寅草》一卷,明崇禎陳子龍平露堂刻本,《清代詩文集彙編》第4册、《雲間三子文獻輯刊》第118册影印。

《河東君尺牘》一卷,清鈔本,《尺牘文獻叢刊》第28册影印。

《柳如是詩》一卷,清鈔本,《雲間三子文獻輯刊》第118册影印。

《河東君尺牘》一卷《湖上草》一卷《我聞室剩稿》二卷《附録》二卷,清鈔本,《清代詩文集彙編》第4册、《雲間三子文獻輯刊》第118册影印。

《河東小集》一卷,清鈔本,《常熟文庫》第77册影印。

《我聞室賸稿》一卷《附録》三卷,清鈔本,《常熟文庫》第78册影印。

《我聞室梅花集句》三卷《紅梅集句》一卷,清鈔本,《常熟文庫》第78册影印。

《尺牘》一卷《湖上草》一卷,清劉履芬鈔本,《常熟文庫》第78册、《雲間三子文獻輯刊》第118册影印。

《戊寅草》不分卷，民國鈔本，《常熟文庫》第77册影印。

《河東君詩文輯補》二卷，民國鈔本，《常熟文庫》第78册影印。

《我聞室梅花集句》三卷，胡文楷鈔本，《清代閨秀集叢刊》第2册影印。

《柳如是遺集》三種(《湖上草》一卷《尺牘》一卷《詩詞輯補》一卷)，常熟張蘭思手鈔編校紅格稿本，中國美術學院出版社2020年1月影印。

《柳如是詩詞評注》，劉燕遠評注，北京古籍出版社2000年1月版；北京出版社2016年9月版。

《柳如是集》，周書田校輯，遼寧教育出版社2001年2月版(《新世紀萬有文庫·傳統文化書系》)。

《柳如是集》，周書田、范景中輯校，中國美術學院出版社2002年12月版(《古代書畫家詩文集叢書》)。

《柳如是集》，李雷點校，中華書局2015年1月版(《清代閨閣詩集萃編》第1册，《國家清史編纂委員會·文獻叢刊》)。

徐燦

《陽溪遺稿》六卷《附録》一卷，清道光十六年徐豐刻本，《四庫全書存目叢書》集部第104册、《明别集叢刊》第二輯第77册影印。

《拙政園詩集》二卷《詩餘》三卷《詩餘附録》一卷，清嘉慶八年吴氏刻《拜經樓叢書》本，上海博古齋1922年增輯石印；《百部叢書集成》之四十(影博古齋增輯本)、《清代閨秀集叢刊》第2册(影博古齋增輯本)、《清代東北流人文獻集成》第一輯第2册(《詩餘》《詩餘附録》影博古齋增輯本)影印。

《拙政園詩集》，李興盛主編，黑龍江大學出版社2010年10月版(與《浮雲集》《拙政園詩餘》同册，《東北流人文庫》)。

《拙政園詩集》，印曉峰點校，華東師範大學出版社2012年2月版(見《海昌麗則》)。

《拙政園集》，李雷點校，中華書局2015年1月版(《清代閨閣詩集萃編》第1册，《國家清史編纂委員會·文獻叢刊》)。

《拙政園詩集》《拙政園詩餘》，蔣寅、于景祥、徐桂秋等點校，遼海書社

2017 年 12 月版(《清代東北流人詩文集成》第一輯)。

陳煌圖

《集唐自述詩》二卷,清康熙五聚堂刻本,《常熟文庫》第 78 册影印。

季　京

《浣花集》一卷,清鈔本,《常熟文庫》第 78 册影印。

馮廷賓

《虞牧公詩集》不分卷,稿本,《常熟文庫》第 78—79 册影印。

嚴　焞

《南虞小草》二卷《詞》一卷《南游草》一卷,清康熙嚴氏澗松居刻本,《常熟文庫》第 79—80 册影印。

吴嘉紀

《陋軒詩》一卷,清康熙元年賴古堂刻本,《四庫全書存目叢書補編》第 56 册影印。

《陋軒詩》八卷,清康熙元年賴古堂刻增修本,《續修四庫全書》第 1403 册影印。

《陋軒詩》十二卷《陋軒詩續》二卷,清嘉慶刻道光增修本,《清代詩文集彙編》第 63 册、《泰州文獻》第 47 册影印。

《陋軒詩》十二卷《陋軒詩續》二卷,清道光二十年刻本,《四庫禁燬書叢刊補編》第 81 册影印。

《吴嘉紀詩校箋》,楊積慶箋校,上海古籍出版社 1980 年 2 月版(《中國古典文學叢書》)。

王大經

《獨善堂文集》八卷，清嘉慶二十二年春暉堂刻本，《稀見清代四部輯刊》第一輯第 72 册影印。

戴廷栻

《半可集》不分卷，民國五年雲文齋石印本，《清代詩文集彙編》第 64 册影印。

金　敞

《金闇齋先生集》十二卷，清康熙三十九年共學山居刻本，《四庫全書存目叢書補編》第 8 册、《清代詩文集彙編》第 64 册影印。

龔　賢

《龔半千詩稿》不分卷《尺牘》不分卷，稿本，《上海圖書館未刊古籍稿本》第 47 册影印。

尤　侗

《西堂文集》二十四卷《西堂詩集》三十二卷《西堂樂府》七卷，清康熙二十五年刻本，《續修四庫全書》第 1406—1407 册、《清代詩文集彙編》第 65 册影印。

《尤太史西堂全集》三種六十一卷附《湘中草》六卷，清康熙刻本，《四庫禁燬書叢刊》集部第 129—130 册影印。

《七釋》一卷，清道光十三年世楷堂楊復吉輯刻《昭代叢書》甲集本，《叢書集成續編》（臺灣新文豐出版公司）文學類第 189 册、上海古籍出版社 1990 年 7 月（《昭代叢書》第 1 册）、《叢書集成續編》集部第 123 册、廣陵書社 2016 年 12 月（《昭代叢書合刻》第 1 册）影印。

《尤西堂尺牘》一卷，民國二十四年上海新文化書社排印本，《尺牘文獻叢刊》第5册影印。

《尤侗集》，楊旭輝點校，上海古籍出版社2015年5月版（《蘇州文獻叢書》）。

丁之賢

《丁布衣詩鈔》一卷，清康熙刻《綏安二布衣詩鈔》本，《清代詩文集彙編》第66册影印。

趙　湛

《玉暉堂詩集》五卷，清光緒定州王氏謙德堂刻《畿輔叢書》本，《百部叢書集成》之九十四、《叢書集成新編》文學類第73册（影《叢書集成初編》排印本）、《清代詩文集彙編》第66册影印。

《玉暉堂詩集》，商務印書館1937年6月版（《叢書集成初編》文學類第2350—2351册）；中華書局2010年9月重印版（《叢書集成初編》第497册）。

葉世偁

《百旻遺草》一卷《附集》一卷，明崇禎刻《午夢堂集》本，《明别集叢刊》第五輯第56册影印。

《百旻遺草》一卷《附集》一卷，民國二十四年長沙中國古書刊印社匯印《郎園先生全書》本，《叢書集成續編》（臺灣新文豐出版公司）文學類第187册、《叢書集成續編》集部第121册影印。

《百旻草》《百旻草附》，洪霞卿校點，貝葉山房1935年10月版（《午夢堂全集》第2册，《中國文學珍本叢書》第一輯）。

《百旻草》，冀勤輯校，中華書局1998年11月版（《午夢堂集》下册）。

吴中蕃

《敝帚集》十卷，清康熙刻本，貴州人民出版社2020年12月（《貴州文庫》)影印。

《敝帚集》十卷,民國十一至三十二年任可澄等輯刻《黔南叢書》本,《叢書集成續編》(上海書店)集部第122册、《中國西南文獻叢書》第57—58册影印。

《吴中蕃詩萃詳釋》,劉河釋,貴州人民出版社1999年12月版。

《敝帚集》,黄萬機點校,貴州人民出版社2009年4月版(《黔南叢書·點校本》第四輯)。

《吴中蕃詩集》,吴昌雲主編,貴州至德文化研究中心2010年自印本(《吴氏叢書》)。

趙廷臣

《趙清獻公敬恕堂集》六卷《附録》一卷,清康熙二十二年趙延祺、趙延組刻本,《北京師範大學圖書館藏稀見清人别集叢刊》第2册影印。

黄宗會

《縮齋文集》不分卷,清鈔本,《四庫未收書輯刊》第五輯第26册、《清代詩文集彙編》第62册影印。

《縮齋詩文集》,印曉峰點校,華東師範大學出版社2009年1月版(《明代别集叢刊》);2009年10月版(《明末清初詩文集選刊》)。

任源祥

《鳴鶴堂文集》十卷,清乾隆十一年陽羨任氏刻本,《清代詩文集彙編》第63册影印。

《鳴鶴堂詩集》十一卷,清光緒十五年重刻本,《清代詩文集彙編》第62册影印。

侯方域

《壯悔堂文集》十卷《遺稿》一卷《四憶堂詩集》六卷《遺稿》一卷,清順治刻增修本,《四庫禁燬書叢刊》集部第51册、《續修四庫全書》第1405—1406册、《清代詩文集彙編》第62册影印。

《壯悔堂文集》十卷《遺稿》一卷《年譜》一卷,日本萬延二年大坂群玉堂河内屋茂兵衛等刻本,《和刻本漢籍文集》第17輯、《和刻本四部叢刊》集部第99册影印。

《侯方域文》,朱鳳起選注,商務印書館1930年10月版(《萬有文庫》第一集《學生國學叢書》)。

《音注侯朝宗文》,中華書局輯注,中華書局1936年12月版,1941年1月版(《新式標點中國文學精華》)。

《侯方域文選》,胡雲翼選注,北新書局1937年1月版(《列代名人詩文選注》)。

《壯悔堂集》,商務印書館1937年12月版(《萬有文庫》第二集《國學基本叢書》)。

《侯朝宗文選》,徐植農、趙玉霞注譯,齊魯書社1988年12月版。

《侯方域集校箋》,王樹林校箋,中州古籍出版社1992年9月版(《中州名家集》)。

《侯方域詩集校箋》,王樹林校箋,中州古籍出版社2000年3月版(《中州名家集》)。

《侯方域散文選集》,鄔國平選注,百花文藝出版社2002年5月版(《百花散文書系·古代部分》)。

《侯方域全集校箋》,王樹林校箋,人民文學出版社2013年1月版(《明清别集叢刊》)。

孫望雅

《得閒人集》二卷,清順治六年刻本,《雄安歷代著作集成》第43册影印。

《得閒人集》二卷,清康熙刻本,《四庫未收書輯刊》第五輯第30册影印。

王邦畿

《耳鳴集》不分卷，清初古厚堂刻本，《四庫禁燬書叢刊》集部第 87 册、《廣州大典》第 435 册影印。

《耳鳴集》不分卷，鈔本，《中國古籍珍本叢刊·澳門大學圖書館卷》第 12 册影印。

《王邦畿詩》，韓東玲、李芳、李君明整理，嶺南美術出版社 2017 年 3 月版(《全粵詩》第 20 册)。

劉體仁

《七頌堂詩集》九卷《文集》四卷《尺牘》一卷，清康熙刻本，《四庫全書存目叢書補編》第 53 册、《清代詩文集彙編》第 39 册影印。

《七頌堂集》，王秋生點校，黄山書社 2008 年 4 月版(《安徽古籍叢書》；2014 年 9 月版(《安徽古籍叢書萃編》))。

黎士弘

《託素齋詩集》四卷《文集》六卷《行述》一卷，清雍正二年黎致遠刻本，《四庫全書存目叢書》集部第 223 册、《清代詩文集彙編》第 68 册影印。

潘　江

《木厓集》二十七卷《木厓續集》二十四卷末四卷，清康熙刻本，《四庫禁燬書叢刊》集部第 132 册、《清代詩文集彙編》第 69 册影印。

《木厓文集》二卷，民國元年夢華仙館鉛印本，《清代詩文集彙編》第 69 册影印。

李　瀅

《敦好堂集》六卷，清康熙刻本，《泰州文獻》第 59 册影印。

錢肅潤

《十峰詩選》七卷《二集》七卷《史論》一編七卷(闕卷五),清康熙五年刻本,《無錫文庫》第88册、《清代詩文集珍本叢刊》第75—76册影印。

葉世傛

《靈護集》一卷《附集》一卷,民國二十四年長沙中國古書刊印社匯印《郎園先生全書》本,《叢書集成續編》(臺灣新文豐出版公司)文學類第150册、《叢書集成續編》(上海書店)集部第121册影印。

《靈護集》,洪霞卿校點,貝葉山房1936年10月版(《午夢堂全集》第2册,《中國文學珍本叢書》第一輯)。

《靈護集》,冀勤輯校,中華書局1998年11月版(《午夢堂集》上册)。

周拱辰

《聖雨齋詩文集》十卷,清道光三年刻本,《明别集叢刊》第五輯第92册影印。

《聖雨齋詩文集》十卷《問魚篇》一卷《附録》一卷,清道光二十七年刻光緒元年補修《周孟侯先生全書》五種三十五卷本,《叢書集成三編》文學類第39與53册影印。

《聖雨齋詩集》三卷,清光緒四年秀水孫氏望雲仙館刻《檇李遺書》本,《叢書集成續編》(臺灣新文豐出版公司)文學類第171册、《叢書集成續編》(上海書店)集部第121册影印。

周　容

《春酒堂文集》不分卷,清康熙三十三年鈔本,《四庫禁燬書叢刊補編》第76册影印。

《春酒堂詩》六卷,清康熙三十六年董孫符鈔本,《清代詩文集珍本叢刊》

第 75 册影印。

《春酒堂選稿》不分卷，清鈔本，《故宫珍本叢刊》第 590 册影印。

《春酒堂遺書》十一卷（《文存》四卷《詩存》六卷《詩話》一卷）《外紀》一卷，民國二十一年四明張氏約園刻《四明叢書》本，《叢書集成續編》（臺灣新文豐出版公司）文學類第 153 册、《叢書集成續編》（上海書店）集部第 123 册、廣陵書社 2006 年 8 月（《四明叢書》第 3 册）、《清代詩文集彙編》第 66 册、《張壽鏞文獻輯刊》第 9—10 册影印。

趙進美

《清止閣集》二十卷，清初鈔本，《山東文獻集成》第二輯第 29 册影印。

侯七乘

《孝思堂文集》一卷《詩集》一卷《聯集》一卷，清康熙九年刻本，《四庫未收書輯刊》第五輯第 29 册、《中國華北文獻叢書》第 167 册影印。

《侯氏家藏稿》不分卷，清康熙鈔本，《清代詩文集珍本叢刊》第 110 册影印。

王　撰

《芝廛集》一卷，清順治刻《太倉十子詩選》本，《四庫全書存目叢書》集部第 384 册影印。

《芝廛集》十卷，清鈔本，《稀見清代四部輯刊》第一輯第 86 册影印。

王夫之

《船山先生詩稿》二卷，清康熙間湘西草堂刻本，《續修四庫全書》第 1403 册影印。

《船山遺書》五十六種附一種，清同治四年湘鄉曾氏金陵節署刻本，廣陵書社 2018 年 9 月影印。

《五十自定稿》一卷《六十自定稿》一卷《七十自定稿》一卷《鼓棹初集》

一卷《鼓棹二集》一卷，清同治四年湘鄉曾氏金陵節署刻《船山遺書》本，《四庫禁燬書叢刊補編》第79册影印。

《鼓棹初集》一卷《鼓棹二集》一卷《瀟湘怨詞》一卷，清同治四年湘鄉曾氏金陵節署刻《船山遺書》本，《續修四庫全書》第1724册影印。

《薑齋詩文集》二十八卷附《薑齋詩話》三卷，上海涵芬樓藏《船山遺書》本，《四部叢刊初編》集部第1618—1623册影印。

《王船山先生南岳詩文事略》三卷附《南岳倡酬集》一卷《龍舟會雜劇》一卷，民國間康和聲纂原稿本，《中國公共圖書館古籍文獻珍本匯刊·稿本王船山先生南岳詩文事略》影印。

《薑齋詩分體稿》四卷《薑齋詩編年稿》一卷，民國二十二年上海太平洋書店排印《船山遺書》本，《清代詩文集彙編》第66册、廣陵書社2018年9月影印。

《薑齋文集》十卷《薑齋文集補遺》二卷《五十自定稿》一卷《六十自定稿》一卷《七十自定稿》一卷《柳岸吟》一卷《落花詩》一卷《遣興詩》一卷《和梅花百詠詩》一卷《洞庭秋詩》一卷《雁字詩》一卷《仿體詩》一卷《嶽餘集》一卷《薑齋詩賸稿》一卷《鼓棹初集》一卷《鼓棹二集》一卷《瀟湘怨詞》一卷《詩譯》一卷，民國二十二年上海太平洋書店排印《船山遺書》本，《清代詩文集彙編》第66册、廣陵書社2018年9月影印。

《王船山集》，許嘯天整理，上海群學社1926年2月版。

《王船山詩文集》，中華書局上海編輯所編，中華書局1962年11月版；中華書局香港分局1974年9月版；臺灣河洛圖書出版社1975年版（《夏學叢書》）；中華書局1983年4月版（《中國古典文學基本叢書》）；臺灣漢京文化事業有限公司1984年9月（《四部刊要》集部别集類）。

《王夫之著作選注》，《法家著作選讀》編輯組編，北京人民出版社1976年5月版（《法家著作選讀》）。

《船山全書》，船山全書編輯委員會編校，岳麓書社1996年2月版；2011年1月修訂版（《湖湘文庫》甲編）。

《王船山詩文集》，湯勁整理，海南國際新聞出版中心1996年12月版（《傳世藏書》集庫别集第12册）。

《新譯薑齋文集》，平慧善注釋，臺灣三民書局1993年4月版（《古籍今注新譯叢書》）。

《船山遺書》，傅雲龍、吴可主編，北京出版社 1999 年 7 月版（《傳世藏書系列》）。

《王船山詩集》，湯勁整理，山東畫報出版社 2004 年 1 月版（《四庫家藏》第 140 册）。

《王船山先生南岳詩文事略》，彭崇偉編，湖南人民出版社 2009 年 1 月版（《湖湘文庫》甲編）。

《王船山先生詩稿校注》，朱迪光點校，湘潭大學出版社 2012 年 9 月版（《王船山文學研究叢書》）。

《薑齋文集校注》，陽建雄校注，湘潭大學出版社 2013 年 3 月版（《王船山文學研究叢書》）。

《王船山〈落花詩〉〈和梅花百詠詩〉箋注》，朱迪光箋注，湘潭大學出版社 2015 年 9 月版（《王船山文學研究叢書》）。

《王船山仿擬詩箋注》，朱迪光箋注，湘潭大學出版社 2015 年 12 月版（《王船山文學研究叢書》）。

《〈柳岸吟〉〈遣興詩〉〈洞庭秋詩〉〈雁字詩〉注釋》，朱迪光箋注，湘潭大學出版社 2016 年 1 月版（《王船山文學研究叢書》）。

《〈薑齋詩分體稿〉〈薑齋詩編年稿〉〈薑齋詩剩稿〉〈岳餘集〉〈憶得〉箋注》，朱迪光點校，湘潭大學出版社 2016 年 1 月版（《王船山文學研究叢書》）。

《船山遺書》，中國書店整理，中國書店 2016 年 4 月版。

《薑齋文集》，吴振清校點，北京大學出版社 2016 年 8 月版（《儒藏·精華編》第 270 册）。

《夕堂戲墨箋注》，朱迪光箋注，南開大學出版社 2017 年 11 月版（《中國古典詩歌研究叢書》）。

施閏章

《愚山集選》一卷，清康熙鑑古堂刻《八家詩選》本，《四庫禁燬書叢刊補編》第 57 册影印。

《施愚山先生學餘文集》二十八卷《施愚山先生學餘詩集》五十卷，清康熙四十七年刻本，《清代詩文集彙編》第 67 册影印。

《施愚山先生學餘文集》二十八卷《詩集》五十卷《外集》二卷《别集》四卷附《施愚山先生年譜》四卷附《隨村先生遺集》六卷，清康熙乾隆間刻《施愚山先生全集》本,《四庫提要著録叢書》集部第129册影印。

《施愚山先生别集》四卷附《施愚山先生年譜》四卷,清乾隆十二年刻本,《清代詩文集彙編》第67册影印。

《施愚山先生外集》二卷,清乾隆三十年刻本,《清代詩文集彙編》第67册影印。

《愚山詩鈔》一卷,清乾隆三十二年詒燕樓刻《國朝六家詩鈔》本,《美國哈佛大學哈佛燕京圖書館藏明清善本總集叢刊》第5册影印。

《學餘堂文集》二十八卷《詩集》五十卷《外集》二卷,清四庫全書本,《四庫全書珍本》三集集部第354—359册、《景印文淵閣四庫全書》第1313册、《文津閣四庫全書》第1317—1318册、《文瀾閣四庫全書》第1351—1352册(丁氏補鈔《文集》十五卷《詩集》十六卷《外集》二卷)影印。

《施愚山集》,何慶善、楊應芹點校,黄山書社1993年5月版(《安徽古籍叢書》;2014年9月版(《安徽古籍叢書萃編》);2018年10月增訂版(《安徽古籍叢書》)。

《施閏章詩》,吴家駒點校,廣陵書社2006年12月版(《清名家詩叢刊初集》)。

方其義

《時術堂集選》一卷,清順治刻《詩慰》本,《明别集叢刊》第五輯第93册影印。

《時術堂遺詩》六卷,清康熙刻本,《四庫禁燬書叢刊》集部第144册影印。

吴　綺

《林蕙堂全集》二十六卷(《文集》十二卷《續刻》六卷《亭皋詩鈔》四卷《藝香詞鈔》四卷)附《填詞》,清乾隆三十九年、四十一年衷白堂刻本,《四庫提要著録叢書》集部第286—287册、《清代詩文集彙編》第68册影印。

《林蕙堂集》二十六卷,清四庫全書本,《四庫全書珍本》三集集部第362—366册、《景印文淵閣四庫全書》第1314册、《文津閣四庫全書》第1318—1319册、《文瀾閣四庫全書》第1353册(丁氏補鈔卷二、十一、十二)影印。

張煌言

《奇零文草》一卷,清初鈔本,《梁基永儀清室藏明清稿鈔珍本叢刊》第 1 册影印。

《奇零草》十卷,清乾隆間鈔本,《柏克萊加州大學東亞圖書館藏稿鈔校本叢刊》第 15 册影印。

《張忠烈公集》十二卷《補遺》一卷首一卷末一卷《附録》二卷,清傅氏長恩閣鈔本,《續修四庫全書》第 1388 册影印。

《張忠烈公全集》不分卷,清鈔本,《明人别集稿鈔本叢刊》第 88 册影印。

《張尚書集》三卷首一卷,清傅氏長恩閣鈔本,《明人别集稿鈔本叢刊》影印。

《張閣學集》二卷,清道光二十八年涇縣潘氏袁江節署刻《乾坤正氣集》本,臺灣環球書局 1966 年(《乾坤正氣集》第 39 册)影印。

《奇零草》一卷《北征録》一卷《冰槎集》一卷,清青雷山館黑格鈔本,《明人别集稿鈔本叢刊》第 89 册影印。

《奇零草》二卷,清鈔本,西泠印社出版社 2015 年 5 月影印。

《奇零草》二卷,清二老閣鈔本,《明人别集稿鈔本叢刊》第 89 册影印。

《奇零草》六卷,清鈔本,《明人别集稿鈔本叢刊》第 89—90 册影印。

《張蒼水集》九卷《附録》八卷,民國二十三年四明張氏約園刻《四明叢書》本,《叢書集成續編》(臺灣新文豐出版公司)文學類第 150 册、《叢書集成續編》(上海書店)集部第 122 册、廣陵書社 2006 年 8 月(《四明叢書》第 6 册)、《明别集叢刊》第五輯第 91 册、《張壽鏞文獻輯刊》第 24—25 册影印。

《張蒼水集》,中華書局上海編輯所編,中華書局 1959 年 4 月版;上海古籍出版社 1985 年 10 月版。

《張蒼水詩文集》,臺灣銀行經濟研究室編,臺灣銀行 1962 年 6 月版(《臺灣文獻叢刊》第 142 種);臺灣大通書局 1987 年 10 月版(《臺灣文獻史料叢刊》第 151 册);臺灣省文獻委員會 1994 年 5 月版(《臺灣歷史文獻叢刊·詩文集類》)。

《張蒼水先生專集》,張行周主編,臺灣寧波同鄉月刊社 1984 年 1 月版。

《張蒼水全集》,《張蒼水全集》整理小組編,寧波出版社 2002 年 7 月版。
《蒼水詩注》,周東旭箋注,中國文聯出版社 2010 年 12 月版(《五味文叢》)。
《奇零草》,吴晨主編,西泠印社出版社 2015 年 5 月版(點校與影印同册)。

申涵光

《鳧盟集》八卷,清順治刻本,《清代詩文集珍本叢刊》第 74 册影印。

《聰山集》十二卷《荆園小語》一卷《荆園進語》一卷《申鳧盟先生年譜略》一卷《崇祀鄉賢録》一卷,清康熙刻本,《四庫全書存目叢書》集部第 207 册影印。

《聰山集》十一卷(《詩選》八卷《文集》三卷)《荆園小語》一卷《荆園進語》一卷《附録》二卷(《年譜傳誌》一卷《鄉賢録》一卷),清康熙刻本,《清代詩文集彙編》第 70 册、《京津冀歷代别集叢刊》第 236 册影印。

《聰山詩選》八卷《聰山集》三卷,清光緒定州王氏謙德堂刻《畿輔叢書》本,《百部叢書集成》之九十四影印。

《聰山詩選》,商務印書館 1936 年 6 月版(《叢書集成初編》文學類第 2289 册);中華書局 2010 年 9 月重印版(《叢書集成初編》第 487 册)。

《聰山集》,商務印書館 1936 年 6 月版(《叢書集成初編》文學類第 2473 册);中華書局 2010 年 9 月重印版(《叢書集成初編》第 513 册)。

《聰山詩文集》,鄧子平、李世琦點校,河北人民出版社 2011 年 4 月版。

鄭邦祥

《玉蟬庵散編》六卷,清鈔本,《清代詩文集珍本叢刊》第 6 册、《明人别集稿鈔本叢刊》第 67 册影印。

馮京第

《馮侍郎遺書》八卷《附録》三卷,民國二十三年四明張氏約園刻《四明叢書》本,《叢書集成續編》(臺灣新文豐出版公司)文學類第 151 册、《叢書集成續編》(上海書店)别録第 173 册、廣陵書社 2006 年 8 月(《四明叢書》第

6 册)、《張壽鏞文獻輯刊》第 26 册影印。

李　沂

《鸞嘯堂詩集》八卷《文集》一卷,清康熙四十一年張印宣刻本,《泰州文獻》第 59 册影印。

倪宜子

《倪宜子詩》,張晶、敬鴻章整理,黄山書社 2014 年 3 月版(《凝香閣詩稿》附録,《江南女性别集》四編上册)。

劉　淑(劉淑英)

《個山遺集》七卷,民國二十三年梅花書屋鉛印本,《清代閨秀集叢刊》第 3 册、《明别集叢刊》第五輯第 91 册影印。

《個山集》,王泗原校注,人民教育出版社 1999 年 5 月版(見《劉鐸劉淑父女詩文》)。

《個山遺集》,李雷點校,中華書局 2015 年 1 月版(《清代閨閣詩集萃編》第 1 册,《國家清史編纂委員會・文獻叢刊》)。

吴　山

《吴山集》,杜珣輯校,中華書局 2015 年 1 月版(《清代閨閣詩集萃編》第 1 册,《國家清史編纂委員會・文獻叢刊》)。

劉應秋(字體元)

《一硯齋集校注》,鄭繼猛、胡景乾、李厚之著,陝西師範大學出版社 2012 年 2 月版。

董　樵

《西山詩存》一卷《附録》一卷，清嘉慶十三年福山鹿林松刻《董氏遺稿》本，《山東文獻集成》第三輯第40册影印。

湯傳楹

《湘中草》六卷，清康熙刻本（附《尤太史西堂全集》後），《四庫禁燬書叢刊》集部第130册影印。

《湘中草》六卷，清末刻本，《明别集叢刊》第五輯第91册影印。

沈　謙

《東江集鈔》九卷《附録》一卷《别集》五卷，清康熙十三年仁和沈聖昭、沈聖暉刻本，《四庫全書存目叢書》集部第195册、《清代詩文集彙編》第70册影印。

《沈謙集》，楊葉點校，浙江古籍出版社2019年7月版（《浙江文叢》）。

魏際瑞

《魏伯子文集》十卷首一卷，清道光二十五年寧都謝庭綬紱園書塾刻《寧都三魏文集》本，《清代詩文集彙編》第70册影印。

《四此堂稿》十卷，清光緒三十三年成都文倫書局鉛印本，《稀見清代四部輯刊》第三輯第82册影印。

《魏伯子文鈔》一卷，日本明治十四年四月東京錦森堂刻本，《和刻本漢籍文集》第16輯影印。

《魏善伯伯子集精華》，宇林、唐貴平、文木點校，岳麓書社1991年1月版（《四部精華》下册）。

董　説

《豐草庵詩集》十一卷《豐草庵前集》三卷《豐草庵文集》三卷，清順治刻本,《清代詩文集彙編》第 71 册影印。

《寶雲詩集》七卷,清康熙二十八年董樵、董耒刻本,《清代詩文集彙編》第 71 册影印。

《豐草庵詩集》十一卷,清刻本,《清代詩文集珍本叢刊》第 81—82 册影印。

《豐草庵詩集》十一卷《文前集》六卷《文後集》二卷《寶雲詩集》七卷《禪樂府》一卷,民國十年吴興劉氏嘉業堂刻《吴興叢書》本,《叢書集成續編》(臺灣新文豐出版公司)文學類第 150 册、《叢書集成續編》(上海書店)集部第 122 册、《四庫禁燬書叢刊》集部第 33 册、《續修四庫全書》第 1403—1404 册(闕《後集》二卷)影印。

孫枝蔚

《溉堂集》二十八卷(《前集》九卷《續集》六卷《文集》五卷《詩餘》二卷《後集》六卷),清康熙刻本,上海古籍出版社 1979 年 12 月(《清人别集叢刊》)、《中國西北文獻叢書》第 162 册、《四庫全書存目叢書》集部第 206 册、《續修四庫全書》第 1407 册影印。

《溉堂集》二十八卷(《前集》九卷《續集》六卷《文集》五卷《詩餘》二卷《後集》六卷),清康熙刻六十年增刻本,《清代詩文集彙編》第 71 册影印。

陸嘉淑

《射山詩鈔》不分卷,清鈔本,《清代詩文集彙編》第 72 册、《清代詩文集珍本叢刊》第 80 册影印。

《射山詩鈔》一卷《燕臺剩稿》一卷,清鈔本,《清代詩文集珍本叢刊》第 81 册影印。

何　絜

《晴江閣集》三十卷,清康熙刻本,《清代詩文集彙編》第 72 册影印。

《晴江閣集》三十卷,清康熙刻增修本,《四庫未收書輯刊》第七輯第 30 册影印。

宗元鼎

《芙蓉集》十七卷首一卷，清康熙元年刻本，臺灣學生書局1960年6月(《歷代畫家詩文集》第19種)、《四庫全書存目叢書》集部第238册(存卷一至十二、十四)、《清代詩文集彙編》第72册(存卷一至十二、十四)影印。

《新柳堂集》十六卷首一卷末一卷《集後》一卷，清康熙刻本，《揚州文庫》第五輯第88册影印。

毛先舒

《潠書》八卷《東苑詩鈔》一卷《蕊雲集》一卷《晚唱》一卷，清康熙刻《思古堂十四種書》本，《清代詩文集彙編》第72册影印。

《潠書》八卷《思古堂集》四卷首一卷《東苑文鈔》二卷《東苑詩鈔》一卷《小筐文鈔》四卷《蕊雲集》一卷《晚唱》一卷，清康熙刻《思古堂十四種書》本，《四庫全書存目叢書》集部第210—211册影印。

王嗣槐

《桂山堂文選》十卷《桂山堂詩選》二卷，清康熙青筠閣刻本，《四庫未收書輯刊》第七輯第27册、《清代詩文集彙編》第73册影印。

黄與堅

《忍庵集》一卷，清順治刻《太倉十子詩選》本，《四庫全書存目叢書》集部第384册影印。

《願學齋文集》四十卷，清鈔本，《清代詩文集珍本叢刊》第79—80册影印。

《願學齋文集》四十卷《附録》一卷，婁東嚴瀛鈔本，《清代詩文集彙編》第74册影印。

姚文然

《姚端恪公文集》十八卷《詩集》十二卷《外集》十八卷末一卷，清康熙二十二年桐城姚士塈等刻本，《四庫未收書輯刊》第七輯第18册、《清代詩文集彙編》第75册影印。

梁清標

《蕉林詩集》十八卷，清康熙十七年梁允植秋碧堂刻本，《四庫全書存目叢書》集部第204册、《清代詩文集彙編》第77册影印。

《蕉林詩集》，梁新順校點，河北人民出版社2012年3月版。

《梁清標集》，梁新順點校，河北人民出版社2017年5月版（《燕趙文庫》）。

吴　騏

《顑頷集》八卷，清康熙刻本，《四庫未收書輯刊》第五輯第27册影印。

《顑頷集》十卷，清鈔本，《清代詩文集珍本叢刊》第77—78册影印。

《顑頷集》八卷，清鈔本，《清代詩文集珍本叢刊》第78册影印。

郭士璟

《廣陵舊迹詩》一卷，清焦循鈔本，《揚州文庫》第44册、《清代詩文集珍本叢刊》第79册影印。

宋　曹

《會秋堂集》九卷，民國趙嶰山輯稿本，《中國稀見史料》第一輯第19册影印。

武全文

《曠觀園詩集》十三卷，清康熙仇猶武氏刻本，《清代詩文集珍本叢刊》第60册、《山西歷代著作集成》第482册影印。

《曠觀園詩文集》，劉聲駿、史岳昭等校，盂县教育会太原1924年铅印本。

《曠觀園詩文集》，武星正等編，揚州廣陵古籍刻印社2007年自印本。

《武全文詩選注》，王墉著，三晉出版社2013年1月版（《武全文詩初探》附録二，《山西歷史文化叢書·盂縣卷》）。

朱中楣

《隨草》二卷《續編》一卷，清康熙間刻本（附《石園詩集》後），《清代詩文集彙編》第9册、《清代閨秀集叢刊》第3册影印。

《朱中楣集》，王鵬廷點校，中華書局2015年1月版（《清代閨閣詩集萃編》第1册，《國家清史編纂委員會·文獻叢刊》）。

浦暎渌

《浦湘青詩》一卷，日本明和七年序刻《明七才女詩集》本，《日本所編中國詩文選集彙刊·明代卷》第14册影印。

余尊玉

《余其人詩》一卷附《余席人詩》，日本明和七年序刻《明七才女詩集》本，《日本所編中國詩文選集彙刊·明代卷》第14册影印。

朱　耷（八大山人）

《八大山人詩鈔》，汪子豆編，上海人民美術出版社1981年9月版；江西人民出版社 1986 年 11 月版(《八大山人紀念館叢書》)。

《八大山人詩與書》,朱安群、徐奔選注,華中理工大學出版社 1993 年 4 月版。

《八大山人現存詩輯》,蕭鴻鳴輯,北京燕山出版社 2006 年 11 月版(《江西師範大學美術學院八大山人研究系列叢書》)。

林時對

《留補堂文集》四卷(闕卷三)《自訂詩選》六卷,清紅格鈔本,《清代詩文集珍本叢刊》第 90—91 册、《明人别集稿鈔本叢刊》第 92 册影印。

《留補堂文集選》四卷,民國二十八年四明張氏約園刻《四明叢書》本,《叢書集成續編》(臺灣新文豐出版公司)文學類第 188 册、《叢書集成續編》(上海書店)集部第 121 册、廣陵書社 2016 年 8 月(《四明叢書》第 22 册)、《明别集叢刊》第五輯第 85 册、《張壽鏞文獻輯刊》第 103 册影印。

夏完淳

《夏内史集》九卷《附録》一卷,清嘉慶吴氏聽彝堂刻《藝海珠塵》匏集本,《續修四庫全書》第 1389 册影印。

《夏節愍全集》十卷首一卷末一卷《補遺》一卷《續補遺》一卷,清嘉慶刻本,《明别集叢刊》第五輯第 91 册影印。

《夏節愍集》四卷,清道光二十八年涇縣潘氏袁江節署刻《乾坤正氣集》本,臺灣環球書局 1966 年(《乾坤正氣集》第 40 册)影印。

《夏内史集》,商務印書館 1939 年 12 月版(《叢書集成初編》文學類第 2172 册);中華書局 2010 年 9 月重印版(《叢書集成初編》第 467 册)。

《夏完淳集》,中華書局上海編輯所編,中華書局 1959 年 9 月版。

《夏完淳集箋校》,白堅箋校,上海古籍出版社 1991 年 7 月版;2016 年 3 月增訂版(《中國古典文學叢書》)。

《大哀賦注釋》,王學曾注釋,上海古籍出版社 1997 年 6 月版。

《夏完淳詩文選》,秦訓習、鄭新安選注,中州古籍出版社 2004 年 6 月版。

附録一　影印叢書簡目

《安徽叢書》,《安徽叢書》編審會輯,1932年至1936年。

《八閩文庫·福建文獻集成初編》,《八閩文庫》編纂委員會編,福州:福建人民出版社,2020年。

《巴蜀文叢·明蜀王文集五種》,胡開全主編,成都:巴蜀書社,2018年。

《寶顔堂秘笈》,(明)陳繼儒輯,蘭州:敦煌文藝出版社,2018年。

《北京師範大學圖書館藏明刻孤本秘笈叢刊》,北京師範大學圖書館編,桂林:廣西師範大學出版社,2010年。

《北京師範大學圖書館藏稀見清人别集叢刊》,北京師範大學圖書館編,桂林:廣西師範大學出版社,2007年。

《北京市文物局圖書資料中心藏古籍珍本叢刊》,《北京市文物局藏古籍珍本叢刊》編委會編,北京:北京燕山出版社,2012年。

《北京圖書館古籍珍本叢刊》,北京圖書館古籍出版編輯組編,北京:書目文獻出版社,2000年。

《柏克萊加州大學東亞圖書館藏稿鈔校本叢刊》,周欣平、魯德修主編,上海:上海古籍出版社,2013年。

《采山樓藏稀見清人别集叢刊》,羅鷺主編,北京:國家圖書館出版社,2019年。

《曹學佺文獻輯刊》,王强編,北京:北京燕山出版社,2019年。

《禪門逸書初編》,明復法師主編,臺北:明文書局,1981年。

《禪門逸書續編》,明復法師主編,臺北:漢聲出版社,1987年。

《常熟文庫》,《常熟文庫》編委會編,北京:國家圖書館出版社,2019年。

《常州先哲遺書》,《常州先哲遺書》整理編纂委員會編,南京:南京大學出版社,2010年。

《潮州文獻叢刊》,林建翰勘定、林萬任校閲,香港:香港潮州會館董事會,1980年。

《陳仁錫文獻輯刊》,黄振萍主編,北京：北京燕山出版社,2019年。

《尺牘文獻叢刊》,曹辛華、劉慧寬主編,北京：北京燕山出版社,2019年。

《重修金華叢書》,黄靈庚、陶誠華主編,上海：上海古籍出版社,2013年。

《叢書佛教文獻類編》,《叢書佛教文獻類編》編委會編,北京：北京圖書館出版社,2004年。

*《叢書集成初編》,王雲五主編,上海：商務印書館,1935年至1937年；北京：中華書局,1985年、2010年重印。

《叢書集成新編》,臺北：新文豐出版公司,1985年。

*《叢書集成續編》,臺北：新文豐出版公司,1989年。

*《叢書集成續編》,上海：上海書店,1994年；上海書店出版社,2014年。

*《叢書集成三編》,臺北：新文豐出版公司,1997年。

*《百部叢書集成》,嚴一萍選輯,臺北：藝文印書館,1964年至1970年。

《叢書菁華(第一至六期)》,嚴一萍選輯,臺北：藝文印書館,1970年至1972年。

*《百部叢書增編》,海豚出版社編,北京：海豚出版社,2010年至2013年。

《大倉文庫粹編》,北京大學圖書館編,北京：北京大學出版社,2020年。

*《道藏》,(明)張宇初編,上海：上海涵芬樓,1923年至1926年。

*《正統道藏》,施博爾原編、李殿奎改編,臺北：藝文印書館,1977年。

*《正統道藏》,(明)張宇初編、(明)張善清續編、(明)邵以督校,臺北：新文豐出版公司,1977年。

*《正統道藏》,(明)張宇初編、(明)張善清續編、(明)邵以督校,京都：中文出版社,1986年。

*《道藏》,(明)張宇初編,北京：文物出版社、上海：上海書店、天津：天津古籍出版社,1988年。

《道藏(正統道藏萬曆續道藏合刊)》,鄭同校,北京：九州出版社,

2015年。

*《道藏集成》,何建明主編,北京:國家圖書館出版社,2017年。

*《道藏輯要》,彭問秦等纂輯,臺北:新文豐出版公司,1986年。

《道藏輯要》,(清)彭定求編著,長春:吉林人民出版社,1995年。

《道藏輯要(縮印本)》,(清)彭定求編著,成都:巴蜀書社,1995年。

*《藏外道書》,《藏外道書》編委會編,成都:巴蜀書社,1994年。

《定襄古代文獻彙編》,賈玉文主編,太原:三晉出版社,2011年。

《冬飲叢書(第一輯)》,王伯沆輯録,南京:王伯沆周法高紀念館,1997年;揚州:廣陵書社,2003年。

《方以智歷史文獻輯刊》,陝祝琴編,揚州:廣陵書社,2019年。

《福建叢書(第一輯)》,福建省文史研究館編,揚州:江蘇廣陵古籍刻印社,1994年至1997年。

《福建叢書(第二輯)》,福建省文史研究館選編,南京:江蘇古籍出版社,2000年。

《福建叢書(第三輯)》,福建省文史研究館編,南京:江蘇古籍出版社,2003年。

《福建叢書(第三輯)》,福建省文史研究館編,揚州:廣陵書社,2005年。

《福建叢書(第四輯)》,福建省文史研究館編,福州:海峽文藝出版社,2019年。

《福建文脉叢書》,劉伯曙、吴伯雄主編,北京:北京燕山出版社,2019年。

《傅斯年圖書館藏未刊稿鈔本·集部》,邱仲麟主編,臺北:"中央研究院"歷史語言研究所,2014年。

《復旦大學圖書館藏古籍稿鈔珍本(第一輯)》,陳思和、嚴峰主編,上海:復旦大學出版社,2020年。

《古學彙刊》,國粹學報社編,臺北:力行書局,1964年。

*《古學彙刊》,鄧實、繆荃孫編,揚州:廣陵書社,2016年。

《故宫珍本叢刊》,故宫博物館編,海口:海南出版社,2000年。

《廣東叢書》第一集,《廣東叢書》編印委員會編,長沙:商務印書館,1946年;香港:僑港余氏宗親會,1958年。

《廣東叢書》第二集,《廣東叢書》編印委員會編,上海:商務印書館,

1948 年。
《廣東文獻》,(清)羅學鵬編,揚州:江蘇廣陵古籍刻印社,1994 年。
《廣州大典》,陳建華、曹淳亮主編,廣州:廣州出版社,2015 年。
《歸安茅氏文獻輯刊》,倪建偉主編,北京:北京燕山出版社,2019 年。
《海山仙館叢書》,(清)潘仕成輯,南京:鳳凰出版社,2010 年。
《海外藏集部珍本文獻叢刊》,王焱、程舒琪主編,北京:北京燕山出版社,2019 年。
《海外廣東珍本文獻叢刊(第一輯)》,廣東省立中山圖書館編,廣州:廣東人民出版社,2016 年。
《涵芬樓秘笈》,王雲五主編,臺北:臺灣商務印書館,1967 年。
*《涵芬樓秘笈》,(民國)孫毓修編,北京:北京圖書館出版社,2000 年。
《何氏至樂樓叢書》,何耀光編,香港:至樂樓藝術發揚有限公司,1973 年至 1979 年。
《和刻本漢籍文集》,長澤規矩也輯,東京:汲古書院,1977 年至 1979 年。
《和刻本漢詩集成補篇》,長澤規矩也輯,東京:汲古書院,1977 年至 1979 年。
《和刻本中國古逸書叢刊》,金程宇編,南京:鳳凰出版社,2012 年。
《河南文脉叢書》,展龍主編,北京:北京燕山出版社,2019 年。
《皇明經世文編》,(明)陳子龍等編,臺北:臺聯國風出版社,1968 年。
《黄道周文獻輯刊》,翟奎鳳輯,保定:河北大學出版社,2020 年。
《回族典藏全書》,吴海鷹主編,蘭州:甘肅文化出版社、銀川:寧夏人民出版社,2008 年。
《汲古閣叢書》,姜亞沙、經莉、陳湛綺主編,北京:中華全國圖書館文獻縮微複製中心,2008 年。
《濟南元典》,譚延偉主編,濟南:濟南出版社,2016 年。
《紀録彙編》,(明)沈節甫編輯,臺北:民智出版社,1965 年。
《紀録彙編》,王雲五主編,臺北:商務印書館,1969 年。
*《中國文獻珍本叢刊·紀録彙編》,(明)沈節甫輯録,北京:全國圖書館文獻縮微複製中心,1994 年。
《嘉業堂叢書》,(民國)劉承幹輯刻,揚州:廣陵書社,2015 年。
《劍邑文庫》,毛静主編,南昌:百花洲文藝出版社,2008 年。

《江南家族文學叢編·上海卷》,胡曉明、彭國忠主編,合肥:安徽教育出版社,2012年。

《江蘇地方文獻叢刊·楚州叢書》,(民國)冒廣生輯,揚州:廣陵書社,2018年。

《江蘇地方文獻叢刊·吴中文獻小叢書》,江蘇省立蘇州圖書館編纂委員會編,揚州:廣陵書社,2018年。

《江蘇地方文獻叢刊·虞山叢刻 虞陽説苑》,(民國)丁祖蔭編,揚州:廣陵書社,2018年。

《江蘇地方文獻叢刊·海陵叢刻》,(民國)韓國鈞編,揚州:廣陵書社,2019年。

《江蘇地方文獻叢刊·太昆先哲遺書》,(民國)俞慶恩編,揚州:廣陵書社,2019年。

《江左三大家文獻叢刊》,陸有富主編,北京:北京燕山出版社,2019年。

《借月山房彙鈔》,(清)張海鵬輯,臺中:義士出版社,1968年。

《金陵叢書》,(民國)蔣國榜輯,臺北:大西洋圖書公司,1970年。

《海壇文叢·戚繼光集》,王强主編,南京:鳳凰出版社,2017年。

《和刻影印近世漢籍叢刊思想編》,崗田武彦、荒木見悟主編,京都:中文出版社、臺北:廣文書局,1972年至1984年。

《京津冀歷代别集叢刊》,孫愛霞主編,北京:北京燕山出版社,2019年。

《李卓吾文獻輯刊》,黄振萍主編,北京:北京燕山出版社,2020年。

《歷代地方詩文總集彙編》,《歷代地方詩文總集彙編》編委會編,國家圖書館出版社,2016年。

《歷代賦學文獻輯刊》,蹤凡、郭英德主編,北京:國家圖書館出版社,2017年。

《歷代畫家詩文集》,臺北:學生書局,1960年至1975年。

《歷代集句詩詞别集叢刊》,綦蔓君編,北京:北京燕山出版社,2019年。

《遼海叢書》,(民國)金毓黻主編,瀋陽:遼沈書社,1985年。

《遼寧省圖書館藏陶湘舊藏閔凌刻本集成》,遼寧省圖書館編,北京:中華書局,2015年。

《遼寧省圖書館孤本善本叢刊(第一輯)》,北京:綫裝書局,2003年。

《梁基永儀清室藏明清稿鈔珍本叢刊》,梁基永主編,桂林:廣西師範大學出版社,2017年。

《琳琅秘室叢書》,(清)胡珽輯、(清)董金鑒校,揚州:廣陵書社,2020年。

《羅雪堂合集》,張本義主編,杭州:西泠印社出版社,2005年。

《茅坤文獻輯刊》,王焱主編,北京:北京燕山出版社,2019年。

《美國哈佛大學哈佛燕京圖書館藏中文善本彙刊》,美國哈佛大學哈佛燕京圖書館編,北京:商務印書館、桂林:廣西師範大學出版社,2003年。

《美國哈佛大學哈佛燕京圖書館藏明清婦女著述彙刊》,方秀潔、伊維德主編,桂林:廣西師範大學出版社,2009年。

《美國哈佛大學哈佛燕京圖書館藏稿鈔校本彙刊》,樂怡主編,桂林:廣西師範大學出版社,2016年。

《美國哈佛大學哈佛燕京圖書館藏明代善本别集叢刊》,徐永明、樂怡主編,桂林:廣西師範大學出版社,2017年。

《美國哈佛大學哈佛燕京圖書館藏明清善本總集叢刊》,徐永明、樂怡主編,桂林:廣西師範大學出版社,2017年。

《美國哈佛大學哈佛燕京圖書館藏清代善本别集叢刊》,徐永明、樂怡主編,桂林:廣西師範大學出版社,2017年。

《美國哈佛大學哈佛燕京圖書館藏叢部善本彙刊》,徐永明主編,桂林:廣西師範大學出版社,2018年。

《閩刻珍本叢刊》,《閩刻珍本叢刊》編委會編纂,厦門:鷺江出版社、北京:人民出版社,2009年。

《明别集叢刊(第一至五輯)》,沈乃文主編,合肥:黄山書社,2013年至2016年。

《明代論著叢刊》,臺北:偉文圖書出版社,1976年至1977年。

《明代名人尺牘選萃》,宋志英輯,北京:國家圖書館出版社,2008年。

《明代莆人文集》,吴伯雄編,北京:北京燕山出版社,2019年。

《明代詩文集珍本叢刊》,陳紅彦、謝東榮、徐慧主編,北京:國家圖書館出版社,2019年。

《明代藝術家集彙刊》,臺北:"國立中央圖書館",1968年。

《明代藝術家集彙刊續集》,臺北:"國立中央圖書館",1971年。

《明代朱子學文獻叢刊》,梁松濤主編,北京:北京燕山出版社,2019年。

《明代傳記叢刊》,周駿富輯,臺北:明文書局,1991年。

《明人別集稿鈔本叢刊》,李聖華主編,北京:國家圖書館出版社,2021年。

《明人文集叢刊(第一期)》,沈雲龍主編,臺北:文海出版社,1970年。

《南開大學圖書館藏稀見清人別集叢刊》,南開大學圖書館編著,桂林:廣西師範大學出版社,2010年。

《寧海叢書》,李聖華、萬吉良主編,上海:上海古籍出版社,2016年。

《滂喜齋叢書》,(清)潘祖蔭輯,北京:北京圖書館出版社,2003年。

《乾坤正氣集》,(清)潘錫恩輯,臺北:環球書局,1966年。

《清代東北流人文庫(第一輯)》,蔣寅、于景祥主編,瀋陽:遼海出版社,2016年。

《清代稿本百種彙刊》,臺北:文海出版社,1974年。

《清代稿鈔本》,廣東省中山圖書館、中山大學圖書館編,廣州:廣東人民出版社,2007年。

《清代閨秀集叢刊》,肖亞男主編,北京:國家圖書館出版社,2014年。

《清代閨秀集叢刊續編》,肖亞男主編,北京:國家圖書館出版社,2018年。

《清代家集叢刊》,徐雁平、張劍主編,北京:國家圖書館出版社,2015年。

《清代家集叢刊續編》,徐雁平主編,北京:國家圖書館出版社,2018年。

《清代禁燬書叢刊(第一輯)》,臺北:偉文圖書出版社,1977年。

《清代宦臺文人文獻選編》,郭秋顯、賴麗娟主編,臺北:龍文出版社,2012年。

《清代詩文集彙編》,《清代詩文集彙編》編纂委員會編,上海:上海古籍出版社,2010年。

《清代詩文集珍本叢刊》,陳紅彥、謝冬榮、薩仁高娃主編,北京:國家圖書館出版社,2017年。

《衢州文獻集成》,黄靈庚、諸葛慧艷主編,北京:國家圖書館出版社,2015年。

《全椒古代典籍叢書》,政協全椒縣委員會編,北京:國家圖書館出版社,2019年至2020年。

《泉州文獻叢刊(第一輯)》,張惠評、張駿俊主編,北京:九州出版社,

2016 年。

《日本内閣文庫藏稀見明人别集彙刊(第一輯)》,侯榮川主編,呼和浩特:遠方出版社,2020 年。

《日本所編中國詩文選集彙刊·明代卷》,陳廣宏、侯榮川主編,桂林:廣西師範大學出版社,2019 年。

《山東文獻集成(第一至四輯)》,《山東文獻集成》編纂委員會編,濟南:山東大學出版社,2006 年至 2011 年。

《山西歷代著作集成》,李宏哲、劉士義主編,北京:北京燕山出版社,2019 年。

《山右叢書初編》,山西文獻委員會編,太原:山西人民出版社,1986 年。

《上海圖書館藏涉園稿鈔校本叢書》,周德明、高洪興主編,北京:國家圖書館出版社,2019 年。

《上海圖書館未刊古籍稿本》,《上海圖書館未刊古籍稿本》編輯委員會編,上海:復旦大學出版社,2008 年。

《適園叢書》,(民國)張鈞衡輯,揚州:廣陵書社,2016 年。

《蜀藏·巴蜀珍稀文學文獻匯刊》,李勇先、高志剛主編,成都:成都時代出版社,2015 年。

《朔方文庫》,胡玉冰主編,北京:國家圖書館出版社,2018 年。

*《四部叢刊初編》,(民國)張元濟編,上海:商務印書館,1922 年;上海:上海書店出版社,2015 年;北京:中國書店,2015 年。

*《四部叢刊續編》,(民國)張元濟編,上海:商務印書館,1932 年;上海:上海書店出版社,2010 年。

*《四部叢刊三編》,(民國)張元濟編,上海:商務印書館,1936 年;上海:上海書店出版社,2015 年。

《四部叢刊》(初編、二編、三編合訂),(民國)張元濟等輯,上海:上海書店,1985 年;北京:高等教育出版社,2016 年。

*《四部叢刊四編》,李致忠主編,北京:中國書店,2016 年。

*《四部叢刊五編》,李致忠主編,北京:中國書店,2020 年。

《四部叢刊初編縮本》,王雲五主編,臺北:臺灣商务印書館,1965 年。

《輯印四部叢刊續編》,王雲五主編,臺北:臺灣商务印書館,1965 年。

《四部叢刊三編》,王雲五主編,臺北:臺灣商务印書館,1975 年。

*《四部叢刊正編》,王雲五主編,臺北:臺灣商务印書館,1979 年。

*《四部叢刊廣編》,王雲五主編,臺北:臺灣商务印書館,1980 年。

《四部精要》,上海古籍出版社編,上海:上海古籍出版社,1993 年。

《四庫全書珍本初集》,上海:商務印書館,1935 年;《二集》至《十二集》《別輯》,王雲五編,臺北:臺灣商務印書館,1970 年至 1973 年。

《景印文淵閣四庫全書》,臺北:臺灣商務印書館,1986 年;上海:上海古籍出版社,1990 年。

《文津閣四庫全書》,北京:商務印書館,2005 年。

《文瀾閣四庫全書》,杭州:杭州出版社,2015 年。

*《景印摛藻堂四庫全書薈要》,臺北:學生書局,1988 年。

《乾隆御覽四庫全書薈要》,長春:吉林人民出版社,1997 年。

《四庫全書存目叢書》,《四庫全書存目叢書》編纂委員會編纂,濟南:齊魯書社,1997 年;臺南:莊嚴文化事業有限公司,1997 年。

《四庫全書存目叢書補編》,《四庫全書存目叢書補編》編纂委員會編纂,濟南:齊魯書社,2002 年。

《四庫禁燬書叢刊》,《四庫禁燬書叢刊》編纂委員會編,北京:北京出版社,1999 年。

《四庫禁燬書叢刊補編》,《四庫禁燬書叢刊》編纂委員會編,北京:北京出版社,2005 年。

《四庫未收書輯刊(第一至十輯)》,《四庫未收書輯刊》編纂委員會編,北京:北京出版社,2000 年。

《續修四庫全書》,《續修四庫全書》編纂委員會編,上海:上海古籍出版社,2003 年。

《四庫提要著録叢書》,《四庫提要著録叢書》編纂委員會編纂,北京:北京出版社,2010 年。

《四庫全書底本叢書》,《四庫全書底本叢書》編纂委員會編,北京:文物出版社,2019 年。

《四明叢書》,楊家駱主編,臺北:中國文化研究所、中國文化學院出版部,1964 年。

《四明叢書》,(民國)張壽鏞輯刊,臺北:新文豐出版公司,1988 年。

《四明叢書別集》,中國社會科學院文學研究所編,北京：中國社會科學出版社,2006年。

*《四明叢書》,(民國)張壽鏞輯,揚州：廣陵書社,2006年。

《臺灣文獻匯刊》,陳支平主編,厦門：厦門大學出版社、北京：九州出版社,2004年。

《臺灣文獻匯刊續編》,方寶川、謝必震主編,北京：九州出版社,2005年。

《臺灣珍藏善本叢刊·古鈔本明代詩文集(第一輯)》,臺北：新文豐出版公司、"國家圖書館",2013年。

《泰州文獻》,盧佩民主編,南京：鳳凰出版社,2015年。

《唐荊川文獻輯刊》,司馬周主編,北京：北京燕山出版社,2019年。

*《選印宛委別藏》,故宫博物館輯,上海：商務印書館,1935年。

《宛委別藏》,(清)阮元輯,臺北：臺灣商務印書館,1981年。

*《宛委別藏》,(清)阮元輯,南京：江蘇古籍出版社,1988年。

《王世貞文獻輯刊》,黄振萍主編,北京：北京燕山出版社,2020年。

《王欣夫遺書·八年叢編》,王欣夫等輯,上海：上海人民出版社,2019年。

《王陽明文獻集成》,黄振萍主編,揚州：廣陵書社,2019年。

《王陽明珍本文獻叢刊》,陸永勝編,北京：社會科學文獻出版社,2018年。

《新刊陽明先生文録續編》,張新民審定,貴陽：孔學堂書局,2020年。

《域外刊刻陽明先生文獻》,王焱主編,揚州：廣陵書社,2020年。

《陽明文獻匯刊》,翟奎鳳、向輝主編,成都：四川大學出版社,2015年。

《陽明文獻匯刊二編》,翟奎鳳、向輝編,北京：北京燕山出版社,2019年。

《陽明學文獻大系(第一至三輯)》翟奎鳳主編,成都：巴蜀書社,2019年。

《無錫市圖書館館藏精品叢書·錫山先哲叢刊》,侯鴻鑑編,南京：鳳凰出版社,2005年。

《無錫文庫》,南京：鳳凰出版社,2012年。

《武林往哲遺著》,(清)丁丙輯,揚州：廣陵書社,2011年。

《武林掌故叢編》,(清)丁丙撰輯,臺北：臺聯國風出版社,1967年。

*《武林掌故叢編》,(清)丁丙、(清)丁申輯,揚州：廣陵書社,2008年。

《稀見明代四部輯刊》,林登昱主編,臺北:文听閣圖書有限公司,2020年。

《稀見清代民國叢書五十種》,賈貴榮、張忱石輯,北京:國家圖書館出版社,2014年。

《稀見清代四部輯刊(第一至十輯)》,林登昱主編,臺北:經學文化事業有限公司,2016年。

《稀見清代四部輯刊補編》,林登昱主編,臺北:經學文化事業有限公司,2019年。

《喜詠軒叢書》,(清)陶湘輯,北京:國家圖書館出版社,2014年。

*《喜詠軒叢書》,(清)陶湘著,北京:北京聯合出版公司,2016年。

《僊居叢書》,(民國)李鏡渠編,杭州:浙江人民美術出版社,2013年。

《寫刻本詩詞集叢刊》,向輝、熊燁主編,北京:北京燕山出版社,2019年。

《寫刻古籍版本聚珍》,向輝、胡慧雪主編,北京:北京燕山出版社,2019年。

《新編湖北叢書》,黄首禄、馬建强主編,北京:北京燕山出版社,2019年。

《雄安歷代著作集成》,王强、熊燁、梁松濤編,北京:北京燕山出版社,2018年。

《雄安歷代别集叢刊》,熊燁、梁松濤編,北京:北京燕山出版社,2019年。

《雄安歷代别集叢刊二編》,梁松濤主編,北京:北京燕山出版社,2020年。

《雄安文脉叢書》,梁松濤、胡連利主編,保定:河北大學出版社,2020年。

《雄安先賢全集叢書》,梁松濤、胡連利主編,保定:河北大學出版社,2020年。

*《玄覽堂叢書續集》,(民國)鄭振鐸輯,南京:國立中央圖書館,1947年;臺北:正中書局,1985年。

《玄覽堂叢書》,(民國)鄭振鐸輯,揚州:江蘇廣陵古籍刻印社,1986年。

*《玄覽堂叢書》,(民國)鄭振鐸輯,揚州:廣陵書社,2010年。

《楊慎文獻輯刊》,汪夢川編,成都:巴蜀書社,2019年。

《揚州大學圖書館藏古籍珍本叢刊》,王永平主編,北京:學苑出版社,2015年。

《揚州文庫》,盧桂平主編,揚州:廣陵書社,2015年。

《夷門廣牘》,(明)周履靖輯,北京:書目文獻出版社,1990年。

《景印元明善本叢書》,(民國)商務印書館輯,上海:商務印書館,1937年。

《元明善本叢書十種》,北京:國家圖書館出版社,2014年。

《元代詩詞集》上卷,《元代史料叢刊》編委會主編,合肥:黄山書社,2019年。

《域外漢籍珍本文庫(第一至五輯)》,《域外漢籍珍本文庫》編纂出版委員會編,重慶:西南師範大學出版社、北京:人民出版社,2011年至2015年。

《域外漢籍珍本文庫·北京大學圖書館藏日本版漢籍善本萃編》,北京大學圖書館編,重慶:西南師範大學出版社、北京:人民出版社,2014年。

《域外漢籍珍本文庫·和刻本四部叢刊》,《域外漢籍珍本文庫》編纂出版委員會編,重慶:西南師範大學出版社、北京:人民出版社,2014年。

《域外漢籍珍本文庫·韓國成均館大學尊經閣藏漢籍珍本叢刊》,韓國成均館大學東亞學術苑、中國社會科學院歷史研究所編,重慶:西南師範大學出版社、北京:人民出版社,2016年。

《域外漢籍珍本文庫·日藏明人别集珍本叢刊(第一輯)》,《域外漢籍珍本文庫》編纂出版委員會編,重慶:西南師範大學出版社、北京:人民出版社,2017年。

《御製文獻叢刊》,郭康松、黄首禄主編,北京:北京燕山出版社,2019年。

《元代珍本文集彙刊》,臺北:"國立中央圖書館",1970年。

《元人文集珍本叢刊》,臺北:新文豐出版公司,1985年。

《元史研究資料彙編》,楊訥編,北京:中華書局,2013年。

《元史研究資料彙編補編》,李治安主編,桂林:廣西師範大學出版社,2020年。

《原國立北平圖書館甲庫善本叢書》，國家圖書館編，北京：國家圖書館出版社，2013 年。

《粵雅堂叢書》，（清）伍崇曜輯，臺北：華聯出版社，1965 年。

《雲間三子文獻輯刊》，吴伯雄主編，北京：北京燕山出版社，2020 年。

《雲南叢書》，雲南省文史研究館整理，北京：中華書局，2009 年。

《張溥文獻輯刊》，黄振萍主編，北京：北京燕山出版社，2019 年。

《張壽鏞文獻輯刊》，熊燁主編，北京：北京燕山出版社，2020 年。

《昭代叢書》，（清）張潮、楊復吉、沈楙惠等編纂，上海：上海古籍出版社，1990 年。

《昭代叢書合刻》，（清）張潮、張漸輯；楊復吉續輯；沈楙惠重輯，揚州：廣陵書社，2017 年。

《浙學未刊稿叢編（第一至二輯）》，徐曉軍、李聖華主編，北京：國家圖書館出版社，2019 年至 2020 年。

*《正誼堂全書》，（清）張伯行編，揚州：廣陵書社，2016 年。

*《康熙版正誼堂全書》，（清）張伯行編，北京：北京燕山出版社，2019 年。

《正誼堂全書》，（清）張伯行編，福州：海峽書局，2020 年。

*《知不足齋叢書》，（清）鮑廷博輯，上海：古書流通處，1922 年。

《知不足齋叢書》，（清）鮑廷博輯，京都：中文出版社，1980 年。

*《知不足齋叢書》，（清）鮑廷博輯，北京：中華書局，1999 年。

《中國風土志叢刊》，張智主編，揚州：廣陵書社，2003 年。

《中國公共圖書館古籍文獻珍本匯刊》，全國公共圖書館古籍文獻編委會編，北京：中華全國圖書館文獻縮微複製中心，1996 年至 2001 年。

《中國古籍珍本叢刊·安慶市圖書館卷》，安慶市圖書館編，北京：國家圖書館出版社，2015 年。

《中國古籍珍本叢刊·澳門大學圖書館卷》，澳門大學圖書館編，北京：國家圖書館出版社，2015 年。

《中國古籍珍本叢刊·保定市圖書館卷》，保定市圖書館編，北京：國家圖書館出版社，2017 年。

《中國古籍珍本叢刊·東北師範大學圖書館卷》，東北師範大學圖書館編，北京：國家圖書館出版社，2017 年。

《中國古籍珍本叢刊·復旦大學圖書館卷》，復旦大學圖書館編，北京：

國家圖書館出版社,2018 年。
《中國古籍珍本叢刊·廣東省立中山圖書館卷》,廣東省立中山圖書館編,北京:國家圖書館出版社,2015 年。
《中國古籍珍本叢刊·河南大學圖書館卷》,李景文、郭鴻昌主編,北京:國家圖書館出版社,2016 年。
《中國古籍珍本叢刊·暨南大學圖書館卷》,暨南大學圖書館編,北京:國家圖書館出版社,2018 年。
《中國古籍珍本叢刊·天津圖書館卷》,天津圖書館編,北京:國家圖書館出版社,2013 年。
《中國古籍珍本叢刊·武漢大學圖書館卷》,武漢大學圖書館編,北京:國家圖書館出版社,2016 年。
《中國古籍珍本叢刊·西南大學圖書館卷》,西南大學圖書館編,北京:國家圖書館出版社,2016 年。
《中國華北文獻叢書》,傅璇琮主編,北京:學苑出版社,2012 年。
《中國華東文獻叢書》,熊月之主編,北京:學苑出版社,2010 年。
《中國科學院文獻情報中心藏古籍珍本叢書(鈔稿本部分)》,中國科學院文獻情報中心編,北京:學苑出版社,2017 年。
《中國人民大學圖書館藏古籍珍本叢刊》,中國人民大學圖書館編,北京:北京燕山出版社,2012 年。
《中國文集日本古注本叢刊(第一至四輯)》,卞東波、石立善主編,上海:上海社會科學院出版社,2020 年。
《中國西北文獻叢書》,吴堅主編,蘭州:蘭州古籍書店,1990 年。
《中國西北文獻叢書·二編》,苗普生主編,北京:綫裝書局,2006 年。
《中國西南文獻叢書》,高國祥主編,蘭州:蘭州大學出版社,2003 年。
《中國稀見史料(第一輯)》,王春瑜編,厦門:厦門大學出版社,2007 年。
《中國稀見史料(第二輯)》,陳明光、侯真平主編,厦門:厦門大學出版社,2010 年。
《中國學術名著(第一至八輯)》,楊家駱主編,臺北:世界書局,1960 至 1976 年。
《中華再造善本》,《中華再造善本》編纂出版委員會編著,北京:國家圖書館出版社,2003 年至 2015 年。
《遵義叢書》,譚劍鋒主編,北京:國家圖書館出版社,2018 年。

附録二　著者姓名索引

A

B

C

D

F

J

K

L

M

Q

R

S

T

X

Y

Z